江西省高级人民法院
民事裁判
观点辑要与解析

（2016—2020年度）

上卷

傅信平·主　编

人民法院出版社

图书在版编目（C I P）数据

江西省高级人民法院民事裁判观点辑要与解析：2016—2020年度／傅信平主编．-- 北京：人民法院出版社，2023.9

ISBN 978-7-5109-3897-9

Ⅰ．①江… Ⅱ．①傅… Ⅲ．①民事诉讼—审判—案例—中国 Ⅳ．①D925.118.5

中国国家版本馆 CIP 数据核字（2023）第 173303 号

江西省高级人民法院民事裁判观点辑要与解析（2016—2020 年度）

傅信平　主编

责任编辑：尹立霞
执行编辑：赵　爽
出版发行：人民法院出版社
地　　址：北京市东城区东交民巷 27 号（100745）
电　　话：（010）67550640（责任编辑）　67550558（发行部查询）
　　　　　　65223677（读者服务部）
客服 QQ：2092078039
网　　址：http://www.courtbook.com.cn
E-mail：courtpress@sohu.com
印　　刷：三河市国英印务有限公司
经　　销：新华书店

开　　本：787 毫米 ×1092 毫米　1/16
字　　数：1635 千字
印　　张：76.75
版　　次：2023 年 9 月第 1 版　2023 年 10 月第 2 次印刷
书　　号：ISBN 978-7-5109-3897-9
定　　价：218.00 元（上下册）

《江西省高级人民法院民事裁判观点辑要与解析》（2016—2020年度）

主　　编　傅信平

副 主 编　柯　军

执行主编　龚雪林

执行副主编　胡　媛　吴玉萍　李振峰　魏　巍

编 写 人（以姓氏笔画排序）

马　悦　毛盈超　王　菁　李振峰　李源源　吴玉萍
吴　军　张冰华　张满洋　闵遂赓　陈　慧　宋　磊
罗　晶　骆丽玲　胡建文　胡　媛　龚雪林　蔡　静
魏　巍

序

制定法具有稳定性和体系性的优点，但是因法律规范稳定性与社会生活易变性、立法者认识有限性与社会生活丰富无限性、法律规则抽象性与案件事实具体化等矛盾的存在，使得通过制定法律一劳永逸解决复杂多变的社会问题成为奢望。正因为几乎任何法律规范都注定存在着“立法间隙”，适法过程中无不充满司法“自由”裁量权的填补。同时，随着社会经济的发展，新类型法律问题层出不穷，法律的滞后性叠加导致同类问题法院裁判观点不尽相同。这种现象一方面困惑着群众——类似案件在不同层级、不同地区甚至同一个法院出现不同裁判的现象，违背了平等原则，损害了司法权威；另一方面也困惑着法官——如何根据抽象的法律条文，作出更有说服力的裁判，实现公平与正义的价值追求。破解这一难题，除了不断完善立法和解释立法的方法外，更重要的是建立一种成文规则与实际环境“耦合”的交互机制。实践证明，通过典型案例，结合具体的案件事实去合理地阐释法律，对以后类似案件在判决说理、适用法律以及裁量幅度等方面可起到具体的指导、参考作用，是弥合法律与社会生活之间缺口行之有效的实践方法。

“一个案例胜过一打文件”，习近平总书记这一论述十分精辟地指出了案例的重要作用。党的十八届四中全会《决定》明确提出：“加强和规范司法解释和案例指导，统一法律适用标准。”《法治中国建设规划（2020—2025年）》进一步提出：“加强和完善指导性案例制度，确保法律适用统一。”在最高人民法院层面，自2010年出台《关于加强案例指导工作的规定》后，最高人民法院不断加强案例指导工作，通过出台指导性案例，发布各业务条线和专项工作典型案例，出版案例汇编等多种形式提供案例来源。同时强化类案强制检索与裁判统一的规范也不断出台，2017年《最高人民法院司法责任制实施意见（试行）》明确规定了“类案与关联案件检索”机制。2018年《关于进一步全面落实司法责任制的实施意见》要求，各级法院应建立类案及关联案件强制检索机制。2020年《关于统一法律适用加强类案检索的指导意见（试行）》，从实体与程序两方面细化了案件承办法官检索类案和制作检索报告的义务。2023年9月，最高人民法院院长张军在国家法官学院2023年秋季开学典礼暨人民法院大讲堂的讲话中指出，为发挥案例指导的作用，最高人民法院决定研究建设“人民法院案例库”，广大法官要增强案例意识，各级法院要积极推荐，共同建设好“人民法院案例库”。随着最高人民法院启动建设“人民法院案例库”，权威典型案例对司法实践的指导作用必将进一步发挥和增强。

当然，不同的案例有不同的效力层次，最高人民法院的指导性案例和即将建设的“人民法院案例库”无疑应居于效力“金字塔”的最顶端。但截至2023年9月，最高人民法院也只发布了37批211个指导案例，这些案例是远远不够填补“立法间隙”的。“人民法院案例库”的建设和完善也有待时日，也不可能解决所有法律争议和疑问。因而，最高人民法院发布的各类权威案例、高级人民法院发布的参考性案例和其他典型案例等，都可以成为当事人和法官用以填补“立法间隙”的重要参考。其中，高级人民法院在我国法院体系中处于承上启下的位置，在二审终审的审级架构下，作出了大量生效的二审和再审终审判决，这些判决在质量上通常与最高人民法院保持了较强的一致性，在权威性上通常在其辖区范围内也具有较强的示范意义，因而具有较大的参考价值。

为此，江西省高级人民法院部分青年民事法官利用业余时间，组织对江西省高级人民法院2016年至2020年度审结生效的近万份民事案件裁判文书进行了分类整理，认真研读。经反复筛选，挑选出了225个裁判说理充分、法律问题具有典型意义的案例，精心提炼裁判要旨，并结合法学理论、法律司法解释的有关规定和司法实践，对裁判要旨的含义、法律规则变化、民法典时代的参考价值进行了深入分析，形成了这本裁判观点辑要与解析。本书既是对2016—2020年五年间省法院作出的生效民事裁判案件的系统梳理，具有精选案例汇编的性质，又对裁判要旨进行了深入分析，具有一定的实务研究性质。这是案例研究的一种新形式，对法官类案裁判具有很好的参考作用，也是响应最高人民法院加强案例指导作用，促进裁判尺度统一的有益尝试。在中国特色社会主义法治国家的伟大进程中，希望本书权做一块小小的石头，为承载人民群众对公平正义的期待、承载司法者对统一法律规则的追求，添砖加瓦，作出贡献。

江西省高级人民法院院长　傅信平

2023年9月

编辑说明

本书编写的案例系从2016年至2020年度江西省高级人民法院审结的民商事案件中整理挑选出的，裁判观点在《民法典》体系下仍具有一定参考价值的案例。编写本书是为了全面系统整理分析已生效裁判文书，挖掘其中的法官智慧，形成便于法律业内人士查阅、研读、参考，具有编年汇编性质的案例分析集。

本书选择的案件为江西省高级人民法院二审和再审审理程序裁判生效的民商事案件，具体范围包括传统民事案件、商事案件、知识产权案件、涉外民商事案件、受理管辖等程序性争议民事案件等。案件选择的标准是生效裁判文书对实体法律适用、事实认定、案件处理和诉讼程序等方面的裁判观点、法律规则和分析说理符合民法典体系下的法律精神和规定，对审理类似案件仍具有一定的参考意义。全书共挑选了225个案例，按照案由顺序分类，共分为十二类，分别是：物权纠纷、买卖租赁合同纠纷、金融借款合同纠纷、民间借贷合同纠纷、建设工程合同纠纷、其他合同纠纷、知识产权纠纷、劳动争议纠纷、与公司等有关的纠纷、侵权责任纠纷、执行异议之诉纠纷、管辖异议纠纷。考虑到合同类案例数量多，本书对案例分类未严格按照《民事案件案由规定》中的案由层级和类型进行编排，有些案例案由与上述分类相关、类似或者关联度更高，也放在相关案由类下，例如建设工程合同纠纷包含了房地产开发、土地使用权转让等案由，金融借款合同纠纷包括金融债权转让等案由，不便归类的合同类纠纷都放在其他合同纠纷中。与公司等有关的纠纷系《民事案件案由规定》中第八部分“与公司、证券、保险、票据等有关的民事纠纷”的简写，包含了该部分所有案由案例。侵权纠纷类别包括个别人格权纠纷。执行异议之诉纠纷类别包括第三人撤销之诉等特殊案由案例。《民事案件案由规定》中婚姻家庭、继承等纠纷，由于案件数量太少，没有编写。

案例的具体编写样式为:（1）案件标题（对案例涉及主要法律观点的高度概括）;（2）案件副标题（当事人名称和案由）:（3）裁判要旨（案件涉及的法律观点和规则概括）;（4）案例索引;（5）基本案情;（6）裁判结果;（7）裁判理由;（8）要旨解析。

本书中的案例对当事人姓名、住所等信息和其他可能涉及隐私和商业秘密的信息进行了隐私处理，此外，为了真实地还原案例原貌，在本书中保留了案件裁判时所适用的裁判依据和法条内容。因本书收录的案例为2016—2020年案例，部分案件裁判时所依据的法律规范已发生变化，为便于读者适用，故在案例要旨解析栏目中将法律规范都做了更新，有直接以新法条文进行说明和旧法条文标注对应新法条文进行说明两种形式。

案例编写中涉及的常用的法律、司法解释均采用简写方式，法律、行政法规名称中的“中华人民共和国”省略，司法解释简写的样式见《凡例》。

由于水平所限，编辑中难免存在疏漏和不当之处，敬请读者批评指正。

编　者

2023年9月

凡例

1.本书中法律、行政法规名称中的“中华人民共和国”省略，其余一般不省略，例如《中华人民共和国民法典》简称《民法典》。

2.本书中下列司法解释及指导性文件使用简称：

文件名称	发文日期	发文字号	简称
《最高人民法院关于适用〈中华人民共和国合同法〉若干问题的解释（一）》	1999年12月19日	法释〔1999〕19号	《合同法司法解释（一）》
《最高人民法院关于审理票据纠纷案件若干问题的规定》	2000年11月14日	法释〔2000〕32号	《票据纠纷司法解释》
《最高人民法院关于适用〈中华人民共和国担保法〉若干问题的解释》	2000年12月8日	法释〔2000〕44号	《担保法司法解释》
《最高人民法院关于审理商品房买卖合同纠纷案件适用法律若干问题的解释》	2003年4月28日	法释〔2003〕7号	《商品房买卖合同司法解释》
《最高人民法院关于适用〈中华人民共和国婚姻法〉若干问题的解释（二）》	2003年12月25日	法释〔2003〕19号	《婚姻法司法解释（二）》
《最高人民法院关于审理人身损害赔偿案件适用法律若干问题的解释》	2003年12月26日	法释〔2003〕20号	《人身损害赔偿司法解释》
《最高人民法院关于审理涉及农村土地承包纠纷案件适用法律问题的解释》	2005年7月29日	法释〔2005〕6号	《农村土地承包纠纷司法解释》
	2020年12月29日		《农村土地承包纠纷司法解释》（2020年修正）
《最高人民法院关于适用〈中华人民共和国公司法〉若干问题的规定（二）》	2008年5月12日	法释〔2008〕6号	《公司法司法解释（二）》
	2020年12月29日		《公司法司法解释（二）》（2020年修正）
《最高人民法院关于适用〈中华人民共和国合同法〉若干问题的解释（二）》	2009年4月24日	法释〔2009〕5号	《合同法司法解释（二）》

续表

文件名称	发文日期	发文字号	简称
《最高人民法院关于适用〈中华人民共和国公司法〉若干问题的规定（三）》	2011 年 1 月 27 日	法释〔2011〕3 号	《公司法司法解释（三）》
	2020 年 12 月 29 日		《公司法司法解释（三）》（2020 年修正）
《最高人民法院关于适用〈中华人民共和国婚姻法〉若干问题的解释（三）》	2011 年 8 月 9 日	法释〔2011〕18 号	《婚姻法司法解释（三）》
《最高人民法院关于审理买卖合同纠纷案件适用法律问题的解释》	2012 年 5 月 10 日	法释〔2012〕8 号	《买卖合同司法解释》
	2020 年 12 月 29 日		《买卖合同司法解释》（2020 年修正）
《最高人民法院关于审理道路交通事故案件适用法律若干问题的解释》	2012 年 9 月 17 日	法释〔2012〕19 号	道路交通损害赔偿司法解释
《最高人民法院关于适用《中华人民共和国保险法》若干问题的解释（二）》	2013 年 5 月 31 日	法释〔2013〕14 号	《保险法司法解释（二）》
《最高人民法院关于审理融资租赁合同纠纷案件适用法律问题的解释》	2014 年 2 月 24 日	法释〔2014〕3 号	《融资租赁合同司法解释》
《最高人民法院关于适用〈中华人民共和国民事诉讼法〉的解释》	2015 年 1 月 30 日	法释〔2015〕5 号	《民事诉讼法司法解释》
	2020 年 12 月 29 日		《民事诉讼法司法解释》（2020 年修正）
	2022 年 4 月 1 日		《民事诉讼法司法解释》（2022 年修正）
《最高人民法院关于审理环境侵权责任纠纷案件适用法律若干问题的解释》	2015 年 6 月 1 日	法释〔2015〕12 号	《环境侵权责任纠纷司法解释》
《最高人民法院关于审理民间借贷案件适用法律若干问题的规定》	2015 年 8 月 6 日	法释〔2015〕18 号	《民间借贷司法解释》
	2020 年 12 月 29 日		《民间借贷司法解释》（2020 年第二次修正）
《最高人民法院关于适用《中华人民共和国物权法》若干问题的解释（一）》	2016 年 2 月 22 日	法释〔2016〕5 号	《物权法司法解释（一）》
《最高人民法院关于审理矿业权纠纷案件适用法律若干问题的解释》	2017 年 6 月 24 日	法释〔2017〕12 号	《矿业权纠纷司法解释》

续表

文件名称	发文日期	发文字号	简称
《最高人民法院关于审理医疗损害责任纠纷案件适用法律若干问题的解释》	2017年12月13日	法释2017第20号	《医疗损害责任纠纷司法解释》
《最高人民法院关于审理涉及夫妻债务纠纷案件适用法律有关问题的解释》	2018年1月16日	法释〔2018〕2号	《夫妻债务纠纷司法解释》
《最高人民法院关于适用《中华人民共和国保险法》若干问题的解释（四）》	2018年7月31日	法释〔2018〕13号	《保险法司法解释（四）》
《最高人民法院关于审理建设工程施工合同纠纷案件适用法律问题的解释（二）》	2018年12月29日	法释〔2018〕20号	《建设工程施工合同司法解释（二）》
《全国法院民商事审判工作会议纪要》	2019年11月8日	法〔2019〕254号	《民商审判会议纪要》
《最高人民法院关于审理建设工程施工合同纠纷案件适用法律问题的解释（一）》	2020年12月29日	法释〔2020〕25号	《建设工程施工合同司法解释（一）》
《最高人民法院关于适用《中华人民共和国民法典》物权编的解释（一）》	2020年12月29日	法释〔2020〕24号	《〈民法典〉物权编司法解释（一）》
《最高人民法院关于适用《中华人民共和国民法典》有关担保制度的解释》	2020年12月31日	法释〔2020〕28号	《民法典担保制度司法解释》
《最高人民法院关于审理城镇房屋租赁合同纠纷案件具体运用法律若干问题的解释》	2009年7月30日发布	法释〔2009〕11号	城镇房屋租赁合同纠纷案件司法解释》

总目录

上　册

下　册

目录 CONTENTS

一、物权纠纷

二、买卖、租赁合同纠纷

三、金融借款合同纠纷

四、民间借贷合同纠纷

五、建设工程合同纠纷

一、物权纠纷

1. 当事人有证据证明不动产登记与真实权利状态不符，真实权利人可以请求确认其享有物权

——刘某莲、葛某1、葛某2、徐某莲与汪某华、邓某秀物权确认纠纷再审案

裁判要旨

当事人有证据证明不动产登记与真实权利状态不符，真实权利人可以请求确认其享有物权。

案例索引

一审：江西省南昌市西湖区人民法院（2012）西民重字第2号民事判决书

二审：江西省南昌市中级人民法院（2014）洪民三终字第23号民事判决书

再审：江西省高级人民法院（2016）赣民再52号民事判决书

基本案情

申诉人（重审原告、二审被上诉人）：刘某莲。

申诉人（重审原告、二审被上诉人）：葛某1。

申诉人（重审原告、二审被上诉人）：葛某2。

申诉人（重审原告、二审被上诉人）：徐某莲。

被申诉人（重审被告、二审上诉人）：汪某华。

被申诉人（重审被告、二审上诉人）：邓某秀。

葛某银在本案再审期间因病死亡，再审法院将再审申请人由葛某银变更为其继承人刘某莲、葛某1、葛某2、徐某莲四人。汪某华与邓某秀系夫妻关系。2008年8月邓某秀诉请离婚，要求分割夫妻共同财产南昌市谌家巷×号房屋。2009年11月，葛某银以汪某华、邓某秀为被告提起本案诉讼，请求确认其拥有南昌市谌家巷×号房屋50%产权。邓某秀、汪某华离婚案因需等待本案结果而中止审理。

1993年4月6日，汪某华、葛某银共同作为乙方与甲方南昌仪器仪表厂签订《承包（融资）协议书》，汪某华系南昌仪器仪表厂职工。协议主要约定：甲方将南昌市中山路×号华银商场发包给乙方承包；乙方应向甲方交承包风险抵押金100万元整。协议签订后，汪某华、葛某银开始经营南昌华银商场。南昌仪器仪表厂陆续收取了风险抵押金100万元。除1994年1月9日华银酒家抵30万元风险抵押金的

财务凭证外，查到交纳风险抵押金的收款凭证和汪某华提交的交纳风险抵押金的收款凭证共有5张，共计25万元。

1998年6月9日，南昌仪器仪表厂（甲方）与汪某华（乙方）签订买卖诉争房屋《协议书》一份，双方达成如下协议：一、甲方将谌家巷×号原自有房产权房屋出售给汪某华，原承包缴纳的风险抵押金甲方不予退还，甲方原借（欠）乙方所有款项一次性冲抵，乙方另付30万元给甲方。二、所有过户手续及费用由乙方负责，甲方应指定专人协助并提供有关证明及手续。三、原中山路×号商业门面由汪某华同志长期使用，并由汪某华同志到房管所直接办理承租手续，所有费用由汪某华自负。汪某华在该协议书乙方代表处上签名，并在乙方处加盖了南昌华银商场公章。

1998年6月27日汪某华按照协议约定交纳了30万元购房款。1998年6月30日，汪某华与南昌仪器仪表厂办理了南昌市谌家巷×号房产过户手续，南昌市房产交易管理所下发房产成交通知书，确定买房人为汪某华，卖房人为南昌仪器仪表厂，房屋出卖面积729.46平方米。1998年汪某华陆续在南昌市谌家巷×号房屋进行搭建，四层楼总共搭建了258.7平方米。2000年6月7日，南昌市房管局颁发了南昌市谌家巷×号房屋的房屋所有权证，确定房屋所有权人是汪某华，搭建面积为258.7平方米，至此南昌市谌家巷×号房屋建筑面积由原729.46平方米变更为988.16平方米。

2008年，谌家巷×号房屋一楼与中山路×号店面连通使用，由汪某华、葛某银双方共同出租给梁小平经营真维斯品牌店；二楼由葛某银方使用；三楼除部分出租给真维斯品牌店作仓库外，其余房间为南昌华银商场的办公室、仓库；四楼由汪某华、邓某秀夫妇居住使用。

在2008年将原中山路×号店铺与谌家巷×号房屋一楼一并租给梁某平之前，汪某华和葛某银对出租中山路×号和使用谌家巷×号房屋利润分配如下：1997年2月、1998年6月、7月、8月、9月、10月、12月、2008年1—3月等多张对账单反映，葛某银获得出租中山路×号店面利润的50%后再扣减葛某银使用谌家巷×号一楼店面和二楼的使用费以及电费支出后为葛某银的实际收益。在2008年将原中山路×号店铺与谌家巷×号一楼一并租给梁小平之后，葛某银在2011年分得利润42万元，2012年无利润分配，2013年分得利润12万元，2014年暂分得利润5万元。工商登记显示南昌华银商场由葛某银出资3万元、汪某华出资2万元组建，性质属集体所有制，经营场地在中山路×号。自南昌华银商场承租南昌市中山路18号店面以来，谌家巷×号一楼房屋与该店面相连通，从该店面进出，南昌市中山路18号出租给他人使用，谌家巷×号房屋一、二楼则由葛某银个人经营使用，葛某银向汪某华交纳谌家巷×号房屋一楼2100元、二楼仓库1500元的使用费。

2008年8月汪某华在邓某秀起诉与其离婚后，向葛某银补写了两份收条。即收条一，“今收到葛某银承包中山路×号十八年融资款共计人民币六十五万元正。汪某华1993年4月2日”；收条二，“今收到葛某银购买谌家巷×号房产共计人民币 20 万元正（共同购买），收款人汪某华 1998 年 6 月 3 日。”2009 年 1 月 1 日，葛某银与汪某华签订《长期合作协议书》，主要约定：“一、汪某华、葛某银于 1993 年 4 月起共同承包南昌市中山路 × 号南昌华银商场，承包期为 18 年，到 2011 年 3 月 31 日止。二、汪某华、葛某银在承包过程中，南昌仪器仪表厂因单位职工住房集资款及生产自救集资款无法及时返还给职工，职工思想极不稳定的情况下，于 1998 年 5 月召开全厂在岗职工大会同意，经主管局批准，把西湖区谌家巷 × 号厂房出售给承包人汪某华、葛某银产权证号：西字第 308737 号，西湖区原中山路 × 号现中山路 × 号店面由汪某华、葛某银长期共同使用。三、汪某华、葛某银原出资的风险抵押金人民币 100 万元。另加 30 万元整现金，由葛某银出资人民币 20 万元整，其他 10 万元左右由汪某华承担，共计人民币 130 万元整。店面和楼房所产生的利润由汪某华、葛某银各得百分之五十，房屋产权各得百分之五十。

裁判结果

一审判决：一、位于南昌市谌家巷 × 号 1–4 层建筑面积为 729.46 平方米房屋产权归原告刘某莲、葛某 1、葛某 2、徐某莲与被告汪某华、邓某秀共同所有，原、被告方各占 50% 房产份额；二、南昌市谌家巷 × 号第 4 层建筑面积为 258.7 平方米房产（1998 年搭建房），归汪某华、邓某秀所有。

汪某华、邓某秀不服，提起上诉，二审判决：一、撤销南昌市西湖区人民法院（2012）西民重字第 2 号民事判决；二、驳回刘某莲、葛某 1、葛某 2、徐某莲的诉讼请求；三、二审案件受理费 75260 元由刘某莲、葛某 1、葛某 2、徐某莲承担。

刘某莲、葛某 1、葛某 2、徐某莲不服二审判决，向江西省人民检察院申诉，江西省人民检察院向江西省高级人民法院提出抗诉。再审判决：一、撤销江西省南昌市中级人民法院（2014）洪民三终字第 23 号民事判决及南昌市西湖区人民法院（2012）西民重字第 2 号民事判决；二、位于江西省南昌市谌家巷 × 号房屋 1–3 层产权归申诉人刘某莲、葛某 1、葛某 2、徐某莲与被申诉人汪某华、邓某秀共同所有，申诉人刘某莲、葛某 1、葛某 2、徐某莲与被申诉人汪某华、邓某秀各占 50% 房产份额；三、位于江西省南昌市谌家巷 × 号房屋第 4 层搭建的房产归汪某华、邓某秀所有（该第 4 层搭建的房屋面积以诉争房屋的房产证平面图标注的面积为准，共有部分不计算在内）。

裁判理由

再审认为，本案争议焦点：刘某莲等四人能否取得诉争房屋 50% 的所有权。

第一，从与出售房屋方签订的 1998 年 6 月《协议书》分析，南昌仪器仪表厂出售诉争房屋的对象是南昌华银商场，也是南昌华银商场履行了合同。1. 关于购房《协议书》的合同当事人签章。尽管购房《协议书》的抬头是甲方南昌仪器仪表厂与乙方汪某华，但乙方处是加盖了南昌华银商场公章，汪某华是在乙方代表处签名，应认定合同当事人乙方为南昌华银商场，汪某华是作为南昌华银商场代表签的字。2. 关于购房《协议书》的内容。1993 年 4 月《承包（融资）协议书》是汪某华、葛某银共同作为一方与南昌仪器仪表厂签订的，两人共同经营南昌华银商场、交纳风险抵押金。《协议书》不仅约定诉争房屋的买卖，还明确购房方原承包缴纳的风险抵押金不予退回、对原中山路 × 号商业门面的承租、负责承担商场现有本厂职工 11 人的就业工作及废止承包协议书等内容。显然，《协议书》是南昌仪器仪表厂与南昌华银商场就诉争房屋买卖、废止承包协议及遗留问题的约定，合同中所约定的购房方义务也并非汪某华个人所能履行的，而是需要南昌华银商场来履行。3. 关于购房《协议书》的履行。诉争房屋的产权是由南昌华银商场 100 万元风险抵押金和其他债权及支付 30 万元现金等相加后置换所得。其中 100 万元风险抵押金是南昌华银商场交纳的，南昌华银商场又是汪某华和葛某银两人的，风险抵押金系汪某华和葛某银两人共同出资。

第二，从汪某华与葛某银之间签订的《长期合作协议书》分析，汪某华、葛某银对诉争房屋各享 50% 的产权。本案中，南昌华银商场系汪某华、葛某银合伙经营，两人可以就南昌华银商场购买的诉争房屋进行处理。2009 年 1 月 1 日葛某银与汪某华签订《长期合作协议书》载明：诉争房屋出售给汪某华、葛某银，因汪某华为本单位职工，房产证户名为汪某华；购房协议约定的另行支付 30 万元中由葛某银出资 20 万元、汪某华出资 10 万元；店面和楼房所产生的利润由汪某华、葛某银各得 50%，房屋产权各得 50%。尽管《长期合作协议书》是在邓某秀与汪某华离婚诉讼后形成的，但不能因此认定《长期合作协议书》的内容是虚假的，且汪某华在诉讼初期亦是认可的。现汪某华反悔并主张是虚假的，应当提供证据予以证明。在整个诉讼过程中，汪某华或邓某秀并未提供证明存在合同无效的法定情形，也未提供相反证据推翻《长期合作协议书》中内容。

第三，从房屋实际使用情况分析，汪某华、葛某银对所争房屋所产生的利润是共享的。根据已查明的事实，双方对诉争房屋租金分配是：一楼租金共享；二楼归葛某银使用，扣除使用费交给汪某华；三楼租金 1 万元交给汪某华。从常理判断，诉争房屋处于闹区，一、二、三楼的租金应是递减的，一楼租金共享及葛某银使用二楼补偿部分费用给汪某华，恰恰证明双方对诉争房屋所产生的利润是共享的。这一实际情况与葛某银与汪某华签订关于“店面和楼房所产生的利润由汪某华、葛某银各得 50%”的约定也是吻合的。

要旨解析

本案属于物权确权纠纷，是指原告请求法院确认其与被告存在或不存在某种民事法律关系的诉争。本案是对不动产登记簿与真实权利状态登记不一致时，如何认定当事人所提供的证据，真实权利人所提供的证据达到何种证明程度才能支持其享有物权的典型代表。在司法裁判过程中审理此类纠纷，最主要的是探究当事人之间最真实的意思表示，主要从双方协议约定的内容以及交易习惯，结合房屋所得收益分配和盈亏承担情况，进行综合判断。如仅依据不动产登记簿的登记情况来证明不动产所有权的归属，使得不动产登记制度功能责任太重，又违背了民事诉讼证据的基本原则。

一、关于不动产登记簿效力问题

第一，要有证据初步证明其与案涉不动产具有利害关系。根据《民法典》第二百三十四条规定："因物权的归属、内容发生争议的，利害关系人可以请求确认其权利。"物权确认请求权是物权保护的一种基本权利，是物权保护请求权的一种。物权归属或者内容发生争议的，物权人可以请求有关行政机关、人民法院等部门确认该物权的归属或内容。本案中，原告在一审过程中提供的《承包（融资）协议书》、买卖诉争房屋的《协议书》、诉争房屋的出租收益凭证等证据，葛某银均在所提供的与案涉房屋有关的证据中有签字行为，法院可初步证明原告与案涉房屋具有利害关系，属于本案适格原告。

第二，不动产登记簿记载的物权人被推定为真实的物权人。《民法典》第二百一十六条："不动产登记簿是物权归属和内容的根据。"根据法律规定，法律赋予不动产登记簿是物权归属的根据而不是唯一的确定依据。作为一种权利推定依据，就意味着可能存在"真实权利状态与登记状态不一致"的情形。从民事诉讼程序的角度看，不动产登记簿作为一种权利推定，是民事诉讼中证明责任和举证责任的规范，与实体权利的归属并不直接相关。因此，在诉讼举证责任中，若当事人就登记簿上记载的物权归属发生争议，则登记簿上记载的物权人首先被推定为真实物权人，对此无须再行举证证明。本案中，汪某华是案涉房屋的不动产登记簿登记的权利人，其对该房屋的所有权无须负举证责任。

第三，异议人对其属于物权真实状态权利人负举证责任。作为一种法律拟制事实，登记的物权状态并不总与真实物权状态相一致，故在民事诉讼中允许对此提出异议的当事人通过举证证明真实的物权状态，如果其能够证明真实物权状态与不动产登记簿的记载不一致，人民法院可以推翻登记簿记载所证明的物权状态，根据当事人提交的证据确认不动产物权的权属。[1] 但若否定不动产登记簿作为不动产物权归属，应持审慎态度，不宜轻易否定不动产登记簿记载的真实性。只有在异议人提供的证据具有高度可能性的情形下，足以让法官产生逻辑必然性的心证时，才能确认其享有物权。本案中，应当由提出异议的当事人葛某根承担其对案涉房屋享有真实状态权利的举证责任，举证责任应当充分且能令人信服。

二、关于有证据问题

法律规定的"有证据"应与《民事诉讼法司法解释》（2022年修正）第一百零

① 参见司伟：《论不动产登记与权属确认——兼论对〈物权法司法解释一〉第2条的理解》，载《法律适用》2016年第5期。

八条中“高度可能性”标准相适应。这里的“高度可能性”，在理论上与“优势证据”相一致。所谓“优势证据”，是指能证明对特定事实存在或不存在具有高度盖然性的证据。高度可能性，强调的是一种存在可能而非存在必然，是根据事物发展的高度概率进行判断的一种认识方法，是人们在对事物的认识达不到逻辑必然性条件时不得不采用的一种认识手段。[①] 如果一方当事人提出的证据已经证明该事实发生具有高度可能性，人民法院即可对该事实予以确认。因为在不能拒绝裁判的前提下，认定高度可能性的事实发生，更接近于真实。

根据《民法典》第二百零九条规定：“不动产物权的设立、变更、转让、消灭，经依法登记发生效力，未经登记不发生效力，但法律另有规定的除外。”这确立了基于法律行为发生的物权变动的主要模式即不动产物权须经登记始发生物权效力。本条规定当事人必须证明自己对特定不动产享有物权才能推翻不动产登记簿登记的内容。例如在不动产物权变动情形中，凡是记载有关不动产物权变动的有效法律行为的文件或文书，即可能成为本条所指证据。这些文件或文书主要有遗嘱、遗赠协议、财产分割协议、合同、人民法院、仲裁委员会的法律文书或者人民政府的征收决定等。当然，基于以上书面文件公示效力的有限性，当事人在举证时往往还要结合其他证据一起构成一个完整的证据链，以满足本条所指的“高度可能性”条件，最终实现否定不动产登记簿证明力的目的。

本案中，异议人向法院提供其对案涉房屋享有真实状态权利的证据：1. 葛某银、汪某华与南昌仪器仪表厂签订《承包（融资）协议书》；2. 南昌仪器仪表厂与汪某华签订买卖诉争房屋《协议书》；3. 葛某银与汪某华签订《长期合作协议书》；4. 汪某华向葛某银补出具两张分别为收到葛某银承包融资款 65 万元及购买谌家巷 × 号房产 20 万元的收条。由于本案的诉争房屋产权是葛某银和汪某华承包的南昌华银商场用所持有的对外应收账款（100 万元风险抵押金等）和债权相加后转化置换所得，并非普通的购买房屋产权交易行为，所以异议人葛某银和被告汪某华均无法提供购房的缴费凭证。

案涉房屋属于葛某银和汪某华共同共有。从案涉房屋的实际出资来看，实际出资购买人是南昌华银商场，股东为葛某银和汪某华。从案涉房屋所得收益分配来看，从 1993 年承包南昌华银商场开始的 2014 年期间都是共同使用诉争房屋或共同按 50% 份额比例分配诉争房屋对外租赁的收益。虽然案涉房屋的不动产登记簿权利人仅有汪某华一人，但在《协议书》中汪某华仅作为乙方代表签字，盖章的南昌华银商场。汪某华作为华银商场的法定代表人来进行房屋所有权变更操办事宜，其所行使的是一种代表人行为，其所产生的法律后果归公司承受。

《〈民法典〉物权编的解释（一）》第二条规定：“当事人有证据证明不动产登记

① 最高人民法院民事审判第一庭:《民事诉讼证据司法解释的理解与适用》，中国法制出版社 2002 年版，第 351 页。

簿的记载与真实权利状态不符、其为该不动产物权的真实权利人，请求确认其享有物权的，应予支持。”这条司法解释表明异议人要有证据证明不动产登记簿的记载与真实权利状态不符。最终确定不动产物权的归属和内容，提出异议之人须就其享有真实状态权利负举证责任。

本案异议人已经提供了充分的证据证明其对案涉房屋的出资、收益情况，可以认定其作为共同共有人对案涉房屋与不动产登记簿权利人共同投资、共享收益。根据《民法典》第四百六十五条“当事人对合同条款的理解有争议的，应依据本法第一百一十二条第一款的规定，确定争议条款的含义”，即有相对人的意思表示的解释，应当按照所使用的词句，结合相关条款、行为的性质和目的、习惯以及诚信原则，确定意思表示的含义。综合协议所签订的内容、初始出资情况和最终收益情况，法院判决葛某银属于真实权利人，与汪某华共同共有案涉房屋合法有据，裁判合理正确。

编写人：张满洋

再审合议庭成员：刘晓雯　徐　苹　江都颖

2. 因房屋所有权的归属发生争议，利害关系人可以请求确认权利

——南昌市某建筑工程公司与江西某实业有限公司所有权确认纠纷二审案

裁判要旨

在建设工程施工合同中，业主与工程施工方签订的《关于以房屋抵价冲抵工程款的协议书》不违反法律法规规定，合法有效。如工程施工方主张依照《关于以房屋抵价冲抵工程款的协议书》约定履行，要求确认所涉房屋权属问题，应当依法按照双方约定予以支持。

案例索引

一审：江西省南昌市中级人民法院（2016）赣01民初37号

二审：江西省高级人民法院（2018）赣民终587号

基本案情

上诉人（原审原告）：南昌市某建筑工程公司（以下简称建筑公司）。

被上诉人（原审被告）：江西某实业有限公司（以下简称实业公司）。

建筑公司向一审法院起诉请求：1. 判令确认建筑公司为南昌市高新技术开发区高新二路某栋标准工业厂房的1–4层房屋的按份共有人，份额为50%，并判令实业公司协助建筑公司办理上述房屋变更登记手续，将建筑公司增加登记为上述房屋的产权共有人；2. 本案诉讼费、保全费等所有诉讼费用由实业公司承担。

建筑公司从一九九八年起开始承建实业公司发包的工程，双方于1999年9月28日签订的《关于以房屋抵价冲抵工程款的协议书》，约定：一、建筑公司同意实业公司将高新区某栋标准工业厂房南楼的1–4层房屋产权转让给建筑公司，C栋标准工业厂房南楼共四层总建筑面积5311.34平方米，按1200元/平方米计，折价人民币6373608元，冲抵实业公司所欠建筑公司工程款。二、自本协议生效之日起，该房屋产权相应的土地使用权归乙方所有；三、C栋标准工业厂房南楼的房屋产权及土地使用权的变更手续，自本协议书签订生效之日起到2000年年底以前，争取六月底以前，由实业公司负责办理完毕给建筑公司。变更费用按国家有关规定各自承担。建筑公司出具的其有与实业公司双方盖章，签署时间为2000年3月16日的《交接单》上载明：双方于2000年1月1日就高新区建昌某栋标准工业厂房南楼办

理了交接手续。经交接，该房屋于2000年1月1日交付建筑公司使用。后，建筑公司一直将诉争房产南楼用于出租，并收取租金。江西省国土厅于2001年12月30日颁发了本案诉争房屋所在地块的国有土地使用权证给实业公司，南昌市房管局于2002年1月30日给实业公司颁发了诉争房屋产权证。2005年12月26日江西省工商局出具行政处罚决定书，决定吊销实业公司营业执照。实业公司设立时的投资方为南昌高新技术产业开发区建设开发公司、中国银行江西信托咨询公司及中国建设（香港）有限公司，现实业公司的股东为中行江西省分行（25%）、中银集团投资有限公司（25%）、南昌高新区建设开发有限公司（50%）。2013年12月16日，建筑公司向一审法院提起诉讼，要求法院判决确认位于南昌市高新技术产业开发区高新二路某栋标准工业厂房南楼的1-4层房屋产权归南昌建筑公司所有，并判令将该房产更正登记至南昌建筑公司名下。

裁判结果

一审判决：驳回建筑公司的全部诉讼请求。

建筑公司不服提出上诉。二审判决：一、撤销江西省南昌市中级人民法院（2016）赣01民初37号民事判决；二、确认南昌市某建筑工程公司对江西某实业有限公司名下的南昌市高新技术开发区高新二路某栋标准工业厂房的1-4层房屋为房产按份共有人（其中南楼的1-4层房屋产权归南昌市某建筑工程公司所有）；三、江西某实业有限公司应于本判决生效之日起协助南昌市某建筑工程公司办理房屋变更登记手续，但双方应按照《江西省房屋登记条例》和南昌市房管局房屋交易产权管理处规定的程序予以办理；四、驳回南昌市某建筑工程公司其他诉讼请求。

裁判理由

二审认为，关于本案房屋所有权确认问题。建筑公司因承建实业公司发包的工程，双方于1999年9月28日签订的《关于以房屋抵价冲抵工程款的协议书》不违反法律法规规定，合法有效，且在该协议签订后，建筑公司与实业公司签署时间为2000年3月16日的《交接单》上载明：双方于2000年1月1日就高新区某栋标准工业厂房南楼办理了交接手续。经交接，该房屋于2000年1月1日交付建筑公司使用。建筑公司一直将诉争房产南楼用于出租，并收取租金。建筑公司事实上已经占有诉争房产南楼，建筑公司自称当时由于没有足够的资金，导致未及时办理房产过户手续。现建筑公司主张依照《关于以房屋抵价冲抵工程款的协议书》约定履行，要求法院判令确认建筑公司为南昌市高新技术开发区高新二路某栋标准工业厂房的1-4层房屋的按份共有人，份额为50%，并判令实业公司协助建筑公司办理上述房屋变更登记手续，将建筑公司增加登记为上述房屋的产权共有人。建筑公司该项诉请合法有据。另经一审法院函询南昌市住房保障和房产管理局，得到回复为：已登记在实业公司名下的高新区某栋标准工业厂房南楼的1-4层房屋，依法可将建筑公司登记为房产按份共有人，但建议征询南昌高新技术产业开发区管委会意见。一审法院多次向南昌高新技术产业开发区管委会发函，南昌高新技术产业开发区管委会2017 年 3 月 16 日复函称“关于实业公司房产过户，由于实业公司与建筑公司之间的不动产纠纷已由中院审理，管委会不宜再作出是否同意转让房产的意见，建议由南昌中院依法判决。关于实业公司房产过户，建议按照《江西省房屋登记条例》和市房管局房屋交易产权管理处规定的程序予以办理。……”根据以上事实和相关规定，对实业公司名下的南昌市高新技术开发区高新二路某栋标准工业厂房的 1–4 层房屋依法可将建筑公司登记为房产按份共有人（南楼的 1–4 层房屋产权归建筑公司所有），但应按照《江西省房屋登记条例》和南昌市房管局房屋交易产权管理处规定的程序予以办理。

要旨解析

物权确认请求权指的是因物权的归属、内容发生争议的，利害关系人要求国家司法机关确认其物权的请求权。物权确认请求权的内容，是请求确认物权的归属。所谓确认物权的归属，就是确认物权的权利主体，即确认对特定的物权享有直接支配和排他权利的权利人，如所有权人、用益物权人、担保物权人。至于请求确认物权的内容，则非属物权确认请求权的内容，而属于物权请求权的范畴。行使物权确认请求权是物权保护的前提。将物权的确认置于《民法典》物权的保护一章中，表明它是物权保护的一项重要内容。通常物权请求权的行使都是以物权人享有物权为基础的，也就是说，在物权人享有物权的情况下，才能行使该请求权。但在物权的归属发生争议的时候，当事人不能直接行使物权请求权，而必须首先请求确认物权的归属。也只有这样的话，才能发挥确认产权、定分止争的功能。

行使物权确认请求权必须向有关机关或人民法院提出请求。在物权的归属有争议的情况下，可以向登记机构要求办理更正登记。更正登记虽然是对先前登记的纠正，但实际上也是对登记权利的重新确认，因此更正登记本身具有重新确认的功能。当事人除了可以要求更正登记之外，也可以直接向法院提出确权之诉，请求确认物权的归属和内容。当发生产权争议时，只有人民法院的确权才是最终解决争议的途径。

本案所涉及的房屋所有权确认的问题。房屋产权的确认是指国家主管机关通过特定的法律程序对房屋所有权的效力认定，房屋产权确认的法律后果即是房屋所有权的合法有效。非政府主管机关未经法定程序不得自行对房屋产权进行确认，房屋产权的确认主要表现在房屋产权的登记制度中。我国《城市房地产管理法》规定：“国家实行土地使用权和房屋所有权登记发证制度。”房屋产权的确认，即划分和证明房屋产权的归属。与房屋产权取得的方式相适应，房屋产权的确认，即划分和证明房屋产权的归属。与房屋产权取得的方式相适应，确认房屋产权的主要方式是：第一，查证有无房屋所有权原始取得的事实；第二，查证有无继承取得房屋产权的事实：其中之“事实”，首先应以书证和物证为依据，没有书证和物证时，可以寻找证人、证言或其他证明。书证和物证主要包括：①产权证，如土改时发给的房地产证，建造房屋后领取的房屋所有权证，产权变更后领取的所有权证（通过买受、受赠、继承等方式取得的房屋产权证）。②其他证书和物证。如遗嘱、信件、分家析产合约书、基建时的加工费及材料费单据、历年缴纳房地产税的税单和赠与书等可以证明房屋产权归属的证书、物证。③其他证明。

《民法典》第二百零九条规定不动产物权的设立、变更、转让和消灭，经依法登记，发生效力；未经登记，不发生效力，但是法律另有规定的除外。第二百三十四规定因物权的归属、内容发生争议的，利害关系人可以请求确认权利。第二百九十八条规定按份共有人对共有的不动产或者动产按照其份额享有所有权。第二百一十五条规定当事人之间订立有关设立、变更、转让和消灭不动产物权的合同，除法律另有规定或者当事人另有约定外，自合同成立时生效；未办理物权登记的，不影响合同效力。

具体到本案，建筑公司因承建实业公司发包的工程，双方于 1999 年 9 月 28 日签订的《关于以房屋抵价冲抵工程款的协议书》不违反法律法规规定，合法有效，且在该协议签订后，建筑公司与实业公司签署时间为 2000 年 3 月 16 日的《交接单》上载明：双方于 2000 年 1 月 1 日就高新区某栋标准工业厂房南楼办理了交接手续。经交接，该房屋于 2000 年 1 月 1 日交付建筑公司使用。建筑公司一直将诉争房产南楼用于出租，并收取租金。建筑公司事实上已经占有诉争房产南楼，建筑公司自称当时由于没有足够的资金，导致未及时办理房产过户手续。现建筑公司主张依照《关于以房屋抵价冲抵工程款的协议书》约定履行，要求法院判令确认建筑公司为南昌市高新技术开发区高新二路某栋标准工业厂房的 1–4 层房屋的按份共有人，份额为 50%，并判令实业公司协助建筑公司办理上述房屋变更登记手续，将建筑公司增加登记为上述房屋的产权共有人。建筑公司该项诉请合法有据。对实业公司名下的南昌市高新技术开发区高新二路某栋标准工业厂房的 1–4 层房屋依法可将建筑公司登记为房产按份共有人。

编写人：马　悦

再审合议庭成员：王慧军　段亦枫　魏　巍

3. 因合法建造的事实行为设立物权的，自事实行为成就时即产生效力

——铜鼓县温泉镇某村村民委员会与曾某等物权确认纠纷二审案

裁判要旨

1. 因合法建造的事实行为设立物权的，自事实行为成就时即产生效力。事实物权并不以登记作为权利取得的要件。对事实物权而言，登记产生的是物权公示效力而非创设效力。

2. 确认事实物权的生效判决并非办理不动产登记的依据，是否符合办理不动产登记的条件，由相关行政部门依法审查确定。

案例索引

一审：江西省宜春市中级人民法院（2016）赣09民初54号

二审：江西省高级人民法院（2017）赣民终397号

基本案情

上诉人（原审被告）：曾某。

被上诉人（原审原告）：铜鼓县温泉镇某村村民委员会（以下简称村民委员会）。

原审被告：宜春市某建筑工程公司（以下简称甲建筑公司）。

原审被告：吴某祥。

原审被告：江西省铜鼓县某建筑工程有限公司（以下简称乙建筑公司）。

村民委员会向一审法院起诉请求：1. 确认村民委员会移民小区的商铺、车库及柴棚间属其所有；2. 本案诉讼费用由曾某承担。

2007年6月15日，铜鼓县人民政府下达了铜府抄字〔2007〕77号抄告单，同意村民委员会以业主身份办理建设用地批准手续，并同时规定移民新村建设仅限新开村本村村民，移民新村房屋五年内不得转让，五年后转让，受让人必须在县土地部门足额缴交土地出让金，补办土地出让手续。2007年6月24日，村民委员会召开了新开村移民建房会议，会议记录第五点约定“所有店面由新开建房者处理，多余钱投入基础设施建设”，2007年11月1日村民委员会召开了村移民建房代表会议，会议议题为选举产生新开村移民建房理事会，会议选举黄某东、张某、帅某仁、邬某祥、黄某红为建房理事会成员，同日，建房理事会制定了新开移民建房理事会章程，章程第三章职责部分约定理事会全权负责新开移民建房项目的各项事务。2008年8月，

村民委员会办理新开村移民安置房第一期（三栋）的建设工程规划许可证。2010年8月，村民委员会办理了新开村第二期建设工程规划许可证；2011年12月，村民委员会办理了新开村移民安置房第三期建设工程规划许可证。2008年8月1日村民委员会与甲建筑公司就移民新村的土建装饰签订《建设工程施工合同》。2010年7月1日，村民委员会与乙建筑公司就移民新村二期工程土建及图纸设计项目签订《建设工程施工合同》。2011年7月20日村民委员会就新开村移民小区三期工程与乙建筑公司签订建设工程施工合同，并将上述三份合同报建设主管部门备案。

温泉镇新开村建房理事会与甲建筑公司、吴某祥、曾某于2008年8月3日签订了另一份《新开移民建房工程项目建设合同书》，合同第五条付款部分约定“……如有不如数交房款者，乙方有权处置房屋”，该合同盖有建房理事会的公章、建房理事会成员及甲建筑公司、曾某、吴某祥的签字、盖章。

本案工程由曾某实际施工，吴某祥是本案工程中土建工程的实际施工人。双方未就新开村移民小区工程进行结算，曾某依据其与温泉镇新开村建房理事会签订的建房合同的约定，以其承建的新开村移民小区的商铺、柴棚间等与他人签订了买卖合同。

裁判结果

一审判决：村民委员会对位于江西省铜鼓县城南路（消防队隔壁）南面新开村移民安置房小区所建商铺、车库及柴棚间享有所有权。

宣判后，曾某不服，提起上诉。二审判决：驳回上诉，维持原判。

裁判理由

二审认为，关于本案诉争商铺、车库及柴棚间的所有权归谁所有的问题。原《物权法》第三十条规定：“因合法建造、拆除房屋等事实行为设立或者消灭物权的，自事实行为成就时发生效力。”本案中村民委员会以业主身份取得了村民委员会移民新村建设用地批准书和建设工程规划许可证，是诉争商铺、车库及柴棚间的合法建造主体，且诉争商铺、车库、柴棚间建造的事实已经发生。因此，在尚未分户之前，本案诉争商铺、车库及柴棚间的所有权人系村民委员会。关于曾某的几点上诉理由，二审评析如下：第一，曾某主张诉争商铺、车库及柴棚间尚未经过登记，未形成法律上的物权。对此，二审认为，根据原《物权法》第三十条的规定，因合法建造的事实行为设立物权的，自事实行为成就时即产生效力。事实物权并不以登记作为权利取得的要件。对事实物权而言，登记产生的是物权公示效力而非创设效力。事实物权亦受法律保护。第二，曾某主张诉争商铺、车库及柴棚间的权利人为温泉镇新开村移民小区内的全体业主。对此，二审认为，首先，村民委员会为合法的建造主体。根据铜鼓县人民政府办公室同府办［2007］77号抄告单，移民新村用地以划拨方式供应，村民委员会以业主身份办理建设用地批准手续，且实际取得用地批准手续及建设工程规划许可手续的主体均为村民委员会。虽然温泉镇新开村的村民在诉争建筑物的建设过程中需要出资，且在建成分户后可取得所分得房屋的物权，但其并非合法的建造主体，在分户以前其并非诉争商铺等建筑物的所有权人。其次，虽然所争商铺等建筑物的利益实质上归属于符合参建移民新村的村民，但村民委员会依法能够代表该村参建村民的利益。根据《村民委员会组织法》第二条、第八条的规定，村民委员会是基层群众性自治组织，能够代表村民的利益管理集体财产。根据曾某在一审提供的2007年11月1日《会议记录》，新开村建房理事会是由新开村村委、各组组长、村民代表及有关邀请人员讨论决定的，另根据《新开移民建房理事会章程》，建房理事会全权负责新开移民项目的各项事务。建房理事会并非法律明确规定的组织，而是新开村为建房而自行成立的组织。即使建房理事会向曾某交纳了款项，也是代表村民交纳。因此，村民委员会为合法的建造主体，并能代表参建村民利益，其系所诉争商铺、车库及柴棚间的所有权人。第三，曾某主张其依据与村民的约定处分诉争商铺等以回笼资金弥补成本差价，村民委员会无权主张权利。二审认为，曾某仅为移民新村建设项目的实际施工人。其与村民委员会之间的工程款纠纷，不属本案审查范围，应另行主张。对于应付工程款，即使双方存在由曾某处置相关房产抵偿债务的协议，曾某因此取得的是债权，即请求村民委员会履行合同的权利，其依法并未取得诉争商铺、车库及柴棚间的物权，相关受让人在未办理过户登记前也未取得物权。村民委员会对诉争商铺等有权主张物权。曾某与建房理事会所签订《新开移民建房工程项目建设合同》的效力，属于双方之间的债权纠纷，不属于本案物权确认纠纷审理范围。综上，曾某关于村民委员会对诉争商铺、车库、柴棚间不享有物权的主张不成立。二审法院确认村民委员会对诉争商铺、车库、柴棚间享有物权，是对事实物权的确认，确认的是因合法建造行为原始取得的物权，不属于原《物权法》二十八条规定的物权变动的情形，本判决并非办理不动产登记的依据。至于，诉争商铺、车库、柴棚间是否符合办理不动产登记的条件，由相关行政部门依法审查。

要旨解析

本案涉及事实物权的确认问题。首先，关于事实物权如何确认的问题。原《物权法》第六十条（现为《民法典》第二百三十一条）规定："因合法建造、拆除房屋等事实行为设立或者消灭物权的，自事实行为成就时发生效力。"所谓事实行为，是指行为人主观上不一定具有发生、变更或消灭民事法律关系的意思，但客观上能够引起这种法律后果的行为。不同于法律行为，法律行为必须有意思表示。对于基于事实行为引发的物权变动，法律直接规定其物权变动的效果，并不受行为人是否具有行为能力或是否具有相应意思表示的影响。因事实行为而设立或消灭物权的，自事实行为成就时发生效力。这不同于基于法律行为而发生物权变动的情形。根据《民法典》第二百零九条规定，基于法律行为发生的物权变动，经依法登记发生效力，未经登记不发生效力。在基于法律行为而发生的物权变动中，登记是物权变动的要件。而在因事实行为而发生的物权变动中，不需要遵循一般的物权公示方法，不动产不需要以登记作为物权变动的要件。对事实物权而言，登记产生的是物权公示效力而非创设效力。但是，并不是所有的事实行为都可以发生物权变动的效果，事实物权的取得必须符合法律规定的构成要件。一是事实行为必须具有合法性，建造房屋必须有合法的建造手续。所谓合法的建造手续是指，已经完成了合法的土地权利，完成了相关审批手续，如已经取得建设工程用地规划许可证、建设工程规划许可证等。二是事实行为已经成就即事实行为已经完成，要取得房屋的事实物权，房屋建造必须已经完成，如果尚处于建设过程中，尚未形成不动产，不动产物权的客体尚不存在。本案中，根据铜鼓县人民政府办〔2007〕77号抄告单中，移民新村用地以划拨方式供应，村民委员会以业主身份办理建设用地批准手续，且实际取得用地批准手续及建设工程规划许可手续的主体均为村民委员会。因此，村民委员会为合法的建造主体。虽然温泉镇新开村的村民在诉争建筑物的建设过程中需要出资，且在建成分户后可取得所分得房屋的物权，但其并非合法的建造主体，且根据《村民委员会组织法》第二条、第八条的规定，村民委员会是基层群众性自治组织，能够代表村民的利益管理集体财产，村民委员会依法能够代表该村参建村民的利益，因此，在分户以前村民委员会而非参建移民新村的村民系诉争商铺等建筑物的所有权人。其次，关于确认事实物权的生效判决能否作为办理不动产登记的依据问题。因合法建造房屋等事实行为设立物权且未办理登记的情况大量存在，在缺少登记的情况下，不能当然认定为无主财产，如果在登记之前不赋予建造者取得物权的权利，则在登记之前可能随时遭受第三人的侵害。立法承认事实物权，是基于特定的价值考量。但是，事实物权的确认并非意味着当然可以办理不动产登记。办理不动产登记的条件不仅仅是建造手续合法和建造行为完成，还需要审查是否交纳了相关税费等，且不动产登记的办理属于不动产登记机关的行政职权，是否符合不动产登记条件应由行政机关审查确定。因此，法院作出的确认事实物权的生效判决不能当然作为办理不动产登记的依据。

编写人：吴玉萍

二审合议庭成员：汪少华　欧阳军　吴玉萍

4. 未办理权属登记的房屋被他人侵占，权利人可以提起民事诉讼请求侵权人停止侵害、返还房屋

——蔡某斌与蔡某果侵权纠纷再审案

裁判要旨

1. 不动产权属登记系一种行政行为，并非人民法院民事审判解决的问题。未办理登记的不动产并非没有物权，权利人在法律允许的范围内也可得到保护。

2. 权利人因房屋受第三人侵害起诉请求停止侵害，由侵权人返还占有的房屋，系基于物权保护所产生的侵权纠纷，无须以房屋登记为前提，属于人民法院民事审判的范围。

案例索引

一审：九江市庐山区人民法院（2005）庐民一初字第 386 号

二审：江西省九江市中级人民法院（2006）九中民一终字第 99 号

再审：江西省九江市中级人民法院（2014）九中民再终字第 11 号

再审：江西省高级人民法院（2017）赣民再 43 号

基本案情

抗诉机关：江西省人民检察院。

申诉人（一审原告、二审上诉人）：蔡某斌。

被申诉人（一审被告、二审上诉人）：蔡某果。

蔡某斌向一审法院起诉请求：一、蔡某果停止侵权，返还侵占的房屋，搬走堆放于蔡某斌卫生间的杂物，封闭通往蔡某斌厅堂的门；二、蔡某果将擅自堆放在蔡某斌家地洞的杂物搬走，返还占用的简易棚；三、蔡某果赔偿蔡某斌侵权损失 5350 元。

柯某香育有一子一女，儿子为蔡某斌，女儿为蔡某秀（系蔡某果之母）。柯某香原来在九江市庐山区新街有一处自建住宅，1954 年因政府拆迁而搬迁至庐山区小天池 ×××× 号，居住在一幢（不包括地洞）木板结构的私房之内，该房 1957 年 12 月 31 日登记的建筑面积为 50 平方公尺，业主登记为柯某香，蔡某果与母亲也一并居住在该房之内，蔡某斌则长期在外地工作和生活。2010 年 8 月 ×× 日，庐

山房产局出具《证明》称，《接代管房屋登记册》记载该房木板结构，私产，二层，原建筑面积 53.91 平方米。

1982 年，蔡某果经过亲属一致同意，拆除了庐山区小天池 ×××× 号老房西边的杂物间、厨房等，紧靠老房的正房建造了一栋二层楼房，即西侧房（当时蔡某果母亲已经去世）。1987 年，柯某香去世。1988 年至 1989 年，双方协商一致，由蔡某果经手拆除庐山区小天池 ×××× 号老房二间正房及蔡某果自己 1982 年所建门厅，以蔡某果 1982 年建造的西侧房东墙为西墙，建造了一栋二层楼房，即东侧房。整体编号为庐山区小天池 ×× 幢，为石混结构的二层建筑。

2002 年左右，双方因东侧房屋权属产生争议。2003 年，蔡某斌将上述权属争议诉诸庐山房产局和相关职能部门，但相关行政机关调处未果。2003 年 10 月 16 日，九江市庐山质检站对争议房屋作出《蔡氏房屋估价编制说明》，认为东侧房建筑面积 117.60 平方米，房屋造价 36968.44 元。

原审过程中，蔡某果承认蔡某斌出资 12604.06 元建造东侧房，并称东侧房资金、实物等短缺部分均由蔡某果贴钱、物。蔡某斌则称共给付蔡某果建房资金 14604.06 元。

东侧房在未取得规划许可证、建设许可证等所有规划、建设批复的情形下，于 1988 年开始建造，1989 年东侧房建成后，未进行房屋权属初始登记。1988 年 9 月，蔡某斌曾向九江市庐山区房产公司提出房产登记申请，申请将 1954 年建筑的柯某香原房屋正房部分的所有权登记在自己名下，但未果（蔡某斌在申请中认可柯某香原房屋正房西边 1982 年扩建部分产权归蔡某果）。2009 年 9 月，蔡某斌向庐山房产局提出房屋登记申请，要求办理其母亲柯某香原房屋初始、继承、转移登记。庐山房产局审查后认为：柯某香原房屋经过 1982 年、1988 年二次改造，该房已不存在。“我局按照《房屋登记办法》的规定，同意对蔡某斌改造的房屋进行权属确认，必须按程序办理，必须提交相关所需材料，并列明细：1. 申请书，2. 庐山牯岭镇出具的证明材料（属历史遗留问题），3. 规划认定书，4. 国有土地使用证，5. 公证书。上述资料齐全后，6. 公告无异议，7. 房屋测量，8. 房屋安全鉴定，9. 办理遗产转移和房屋变更登记。但在办理过程中，至今提交的材料还不完全，我局一直把办理这户产权登记作为一项重要工作来抓，在有些材料不完备的情况下，派测绘队对该房屋进行测绘，但因柯某香房屋拆除和改造过程中涉及两个共同权利人，就共有财产析产分割存在纠纷，始终达不成共识，另一方多次阻止测绘和办理其他手续，至今工作无法开展”。

关于房屋争议发生前东侧房的使用情形，双方各执一词。蔡某斌称东侧房建成后全部由其使用，仅一楼厅堂有门与西侧房厅堂相通，方便相互往来；蔡某果则称其一直居住和使用东侧房一层和地洞，仅把东侧房楼上 $50m^2$ 房屋出租收益交付蔡某斌。蔡某果在 2001 年所写《叙：“庐山纪实”真相》第 6 页陈述：“庐山小天池 ×××× 号东侧楼（除一楼的过厅、卫生间是两栋楼共用外）均属蔡某斌、蔡某彦所有。”；第 7 页陈述：“1996 年夏天，早年住在我们家旁边的邻居梁书记的大女儿梁某新介绍九江财政局来问买我们家的房子，而且是要全部买下。他们先后来了两次看房。并与我商讨。我均以自己的理由拒绝了他们。并声明：×××× 号房东侧楼是我舅舅的。我只能把其意向转告舅舅，但我不能替舅舅做主。”第 9 页陈述：“自 89 年栋楼地洞出租起，每次舅舅回庐山我都提出要把那边的租金给他……。95 年夏天舅舅来庐山居住，我又一次提出把那边的租金给他。”第 10 页陈述：“我认为庐山小天池 ×××× 号房来源是很清楚的历史。×××× 号房东西两栋楼的各自改造年代、及改建人和各自产权都是明确无误的。庐山小天池 ×××× 号房东侧楼，（除贵楼前过厅、卫生间是东、西两栋楼共用外）房产权属，我自始至终都视为归蔡某斌、蔡某彦所有。虽然我对东楼的建设、管理等都付出了巨大的心血和投资。均是我出于对婆婆的深厚感情。”第 11 页陈述：“他们来到庐山后，兰某给了舅舅一个活期存折（3604.15 元），现金 6344.52 元（现金刚从银行取出来的含利息）共 9948.67 元，一个定期存折给舅舅。”第 16 页陈述：“2000 年 5 月 22 日，兰某把房租合同（两栋楼同时出租房价时我同租用单位签订的租房合同）历年房租租金、清单和历年存入银行租金本金及利息、滚利息清单和一个活期存折、现金等还给舅舅……并说明了整个租房合同约定的租金是两栋楼房间出租的总租金额。他和我各有一半。”

根据 2017 年 6 月 1 日本院对东侧房的现场查看，东侧房一楼现由蔡某果使用，二楼由蔡某斌使用。

2017 年 6 月 6 日，蔡某斌在《蔡某果以虚假诉讼、侵权获得不当得利赔偿我因此所受的直接损失》（合计 105967 元）相关说明称：“3. 原向重审法院曾提出赔偿费 5350 元，我没有查到原根据。事实在原重审之后，由于原二审判决以及暗箱出台二审裁定书等一系列极其严重错误的怂恿下，蔡某果更加有恃无恐，发生新的更严重的侵权事实。按照上述第 1 项所述原则、要求赔偿我的损失，于法、于理应该是合适的”。

裁判结果

一审判决：一、蔡某果在判决发生法律效力后二十日内，将放在蔡某斌享有使用权的庐山区小天池 ×× 号东侧房屋中一、二楼卫生间及地洞内的杂物搬出，并把已上锁的一楼卧室交付给蔡某斌使用；二、驳回蔡某斌其他诉讼请求。

蔡某斌、蔡某果均不服提出上诉。二审判决：一、撤销九江市庐山区人民法院（2005）庐民一初字第 386 号民事判决；二、驳回蔡某斌的诉讼请求。

再审判决：一、撤销江西省九江市中级人民法院（2006）九中民一终字第 99 号民事判决；二、撤销九江市庐山区人民法院（2005）庐民一初字第 386 号民事判决；三、驳回蔡某斌的诉讼请求。

蔡某斌仍不服向检察机关申请监督，检察机关提出抗诉，再审判决：一、撤销江西省九江市中级人民法院（2014）九中民再终字第11号民事判决、江西省九江市中级人民法院（2006）九中民一终字第99号民事判决、九江市庐山区人民法院（2005）庐民一初字第386号民事判决；二、蔡某果在本判决书生效后两月内将九江市庐山区小天池路 ×× 号东侧房一楼除前过厅和卫生间外的其他房间和地下室交付给蔡某斌；三、驳回蔡某斌的其他诉讼请求。

裁判理由

再审认为，要解决本案争议问题，首先要明确本案争议事项是否属于法院受理范围，人民法院审理本案争议是否需要以房屋经行政机关登记确权为前提。房屋等不动产权属登记系房屋等不动产登记机关依其职责对符合登记条件的房屋等不动产的权利人和其他必要信息记载于登记簿并向权利人颁发不动产权属证书的行为。房屋登记确权是一种行政行为，并非人民法院民事审判解决的问题。原《物权法》第九条规定不动产物权经依法登记发生效力，经过登记的不动产享有法律完整保护的物权，不动产登记赋予此种物权以公示公信效力。未办理登记的不动产并非没有物权，权利人在法律允许的范围内也可得到保护。房屋建造人对于其建造的房屋可以基于其建造行为原始取得对房屋的排他性的占有使用权利，虽然此种建造行为是否合法尚待行政机关确认，但除行政机关依法拆除外，第三人亦不能侵害。本案争议的庐山正街社区小天池路 ×× 号东侧房虽然均未办理登记，未取得房屋所有权证，但本案中蔡某斌并非请求由人民法院确认其对争议房屋的所有权办理房屋登记，蔡某斌在本案一审提出的诉讼请求是要求蔡某果停止侵害，返回非法占有的房屋并赔偿损失，该诉请是基于物权保护所产生的侵权纠纷，无须以房屋登记为前提，属于人民法院民事审判的范围。

关于蔡某斌的诉讼请求能否得到支持的问题，需根据庐山正街社区小天池路 ×× 号东侧房屋改建前的历史背景、改建过程、投资人和此后的实际使用确定其权利人。本案现有的证据足以证明庐山正街社区小天池路 ×× 号东侧房屋除一楼过厅和卫生间为东、西侧房两户共用外，其余部分的权利人为蔡某斌。

首先，从小天池路 ×× 号东侧房屋改建的历史背景和过程来看，蔡某斌与蔡某果在改建前对改建后东侧房屋的归属虽未有书面约定，但可以认定双方在改建前即已达成了由蔡某斌出资，蔡某果组织实施，改建后的东侧房屋除一楼前过厅和卫生间共用外其余部分归蔡某斌的意思表示。小天池路 ×× 号东侧房系在拆除蔡某斌母亲柯某香所有的小天池 ×××× 号老房正屋和1982年建的门厅后改建而来。蔡某果在《叙："庐山纪实"真相》对东侧房改建的原因和过程有详细叙述，一审中亦有改建前的小天池路 ×× 号房屋整体照片可以印证。东侧房改建前，原为蔡某斌母亲柯某香老房主屋及1982年建设西侧房时一并搭建的门厅，供西侧房和旧房主屋出入共同使用。1987年柯某香去世后，因旧屋破旧不堪，蔡某斌提出在旧房主屋的地皮上改建成一层砖墙水泥平顶房，由于1982年建的前大厅木梁被特大冰雪压断，蔡某果建议将旧屋和门厅拆除并与西侧房屋共用中间墙齐平建设两层房屋。后东侧房改造的图纸由蔡某斌提供，虽然对东侧房如何改造蔡某果提出了建议并被蔡某斌采纳，但双方并没有对改造后东侧房一楼归蔡某果所有，二楼归蔡某斌所有作出约定。1988 年 9 月 24 日同一天蔡某斌和蔡某果到庐山房管局分别填写提交了江西省庐山市（县）私房所有权登记申请书，其中庐山小天池路 ×××× 号 1 幢申请人为蔡某斌，产权来源为自建私房，庐山小天池 ×××× 号西侧申请人为蔡某果。蔡某果在《叙:“庐山纪实”真相》多次陈述自认庐山小天池 ×××× 号房东侧楼（除一楼前过厅、卫生间是东、西两栋楼共用外）归蔡某斌所有。其中，在第 6 页陈述:“庐山小天池 ×××× 号东侧楼（除一楼的过厅、卫生间是两栋楼共用外）均属蔡某斌、蔡某彦所有。”在第 7 页又陈述:“1996 年夏天，早年住在我们家旁边的邻居梁书记的大女儿梁某新介绍九江财政局来问买我们家的房子，而且是要全部买下。他们先后来了两次看房。并与我商讨。我均以自己的理由拒绝了他们。并声明：×××× 号房东侧楼是我舅舅的。我只能把其意向转告舅舅，但我不能替舅舅做主。”在第 10 页陈述:“我认为庐山小天池 ×××× 号房来源是很清楚的历史。×××× 号房东西两栋楼的各自改造年代、及改建人和各自产权都是明确无误的。庐山小天池 ×××× 号房东侧楼，（除东楼前过厅、卫生间是东、西两栋楼共用外）房产权属，我自始至终都视为归蔡某斌、蔡某彦所有。虽然我对东楼的建设、管理等都付出了巨大的心血和投资。均是我出于对婆婆的深厚感情。”在第 28 页陈述:“出于公心，我从来就没有过要把小天池 ×××× 号房东侧楼占为己有之心及行为。”在该信件其他部分亦有类似表示。《叙:“庐山纪实”真相》系蔡某果 2001 年在双方发生矛盾后，对蔡某斌家人的一篇回信，此时距 1988 年改建房屋已过去了十多年，蔡某果在已经与蔡某斌发生矛盾的情况下多次作出的东侧房属于蔡某斌或其家人所有的陈述是双方改建房屋客体情况的陈述和真实意思表达，足以证实东侧房归蔡某斌，但一楼过厅系西侧房和东侧房进出的共用通道，一楼卫生间紧邻西侧房和过厅，亦为东侧和西侧房两户共用，东侧房其余部分应归蔡某斌。

其次，小天池路 ×× 号东侧房建造费用系由蔡某斌出资，也可印证东侧房屋除一楼前过厅和卫生间共用外应归蔡某斌。蔡某斌在本案一审中提交的三张东侧房改造费用清单系蔡某果亲笔书写，该三张清单为东侧房建成后蔡某果对房屋建造收入和支出的统计，不但有总收入和总支出，也有具体项目支出，可以证实东侧房改建的费用系由蔡某斌支付，具体改建由蔡某果组织实施。本案争议的房屋系自建房，按照工程预算定额对房屋进行评估并不能客观反映房屋的建造费用，且造价评估亦不能作为蔡某果出资的证明。蔡某果称由于施工时资金和实物的短缺，其亦补贴了部分，蔡某果的该主张没有证据支持，且即使蔡某果出于亲情在帮蔡某斌改建东侧房时补贴了部分钱物，该行为亦不能成为蔡某果主张东侧房权利的依据。蔡某果还以《叙:“庐山纪实”真相》中的附件明细表作为其对东侧房屋建设投入资金的证据，由于该明细表系 2001 年写《叙:“庐山纪实”真相》时所制作，其证据效力显然不及东侧房屋建成时蔡某果出具蔡某斌的三张东侧房屋改造费用清单。且蔡连果在《叙:“庐山纪实”真相》中提出该附件清单亦不是作为其主张东侧房屋权利的凭据。

再次，东侧房建成后，蔡某斌是东侧房（除一楼前过厅和卫生间外）的实际权利享有者。东侧房建成后，虽然蔡某斌并未在房屋内长期居住，但其仍然每年定期到来庐山该房屋居住，并收取了东侧房出租的租金。蔡某果在《叙:“庐山纪实”真相》中对东侧房的出租及租金交给蔡某斌情况亦有详细陈述。其中第9页陈述:“自89年东楼地洞出租起，每次舅舅回庐山我都提出要把那边的租金给他……。95年夏天舅舅来庐山居住，我又一次提出把那边的租金给他。”第11页陈述:“他们来到庐山后，兰某给了舅舅一个活期存折（3604.15元），现金6344.52元（现金刚从银行取出来的含利息）共9948.67元，一个定期存折给舅舅。”第16页陈述:“2000年5月22日，兰某把房租合同（两栋楼同时出租房间时我与租用单位签订的租房合同）历年房租租金、清单和历年存入银行租金本金及利息、滚利息清单和一个活期存折、现金等还给舅舅。……并说明了整个租房合同约定的租金是两栋楼房间出租的总租金额。他和我各有一半。”从1989年东侧房建成，蔡某果一直将东侧房出租的租金交给蔡某斌直至2000年左右双方发生矛盾。蔡某斌虽然未长期住在东侧房，未对房屋进行直接管理，但蔡某果帮助蔡某斌管理并出租东侧房，说明蔡某斌对东侧房一直由蔡某斌实际享受东侧房的出租收益，蔡某斌是东侧房的权利人。

根据上述分析，庐山小天池 ×× 号东侧房一楼前过厅和卫生间由西侧和东侧两户共同使用，东侧房其余部分归蔡某斌。蔡某果应将其占有的东侧其余房屋交还给蔡某斌。另，蔡某斌主张东侧房地下室旁搭建的简易棚应归其使用没有证据支持，其要求蔡某果赔偿损失的诉讼请求亦证据不充分，本院不予支持。本院依据证据和事实对争议房屋权利人所做的认定并不表示本院确认该房屋系合法建筑，本案争议房屋是否属于合法建筑属于相关行政职能部门确认的事项，房屋权属登记也应由相关职能部门根据法律法规对予以办理。

本案双方系舅舅与外甥亲戚关系，蔡某果从小随外婆生活，与舅舅蔡某斌感情胜似一家人。蔡某果在《叙:“庐山纪实”真相》中亦回忆舅舅蔡某斌对他的帮助，从1971年蔡某果与外婆举家迁往吉安，舅舅蔡某斌帮其找工作、联系学习开车、学汽修、考驾照，至1974年帮其回庐山找到工作，充满感激之情。蔡某果亦是出于亲情，出工出力，帮助舅舅改造东侧房屋。双方因房屋使用管理中的琐碎小事引发猜疑，本应在家庭范围内商量解决，但2002年时蔡某斌首先提出要蔡某果封闭东侧一楼前过厅中西侧房进出门的不当请求，蔡某果亦有将一楼前过厅用铁皮隔离的不当举措，导致双方矛盾升级引发本案诉讼。本案虽然对双方争议的东侧房占用使用权利人做出了认定，但双方亦应以亲情为重，合情合理地使用房屋共有部分，协商解决双方在使用管理和维护房屋时的其他问题。

综上，原二审再审判决认定事实和适用法律错误，应予纠正。

要旨解析

该案系因家庭成员之间合伙自建房屋引发的纠纷，既涉及事实争议，包括房屋系谁出资、谁组织施工、约定建成后如何分配、如何管理使用等一系列事实争议，也涉及法律问题争议，主要是对没有办理不动产权属登记的房屋，是否存在受法律保护的物权，房屋被侵占后，人民法院对权利人提起的侵权之诉可否受理、应否予以保护。对事实争议，再审判决做了详细分析认定。这里主要对两个法律问题进行评析，即权利人对无证房屋享有何种物权，以及该权利是否属于人民法院民事诉讼保护范围。

无证房屋是对没有取得不动产权属登记房屋的统称。原《物权法》第九条（现为《民法典》第二百零九条）规定，不动产物权的设立、变更、转让和消灭，经依法登记，发生效力；未经登记，不发生效力，但法律另有规定的除外。根据上述规定，要取得不动产物权，一般都要依法办理不动产权属登记，包括新购商品房的登记、二手房的权属变更登记、抵押权登记等等。所有权人只有在登记后，才能取得具有法律效力的房屋物权。但在现实生活中，存在很多没有办理不动产权属登记的房屋。有的是因房屋违反城乡规划，未取得批准的违法违章建筑；有的是不违反城乡规划，但因其他各种手续或资料不全未能办理不动产权属登记；还有的是已经向政府有关行政部门提交了权属登记申请文件，但政府行政部门一直未予办理权属登记。因这些未办理权属登记的房屋发生纠纷，在民事诉讼中如何处理存在一些争议。如本案的二审法院以双方争议的房屋权属当时未依法进行行政确权，争议房屋权属应先经行政机关登记确权为由驳回蔡某斌诉请。这里有一个法律问题首先要解决的是，权利人对未办理权属登记的房屋到底享有什么样的权利，是何种物权。二审法院认为权利人在未对房屋办理权属登记时只有财产使用权，没有所有权。原《物权法》第三十条（现为《民法典》第二百三十一条）规定，因合法建造、拆除房屋等事实行为设立或者消灭物权的，自事实行为成就时发生效力。这是原《物权法》关于因事实行为而设立或者消灭物权的规定。由此可见，建造人对其合法建造的房屋，即使没有办理权属登记，亦享有物权。该条规定应属于原《物权法》第九条（现为《民法典》第二百零九条）规定的法律另有规定的情形。另一个进一步的问题是这种物权的具体内容有哪些，是否与不动产所有权权利内容相同。原《物权法》第三十一条（现为《民法典》第二百三十二条有所改动，处分依照本节规定享有的不动产物权，依照法律规定需要办理登记的）进一步规定，依照本法第二十八条至第三十条规定享有不动产物权的，处分该物权时，依照法律规定需要办理登记的，未经登记，不发生物权效力。该条属于对第三十条内容的进一步解释，除了按法律规定需要办理登记未经登记不发生物权效力之外，建造人对其合法建造的房屋享有的物权与其他经过登记的房屋权利人对其房屋所有权的内容并无区别。根据上述分析，笔者认为，建造人对合法建造的房屋的物权实际是一种准所有权，除了没有物权公示效力，在转让该房屋时受到限制外，其他占有、使用、收益、处分权能并无明显区别。“合法建造之事实行为成就时，该不动产在没有办理登记之前，在法律上应当确定其归属，不能因为未办登记或未及时办理登记，而使该财产称为无主财产。我国存在许多因合法建造房屋等事实行为设立所有权的情况，虽然有些没有登记行为，但亦应承认其所有权归建房人所有。”

当然在司法实践中，对争议的房屋是否属于合法建造以及何人建造等往往会成为案件争议问题。

《城乡规划法》第六十四条规定：未取得建设工程规划许可证或者未按照建设工程规划许可证的规定进行建设的，相关行政部门责令停止建设；尚可采取改正措施消除对规划实施的影响的，限期改正；无法采取改正措施消除影响的，限期拆除，不能拆除的，没收实物或者违法收入。该法第六十五条规定：在乡、村庄规划区内未依法取得乡村建设规划许可证或者未按照乡村建设规划许可证的规定进行建设的，责令停止建设、限期改正；逾期不改正的，可以拆除。该法第六十六条规定：建设单位或者个人有下列行为之一的，由相关主管部门责令限期拆除，可以并处罚款：（1）未经批准进行临时建设的；（2）未按照批准内容进行临时建设的；（3）临时建筑物、构筑物超过批准期限不拆除的。上述法律规定应该是判断房屋是否属于合法建造的重要依据。

一般认为认定“合法建造”应把握以下原则：（1）要取得了合法手续的建房，包括完成特定的审批手续、取得合法的土地权利、符合规划要求；（2）获得建设用地规划许可证和建设工程规划许可证；（3）尊重城乡差异，适度区别在国有建设用地与农村宅基地上建房，尊重目前农村宅基地上建房缺少审批程序的现实；（4）违章建筑的认定属于行政判断权，司法不宜取代。关于对违章建筑的认定问题，最高人民法院多个民事审判工作会议纪要均有明确规定。司法实践中，如果行政机关对房屋已经做出了属于违章建筑的认定，在民事诉讼中都比较好处理。但大量纠纷都是行政机关对该房屋是否属于违章建筑并未给出确定的意见。笔者认为，在行政机关未明确争议房屋是否属于违章建筑的情形下，人民法院应当推定建造人对其享有物权，并据此对相关当事人的物权和权利作出裁判，而不能以该房屋是否属于合法建造不明为由驳回权利人的诉讼请求。当然，法院在对当事人的物权进行确认或分割时，应避免在判决书中对该建筑是否合法、是否可以办理权属证书作出判断，民事判决主要侧重对当事人民事权利和利益的确认与分配。

本案属于典型的可以认定为合法建造的房屋，建造人对房屋享有物权，二审和原再审以其未办理行政确权为由驳回蔡某斌的诉讼请求明显不妥。实际上，根据笔者了解，在庐山风景区内，政府对长期在景区居住生活的老百姓早年合法建造的私房均未办理房屋权属登记，这是当地房屋权属的一种常态。侵占此种未办理权属证书的合法建筑，明显属于民事诉讼中物权保护的范围。

编写人：龚雪林

再审合议庭成员：龚雪林　刘晓雯　邓名兴

5. 建设项目压覆矿产资源是否构成侵权，应主要审查是否获得国务院授权的部门批准以及与探矿权人是否达成压覆的同意

——江西某实业有限公司与某铁路客运专线江西有限责任公司探矿权纠纷二审案

裁判要旨

1. 建设项目压覆矿产资源，对矿产资源的合理利用及矿业权人的合法权益势必造成一定影响，对是否构成侵权的认定应主要审查是否获得国务院授权的部门批准以及与探矿权人是否达成压覆的同意。

2. 鉴定意见是资源类案件中最重要的定案证据之一，对鉴定意见应当进行审核判断，而不应盲目认定，避免"以鉴代审"。

案例索引

一审：江西省上饶市中级人民法院（2017）赣11民初160号

二审：江西省高级人民法院（2018）赣民终534号

基本案情

上诉人（一审原告）：江西某实业有限公司（以下简称实业公司）。

被上诉人（一审被告）：某铁路客运专线江西有限责任公司（以下简称客运公司）。

实业公司于2008年取得江西省广丰县椒岭铝土矿的探矿权，杭长客专（江西段）铁路于2011年开工建设，压覆了实业公司所持有探矿权的广丰县椒岭铝土矿，建设单位是客运公司。2013年6月3日，广丰县高铁办根据广丰县人民政府办公会第92号会议纪要精神为确保沪昆铁路客运专线项目的顺利进行，妥善解决压覆江西实业公司椒岭铝土矿的补偿问题，选择了三家资产评估机构，后经抽签确定诸暨广信资产有限公司进行评估。评估结论：列入评估房范围的资产在评估基准日2013年6月10日的市场参考价值（取整）人民币25617500元，评估费74000元。实业公司于2014年4月14日向法院提起诉讼，要求客运公司补偿压覆椒岭铝土矿造成的经济损失25617500元、及利息1320724元。2013年8月15日，经双方当事人及省铁办、县铁办同意委托江西中隆华资产评估有限公司进行评估，评估结论：在评估基准日2009年9月21日，委估的广丰县椒岭铝土矿投入资产（成本）补偿价值为人民币

2342500 元。因双方对对方提供的鉴定结论有异议，根据实业公司的申请，一审法院依法委托江西中磊司法鉴定中心对涉案椒岭铝土矿资产进行评估。检验结果：“委托方对列入鉴定范围内的探矿权价值及相关投入等资产鉴定价值为人民币 16424008 元”。其中探矿权价值为 9596800 元，客运公司对资产评估报告书有异议以及认为有重复补偿的可能，申请重新鉴定，一审法院委托原评估机构重新及补充鉴定，补充鉴定意见：“委托方对列入鉴定范围内的探矿权价值及相关投入等资产鉴定价值为人民币 15407608 元”。其中探矿权价值为 8735900 元，扣除西气东输已补偿的 155500 元，实际探矿权价值为 8580400 元。评估费 536000 元。

此外，实业公司于 2008 年以申请在先的方式取得涉案探矿权，2012 年 1 月，因西气东输工程压覆补偿的需要，湖南华信求是地产矿产与资产评估有限公司作出的湘华信矿评字［2012］04 号探矿权评估报告对于涉案的椒岭铝土矿探矿权评估价值为 959.68 万元，评估面积为 3.96 平方公里，评估基准日为 2011 年 11 月 30 日，湖南华信求是地产矿产与资产评估有限公司作出的湘华信矿评字［2012］03 号探矿权评估报告对于黄家山铝土矿探矿权评估价值为 1184.51 万元，评估面积为 4.52 平方公里，评估基准日为 2011 年 11 月 30 日，2012 年，中国石油天然气管道局因西气东输工程管线压覆上述两矿补偿实业公司 1390 万元。

裁判结果

一审判决：一、由客运公司在判决生效后十日内补偿实业公司被压覆广丰县椒岭铝土矿的经济损失 4689431.12 元，并自 2014 年 3 月 31 日始按中国人民银行同期贷款利率赔偿利息损失至全部结清日止。二、驳回实业公司的其他诉讼请求。

实业公司不服，提起上诉。二审判决：驳回上诉，维持原判。

裁判理由

二审认为，建设项目压覆矿产资源，对矿产资源的合理利用及矿业权人的合法权益势必造成一定影响。江西省国土资源厅对案涉探矿权的压覆做出了同意压覆的批复，在实业公司出具的《关于〈杭州至长沙（江西段）新建铁路工程项目〉压覆我公司广丰县椒岭铝土矿普查探矿权的说明》中亦已经明确同意压覆，这不符合侵权损害赔偿责任的构成要件，客运公司的压覆行为不构成侵权，实业公司关于客运公司的行为构成侵权的主张不能成立。关于补偿数额的确定，西气东输工程中对两矿的补偿总额为 1390 万元，但没有明确该补偿系该两矿的全额补偿，同时也未区分两矿的具体补偿数额。一审法院依据上饶市广丰区政府法制办 2015 年 10 月 29 日出具的《关于西气东输有关情况说明的审查意见》“其中黄家山矿区面积 4.52Km^2，被压覆 2999m^2，被压覆的面积为 149950m^2，椒岭矿区面积 3.96Km^2，被压覆 1410m^2，被压覆 70500m^2，两矿区被压覆补偿款合计 1390 万元，补偿范围和数量为：黄家山铝矿、椒岭铝矿两处，长度为 4.4 公里，面积为 220450m^2”根据两矿的各自压覆面积占总面积的比例进行计算，涉案的椒岭铝土矿的补偿数额为 1390 万元 ×（椒岭矿压覆面积 70500m^2 ÷ 两矿压覆总面积 220450m^2）=444.52 万元，故椒岭矿在气东输项目中已经获得补偿的面积的比例为 444.52 万元 ÷959.68 万元 =46.32%，故椒岭矿全矿 46.32% 的部分已经得到补偿。参考江西中磊司法鉴定中心补充司法鉴定意见书中探矿权价值 873.59 万元，扣除实业公司因为西气东输工程已经获得的 46.32% 补偿，客运公司应当支付的补偿数额为：椒岭矿的探矿权价值 873.59 万元 ×（100%-46.32%）=4689431.12 元。该计算方法更为客观合理，应予以维持。

要旨解析

本案涉及以下两个法律问题：一是压覆行为是否构成侵权；二是压覆的补偿数额应当如何确定。

一、关于压覆行为是否构成侵权的问题

在实践中，矿床压覆是否构成侵权通常是争议的首要问题。《矿产资源法》第三十三条规定：“在建设铁路、工厂、水库、输油管道、输电线路和各种大型建筑物或者建筑群之前，建设单位必须向所在省、自治区、直辖市地质矿产主管部门了解拟建工程所在地区的矿产资源分布和开采情况。非经国务院授权的部门批准，不得压覆重要矿床。”而对是否构成侵权的认定应主要审查是否获得国务院授权的部门批准以及与探矿权人是否达成压覆的同意。关于矿床压覆中所涉矿业权和建设用地使用权的协调衔接，《矿产资源法》以及国土资源部《关于规范建设项目压覆矿产资源审批工作的通知》《关于进一步做好建设项目压覆重要矿产资源审批管理工作的通知》《矿产资源登记统计管理办法》等规范性文件中均作出了相关规定。其主要流程包括如下五个步骤：1. 建设项目选址前须向地质矿产主管部门了解拟建工程所在地区的矿产资源分布和开采情况；2. 建设项目压覆矿产资源的，须经地质矿产主管部门批准；3. 压覆重要矿产资源的评估程序；4. 与矿业权人签订补偿协议；5. 矿产资源储量登记。

本案中，第一，2009 年 9 月 21 日，江西省国土资源厅印发的《关于杭州至长沙（江西段）新建铁路工程建设用地压覆矿产资源评估报告审查意见的批复》，对沪昆铁路客运专线（江西）公司筹备组委托江西省地质工程公司完成的《杭州至长沙（江西段）新建铁路工程建设用地压覆矿产资源评估报告》做出了同意压覆的批复，案涉椒岭铝土矿列在附件中，亦即本案涉案探矿权的压覆经过了地质矿产主管部门批准。第二，2009 年 4 月 14 日，实业公司出具《关于〈杭州至长沙（江西段）新建铁路工程项目〉压覆我公司广丰县椒岭铝土矿普查探矿权的说明》中表述：“国家重点建设项目需要征用，我公司赞同并恳请实地评估补偿我公司前期开路、探矿、征用及租用土地补偿金等费用支出。”实业公司已经明确同意压覆，双方当事人就压覆达成意向性协议，只是对于具体的补偿数额有待协商，尚未达成一致意见。对于是否同意压覆以及补偿数额的协商是不同的民事权利，无论是

从法律上还是实践中都是完全可以分开处置的。在实践中，建设项目单位与矿业权人通常达成同意压覆的意向性协议之后，双方会再进一步就补偿进行协商，协商不成才会进入诉讼，进入诉讼不应当成为推翻同意压覆的理由。第三，侵权行为系指侵犯他人权利或者合法权益的加害行为。本案中客运公司的压覆的原因为公共利益的需要，涉案探矿权的压覆获得了地质矿产主管部门的批准，该压覆行为具有合法性，并且该压覆行为已得到权利人的同意，不符合侵权损害赔偿责任的构成要件。

二、关于压覆的补偿数额应当如何确定的问题

鉴定意见是资源类案件中最重要的定案证据之一，2012 年《民事诉讼法》修正时，将原“鉴定结论”改为“鉴定意见”，因为鉴定结果仅仅是鉴定人的个人观点，案件审理过程中合议庭应当对鉴定意见进行审核判断，而不应盲目认定，以免产生“鉴定权”绑架“审判权”的弊病。

本案中，客运公司认为涉案探矿权已经在西气东输工程中获得了全部补偿，实业公司则认为在西气东输工程中只获得了部分补偿，上饶市广丰区政府法制办于 2015 年 10 月 29 日出具了《关于西气东输有关情况说明的审查意见》，该审查意见对西气东输工程压覆面积和补偿款的表述为：“其中黄家山矿区面积 4.52Km^2，被压覆 2999m，被压覆的面积为 149950m^2，椒岭矿区面积 3.96Km^2，被压覆 1410m，被压覆 70500m^2，两矿区被压覆补偿款合计 1390 万元，补偿范围和数量为：黄家山铝矿、椒岭铝矿两处，长度为 4.4 公里，面积为 220450m^2”；西气东输工程中对两矿的补偿总额为 1390 万元，但没有区分两矿的具体补偿数额，但可以根据审查意见中两矿的各自压覆面积占总面积的比例进行计算，涉案的椒岭铝土矿的补偿数额为 1390 万元 ×（椒岭矿压覆面积 70500m^2 ÷ 两矿压覆总面积 220450m^2）=444.52 万元，江西中磊司法鉴定中心出具的赣中磊司法鉴定中心〔2015〕资鉴字第 0050 号补充司法鉴定意见书将西气东输已经补偿的压覆面积的探矿权价值计算为：（椒岭矿压覆面积 70500m^2 ÷ 椒岭矿总面积 3960000m^2）× 椒岭矿的探矿权价值 873.59 万元 =15.55 万元，该计算方法存在以下两方面的错误，一是椒岭矿压覆面积 70500m^2 ÷ 椒岭矿总面积 3960000m^2=1.78%，这意味着椒岭矿 1.78% 面积的探矿权可以价值 444.52 万元，那么椒岭矿的总探矿权价值可达 24973.03 万元，这不符合常理，二是扣除西气东输补偿款的基数只能是西气东输项目的补偿款数额，而不能以另行鉴定的椒岭矿的探矿权价值作为计算基数，计算基数不一会导致出现实际补偿的数额与扣除数额不一的问题，故赣中磊司法鉴定中心〔2015〕资鉴字第 0050 号补充司法鉴定意见书将西气东输已经补偿的压覆面积的探矿权价值计算为 15.55 万元并据此扣减确有不当，椒岭矿在西气东输项目中已经获得补偿的面积的比例为 444.52 万元 ÷959.68 万元 =46.32%，故椒岭矿全矿 46.32% 的部分已经得到补偿，该部分应当从鉴定的椒岭矿全矿补偿数额中扣除。

鉴定机构使用成本效用法对探矿权价值进行鉴定，该方法中的效用系数已经

内化了相关投入的实际效用，在探矿权价值之外另行计算相关投入为重复计算，该问题也可以从涉案探矿权两次高度同质性的鉴定或评估中得到印证。涉案的同一探矿权先后因为西气东输工程和沪昆铁路两个公益事业项目的建设而被两次压覆，因西气东输工程压覆，湘华信矿评字［2012］04号探矿权评估报告对于涉案的椒岭铝土矿探矿权评估价值为959.68万元，因沪昆铁路的压覆，赣中磊司法鉴定中心〔2015〕资鉴字第0050号补充司法鉴定意见书鉴定探矿权价值为858.04万元（加上西气东输已压覆扣除部分15.55万元为873.59万元，），不同的是赣中磊司法鉴定中心〔2015〕资鉴字第0050号补充司法鉴定意见书除开探矿权价值外另行计算了房屋建筑物、征地和租地补偿等相关投入，而本案探矿权人对于西气东输工程中探矿权价值的评估并无异议且已经实际获得补偿款。赣中磊司法鉴定中心〔2015〕资鉴字第0050号补充司法鉴定意见书也注明“本次被压覆矿区的征地、租地面积是否在沪昆铁路客运专线压覆范围内，本机构鉴定人员无法取证鉴定……相关证明文件需由探矿方、人民政府核定，并出具相关证明提交法院裁决”。实业公司并未提交相关证据证明房屋建筑物、征地、租地是在沪昆铁路客运专线压覆范围内，故只对赣中磊司法鉴定中心〔2015〕资鉴字第0050号补充司法鉴定意见书中探矿权价值873.59万元予以认定。因此，扣除实业公司因为西气东输工程已经获得的46.32%补偿，客运公司应当支付的补偿数额为：椒岭矿的探矿权价值873.59万元×（100%-46.32%）=4689431.12元。

编写人：张满洋

二审合议庭成员：王慧军　段亦枫　魏　巍

6. 协议变相转让采矿权并放弃矿山管理的约定无效

——江西修水某矿业有限公司与徐某峰、修水县某硅业有限公司、蔡某文采矿权纠纷二审案

裁判要旨

协议变相转让采矿权并放弃矿山管理，不再履行安全生产等法定义务，该约定依据《最高人民法院关于审理矿业权纠纷案件适用法律若干问题的解释》第十二条第二款的规定应属无效。

案例索引

一审：江西省九江市中级人民法院（2017）赣04民初10号

二审：江西省高级人民法院（2018）赣民终391号

基本案情

上诉人（一审原告）：江西修水某矿业有限公司（以下简称矿业公司）。

上诉人（一审被告）：徐某峰。

上诉人（一审被告）：修水县某硅业有限公司（以下简称硅业公司）。

被上诉人（一审被告）：蔡某文。

矿业公司向一审法院起诉请求：1. 判决确认矿业公司与徐登峰于2014年5月29日签订的《承包采矿协议书》、2015年3月17日签订的《补充协议书》无效；2. 判决硅业公司与蔡琦文共同向矿业公司补偿2011年–2016年矿石价款14810759元；3. 判决徐登峰与蔡琦文共同补偿矿业公司2013年–2016年间取走矿业公司矿石114110吨，计矿石价款15988981元。

案外人苏洪荣于2003年8月由修水县人民政府招商引资收购了原修水县石英制品厂，投资建设修水县山口镇白石岭石英矿厂区，并设立矿业公司。2016年8月11日前苏洪荣一直是矿业公司的法定代表人，2016年8月11日之后矿业公司的法定代表人变更为刘小琴。蔡某文从2006年8月起即担任矿业公司总经理一职并负责管理矿业公司矿山的日常事务，矿业公司于2016年9月解聘蔡某文。自2007年3月开始蔡某文便一直将矿石的开采、爆破作业、土层剥离、矿石的运输、运输道路的维修、矿石清洗加工等交由徐某峰承包。矿业公司与徐某峰并就上述事项签订《承包采矿合同书》及《承包采矿运输协议书》等合同。签订协议

后，徐某峰投入了设备、车辆等进行原矿石的开采、爆破、运输等。硅业公司于2008年6月19日设立，其经营范围为石英原料收购、加工、销售，其法定代表人为徐某峰。2014年5月29日，矿业公司与徐某峰签订一份《承包采矿协议书》，约定："一、承包开采期间：从2014年6月1日起至2016年12月31日，如矿点上还有可采矿石须继续开采直至开采完为止。二、开采矿石数量：1.乙方每年必须向甲方购进矿石量达2万吨以上。2.甲方现有生产线的加工矿石能力必须保证供应。3.乙方必须利用现有的设备帮助甲方清洗加工筛选外售矿石，年产量须达2.5万吨左右。清洗加工筛选费用由甲方支付，外售矿石由甲方负责联系客户，与乙方无关。三、开采及运输费用：按实际出矿数量计付，单价定为每吨五十五元（所有开采费用）……，四、采矿爆破：由乙方按非煤矿山爆破安全生产规范要求向公安机关领取雷管炸药，严格执行爆破技术的要求进行采矿。五、炸药雷管管理由乙方全权管理负责，发生安全事项等问题须由乙方负全责，与甲方无关……八、乙方责任：1.必须严格按照国家颁布的非煤矿山安全生产法规和公安部门相关有关爆炸品使用规定进行采矿，安全第一，如发生采矿事故以及损伤当地群众的事故，经济费用和法律责任由乙方全部承担。2.炸药雷管管理、进入矿点存放区后严禁外人进入，如因乙方管理不善，而发生偷盗雷管和炸药，引发其他事故，均由乙方承担全部责任。3.采矿人员必须按要求持证上岗，严禁无证上岗，所有采矿人员必须戴安全帽，特殊人员必须戴防尘口罩，如发生职业病、意外事故一切费用由乙方全部承担……"该份协议上盖有矿业公司公章，蔡某文在甲方代表处签名，徐某峰在乙方代表处签字。2015年3月17日，矿业公司与徐某峰签订的《补充协议书》约定："一、协议内容补充部分为：1.在矿山矿石储量少，土方数量巨大，垫付资金巨额，采矿风险成本增大等实际情况下，乙方已无利润，甚至亏本，但因乙方为修水县某硅业有限公司企业法人，需采购甲方原矿，所以甲方同意其卖给六顺硅业有限公司原矿销售价格每吨壹佰壹拾元整，价格五年不变，直至六顺硅业有限公司停止采购原矿为止，以此来补偿乙方的采矿差价和风险。2.甲方保证石英原矿只供给甲方原先引进的现有球磨生产的生产用量和乙方的修水县某硅业有限公司，不得对山口镇外的公司及个人销售原矿。3.甲、乙双方应共同遵守，如造成损失，违约一方应承担全部责任，并负责赔偿对方的全部损失。二、本协议生效后，即为原协议不可分割的组成部分，与原协议具有同等的法律效力。除本协议中明确所修改的该款之外，原协议的其他部分应完全继续有效。本协议与原协议有相互冲突时，以本协议为准。三、本协议一式两份，甲方执一份，乙方执一份，具有同等法律效力，自双方签字盖章之日起生效。"该份协议上盖有矿业公司公章，蔡某文在甲方代表处签名，徐某峰在乙方代表处签字。自2011—2016年间矿业公司将其所有的原矿石出售给硅业公司。硅业公司自认其于2011年至2016年7月从矿业公司购买矿石与矿渣开具增值税发票总计84292吨，计人民币5652910.6元，其中：2011年矿石10240吨，单价93.6元/吨；2012年矿石

6169吨，单价93.6元/吨；2013年矿石14195吨，单价93.6元/吨；2014年矿石9260吨，单价93.6元/吨；2015年矿石3885吨，单价93.6元/吨；2016年矿石2372吨，单价93.6元/吨。2011年至2016年硅业公司向矿业公司购矿石共计46121吨（10240吨+6169吨+14195吨+9260吨+3885吨+2372吨）。矿业公司并未直接向徐某峰支付矿石开采、爆破、运输等相关费用，矿业公司应付给徐某峰的上述费用系用硅业公司应向矿业公司支付的原矿销售款相冲抵，在抵扣了徐某峰应获得的上述费用后，硅业公司再向矿业公司支付原矿价款。

裁判结果

一审判决：一、确认矿业公司与徐某峰于2014年5月29日签订的《承包采矿协议书》及2015年3月17日签订的《承包采矿协议书补充协议书》无效；二、硅业公司于判决生效后十五日内向矿业公司支付756384.4元；三、驳回矿业公司的其他诉讼请求。

矿业公司、徐某峰、硅业公司均不服，提起上诉。二审判决：驳回上诉，维持原判。

裁判理由

二审认为，《承包采矿协议书》以及《补充协议书》的合同相对方均为矿业公司与徐某峰个人，且《承包采矿协议书》约定“炸药雷管管理由乙方（徐某峰）全权管理负责，发生安全事项等问题须由乙方负全责，与甲方无关”“如发生采矿事故以及损伤当地群众的事故，经济费用和法律责任由乙方全部承担。炸药雷管管理、进入矿点存放区后严禁外人进入，如因乙方管理不善，而发生偷盗雷管和炸药，引发其他事故，均由乙方承担全部责任……”，上述内容直接排除了矿业公司作为采矿权人的相关法定义务及法定责任，违反了法律法规的强制性规定，直接导致合同无效。《补充协议书》明确约定乙方（徐某峰）从成品矿石返成本，即矿业公司并不直接向徐某峰支付矿石开采、爆破等相关费用，而是以售卖给硅业公司的原矿石价款抵扣上述费用，且约定为补偿乙方（徐某峰）的采矿差价和风险，确定售卖给硅业公司原矿价格每吨110元，直至硅业公司停止采购原矿为止。结合上述协议约定的具体内容、履行的具体情况等事实，可以认定2014年5月29日的《承包采矿协议书》实将采矿权进行了变相转让，矿业公司在该协议书中放弃了矿山管理，不再履行安全生产等法定义务，依据《矿业权纠纷司法解释》第十二条第二款的规定应属无效。《补充协议书》作为《承包采矿协议书》的补充约定，且明确约定为“原协议不可分割的组成部分，与原协议具有同等的法律效力”，故《补充协议书》亦应属无效。一审法院确认2014年5月29日的《承包采矿协议书》及2015年3月17日的《补充协议书》无效，有事实和法律依据，应予维持。

要旨解析

本案属于矿业权“名为承包、实为转让”的情形。对于实践中以租赁、承包名义擅自转让矿业权，也即“名为出租、实为转让”或者“名为承包、实为转让”行为的甄别及合同效力的认定，比较复杂。有些情况相对比较好辨别，但很多情况下区分的难度很大。对于以租赁、承包形式的实质矿业权转让的认定，审理中应结合具体案情，重点审查矿业权租赁、承包合同是否约定：矿业权人仅收取租金、承包费，放弃对矿山的监督管理，不履行安全生产、生态环境修复等法定义务，不再对矿山的勘查开采承担法律责任，等等。若合同约定的内容符合矿业权转让的实质特征，尽管未发生名义矿业权主体的变更、不需要办理矿业权变更登记，但应认定此种合同系以租赁或者承包形式变相转让矿业权的行为。

本案中，关于《承包采矿协议书》以及《补充协议书》的效力。首先，徐某峰从事矿石开采、爆破、运输等是以个人名义，是其个人行为，故徐某峰的开采行为违反了《矿产资源法》第三十五条“矿产储量规模适宜由矿山企业开采的矿产资源、国家规定实行保护性开采的特定矿种和国家规定禁止个人开采的其他矿产资源，个人不得开采”之规定及国家安全生产监察总局《小型露天采矿场安全管理与监督检查规定》第十八条“承包采矿和剥离作业的采掘施工单位应当持有非煤企事业安全生产许可证”之规定。其次，《承包采矿协议书》约定“承包开采期间为从 2014 年 6 月 1 日起至 2016 年 12 月 31 日，如矿点上还有可采矿石须继续开采直至开采完为止”，上述关于承包期限的约定并不明确，在矿业公司的采矿许可证、安全生产许可证上的时间为有限期间时，上述承包期限的约定会超出许可证允许的期限；同时上述《承包采矿协议书》还约定“如发生采矿事故以及损伤当地群众的事故，经济费用和法律责任由乙方全部承担。炸药雷管管理、进入矿点存放区后严禁外人进入，如因乙方管理不善，而发生偷盗雷管和炸药，引发其他事故，均由乙方承担全部责任……”上述内容系排除了矿业公司作为采矿权人的相关法定义务及法定责任。再次，矿业公司并不直接向徐某峰支付矿石开采、爆破等相关费用，而是以售卖给硅业公司的原矿石价款抵扣上述费用。故结合上述协议约定的具体内容、履行的具体情况等事实，可以认定 2014 年 5 月 29 日的《承包采矿协议书》实际上将矿业公司的采矿权进行了变相转让，同时也违反了法律法规的强制性规定，应属无效。因诉争的《补充协议书》明确约定其为“原协议不可分割的组成部分，与原协议具有同等的法律效力”，所以上述《补充协议书》亦应属无效。

针对此种合同的处理及效力认定，司法实践中存在两种不同的观点：一种观点认为，此种情形属于民法上的隐藏行为，应依据被隐藏的法律行为，即矿业权转让的规定认定此类合同的效力；另一种观点认为，该合同规避国家行政监管的意图明显，系以合法形式掩盖非法目的，应直接认定为无效。《矿业权纠纷司法解释》第十二条的规定采用了第二种处理方式，这主要考虑到在现行法律框架下，矿业权兼具民事物权和行政许可两重属性，矿业权纠纷的审理除涉及私权利益的保障之外，还存在司法权对行政权给予必要尊重和支持的问题。就矿业权流转而言，当地人可以根据实际情况选择采取报请行政审批、变更登记的矿业权转让形式，也可以选择不办理变更登记的矿业权租赁、承包形式，但若在选择租赁、承包形式时，却在合同中约定采矿权人仅收取租金、承包费，放弃对矿山的管理，不再履行安全生产、生态环境修复等法定义务，不再承担相应法律责任，则就构成变相转让矿业权的行为，具有明显规避国土资源主管部门行政监管，规避办理采矿权转让的行政审批许可，逃避国家相关税费缴纳的意图。基于支持行政主管部门依法行政、保护矿产资源合理开发利用的司法考量，应当认定此类合同无效。

编写人：张满洋

二审合议庭成员：王慧军　段亦枫　魏　巍

7. 以非家庭承包方式取得承包经营权的土地被征收时，承包经营权人无权主张安置补助费

——陈某生与峡江县水边镇众村村委会某村小组承包地征收补偿费用分配纠纷再审案

裁判要旨

1. 以非家庭承包方式取得涉案地块承包经营权，不存在因土地被征收而丧失基本生产资料和生活来源的问题，无权主张安置补助费。

2. 以非家庭承包方式取得涉案地块承包经营权，可基于其对土地的投入获得地上附着物和青苗补偿款的补偿。

案例索引

一审：江西省峡江县人民法院（2014）峡民初字第 434 号

二审：江西省吉安市中级人民法院（2015）吉中民一终字第 189 号

再审：江西省高级人民法院（2016）赣民再 87 号

基本案情

再审申请人（一审原告、二审上诉人）：陈某生。

被申请人（一审被告、二审被上诉人）：峡江县水边镇众村村委会某村小组（以下简称村小组）。

陈某生向一审法院提出诉讼请求：判令村小组退还安置补助费 512210 元。

2002 年 10 月 22 日，陈某生与村小组签订了一份《退耕还林承包合同书》，合同约定：陈某生承包村小组所有的面积为 224 亩的林地，承包期为 30 年，陈某生每年交纳 1008 元承包费，到期后，陈某生须将承包地无偿归还。2009 年 5 月 26 日，峡江县国土资源局（甲方）与村小组（乙方）签订了《土地征收协议书》，协议约定：甲方征收乙方面积为 231 亩的土地（含陈某生承包的 224 亩土地），补偿标准为土地补偿费 3450 元 / 亩，安置补助费 2300 元 / 亩，上述两项补偿费共计 1328250 元已由甲方转付给了乙方。村小组在获得被征收地的土地补偿费及安置补助费后，通过村民会议决议，对该款进行了统一分配，陈某生根据村民会议决议也已获得了相应份额。2014 年 8 月 29 日，峡江县水边镇政府和峡江县工业园区办（甲方）与陈某生（乙方）及众村村委（第三方）签订《关于已征收水边镇松溪村陈某生 2009 年的 231 亩退耕还林地补充协议书》，三方就陈某生承包地被征

收后的地上附着物补偿费和青苗补偿费达成一致协议，该补偿费已由甲方支付给了乙方。双方因本案诉争地的安置补助费的归属发生争议。村小组所有的耕地共计约584亩，均按照家庭联产承包责任的方式发包给本村每户村民，平均每户村民人均承包了约2.1亩的耕地，作为村小组的村民，陈某生及其妻子也按家庭联产承包责任的方式承包了相应的耕地。村小组并未将其所有的林地以家庭联产承包责任的方式发包给本村每户村民。被征地“判中坑”林地中也未包含松溪村其他村民的自留山、自留地。

裁判结果

一审判决：驳回陈某生的诉讼请求。

陈某生不服提出上诉。二审判决：驳回上诉，维持原判。

陈某生仍不服申请再审。再审判决：维持二审判决。

裁判理由

再审认为，本案的争议焦点为：村小组是否须退还陈某生安置补助费512210元。该焦点涉及两个问题，一是陈某生是否取得涉案地块承包经营权；二是陈某生能否基于土地承包经营权主张安置补助费。

第一，关于陈某生是否取得涉案地块承包经营权的问题。《农村土地承包法》第二十二条规定，承包合同自成立之日起生效。承包方自承包合同生效时取得土地承包经营权。2002年10月22日陈某生与村小组签订了《退耕还林承包合同书》，该合同书已签字生效且实际履行，应认定陈某生以其他形式（非家庭承包方式）取得了涉案地块承包经营权。

第二，关于陈某生能否主张安置补助费的问题。首先，安置补助费是指国家征收集体土地后，安置被征地单位由于征地造成的多余劳动力的补助费用。通过支付安置补助费，保障以土地为主要生产资料和生活来源的失地农户的基本生活，因而安置补助费具有很强的人身性。根据《土地管理法》第四十七条关于“征收耕地的安置补助费，按照需要安置的农业人口数计算。需要安置的农业人口数，按照被征收的耕地数量除以征地前被征收单位平均每人占有耕地的数量计算”“征收其他土地的土地补偿费和安置补助费标准，由省、自治区、直辖市参照征收耕地的土地补偿费和安置补助费的标准规定”的规定，有关安置补助费的计算也反映出该费用的人身性。《农村土地承包法》明确了农村土地可以通过招标、拍卖、公开协商等其他方式承包，可由本集体经济组织以外单位、个人承包。峡江县人民政府办公室峡府办字（2003）91号《关于进一步明确我县退耕还林有关问题的通知》亦载明鼓励农民群众、干部职工、城镇居民和县外客商参与（在同等条件下，本村村民优先）。可见，涉案地块发包时承包方并不局限于本村村民，本集体经济组织以外的单位、个人也可以承包。故陈某生尽管为本村村民，但其基于土地承包经营权主张土地安置费并不符合该费用的人身性要求。其次，《土地承包纠纷案件司法解释》第二十三规定，承包地被依法征收，放弃统一安置的家庭承包方，请求发包方给付已经收到的安置补助费的，应予支持。根据本条解释的规定，安置补助费从性质上即不应支付给其他形式的承包方，而只能给付被征收承包地的家庭承包方或用于作为家庭承包方的农户的安置。本案中陈某生是以非家庭承包方式取得涉案地块承包经营权，不存在因土地被征收而丧失基本生产资料和生活来源的问题，且其基于土地被征收而发生的损失亦通过地上附着物和青苗补偿款的形式得到了填补，故无权主张512210元安置补助费。

要旨解析

本案例涉及以非家庭承包方式取得承包经营权的土地被征收时，承包经营权人可否主张安置补助费的问题。具体涉及以下三个法律问题：一是农村土地承包经营权的取得方式。二是农村土地被征收时安置补助费的性质。三是以非家庭承包方式取得承包经营权的农村土地被征收时，承包经营权人的相关权利。

一、关于农村土地承包经营权的取得方式问题

《农村土地承包法》第三条规定："国家实行农村土地承包经营制度。农村土地承包采取农村集体经济组织内部的家庭承包方式，不宜采取家庭承包方式的荒山、荒沟、荒丘、荒滩等农村土地，可以采取招标、拍卖、公开协商等方式承包。"根据上述规定，农村土地承包经营有两种方式：家庭承包和以招标、拍卖、公开协商等方式的承包。家庭承包方式，是以农村集体经济组织的农户为生产经营单位，作为承包人与发包人建立承包关系，承包耕地、林地、草地等用于农业生产的土地。家庭承包方式一般按照"按户承包，按人分地"的原则无偿获得承包的土地。家庭承包的承包方是本集体经济组织的农户，凡是农村集体经济组织的成员，无论嫁入妇女、新生婴儿，还是外出务工人员，都有权利平等地获得承包农村土地。承包地不仅是农户的生产资料，更是农村集体成员的生存保障和其在集体土地上享有承包权的体现，带有一定的集体福利性质。家庭承包是我国农村政策的基石，对维护社会稳定及实现农村的社会保障功能具有极其重要的地位。其他方式的承包，是指不宜采取家庭承包方式的"四荒"地等农村土地，以自愿、公开、公正的原则通过招标、拍卖、公开协商等方式承包经营。这是对不适宜家庭承包的农村土地，主要是荒地的市场化利用方式，是由于这类土地本身农业生产价值偏低，无法依靠家庭承包的方式加以利用或分配给家庭进行承包。为汇集社会资本，对其开发利用，提高土地的利用价值，所以采用其他方式进行承包。"四荒"地可以发包给本集体经济组织以外的单位或者个人承包，也可以发包给本集体经济组织成员。本案例中，虽然陈某生是村小组的村民，但其是因与小组签订《退耕还林承包合同书》而取得案涉土地经营权，其取得该土地经营权需要交纳承包费，可见，该土地经营权的取得并非基于家庭承包方式取得，而是基于非家庭承包方式

以外的其他方式承包取得。

二、关于农村土地被征收时安置补助费的性质问题

《土地管理法》第四十七条规定："征收耕地的补偿费用包括土地补偿费、安置补助费以及地上附着物和青苗的补偿费。征收耕地的土地补偿费，为该耕地被征收前三年平均年产值的六至十倍。征收耕地的安置补助费，按照需要安置的农业人口数计算。需要安置的农业人口数，按照被征收的耕地数量除以征地前被征收单位平均每人占有耕地的数量计算。每一个需要安置的农业人口的安置补助费标准，为该耕地被征收前三年平均年产值的四至六倍。但是，每公顷被征收耕地的安置补助费，最高不得超过被征收前三年平均年产值的十五倍。征收其他土地的土地补偿费和安置补助费标准，由省、自治区、直辖市参照征收耕地的土地补偿费和安置补助费的标准规定。"《土地管理法实施条例》第二十六条规定："征用土地的安置补助费必须专款专用，不得挪作他用。需要安置的人员由农村集体经济组织安置的，安置补助费支付给农村集体经济组织，由农村集体经济组织管理和使用；由其他单位安置的，安置补助费支付给安置单位；不需要统一安置的，安置补助费发放给被安置人员个人或者征得被安置人员同意后用于支付被安置人员的保险费用。市、县和乡（镇）人民政府应当加强对安置补助费使用情况的监督。"《土地承包纠纷案件司法解释》（2020年修正）第二十一条规定："承包地被依法征收，放弃统一安置的家庭承包方，请求发包方给付已经收到的安置补助费的，应予支持。"根据上述规定，安置补助费是国家征收集体土地后，安置被征地单位由于征地造成的多余劳动力的补助费用。通过支付安置补助费，保障以土地为主要生产资料和生活来源的失地农户的基本生活，因而安置补助费具有很强的人身性。征收耕地的安置补助费，按照需要安置的农业人口数计算。有关安置补助费的计算，也反映出此种费用的人身性。只有家庭承包方才享有安置补助费请求权，以其他方式的承包的单位和个人，即使承包地被依法征收，由于承包方不存在土地被征收而丧失基本生产资料和生活来源的问题，故不能行使安置补偿费的请求权。对此，最高人民法院在（2007）民一终字第6号民事判决书李某文与乌鲁木齐市新市区二工乡二工村村民委员会、乌鲁木齐看今朝投资有限公司土地承包合同纠纷上诉案明确：由于家庭承包地是农民基本生活的保障，在征用农村集体土地时，国家应依法以安置补助费的形式对永久失去家庭土地承包经营权的农户给予安置。该案中，李某文与村委会于1998年8月2日签订的《土地承包合同》，不属于《农村土地承包法》所规定的家庭承包，而属于其他形式的土地承包，故李某文要求独自取得安置补助费的主张不能予以支持。本案例中，因陈某生属于以非家庭承包方式以外的其他方式取得案涉土地经营权，其不存在因土地被征收而丧失基本生产资料和生活来源的问题，故对其关于安置补助费的请求应不予支持。

值得注意的是，2018年修正后的《农村土地承包法》第四十九条规定："以其他方式承包农村土地的，应当签订承包合同，承包方取得土地经营权。当事人的权利和义务、承包期限等，由双方协商确定。以招标、拍卖方式承包的，承包费通过公开竞标、竞价确定；以公开协商等方式承包的，承包费由双方议定。”本条修改增加“承包方取得土地经营权”，意在区别于依照家庭承包经营方式中承包方取得的土地承包经营权。本条相比较原条文，明确以其他方式承包取得的权利是土地经营权，区别于以家庭承包方式取得的土地承包经营权。在“三权分置”之下，土地承包经营权是具有身份性质的用益物权，即只有本集体经济组织的农户才能取得土地承包经营权。所谓“以其他承包方式取得的土地承包经营权”，已经脱逸出身份属性，不能由“土地承包经营权”这一概念予以涵盖。这些市场化的经营主体即使取得以从事农业生产为目的的土地利用权利，也只是取得土地经营权，无论是在集体土地所有权还是土地承包经营权之上设定，均为土地经营权。由此可见，土地经营权是指土地经营权人依法对承包农户承包经营的或集体经济组织未予发包的农村土地享有从事种植业、林业、畜牧业等农业生产并取得收益的权利。这里，对土地经营权的主体不做限制，具有农业生产能力的自然人、法人及非法人组织均无不可，本集体经济组织成员亦无不可。① 从修正后的规定来看，更加明确以非家庭承包方式以外的其他方式取得的土地经营权，并不具有身份属性，故承包人不能取得基于集体经济组织成员身份才能享有的安置补助费。

三、关于以非家庭承包方式取得承包经营权的农村土地被征收时，承包经营权人的相关权利问题

《土地管理法实施条例》第二十六条第一款规定：“地上附着物及青苗补偿费归地上附着物及青苗的所有者所有。”《土地承包纠纷案件司法解释》（2020 年修正）第二十二条第一款规定：“承包地被依法征收，承包方请求发包方给付已经收到的地上附着物和青苗的补偿费的，应予支持。”根据上述规定，本案例中，作为承包人的陈某生，因其是地上附着物及青苗的所有者，故其有权请求发包方给付已经收到的地上附着物和青苗的补偿费。实际上，陈某生已经领取了承包地被征收后的地上附着物补偿费和青苗补偿费，其相关权利已经得到保障。

编写人：李振峰

再审合议庭成员：邓名兴　郭大伟　江都颖

---

① 高圣平、王天雁、吴昭军主编：《〈中华人民共和国土地承包法〉条文理解与适用》，人民法院出版社 2019 年版。

8. 征地补偿安置方案确定时已经具有本集体经济组织成员资格的人请求支付相应份额的，应予支持

——彭某根等与江西省宜春市袁州区三阳镇三阳居委会某居民小组承包地征收补偿费用分配纠纷再审案

裁判要旨

征地补偿安置方案确定时已经具有本集体经济组织成员资格的人，请求支付相应份额的，应予支持。

案例索引

一审：江西省宜春市袁州区人民法院（2015）袁民一初字第883号

二审：江西省宜春市中级人民法院（2015）宜中民一终字第301号

再审：江西省高级人民法院（2018）赣民再78号

基本案情

再审申请人（一审原告、二审上诉人）：彭某根。

再审申请人（一审原告、二审上诉人）：周某利。

再审申请人（一审原告、二审上诉人）：彭某香。

再审申请人（一审原告、二审上诉人）：彭某军。

被申请人（一审被告、二审被上诉人）：江西省宜春市袁州区三阳镇三阳居委会某居民小组（以下简称居民小组）。

彭某根、周某利、彭某香、彭某军向一审法院提出诉讼请求：判令居民小组立即支付四人的土地征收补偿费共计9400元（1750元×4=7000元，600元×4=2400元）。

彭某根的爷爷系居民小组居民，新中国成立前生育了彭某根的父亲。1939年彭某根的父亲跟随离异并改嫁到江西省宜春市袁州区柏木茶园小组的母亲生活。1953年3月1日，宜春市袁州区三阳居委会分给了彭某根的爷爷、父亲耕地。1982年9月，彭某根同周某利结婚，先后生育了一男一女，即本案彭某香和彭某军。彭某根、周某利、彭某香、彭某军均为江西省宜春市袁州区柏木茶园小组村民，在该村民小组分得了田、土地及山地。1996年5月14日，经当时居民小组组长及多数居民同意，彭某根、周某利、彭某香、彭某军一家户口从江西省宜春市袁州区柏木茶园小组迁

移到祖籍地居民小组落户，并在彭某根爷爷的旧房子基础上建了房屋。2005年7月26日，彭某根、周某利、彭某香、彭某军在江西省宜春市袁州区公安分局三阳派出所办理了户口登记（蔺家岭13号）。因答应彭某根、周某利、彭某香、彭某军一家四口迁回祖籍居住的小组组长在迁移期间病故，接任的居民小组组长及部分居民认为，彭某根、周某利、彭某香、彭某军属于户籍挂靠性质，与居民小组没有其他关系，包括田、土地及山地等两次土地调整，以及组上的收支状况和需承担的各项费用等，均没有及时和彭某根、周某利、彭某香、彭某军沟通。因而彭某根、周某利、彭某香、彭某军未作为居民小组居民在土地调整时分得田、土地、山地，但因彭某根、周某利、彭某香、彭某军一家户口迁移至居民小组，江西省宜春市袁州区柏木茶园小组收回了分给彭某根、周某利、彭某香、彭某军的田、土地、山地。另查明，彭某根、周某利、彭某香、彭某军一家多年在外务工，2014年彭某根、周某利、彭某香、彭某军务工回家后，听说居民小组因房屋田、土、山被征收，居民小组居民均分得了相关土地补偿款项，故多次找居民小组干部，要求作为居民小组居民分得组上的相关款项。并于2015年3月27日，到袁州区三阳镇人民政府上访，袁州区三阳镇人民政府作出了《办理彭某根信访事项答复意见书》，该意见书载明"目前居民小组田、土、山大部分被征用，人均土地仅一分多，原来土地格局已全部打乱，如果需要进行分配的话，肯定要等到该组集体土地统一大调整时再做考虑。组上村民的山地都已有山林权属证，按政策规定50年至70年不变，所以你要求分得蔺家岭组田地的期盼，短期内很难实现。"并督促三阳居委会和居民小组保证彭某根、周某利、彭某香、彭某军今后的相关权利。因彭某根、周某利、彭某香、彭某军认为问题未得到解决，未分得相关土地补偿款项，故起诉至一审法院。

再审法院查明：彭某根的爷爷系居民小组居民，新中国成立前生育了彭某根的父亲。1939年彭某根的父亲跟随离异并改嫁到江西省宜春市袁州区柏木茶园小组的母亲生活。1953年3月1日，宜春市袁州区三阳居委会分给了彭某根的爷爷、父亲耕地。1982年9月，彭某根同周某利结婚，先后生育了一男一女，即本案彭某香和彭某军。彭某根、周某利、彭某香、彭某军均为柏木茶园小组村民，在该村民小组分得了田、土地及山地。1996年5月14日，经当时居民小组组长及多数居民的同意，彭某根、周某利、彭某香、彭某军一家户口从柏木茶园小组迁移到祖籍地居民小组落户，并在彭某根爷爷的旧房子基础上建了房屋。彭某根、周某利、彭某香、彭某军未作为居民小组居民在土地调整时分得田、土地、山地。因彭某根、周某利、彭某香、彭某军一家户口迁移至居民小组，柏木茶园小组收回了分给彭某根、周某利、彭某香、彭某军的田、土地、山地。彭某根、周某利、彭某香、彭某军一家多年在外务工，2014年彭某根、周某利、彭某香、彭某军务工回家后，听说居民小组因房屋田、土、山被征收，居民小组居民均分得了相关土地补偿款项，故多次找居民小组干部，要求作为居民小组居民分得组上的相关款项。并于2015年3月27日，到袁州区三阳镇人民政府上访，袁州区三阳镇人民政府作出了《办理彭某根信访事项答复意见书》，该意见书载明“目前居民小组田、土、山大部分被征用，人均土地仅一分多，原来土地格局已全部打乱，如果需要进行分配的话，肯定要等到该组集体土地统一大调整时再做考虑。组上村民的山地都已有山林权属证，按政策现定50年至70年不变，所以你要求分得蔺家岭组田地的期盼，短期内很难实现。”并督促江西省宜春市袁州区三阳居委会和居民小组保证彭某根、周某利、彭某香、彭某军今后的相关权利。

1996年11月1日，江西省宜春市公安局制作、江西省宜春市袁州区三阳镇三阳居民委员会签发的《户口簿》显示，彭某根、周某利、彭某香、彭某军于1995年3月3日由江西省宜春市袁州区柏木茶园小组迁出，1996年11月1日落户于居民小组。

2018年6月26日，再审法院到江西省宜春市袁州区三阳镇三阳居委会某居民小组调取了江西省宜春市袁州区三阳镇三阳居委会某居民小组财务账簿和村民领取款项的记录，记录显示：1996年6月11日，分给157名社员卖房子款，每人150元；2007年12月，社员177人分三桥湾茶山款，每人300元；2008年11月，184名社员每人分得300元；2011年200名社员每人分得1000元；2014年，212名社员每人分得600元。

裁判结果

一审判决：驳回彭某根、周某利、彭某香、彭某军要求居民小组支付土地征收补偿费共计9400元的诉讼请求。

彭某根、周某利、彭某香、彭某军不服提出上诉。二审判决：驳回上诉，维持原判。

彭某根、周某利、彭某香、彭某军仍不服申请再审。再审判决：1. 撤销一、二审民事判决；2. 江西省宜春市袁州区三阳镇三阳居委会某居民小组在本判决生效后十日内向彭某根、周某利、彭某香、彭某军支付2007年12月每人应得款300元、2008年11月每人应得款300元、2011年每人应得款1000元、2014年每人应得款600元，共计8800元；3. 驳回彭某根、周某利、彭某香、彭某军的其他诉讼请求。

裁判理由

再审认为，根据彭某根、周某利、彭某香、彭某军提供的1996年11月1日由江西省宜春市公安局制作、江西省宜春市袁州区三阳镇三阳居民委员会签发的《户口簿》原件，可以确认彭某根等四人从1996年11月起已经是居民小组村民。彭某根等四人在本案中诉请的是要求当地居民小组支付四人的土地征收补偿费，根据《土地承包纠纷案件司法解释》（2020年修正）第二十二条规定：农村集体经济组织或者村民委员会、村民小组，可以依照法律规定的民主议定程序，决定在本集体经济组织内部分配已经收到的土地补偿费。征地补偿安置方案确定时已经具有本集体经济组织资格的人，请求支付相应份额的，应予支持。为此，彭某根等四人要求得到1996年11月之后土地补偿费的诉请符合上述法律规定，其请求应当得到支持。依据再审法院依法调取的居民小组财务账簿和村民领取款项的记录，因1996年6月11日彭某根、周某利、彭某香、彭某军还不是居民小组成员，故四人要求分得1996年6月的每人150元，依据不足。但四人要求分得2007年12月每人300元、2008年11月每人300元、2011年每人1000元、2014年每人600元的诉请，客观事实成立，符合法律规定，予以支持。

要旨解析

《土地承包纠纷案件司法解释》（2020年修正）第二十二条规定："农村集体经济组织或者村民委员会、村民小组，可以依照法律规定的民主议定程序，决定在本集体经济组织内部分配已经收到的土地补偿费。征地补偿安置方案确定时已经具有本集体经济组织成员资格的人，请求支付相应份额的，应予支持……"根据上述规定，本案例中，彭某根、周某利、彭某香、彭某军四人从1996年11月起已经是居民小组村民，其四人要求得到1996年11月之后土地补偿费的诉请，符合上述法律规定，具有事实依据，其请求应当得到支持，应当没有疑问。但原一、二审判决却均全部驳回了该四人的诉讼请求，其原因在于对于土地补偿费的性质认定不清，对于具有集体经济组织成员资格的人员可以享有参与土地补偿费分配权利，认识上存在错误。

第一，彭某根、周某利、彭某香、彭某军四人具有居民小组成员资格。农村集体经济组织成员资格的取得主要有两种方式：一是原始取得；二是加入取得。原始取得是指通过人口的自然繁衍，祖祖辈辈生活在特定农村集体经济组织所在地，而自然取得集体经济组织成员资格。其最主要的表现形式就是出生。父母双方均具有本集体经济组织成员资格的出生人员，父母一方具有本集体经济组织成员资格且依法登记本集体经济组织所在地常住户口的出生人员，自其出生时起具有本集体经济组织成员资格。加入取得是指原非本集体经济组织成员的自然人，基于一定事由取得本集体经济组织成员资格的取得方式。主要包括婚姻、收养以及其他政策性迁入。本案例中，1996年5月14日，经当时居民小组组长及多数居民的同意，彭某根、周某利、彭某香、彭某军一家户口从柏木茶园小组迁移到祖籍地居民小组落户，并在彭某根爷爷的旧房子基础上建了房屋，该四人自此即具有了居民小组成员资格，该成员资格取得的方式应为加入取得。

第二，土地补偿费在性质上是对农村集体土地所有权的补偿。《土地管理法实施条例》第二十六条规定："土地补偿费归农村集体经济组织所有"，据此，土地补偿费实质上是对集体土地所有权的补偿。土地补偿费在土地被征收后，统一支付给作为被征地单位的农村集体经济组织。土地补偿费的分配与农村集体经济组织的收益分配不同，它并不考虑集体经济组织成员对于集体经济组织的贡献大小，只要具有集体经济组织成员资格，即应当享有均等分配土地补偿费的权利。土地补偿费也与土地被征收后的地上附着物和青苗补偿费不同，它只能被分配给本集体经济组织的成员，而地上附着物和青苗补偿费则是针对物的所有人和青苗的实际投入人的补偿，被补偿人可以是本集体经济组织成员，也可以是本集体经济组织成员以外的人。基于农村集体经济组织成员资格而分配的土地补偿费应当均等，而不能以权利义务一致为由对不同的人差别对待。农村集体土地是对集体经济组织全体成员的基本生活保障，只要土地属于农村集体经济组织所有，就始终存在保障作为自然共同体的集体经济组织的全体成员基本生活的功能。作为一种集体所有的自然资源，集体土地的形成与集体经济组织成员的个人劳动或者贡献没有关系。既然土地补偿费的受益主体是该集体经济组织内部的全体成员，则相应的土地补偿费的分配当然就没有体现所谓“权利义务对等”的合理性。土地补偿费分配权是基于集体经济组织成员的身份而产生的，这是成员权项下自益权平等性的必然要求。

第三，是否享有土地承包经营权，不应成为剥夺集体经济组织成员资格人员分配土地补偿款的原因。在现行集体土地所有制和家庭承包制之下，应当看到农村集体经济组织成员资格仅仅在每一轮新的承包开始时，才具有确定农户承包地面积的意义。土地承包经营权一旦设定，在该权利存续期间内，农户内因集体经济组织成员资格的丧带来的成员数量变化与土地承包经营权本身没有直接关系。所以从稳定土地承包经营权的角度考察，在每一轮新的承包开始时理解和执行“大稳定、小调整”，在土地承包经营权稳定后的存续期间内坚持“增人不增地、减人不减地”，是比较适当的。《农村土地承包法》第五条规定：“农村集体经济组织成员有权依法承包由本集体经济组织发包的农村土地。任何组织和个人不得剥夺和非法限制农村集体经济组织成员承包土地的权利。”第十九条规定：“土地承包应当遵循以下原则：（一）按照规定统一组织承包时，本集体经济组织成员依法平等地行使承包土地的权利，也可以自愿放弃承包土地的权利。”根据上述规定，对本集体经济组织发包的农村土地，农村集体经济组织成员有权依法承包，任何组织和个人不得剥夺或非法限制。同时，该成员也可以自愿放弃承包土地的权利。本案例中，居民小组在土地调整时未给彭某根、周某利、彭某香、彭某军四人分配土地，本身涉及剥夺或非法限制该四人承包土地权利的问题。在该四人未提出异议的情况下，可以视为该四人自愿放弃了承包土地的权利。但不能因此而剥夺该四人分配土地补偿款的权利。

编写人：李振峰

再审合议庭成员：龚雪林　刘晓雯　邓名兴

9. 转租人对于出租人一房数租行为不存在过错的，对于出租人因不能履行其他租赁合同造成相关承租人的损失不承担赔偿责任

——兰某、于某、邱某宏与饶某明等、南昌某物流有限公司、江西某实业发展有限公司、江西某供应链管理有限公司物权纠纷再审案

裁判要旨

1. 在出租人就同一房屋订立数份租赁合同的情况下，数份租赁合同可以均为有效合同。

2. 在出租人就同一房屋订立的数份租赁合同均为有效合同的情况下，应以实际履行的租赁合同作为确定出租人和承租人之间权利义务的依据。在房屋存在转租的情况下，应以实际履行的租赁合同作为确定出租人、承租人和转租人之间权利义务的依据。

3. 转租人对于出租人一房数租行为不存在过错的，对于出租人因不能履行其他租赁合同造成相关承租人的损失，不承担赔偿责任。相关承租人可向出租人主张解除合同和赔偿损失。

案例索引

一审：江西省南昌县人民法院（2019）赣0121民初226号

二审：江西省南昌市中级人民法院（2019）赣01民终2468号

再审：江西省高级人民法院（2020）赣民再161号

基本案情

再审申请人（一审被告、二审被上诉人）：南昌某物流有限公司（以下简称物流公司）

被申请人（一审原告、二审上诉人）：兰某。

被申请人（一审原告、二审上诉人）：于某。

被申请人（一审原告、二审上诉人）：邱某宏。

被申请人（一审被告、二审上诉人）：饶某明。

被申请人（一审被告、二审上诉人）：钟某平。

被申请人（一审被告、二审上诉人）：董某瑛。

被申请人（一审被告、二审上诉人）：赵某。

被申请人（一审被告、二审上诉人）：胡某恒。

被申请人（一审被告）：饶某启。

被申请人（一审被告）：江西某供应链管理有限公司（以下简称供应链公司）。

被申请人（一审被告）：江西某实业发展有限公司（以下简称实业公司）。

兰某、于某、邱某宏向一审法院提出诉讼请求：1. 判令物流公司立即从兰某、于某、邱某宏依法承租的位于江西省南昌县金沙大道 389 号实业公司院内仓库腾退清场；2. 判令物流公司赔偿兰某、于某、邱某宏非法占用期间的损失 747500 元（占用面积暂定为 11500 平方米，以每月每平方米 10 元为标准暂从 2018 年 7 月 1 日计算至 2019 年 1 月 15 日，实际应计算至物流公司将仓库腾退给兰某、于某、邱某宏为止）；3. 本案诉讼费用和财产保全费由物流公司承担。审理中，兰某、于某、邱某宏增加诉讼请求：请求供应链公司对物流公司赔偿兰某、于某、邱某宏非法占用期间的损失 747500 元（占用面积暂定为 11500 平方米，以每月每平方米 10 元为标准暂从 2018 年 7 月 1 日计算至 2019 年 1 月 15 日，实际应计算至被告将仓库腾退给兰某、于某、邱某宏为止）承担连带清偿责任，对于实业公司、饶某明、钟某平应否承担责任以法院判决为准。

2015 年 11 月 8 日，邱某宏、兰某、于某与实业公司签订《房屋租赁合同》一份，约定实业公司将位于南昌县小蓝经济开发区金沙大道 389 号院内的 1#、2# 仓库、卸货平台、仓库办公室出租给邱某宏、兰某、于某，租赁期限自 2015 年 1 月 16 日起至 2020 年 12 月 31 日止，租赁面积为 11800 平方米（以实际测量面积为准），租赁费用为每月 8 元 / 平方米，共计 94400 元。其中第五条约定：乙方（即原告）每月 25 日之前将次月租金 2 万元付至甲方指定账户，其余作为甲方法人马某强归还邱某宏、兰某、于某的借款本息。第六条第一款第四项约定：乙方不履行合同条款，不按约定支付租金、水电费超过 10 天，甲方有权单方解除合同，并要求乙方承担违约责任。第二款第四项约定：合同有效期内，乙方享有转租权。合同签订后，实业公司将案涉仓库交给邱某宏、兰某、于某。

2016 年 9 月 6 日，邱某宏、兰某、于某将案涉仓库转租给案外人王某平，双方签订《仓库转租协议》一份，租赁价格按每月 10 元 / 平方米，按每季度 36 万元支付。协议签署后王某平将案涉租赁仓库交给赣银公司使用。2017 年 3 月 20 日，赣银公司在邱某宏、兰某、于某未知情时，与物流公司签订转租合同，后又签订补充协议，将涉案仓库转租给物流公司使用。2017 年 7 月 3 日，因王某平自身原因提出变更仓库转租协议主体，将原协议中的承租人王某平变更为涂某灵，由涂某灵与邱某宏、兰某、于某签署《仓库转租协议》，该协议中将租赁面积由 12000 平方米变更为 11500 平方米，增加了部分条款，其余主要条款基本未变。协议签订后，双方均按约履行。2018 年 1 月，涂某灵未按约支付租金，2018 年 6 月，邱某宏、兰某、于某诉至法院，要求解除双方租赁合同，支付租金及利息损失。案经调解，双方达成调解协议。邱某宏、兰某、于某与涂某灵同意自2018年7月1日起解除《仓库转租协议》，协议解除后，涂某灵、赣银公司不再对涉案仓库的实际承租人享有收取租金的权利。涂某灵、赣银公司同意支付邱某宏、兰某、于某2018年1月1日至6月30日的租金及违约金。该案审理期间，2018年2月23日，邱某宏、兰某、于某向物流公司发送《关于贵司租赁事宜的函告》，告知其与赣银公司之间签署的租赁协议无效，且邱某宏、兰某、于某已经与涂某灵解除租赁合同。2018年7月9日，邱某宏、兰某、于某发出《公告》，通知该仓库的所有实际承租人应当自本公告发出之日起三日内向邱某宏、兰某、于某支付仓库使用费并和邱某宏、兰某、于某沟通承租事宜，逾期支付费用以及未与邱某宏、兰某、于某达成新的承租协议者，应当自本公告发出之日内将仓库清空交还邱某宏、兰某、于某。

另查明，邱某宏、兰某、于某取得涉案仓库租赁权后，按月向实业公司支付2万元（第一个月和空仓期除外）。2018年1月10日，实业公司向邱某宏、兰某、于某发出《关于解除乾峰仓库租赁合同函》，以邱某宏、兰某、于某未支付2016年1月份租金2万元为由通知邱某宏、兰某、于某解除租赁合同，2月5日，实业公司诉至一审法院，要求邱某宏、兰某、于某从案涉仓库腾退清场，支付欠付租金2万元，违约金94400元。2018年5月18日，一审法院作出（2018）赣0121民初630号民事判决书，判决驳回实业公司的全部诉讼请求。实业公司不服上诉至二审法院，2018年10月13日，二审法院作出（2018）赣01民终2081号民事判决书，判决驳回上诉，维持原判。在此期间，实业公司与饶某明等六人签订租赁合同，将案涉仓库租赁给饶某明等六人。约定租赁费用为每月9元/平方米，共计103500元。租赁期限自2018年7月1日至2020年12月31日。同时约定租赁费用分配为：乾峰留守人员3万元、钟某平2万元、饶某明2万元、赵某1万元、胡某恒1万元、董某瑛1万元、饶某启3500元。后饶某明、钟某平以同等价格将案涉仓库转租给供应链公司，供应链公司又将案涉仓库转租给物流公司，租赁费按每月15元/平方米（含票），按季度支付。2018年6月30日，实业公司向物流公司发出函告，告知在二审尚未判决期间，涉案仓库租赁权由实业公司负责安排，物流公司不得与其他人签订租赁合同。合同签订后，物流公司按月向供应链公司支付租赁费172500元。从2018年7月1日至2019年1月，共支付租赁费1207500元（含抵扣实业公司欠赣银公司债务14万元）。供应链公司按月将部分租赁费支付给饶某明，从2018年7月1日至2018年12月，总共支付给饶某明租赁费353500元。饶某明按转租合同约定进行分配。具体分配金额为：乾峰留守人员3万元、饶某明68000元、钟某平96000元、董某瑛38000元、赵某56000元、饶某启17500元、胡某恒48000元。另庭后核实，供应链公司自行支付给实业公司留守人员124000元，代实业公司交纳租金收入税收款96600元。实业公司实际分得租金390600元（含抵扣实业公司欠赣银公司债务14万元）。

另查明，涉案仓库于2019年1月21日被拍卖给江西亚鑫投资有限公司所有，邱某宏、兰某、于某尚未与之签订租赁合同。

二审法院经审理另查明：1. 实业公司与饶某明等人就涉案房屋于 2018 年 4 月 26 日签订《房屋租赁合同》，饶某明、钟某平与供应链公司于 2018 年 4 月 28 日签订《房屋租赁合同》，供应链公司与物流公司于 2018 年 4 月 29 日签订《房屋租赁合同》，三份合同的期限均为 2018 年 7 月 1 日至 2020 年 12 月 31 日。2. 根据兰某、于某、邱某宏 2019 年 2 月 26 日调取的供应链公司企业变更信息，显示了 2018 年 7 月 11 日至 2019 年 2 月之间的变更事项，马某强 2018 年 7 月 11 日持股比例由 5% 变更为 10%，2018 年 8 月 24 日，由 10% 变更为 0，2019 年 1 月 25 日，变更为 95%。

裁判结果

一审判决：1. 实业公司赔偿兰某、于某、邱某宏赔偿租金损失 208602 元；2. 饶某明赔偿兰某、于某、邱某宏租金损失 36244 元；3. 钟某平赔偿兰某、于某、邱某宏租金损失 51168 元；4. 董某瑛赔偿兰某、于某、邱某宏租金损失 20254 元；5. 赵某赔偿兰某、于某、邱某宏租金损失 29848 元；6. 饶某启赔偿兰某、于某、邱某宏租金损失 9328 元；7. 胡某恒赔偿兰某、于某、邱某宏租金损失 25584 元；8. 供应链公司赔偿兰某、于某、邱某宏租金损失 262982 元；9. 实业公司对上述二至八项承担连带清偿责任；10 上述款项限各义务人在本判决生效后十日内一次性支付；11. 南昌某物流有限公司在本案中不承担责任；12. 驳回兰某、于某、邱某宏其他诉讼请求。

兰某、于某、邱某宏、饶某明、钟某平、董某瑛、赵某、胡某恒不服提出上诉。二审判决：1. 撤销一审民事判决第九项、十项、十一项、第十二项；2. 变更一审民事判决第一项为实业公司赔偿物流公司损失 247992 元；3. 变更一审民事判决第二项为饶某明赔偿物流公司损失 43173 元；4. 变更一审民事判决第三项为钟某平赔偿物流公司损失 60950 元；5. 变更一审民事判决第四项为董某瑛赔偿物流公司损失 24126 元；6. 变更一审民事判决第五项为赵某赔偿物流公司损失 35554 元；7. 变更一审民事判决第六项为饶某启赔偿物流公司损失 11110 元；8. 变更一审民事判决第七项为胡某恒赔偿物流公司损失 30475 元；9. 变更一审民事判决第八项为供应链公司赔偿物流公司损失 313280 元；10. 物流公司赔偿兰某、于某、邱某宏租金损失 766660 元；11. 实业公司对上述三至九项承担连带清偿责任；12. 上述款项限各义务人在本判决生效后十五日内一次性支付；13. 驳回兰某、于某、邱某宏的其他诉讼请求。

物流公司仍不服申请再审，再审判决：1. 撤销一、二审民事判决；2. 实业公司赔偿兰某、于某、邱某宏损失 247992 元；3. 饶某明赔偿兰某、于某、邱某宏损失 43173 元；4. 钟某平赔偿兰某、于某、邱某宏损失 60950 元；5. 董某瑛赔偿兰某、于某、邱某宏损失 24126 元；6. 赵某赔偿兰某、于某、邱某宏损失 35554 元；7. 饶某启赔偿兰某、于某、邱某宏损失 11110 元；8. 胡某恒赔偿兰某、于某、邱某宏损失 30475 元；9. 供应链公司赔偿兰某、于某、邱某宏损失 313280 元；10. 实业公司对上述三至九项承担连带清偿责任；11. 上述款项限各义务人在本判决生效后十五日内一次性支付；12. 驳回兰某、于某、邱某宏的其他诉讼请求。

裁判理由

再审认为，物流公司在本案中并无过错，无须承担责任。具体理由包括：

第一，物流公司与供应链公司签订的《房屋租赁合同》有效。本案中，2018 年 4 月 26 日，实业公司与饶某明、钟某平、董某瑛、赵某、饶某启、胡某恒等六人签订《房屋租赁合同》，并将案涉仓库租赁给饶某明等六人。4 月 28 日，饶某明、钟某平与供应链公司签订《仓库转租协议》，将仓库出租给供应链公司。4 月 29 日，供应链公司与物流公司签订《房屋租赁合同》，将仓库租赁给物流公司。上述行为，并不违反法律、行政法规的强制性规定，且兰某、于某、邱某宏并未提供充分证据证明上述各方当事人之间存在恶意串通行为，应认定上述行为有效。

第二，物流公司履行了相关租赁合同。1. 物流公司 2017 年 3 月 20 日与赣银公司签订租赁合同，开始租赁涉案房产，按约交纳了租赁费用。2018 年 2 月 23 日，兰某给物流公司《关于贵司租赁事宜的函告》，称涂某灵没有按时交纳租金，已向涂某灵提出解除租赁合同，对赣银公司将房屋转租物流公司不认可，要求物流公司中止向赣银公司支付租金。2018 年 2 月 28 日兰某、于某、邱某宏的委托诉讼代理人郭某霞到物流公司，告知兰某、于某、邱某宏与涂某灵之间正在就租赁合同问题进行诉讼。但在再审庭审时，兰某、于某、邱某宏承认赣银公司一直支付租金到 2018 年 6 月 30 日。2. 物流公司与供应链公司签订《房屋租赁合同》后，2018 年 7 月 1 日实业公司、供应链公司、饶某明等六人和物流公司四方重新将涉案房屋钥匙交予物流公司，证明物流公司通过实业公司、饶某明、钟某平、董某瑛、赵某、饶某启、胡某恒等六人和供应链公司取得涉案房屋承租权，并按时交纳了房租。

第三，物流公司在履行合同上并不存在过错。2018 年 6 月 30 日，实业公司给物流公司《函告》，称实业公司与兰某、于某、邱某宏案已上诉，正在二审，实业公司负责安排物流公司租赁权，不得与其他人签订租赁合同，否则实业公司不认可，并要物流公司承担后果和经济责任。2018 年 7 月 9 日（具体张贴日期不详，这是公告上的日期），兰某将《公告》及与涂某灵的民事调解书贴于涉案房屋门口，告知从 2018 年 7 月 1 日起，兰某与涂某灵之间的《仓库转租协议》解除，涂某灵、赣银公司无权再收取租金，要求物流公司与兰某三日内支付租金并与之协商，否则十日内清空仓库，交还房屋给兰某。实业公司与兰某、于某、邱某宏案于 2018 年 2 月 5 日一审诉讼，2018 年 11 月 5 日二审判决生效。从 2018 年 2 月 23 日，兰某给物流公司《关于贵司租赁事宜的函告》，到 2018 年 7 月 9 日兰某将《公告》及与涂某灵的民事调解书贴于涉案房屋门口，涉案仓库一直处于确定用益权人的诉讼状态，实业公司和兰某给物流公司的告知，让物流公司无法执行。实业公司与兰某、于某、邱某宏案在 2018 年 11 月 5 日二审判决生效后，没有证据证明实业公司或兰某、于某、邱某宏将该案判决结果告知了物流公司。同时在实业公司与兰某、于某、邱某宏诉讼期间，实业公司或兰某、于某、邱某宏均未向法院提出对租金诉讼保全或要求物流公司提存。作为实际租赁人的物流公司，对于合同相对人赣银公司或供应链公司，均按约履行了交付租金的义务，从未违约。因此，物流公司在本案中没有过错。

本案中，兰某、于某、邱某宏一审诉讼请求中即主张按照每月每平方米 10 元为标准计算损失，二审按照该标准计算，并未超出当事人的诉请请求。

本案再审庭审时，供应链公司承认其只是替实业公司开具发票，收取的租金每月给实业公司 2 万元，自己只留下交纳所得税款，剩余的款项转给了饶某明、钟某平、董某瑛、赵某、饶某启、胡某恒六人。饶某明、钟某平、董某瑛、赵某、饶某启、胡某恒六人为了让实业公司还款，参与了签订出租房屋合同。故造成兰某、于某、邱某宏租赁费损失的是实业公司、饶某明、钟某平、董某瑛、赵某、饶某启、胡某恒和供应链公司。原二审判决实业公司、饶某明、钟某平、董某瑛、赵某、饶某启、胡某恒和供应链公司承担相关责任后，上述各方当事人并未申请再审。本院再审在认定物流公司无须承担责任的基础上，相应认定上述各方当事人应向兰某、于某、邱某宏承担责任。

要旨解析

本案例涉及一房数租时相关当事人之间权利义务确定和责任承担问题。具体涉及以下三个法律问题：一是一房数租时相关合同的效力；二是一房数租合同均有效的情况下当事人之间权利义务的确定；三是未得到履行的承租人的权益保障。

一、关于一房数租时相关合同的效力问题

现实生活和交易中，由于租金价格的差异，出租人与承租人之间关系等各种原因，会存在出租人将同一房屋出租给数个承租人的情形。在此种情况下，出租人与数个承租人就同一房屋订立了数份租赁合同。一般情况下，只要相关租赁合同并不存在无效的事由，可同时认定为有效合同。一房数租中的合同无效事由，往往是其中一个租赁关系的当事人之间为了不正当的目的，恶意串通，损害另一个租赁关系中当事人的利益。《民事诉讼法司法解释》（2022 年修正）第一百零九条规定："当事人对欺诈、胁迫、恶意串通事实的证明，以及对口头遗嘱或者赠与事实的证明，人民法院确信该待证事实存在的可能性能够排除合理怀疑的，应当认定该事实存在。"该条将恶意串通的事实的证明标准，规定为提高证明标准的特定情形，要求达到排除合理怀疑的程度，即对于该类事实应适用高于高度盖然性的证明标准。本案例中，实业公司作为出租人，在将案涉房屋出租给兰某、于某、邱某宏的同时，又将案涉房屋出租给饶某明等人，相关承租人最后均将案涉房屋转租给物流公司。因并无证据证明实业公司将房屋出租给饶某明等人时存在恶意串通行为，应认定上述租赁合同均为有效合同。一审法院关于"实业公司在将涉案仓库租赁给邱某宏、

兰某、于某后，另行将涉案仓库出租给饶某明等人，再转租给供应链公司，再至物流公司，实业公司行为侵害了邱某宏、兰某、于某合法的承租权，各方当事人之间签订的租赁合同、转租合同均属无效”的观点，存在错误，二审和再审法院认为合同是否有效应审查各方当事人是否是真实意见表示，是否存在合同法规定的无效情形，实业公司另行租赁行为并不当然致后手合同无效，影响的是合同是否能够实际履行的观点，并对一审法院的认定予以纠正，符合法律规定和本案事实。

二、关于一房数租合同均有效的情况下当事人之间权利义务确定问题

《最高人民法院关于审理城镇房屋租赁合同纠纷案件具体应用法律若干问题的解释》第六条第一款规定：“出租人就同一房屋订立数份租赁合同，在合同均有效的情况下，承租人均主张履行合同的，人民法院按照下列顺序确定履行合同的承租人：（一）已经合法占有租赁房屋的；（二）已经办理登记备案手续的；（三）合同成立在先的。”根据上述规定，在一房数租合同均有效的情况下，承租人均主张履行合同的，应当按照下列顺序确定履行合同的承租人：第一，已经合法占有租赁房屋的。之所以要优先保护合法占有房屋的承租人，其原因在：一方面，如果承租人已经合法占有房屋，通常承租人已经搬入房屋中居住，如果不对其进行优先保护，则可能对其生产、生活造成重大影响。另一方面，从效率上看，如果不优先保护已经取得占有的房屋承租人的利益，将可能导致承租人重新寻找房屋费用的增加，这也不符合效率的原则。第二，已经办理登记备案手续的。在我国，为便于城市人口管理、维护社会治安等原因，实行商品房租赁合同的备案制度。登记备案作为一种行政管理措施，对当事人之间订立的租赁合同也能产生一定的效力。这就是说，如果几个承租人都没有对房屋进行占有，那么先办理登记备案的，则可以优先于未登记备案的承租人受到保护。第三，合同成立在先的。如果各个承租人既没有占有房屋，也没有办理登记备案的，则按照租赁合同成立的先后顺序来确定履行合同的承租人。[①] 本案例中，实业公司与饶某明等人的租赁合同虽然签订在后，但实业公司与饶某明等人签订租赁合同后，即将房屋实际交付给饶某明等人占有使用，并由饶某明等人再转租给供应链公司，再至物流公司，上述主体对于房屋的占有，具有合同依据，属于合法占有，应认定实际得到履行的是上述租赁和转租合同。事实上，物流公司与供应链公司签订《房屋租赁合同》后，实业公司、供应链公司、饶某明等六人和物流公司四方也重新将涉案房屋钥匙交予物流公司。在实业公司将案涉房屋交付饶某明等人之时，兰某、于某、邱某宏等人即丧失对案涉房屋的合法占有，不再是案涉房屋租赁合同的履行对象，故也无权将案涉房屋再行转租给物流公司，并据此向物流公司主张转租人的权利。

三、关于未得到履行的承租人的权益保障问题

在同时存在几份有效租赁合同的情况下，最终只能有一份合同得到履行。其他

① 王利明主编：《合同法研究》（第四卷），中国人民大学出版社 2013 年版。

未得到履行的有效合同承租人权利如何保护，也是审判实践中必须解决的问题。[①]《最高人民法院关于审理城镇房屋租赁合同纠纷案件具体应用法律若干问题的解释》第六条二款规定："不能取得租赁房屋的承租人请求解除合同、赔偿损失的，依照合同法的有关规定处理。"据此，未得到履行的有效合同承租人可以主张解除合同并要求出租人承担赔偿责任。本案例中，实业公司在与兰某、于某、邱某宏等人就案涉房屋履行问题进行诉讼时，另行将案涉房屋租赁并交付给饶志强等人，客观上导致与兰某、于某、邱某宏等人之间的租赁合同无法继续履行，各方之间虽然存在有效的租赁合同，但合同目的显然无法实现。此时，兰某、于某、邱某宏等人可以根据原《合同法》第九十四条（现为《民法典》第五百六十三条）第（四）项之规定解除合同。租赁合同无法继续履行并最终解除是出租人违约的结果，根据原《合同法》第一百一十三条（现为《民法典》第五百八十四条），承租人在解除合同的同时可以要求出租人承担违约责任，赔偿所受损失。在实业公司与兰某、于某、邱某宏等之间就租赁合同履行发生争议的情况下，物流公司选择与实业公司认可的承租人签订转租合同并占有使用案涉房屋，本身并不存在过错，对于兰某、于某、邱某宏等人的损失，无需承担责任。

编写人：李振峰

再审合议庭成员：李振峰　刘晓雯　邓名兴

① 最高人民法院民事审判第一庭编著：《最高人民法院关于审理城镇房屋租赁合同纠纷案件司法解释的理解与适用》，人民法院出版社，第90页。

二、买卖、租赁合同纠纷

1. 虽无书面合同，卖方送货单与买方应付账款明细单相互印证，可以证明买卖合同成立

——黄某亮与江西某电缆电线实业有限公司买卖合同纠纷再审案

裁判要旨

出卖人提供的送货单与买方记载债权人名称的应收账款明细单可以互相印证，买方虽然否认出卖人为供货人但未能举证证明存在其他供货人的，可以认定双方买卖关系成立。

案例索引

一审：江西省高安市人民法院（2014）高民二初字第 126 号

二审：江西省宜春市中级人民法院（2014）宜中民二终字第 191 号

再审：江西省高级人民法院（2016）赣民再 30 号

基本案情

再审申请人（一审原告、二审被上诉人）：黄某亮。

被申请人（一审被告、二审上诉人）：江西某电缆电线实业有限公司（以下简称电缆公司）。

黄某亮向江西省高安市人民法院提起诉讼，请求：电缆公司支付货款 94277.5 元和迟延付款利息 3771 元（暂从 2013 年 5 月 1 日起至起诉之日止，按中国人民银行同期贷款利率计付），承担本案诉讼费。

黄某亮与电缆公司一直存在业务往来，在业务往来中，双方均为口头协议。电缆公司的法定代表人原为刘某金，2013 年 4 月刘某金将其所持有的电缆公司股份转给朱某强，电缆公司法定代表人同时变更为朱某强。2013 年 4 月 11 日，在双方转让股份时，电缆公司应付账款明细中注明欠“奥瑞黄某亮”货款 196057.76 元，并由刘某金、朱某强进行了确认、核实。之后，电缆公司退回了部分货物给黄某亮，电缆公司实欠黄某亮货款 94277.5 元。

裁判结果

一审判决：电缆公司偿还所欠黄某亮货款 94277.5 元。

电缆公司不服，提起上诉。二审判决：一、撤销一审民事判决；二、驳回黄某亮

的诉讼请求。

黄某亮不服二审判决，申请再审。再审判决：一、维持一审判决；二、撤销二审判决。

裁判理由

再审法院认为，根据当事人的诉辩意见，本案的争议焦点是电缆公司是否应向黄某亮偿还货款 94277.5 元。黄某亮主要提供了电缆公司股权转让协议和补充协议以及应付账款明细、奥瑞料业客户流水账、收货人为刘某金的 18 张送货单、刘某金的证明等证据，来证明电缆公司与黄某亮之间存在买卖合同关系和尚欠货款 94277.5 元的事实。电缆公司在本案历次审理中没有提供任何证据材料。原二审判决认为黄某亮提供的证据并不当然地证明该欠款的债权人就是黄某亮，且欠款金额也不完全相同。《买卖合同司法解释》第一条规定，当事人之间没有书面合同，一方以送货单、收货单、结算单、发票等主张存在买卖合同关系的，人民法院应当结合当事人之间的交易方式、交易习惯以及其他相关证据，对买卖合同是否成立作出认定。对账确认函、债权确认书等函件、凭证没有记载债权人名称，买卖合同当事人一方以此证明存在买卖合同关系的，人民法院应予支持，但有相反证据足以推翻的除外。《民事诉讼证据规定》第二条规定，当事人对自己提出的诉讼请求所依据的事实或者反驳对方诉讼请求所依据的事实有责任提供证据加以证明。没有证据或者证据不足以证明当事人的事实主张的，由负有举证责任的当事人承担不利后果。依据上述法律规定，本案中，虽然黄某亮与电缆公司没有签订书面的买卖合同，但黄某亮提供了 18 张送货单，以及电缆公司注明欠“奥瑞黄某亮”货款 196057.76 元的应付账款明细，并由电缆公司原法定代表人刘某金、朱某强签字确认。现电缆公司要否认本公司应付账款明细中欠款的债权人并非黄某亮，应由电缆公司举证证明。因此，黄某亮主张存在买卖合同关系的现有证据优势明显，电缆公司未能提供相反证据予以推翻。《民事诉讼证据规定》第七十四条规定，诉讼过程中，当事人在起诉状、答辩状、陈述及其委托代理人的代理词中承认的对己方不利的事实和认可的证据，人民法院应当予以确认，但当事人反悔并有相反证据足以推翻的除外。黄某亮自认电缆公司退回部分货物后，实欠其货款为 94277.5 元，据此，原一审判决确认黄某亮承认的对己方不利的上述事实，判决电缆公司偿还黄某亮货款 94277.5 元并无不当。

要旨解析

本案涉及在没有书面合同的情况下，如何证明买卖合同关系的成立。一方当事人如以送货单、收货单等交货单据或对账确认函、债权确认书等债权凭证主张存在买卖合同关系的，法院能否直接认定或者否定买卖合同关系成立的事实。

一、送货单、收货单等交货凭证对买卖合同成立的证明力

根据《买卖合同司法解释》（2020年修正）第一条第一款之规定，法院不能仅以交货凭证为据认定买卖合同成立或者否定买卖合同成立，而是要具体结合当事人之间的交易方式、交易习惯及其他相关证据，对买卖合同是否成立作出认定。民法典施行后修正的司法解释作了同样规定。

笔者认为，上述判断的主要理由在于：1. 由相对人签署或者出具的送货单、收货单等交货凭证，可以证明相对人收到货物的事实，但仅有此类书证，不能排除送货人基于其他法律关系或者事实接收货物的可能。2. 在市场经济实践中，没有书面合同的买卖交易大量存在。在建筑装修材料配送、超市物流配送及饭店食材配送等送货上门的买卖交易方式中，当事人之间的买卖协议多为口头达成，但口头协议大多难以举证，故送货单、收货单等书证遂成为出卖人证明其履行合同义务的最主要证据。如果相对人简单否认收货事实与买卖合同有关，或者以签收人非其工作人员、不认可签收人员有权代表其签字为由，否认买卖合同关系的存在，法院直接据此否定买卖合同成立的事实，不利于鼓励买卖交易和引导买卖合同诚信履约行为，甚至可能引起整个行业的恐慌，导致买卖双方不得不以牺牲市场交易的便捷和效率为代价，采取订立书面买卖合同的方式。3. 在无书面买卖合同的情况下，就买卖合同成立的事实而言，主张合同成立的一方的举证能力较弱，否认合同成立的一方举证能力较强。就举证责任分配而言，一方当事人提出送货单、收货单等交货凭证，可视为其已经完成对合同成立并履行的举证责任。法院要求举证责任能力较强的相对人就否认买卖合同成立的事实承担举证责任，亦无不公。

“交易方式”是指某一类买卖合同缔结与履行所通行的共同方式。不同的交易方式，其合同的订立方式、履行方式有共同之处；不同的交易方式，其缔约方式、交付标的物的方式、支付价款的方式也有所不同。对不同的交易方式，证明合同成立的证据在内容、形式上也有所差异。例如，超市购物小票可以作为消费者与超市之间成立买卖合同的证据；而通过在线网络购物的，可能并无购物小票，此时则可通过提供系统自动生成的电子订单来作为买卖合同成立之证明。

“交易习惯”是指在交易中的惯常做法。2009年5月13日施行的原《合同法司法解释（二）》第七条对原《合同法》上的“交易习惯”作出具体解释。交易习惯具体包括两种：（1）为行业惯例和地区惯例，即在交易行为当地或者某一领域、某一行业通常采用并为交易对方订立合同时所知道或者应当知道的做法。（2）为当事人之间经常使用的惯常做法。对于交易习惯，由提出主张的一方当事人承担举证责任。就买卖合同纠纷而言，主张合同成立的一方须证明地方习惯或行业习惯的存在，且对方在订立合同时知道或者应当知道。如果其主张系基于双方当事人之间的交易习惯，则尚应证明在争议案件发生前，双方已经以此方式完成了多笔买卖。交易习惯的有无及其内容，应由主张适用交易习惯的一方当事人举证。

“其他相关证据”是指除了书面合同及《买卖合同司法解释》（2020年修正）第

一条所列举的书证以外的、能证明买卖合同成立的证据。如果主张合同成立的当事人所提交的证据与送货单、收货单等交货凭证在时间、标的物名称及数量等方面能够相互印证，形成证明买卖合同成立及履行事实的证据链，则双方即使没有书面合同，人民法院也可以认定买卖合同成立。

二、对账确认函、债权确认书等债权凭证对买卖合同成立的证明力

根据《买卖合同司法解释》（2020年修正）第一条第二款之规定，法院可以没有记载债权人名称的对账确认函、债权确认书等函件、凭证，认定此类函件、凭证持有人与债务人之间存在买卖合同关系，但当事人可以提供相反证据予以推翻。《民法典》施行后修正的司法解释作了同样规定。

笔者认为，从性质上看，对账确认函、债权确认书等函件、凭证是由债务人向债权人出具的债权凭证，是债务人认可买卖合同关系存在并承担给付义务的书面证明。如果此类函件、凭证已明确记载债权人名称，则债权人据此主张买卖合同关系存在，并要求买受人承担支付价款的义务，当无异议。如此类债权凭证没有记载债权人的名称也并不影响其记载内容的真实性。债务人出具的对账确认函、债权确认书等函件和凭证足以证明债务人承认此债务存在的事实。按照常理，在无相反证据证明的情况下，债权人持有该债权凭证，即推定凭证持有人为合法的债权人，在当事人双方之间存在明确的债权债务关系。债务人未在该债权凭证上写明债权人抬头，既可能是债务人疏忽所致，也可能系债务人故意为之。没有完整写明债权凭证的所有内容，责任在于债务人。已经确定的债务人应当向谁偿还债务，是否存在债权转让等情形，并不影响债务人承担债务的事实及负担程度。债权人持有该债权凭证，即已完成证明其享有买卖合同中的合法债权的举证责任。如果债务人欲以否认债权凭证持有人系买卖合同相对方的途径来否定买卖合同关系的存在，则举证责任转移至债务人一方，债务人须另行举证证明债权凭证持有人并非该债权的合法债权人。换言之，债务人仅以该债权凭证未记载债权人名称来否认买卖关系存在的，法院不予支持。如果债务人提供了足以推翻该凭证持有人系买卖合同当事人的其他证据，例如债务人提出证据证明，其已向真正的买卖合同相对人履行了合同义务，且买卖合同相对人已就该债权证明遗失登报公告的，则人民法院可据此认定诉讼双方当事人之间并不存在买卖合同关系。

就本案而言，黄某亮提供的送货单属于证明买卖合同成立的间接证据，结合双方存在长期业务往来的事实，当事人之间交易标的属于建筑装修材料，交易习惯上一般不会签订书面合同。电缆公司的应付账款明细表也是证明买卖合同关系存在的间接证据，电缆公司的股权转让时新股东对公司该笔应付账款予以签字确认，因此，本案证据可以形成证明买卖合同成立及履行事实的证据链，双方存在买卖合同法律关系具有高度可能性，即使没有书面合同，也应当认定买卖合同法律关系成立。

编写人：骆丽玲

再审合议庭成员：龚雪林　邓名兴　谢丽萍

2. 视同买断方式的代销合同属于附生效条件的买卖合同，代销人将货物售出，委托方和代销方之间的买卖合同生效

——湖南某机械设备有限公司与张某、江西某重工集团有限公司等买卖合同纠纷二审案

裁判要旨

代销合作关系中对销售产品有定价权且可以根据代销协议获得返利的，有别于仅收取手续费的代销关系，这种视同买断方式的代销合同，性质上属于附生效条件的买卖合同，代销人将货物售出，则委托方和代销方之间的买卖合同生效。双方之间签订的代销合同和买卖合同，均系当事人的真实意思表示，内容也不违反法律、行政法规的强制性规定，合法有效，双方当事人应按合同约定行使权利履行义务。

案例索引

一审：江西省宜春市中级人民法院（2015）宜中民二初字第 52 号

二审：江西省高级人民法院（2017）赣民终 277 号

基本案情

上诉人（原审被告）：湖南某机械设备有限公司（以下简称机械公司）。

上诉人（原审被告）：张某。

被上诉人（原审原告）：江西某重工集团有限公司（以下简称重工集团）。

原审被告：秦某武。

原审被告：符某。

原审被告：符某元。

原审被告：郑某永。

重工集团向一审法院提起诉讼，请求：1. 判令机械公司向重工集团支付挖掘机、装载机货款 38585693.1 元及违约利息（违约利息计算至本清），样机占用费 142830 元；2. 判令机械公司向重工集团支付配件款 28441.9 元；3. 判令郑某永对机械公司的上述付款义务承担连带清偿责任；4. 判令秦某武、符某元、符某对机械公司 2011 年的未支付货款 4995537 元承担连带清偿责任；5. 判令张某对机械公司 2011 年、2012 年的未支付货款 30305062.1 元承担连带清偿责任；6. 判令本案案件受理费、保

全费等诉讼费用由机械公司承担，郑某永对此承担连带清偿责任。

重工集团与机械公司从2011年起开始进行装载机、挖掘机等工程机械的代销合作。2011年6月19日，重工集团与机械公司分别签订了《装载机销售代理协议》《挖掘机销售代理协议》，约定：重工集团授权机械公司为宜工牌装载机、挖掘机产品在湖南省的代理商；重工集团按机械公司要求支持样机；机械公司全款销售重工集团产品后，必须当日通知重工集团，并在三天内与重工集团签订销售合同，在五天之内以银行汇票或汇款形式与重工集团结算，超过付款截止日，应支付应付货款总额每日千分之二的违约金，如未及时通知重工集团已销售产品，视为违约；机械公司按揭销售重工集团产品后，按银行按揭销售业务程序办理货款结算；机械公司融资租赁销售重工集团产品后，按融资租赁公司销售业务程序办理货款结算；按机械公司需求所发的样机，超过3个月未销售的，从第4个月起，重工集团按结算价每个月收取100元/万元的资金占用费，超过6个月以上的样机，从第7个月开始，不管销售与否，机械公司必须按结算价买断样机且无条件将货款付给重工集团，如拖欠视为违约；机械公司的法定代表人、全部股东及配偶对所欠货款负连带责任；协议有效期从2011年6月19日起至2011年12月31日止。郑某永、张某在两份协议的“担保人”处签名和按指印，符某元受秦某武、符某委托在“担保人”处分别签署“符某元”和“符某”并按指印。同日，双方签订两份《样机管理协议》，约定：装载机、挖掘机样机的所有权归重工集团；机械公司销售样机时，必须签订《产品销售合同》，在交机后5个工作日内根据合同中注明的付款方式向重工集团付清货款；重工集团随时派人对样机存储状况盘点核实，机械公司对未售出的样机情况需如实填报样机报表；机械公司违反协议约定，重工集团有权终止协议，收回样机，不能归还样机的，视为机械公司已销售，机械公司应在五天内付清样机全部货款，并按销售代理协议有关条款进行赔偿；协议有效期从2011年6月19日起至2011年12月31日止。

2012年4月10日和2013年1月18日，重工集团与机械公司分别签订2012年、2013年《装载机产品代销合作协议书》《挖掘机产品代销合作协议书》，约定的合作方式与2011年签订的合作协议基本一致，仅个别条款内容有变更。2014年2月24日，经机械公司确认，重工集团共向机械公司交付宜工牌装载机82台，挖掘机53台，合计135台。此后，机械公司退回重工集团装载机1台，挖掘机4台。

机械公司接收的130台装载机、挖掘机中，共售出122台，每台机器售出后，机械公司均按双方代销合作协议的约定分别与重工集团签订了买卖合同，双方共签订买卖合同121份，机械公司与重工集团在庭审中一致认可合同总价款为41894027元。在上述买卖合同中，重工集团与机械公司均约定机械公司逾期付款时，应按逾期付款总金额，按中国人民银行同期贷款利率的2倍赔偿重工集团的经济损失。另有8台装载机、挖掘机机械公司未与重工集团签订买卖合同，该8台机器总价款为2271000元。庭审中，机械公司称其中3台样机可以退回，重工集团亦同意接收，该3台样机价款合计1277000元。

上述121份买卖合同中，双方约定一次性付清货款的合同6份。双方约定以银行按揭方式付款的合同3份，合同约定：自本合同签订之日起三个工作日内，机械公司须向银行办理相关按揭手续，待银行审批成功，直接划拨全额货款至重工集团账户；重工集团查询确认收到货款后的三个工作日以内，将机械公司销售差额部分返还给机械公司，并向机械公司出具销售发票。双方约定以融资租赁方式付款的合同2份，合同约定：支付首付货款，融资两年，剩余货款待融资租赁公司审批成功，直接划款至重工集团账户。双方约定分期付款的合同110份，合同均约定：机械公司未按约定还款达两期以上，重工集团有权要求机械公司支付全部货款或解除合同，重工集团通知机械公司付清全部货款时，机械公司应在7日内付清。

机械公司共向重工集团支付样机保证金1300000元，2013年3月26日、3月29日，重工集团分四次将机械公司的380000元样机保证金用于抵扣货款。截至2015年4月3日重工集团起诉之日，机械公司共向重工集团支付货款8069333.9元、样机保证金920000元、配件保证金70000元，共计9059333.9元。2014年1月20日，机械公司确认重工集团为其垫付配件款98441.9元。

裁判结果

一审判决：一、限机械公司于本判决生效之日起十五日内向重工集团支付货款和样机款33928513.1元、配件款28441.9元，合计33956955元；二、限机械公司于本判决生效之日起十五日内向重工集团支付样机资金占用费29820元和逾期付款违约金（逾期付款违约金以货款、样机买断款、配件款合计33956955元为基数，按中国人民银行同期同类贷款基准利率的2倍，从2015年4月3日起计算至全部付清之日止）；三、限机械公司于本判决生效之日起十五日向重工集团返还编号为110850058、119380275、8230200191218的3台样机，所发生的运输费用由重工集团承担；如机械公司不能在本判决指定的期限内如数将机器返还给重工集团，则由机械公司按合同约定的价款1277000元支付给重工集团，且此款限机械公司在本判决指定的机器返还期限届满之日起15日内给付。四、郑某永对本判决第一项、第二项确定的给付义务承担连带清偿责任；五、张某对本判决第一项、第二项确定的给付义务中的货款3791625元及其逾期付款违约金承担连带清偿责任；六、郑某永、张某承担保证责任后，有权向机械公司追偿；七、驳回重工集团的其他诉讼请求。

机械公司和张某均不服，提起上诉。二审判决：一、维持一审判决第六项；二、撤销一审判决第三、四、五、七项；三、变更一审判决第一项为：限机械公司于本判决生效之日起十五日内向重工集团支付货款合计人民币27864212元；四、变更一审判决第二项为：限机械公司于本判决生效之日起十五日内向重工集团支付样机资金占用费29820元和逾期付款违约金（逾期付款违约金以货款27864212元为基数，按中国人民银行同期同类贷款基准利率的2倍，从2015年4月3日起计算至全部付清之日止）；五、郑某永对本判决第一项、第二项确定的给付义务承担连带清偿责任；六、张某对本判决第一项、第二项确定的给付义务中的货款人民币3791625元及其逾期付款违约金承担连带清偿责任；七、驳回机械公司的其他诉讼请求。

裁判理由

二审法院认为，根据双方诉辩意见，本案二审争议焦点为：一、重工集团与机械公司是代理关系还是买卖关系？二、机械公司主张核减货款应否支持？三、张某应否承担连带清偿责任？

一、关于重工集团与机械公司法律关系的问题。本案中，从双方签订协议的目的看，重工集团通过授权机械公司在湖南市场代理销售其产品，并根据机械公司销售情况实现回收货款，机械公司通过从重工集团获得在湖南市场销售其产品的权利并从重工集团、客户之间获取价差。从协议内容看，重工集团与机械公司之间签订了系列协议，有产品销售代理协议、合作协议书、产品代销协议。从协议的实际履行看，机械公司销售产品是以自己名义与客户直接签订购销合同，为了结算货款再由机械公司与重工集团签订买卖合同。故综合全案证据分析，重工集团和机械公司之间首先是一种代销合作关系，这种代销合作关系有别于仅收取手续费的代销关系。机械公司销售产品给客户拥有定价权，同时还可以根据代销协议约定从重工集团处获得返利费。因此这种代销关系是一种兼具买卖合同关系的买断式代销合作关系。双方无论是签订的代销合同还是买卖合同，均系双方当事人的真实意思表示，内容也不违反法律、行政法规的强制性规定，合法有效，对双方当事人均有拘束力。机械公司主张其与重工集团之间排除买卖关系，仅为一般的产品代销关系的理由不能成立。

二、关于机械公司应否核减货款的问题。二审中机械公司要求核减部分货款。具体为：1. 重工集团应付给机械公司的返利费用、售后服务费用共计2394663元，机械公司向法院提交的返利费和服务费明细表和《支付返利申请》，该申请上有重工集团工作人员的签字同意，该院予以认定。2. 机械公司为开展代销活动，支出展会费用175万元，机械公司提交的《展会费用申请》上有重工集团工作人员的签字确认，该院予以认定。3. 机械公司采取以旧机换新机的代销活动，要求重工集团补贴173000元，经核实，该费用中《9月促销以旧换新补贴申请表》应补贴的15000元无重工集团人员签字，该院不予认定，对机械公司以旧机换新机补贴费用该院认定158000元。4. 因质量等原因，机号为119380123、119560438、119560296、9038200161216的机器退回给重工集团，一审没有扣减该费用，四台机器总价为864118元，重工集团认可的运费等费用为91500元。该费用应从付给重工集团的货款中扣减。5. 二审中机械公司退回了一审判决第三项中的编号为119380275、8230200191218的样机2台，重工集团认可产生的运费等费用为37000元，应予扣减。编号为110850058的样机未退，价款为385000元，重工集团2014年3月26日《关于宜工降库存方案的请示》文件规定：对于库存机明确其销售价格不得低于代理价的6.5折，采取买断服务的方式进行全款销售。根据该文件精神，机械公司对于未予退回的编号为110850058样机，应按6.5折即250250元支付货款。6.关于由汤振武直接将货款付给重工集团的机号为90561003026载机，机械公司要求从总货款中扣除该设备货款26.1万元及运输费用3万元，重工集团未予认可，该院不予认定。7.关于因重工集团产品质量原因，客户刘和平起诉机械公司，法院判决机械公司赔偿的164031元，同时承担了诉讼费用7081元，律师费用5000元，重工集团对法院判决的赔偿费用和诉讼费用认可，律师费用未提供证据不予认可，该院对法院判决机械公司赔偿的164031元和诉讼费用7081元予以认定。8.机械公司向法院起诉客户的客户应付款金额共计643万元，要求从机械公司的总欠款中扣除，重工集团对此不予认可，根据合同相对性原则，机械公司从其应付重工集团的货款中扣减无合同依据，该院不予支持。9.机械公司主张的因重工集团产品的质量问题，导致机械公司产生了售后服务费用，客户李某田的机子（机号118600103），重工集团降价4万元，客户段某兰的机子，机号11230030，大臂开裂，宜工未修好，同意赔偿但未赔，客户沈某军的机子，机号119380175，宜工同意承担一半运费但未付，客户刘某东的机子，机号119560216，宜工同意补偿6500元，客户陈某源的机子，机号110650012，宜工同意补偿1600元，客户涂某的机子，机号119380275，宜工同意补偿1800元，客户谷某志的机子，机号119560376，宜工同意补偿1500元，以上费用由重工集团签字认可的51400元，该院予以确认。10.机械公司要求对2014年销售的三台机器（机号9036200871216、9036211221216、9038200701216）按6.5折结算，无合同依据，该院不予支持。

综上，机械公司应支付的货款250250元。应扣减的费用为返利费用售后服务费用2394663元+代销展会费1750000元+补贴费158000元+退还机器864118元+运费91500元+37000元+赔偿费164031元+诉讼费7081元+售后服务费51400元+诉讼中归还600000元=6342993元。两项相抵后，机械公司应扣减的费用为6092743元。机械公司应向重工集团支付货款为33956955元−6092743元=27864212元。一审按合同约定判决机械公司支付资金占用费符合合同约定，应予维持。

三、关于张某应否对机械公司3791625元货款承担连带清偿责任的问题。张某认为重工集团与机械公司签订的多份协议，张某应当承担保证责任的，只有并未实际履行的《2012年度装载机产品代销合作协议书》《2012年度挖掘机产品代销合作协议书》（简称《合作协议》），张某只是对年度内发生的债权总额进行担保，主合同未履行，张某不应再承担保证责任。该院认为，在张某作为保证人签署的《合作协议》中约定了甲乙双方对结算价格有其他书面约定的从其约定。机械公司与重工集团签订了121份买卖合同均是根据机械公司出售了机器后签署的，是对结算价格与方式的约定，系《合作协议》的一部分。张某提出《合作协议》未履行的主张缺乏事实依据，张某应当对保证期限内的机械公司未付货款承担连带保证责任。

要旨解析

代销货物是指受托方按委托方的要求销售委托方的货物的经营活动。代销合同的主要内容是供货方（主要是生产企业）将货物交给代销方（主要是商业企业）销售，先不收取货款，待代销方以代销方的名义将货物售出后再按双方事先约定的价格付款给供货方，代销方按约定收取代销报酬，未售出的货物则退给供方。代销方式一般包括视同买断方式的代销和收取手续费方式的代销两种。视同买断方式代销中，委托方按与受托方的协议结算价收取委托代销货物的货款，实际售价由代销方自定，协议结算价与实际售价之间的差额归属于代销方，受托方并不向委托方另行收取手续费。收取手续费方式代销中，代销方按与委托方的协议结算价销售货物，根据实际销售数量向委托方收取手续费。代销货物在商品贸易中被广泛运用，但由于代销合同属于原《合同法》上的无名合同，法律没有明确界定代销合同的性质，实践中争议颇多，有的认为它是委托代理合同，有的认为是附条件的买卖合同，有的认为是行纪合同。笔者对代销合同的法律性质辨析如下：

1. 收取手续费方式的代销合同是行纪合同。根据我国原《合同法》的规定，行纪合同是行纪人（受托人）以自己的名义为委托人从事贸易活动，委托人向行纪人支付报酬的合同。以自己名义为他人从事贸易活动的一方为行纪人，委托行纪人为自己从事贸易活动并支付报酬的一方为委托人。收取手续费方式的代销中，代销人是按委托人指定的价格对外销售，并按该销售价格与委托人结算，即销货的收入归属于委托人，同时，代销人会另外向委托人开具普通发票收取代销手续费，可见，收取手续费方式的代销合同符合行纪合同的法律特征，是行纪合同。

2. 视同买断方式的代销合同是附条件的买卖合同。在视同买断方式的代销中，代销人并不向委托方收取报酬，而是靠从销售差价中获利，代销人有权自己决定销售价格，无须经委托方同意，这明显区别于行纪合同。代销人不仅自己决定销售价格，而且以自己的名义销售货物，销售合同责任也直接由代销人承担，这是买卖合同所具备的法律特征，与买卖合同不同之处在于代销合同是售后付款和未售出的货物可以退货。因此，我们可以将视同买断方式的代销合同理解为以代销人售出代销货物为生效条件的买卖合同。即，委托方与代销方签订的一个附生效条件的买卖合同，如果代销人将货物售出，则委托方和代销方之间的买卖合同生效，否则，不生效，由代销方将货物退还给委托方。因此，笔者认为，视同买断方式的代销合同属于附生效条件的买卖合同。

3. 代销合同不是委托代理合同。根据我国原《合同法》的规定，我国的代理制度包括直接代理和间接代理。直接代理中，代理人以被代理人的名义从事民事法律行为，间接代理以被代理人的名义从事民事法律行为，但是无论是直接代理还是间接代理，代理行为的法律后果都由被代理人承担。而代销人在销售代销货物时，尽管直接以自己的名义进行，但所产生的法律后果却由代销人自己承担，并不直接对委托人产生法律效力。这一特征使其与委托代理相区别。因此，代销合同不是委托代理合同。

就本案而言，重工集团按机械公司要求支持样机，协议对三种销售方式约定如下货款支付方式：一是全款销售，机械公司必须在销售三天内与重工集团签订销售合同，在五天之内与重工集团结算。二是按揭销售，在办理相关按揭手续后直接划拨全额货款至重工集团账户，重工集团再将销售差额部分返还给机械公司。三是融资租赁，先支付首批货款，剩余货款由融资租赁公司直接划款至重工集团账户。样机所有权归重工集团，重工集团有权收回样机，机械公司也可以退回样机。从上述三种销售方式的货款支付方式及对样机所有权的约定来看，均是售后付款，可以理解为以机械公司售出代销货物为生效条件的买卖合同。机械公司将货物售出，则重工集团和机械公司之间的买卖合同生效，机械公司应按约定期限支付相应货款，否则，应按代销协议约定承担违约责任。如在约定期限货物未卖出，机械公司可以将货物退还给重工集团，否则应按代销协议约定承担样机资金占用费。

编写人：骆丽玲

二审合议庭成员：邓相红　肖玉华　吴爱民

3. 公司一方对委托代理人的盖章行为知情且默认许可的，可以认定代理人出具欠条等行为真实有效

——会昌县文武坝镇某建材行与赣州市某工程建设有限公司、肖某生买卖合同纠纷再审案

裁判要旨

如果公司一方对委托代理人的盖章行为是知情的，且可以证明公司对此是默认许可的，可以认定代理人出具欠条等行为真实有效。

案例索引

一审：江西省会昌县人民法院（2014）会民二初字第34号

二审：江西省赣州市中级人民法院（2015）赣中民二终字第17号

再审：江西省高级人民法院（2017）赣民再94号

基本案情

再审申请人（一审原告、二审被上诉人）：会昌县文武坝镇某建材行（以下简称建材行）。

被申请人（一审被告、二审上诉人）：赣州市某工程建设有限公司（以下简称建设公司）。

被申请人（一审被告）：肖某生。

2010年11月9日，建设公司与会昌县第三小学建设指挥部签订了《建设工程施工合同》。承建工程项目：会昌县第三小学；工程承包范围：以设计图纸及招标工程量清单内的土建、装修装饰及水电工程；合同工期：开工日期2010年11月10日（具体时间以开工报告为准），竣工日期2011年8月10日，合同工期总天数为270天。工程总造价为人民币：13182664.25元。建设公司的委托代理人肖某生在合同书上签了名并承包该工程。会昌县第三小学工程开工后，肖某生以会昌县第三小学第一标段工程的名义于2010年12月8日至2011年1月28日，向建材行赊购各种规格钢材计货款850835元（货单15张），2011年1月26日肖某生的合伙人包某连在工行会昌支行转账付给建材行货款20万元，2011年2月2日肖某生在工行会昌支行转账付给建材行货款40万元，两次共计汇给建材行货款60万元，尚欠建

材行货款 250835 元。2011 年 2 月 14 日至 2011 年 4 月 17 日，肖某生以会昌县第三小学工程的名义又向建材行赊购各种规格钢材计货款 1915316 元（货单 66 张），加上原欠货款 250835 元，至此建设公司承建的会昌县第三小学工程应欠建材行货款 2166151 元。2011 年 3 月 12 日肖某生在农行会昌支行转账付给建材行货款 20 万元，2011 年 4 月 13 日、14 日在赣州银行会昌支行转账付给建材行货款共 100 万元，共计付给建材行货款 120 万元，仍应欠建材行货款 966151 元。2011 年 5 月 12 日至 2011 年 6 月 14 日，肖某生仍以会昌县第三小学工程的名义又向建材行赊购各种规格钢材计货款 818978 元（货单 28 张），加上原欠货款 966151 元，仍应欠建材行货款 1785129 元。2011 年 5 月 19 日肖某生在工行会昌支行转账付给建材行货款 60 万元，仍应欠建材行货款 1185129 元。肖某生答应在 2011 年 8 月 12 日、13 日各付 50 万元货款给建材行，肖某生没有兑现自己的承诺，仅在 2011 年 8 月 12 日通过工行会昌支行转账支付了 50 万元货款给建材行，另 50 万元货款一直没有支付给建材行。至此被告仍欠建材行货款 685129 元。2012 年 7 月 21 日（复工后）至 2012 年 8 月 15 日，肖某生仍以会昌县第三小学工程的名义再次向建材行赊购各种规格钢材计货款 71406 元（货单 4 张），再加上原欠货款 685129 元，仍应欠建材行货款 756535 元。根据上述交易往来情况，肖某生为承建会昌县第三小学工程先后共向建材行赊购各种规格钢材共计货款约 3656535 元，肖某生及其合伙人包某连通过工行、农行和赣州银行前后付给建材行货款 290 万元，收付相抵后仍欠建材行货款 756535 元。另外建材行同意被告退回钢筋 4.45 吨，4500 元 / 吨共计货款 20025 元，抹去尾数 25 元，实际减去货款 2 万元，再退回被告发票款（税款）6 万元，共计货款 8 万元，被告仍欠建材行货款 676535 元。2012 年 12 月 22 日，建材行代表刘某胜与肖某生的合伙人包某连以及请来的会计刘某远一起对双方的经济往来进行了结算。至 2013 年 10 月 25 日，肖某生一直没有支付货款给建材行，建材行法定代表人刘某胜找到肖某生要求支付所欠货款，并提出要求加入拖欠货款的利息损失 7000 元。经双方协商，肖某生同意建材行的要求，建材行也自愿减去 135 元零头数，被告实际应欠建材行货款计 683400 元。肖某生当场向建材行出具了欠钢筋货款 683400 元的欠条一张，并在欠条上加盖了“赣州市某工程建设有限公司会昌县第三小学一标段工程项目部”的公章。据此，建材行向江西省会昌县人民法院提起诉讼，请求：建设公司、肖某生尽快归还建材行货款 683400 元，并按 20‰的月利率计算利息及承担 2‰的滞纳金。

另查明，2011 年 1 月 24 日，肖某生以建设公司承建的会昌县第三小学一标段工程项目的名义，使用“赣州市某工程建设有限公司会昌县第三小学一标段工程项目部”的公章，向会昌县财政局申请支付基础工程款 270 万元。2011 年 1 月 28 日，会昌县财政局将该工程款电汇给建设公司。

裁判结果

一审判决：一、建设公司、肖某生所欠建材行货款683400元及利息（利息自2013年12月26日起计算至还清欠款之日止，按中国人民银行公布的同期同类贷款基准利率的四倍计算），限于本判决生效后五日内付清，并将款项直接打入建材行银行账户；二、驳回建材行的其他诉讼请求。

建设公司不服，提起上诉。二审判决：一、维持一审判决第二项；二、变更一审判决第一项为：建设公司、肖某生应于本判决生效后十日内向建材行支付货款5000元及利息。利息以货款5000元为基数按中国人民银行规定的同期贷款利率计算确定，自2012年2月22日起直至付清所有货款之日止，利随本清。

建材行不服二审判决申请再审。再审判决：一、维持一审判决；二、撤销二审判决。

裁判理由

再审法院认为，本案的争议焦点为：2013年10月25日由肖某生出具并加盖建设公司项目部印章的欠条是否真实、有效，该欠条能否作为本案定案依据。经查，肖某生在该欠条上签名，并加盖了"赣州市某工程建设有限公司会昌县第三小学一标段工程项目部"的印章。一方面，肖某生作为建设公司承接并管理该项目的代理人，所有与建材行的钢材买卖均由其与包某连所为，肖某生具有代表建设公司进行清算且出具欠条的权限。另一方面，关于所用印章，肖某生不仅在此欠条上使用此印章，而且在对公场合，于2011年12月24日向会昌县财政局申请支付工程款时也使用该公章，申请支付的工程款270万元已经打入建设公司的账户。因此，建设公司对肖某生使用该印章系知情，并且是默认和许可的，由肖某生出具的欠钢筋货款683400元的欠条真实、有效。而2012年12月22日结算单中记载的2011年8月13日应付给建材行50万元货款，建材行提供的银行流水证实没有收到该笔款项，建设公司并未在本案诉讼中对该50万元的实际支付提供相应的证据予以证明，故结算单所载余额的真实性存疑，该结算单不足以否定之后即2013年10月25日欠条的证明力，本案应依据欠条认定所欠钢筋货款的数额。

要旨解析

本案主要争议的焦点在于公司对以其名义出具的欠条盖章行为的效力。印章特别是公章在公司对外行为中的作用，一向是当事人讼争和司法裁判的焦点。实践中对印章有两种不同的思路。法律法规、司法解释也并未对盖章的形式要件及如何适用作出规定。实务中常见的纷争在"真人假章"（有代表权或者代理权的人加盖假公章），或者"假人真章"（无代表权或者代理权的人加盖真公章）等"人章不一致"情况下，如何认定盖章行为的效力，从而影响合同效力的认定。对此，存在两种不同的观点。一种观点认为，应当着重考察盖章之人有无代表权或者代理权来认定合同效力，有代表权或者代理权的人即使加盖的是假公章，也应认定其构成有权代表或者有权代理。另一种观点则认为，合同书上加盖公章的意义在于，该意思表示系公章显示的主体所为。假公章意味着该意思表示并非公司真实的意思表示，依法应当认定合同无效。反之，只要加盖的是真公章，即使盖章之人没有代表权或者代理权，也应由公章显示的主体承担民事责任。《民商审判会议纪要》采取了第一种观点，第 41 条明确规定，“人民法院在审理案件时，应当主要审查签约人于盖章之时有无代表权或者代理权，从而根据代表或代理的相关规则来确定合同的效力。法定代表人或者其授权之人在合同上加盖法人公章的行为，表明其是以法人名义签订合同，除《公司法》第 16 条等法律对其职权有特别规定的情形外，应当由法人承担相应的法律后果。法人以法定代表人事后已无代表权、加盖的是假章、所盖之章与备案公章不一致为由否定合同效力的，人民法院不予支持。”以上规定确立了“看人不看章”的裁判思路。即，公章之于合同的效力，关键不在公章的真假，而在盖章之人有无代表权或代理权。盖章之人为法定代表人或有权代理人的，即便其未在合同上盖章甚至盖的是假章，只要其在合同书上的签字是真实的，或能够证明该假章是其自己加盖或同意他人加盖的，仍应作为公司行为，由公司承担法律后果。反之，盖章之人如无代表权或超越代理权的，则即便加盖的是真公章，该合同仍然可能会因为无权代表或无权代理而最终归于无效。

司法实践中，当事人对公章真伪这一事实存在争议的情形出现较多，那么能否以与备案公章不符为由就认定某一枚公章是假公章。公司通常以涉案的某一枚公章为假公章为由提出合同不成立或无效的抗辩，理由则往往是与备案公章不符。公章的备案，既有公安机关的备案，也有工商管理部门的备案。就民商事审判来说，更多涉及工商管理部门的备案问题。公司使用备案过的公章，即使该公章已经废弃不用了，只要相对人信赖该枚公章仍在使用的，法律就要保护此种信赖。但要求相对人在任一交易活动中都去核查所使用公章的真伪，是不符合交易便捷原则的，相对人不应负有审核某一公章是否为备案公章的义务。因此，在公司使用备案公章以外的其他公章场合，法院不能以相对人未尽审核义务为由，就认定公司的该枚公章为假公章，除非公司能够举证证明该枚公章确实是伪造的、废弃不用的公章。当然，相对人也可以通过举证证明公司使用的该枚备案公章以外的公章，曾在此前的交易中或者在与其他的交易中使用过等事实，证明该枚公章就是公司的公章。

就本案来说，双方存在争议的是加盖公司公章的欠条是否真实、有效。肖某生在欠条上签名，并加盖了“赣州市某工程建设有限公司会昌县第三小学一标段工程项目部”的印章。首先，其作为建设公司承接并管理该项目的代理人，所有与建材行的钢材买卖均由其与包某连所为，肖某生具有代表建设公司进行清算且出具欠条的权限。其次，肖某生不仅在此欠条上使用此印章，而且在向县财政局工程请款等对公场合也使用该公章。因此，本案是“真人真章”的情形，可以认定建设公司对肖某生使用该印章系知情，且是默认和许可的，肖某生购买钢材及在欠条上签字的行为系有权代理，其以建设公司名义出具的欠钢筋货款 683400 元的欠条真实、有效，建设公司应当对欠付货款承担责任。

编写人：骆丽玲

再审合议庭成员：熊 伟 陈银发 胡爱菊

4. 多个公司间就同一标的物形成高买低卖闭环交易的，应依据真实成立的借贷法律关系予以认定

——江西某国际贸易有限公司与中国某机械和技术进出口有限公司、上海某峰实业有限公司等民间借贷纠纷二审案

裁判要旨

1. 多公司之间形成闭合循环贸易，最初需求方与最终供货方归于同一主体，最初卖方公司以更高的价格买入自己卖出的货物，没有发生实际的货物买卖。因此，买卖合同并不是各方真实意思表示，系列交易的真实意思是民间借贷。

2. 公司之间采用多次、多笔虚假贸易形式进行融资，违反了金融政策监管规定，相关公司间订立的民间借贷合同应认定无效。

3. 贸易中间方参与了借款过程，对合同无效也存在过错，应当按照其过错对债务人、担保人不能清偿的部分债务承担补充赔偿责任。其承担责任的范围，按照过错程度和获益的数额比例确定。

案例索引

一审：江西省南昌市中级人民法院（2017）赣01民初15号

二审：江西省高级人民法院（2019）赣民终225号

基本案情

上诉人（一审原告、反诉被告）：江西某国际贸易有限公司（以下简称贸易公司）。

上诉人（一审被告、反诉原告）：中国某机械和技术进出口有限公司（以下简称进出口公司）。

被上诉人（一审被告、反诉第三人）：上海某峰实业有限公司（以下简称某峰公司）。

被上诉人（一审被告、反诉第三人）：宁某。

被上诉人（一审被告、反诉第三人）：陈某香。

原审第三人：上海某升实业有限公司（以下简称某升公司）。

2014年1月3日，贸易公司（乙方）与某峰公司（甲方）签订《采购协议》，协议载明：“一、采购项目及流程。1. 甲方自愿向乙方常年采购进口复合橡胶，产品质

量为国家一级标准。2. 商品供货商由甲方书面指定并经乙方认可。每一单业务由乙方与进出口公司签署采购合同进行采购，再由乙方与甲方签订具体购销合同销售给甲方。……二、采购方式。1. 采购方式在以下两种方式中任选一种：A. 在购销合同签署后3个工作日内，甲方向乙方以现金方式预付合同总金额20%的货款作为履约保证金，乙方在收到履约保证金后向供应商开具三个月或六个月的银行承兑汇票。供货商在收到乙方开具的银行承兑汇票之日起87日内交齐货物给乙方。甲方在购销合同约定时间内将剩余货款以现金方式付至乙方账户。乙方在收齐货款后向甲方开具提货通知，由甲方到青岛仓库或乙方指定地点提取货物。具体付款及提货时间、地点等在购销合同中约定。B. 在购销合同签署后3个工作日内，甲方向乙方以现金方式预付不低于合同总金额20%的货款作为履约保证金，乙方在收到履约保证金后向供货商以现金方式付款采购。供货商在收到货款后87日内交齐货物给乙方。甲方在购销合同约定时间内将剩余货款以现金方式付至乙方账户。乙方收齐货款后向甲方开具提货通知，由甲方到青岛仓库或乙方指定地点提取货物。具体付款及提货时间、地点等在购销合同中约定……3. 乙方累计垫款采购总金额不超过2亿元人民币。……五、其他事项。……3. 本协议自甲、乙双方签署，并在上述担保合同签署后生效，有效期至2014年12月31日"。同日，贸易公司与宁某、陈某香（乙方）签订编号JPJCK-KF2014-DB02号《担保合同》。某峰公司向贸易公司出具《供应商确认函》一份，载明："关于贵我双方签署的《采购协议》(协议编号：JPJCK-KF2014)，我司现指定供应商如下：名称：中国某机械和技术进出口有限公司……我司对该供应商资信负全责，对其履行合同能力提供连带保证责任担保"。2014年4月11日，贸易公司（需方）与进出口公司（供方）签订《采购合同》，约定贸易公司向进出口公司采购进口复合橡胶，该进口复合橡胶规格型号为STR20，数量为3824.1吨，单价13050元/吨，总金额49904505元。同日，进出口公司（需方）与某升公司（供方）签订《采购合同》，约定进出口公司向某升公司采购进口复合橡胶，该进口复合橡胶规格型号为STR20，数量为3824.1吨，单价13017元/吨，总金额49778309.7元。2014年4月25日，贸易公司（供方）与某峰公司（需方）签订《购销合同》，约定某峰公司向贸易公司采购进口复合橡胶，该进口复合橡胶规格型号为STR20，数量为3824.1吨，单价13301元/吨，总金额50864354.1元。结算方式及期限：1. 需方在本合同签订后2个工作日内以现款方式向供方支付20%的合同金额，即￥10172870.82作为履约保证金，剩余货款￥691483.28在2014年7月10日之前以现款方式付清。……违约责任及其他未尽事宜：按双方签订的《采购协议》执行。2014年6月13日，某峰公司（供方）与某升公司（需方）签订《采购合同》，约定某升公司向某峰公司采购进口复合橡胶，该进口复合橡胶规格型号为STR20，数量为3824.1吨，单价13117元/吨，总金额50160719.7元。合同有效期从2014年6月13日至2015年12月30日止。合同签订后，某峰公司于2014年4月21日向贸易公司支付了10172870.82元；2014年4月25日，贸易公司以银行转账形式向进出口公司支付 130360 元；2014 年 4 月 25 日，贸易公司以银行转账的形式分两次向进出口公司支付 49904505 元。除本案所涉贸易外，贸易公司、进出口公司、某峰公司和某升公司还存在过四轮类似交易。

贸易公司向一审法院起诉请求：1. 解除双方于 2014 年 4 月 11 日签订的《采购合同》（合同编号：JPJCK-KF2014-ZFJ04），判令进出口公司退回货款共计人民币 39731634.18 元；2. 判令进出口公司向贸易公司支付货款之日起至全部退清之日止按每日千分之一点五的标准支付违约；3. 判令进出口公司承担贸易公司因主张权利而产生的律师费、差旅费、通信费等共计人民币 350000 元；4. 判令某峰公司、宁某、陈某香对进出口公司的前述支付义务承担连带责任；5. 本案诉讼费用全部由被告承担。

裁判结果

一审判决：一、确认本案所涉《采购合同》（合同编号：JPJCK-KF2014-ZFJ04）无效；二、进出口公司应于本判决生效之日起十五日内返还贸易公司货款 39731634.18 元及利息损失（自 2014 年 3 月 5 日起至偿还之日止，以 39731634.18 元为本金，按中国人民银行同期同类存款基准利率计算）；三、进出口公司应于本判决生效之日起十五日内支付贸易公司律师费 10 万元；四、某峰公司、宁某、陈某香分别对进出口公司在本判决第二、三项中的应付款项不能清偿部分承担三分之一的赔偿责任；五、驳回贸易公司其他诉讼请求；六、驳回进出口公司其他反诉请求。

贸易公司和进出口公司不服，提起上诉。二审判决：一、维持一审判决第一项；二、撤销一审判决第二项、第三项、第四项、第五项、第六项；三、某峰公司应于本判决生效之日起十日内返还贸易公司款项 39731634.18 元及利息（自 2014 年 5 月 4 日起至实际偿还之日止，以 39731634.18 元为本金，按照中国人民银行同期贷款利率计算）；四、宁某、陈某香对某峰公司欠款偿还义务不能清偿部分承担三分之一的补充赔偿责任，宁某、陈某香向贸易公司承担赔偿责任后，可以向某峰公司追偿；五、进出口公司对某峰公司、宁某、陈某香上述给付义务不能清偿的部分承担 15% 的补充赔偿责任；六、驳回贸易公司其他诉讼请求；七、驳回进出口公司其他反诉请求。

裁判理由

二审法院认为：关于各方当事人之间法律关系性质及相关合同效力的问题。贸易公司上诉主张案涉交易为一般性买卖，合同应当认定合法有效。该院认为：首先，从本案四方当事人之间的交易流程看，贸易公司、进出口公司、某峰公司、某升公司顺次签订《采购合同》《购销合同》，某峰公司以 13301 元 / 吨价格从贸易公司采购进口复合橡胶，以 13117 元 / 吨价格低价销售给某升公司。进出口公司以 13017 元 / 吨价格从某升公司处采购进口复合橡胶，又以 13050 元 / 吨价格销售给贸易公司，每吨加价33元，贸易公司每吨加价251元销售给某峰公司。四方之间在形式上建立了一个封闭式循环买卖链条。某峰公司加价购买自己出卖的货物，最初的出卖人和最终的买受人混同，每次交易均先低价卖出再高价买入造成亏损。某峰公司明知以此方式开展橡胶买卖业务会导致亏损且交易越多亏损越大，仍在业务开展前与贸易公司签订常年采购协议，其交易行为显然与营利法人的身份不符，有违商业理性。其次，进口复合橡胶的买卖并不存在专营或者限制经营的情况，本案中某峰公司与进出口公司也不存在联系沟通方面的障碍，某峰公司却委托贸易公司从进出口公司采购，自身再高价从贸易公司采购，不符合一般交易常理。再次，贸易公司与某峰公司于2014年1月3日签订的《采购协议》约定由贸易公司垫资为某峰公司采购，采购中涉及的一切风险损失均由某峰公司承担。从上下游的交易情况来看，某峰公司为进出口公司保质保量交货向贸易公司提供连带保证，因标的物瑕疵产生的争议也由某峰公司与进出口公司交涉。某峰公司在自己承担所有货物交易风险情况下，以13301元/吨从贸易公司处购入货物，却指定贸易公司从进出口公司处以低于其采购价13050元/吨购入货物。上述交易方式使贸易公司免于承担标的物瑕疵担保责任，亦使某峰公司增加交易成本，有违商业逻辑。上述内容均为合同约定，贸易公司作为《采购协议》当事人先后十次参与相关交易，对此亦有充分认识。贸易公司上诉主张对某峰公司利益受损不知情的理由不能成立。第四，四方之间签订买卖合同约定的内容除了价格差异之外，在货物数量、标的、品质、交货方式等条款均没有任何差异。且各方之间均是以书面的货物流转凭证交付货物，并没有真正意义上交付货物的行为，即便是拟制交货，前提也是必须有货物的存在。在案涉交易未能履行时，贸易公司一方面发函要求进出口公司回购货物，一方面又主张进出口公司未能交付货物返还货款，显然案涉货物并非真实存在和交付。一审及二审审理过程中，贸易公司均未能提供货物真实存在和货物交付情况的证据。最后，虽然本案进出口公司已经起诉某升公司向其主张返还货款，案件经最高人民法院判决支持了进出口公司要求某升公司返还货款并承担四倍利息的诉讼请求。但该案件仅仅是针对其中一个环节的诉讼，并未追加闭环贸易的全部参与方参加诉讼，所认定的事实和法律关系也是基于相对方签订的合同。但本案贸易参与方均参加诉讼，所涉的贸易是对整个闭环贸易事实和性质的全面认定。贸易公司以该案其中一个环节的认定确定案涉整个贸易性质的理由不能成立。综上，贸易公司上诉主张其对案涉交易性质不知情，案涉交易为一般性贸易买卖的上诉理由不能成立，该院不予支持。原审法院从交易情况、交易流程、资金流向、货物是否实际交付、各方当事人对本案交易陈述情况等方面综合认定案涉交易为以货物买卖形式掩盖的企业间的融资交易并无不当，应予维持。在案涉交易中，某峰公司系通过封闭式循环买卖的形式，达到从贸易公司借款的目的。贸易公司并不具有从事融资贷款业务的资质，并非从事金融借款的企业，其与某峰公司之间亦非企业临时性拆借，而是多次、多笔与某峰公司采用虚假贸易形式进行融资，该种行为违反了金融政策规定，并由此导致扰乱金融秩序，紊乱金融监管，进而危害国家金融安全的后果，根据原《合同法》第五十二条第四项的规定认定相关企业间订立的民间借贷合同无效，本案因采购签订的相关合同均属于无效合同，原审法院对合同效力认定并无不当，应予维持。

关于各方当事人应如何承担责任的问题。因案涉采购合同无效，贸易公司依据合同主张进出口公司承担违约金和律师费用没有事实依据，该院不予支持。各方通过签订购销合同，达到了贸易公司向某峰公司提供案涉款项的目的。上述合同被确认为无效后，根据原《合同法》第五十八条的规定，某峰公司应将获取的款项39731634.18元返还给贸易公司，并应按中国人民银行同期贷款利率承担资金占用期间的利息损失。宁某、陈某香为本案所涉采购合同提供的担保根据原《担保法》第五条规定亦为无效合同，宁某、陈某香应对某峰公司不能清偿贸易公司损失部分承担三分之一的清偿责任。进出口公司在贸易公司向某峰公司融资过程中，积极参与其中起到了帮助作用，并且获利。且进出口公司作为融资交易的参与人，明知企业间借贷交易非法，仍然多次多笔参与，主观上亦有过错，故进出口公司应当对因相关合同无效产生的损失承担相应的赔偿责任。贸易公司在本案中的损失，应当认定为主债务人某峰公司与保证人宁某、陈某香不能清偿的部分。贸易公司作为国资控股企业，采用虚假贸易形式开展经常性、经营性资金融通业务，获得每吨加价251元的收益。进出口公司获得每吨加价33元的收益。根据进出口公司过错程度以及其在整个交易过程中的获利比例，该院酌情认定由其对某峰公司、宁某、陈某香不能清偿贸易公司的损失部分承担15%的补充赔偿责任。原审法院关于融资交易参与方的责任认定不当，该院予以纠正。

要旨解析

随着社会经济和商事交易的快速发展，民商事法律关系日趋复杂化与多元化，司法实务中由于当事人意思表示不真实产生纠纷的案件屡见不鲜，相关案件类型涉及“虚构交易行为”“阴阳合同”及多种“名为××，实为××”纠纷。在原《民法总则》施行之前，司法审判通常援引“恶意串通行为”“以合法形式掩盖非法目的”等规则确认当事人法律行为效力。如在亲属间赠与财产的场合，当事人可能出于便利考虑虚构买卖合同以达到赠与财产目的，又如在封闭式循环交易中，多方当事人虚构商品交易，资金需求方先低价卖出后高价买入同一产品，中间方实施转贷行为，资金提供方先低价买入后高价卖出同一产品，当事人实际上构成民间借贷法律关系。意思表示不自由与意思表示不真实均属于意思表示瑕疵的范畴，当事人意思表示不自由包括欺诈、胁迫、重大误解及乘人之危等可撤销法律行为，而虚假意思表示因双方当事人意思表示不真实，缺乏效果意思而归于无效。须注意的是，在法律行为无效规则体系中，虚假意思表示是唯一因意思表示瑕疵而致法律行为无效的事由。

对于虚假意思表示实施的法律行为，我国原《民法总则》第一次明确地规定了这一引起法律行为无效的原因，以两款分别规定了虚假意思表示与隐藏行为的法律效力。原《民法总则》第一百四十六规定："行为人与相对人以虚假的意思表示实施的民事法律行为无效。以虚假的意思表示隐藏的民事法律行为的效力，依照有关法律规定处理。"上述规定在制定《民法典》时予以吸收。所谓虚假意思表示，是指行为人与相对人都知道自己所表示的意思并非真意，通谋作出与真意不一致的意思表示，虚假意思表示并非双方当事人的真实意思表示，法律对此作出了明确的否定其效力的回答。所谓隐藏行为，是指被虚假的意思表示所隐藏，双方当事人真心所欲达成的民事法律行为。对于隐藏法律行为的效力，隐藏法律行为的效力按其本身有效、无效、可撤销分别作出处理。

本案中，虽然本案诉争《购销合同》以及《采购合同》从文本上看与一般的买卖合同无异，但纵观整个交易过程，会发现其完全是一个虚构的交易，从形式上看是买卖合同，但各方当事人实际上是利用买卖合同这个外壳完成了借款合同的签订，实质上是以橡胶买卖形式开展的企业间借贷。某峰公司系通过封闭式循环买卖的形式，达到从贸易公司借款的目的。由于各方当事人之间签订的购销合同均欠缺真实的买卖意思表示，当事人并不欲使买卖合同发生法律效力，故应将其认定为虚假意思表示实施的行为，以虚假意思表示实施的买卖行为应认定无效，产生法律效力的是被买卖合同隐藏的借款合同。而就此类交易的隐藏行为而言，其并非独立于买卖合同之外，而是嵌套在买卖合同之中，这使得买卖合同文本本身也是借款合同的载体，在购销合同中存在着借款合同的内容。本案贸易公司与某峰公司之间的借贷关系是双方真实意思表示，而贸易公司不具有从事金融业务的资质，却多次多笔以虚假贸易形式进行放贷，实际经营金融业务，有违相关金融法规及司法政策的规定，贸易公司与某峰公司之间被隐藏的借贷法律关系应认定无效。

编写人：骆丽玲

二审合议庭组成人员：黄　颖　王　冬　汪娣娣

5. 买方虽怠于提货，卖方未通知买方即另行转卖货物应退回定金

——江西某环境工程有限公司与萍乡市某陶瓷有限公司买卖合同纠纷再审案

裁判要旨

对于非鲜活产品或季节性产品，买方怠于提货构成违约，卖方在未通知买方的情形下将产品另卖他人亦违反合同，买卖双方均构成违约的情形下，合同解除后应退还定金。

案例索引

一审：江西省萍乡市上栗县人民法院（2015）栗民福初字第790号

二审：江西省萍乡市中级人民法院（2016）赣03民终352号

再审：江西省高级人民法院（2018）赣民再18号

基本案情

申诉人（一审原告、二审被上诉人）：江西某环境工程有限公司（以下简称工程公司）。

被申诉人（一审被告、二审被上诉人）：萍乡市某陶瓷有限公司（以下简称陶瓷公司）。

工程公司向江西省萍乡市上栗县人民法院提起诉讼，请求：判令解除双方的合同，陶瓷公司返还16万元货款并赔偿损失84400元。

工程公司（买方）与陶瓷公司（卖方）于2013年5月25日签订了《工业品买卖合同》，合同约定陶瓷公司为工程公司生产双筋矩鞍环200吨、十字环41000个，合同总价款为422000元。合同约定的质量标准为GB/T18749-2008《耐化学腐蚀陶瓷塔填料技术条件》及卖方提供样品验收等。产品由工程公司提供编织袋包装，在2013年8月30日前交货。由买方提供汽车运输，费用由买方承担，买方负责装车事宜。付款方式为：合同签订预付货款30%（其中20%为定金），发货前付30%，剩余货款货到买方指定地点验收合格后两个月内付清。合同签订后，工程公司于2013年6月24日支付了12万元。至2013年8月30日前，工程公司并未派出车辆去陶瓷公司处接受货物。2014年1月27日，工程公司向陶瓷公司支付了1万元。

2015年2月13日，工程公司又向陶瓷公司支付了3万元。一审期间，工程公

司申请对陶瓷公司生产的产品质量进行鉴定，2015年10月16日，江西博正司法鉴定中心派鉴定人员到陶瓷公司现场取样，经询问，陶瓷公司称为工程公司所生产的货物已另卖他处，导致鉴定机构无法对该产品的质量进行鉴定。

裁判结果

一审判决：解除工程公司与陶瓷公司于2013年5月25日签订的《工业品买卖合同》；陶瓷公司返还工程公司160000元；驳回工程公司的其他诉讼请求。

陶瓷公司不服提出上诉。二审判决：解除工程公司与陶瓷公司于2013年5月25日签订的《工业品买卖合同》；陶瓷公司于本判决生效之日起十日内返还工程公司75600元；驳回工程公司的其他诉讼请求。

工程公司不服向检察机关申请监督，检察机关提出抗诉。再审判决：撤销二审判决；维持一审判决。

裁判理由

再审认为，本案的争议焦点为：1. 工程公司与陶瓷公司之间是何种法律关系。2. 本案中哪方当事人存在违约行为，如何确定违约责任。对于第一个争议焦点，本案双方签订的《工业品买卖合同》中对产品名称、材质、型号、单位、数量、单价、总金额及质量标准均进行了约定，但约定的质量标准为通用标准，合同的目的仍在于转移标的物的所有权而非一定工作的完成，因此，二审认定双方之间为买卖合同关系，并无不当。对于第二个争议焦点，工程公司与陶瓷公司于2013年5月25日签订的《工业品买卖合同》系双方当事人的真实意思表示，合法有效，双方当事人均应按照合同约定履行自己的义务。合同中约定在2013年8月30日前交货，同时约定合同签订预付货款30%（其中20%为定金），发货前付30%，剩余货款货到买方指定地点验收合格后两个月内付清。合同签订后，工程公司于2013年6月24日支付了12万元，但至合同约定的交货期限届满，工程公司并未派出车辆去陶瓷公司处接受货物，亦未依照合同约定在发货前支付相应的货款，工程公司称是因陶瓷公司未生产出合同约定数量的产品，但提供的证据并不足以证明该主张，故该理由不能成立，一、二审均认定工程公司存在违约行为，并无不当。本案虽工程公司违约在先，但在合同约定的提货期限届满后，工程公司又分别于2014年1月27日和2015年2月13日向陶瓷公司支付了1万元和3万元，还于2015年7月向陶瓷公司发了工作联系函，协商合同的履行和货物的交付等情况。而陶瓷公司在收取了工程公司4万元款项及工作联系函后，对于合同是否继续履行一直处于消极对待状态，在长达近两年的时间内既未催促工程公司前来提货，又未与工程公司协商解除合同。合同约定的产品为陶瓷产品，并非鲜活产品或季节性产品，陶瓷公司在再审庭审中认可产品放置时间长了对质量、售卖和价格并无影响，陶瓷公司亦未提供证据证明因货物长期放置而产生损失。陶瓷公司在未提供证据证明已通知工程公司的情形下即将产品另卖他人，构成违约，亦违反了民商事交易活动中的诚信原则。二审仅认定工程公司构成违约，对工程公司适用定金罚则，扣除84400元定金，处理欠妥，应予纠正。一审认定双方为承揽合同的法律关系不当，但在最终实体处理上并无不当，再审予以维持。

要旨解析

本案涉及以下几个法律问题：一是《工业品买卖合同》的法律性质。二是买卖合同双方均存在违约的情形下，定金是否退回。

一、关于《工业品买卖合同》的法律性质问题

《民法典》第五百九十五条规定：“买卖合同是出卖人转移标的物的所有权于买受人，买受人支付价款的合同。”第七百七十条规定：“承揽合同是承揽人按照定作人的要求完成工作，交付工作成果，定作人支付报酬的合同。承揽包括加工、定作、修理、复制、测试、检验等工作。”买卖合同和承揽合同的区别在于：（1）买卖合同转移标的物所有权，承揽合同不存在所有权的转移；（2）买卖合同可以是种类物也可以是特定物，承揽合同只能是特定物；（3）买卖合同的标的以有偿方式转让，承揽合同的标的要求完成并交付一定工作成果；（4）买卖合同基于标的物现有性能进行买卖，承揽合同基于对承揽人能力签订。工程公司与陶瓷公司之间签订的《工业品买卖合同》中对产品名称、材质、型号、单位、数量、单价、总金额及质量标准均进行了约定，且约定的质量标准为通用标准，合同的目的在于转移标的物的所有权，而非一定工作的完成，因此，双方之间应当构成买卖合同关系。一审法院将其认定为名为买卖合同，实为承揽合同纠纷错误，二审认定为买卖合同纠纷正确，再审予以了确认。

二、关于买卖合同双方均存在违约的情形下，定金是否退回的问题

《民法典》第五百八十七条对定金罚则规定：“债务人履行债务的，定金应当抵作价款或者收回。给付定金的一方不履行债务或者履行债务不符合约定，致使不能实现合同目的的，无权请求返还定金；收受定金的一方不履行债务或者履行债务不符合约定，致使不能实现合同目的的，应当双倍返还定金。”双方违约是应指在一个合同关系中，应当负有对待给付的双方当事人，都分别违反合同规定，破坏了合同双方各自期待的合同利益，而应当各自承担责任的情形。对于双方违约的责任承担，《民法典》第五百九十二条亦有明确规定：“当事人都违反合同的，应当各自承担相应的责任。当事人一方违约造成对方损失，对方对损失的发生有过错的，可以减少相应的损失赔偿额。”笔者认为，在双方违约的情形中，如果一方违约属于法定或者约定的适用定金罚则的情形，另一方就其他事项违约，则仅就前者单方适用定金罚则，对后者可以追究其相应的违约责任。如果双方违约均属于法定或者约定的适用定金罚则的情形，则对二者均适用定金罚则，即一方丧失定金，另一方双倍返还定金，相互抵消后，给付定金的一方当事人可以收回全部或者部分定金。在实务中，在处理上述问题时还应当注意区分双方违约和抗辩权的适用，防止将成立抗辩权的单方违约误判成为双方违约。具体而言，买卖合同中双方违约时适用定金罚则应结合合同约定、主观过错大小、违约程度、获益受损额、标的物种类等因素确定。涉案买卖合同经签订生效后，双方均应按照合同的约定履行各自义务，然在合同履行期间，买方工程公司未及时依约提货，应当依法承担相应的违约责任。卖方陶瓷公司对合同继续履行一直处于消极对待状态，在长达近两年的时间内既未催促买方前来提货，也未与买方协商解除合同。考虑到涉案合同标的为陶瓷产品，并非鲜活产品或季节性产品，产品放置时间长了对质量、售卖和价格并无影响，卖方转卖货物未通知买方，亦违反了民商事交易活动中的诚信原则，也构成违约。鉴于买卖双方均构成违约，再审认为二审对买方工程公司适用定金罚则扣除 84400 元定金，处理不当，一审虽定性有误但在实体处理上无不当，最终对一审予以维持。

编写人：王　菁

再审合议庭成员：熊　伟　黄勇平　胡爱菊

6. 买卖合同诉讼时效期间自公安机关出具未进行刑事立案侦查的说明时重新起算

——江西某钢铁集团有限公司与江西临川市某金属制品厂买卖合同纠纷再审案

裁判要旨

卖方认为买方涉嫌诈骗向公安机关报案，诉讼时效从其报案之日起中断。但因公安机关一直未下达不予立案通知书，后公安机关出具未进行刑事立案侦查的说明，诉讼时效期间应从出具说明之日起重新起算。

案例索引

一审：抚州市临川区人民法院（2014）临民初字第 1474 号

二审：江西省抚州市中级人民法院（2015）抚民二终字 77 号

再审：江西省高级人民法院（2018）赣民再 58 号

基本案情

再审申请人（一审被告、二审上诉人）：江西某钢铁集团有限公司（以下简称钢铁集团）。

被申请人（一审原告、二审被上诉人）：江西临川市某金属制品厂（以下简称金属制品厂）。

金属制品厂向一审法院起诉请求：请求 1. 判令钢铁集团偿还货款 221357.9 元，并支付逾期付款利息 245312.14 元；2. 判令钢铁集团支付差旅费损失 35000 元；3. 本案诉讼费用由钢铁集团承担。

1998 年 9 月 28 日，金属制品厂（乙方）的涂某林与江西新钢金属制品有限责任公司潍坊金属制品经销部（甲方）的王某林签订了弹簧钢丝购销协议书一份。协议约定乙方向甲方提供弹簧钢丝。该份协议上，甲乙双方签字分别是“王某林”“涂某林”，双方都未加盖单位公章。1998 年 9 月至 12 月期间，涂某林系金属制品厂负责人，王某林系江西新钢金属制品有限责任公司潍坊金属制品经销部业务经理。1998 年 10 月 6 日，金属制品厂即通过铁路托运方式将第一批货 60.646 吨弹簧钢丝，王某林后经手将该货物卖给文登市减震器厂，后涂某林多次向王某林催问货款未果。2001 年 7 月后因联系不到王某林，涂某林便又找到文登减震器厂要货款但未果。2002 年 7 月 22 日，金属制品厂向抚州市临川区公安局经侦大队报案，反映王某林于1998年9月与涂某林签订购销协议骗走金属制品厂弹簧钢丝64吨，货值28万元。公安机关受理了该案并进行了立案前期调查。2003年3月11日，抚州市临川区公安局对江西新钢金属制品有限责任公司销售经营部分管驻外业务经理肖某玮所做的调查笔录显示，肖某玮陈述了金属制品厂涂某林向肖某玮打电话催问过货款，金属制品厂涂某林也在2001年6月初和2002年7月、8月到该厂催问过货款但均未得到货款。抚州市公安局经侦支队后因一直未找到嫌疑人王某林，刑事立案证据不足，未立案侦查，直到2012年6月26日，公安机关才出具了一份关于金属制品厂涂某林因案涉货款被骗，向公安机关报案，但由于证据欠缺未进行刑事立案侦查的说明。2013年4月17日，金属制品厂以江西某钢铁集团有限公司为被告将本货款纠纷诉至一审法院。

裁判结果

一审判决：钢铁集团在本判决生效后十日内给付金属制品厂货款计218325.6元并支付逾期付款利息；驳回金属制品厂的其他诉讼请求。

钢铁集团不服提出上诉。二审驳回上诉，维持原判。

钢铁集团不服二审判决，申请再审。再审判决：一、撤销二审判决和一审判决；二、钢铁集团于本判决生效后十日内给付金属制品厂货款218325.6元；三、驳回金属制品厂的其他诉讼请求。

裁判理由

再审认为，关于本案诉讼时效的问题。双方购销协议约定“第一批货物的货款须在第二批货物到达后承付”，但本案中仅交易了第一批货物，故金属制品厂可随时要求支付货款。根据公安机关调查材料可以证实金属制品厂在2002年向公安机关报案前一直在向王某林、江西新钢金属制品有限责任公司催要货款，至2002年7月22日，金属制品厂以王某林涉嫌诈骗向公安机关报案，构成诉讼时效的中断。但因公安机关一直未下达不予立案通知书，直至2012年6月26日才出具了一份关于金属制品厂涂某林因案涉货款被骗，向公安机关报案，但由于证据欠缺未进行刑事立案侦查的说明，故诉讼时效应从2012年6月26日重新开始计算，金属制品厂于2013年4月17日向一审法院起诉，并未超过诉讼时效。

要旨解析

诉讼时效制度，是指权利人在法定期间内不行使权利，在法定期间届满后，义务人有权提出拒绝履行义务的抗辩权的法律制度。诉讼时效制度设置的目的，在于督促权利人及时行使权利、稳定法律秩序及交易安全。作为一项重要的民事制度，现行《民法典》使用12个条文规定了我国的诉讼时效制度体系，主要内容包括：普通诉讼时效期间及起算规则、最长权利保护期间；分期履行债务的诉讼时效起算规则、特殊民事主体请求权的诉讼时效期间起算规则；诉讼时效期间届满的法律效果、诉讼时效的援引；诉讼时效中止及其效力；诉讼时效中断及其效力；不适用诉讼时效的情形；诉讼时效的法定性及时效利益不得预先放弃；仲裁时效；除斥期间的适用规则等。

本案所涉及的诉讼时效中断及其效力的问题。诉讼时效中断是指在诉讼时效进行期间，因发生一定的法定事由，使已经经过的时效期间统归无效，待时效期间中断的事由消除后，诉讼时效期间重新计算。总体来说，诉讼时效中断的适用条件应注意以下几点：（1）引起诉讼时效中断的事实是由法律直接规定的，其特点在于均是当事人有意识的行为，包括起诉、权利人主张权利或者义务人同意履行义务的行为。这些法定事由只要在诉讼时效进行中出现即引起时效的中断。（2）中断诉讼时效的法定事由发生在诉讼时效期间的任何阶段均产生中断的法律效力。而且诉讼时效中断的次数不受法律限制，也就是说，诉讼时效因权利人主张权利或者义务人同意履行义务而中断后，权利人在新的诉讼时效期间，再次主张权利或者义务人再次同意履行义务的，可以认定为诉讼时效再次中断。（3）从诉讼时效中断时起，诉讼时效期间重新起算。从而法定事由发生之前已经经过的时效期间归于无效，与重新计算的时效期间没有关系，在此种意义上，民法学称诉讼时效中断为根本性障碍。（4）当发生不可抗力致使权利人不能行使请求权时，不能导致诉讼时效中断。

《诉讼时效规定》（2020年修正）第十三条规定："权利人向公安机关、人民检察院、人民法院报案或者控告，请求保护其民事权利的，诉讼时效从其报案或者控告之日起中断。上述机关决定不立案、撤销案件、不起诉的，诉讼时效期间从权利人知道或者应当知道不立案、撤销案件或者不起诉之日起重新计算；刑事案件进入审理阶段，诉讼时效期间从刑事裁判文书生效之日起重新计算。"上述规定明确了时效中断的情形及起算点。具体到本案，金属制品厂与钢铁集团买卖合同纠纷的履行过程中涉及了多次时效中断，因诉讼时效中断在法律上并没有次数限制，只要权利人的行为符合积极行使权利要件，诉讼时效可以无限制地中断。金属制品厂在向公安机关报案前曾向江西新临钢铁金属制品有限公司进行催款构成时效中断；2002年7月22日金属制品厂以王某林涉嫌诈骗向公安机关报案构成时效中断；公安机关受理了该案，但因立案证据尚欠缺，未进行正式立案，直至2012年6月26日出具了一份因涉嫌诈骗证据欠缺未进行刑事立案侦查的说明，诉讼时效再次中断。涉案诉讼时效从2012年6月26日公安机关出具不进行刑事立案侦查时重新开始计算，金属制品厂于2013年4月17日向一审法院起诉，故未超过诉讼时效。

编写人：王　菁

再审合议庭成员：熊　伟　黄勇平　胡爱菊

7. 买方违反产品质量检验义务，对损失发生有过错，可以减轻卖方赔偿责任

——宁波某电子科技股份有限公司与某传动系统有限公司
买卖合同纠纷再审案

裁判要旨

在买卖合同法律关系中，卖方的质量瑕疵担保责任和买方的产品质量检验义务是两种不同法律性质的义务。卖方违反合同关于质量的约定，造成产品质量瑕疵，应当向对方承担损害赔偿责任。而产品质量检验义务属民法中的“不真正义务”，此项义务的违反不产生损害赔偿问题，但买方未履行产品质量检验义务，对该产品质量造成的损失发生存在过错，可以减轻卖方赔偿责任。

案例索引

一审：江西省南昌市中级人民法院（2017）赣01民初152号

二审：江西省高级人民法院（2019）赣民终344号

基本案情

上诉人（原审被告）：宁波某电子科技股份有限公司（以下简称科技公司）。

被上诉人（原审原告）：某传动系统有限公司（以下简称传动系统公司）。

2009年8月5日传动系统公司与科技公司签订《开发协议》，科技公司应传动系统公司委托进行汽车换挡板的研发。传动系统公司和科技公司分别在2012年2月8日和2013年1月18日签订了两份《采购合同》，传动系统公司根据《采购合同》向科技公司批量采购换挡板总成等多种变速箱零部件。其中2012年2月8日的《采购合同》约定传动系统公司需采购换挡板总成数量57947件，2013年1月18日的《采购合同》约定传动系统公司需采购换挡板总成数量22190件。《采购合同》第二条项下的第6款的约定，“供方严格按照国家、行业及协议要求保证产品质量，凡供方产品出现质量问题的……并承担需方损失和导致索赔的责任”等。对应上述《采购合同》，双方还分别在2011年12月30日和2013年2月18日签订了《质量协议书》，对产品质量和出现质量问题的索赔做了详细约定，其中《质量协议书》第二条第5款规定“乙方需按照甲方签发或会签的产品图纸、技术要求、工程规范等相关技术质量标准，制造和交付合格产品”；第6款对于新产品开发约定“乙方承制、开发甲方新产品时，必须严格按甲方要求的APQP流程和项目进度进行，送样的产

品按GJT2009标准要求标识及提供检测报告，产品PSW签发前，一直按样件状态提供检测报告和标识”；资料的提交按甲方的要求等级及时间要求进行，甲方签署PSW后才可进入。同时《质量协议书》中明确约定了若科技公司供应不合格产品，则应当赔偿损失（包括内部损失和外部损失）。上述合同及协议签订前后，科技公司从2011年8月25日起至2013年8月28日共向传动系统公司供货换挡板62493件，传动系统公司将上述换挡板用于变速箱的生产。传动系统公司生产的变速箱是为福特汽车公司MT75车型匹配的，供应给了福特汽车公司在南美（阿根廷、墨西哥、智利、巴西等地）、南非和泰国的工厂。2013年2月开始，传动系统公司陆续发现装配了科技公司换挡板的变速箱出现换挡板销子、卡环等部件脱落的情况，以至于无法正常换挡、倒挡，使得变速箱无法正常使用。对此，传动系统公司和科技公司共同进行了产品追溯，2013年4月18日，科技公司向传动系统公司提交了《Ranger75换挡板铆接销脱落问题报告》（以下简称8D报告），确认因生产换挡板的铆压冲头损坏、铆压深度不足、模具闭合高度不足、调试品混入及销端到板间距离的问题等原因导致铆接深度不够，从而使生产出来的换挡板压脱力不足3千牛。传动系统公司根据福特公司及其客户的要求陆续对涉及批次的变速箱采取补救措施进行召回和更换，由此产生了相关费用。2014年11月20日，传动系统公司向科技公司发出书面通知，载明：针对问题变速箱，截至今天在福特公司就地报废155台、福特公司用于实验检测20台，我司召回并运回返修的台数为2950台，对返回和库存的问题变速箱已全部进行了返工，对于替换后的问题换挡板也返还了贵司，共计6687件等。同日，传动系统公司向科技公司发函，要求尽快解决损失问题。2014年12月2日，科技公司回函对所提事宜持有异议，但同意进行磋商。2014年12月8日，双方就关于Ranger75换挡板总成售后质量问题索赔进行讨论，但未达成一致意见，科技公司的代表针对换挡板总成售后质量问题明确表示本着负责任的态度来承担这个问题，并希望得到传动系统公司诉求4000多万元损失的明细，以便科技公司确认，但传动系统公司基于当前质量问题在售后仍在发生，尚不适宜提供所有损失清单为由未予提供损失具体明细。就科技公司2012年12月起至2013年1月止交付给传动系统公司用于生产变速箱换挡板的压脱力不符合质量要求给其造成经济损失问题，传动系统公司自行委托了上海海之信厚德会计师事务所有限责任公司（下称海之信公司）进行了审计，海之信公司出具了一份编号为HZX-HD专字（2017）第1022号的经济损失鉴证报告，确认因问题变速箱造成传动系统公司损失总计为31008572.88元，其中内部损失16717904.18元，外部损失14290668.70元。科技公司对上述鉴证报告不予认可。传动系统公司为此向一审法院申请司法鉴定，就本案中科技公司供应的问题换挡板给其造成的损失，一审法院依法委托惠普会计公司进行了司法审计，惠普会计公司作出了编号为赣惠普物鉴字（2018）第004号的司法鉴定意见书，鉴定结论为：由于科技公司2012年12月11日至2013年2月20日期间提供的换挡板存在严重的质量问题，给传动系统公司造成经济损失共计

30048903.24元。惠普会计公司在接受当事人庭审质询后，对20件变速器总成空运费损失予以调减92585.21元，故经济损失应为共计29956318.03元。

裁判结果

一审判决：一、科技公司于本判决生效之日起十日内向传动系统公司支付经济损失29956318.03元；二、驳回传动系统公司其他诉讼请求。

科技公司不服，提起上诉。二审判决：一、撤销一审判决；二、科技公司于本判决生效之日起十日内向传动系统公司赔偿经济损失13584700.66元；三、驳回传动系统公司其他诉讼请求。

裁判理由

二审法院认为，本案争议焦点为：一、案涉买卖合同标的换挡板量产件的认定标准能否以双方签署PSW为准；二、传动系统公司因采购科技公司生产的换挡板所造成的经济损失是多少，科技公司应当在多大范围内承担赔偿责任。对此，该院评述如下：

关于第一个争议焦点。双方签署两份《质量协议书》均将传动系统公司签署PSW作为科技公司批量供货的节点，但是传动系统公司并没有将签发PSW的文件返还给科技公司也没有采取其他有效措施使科技公司知晓PSW已签署，而是直接与科技公司签订《采购合同》，下达订单，导致双方对换挡板系量产件还是样件产生根本分歧。该院认为，当事人对合同的条款理解发生争议，不应拘泥于条文本身理解，还应当综合考虑合同目的、合同履行情况、行业惯例等因素。根据对PSW的性质、当事人签订买卖合同的目的，产品质量瑕疵风险负担分析，采纳江西省汽车工程学会于2017年11月2日出具的《关于对TS16949中PSW及量产阶段的说明》中所提意见，认定在供应商向客户提交了PSW后，即进入量产阶段，供应商按照客户订单生产供货的零件即为量产件。

关于第二个争议焦点。该院认为，司法鉴定意见书是本案确定损失的参考，其最终数额应当结合双方当事人提供的证据、损失数额计算的合理性等综合认定。首先，关于司法鉴定意见书第五页南昌工厂库存变速箱返工返修费用情况和鉴定意见书第八页海运退回问题变速箱返工返修费用情况，惠普会计公司将其他成本和管理费用计入每台变速箱返修成本有失妥当。其中南昌工厂库存变速箱返工返修费用应扣减83485.36元[（29.45+39.89）×1204台]，海运退回变速箱返工返修费用应当扣减407285.89元[（29.45+114.62）×2827台]。其次，关于传动系统公司发运变速箱至客户工厂的空运费问题。鉴定意见书认为空运费涉及变速箱台数共计5652台，超出了传动系统公司交付的变速箱总台数5056台。显然超出的596台不属于损失的范围。该院依照单台空运费较高的替换问题变速箱空运费计算，多出的596台空运费为1851309.39元（2975762.41/958×596），应当予以扣减。第三，关于用户索赔费用情况问题。传动系统公司用户索赔能否计入科技公司赔偿范围应当主要根据该索赔是否因换挡板质量问题所引发的直接损失，即限于因违约所造成的实际损失。传动系统公司的泰国客户索赔 11026.92 元属重复赔偿，阿根廷方的损失 433809.15 元属惩罚性赔偿，应当予以扣减。综上，该院认为传动系统公司因科技公司交付有质量瑕疵的换挡板的经济损失为27169401.32元（29956318.03-83485.36-407285.89-1851309.39-11026.92-433809.15）。

3. 关于传动系统公司的损失应当如何分担的问题。首先，科技公司在购销合同签订后应当全面适当履行合同义务，生产质量合格的换挡板交付传动系统公司。现查明科技公司因生产工艺等问题导致 2012 年 12 月至 2013 年 1 月生产的换挡板压脱力不到合同约定的 3KN，出现装配该问题换挡板后的变速箱质量有瑕疵，科技公司违反了原《合同法》第一百五十三条规定的质量瑕疵担保义务，应当按照合同约定赔偿因瑕疵履行而给合同相对方造成的经济损失。其次，传动系统公司有对科技公司生产的换挡板的质量进行及时检验的义务。原《合同法》第一百五十七条规定，买受人收到标的物时应当在约定的检验期内检验，没有约定检验期间的，应当及时检验。案涉《采购合同》《质量协议书》均未约定质量检验期，传动系统公司应当在收到换挡板后及时检验。传动系统公司答辩认为质量检测是其权利而非义务。该院认为，在买卖合同法律关系中，卖方的质量瑕疵担保责任和买方的产品质量检验义务是两种不同法律性质的义务。卖方违反合同关于质量的约定，造成产品质量瑕疵，应当向对方承担损害赔偿责任。而产品质量检验义务属民法中的“不真正义务”，此项义务的违反不产生损害赔偿问题，而仅发生减免赔偿金额的法律后果。本案中的买卖标的换挡板的单个价值虽然不大，但因涉及对汽车档位变化的控制，对变速箱的功用至关重要，其生产工艺也比较复杂，应属于汽车精密零部件。而科技公司于 2009 年 8 月 5 日才根据传动系统公司要求进行换挡板研发，2011 年即开始向传动系统公司供货。对于换挡板这一新开发的拟装配于变速箱上的关键零部件，传动系统公司更应对产品质量持更加谨慎之态度，严格收货质量检验。然而传动系统公司不仅没有进行实质的质量检验，在科技公司交付的换挡板存有尺寸等外观瑕疵时，还进行让步接收，装配在变速箱上整体出售，其对损害的发生亦有一定的过错。且传动系统公司在损害发生后也没有就如何进行损害弥补所花费用与科技公司进行充分协商。根据《买卖合同司法解释》第三十条的规定，应当扣减相应的损失赔偿额。该院根据换挡板研发、交易情况，传动系统公司及时验货应尽的合理注意，及换挡板质量检验的难易程度等对损害发生具有原因力的各种因素，确定传动系统公司承担 50% 的损失赔偿额。即科技公司还应当赔偿传动系统公司13584700.66 元（27169401.32/2）。

要旨解析

买卖合同中对标的物的产品质量进行检验是买受人的权利还是义务，本案双方当事人对此产生了争议。《民法典》第六百二十条规定：“买受人收到标的物时应当在约定的检验期限内检验。没有约定检验期限的，应当及时检验。”此条规定源自原《合同法》第一百五十七条。从该条规定来看，包含了以下两个层次的含义：

一、对标的物进行检验是买受人的义务

买卖合同中，出卖人应当承担瑕疵担保责任，但出卖人交付的标的物是否合乎要求，则需要买受人对标的物进行检验，查明是否与合同约定相符。从这个角度讲，对标的物进行检验首先是买受人的权利。但是，出卖人对标的物质量瑕疵担保义务并不是毫无时间限制的，无限期的质量瑕疵担保义务不仅会对出卖人产生不公平的对待，也会妨碍商品的市场流转，影响市场经济的活跃。因此，买受人应当在合理期限内对标的物进行检验。从这个角度讲，对标的物进行检验更是买受人的义务。买受人收到标的物后应当在合同约定的检验期限内检验，没有约定检验期限的，应当及时检验。及时检验，指根据标的物的性质、交易习惯等在合理期限内进行检验。

二、买受人违反及时检验义务的法律后果

本条规定的买受人的及时检验义务属于法定义务、间接义务，又称不真正义务。无论当事人是否在合同中作出特别约定，也无论当事人之间是否存在交易习惯，买受人都应当承担此项义务。间接义务是指当事人应当积极维护自身权益的合同义务，而并非向对方承担的义务。违反间接义务不发生义务人的损害赔偿责任，仅使承担该义务的一方遭受权利减损或丧失的不利益。如《民法典》第六百二十一条第一款规定，“……买受人怠于通知的，视为标的物数量或者质量符合约定。”也就是说，尽管买受人违反了其所承担的及时检验义务，并不发生违约责任的承担，而是发生损失自负的法律后果。

本案中，科技公司违反质量瑕疵担保义务，依照原《合同法》第一百五十三条（现为《民法典》第六百一十五条）规定，应当承担本案的赔偿责任。依据原《合同法》第一百五十七条（现为《民法典》第六百二十条）规定，传动系统公司有对科技公司生产的换挡板的质量进行及时检验的义务，应当在收到换挡板后及时检验。传动系统公司不仅没有进行实质的质量检验，在科技公司交付的换挡板存有尺寸等外观瑕疵时，还进行让步接收，装配在变速箱上整体出售，其对损害的发生亦有一定的过错。根据原《买卖合同司法解释》第三十条（该条已在2020年修正后的《买卖合同司法解释》中被删除）过失相抵规则，应当扣减相应的损失赔偿额。本案二审综合换挡板研发、交易情况，传动系统公司及时验货应尽的合理注意义务，以及换挡板质量检验的难易程度等对损害发生具有原因力的各种因素，在确定出卖人科技公司的赔偿责任时，扣减买受人传动系统公司应自行承担的50%的损失赔偿额，较为合理。

编写人：骆丽玲
二审合议庭成员：汪少华　廖志坚　刘伟伟

8. 当事人约定开具并交付增值税发票作为付款条件，付款义务人享有后履行抗辩权

——江西省某混凝土有限公司与某商品混凝土江西有限公司买卖合同纠纷二审案

裁判要旨

1. 租赁合同约定先开票后付款属于双方对付款条件的约定，开具发票与交付租金同属于主合同义务，当事人享有后履行抗辩权，在对方履行开票义务前有权拒绝其履行要求。

2. 根据双方合同约定以累计货款金额为基数计算出的违约金数额并未过分高于实际损失的，应当尊重当事人意思自治，以约定的计算方式确定违约金数额。对方当事人主张应以实际欠付货款为基数计算的，人民法院不予支持。

案例索引

一审：江西省南昌市中级人民法院（2019）赣01民初14号

二审：江西省高级人民法院（2019）赣民终730号

基本案情

上诉人（原审被告）：江西省某混凝土有限公司（以下简称甲混凝土公司）。

被上诉人（原审原告）：某商品混凝土江西有限公司（以下简称乙混凝土公司）。

2016年11月27日，甲混凝土公司作为甲方，乙混凝土公司作为乙方签订了《搅拌站经营租赁合同》一份，约定乙混凝土公司租赁甲混凝土公司位于江西省南昌市新建县望城镇联福大道688号的混凝土搅拌站从事混凝土及相关产品的生产经营活动，同时约定“租赁期限为5年……每年租金为人民币450万元……每12个月为一个租赁年度……乙混凝土公司支付甲混凝土公司第一个租赁年度剩余租金的同时预付壹佰万元租金，该预付租金等额抵扣后续四个租赁年度的租金即自第二个租赁年度起，乙混凝土公司仅需支付年度租金25万元。每个租赁年度开始之日起3个工作日内乙混凝土公司支付当年度租金，同时，甲混凝土公司提供全额税务发票及收款收据”。第4.2条第（2）项约定，“如因甲方不能提供租赁费税务发票或收款收据，乙方租赁费用支付顺延，直至甲方提供相应票据”。甲混凝土公司向乙混凝土公司交付案涉混凝土搅拌站后，乙混凝土公司于2016年12月开始向甲混凝土公司供应预拌混凝土。后双方签订《补充协议》，将搅拌站经营租赁期限延长至2025

年12月6日。

2017年4月11日，乙混凝土公司作为供方，甲混凝土公司作为需方就甲混凝土公司混凝土项目签订《预拌混凝土供应合同》一份，约定“需方向供方预定预拌混凝土总数量约183000立方米，预计总金额（人民币）：5000万元”，并约定“供方先垫资货款500万元；垫资额度超过500万元之日起，需方每月支付供方超过500万元部分混凝土款的70%；剩余30%货款于2018年12月20日前付清；垫资款500万于2017年12月20日前付清”，“需方未按合同的约定及时向供方支付购货款，需方须向供方支付违约金，每延迟一天支付该项目累计供应混凝土结算金额的1‰违约金”。第五条第（二）款约定“需方若要求供方出具税率为3%的增值税专用发票的，需在收取供方增值税专用发票当月内向供方支付与该发票金额一致的货款，同时需方应当准确提供开票所需信息……需方需被税务机关认定具有‘一般纳税人’资格，并且通过与本合同需方名称一致的企业银行账户实施支付（汇款或支票），供方站点才能为需方开具本合同需方名称一致的增值税专用发票……”自2016年12月至2018年4月，乙混凝土公司向甲混凝土公司供应混凝土金额总计43761596.61元。2017年6月5日至2018年5月31日，甲混凝土公司共分12次通过银行转账及现金存款方式将案涉预拌混凝土货款共计4530000元汇至乙混凝土公司账户。

2017年9月22日至2018年12月31日，乙混凝土公司、甲混凝土公司作为当事人与案外人共签订了13份《债权转让协议》，约定乙混凝土公司将其对甲混凝土公司享有的案涉预拌混凝土货款的到期债权转让给案外人，用以抵扣乙混凝土公司应付案外人同等金额的债务。2017年9月22日，乙混凝土公司与甲混凝土公司作为当事人签订《抵款协议》一份，约定乙混凝土公司将对甲混凝土公司享有的4250000元案涉混凝土项目已到期债权抵扣乙混凝土公司依照双方签订的《搅拌站租赁合同》应付甲混凝土公司的同等金额搅拌站租赁费。除以上2017年9月22日乙混凝土公司与甲混凝土公司签订《抵款协议》所涉4250000元货款外，以上13份协议共计抵扣案涉预拌混凝土货款17050147.63元，甲混凝土公司尚欠乙混凝土公司货款22181448.98元。

乙混凝土公司向一审法院提起诉讼，请求：1. 判令甲混凝土公司向乙混凝土公司支付拖欠货款人民币22181448.98元及自2017年2月1日至付清全部货款之日止以累计供应混凝土结算金额的按日1‰向乙混凝土公司支付逾期付款违约金（暂计至2018年12月31日为2456211.68元）；2. 本案的诉讼费、保全费、公告费等均由甲混凝土公司承担。

裁判结果

一审判决：甲混凝土公司于判决生效后十五日内向乙混凝土公司支付货款人民

币 22181448.98 元及违约金（自 2017 年 2 月 1 日至 2018 年 12 月 31 日，违约金数额为 2456211.68 元；自 2019 年 1 月 1 日起，违约金以 4376.16 元 / 日为标准计算至货款全部付清之日止）。

甲混凝土公司不服提起上诉。二审判决：驳回上诉，维持原判。

裁判理由

二审法院认为，根据双方当事人的诉辩意见，本案二审争议焦点为：1. 甲混凝土公司所欠乙混凝土公司的货款中，应否扣减租赁款 425 万元；2. 违约金如何确定；3. 乙混凝土公司应否向甲混凝土公司开具增值税专用发票。针对以上争议焦点，该院逐一评判如下：

一、关于是否抵扣租赁款的问题

该院认为，根据乙混凝土公司（乙方）、甲混凝土公司（甲方）签订的《搅拌站经营租赁合同》第 4.2 条第（2）项约定，“如因甲方不能提供租赁费税务发票或收款收据，乙方租赁费用支付顺延，直至甲方提供相应票据”，该条款明确了甲混凝土公司的开票义务，且约定了甲混凝土公司不开票情形下乙混凝土公司可延迟支付租金费用。上述约定可以视为是双方对付款条件的约定，开具发票与交付租金同属于主合同义务，乙混凝土公司在甲混凝土公司履行开票义务前有权拒绝其履行要求。二审中，甲混凝土公司仍未向乙混凝土公司开具发票，乙混凝土公司有理由顺延支付 2019 年度租金，该笔债权尚不属于甲混凝土公司的到期债权，不符合抵销条件。待甲混凝土公司交付发票后可向乙混凝土公司另行主张租金。故甲混凝土公司用 2019 年度租金抵扣货款的主张不能成立，该院不予支持。

二、关于违约金如何确定的问题

其一，违约金从何时起算。2016 年 12 月起乙混凝土公司就开始向甲混凝土公司供应混凝土，至 2017 年 4 月 11 日双方签订《预拌混凝土供应合同》时，经双方结算，截至 2017 年 3 月 31 日乙混凝土公司已累计向甲混凝土公司供应混凝土金额为 14978165.38 元。这期间虽然双方并未签订正式的买卖合同，但通过乙混凝土公司供应混凝土、甲混凝土公司接受供应的行为可以表明，双方已建立起合法有效的买卖合同关系，买卖合同事实上已经成立。2017 年 4 月 11 日签订的《预拌混凝土供应合同》系对双方前期混凝土交易行为的确认和延续，该合同约定的条款对整体交易具有约束力。截至 2017 年 1 月 31 日，乙混凝土公司累计供货金额为 8816022.5 元，超过了乙混凝土公司合同约定的垫付款项，故一审法院认定甲混凝土公司应自 2017 年 2 月 1 日起计算违约金并无不当。甲混凝土公司从 2017 年 4 月 11 日开始计算违约金的主张不能成立，该院不予支持。

其二，违约金基数如何确定。《预拌混凝土供应合同》第七条约定“需方未按合同的约定及时向供方支付购货款，需方须向供方支付违约金，每延迟一天支付该项目累计供应混凝土结算金额的 1‰违约金”。甲混凝土公司主张违约金过高应予调整，但未就此提交证据。该院认为，违约金具有以补偿为主，惩罚为辅的性质。根据原《合同法司法解释（二）》第二十九条的规定，违约金是否过高，应当以实际损失为基础，兼顾合同的履行情况、当事人的过错程度以及预期利益等综合因素，根据公平原则和诚信原则予以衡量。双方约定每日以累计供应混凝土结算金额的 1‰即年利率 3.65% 计算违约金，系双方真实意思表示，不违反法律、行政法规强制性规定，各方当事人应依照合同约定履行义务。甲混凝土公司主张应按实际欠付金额计算违约金，该院认为，按照一审法院以累计供应混凝土结算金额的 1‰标准计算，自 2017 年 2 月 1 日至 2018 年 12 月 31 日的违约金数额为 2456211.68 元，该数额如以甲混凝土公司实际欠付款项 22181448.98 元为基数计算，折算年利率为 5.78%。按照《买卖合同司法解释》第二十四条的规定，买卖合同没有约定逾期付款违约金或违约金计算方法的，人民法院可以中国人民银行同期同类人民币贷款基准利率为基础，参照逾期罚息利率标准计算。根据《中国人民银行关于人民币贷款利率的通知》的规定，逾期利率在借款合同载明的贷款利率水平上可以加收 30%—50%。2017 年中国人民银行同期同类贷款基准利率为 4.75%（1 至 5 年），上浮 50% 为 7.125%。因此，上述折算年利率亦未超过以中国人民银行同期同类贷款基准利率为基础的逾期罚息利率，双方约定的违约金计算方式合理，并未过分高于乙混凝土公司的实际损失。上诉人甲混凝土公司主张违约金过高应予调整的请求不能成立，该院不予支持。

三、关于开具发票的问题。

《预拌混凝土供应合同》第五条第（二）款约定："需方若要求供方出具税率为 3% 的增值税专用发票的，需在收取供方增值税专用发票当月内向供方支付与该发票金额一致的货款，同时需方应当准确提供开票所需信息……需方需被税务机关认定具有'一般纳税人'资格，并且通过与本合同需方名称一致的企业银行账户实施支付（汇款或支票），供方站点才能为需方开具本合同需方名称一致的增值税专用发票……"但甲混凝土公司在一审中并未提出要求乙混凝土公司开具增值税专用发票的反诉请求或抗辩，一审法院对此不予处理并无不当。二审中甲混凝土公司亦未提供证据证明其已向乙混凝土公司提供了开票所需的信息且进行了支付，故对甲混凝土公司主张开具增值税专用发票的请求不予支持。

要旨解析

本案涉及以下两个争议的问题：一是双方约定先开发票后付款当事人能否行使履行抗辩权的问题；二是买卖合同约定违约金是否过分高于损失认定的问题。

一、关于双方约定先开发票后付款能否行使履行抗辩权的问题

在双务合同中，以最为典型的买卖合同为例，开具并交付增值税发票是出卖人的法定义务。虽然开具发票义务属于买卖合同卖方的从给付义务，但应当区分当事人有无明确约定的不同情况作出相应的不同的处理。

（一）合同当事人没有约定开具并交付发票作为付款条件时，买受人不能以此作为拒绝付款的抗辩理由。买卖合同中的从合同义务是辅助主合同义务来实现交易目的的合同义务，既可由当事人在合同中作出特别约定，也可以根据交易习惯产生。从合同义务与主合同义务一样，均属于当事人的合同义务，当事人应全面履行并受到法律的规制和保护。但在同时履行抗辩权的适用方面，从合同义务只有在其履行与合同目的的实现具有密切关系时，才产生同时履行抗辩权。通说认为，一般来说，主合同义务与从合同义务之间没有牵连性，不能适用同时履行抗辩权制度；特殊情况下，即从合同义务的履行直接影响到实现合同的目的，应认为该从合同义务与对方的主合同义务之间具有牵连性和对价关系，一方对合同义务的不履行或不完全履行，对方可以就自己主合同义务的履行行使同时履行抗辩权。原《合同法》第一百三十条（现为《民法典》第五百九十五条）规定，买卖合同是出卖人转移标的物的所有权于买受人，买受人支付价款的合同。原《合同法》第一百三十六条（现为《民法典》第五百九十九条）规定，出卖人应当按照约定或者交易习惯向买受人交付提取标的物单证以外的有关单证和资料。原《买卖合同司法解释》第七条（2020 年 12 月 23 日修正后为第四条）规定，原《合同法》第一百三十六条规定的提取标的物单证以外的有关单证和资料，主要应当包括保险单、保修单、普通发票、增值税专用发票、产品合格证、质量保证书、质量鉴定书、品质检验证书、产品进出口检疫书、原产地证明书、使用说明书、装箱单等。国家税务总局《增值税专用发票使用规定》第 2 条规定："专用发票，是增值税一般纳税人销售货物或者提供应税劳务开具的发票，是购买方支付增值税额并可按照增值税有关规定据以抵扣增值税进项税额的凭证。"

从以上规定可以看出，出卖人的主要义务是交付货物及转移货物所有权，买受人的主要义务是支付价款，出卖人开具发票的义务属于从给付义务。增值税发票是进货方进项税额折抵的直接依据，买受人凭增值税发票折抵进项税额，没有增值税发票或发票不符合税务部门规定，必然导致买受方无法折抵的直接经济损失。但不履行开具发票的义务并不影响合同目的的实现，开具发票的义务与买方支付货款不能形成对外给付。因此，当事人如没有约定先开发票后付款，因出卖人原因未完成增值税发票的有效交付，买受人不得以对方未履行开具发票的从给付义务为由主张同时履行抗辩权，从而拒付货款。

本案案涉《预拌混凝土供应合同》第五条第（二）款约定"需方若要求供方出具税率为 3% 的增值税专用发票的，需在收取供方增值税专用发票当月内向供方支付与该发票金额一致的货款，同时需方应当准确提供开票所需信息……需方需被税务机关认定具有'一般纳税人'资格，并且通过与本合同需方名称一致的企业银行账户实施支付（汇款或支票），供方站点才能为需方开具本合同需方名称一致的增值税专用发票……"。双方约定了开具增值税专用发票的前提条件，但并未将开具并交付增值税专用发票作为付款条件，甲混凝土公司无权拒绝支付货款。本案中甲混凝土公司一审未以开具增值税发票作为后履行支付货款的抗辩，也未提出要求乙混凝土公司开具增值税专用发票的反诉请求，二审对其要求开具发票的上诉请求不予处理是正确的。

（二）合同当事人明确约定开具并交付增值税发票作为付款条件，买受人享有后履行抗辩权。后履行抗辩权，也称为“先履行抗辩权”，是指在双务合同中约定有先后履行顺序的，负有先履行债务的一方当事人未依照合同约定履行债务，后履行债务的一方当事人为保护自己的预期利益或为保证自己履行合同的条件而拒绝对方当事人请求履行的权利。后履行抗辩权属延期的抗辩权，只是暂时阻止对方当事人请求权的行使，而非永久的抗辩权。对方当事人完全履行了合同义务，后履行抗辩权消灭，当事人应当履行自己的义务。在双务合同中，后履行抗辩权是守约方一个比较重要的抗辩手段。后履行抗辩权的行使必须满足以下条件：1. 当事人因同一双务合同互负债务；2. 当事人双方的合同义务有先后履行顺序；3. 双方所负债务已届清偿期，先履行一方到期未履行债务或未适当履行债务。先开发票后付款约定可以成为当事人的履行顺序，买受人有权行使法律规定的后履行抗辩权。原《合同法》第六十七条规定，当事人互负债务，有先后履行顺序，先履行一方未履行的，后履行一方有权拒绝其履行要求。先履行一方履行债务不符合约定的，后履行一方有权拒绝其相应的履行要求。《民法典》第五百二十六条延续了上述规定。

尽管开具发票的义务不构成拒付货款的同时履行抗辩权，但根据合同约定可以成为买方支付货款的履行顺序，并不损害出卖人的合法权益，买受人据此行使后履行抗辩权。如果双方明确约定开具发票，应坚持诚信规则，按照双方约定履行各自义务，前述的将开具发票作为付款的履行顺序就是贯彻双方当事人意思自治的具体体现，否则当事人随意撕毁合同不全面履行约定，市场中的诚实信用规则将遭受严重破坏。

本案中，双方当事人还另行签订了《搅拌站经营租赁合同》，系双方互负债务的双务合同，履行抗辩权的行使亦可参考买卖合同予以适用。《搅拌站经营租赁合同》第四条 4.2 明确约定“甲混凝土公司提供全额税务发票及收款收据，如因甲混凝土公司不能提供租赁费税务发票或收款收据，乙混凝土公司租赁费用支付顺延，直至甲混凝土公司提供相应票据”，该条款明确了甲混凝土公司的开票义务，且约定了甲混凝土公司不开票情形下乙混凝土公司可延迟支付租金费用”，可以视为双方约定了甲混凝土公司的开票义务与乙混凝土公司的付款义务有先后履行顺序。在甲混凝土公司未按合同约定履行提供相关票据的义务的情况下，乙混凝土公司对于其向甲混凝土公司所负的该笔债务享有后履行抗辩权，有权拒绝对方履行付款义务的要求。故，该笔债务不符合债务抵销的条件，待甲混凝土公司交付发票后可向乙混凝土公司另行主张租金。

二、关于买卖合同约定违约金是否过分高于损失认定的问题。

违约金通常被称为“损害赔偿的预定”，我国的违约金兼具有补偿性与惩罚性的性质。对于惩罚性违约金，违约金既是一种责任形式，又是一种独特的担保合同履行的方式，且惩罚性越强，担保效力越强。在违约行为发生后，违约方一旦提出违约金过高的请求，法院调低违约金的幅度，将决定违约金担保功能的发挥。原《合同法司法解释（二）》第二十九条作为认定违约金是否过高的法律依据，规定了以实际损失的1.3倍作为判断约定违约金是否过高的标准。上述司法解释失效后，2021年4月6日施行的《全国法院贯彻实施民法典工作会议纪要》第11条第3款沿用了上述规定。《买卖合同司法解释》第二十四条第四款（2020年12月23日修正后为第十八条第四款）规定，买卖合同没有约定逾期付款违约金或违约金计算方法的，人民法院可以中国人民银行同期同类人民币贷款基准利率为基础，参照逾期罚息利率标准计算。

本案中，按照合同约定以累计供应混凝土结算金额的1‰标准计算的违约金数额为2456211.68元，该数额折算的5.78%年利率未超过以中国人民银行同期同类贷款基准利率为基础的逾期罚息利率，双方约定的违约金计算方式合理，并未过分高于乙混凝土公司的实际损失，法院对违约方主张违约金过高应予调整的请求不予支持是正确的。

编写人：骆丽玲

二审合议庭成员：魏　巍　段亦枫　王慧军

9. 连续性买卖合同未明确约定付款期限的，买受人在对账结算前支付的货款不应视为逾期支付

——罗某南与泰和县文田某钢材店买卖合同纠纷再审案

裁判要旨

1. 连续性买卖合同关系中，双方未签订书面合同明确约定付款时间的情况下，按照原《合同法》第六十二条第四项的规定，买受人可以随时履行计算货款，出卖人也可以随时要求履行，买受人在结算前支付的货款不视为逾期支付，不应扣除逾期利息损失。

2. 卖方在其提供的发货单上印制的逾期付款违约责任条款，属于格式条款，应认定无效。买方在发货单上的签字确认应认为系对购买货物价格和数量的确认，不能作为计算逾期利息损失的依据。

3. 双方对连续钢材买卖行为进行对账结算后，买受人未及时支付货款的，应赔偿出卖人逾期收回货款的利息损失。

案例索引

一审：江西省泰和县人民法院（2018）赣0826民初1329号

二审：江西省吉安市中级人民法院（2018）赣08民终2288号

再审：江西省高级人民法院（2019）赣民再107号

基本案情

再审申请人（一审被告、二审被上诉人）：罗某南。

被申请人（一审原告、二审上诉人）：泰和县文田某钢材店（以下简称钢材店）。

罗某南因在井冈山承包了建设工程需要，而向钢材店赊购钢材，从2015年4月1日起至2016年1月间，钢材店发给罗某南工地钢筋总货款为1441392元，罗某南自2015年9月30日至2018年2月13日，一共支付了钢材店十一笔款项，共计1350000元。罗某南在钢材店每次进货时均未支付货款，仅在钢材店工作人员制作的发货单签了字。根据钢材店提供的发货单显示：2015年5月25日和2015年8月2日是人工手写的，其他的发货单都是打印的。钢材店在大多数发

货单上注明了：未付款，转账，每天每吨加收 2 元利息；但其中 2015 年 8 月 2 日的发货单只注明：每天每吨加收 2 元利息；2015 年 9 月 20 日的发货单只注明：未付款，每天每吨加收 2 元利息；2015 年 12 月 2 日的发货单只注明：未付款，转账。钢材店提供的发货单所证明的约定并不一致，且每次罗某南支付时，钢材店没有告知罗某南要扣除利息及即时结算，罗某南尚欠货款是多少。罗某南经与钢材店的会计对账确认：钢材店发给罗某南工地钢筋总货款为 1441392 元，罗某南付给钢材店的款项为 1350000 元。因双方对约定的利息发生争议，钢材店向一审法院提起诉讼，请求：1. 依法判决罗某南立即支付货款本金 380709.70 元及利息 59136.78 元，本息共计 439846.48 元，以及从 2018 年 6 月 14 日起至还清之日止以 380709.70 元为本金按月利率 2% 计算利息；2. 本案诉讼费由罗某南承担。

裁判结果

一审判决：一、罗某南于判决生效后十五日内归还所欠钢材店货款 91392 元；二、驳回钢材店的其他诉讼请求。

钢材店不服，提起上诉。二审判决：一、撤销一审判决；二、罗某南于判决生效后十五日内归还所欠钢材店货款本金 380709.7 元及利息 59136.78 元本息共计 439846.48 元，及自 2018 年 6 月 14 日起以 380709.7 元为本金计算至实际清偿之日止的利息。

罗某南不服二审判决，申请再审。再审判决：一、撤销二审判决；二、罗某南于本判决生效之日起十日内支付所欠钢材店货款 107602.94 元和逾期付款利息，利息自 2018 年 2 月 14 日起按照年利率 6% 计算至货款清偿时止。

裁判理由

再审法院认为，本案系钢材买卖合同，双方未签订书面买卖合同，双方交易过程是罗某南每次到钢材店拉货后，由钢材店出具发货单，罗某南在发货单上签字确认。钢材店在大多数发货单备注栏分两行打印“未付款——转账”和“每天每吨加收 2 元利息”。双方主要争议的问题是发货单上约定的“每天每吨加收 2 元利息”是否有效，如果有效，利息应当从如何计算，如果无效，钢材店主张的利息应如何处理。1. 本案系钢材买卖合同，及时支付货款是钢材买受人的合同义务，买受人如不及时支付货款造成出卖人损失的，应当承担违约责任，发货单上注明的“每天每吨加收 2 元利息”实际是具有违约金性质的约定。双方交易时的钢材单价约为 2000 元，按照每天每吨加收 2 元利息计算的违约金年利率达到 36% 左右。由于发货单系钢材店单方出具，该约定应当认定为合同格式条款，虽然罗某南在发货单上签字确认，该确认应认为系对购买钢材价格和数量的确认，不能以此认定发货单上注明的“每天每吨加收 2 元利息”系与罗某南协商一致的约定。虽然钢材店主张其一直在向罗某南主张逾期支付货款的利息，但并未提供任何证据证明，其该主张不能成立。2.本案钢材买卖系一段时期内连续买卖行为，并非一次性交易，也并非每次购买钢材后即时结算，备注栏未注明罗某南应在何时付款，因此，在发货单未约定货款支付期限的情况下，买受人应按照原《合同法》第六十二条第四项的规定，可以随时履行支付货款，债权人也可以随时要求债务人履行，但应当给对方必要的准备时间。本案钢材交易第一笔发生在2015年5月25日，最后一笔发生在2016年1月28日。罗某南自2015年9月3日陆续支付货款，至2016年8月31日钢材店职员刘某兵出具对账单，罗某南总共应支付的货款为1441392元，罗某南已支付1120000元，尚欠321392元。刘某兵虽然陈述其出具对账单未事先经过陈某华同意，但其系代表钢材店的职务行为，刘某兵也陈述其还从事装货、发货、开票、入账等行为，其在店里时都是他直接开发货单给罗某南，陈某华并未举证其向罗某南明确告知刘某兵代表钢材店的所有业务行为都需要陈某华事先同意或签字，故陈某华以该对账单未经其同意为由否认对账单效力不应得到支持。因此，可以确认，截至2016年8月31日，罗某南尚欠陈某华的货款为321392元。该对账单实际系双方对连续钢材买卖行为的结算，结算后，罗某南有义务及时支付货款，未及时支付应赔偿钢材店的损失。罗某南逾期支付货款造成钢材店的损失主要是逾期收回货款的利息损失，发货单上钢材店单方备注的按每天每吨2元计算违约金明显过高，且在2016年8月31日的对账单上并未说明应按每天每吨2元或月息2分计算逾期付款利息，因此，钢材店主张从发货之日起按照月息2分计算利息并无依据。钢材店的损失主要为货款的利息损失，为便于计算，本院酌情确定罗某南逾期支付货款导致钢材店的损失按照年利率6%计算。因此，本案应从2016年9月1日开始以罗某南所欠货款321392元为本金，按照年利率6%计算利息，此后罗某南所偿还的款项应先偿还利息损失再扣除货款本金。罗某南于2017年1月25日支付10万元，应先抵扣截至2017年1月25日利息6427.84元，余款93572.16元再抵扣货款，即2017年1月26日罗雄南尚欠货款为227819.84元；2017年4月8日支付8万元，应先扣除截至2017年4月8日的利息2278.2元，余款77721.8元扣除货款，即2017年4月9日罗某南尚欠货款为150098.04元；2018年2月13日支付5万元，应先扣除截至2018年2月13日的利息7504.9元，余款42495.1元抵扣货款，即2018年2月14日罗某南所欠货款为107602.94元。2018年2月14日起的利息应按照年利率6%计算至货款清偿时止。

要旨解析

买卖合同中约定付款期限的，买受人逾期支付货款应承担利息损失等违约责任。在一段时间内连续买卖关系中，当事人未明确约定付款时间，在总的履行期限内随时供货、随时结账，债务具有整体性和难以分割性的特点，买受人滚动支付的每一笔款项并不能完全对应哪一期货物，这种情况下，如何认定货款是否逾期支付及如何计算逾期付款利息损失，实践中争议较大。一种观点认为每一笔货物应即时结算，否则构成逾期，支付的货款应先扣除逾期利息。另一种观点认为，连续性买卖关系不易判定某一笔款项系支付何期货物的价金，支付的每一笔货款针对的是整体债务，在对账结算前不构成逾期，不应扣除逾期利息。根据原《合同法》第六十二条（现为《民法典》第五百一十一条）第四项的规定，履行期限不明确时，债务人可以随时履行支付货款，债权人也可以随时要求债务人履行，但应当给对方必要的准备时间。本案再审法院作出的是后一种认定。

一、对账结算前，买受人的滚动支付不构成逾期

本案双方没有签订书面合同，仅有发货单作为确定标的物价款、数量等合同主要内容的依据。在发货单未约定货款支付期限的情况下，双方对支付货款的履行期限约定不明。本案钢材交易第一笔发生在 2015 年 5 月 25 日，最后一笔发生在 2016 年 1 月 28 日。罗某南自 2015 年 9 月 3 日陆续支付货款，至 2016 年 8 月 31 日钢材店职员出具对账单，罗某南总共应支付的货款为 1441392 元，罗某南已支付 1120000 元，尚欠 321392 元。上述对账单系双方对连续钢材买卖行为的结算，罗某南在结算前不构成逾期支付。

二、对账结算后，买受人未及时支付货款的，应承担逾期付款的利息损失

结算后，罗某南有义务及时支付货款，未及时支付应赔偿钢材店的损失。发货单上注明的“每天每吨加收 2 元利息”实际是具有违约金性质的约定。双方交易时的钢材单价约为 2000 元，按照每天每吨加收 2 元利息计算的违约金年利率达到 36% 左右。那么，卖方能否依据上述条款向买方主张逾期支付货款的违约责任？格式条款是当事人为了重复使用而预先拟定，并在订立合同时未与对方协商的条款。本案发货单由钢材店单方出具，上述对利息的约定属于格式条款，发货单上载明的利息远高于法律规定的逾期付款利息的标准，该约定存在加重对方责任、排除对方主要权利的情形，应认定无效。虽然罗某南在发货单上签字确认，该确认应认为系对购买钢材价格和数量的确认，不能以此认定发货单上注明的“每天每吨加收 2 元利息”系与罗某南协商一致的约定。因而，发货单上注明的利息不能作为双方计算货款利息的依据。

《买卖合同司法解释》（2020 年修正）对逾期付款利息计算进行了修改。修正前的司法解释规定，合同当事人没有约定逾期付款违约金的，守约方如主张逾期付款利息损失，应以中国人民银行规定的同期同类贷款基准利率为基础，按逾期罚息利率标准计付。修正后的司法解释规定了分段计算，违约行为发生在 2019 年 8 月 19 日之前的，以中国人民银行同期同类人民币贷款基准利率为基础，参照逾期罚息利率标准计算；违约行为发生在 2019 年 8 月 20 日之后的，以违约行为发生时一年期贷款市场报价利率（LPR）标准为基础，加计 30%—50% 计算逾期付款损失。再审法院在双方没有约定逾期利息计算标准的情况下，为方便计算，酌定罗某南逾期支付货款导致钢材店的损失按照年利率 6% 计算，较为妥当。

编写人：骆丽玲

再审合议庭成员：龚雪林　刘晓雯　邓名兴

10. 出卖人没有客观障碍而未履行报批手续导致合同未能履行的，应承担继续履行的违约责任

——信丰县油山林场某分场与卢某生等买卖合同纠纷二审案

裁判要旨

1. 合同标的物的林木虽然需要经过林业行政主管部门批准方可采伐，但林木买卖合同并不属于法律、行政法规规定需要批准生效的合同，出卖人是否办理林木采伐报批手续不影响合同效力。

2. 林木买卖合同中，当事人没有证据证明办理林木采伐报批手续存在客观障碍导致合同不能履行，原告亦请求继续履行合同的，出卖人应当继续履行办理林木采伐报批手续的义务。

案例索引

一审：江西省赣州市中级人民法院（2019）赣 07 民初 128 号

二审：江西省高级人民法院（2020）赣民终 47 号

基本案情

上诉人（原审被告）：信丰县油山林场某分场（以下简称林场）。

被上诉人（原审原告）：卢某生。

原审第三人：郭某阳。

原审第三人：罗某运。

2005 年 12 月 28 日，林场与罗某运签订了一份《期货销售合同书》。约定：1. 林场向罗某运提供本场 1996—1997 年造林的水口迳、勒木迳的林木资源以期货方式进行交易，山场范围见附图。2. 期货期限截至 2019 年，如果遇有国家政策或其他人力不可抗拒因素，导致该山场的林木不能按期完成主伐，则该批期货期限（采伐期限）自然延伸至主伐完成为止。3. 期货交易方式：罗某运首付给林场货款 12 万元整。林场把该山场的木材销售给罗某运。单价：第一次出材（抚育间伐）按 130 元 /m³ 计价。第二次出材（中龄林间伐材）按 160 元 /m³ 计价；第三次出材（主伐材）按 230 元 /m³ 计价。第二次出材木材款折抵 40% 的首付期货款 4.8 万元整，第三次出材（主伐材）全部抵清所付期货款。木材验收后，一个月内结清所有木材款。上述单价均

为场地价。4.在该期货期限内，经营权归林场所有，罗某运应协助林场对该山场的经营管理。5.木材采伐要按照林场提出的技术进行，双方均参与木材的检尺验收。6.办理木材放行规费及采运工资由罗某运负责。采伐工人由罗某运自主安排。采伐指标由林场提供。7.本合同自签订之日起生效，主伐完成后即终止等。2006年2月15日，林场召开了职工大会，以“会议纪要”的形式确认了以期货方式对1996—1997年造林的水口迳、勒木迳的林木资源进行交易。2006年3月2日，罗某运与林场签订了一份《林木期货销售合同书》。内容与2005年12月28日签订的《期货销售合同书》内容一致。当日，罗某运向林场支付木材期货首付款12万元，林场出具了收据给罗某运。

2006年3月17日，罗某运与郭某阳之间签订了一份《期货销售合同》。经双方协商，罗某运将2006年3月2日与林场所签订的期货销售合同转让给郭某阳经营管理，并达成如下协议：1.期货范围：罗某运与林场签订的1996—1997年造林的水口迳、勒木迳的林木资源，山场分为详见附图。2.期货期限截至2019年12月底，如遇有国家政策或其他人力不可抗拒因素，导致该山场的林木不能按期完成主伐，则该批期货期限（采伐期限）自然延伸至主伐完成为止。3.罗某运付给林场的12万元，郭某阳一次性付给罗某运。付款后，该山场罗某运与林场2006年3月2日签订的期货合同各条款由郭某阳遵照执行，自负盈亏，一切事务与罗某运无关等。罗某运在落款时间2005年12月28日的《期货销售合同书》上标注“本合同于2006年元月10日转让给郭某阳，并于当日把转让款12万元付清。转让人：罗某运”。林场当时的法定代表人李某发作为见证人在该合同右上角签名并加盖被告公章。

2012年3月23日，郭某阳与卢某生签订了一份《协议书》。协议约定：1.郭某阳将与林场的期货销售合同及所有山地林木作价转让给卢某生。2.郭某阳保证2006年3月2日签订的林木期货销售合同以及林地勾图的面积是真实性，与任何农户没有争议的前提下作价为人民币：180万元整。3.郭某阳原来交给林场的合同第三款货款由郭某阳处理，与卢某生无关。4.本协议签订日止的所有事务以及债务债权由郭某阳处理，与卢某生无关，签定日后所有林场的事宜由卢某生负责处理。以及卢某生单方经营，与郭某阳无关。5.郭某阳保证与林场的期货销售合同的山地面积和界限以附带林业勾图为准，并保证无任何农户以及任何人有任何争议，如林木林地有争议，对卢某生造成损失，郭某阳必须按转让价的三倍赔偿给卢某生。6.付款方式：双方签订后，卢某生一次性将人民币180万元付清给郭某阳。2012年3月26日，卢某生女婿施某服通过银行转账的方式向郭某阳指定收款人王某支付180万元。之后，王某代郭某阳向卢某生出具收条，表示收到180万元整。郭某阳对此表示认可。

另查明，卢某生在2013年6月28日履行合同时，林场协助办理采伐指标及放行手续，卢某生也依照合同约定向林场及其他相关部门缴纳了相关费用。

裁判结果

一审判决：一、林场向卢某生履行2006年3月2日签订的《林木期货销售合同》；二、驳回卢某生其他诉讼请求。

林场不服提起上诉。二审判决：一、维持一审判决第二项；二、变更一审判决第一项为：林场向卢某生履行2006年3月2日签订的《林木期货销售合同》所约定的提供采伐指标、按规定采伐并销售给卢某生等义务。

裁判理由

二审法院认为，本案的争议焦点为：一、案涉合同的性质问题。二、案涉合同否具有法律效力问题。三、本案合同能否继续履行问题。逐一评判如下：

一、关于案涉合同的性质问题

该合同是林木产品买卖合同。合同明确本案的交易标的物是林场的水口迳、勒木迳间伐、主伐出材的木材产品。林场不转让水口迳、勒木迳林地的所有权、使用权以及林木的所有权、经营权，罗某运参与经营管理，在林木生长和成材过程中，林场将间伐、主伐出材的木材销售给罗某运（郭某阳、卢某生），价格以合同约定的为准。因此，一方支付货款，另一方交付木材产品，符合买卖合同的构成要件。

二、关于案涉合同的效力问题

林场与罗某运签订的《林木期货销售合同书》的效力问题，将影响后续转让给郭某阳、卢某生的合同的效力。林场提出应当适用《企业国有资产监督管理暂行条例》《关于加强森林资源资产评估工作若干规定的通知》等，因相关条文不属于法律、行政法规效力性强制性规定，本案不能据此认定合同无效。而且，本案交易的标的物是间伐、主伐出材的木材产品，而间伐、主伐的前提必须是经林业行政主管部门审批并取得采伐许可证，所以，已经采伐出材的木材交易，不属于森林资源的转让，或者说，是已经经过批准的森林资源的转让，且林场作为独立的法人，其业务范围包括林业产品销售，砍伐出材的木材产品交易属于其经营权范围。本案合同不属于必须经过审批才能生效的合同。因此，林场与罗某运签订的《林木期货销售合同书》合法有效，其后的两份转让合同均合法有效，一审认定正确。

三、关于涉案合同能否继续履行问题

本案合同签订后，双方都部分履行了合同。郭某阳及卢某生均按照林场的规划设计开展过间伐，由林场协助办理采伐指标、运输证等，并按照合同约定支付了木材款和各种行政规费。按照合同约定，现已进入主伐期，因林场拒绝履行合同，遂成诉讼。合同合法有效，并不代表一定能够履行。本案合同能否继续履行，必须考虑法律和政策规定，以及司法权与行政权的行使问题。

2004年11月1日施行的《江西省森林资源转让条例》第十二条规定，国有、集体森林资源的转让应当采用拍卖、竞价、招标的方式并在依法设立的产权交易机构公开进行，禁止私下转让。林场作为国有林场，其经营管理的森林资源期货销售需经当地林业主管部门批准，属于林业行政管理范围。林场未按规定完成内部报批手续，虽然其后果不能及于合同相对人，不影响合同的成立和效力，但林业行政管理问题将会实际影响到合同约定的山场林木采伐。因本案的诉请是要求继续履行合同，未就合同不能履行的后果提出诉请，为保护合同当事人的合法权益，维护社会经济秩序，解决双方讼争，林场应积极就条件，履行合同约定的义务。如因林场受林业管理相关政策的影响，出现不能从主管部门获批采伐指标等情况，导致合同确实无法继续履行，当事人可就合同是否解除及其法律后果承担问题，依法另行解决。

综上所述，本案合同不违反法律、行政法规的强制性规定，合法有效，应继续履行。考虑本案的执行问题，根据《民事诉讼法司法解释》第四百六十三条第二款“法律文书确定继续履行合同的，应当明确继续履行的具体内容”的规定，对一审的判决予以变更，以明确继续履行的具体内容。

要旨解析

本案涉及的主要争议是案涉合同效力及能否继续履行的问题。

一、无须经批准生效的合同，是否报批不影响合同效力

原《合同法》第四十四条（现为《民法典》第五百零二条）规定，依法成立的合同，自成立时生效。法律、行政法规规定应当办理批准、登记等手续生效的，依照其规定。原《合同法司法解释（一）》第九条第一款规定，法律、行政法规规定合同应当办理批准手续才生效，未办理批准手续的，应当认定该合同未生效。《民法典》第五百零二条第一款对合同生效的问题延续了上述原《合同法》规定，在第二款增加了未办理批准手续影响合同效力时应承担违约责任的规定。对于需经批准生效的合同类型，比较典型的是矿业权转让合同，相关矿业权转让的行政法规明确规定了矿业权转让的批准制度，经批准转让的，转让合同自批准之日起生效。值得注意的是，审批手续的办理属于矿业权转让合同的法定特别生效条件，未经批准的合同因生效条件尚不齐备，合同效力处于已成立未生效的状态，并非无效。而本案当事人签订的林木买卖合同不属于必须经过审批才能生效的合同，相关法律、行政法规并未对该类合同应当经批准才生效作出效力性强制性规定，当事人主张案涉合同无效没有法律依据，不能得到法院支持。

二、继续履行违约责任形式的承担

原《合同法》第一百零七条（现为《民法典》第五百七十七条）规定，当事人一方不履行合同义务或者履行合同义务不符合约定的，应当承担继续履行、采取补救措施或者赔偿损失等违约责任，明确将继续履行作为一种违约责任形式，与采取补救措施、赔偿损失并列，且从立法体例看其处于基础性地位。根据给付内容的不同，继续履行可以划分为金钱给付继续履行和非金钱继续履行。金钱债务不存在法

律上的履行不能，因而对于金钱给付无论如何都必须要履行。对于非金钱给付继续履行，法院在裁判时则要考虑继续履行给付的内容的履行的可能性、继续履行的合理性、经济效益等因素。因而，守约方继续履行的诉请并不一定都能得到支持。原《合同法》第一百一十条（现为《民法典》第五百八十条）对非金钱债务的违约责任作了如下规定："当事人一方不履行非金钱债务或者履行非金钱债务不符合合同约定的，对方可以要求履行，但有下列情形之一的除外：（一）法律上或事实上不能履行；（二）债务的标的不适用强制履行或者履行费用过高；（三）债权人在合理期限内未要求履行。司法实践中，对继续履行的诉请不予支持的理由主要有以下几点：履行基础不存在、不适于继续履行、继续履行不公平、超过合理期限。从合同纠纷看，须有信赖基础或人身性的合同，一旦当事人双方彼此丧失了信任，即使司法机关强制继续履行，也不一定能实现最初之合同目的。若合同约定内容需要互相配合，在被告明确拒绝继续履行的情况下，后续诸多合作事项存在着实际履行的现实困难，协议不适于强制履行。还有具有人身性的劳务、承揽合同，因人身不能成为强制履行的标的，亦无法判令继续履行。

就本案而言，合同签订后，双方都部分履行了合同。郭某阳及卢某生均按照林场的规划设计开展过间伐，由林场协助办理采伐指标、运输证等放行手续，并按照合同约定支付了木材款和各种行政规费。按照合同约定，现已进入主伐期，因林场拒绝履行合同，遂成诉讼。本案系林木期货销售合同，并不涉及森林资源的转让，也无关森林资源的所有权或经营权的权属变更，因林木采伐需要获得行政许可，林场销售木材产品的前提是取得林木采伐指标，从双方合同履行过程来看，本案林场取得林木采伐指标并不存在不能履行的障碍，因而，卢某生要求继续履行的诉请应当予以支持。

继续履行作为一种违约责任形式，在判决生效后债务人不履行的，债权人得向法院申请强制执行，但在支持继续履行诉讼请求的判决中，有些法院在判决中大多笼统地表述为"判令违约方继续履行合同"。根据《民事诉讼法司法解释》（2022年修正）第四百六十一条第二款"法律文书确定继续履行合同的，应当明确继续履行的具体内容"的规定，为了继续履行判决的实现，法院在判决继续履行的情况下，应当尽可能在判决中对如何继续履行、履行方式等事项予以明确。为此，本案二审判决对一审的判决予以变更，明确继续履行的内容为"信丰县油山林场某分场向卢某生履行2006年3月2日签订的《林木期货销售合同》所约定的提供采伐指标、按规定采伐并销售给卢某生等义务。"同时，若在履行过程产生了新的情况导致客观上无法履行，当事人的请求权则转化为违约损害赔偿请求权，我们在二审裁判理由中给予了当事人再次向法院申请救济的权利。

编写人：骆丽玲

二审合议庭成员：黄训荣　王慧军　魏　巍

11. 原因债权请求权和票据追索请求权竞合时，当事人有权择一起诉，但在电子票据无法返还的情况下，票据持有人只能主张票据权利

——上海某钢铁有限公司与赣州某钨合金有限公司买卖合同纠纷再审案

裁判要旨

在原因债权请求权和票据追索请求权存在竞合的情形下，当事人有权择一选择原因债权或者票据权利提起诉讼。但是，当事人在以原因债权主张权利的同时，应当将原票据返还债务人，以保障债务人可以向前手及出票人、承兑人再行主张票据权利。在电子商业汇票客观上无法返还的情况下，应由票据持有人依法主张票据权利。

案例索引

一审：江西省赣州市赣县区人民法院（2019）赣0721民初209号

二审：江西省赣州市中级人民法院（2019）赣07民终3002号

再审：江西省高级人民法院（2020）赣民再119号

基本案情

再审申请人（一审被告、二审上诉人）：上海某钢铁有限公司（以下简称钢铁公司）。

被申请人（一审原告、二审被上诉人）：赣州某钨合金有限公司（以下简称钨合金公司）。

原告钨合金公司起诉请求：判令钢铁公司支付拖欠的货款600万元及逾期付款违约金60万元。

钨合金公司与钢铁公司分别于2018年2月6日与2018年4月4日签订两份货物销售合同，约定钨合金公司向钢铁公司出售规格为FeW80-C钨铁合计100吨，并约定买方不按期支付货款的，违约方向对方偿付未按期付款的货款总值10%的违约金。合同签订后，钨合金公司依约向钢铁公司交付了钨铁100吨，钢铁公司向钨合金公司提供电子银行承兑汇票用于支付上述货款。在用于支付案涉货款的电子银行承兑汇票中，有五张电子银行承兑汇票（出票人宝塔盛华商贸集团有限公司，收票人北京宝塔国际经济技术合作有限公司，承兑人宝塔石化集团财务有

限公司）合计600万元，尚未兑付。其中四张电子银行承兑汇票的票据状态为“逾期提示付款待签收”，一张电子银行承兑汇票的票据状态为“质押解除已签收”。钨合金公司就该票据纠纷于2018年9月向宁夏回族自治区银川市金凤区人民法院起诉宝塔石化集团财务有限公司，该法院以宝塔石化集团财务有限公司有关票据活动涉嫌经济犯罪为由，裁定驳回钨合金公司的起诉。

裁判结果

一审判决：钢铁公司向钨合金公司支付货款600万元及逾期付款违约金60万元。

钢铁公司不服，提起上诉。二审判决：驳回上诉，维持原判。

钢铁公司不服二审判决，申请再审。再审改判：撤销一、二审判决，驳回钨合金公司的诉讼请求。

裁判理由

再审认为，本案中钨合金公司和钢铁公司存在两种法律关系，一是买卖合同法律关系，二是票据债权债务法律关系。在本案所涉电子银行承兑汇票至今未能兑付的情况下，持票人钨合金公司享有两种请求权，即基于买卖合同法律关系的原因债权请求权和基于票据债权债务关系的票据追索请求权，钨合金公司有权择一选择票据权利或者原因债权提起诉讼。但因电子银行承兑汇票为有价证券权利凭证，故钨合金公司在以原因债权主张权利的同时，应当将原票据返还钢铁公司，以保障钢铁公司可以向前手及出票人、承兑人再行主张票据权利。然而，本案电子银行承兑汇票目前的票据状态为“逾期提示付款待签收”、“质押解除已签收”，钨合金公司客观上无法通过电子商业汇票系统将案涉电子银行承兑汇票返还给钢铁公司。二审判决依据原因债权买卖合同关系判决钢铁公司继续支付600万元货款，但又未对五张电子银行承兑汇票进行处理，导致钨合金公司对货款和票据双重占有，钢铁公司给付了双倍的货款，但却不能依法取得票据权利进行追索，明显不当，应予纠正。由于本案电子银行承兑汇票目前仍处于无法返还给钢铁公司的状态，为保障钢铁公司的票据追索权，对钨合金公司基于买卖合同法律关系要求钢铁公司支付案涉汇票对应的600万元款项并承担逾期付款违约金的诉讼请求不予支持。钨合金公司可以依法行使其票据权利，另行向宝塔石化集团财务有限公司、钢铁公司或其前手主张票据权利。原判决认定事实清楚，但处理结果不当，应予纠正。

要旨解析

近年来，电子商业汇票被越来越广泛频繁地运用到各项商业活动中，由此引发的票据纠纷类案件亦产生了不少新情况、新问题。本案涉及票据到期不能获得付款时持票人的权利救济途径问题，理论界将该问题概括为票据债权与原因债权的竞合问题。

一、票据关系与原因关系之间的关系

票据关系是当事人间基于票据行为而发生的债权债务关系。根据《票据法》第四条第四款规定，票据权利是持票人向票据债务人请求支付票据金额的权利，包括付款请求权和追索权。相应的，票据关系的主要内容可分为两类：一类是债权人的付款请求权与债务人的付款义务；一类是债权人的追索权与债务人的偿付义务。

票据原因关系是票据当事人之间收受票据、发生票据法律关系的理由，即当事人之间基于买卖、租赁、建设工程合同等产生的付款义务是引发票据关系的原因关系。

票据关系与原因关系既相分离，又存在一定联系。票据的原因关系是票据授受过程中，出票人与收款人、背书人与被背书人之间形成票据关系的基础，基于票据行为无因性的特点，票据关系以此产生但不依赖于原因关系、亦不消灭原因关系中既存的债权债务关系。

本案中，票据原因关系为钨合金公司与钢铁公司之间的买卖合同关系，基于该买卖合同所约定的钢铁公司支付货款义务而产生了相应的票据关系。在票据不能按期承兑的情况下，钨合金公司具有两个不同的请求权基础，既可以基于票据关系依据票据法的规定向背书人、出票人或其他债务人主张票据权利，也可以基于买卖合同的原因关系依据合同法的规定向买受人主张合同权利。

二、票据债权与原因债权的行使顺序

当票据债权与原因债权并存时，决定两种权利行使的顺序可具体区分为两种情形：

第一，当事人如有明确的意思表示，约定交付票据后原因债权消灭的，则构成代物清偿，票据债权成立后，原因债权就消灭，因而债权人只能行使票据债权，不能行使原因债权。

第二，在当事人意思不明时，则构成新债清偿，两种债权并存，债权人应先行使票据债权，如行使票据债权而无效果，可以再行使原因债权。其主要原因在于票据具有支付和结算便捷性的特点，如优先行使原因债权，则票据便捷支付功能未能得以发挥，亦与当事人约定票据支付的意思相悖。至于行使票据债权要到何种程度方能行使原因债权，一般认为只要行使票据上的付款请求权而遭到拒绝，持票人做成拒绝证书后，即可行使原因债权。此时，持票人对债务人行使的，既可以说是票据关系里的追索权，也是原因债权，两种权利存在竞合，持票人可以择一起诉。但是，行使追索权以持有票据为必要，故当持票人选择原因关系主张权利，应当将原票据返还债务人以保障债务人再行主张票据权利。

三、持票人选择原因关系主张权利，应返还汇票

《票据法》第五十五条、第七十条、第七十一条均明确规定，持票人获得付款的，应当交出汇票，其目的是防止票据债务人重复清偿的风险，以及便于清偿债务人行使票据权利。当持票人选择原因关系主张权利时，也需要交出汇票。首先，如

果持票人不将汇票交给债务人，债务人清偿原因债务后，还将面临清偿票据债务的风险，尤其是在债权人将汇票背书转让给第三人的情形。其次，持票人不将汇票交给债务人也不便于债务人及时向前手行使票据追索权。再次，从票据的缴回证券属性看，票据是一种完全的有价证券，其权利的创设、行使、实现均须依赖证券，因此持票人也应当缴回票据。

本案再审改判的原因正是基于电子商业汇票无法通过电子商业汇票系统进行返还这一客观情况，如判决钢铁公司继续支付600万元货款，就会导致钨合金公司对货款和票据双重占有。钢铁公司给付了双倍的货款，但却不能依法取得票据权利进行追索，这显然是不当的。为此，再审法院认为钨合金公司应依法行使其票据权利，另行向宝塔石化集团财务有限公司、钢铁公司或其前手主张票据追索权，这样才能实现有效的权利救济，也有利于避免权利人获得重复利益。

综上，当票据支付功能存在障碍时，权利人既可以基于票据权利寻求救济，也可以基于原因债权寻求救济，但在电子商业汇票客观上无法返还的情况下，应由票据持有人依法主张票据权利。

编写人：罗　晶

再审合议庭成员：熊　伟　黄声敏　胡爱菊

12. 认购人主张定金双倍返还和赔偿损失数额之和不能超过违约方违约给其造成的损失

——程某菊与江西某房地产投资开发有限公司商品房预约合同纠纷再审案

裁判要旨

1. 如果预约合同约定的定金过低，适用定金罚则不足以弥补认购人损失的，认购人可以要求开发商就超出定金罚则部分的损失承担违约赔偿责任，但其主张的定金双倍赔偿和赔偿损失数额之和不能超过违约方因违约给其造成的损失。

2. 人民法院在对认购人的损失进行评判时，应当考虑认购人自身有无过错、是否及时采取措施减少风险和损失、认购人交纳的现金数额是否可能限制其经济能力导致其无法另行购买其他房产、当地的房地产市场发展实际情况等因素综合判断。

案例索引

一审：江西省南昌市湾里区人民法院（2012）湾民一初字第 114 号

二审：江西省南昌市中级人民法院（2013）洪民三终字第 182 号

再审：江西省高级人民法院（2016）赣民再 46 号

基本案情

再审申请人（一审原告、二审上诉人）：程某菊。

被申请人（一审被告、二审被上诉人）：江西某房地产投资开发有限公司（以下简称房地产公司）。

程某菊于 2012 年 9 月 19 日向一审法院提起诉讼，请求：1. 判令房地产公司双倍返还定金 2 万元；2. 房地产公司承担因违约造成的利益损失 169687 元［（3650 元 / 平方米 -1200 元 / 平方米）×69.26 平方米 =169687 元］；3. 本案诉讼费用由房地产公司承担。一审庭审中程某菊当庭增加一项诉讼请求，请求解除双方签订楼宇认购书。

2004 年 4 月 9 日程某菊作为乙方与江西房地产湾里分公司作为甲方签订了一份江西房地产湾里分公司《〈东方假日广场〉楼宇认购书》（以下简称《认购书》），该认购书约定程某菊向江西房地产湾里分公司认购东方假日广场某住宅一套，建筑面积约为 69.26 平方米，认购价为 86436 元，单价为 1248 元 / 平方米，定金为 10000 元。程某菊同意按一次性付款方式向江西房地产湾里分公司交付购楼款，一次性付款的折后单价为1200元/平方米，总价为83112元，具体付款办法以江西房地产湾里分公司拟定之购房须知与付款方式为准。《认购书》还约定程某菊须于接开发商通知后到江西房地产湾里分公司售楼处签署商品房买卖合同。在签订上述认购书的当日，程某菊如约向江西房地产湾里分公司支付定金10000元。2006年3月5日，江西房地产开发建设公司向程某菊发出告知函，告知其该项目因拆迁安置问题导致不能正常开工建设，请程某菊接函后十日内前去办理是否继续认购或取消认购等相关手续。2008年1月11日，江西房地产湾里分公司被南昌市湾里区工商行政管理局撤销，其权利义务由房地产公司继受。本案所涉楼盘，房地产公司于2010年9月17日取得建设工程规划许可证，2011年1月11日取得建筑工程施工许可证，2012年7月27日取得商品房预售许可证。

裁判结果

一审判决：房地产公司于判决生效之日起十日内返还程某菊定金人民币10000元；驳回程某菊的其他诉讼请求。

程某菊不服提出上诉。二审判决：解除程某菊与江西房地产湾里分公司于2004年4月9日签订的《东方假日广场》楼宇认购书；房地产公司于本判决生效之日起十日内返还程某菊定金人民币10000元，并赔偿利益损失84843.5元。

程某菊仍不服向检察机关申请监督，检察机关提出抗诉。再审判决：维持江西省南昌市中级人民法院（2013）洪民三终字第182号民事判决。

裁判理由

再审认为，本案属于典型的商品房买卖预约合同。双方争议的焦点问题是：（1）房地产公司应否双倍返还程某菊定金1万元；（2）二审法院判决由房地产公司赔偿程某菊损失84843.5元是否有事实和法律依据。

一、关于房地产公司应否双倍返还程某菊定金1万元的问题

本案《认购书》仅约定了定金，并未约定违约金，并不存在适用原《合同法》第一百一十六条之规定的事实基础。虽然《合同法》没有明确规定此问题，但原《合同法》第一百一十三条规定的损失赔偿是违约责任的基本原则，定金与违约金均属违约责任之一种，该基本原则应当同样适用于约定定金和违约金，且《买卖合同司法解释》第二十八条已有类似规定。因而，抗诉机关认为程某菊在主张定金罚则的情况下还可以要求房地产公司赔偿超过定金罚则部分的损失的观点可以成立。但根据上述观点，本案程某菊在主张违约损失的情形下同时主张适用定金罚则能否得到支持应当结合二审认定的赔偿违约数额是否足以弥补程某菊的违约的损失进行认定。如果二审判决确认的违约赔偿数额充分考虑了程某菊因违约遭受的全部损失，虽然二审判决适用原《合同法》第一百一十六条未支持其定金罚则不妥，程某菊的再审请求亦不能得到支持。因而，解决本争议焦点取决于对第二个争议焦点的分析，即二审判决酌定的违约损失数额 84843.5 元是否有事实和法律依据，是否包含了程某菊的全部损失。

二、关于二审法院判决由房地产公司赔偿程某菊 84843.5 元是否有事实和法律依据的问题

法律、司法解释未规定守约方可以按照商品房买卖本约合同主张违约责任。本案不能以商品房买卖本约合同的违约责任来判断程某菊的损失和房地产公司应承担的违约赔偿数额。预约合同和本约合同履行后可以获得的利益并非同一概念。商品房预约合同是以签订商品房买卖合同为标的，其产生的是缔约请求权，与商品房买卖本约合同所产生的履行合同请求权并不一样，不能以未能履行商品房买卖合同作为其主张损失的依据。本案程某菊与房地产公司签订《认购书》后，不能简单以商品房买卖合同单价差异确定。综合本案查明的事实，程某菊为获得签订商品房买卖合同支付了 1 万元定金的代价，本案合同签订时东方假日广场尚未取得任何合法手续，直至 2010 年 9 月 17 日才取得建设工程规划许可证，程某菊在签订《认购书》时对其拟购买的房产项目是否合法取得相关基本手续有审查的义务，对自己认购预约无任何合法手续的房产可能的风险应有基本的判断，对长时间无法实现签订商品房买卖合同的目的自身应承担一定的行为风险。程某菊签订《认购书》后交纳 1 万元定金不足以限制程某菊的经济能力导致其无法通过另行购买其他房产实现其购买房屋的目的，且 2006 年江西房地产开发建设公司再次发函告知程某菊项目风险，程某菊完全可以通过要求解除《认购书》减少其可能的损失。现程某菊以履行商品房买卖合同的差价损失主张其预约合同的违约损失无法得到支持。二审法院根据南昌市房地产市场的发展趋势和本案实际情况，酌情认定由房地产公司赔偿程某菊利益损失 84843.5 元，再审没有理由对二审法院判决的损失金额进行调整。二审法院判决房地产公司返还定金 1 万元时已明确说明，系本案适用定金罚则不足以赔偿程某菊损失，因而才在判决返还程某菊 1 万元定金的同时，判决房地产公司赔偿程某菊利益损失 84843.5 元，这说明二审法院已在违约损失数额中考虑了应当由房地产公司承担的双倍返还定金责任。虽然二审法院适用法律有瑕疵，但本案处理正确，应予维持，程某菊的申诉请求不能得到支持。再审判决：维持江西省南昌市中级人民法院（2013）洪民三终字第 182 号民事判决。

要旨解析

本案涉及以下几个法律问题：一是认购书的性质；二是在守约方遭受的损失适用定金罚则无法弥补时，守约方可否就超出定金罚则部分的损失向违约方主张违约赔偿；三是商品房预约合同认购人的损失如何判断。

一、关于认购书的法律性质问题

认购书是开发商在预售商品房时广泛采用的交易形式。实践中认购书表现形式多种多样，认购书只是对这类协议的统称。通常，一份商品房认购书会包括买卖双方基本信息，如楼盘名称、开发商名称和购房人姓名；购房人拟购买房屋的基本情况，如房屋位置、户型、大概面积；房屋价款和定金、签约时间等内容。认购书主要是反映房屋买卖双方当事人就房屋买卖事项的磋商过程和双方在磋商过程中就部分要素达成一致的意思表示。认购书不是一个法律概念，对于认购书的法律性质，理论和实务有不同的观点。主要有三种观点，一种观点认为认购书是买卖双方形成商品房买卖意向的表现，认购书仅是意向协议，对当事人不具有拘束力。另一种观点认为认购书是附条件的商品房买卖合同，认购书中的合同内容为商品房买卖合同所附条件，如开发商取得立项、规划批准手续，条件成就时商品房买卖合同成立并生效。第三种观点认为，认购书系双方订立商品房买卖合同前的行为，以订立正式商品房买卖合同为目标，其性质应为预约合同。2003年《商品房买卖合同司法解释》第四条、第五条针对商品房认购纠纷中有关定金处理和合同性质认定问题进行了规范，这是司法解释首次对预约合同做出规定。预约是与本约相对而言的概念，是约定将来订立一定内容的本约为目的的合同。预约合同具有以下特征：首先，预约具有诺成特点；其次，预约合同的合同标的是订立本约。再次，预约内容具有确定性；最后，预约具有合同拘束力。预约应当具有双方当事人受其约束的意思表示。就本案而言，程某菊与惠荣签订的《〈东方假日广场〉楼宇认购书》完全具备上述特征，是一份典型的商品房预约买卖合同，一审法院将其认定为商品房销售合同纠纷错误，二审认定为商品房预约合同纠纷正确，再审予以了确认。

二、关于守约方可否就超出定金罚则部分的损失向违约方主张违约赔偿的问题

关于违约金和定金法则的适用问题，主要是原《合同法》第一百一十四条、第一百一十五条、第一百一十六条等规定（《民法典》已吸收为合同编中的第五百八十五条、第五百八十七条、第五百八十八条）。原《合同法》第一百一十四条规定了在合同明确约定违约金的情形下，如果约定的违约金过分低于或过分高于违约造成的损失，守约方可以请求予以适当增加违约金，违约方可以请求适当减少违约金。第一百一十五条规定若合同约定了定金则适用定金罚则，但未明确如果适用定金罚则低于或高于违约造成的损失当事人是否可以请求增加或减少定金数额的问题。由于定金和违约金都是违约责任承担方式，第一百一十六条系针对合同既约定定金又约定违约金情况，允许守约方可以选择适用其一，解决定金和违约金冲突的问题，并不是解决合同约定的定金低于违约造成的损失情况下守约方可否同时要求违约方对超出定金罚则部分的损失承担违约责任的问题。由此可见，原《合同法》本身只明确规定了合同约定的违约金数额过高或过低时当事人可以请求调整，而未规定在合同只约定了定金的情况下，守约方是否也可以就定金罚则不足部分向违约方主张赔偿责任。再审判决的观点认为合同约定的定金不足以弥补一方违约造成的损失，对方请求赔偿超过定金部分的损失的，人民法院可以并处，但定金和损失赔偿的总额不应高于因违约造成的损失。此种观点与《民法典》第五百八十八条第二款规定是不谋而合的。《民法典》第五百八十八条第二款规定："定金不足以弥补一方违约造成的损失的，对方可以请求赔偿超过定金数额的损失。”该规定系原《合同法》第一百一十六条所没有的，系《民法典》新增的一款。从合同法的基本原则去解释，定金虽然是一种担保形式，但民法典将其规定在违约责任一章，是因为其也具有违约责任的性质。违约赔偿应当填补违约造成的损失系合同违约责任的基本原则，该原则应当统帅定金罚则。因此，如果定金罚则不足以弥补违约造成的损失，守约方可以要求违约方补足超出定金罚则部分的损失。本案合同虽然不是本约买卖合同，但预约合同具有相对独立性，其违约责任应当适用合同法有关违约责任的基本原则。

三、违反认购书造成的守约方的损失如何计算

因开发商违反认购书约定引发的诉讼，认购人通常除了要求开发商承担定金罚则的违约责任外，还会要求对方赔偿房价上涨后升值部分作为其损失。对此，实践中有两种不同观点：一种观点认为，赔偿损失仅限信赖利益范围，并认为信赖利益损失主要是订立商品房买卖合同而支出的费用和利息等损失。认购人请求赔偿房价上涨损失的，不予支持。另一种观点认为，如果商品房认购书内容详备，出卖人因房价上涨而恶意违约，致使认购人的利益无法实现，适用定金罚则尚不足以维护守约人利益，出卖人应当赔偿买受人的预期利益损失，即在定金罚则或直接损失的范围之外，再参照房屋差价或违约方所获利润确定赔偿数额。

笔者认为，房价上涨损失应当属于出卖人违反商品房买卖预约合同造成的认购人的机会损失范畴，该损失如果过分高于商品房认购书所约定的定金、违约金，应当允许认购人请求增加赔偿损失。首先，支持认购人的请求符合诚信原则。诚信原则是民事活动的基本准则。出卖人因谋取更大利润置诚信于不顾，恶意违约，应当受到制裁。此种制裁在合同法上表现为不能让不诚信者因其不诚信民事行为获得更多利益。因而，赔偿认购人的机会损失是诚信原则的要求；其次，若不赔偿认购人的机会损失，将造成严重利益失衡，可能引发社会问题。实践中，经常有认购人是置换房屋，与开发商签订认购书后，为履行将来签订的商品房买卖合同，已经将旧房出卖了。此种情况下，若不对认购人的损失予以支持，将导致认购人双重损失。而且，认购人之所以与开发商签订商品房认购书，往往本身就有锁定商品房价格，规避房屋价格上涨风险的考虑，此种损失一律不予赔偿对认购人也有违公平。

另外如何确定此种机会损失的数额也是一个实践难题。笔者认为，房价上涨导致认购人的损失数额，应当由法官根据个案情况，依据诚信原则，充分考虑出卖人的主观过错程度、出卖人的获益情况、市场价格的波动预期和认购人在市场上重置类似商品房的差价等情况酌情认定。本案认购人签订认购书在2004年，但直到2012年认购人才起诉，其间相隔八年，如果认购人有急迫的购房需求，其完全可以解除认购书，另行购房，而不是等待八年非要购买认购的房屋。且认购人仅交纳了1万元定金，该数额显然不足以限制认购人另行购房的经济能力。另外，违约过错责任同样适用于预约合同，如果认购人对预约合同未能实际履行存在过错，在判断其损失时也应予以考虑并适当减轻违约方责任。再审法院在综合这些因素的情况下，对二审法院根据当地房地产实际情况酌情认定的损失数额予以确认并无不妥。当然二审法院未能适用定金罚则存在适用法律瑕疵，但由于其已在损失赔偿数额中对双倍返还定金的数额予以了考虑，未损害认购人利益，再审予以维持也是正确的。

编写人：龚雪林

再审合议庭成员：龚雪林　谢丽萍　吕淑瑾

13. 购房人逾期支付按揭款导致开发商承担还贷保证责任后未能受偿，开发商可以依约解除合同

——上海某集团江西置业有限公司与缪某、王某房屋买卖合同纠纷二审案

裁判要旨

1. 商品房买卖合同约定由开发商为购房人按揭贷款提供担保，如因购房人逾期支付按揭款导致开发商承担还贷保证责任后未能受偿，开发商可以单方解除合同并要求购房人承担违约金，此种约定不违反法律强制性规定，合法有效。

2. 所有权保留的规定不适用于不动产买卖合同。

案例索引

一审：江西省南昌市中级人民法院（2014）洪民一初字第 103 号

二审：江西省高级人民法院（2016）赣民终 456 号

基本案情

上诉人（原审原告）：上海某集团江西置业有限公司（以下简称置业公司）。

被上诉人（原审被告）：缪某。

被上诉人（原审被告）：王某。

2011 年 9 月 29 日，置业公司和缪某、王某签订《南昌市商品房买卖合同》，约定出卖人置业公司将绿地中央广场 ×× 区 ×× 办公楼 2301、2302、2303 号房出售给缪某、王某，该商品房总金额为 7200214 元，买受人按银行按揭方式付款，于 2011 年 10 月 15 日前支付房款 3610214 元整，剩余房款应于 2011 年 10 月 30 日前付清 359 万元整。该合同第七条约定："买受人如未按本合同规定的时间付款，按下列第一种方式处理：1. 按逾期时间，分别处理（不作累加）：（1）逾期在 30 日之内，自本合同规定的应付款期限之第二天起至实际全额支付应付款之日止，买受人按日向出卖人支付逾期应付款万分之一的违约金，合同继续履行；（2）逾期超过 30 日后，出卖人有权解除合同……"另，合同附件四补充协议第三条约定："补充本合同第七条：买方支付房款若采用银行贷款的：……3. 卖方担保期内若买方拖欠偿还银行的贷款本金、利息及相关费用而致卖方代为偿还的，买方应在卖方通知之日起十日内按全额返还卖方代付款及该项款额外 10% 的违约金；如卖方实际损失超过违约金的，按实际

损失赔偿；若买方未按规定时间支付，卖方有权按合同第七条第一款执行。”上述房产于2011年11月2日在南昌市房屋商品化办公室办理备案登记，登记卖方为置业公司，买方为缪某、王某。商品房买卖合同签订后，缪某、王某向置业公司交付购房款2210214元。

2012年3月20日，招商银行南昌分行作为贷款人和抵押权人，与作为借款人和抵押人的缪某、王某，以及作为保证人的置业公司签订了三份《个人购房借款及担保合同》，约定贷款金额分别为170.0635万元、77.5749万元、111.3616万元，抵押人愿意以其从售房人处购买的房产的全部权益抵押给贷款人，作为偿还本合同项下贷款本息及其他一切相关费用的担保；保证人自愿为借款人在本合同项下的债务承担连带责任保证，保证范围包括但不限于本合同项下贷款本金、利息、罚息、复息、违约金、损害赔偿金、保险费以及贷款人实现债权的费用（包括但不限于律师费、诉讼费、仲裁费、执行费、公告费、送达费、差旅费等）；保证人自愿放弃要求贷款人首先向借款人或其他人士追索、对抵押物、质物先行处置或采取诉讼等法律手段之权利。同日，招商银行南昌分行向缪某、王某发放的359万元购房按揭贷款汇给了置业公司。此后，缪某、王某未能在约定时间偿付借款及利息。2014年6月25日，南昌市中级人民法院就招商银行南昌分行诉缪某、王某、置业公司借款合同纠纷一案，作出（2013）洪民二初字第341号民事判决：一、解除招商银行南昌分行与缪某、王某之间签订的三份《个人购房借款合同》；二、缪某、王某在本判决生效之日起十日内向招商银行南昌分行偿还借款本金3153089.48元及支付相应利息（含罚息、复息），利息从2014年1月9日起至付清全部贷款本金之日止，按《个人购房借款及担保合同》所约定的利率标准计算；三、缪某、王某在本判决生效之日起十日内向招商银行南昌分行支付律师费用1.6万元；四、置业公司对上述第二、第三项的给付款项承担连带清偿责任，并在承担担保责任后，有权对缪某、王某进行追偿；五、驳回招商银行南昌分行的其他诉讼请求。

截至2014年3月27日，置业公司已代缪某、王某向招商银行南昌分行承担了连带清偿责任，代偿总额3437869.17元，其中本金3264445.93元，利息（包括罚息、复息）173423.24元。现置业公司向一审法院起诉请求：1.解除置业公司与缪某、王某签订的《南昌市商品房买卖合同》（编号1000252011），缪某、王某向置业公司返还房屋，并依法撤销该合同在南昌市房产管理局的备案；2.判令缪某、王某承担置业公司已代为支付的贷款利息（含罚息、复息）等费用损失共计230981.24元；3.判令缪某、王某向置业公司支付违约金349542.7元；4.本案诉讼费用由缪某、王某承担。

裁判结果

一审判决：一、缪某、王某于判决生效之日起十日内向置业公司支付贷款利息173423.24元；二、缪某、王某于判决生效之日起十日内向置业公司支付违约金

343786.9元；三、缪某、王某于判决生效之日起十日内向置业公司支付律师费1.6万元；四、驳回置业公司其他诉讼请求。

置业公司不服，提起上诉。二审判决：一、维持一审判决第一项、第二项、第三项；二、变更一审判决第四项为解除置业公司与缪某、王某于2011年9月29日签订的《南昌市商品房买卖合同》；三、驳回置业公司的其他诉讼请求。

裁判理由

二审认为，本案的争议焦点为：1. 置业公司与缪某、王某签订的《南昌市商品房买卖合同》应否解除？ 2. 缪某、王某是否应向置业公司承担违约责任？如应承担，应支付的违约金如何认定？ 3. 缪某、王某应承担置业公司代为支付的诉讼费、律师代理费为多少？

（一）关于置业公司与缪某、王某签订的《南昌市商品房买卖合同》应否解除的问题。根据双方《南昌市商品房买卖合同》第七条和附件四补充协议第三条的约定，置业公司承担还贷保证责任后未能受偿可以解除合同。原《合同法》第九十三条第二款规定："当事人可以约定一方解除合同的条件。解除合同的条件成就时，解除权人可以解除合同。"本案中，置业公司与缪某、王某的商品房买卖合同明确约定了解约条款，该约定未违反法律的强制性规定，且置业公司承担保证责任后未能受偿，获取房屋出售对价的合同目的已经落空，解约条件已经成就，置业公司主张解除合同符合法律及双方合同约定，应予支持。《商品房买卖合同司法解释》第二十三条规定："商品房买卖合同约定，买受人以担保贷款方式付款、因当事人一方原因未能订立商品房担保贷款合同并导致商品房买卖合同不能继续履行的，对方当事人可以请求解除合同和赔偿损失。"因买受人缪某、王某未履行还款义务导致出卖人置业公司承担连带保证责任，与不能签订担保贷款合同（即无法足额支付房款）导致房屋买卖合同无法履行在本质上是相同的。本案中案涉房产虽然在南昌市房屋商品化办公室办理了备案登记，但并未按照原《物权法》第二十条的规定向登记机构申请预告登记。二审法院认为，合同登记备案是房地产管理部门出于行政管理的目的，按照《城市商品房预售管理办法》规定对商品房预售合同进行的备案，系行政管理行为，不能产生物权登记的效力。因此，本案中案涉房产虽然办理了备案登记，但并未办理房屋产权登记，双方合同并未实际履行完毕，缪某、王某未取得案涉房屋物权。一审法院依据原《物权法》第十五条、原《合同法》第四十四条、原《民法通则》第五十五条之规定认定置业公司与缪某、王某约定的解约条款无效，混淆了合同的生效、物权的取得及合同的解除之间的关系。同时《买卖合同司法解释》第三十四条、第三十五条、第三十六条关于所有权保留之规定只适用于非不动产买卖合同，对于不动产买卖合同不应适用，一审法院适用法律错误，予以纠正。

（二）缪某、王某是否应向置业公司承担违约责任及违约金如何认定的问题。

根据《南昌市商品房买卖合同》附件四补充协议第三条约定，卖方担保期内若买方拖欠偿还银行的贷款本金、利息及相关费用而致卖方代为偿还的，买方应在卖方通知之日起十日内全额返还卖方代付款及该项款额外10%的违约金。因此缪某、王某应按双方合同约定将清偿款项返还给置业公司并向置业公司支付10%的违约金。置业公司已代缪某、王某向招商银行南昌分行承担了连带保证清偿责任，代偿总额为3437869.17元，其中本金3264445.93元，利息（包括罚息、复息）173423.24元。缪某、王某应向置业公司承担10%的违约金即343786.9元（3437869.17元×10%），一审法院认定并无不当，应予支持。置业公司称一审法院对部分罚息等未依法予以认定，但并未提供证据或计算方式予以证明，故对其主张不予支持。

（三）缪某、王某应承担置业公司代为支付的诉讼费、律师代理费为多少的问题。根据双方《南昌市商品房买卖合同》附件四补充协议第三条的约定，缪川、王某拖欠银行贷款本息导致置业公司支出的相关费用应由缪某、王某承担。经查，（2013）洪民二初字第341号民事判决中，判决置业公司应对1.6万元律师费承担连带清偿责任，诉讼费33108元是由缪某、王某和置业公司共同负担。对于上述律师费及诉讼费，置业公司一、二审期间均未能举证证明其已实际支出该费用，故二审法院对置业公司主张的上述诉讼费和律师费不予支持。关于本案所涉律师费，因置业公司与江西华邦律师事务所签订的委托代理合同为解决置业公司与占某松（王某某）、阙某贻（刘某红）、缪某（王某）、唐某奇、阙某华（许某灼）、郑某光、阙某龙、袁某文、龚某平、崔某等一系列商品房买卖合同纠纷而签订的，总金额为40万元，无法区分出置业公司为本案诉讼实际支出的律师费，一审法院结合本案诉讼标的和江西省律师服务收费指导价标准，酌定律师费1.6万元并无不当，应予维持。

综上所述，置业公司的上诉请求部分成立，予以支持。一审判决认定事实和适用法律存在部分错误，予以纠正。

要旨解析

本案的裁判要旨主要涉及两个问题。一是商品房买卖合同解除权的行使；二是所有权保留之规定的适用。

一、关于商品房买卖合同解除权的行使

本案系商品房买卖合同纠纷，此类合同中，一般存在以下几种解除合同情形，一是购房人根据合同约定提出解除，主要是开发商逾期交房、逾期办证、交付的房屋质量不合格、面积误差比超过3%等，二是开发商提出解除合同，主要是购房人逾期付款、因购房人原因未能办理按揭贷款导致合同不能继续履行等情形。

在商品房预售及购房人按揭贷款的情况下，银行通常要求开发商提供担保以降低其回收贷款的风险。而开发商为保障自身权益，往往在与购房人签订的商品房买卖合同中约定其承担保证责任后的合同解除权。但在司法实践中，在保护开发商追

偿权外，是否支持开发商的合同解除权，存在较大的争议。本案中，对于开发商承担还贷保证责任后能否解除购房合同，有两种不同的观点。

第一种观点认为，开发商无权解除商品房买卖合同。尽管双方在合同里约定开发商承担保证责任而受到损失时，开发商有权单方面解除合同。但因《商品房买卖合同》已履行完毕，开发商此后替购房人向银行还贷，属于开发商按担保借款合同中的约定履行了保证义务，开发商享有担保追偿权。本案一、二审判决即是此种观点。

第二种观点认为，开发商有权解除商品房买卖合同。《商品房买卖合同》约定了合同解除的条件，在所附条件成就时，即开发商承担还贷保证责任后未能受偿，开发商请求解除合同有事实和法律依据，应予以支持。本案再审判决即是此种观点。

笔者认同再审判决的观点。根据我国合同法的规定，合同解除分为约定解除和法定解除。约定解除又可分为合意解除与约定解除权两种情形。合意解除是当事人协商一致的结果，在此不必赘述。约定解除权，是当事人以合同条款的形式，在合同成立以后未履行或未完全履行之前，由一方当事人在约定解除合同的事由发生时享有解除权，并据此通过行使解除权，使合同关系归于消灭。法定解除，则是在合同生效后未履行或未履行完毕前，当事人在法律规定的解除事由出现时，通过行使解除权而使合同关系归于消灭。法定解除的事由由法律直接规定，只要发生法律规定的具体情形，当事人即可主张解除合同，而无须征得对方当事人的同意。“不能实现合同目的”是合同法定解除的实质性条件，原《合同法》第九十四条规定了五种法定解除事由：不可抗力、预期违约、迟延履行、根本违约和其他法定事由。

具体到本案中，当事人在订立合同时约定了解约条款，即因购房人逾期支付按揭款导致开发商承担还贷保证责任后未能受偿，开发商有权解除合同。因此，在置业公司承担保证责任未能受偿的情形出现时，合同约定的解除条件已成就，此时置业公司享有合同约定解除权。从另一方面看，商品房买卖合同中，买受人负有一次性或按揭支付购房款的义务，因为当事人订立的是单一的买卖合同，该合同的总给付自始确定，即便采按揭支付的履行方式，时间因素对给付内容和范围并无影响。本案置业公司承担保证责任后未能受偿，其获取房屋出售对价的合同目的便不能实现，此时也符合合同法定解除的情形。为此，置业公司主张解除合同，既有双方合同约定，也符合法律规定。

二、所有权保留之规定的适用

原《合同法》第一百三十四条（现为《民法典》第六百四十一条）规定：“当事人可以在买卖合同中约定买受人未履行支付价款或者其他义务的，标的物的所有权属于出卖人”。该规定是对传统民法制度中的所有权保留制度进行的原则性规定。《买卖合同司法解释》第三十四条（该条已在2020年修正后的《买卖合同司法解释》中被删除）则对所有权保留的适用范围予以了明确的规定，即所有权保留制度不适用于涉及不动产的买卖交易，而仅适用于动产买卖交易情形。为此，《买卖合同司法解释》第三十四条、第三十五条、第三十六条、第三十七条关于所有权保留之规定是不适用于不动产买卖合同的。本案一审法院认为，买受人支付的首付款加上招商银行南昌银行的转款，已支付标的物总价款的 80.56%，进而根据《买卖合同司法解释》（2020 年修正）第二十六条“买受人已经支付标的物总价款的百分之七十五以上的，出卖人主张取回标的物的，人民法院不予支持”的规定，对置业公司主张解除合同不予支持，显属法律适用错误。

编写人：罗　晶

二审合议庭成员：彭海鹏　肖童亮　李　平

14. 商品房经建设工程竣工验收合格并完成备案登记才能交付

——符某龙与广昌县某实业科技有限公司商品房销售合同纠纷再审案

裁判要旨

商品房经验收合格的交付，应当经过建设工程竣工验收合格并已完成建设工程竣工验收备案登记。开发商交付的房屋未完成建设工程竣工验收备案登记的，购房人有权拒绝接收。

案例索引

一审：江西省广昌县人民法院（2014）广民初字第 1626 号

二审：江西省抚州市中级人民法院（2015）抚民一终字第 111 号

再审：江西省高级人民法院（2016）赣民再 32 号

基本案情

再审申请人（一审原告、二审被上诉人）：符某龙。

被申请人（一审被告、二审上诉人）：广昌县某实业科技有限公司（以下简称实业公司）。

2011 年 7 月 22 日，符某龙购买实业公司开发的莲城国际 × 幢 × 单元 × × 号商铺，双方于当日签订了《商品房买卖合同》。合同约定：商铺成交总金额为 545083 元，实业公司应在 2011 年 12 月 31 日前将经验收合格并符合合同约定的商品房交付符某龙使用；逾期交房超过 90 日的，买受人要求继续履行合同的，合同继续履行，自合同规定的最后交付期限的第二天起至实际交付之日止，出卖人按日向买受人支付已交付房价款万分之三的违约金；出卖人应当在商品房交付使用后 180 个工作日内，将办理权属登记需由出卖人提供的资料报产权登记机关备案。如因出卖人的责任，买受人不能在规定期间内取得房地产权属证书，双方同意在该商品房综合验收后 180 个工作日内出卖人配合买受人办理房产证，若超过 180 个工作日，出卖人按已付房价款的 0.1% 向买受人支付违约金。

合同签订后，符某龙依合同约定支付了全部房款。涉案商铺于 2011 年 12 月 26 日经建设、监理、施工、设计、勘察单位竣工验收合格，2012 年 4 月 12 日取得建设项目竣工规划验收合格证，同年 7 月 27 日该工程项目环保验收合格，9 月 4 日绿化工程竣工验收合格，同年12月31消防验收合格。2013年7月26日，广昌县建设行政主管部门颁发了涉诉楼盘的《建筑工程竣工验收备案表》，2013年9月9日符某龙与实业公司办理了房屋交付手续。符某龙向一审法院起诉请求，依法判令：1.实业公司支付逾期交房违约金100894元；2.实业公司支付逾期办理房地产权属证书违约金545元，并交付房地产权属证书；3.本案诉讼费用均由实业公司承担。

一审法院认为，涉诉房屋于2013年7月26日才达到合同约定的交付条件，实业公司2013年9月9日与符某龙办理了房屋交付手续，故2013年9月9日应认定为实际交房日，实业公司的逾期交房违约时间应自2012年1月1日至2013年9月9日，实际违约天数618日。二审法院认为，涉案商铺在2012年4月12日取得建设项目竣工规划验收合格证后即已符合交付条件，实业公司逾期交付房屋的违约期限应为2012年1月1日至2012年4月12日，实际违约天数103日。

裁判结果

一审判决：一、实业公司向符某龙支付逾期交房违约金100894元；二、实业公司向符某龙支付逾期办证违约金545元。上述款项需在本判决书生效之日起十日内付清。

实业公司不服，提出上诉。二审判决：一、维持一审判决第二项；二、变更一审判决第一项为：实业公司向符某龙支付逾期交房违约金16843.06元。上述款项限于本判决生效之日起十日内付清。

符某龙不服二审判决，申请再审。再审判决：一、撤销二审判决；二、维持一审判决。

裁判理由

再审认为，本案的争议焦点为：1.关于涉案房屋是否符合交付条件及实际交房日的认定；2.实业公司是否违约及违约责任的认定。

关于焦点一。根据双方当事人签订的《商品房买卖合同》第十一条约定，商品房达到交付使用条件后，出卖人应当书面通知买受人办理交付手续。首先，《城市房地产管理法》第二十七条规定，房地产开发项目竣工，经验收合格后，方可交付使用。《城市房地产开发经营管理条例》第十七条规定，房地产开发项目竣工后，房地产开发企业应当向项目所在地的县级以上地方人民政府房地产开发主管部门提出竣工验收申请。房地产开发主管部门应当自收到竣工验收申请之日起30日内，对涉及公共安全的内容，组织工程质量监督、规划、消防、人防等有关部门或者单位进行验收。第十八条规定，住宅小区等群体房地产开发项目竣工，应当依照本条例第十七条的规定和下列要求进行综合验收：（一）城市规划设计条件的落实情况；（二）城市规划要求配套的基础设施和公共设施的建设情况；（三）单项工程的工程质量验收情况；（四）拆迁安置方案的落实情况；（五）物业管理的落实情况。住宅小区等群体房地产开发项目实行分期开发的，可以分期验收。《建设工程质量管理条例》第四十九条规定，建设单位应当自建设工程竣工验收合格之日起 15 日内，将建设工程竣工验收报告和规划、公安消防、环保等部门出具的认可文件或者准许使用文件报建设行政主管部门或者其他有关部门备案。建设行政主管部门或者其他有关部门发现建设单位在竣工验收过程中有违反国家有关建设工程质量管理规定行为的，责令停止使用，重新组织竣工验收。建设部办公厅《关于对国务院取消行政审批项目中涉及建设部项目有关问题的复函》答复，一、取消第一批行政审批项目第 323 项“取消房地产开发项目竣工验收”是指《城市房地产开发经营管理条例》第十七条所规定的内容，不包括第十八条规定的住宅小区综合验收。房地产开发项目竣工验收应执行《建设工程质量管理条例》的有关规定。住宅小区等群体房地产开发项目仍应按《城市房地产开发经营管理条例》第十八条的规定进行综合验收。二、关于《建设工程质量管理条例》第四十九条所指的“建设工程”是否应当包括“住宅小区等群体房地产开发项目”。《建设工程质量管理条例》第二条已明确“建设工程”是指土木工程、建筑工程、线路管道和设备安装工程及装修工程。因此，建设工程包括“住宅小区等群体房地产开发项目”中的建设工程。《消防法》第十三条规定，依法应当进行消防验收的建设工程，未经消防验收或者消防验收不合格的，禁止投入使用。根据上述法律法规，商品房经验收合格的交付应通过工程质量竣工验收及取得规划、消防、环保等部门的认可文件或者准许使用文件报建设行政主管部门或者其他有关部门备案。本案中，莲城国际小区于 2012 年 4 月 12 日取得建设项目竣工规划验收合格证，7 月 27 日该工程项目环保验收合格，9 月 4 日绿化工程竣工验收合格，12 月 31 日经广昌县公安消防大队对该工程项目消防验收合格，2013 年 7 月 26 日广昌县建设局出具《竣工验收备案表》。故涉案房屋于 2013 年 7 月 26 日才达到合同约定的交付条件。实业公司关于 2011 年 12 月 26 日通过竣工验收符合交付条件的辩解理由不能成立，不予支持。二审判决认定涉案房屋取得建设项目竣工规划验收合格证即符合交付条件不当，应予纠正。其次，房屋符合交付条件不等于房屋交付的实际履行，实业公司未能提供证据证明其已书面通知符某龙前来办理交付手续，应承担举证不能的后果。符某龙认可《入伙费用结算清单》为办理房屋交付手续，一审法院认定 2013 年 9 月 9 日为实际交房日并无不当，应予维持。二审以涉案房屋取得竣工规划验收合格证日 2012 年 4 月 12 日认定为交付房屋日期不当，应予纠正。

关于焦点二。实业公司未按合同约定 2011 年 12 月 31 日交付房屋，应承担逾期交房的违约责任。实业公司辩称，房屋竣工后部分业主误认为房屋存在重大质量问题，采取了集会闹事、上访等方式，打乱了其正常工作秩序，迫使政府介入，导致涉案房屋验收备案延迟，故其未及时交房，是因为发生了合同约定的“不可抗力”和“其他非出卖人的原因”，业主应负主要责任。再审法院认为，2012 年期间业主上访、游行是业主认为房屋存在质量问题，不属于不可抗力和“其他出卖人的原因”，且时间在合同约定交房日 2011 年 12 月 31 日之后，不是导致实业公司逾期交房的原因，实业公司亦未提供证据证明备案延期是建设主管部门造成。且即使延期备案时建设主管部门原因导致，根据原《合同法》第一百二十一条的规定，当事人一方因第三人原因造成违约的，应当向对方承担违约责任。故实业公司该抗辩理由不予采纳。一审按实业公司逾期交房时间的违约期限自 2012 年 1 月 1 日至 2013 年 9 月 9 日判决违约金为 100894 元并无不当，应予维持。

要旨解析

本案是关于商品房交付条件的认定问题。

在预售商品房的交易中，商品房的交付条件或标准一直都是购房人与开发商争议的焦点。2000 年建设部和国家工商行政管理总局提供的《商品房买卖合同》（示范文本）第八条列出了房屋交付的四种情况供合同当事人选择，四种情形分别是：

1. 该商品房经验收合格；2. 该商品房经综合验收合格；3. 该商品房经分期综合验收合格；4. 该商品房取得商品住宅交付使用批准文件。合同另有一空白栏可以填写双方当事人自行约定的交付条件。

审判实践中，由于开发商是商品房买卖合同的提供者，通常开发商会在合同中约定以第 1 种方式即“该商品房经验收合格”为交付条件。由于商品房买卖合同并未对其列出的四种选择的具体含义和标准予以详细释明，法律法规对何为“该商品房经验收合格”也未有定义，导致诉讼进入法院后，双方对其理解发生争议。各地法院判决认定标准也不统一，有的以开发商取得建设、勘察、设计、施工、监理五方共同出具的《工程竣工验收报告》认定“商品房经验收合格”，有的以开发商取得建筑工程《竣工验收备案表》认定“商品房经验收合格”，还有的以通过五方主体验收合格，并取得规划、公安消防、环保等部门的认可文件或者准许使用文件认定“商品房经验收合格”。

关于合格商品房的认定。笔者认为应以“完成竣工验收备案”作为认定开发商向购房人交付合格商品房的基本条件。

其一，尽管在国家法律法规的层面上，并没有哪部法律的哪一个条款明确或完整说明了预售商品房在交付时必须满足的标准或要求，但却有多部法律、法规分别从不同侧面对房屋的投入使用问题作出了明确的禁止性规定。例如《消防法》第十三条规定：“依法应当进行消防验收的建设工程，未经消防验收或者消防验收不合格的，禁止投入使用。”《环境保护法》第四十一条规定：“建设项目中防治污染的设施，必须与主体工程同时设计、同时施工、同时投产使用。防治污染的设施应当符合经批准的环境影响评价文件的要求，不得擅自拆除或者闲置。”《噪声污染防治法》第二十五条规定：“建设项目的噪声污染防治设施应当与主体工程同时设计、同时施工、同时投产使用。建设项目在投入生产或者使用之前，建设单位应当依照有关法律法规的规定，对配套建设的噪声污染防治设施进行验收，编制验收报告，并向社会公开。未经验收或者验收不合格的，该建设项目不得投入生产或者使用。”以及《城乡规划法》第六十四条所规定的，不符合规划建设的房屋，应当予以停建、限期拆除等处理。

其二，基于上述种种强制性规定，国务院颁布的《建设工程质量管理条例》以及建设部颁布的《房屋建筑工程和市政基础设施工程竣工验收备案管理暂行办法》明确，建设单位应当自建设工程竣工验收合格之日起15日内向相关行政主管机关提交如下材料办理建设工程竣工验收备案：一是备案表。《备案表》相当于建设单位材料报送清单与备案机关的签收回执。只有报送备案的资料齐全、符合规定，才能通过备案，取得签署“文件收讫”字样的竣工验收备案表，方才产生竣工验收备案的法律效力。二是工程竣工验收报告。即通常所说的“五方验收”（建设、勘察、设计、施工、监理）合格书面文件，是对建设工程质量作出的验收结果，但其验收合格结论仅表明工程主体结构及基本设施部分达到相应质量标准，并不独立具备确认建筑物合法性以及安全性的法律效力。三则是规划、消防、环保等部门出具的认可文件或准许使用文件。其中规划验收合格文件是评判建设工程取得“合法”建筑物法律地位的唯一依据；消防验收合格文件是判断建筑物是否具备消防安全性以及能否投入使用的法定强制性依据；而环保验收合格文件则是判断建筑物是否具有环境适用性以及能否投入使用的重要依据。由此可见，商品房经验收合格的交付条件不只是设计、施工、监理、建设等单位的工程质量竣工验收，还应取得规划、公安消防、环保等部门的认可文件或者准许使用文件。商品房作为一种特殊商品，是否符合交房条件需要通过行政主管部门的备案登记购房人才能判断。《竣工验收备案表》并非简单意义上一页纸，其体现了一个建设工程各方面的综合验收结论，涵盖了建筑物的质量、合法性、功能性、安全性、环保性等一切强制性验收要求，因而，其具有表明该建设工程符合国家相关强制验收标准，可以投入使用的法律内涵。

其三，根据《住房和城乡建设部关于进一步加强房地产市场监管完善商品房住房预售制度有关问题的通知》第十一条的规定，交付使用的商品房应当经过竣工验收合格并已在当地建设行政主管部门办理工程竣工验收备案。且2014年由住房和城乡建设部、国家工商行政管理总局制定的新版《商品房买卖合同（预售）示范文本》第九条对商品房的交付条件作出了严格限制性的规定，“该商品房已取得建设工程竣工验收备案证明文件”和“该商品房已取得房屋测绘报告”是必须满足的两个条件。从住房和城乡建设部的上述通知以及其制定的合同范本亦可以看出对购房人权益加大保护力度的趋势。另，办理房屋产权登记时，房地产行政主管部门也大都要求提交竣工验收备案表，不能提供的，将无法办理产权登记，这也再次体现了竣工验收备案表的重要性。

综上，开发商向购房人交付的房屋应当经过建设工程竣工验收合格并已完成建设工程竣工验收备案登记。合同约定的交付条件高于该标准的，以合同约定为准；合同约定的交付条件低于该标准的，按该标准认定。开发商交付的房屋未完成建设工程竣工验收备案登记的，购房人有权拒绝接收。

编写人：罗　晶

再审合议庭成员：邓名兴　江都颖　徐　苹

15. 在案件事实真伪不明时，可以结合商业习惯做出判断

——肖某新与新余市某房地产开发有限公司、邹某商品房销售合同纠纷再审案

裁判要旨

1.行为人虽然没有开发商的书面授权，但其以开发商代理人名义多次销售房屋的行为得到开发商认可的，可以认定其在同样的商品房销售合同中得到了开发商的授权。

2.当事人持有商品房买卖合同和购房收款收据，对支付购房款方式能做出合理解释，且合同办理了备案登记手续，根据商品房买卖的交易习惯，可以认定当事人已缴清了购房款。

案例索引

一审：江西省新余市渝水区人民法院（2013）渝民初字第02103号

二审：江西省新余市中级人民法院（2016）赣05民终208号

再审：江西省高级人民法院（2017）赣民再96号

基本案情

再审申请人（一审被告、二审上诉人）：肖某新。

被申请人（一审原告、二审被上诉人）：新余市某房地产开发有限公司（以下简称房地产公司）。

被申请人（一审被告、二审被上诉人）：邹某。

房地产公司法定代表人钱细珠与邹某系朋友。2013年1月22日，邹某带肖某新到房地产公司买房，房地产公司与肖某新签订了一份商品房买卖合同，合同约定：肖某新购买房地产公司位于聚龙·碧海兰庭×栋×单元××号商品房一套，价款507688元，房款于签订合同之日一次性付清，购房人逾期超过九十日后，出卖人有权解除合同。合同还约定了其他权利和义务。后邹某与肖某新一同至房管局办理了合同备案，邹某将该购房票据给付了肖某新。此后，房地产公司向邹某催讨购房款，邹某于2013年1月24日向房地产公司出具承诺书，内容为“我方肖某新购买聚龙·碧海兰庭×栋×单元××号，面积134.38平方米，成交总价为507688元，我方承诺在2013年3月31日之前一次付清全部房款”，邹某在承诺人、担保人处

签名、捺印。但邹某未按承诺支付购房款。房地产公司以未收到肖某新的购房款为由，向一审法院起诉，请求解除房地产公司与肖某新于2013年1月22日签订的关于购买聚龙·碧海兰庭×栋×单元××号商品房买卖合同。

案件审理中，肖某新主张其将购房款以现金方式给付了邹某，邹某是房地产公司的全权代理人，有权替房地产公司收取购房款，房地产公司诉请解除合同，于法无据。邹某自认其将购房票据交付肖某新，但否认其收取了肖某新的房款。房地产公司主张其与邹某不存在代理关系，邹某无权代表房地产公司向肖某新收取购房款，房地产公司也不存在任何行为足以使肖某新相信邹某有权代表房地产公司收取购房款。

裁判结果

一审判决：解除房地产公司与肖某新于2013年1月22日签订的聚龙·碧海兰庭×栋×单元××号商品房买卖合同。

肖某新不服，提出上诉。二审判决：驳回上诉，维持原判。

肖某新不服二审判决，申请再审。再审判决：撤销一、二审判决，驳回房地产公司的诉讼请求。

裁判理由

再审认为，本案的争议焦点为以下三点：

1. 邹某与房地产公司是何种法律关系。再审法院认为，邹某是房地产公司的销售代理人。首先，本案商品房买卖合同的签订、购房款收据的出具、合同的备案登记都是由邹某代表房地产公司出面联系办理。其次，房地产公司在未收到肖某新购房款的情况下，仍向肖某新开具了全款收据，并且仅要求邹某向房地产公司出具了付款承诺，而非要求实际购房人作出承诺。最后，房地产公司共有四套房屋以同样的方式由邹某代为联系出售，买受人分别是肖某新、吴某、邹某宇、邓某军。在房地产公司与邹某宇、邓某军之间的商品房买卖过程中，亦是邹某代房地产公司收取房款。以上事实足以认定邹某是房地产公司的销售代理人，房地产公司对邹某代为收取房款是认可的。一、二审判决认定房地产公司与邹某不构成委托代理关系，即使肖某新将房款交付给了邹某，亦属给付对象错误，不构成对房地产公司的给付，系认定事实错误，应予纠正。

2. 肖某新是否支付了购房款。根据商品房买卖的交易习惯，只有当买受人付清房款后，出卖人才会将全款收据开出，以用于到房管部门办理合同备案手续。本案中肖某新持有商品房买卖合同和购房收款收据，且合同办理了备案登记手续，可以认定肖某新已通过向邹某支付购房款，缴清了给房地产公司的购房款。房地产公司辩称肖某新没有支付购房款，但未提供相应的证据证明，再审法院不予采纳。

3. 房地产公司是否有权解除其与肖某新签订的商品房买卖合同。房地产公司与肖某新签订的《商品房买卖合同》真实、合法、有效，肖某新已履行了合同约定的付款义务，房地产公司主张解除合同，没有事实和法律依据。

综上所述，原判决认定的基本事实缺乏证据证明，判决处理结果不当，应予纠正，再审改判驳回房地产公司的诉讼请求。

要旨解析

本案主要涉及两个法律问题。一是委托代理法律关系的定性；二是交易习惯的适用。

一、委托代理法律关系的定性

委托代理，是基于被代理人的委托授权所发生的代理。委托合同和授权委托行为都是产生委托代理的根据。准确地讲，委托合同是产生委托代理权的基础关系，而委托授权行为是被代理人将代理权授予代理人的行为，是委托代理产生的直接根据。委托代理的授权委托可以采取口头、书面或者其他形式，授权的方式既可以明示授权，也可以默示授权。明示授权通常需要有授予代理权的外观证明，代理权限的范围根据授权证明确定。代理权外观证明通常包括授权委托书、单位公章、介绍信等。默示授权则是特殊情形下根据被代理人的一定行为推定其具有授权的意思表示。无论是明示授权，还是默示授权，都属于实际授权，也就是说，被代理人是认可代理人权限的。

本案邹某与房地产公司之间委托代理法律关系的定性，直接决定了案件的处理走向。虽然房地产公司没有对邹某进行书面授权，但邹某多次以房地产公司代理人的名义销售房屋，每次商品房买卖合同的签订、购房款的收取、收据的出具和合同备案登记都是由邹某代表房地产公司出面联系办理，上述行为均得到了房地产公司的认可，在此情况下可以认定房地产公司对邹某销售代理人的身份予以了默示授权，双方成立代理关系。根据民事代理的基本原则，代理行为的后果直接归属于被代理人。因此，肖某新向邹某支付购房款，可以视为其已履行了支付购房款的义务。

二、交易习惯的适用

交易习惯，是指在特定地域、行业、群体范围内为当事人反复实践而实际知悉并普遍遵守的交易规则。交易习惯可具体分为以下几大类：（1）一般交易习惯，它是通行于全国的一般习惯；（2）地区习惯，指在某特定区域为人们遵守的做法；（3）特殊行业习惯，指同类行业中通行的做法；（4）当事人之间长期从事某种交易所形成的习惯。交易习惯从规范属性上看，是习惯上的默示条款，其适用是为了最大程度还原当事人订立合同时的真实意思表示，在价值判断上与诚信原则是一致的。

《民法典》中涉及交易习惯的条款多达20多个，但并未对交易习惯进行明确定义。原《合同法司法解释（二）》第七条对交易习惯的定义，可以作为适用交易习惯的参考标准，其规定了两条确定交易习惯的规则："（一）在交易行为当地或者某一领域、某一行业通常采用并为交易对方订立合同时所知道或者应当知道的做法；（二）当事人双方经常使用的习惯做法。"

根据交易习惯确定合同没有约定或约定不明确的内容，是在合同文字或条款的含义发生歧义时，按照习惯和惯例的含义予以明确；在合同存在漏洞，致使合同当事人的权利义务不明确时，参照习惯和惯例加以补充。本案中，双方商品房买卖合同约定了房款于签订合同之日一次性付清，但对支付方式未予以明确约定。在当事人对购房人是否以现金方式支付了购房款产生争议时，可以适用交易习惯来进行认定。一般来说，收款收据作为当事人之间收付款的书证和直接证据，对收付款行为无疑具有一定的证明效力。尤其在商品房买卖合同的履行过程中，通常只有在买受人付清房款后，出卖人才会将全款收据开出，再到房管部门办理合同备案登记，这属于房地产行业的通行做法。因此，再审法院根据买受人提供的商品房买卖合同、购房款收据以及合同备案登记手续，认定买受人已缴清了购房款，符合证据规则和交易习惯。

编写人：罗　晶

再审合议庭成员：熊　伟　陈银发　胡爱菊

16. 产权交易合同经双方当事人签字盖章即成立，除法律规定或当事人特别约定外，该合同自成立时生效

——江西某实业有限公司与江西省某百货总公司、江西某投资有限公司房屋买卖合同纠纷二审案

裁判要旨

产权交易合同经双方当事人签字盖章即成立，除法律规定或当事人特别约定外，该合同自成立时生效。交易中心是否在双方当事人订立的合同上盖章，并不影响合同的效力。

案例索引

一审：江西省南昌市中级人民法院（2018）赣01民初46号

二审：江西省高级人民法院（2019）赣民终61号

基本案情

上诉人（原审原告）：江西某实业有限公司（以下简称实业公司）。

被上诉人（原审被告）：江西省某百货总公司（以下简称百货公司）。

原审第三人：江西某投资有限公司（以下简称投资公司）。

实业公司向一审法院起诉请求：判令百货公司将位于江西省南昌市西湖区站前路19号国恩大厦一、二层的房产交付给实业公司。

2009年1月南昌市洪城房地产评估事务所有限公司出具案涉房产估价报告，该房产评估价为4238.76万元，评估基准日为2008年12月31日，有效期至2009年11月30日止。同年3月30日，南昌市商业贸易委员会作出批复，同意按照评估价格挂牌拍卖，后上报南昌市国有资产监督管理委员会备案，并交由交易中心挂牌拍卖。后案涉房产被公开挂牌出让，挂牌价为4250万元。因挂牌后没有征集到意向受让人，百货公司于2009年11月向南昌市商贸委员会提交了将案涉房产降价10%重新挂牌的申请报告，申请挂牌价为3814.88万元。南昌市商贸委员会批复同意百货公司的降价申请。2009年12月4日案涉房产在交易中心重新挂牌，挂牌编号为：09Z0252，挂牌价格为：3814.88万元，挂牌日期为2009年12月4日，挂牌公告期为15个工作日，挂牌期满日为2009年12月24日。截至挂牌期满，无人提交交易

申请及交易保证金。2010 年 4 月 16 日交易中心产权交易部向实业公司发出《缴款通知单》，载明：你单位（自然人）申请 09Z0252《转让西湖区站前路 19 号中百（国恩）大厦第一、二层房地产》，根据产权交易及南昌市招投标市场管理的相关规定，请你单位（自然人）将办理受让申请所需缴纳的保证金 1500 万元，于 2010 年 4 月 16 日 17：00 时前转入（存入、汇入）市公管办保证金缴纳专用账户；资金到账后请到保证金代收代退窗口开具收据，凭收据办理交易的相关事宜。当日，实业公司向南昌市公共资源交易市场管理委员会办公室汇款 1500 万元，并注明：保证金（南昌市站前路 19 号中百国恩大厦一、二层房地产）。2010 年 5 月 10 日实业公司向南昌市公共资源交易市场管理委员会办公室递交了《产权受让申请书》，2010 年 5 月 12 日交易中心向实业公司开具《产权受让申请登记通知书》，该通知书在“在此申明”一栏中写明：“本通知书仅作为收悉申请的回馈信息，不作已经受理（接受）申请之凭证；在我中心向你发出《产权受让申请受理通知书》之前，你属申请人角色”。2010 年 5 月 19 日交易中心向百货公司发出《告知函》，载明：截至 2010 年 5 月 18 日 17 时止，仅有实业公司按规定提出受让案涉房产意向。2010 年 5 月 21 日百货公司与实业公司订立《产权交易合同》，约定：百货公司将持有的案涉房产以 3814.88 万元的价格转让给实业公司，实业公司一次性支付转让款，实业公司已支付的保证金折抵为转让款，在本合同生效后三个月内汇入百货公司指定的账户；本合同项下的产权交易已于 2009 年 12 月 4 日经交易中心公开挂牌，挂牌期间只产生了实业公司一个意向受让方，由实业公司依法受让案涉房产；双方本次交易获得交易中心出具的产权交易凭证（产权交易的交割口）后 18 个月内，由实业公司到标的物登记机关办理标的物变更登记手续；及其他相关内容。双方在合同上签章，产权经纪机构及交易中心未在鉴证处盖章。同日，百货公司与实业公司订立《房产转让合同》，约定：百货公司将案涉房产转让给实业公司，转让价为 3814.88 万元，付款方式为本合同生效并在百货公司清场完毕后七天内，实业公司向百货公司付清该房产全部购房款。

2012 年 3 月百货公司与投资公司订立《产权交易合同》，转让南昌市西湖区站前路 19 号中百（国恩）大厦第三层房地产，该合同有双方当事人的签章，并盖有交易中心的印章。2013 年 1 月 11 日南昌市西湖区站前路 19 号中百（国恩）大厦第 1-3 层产权登记变更为共同共有，产权人为百货公司和投资公司。

裁判结果

一审判决：驳回实业公司的诉讼请求。

实业公司不服，提起上诉。二审判决：一、撤销一审判决；二、实业公司与百货公司于 2010 年 5 月 21 日订立的《产权交易合同》和《房产转让合同》合法有效，实业公司在本判决生效后十日内向江西省南昌公共资源交易中心足额交纳转让款 3814.88 万元（含保证金 1500 万元）后，百货公司在十日内将位于江西省南昌市西湖区站前路 19 号国恩大厦一、二层的房产移交给实业公司。

裁判理由

二审认为，实业公司主张双方订立的《产权交易合同》和《房产转让合同》依法成立，合法有效，双方当事人应继续履行该合同，百货公司应向其交付案涉房产。百货公司主张因案涉房产是国有资产，双方订立的《产权交易合同》和《房产转让合同》均不是在交易中心及交易期限内订立的，合同无效，不应继续履行。本案中，百货公司经其主管部门批准后，将案涉房产以 4238.76 万元的价格，交由交易中心挂牌出让。在该挂牌期间没有受让意向人摘牌的情况下，百货公司经其主管部门批准后，将案涉房产降价至 3814.88 万元，并于 2009 年 12 月 4 日再次交由交易中心挂牌出让。2010 年 5 月 18 日实业公司向交易中心提出受让意向，并向交易中心支付了保证金 1500 万元，次日，交易中心向百货公司出具《告知函》，告知其截至 2010 年 5 月 18 日 17 时止，仅有实业公司按规定提出受让意向。百货公司在收到该《告知函》后，于 2010 年 5 月 21 日与实业公司订立了《产权交易合同》，因案涉房产存在被他人（原开发商）侵占尚未清场的情况，双方当事人在同日又订立了《房产转让合同》，约定实业公司支付剩余转让款的条件是案涉房产清偿完毕后 7 日内。上述合同订立后，双方将《产权交易合同》交给了交易中心存档。在案涉房产交易过程中，百货公司在第一次挂牌出让没有受让意向人的情况下，变更了交易价格后申请重新挂牌。百货公司在第一次申请挂牌时，根据交易中心提供的《产权转让申请书》及内容填写说明，填写了一份《产权转让申请书》，该表中对挂牌公告期的表述为：自公告之日起 15 个工作日，公告期满后，如未征集到意向受让方，可选择不变更挂牌条件，按 3 个工作日为一周期延长挂牌，直至征集到意向受让方；或变更挂牌条件，重新挂牌；未选的，默认为选择前一种方式。由于案涉房产在第一次挂牌后，没有征集到意向受让方，百货公司选择了变更挂牌条件，将案涉房产价格由 4238.76 万元降至 3814.88 万元，并重新申请挂牌转让。根据交易中心的工作流程和办事规则，百货公司在第一次挂牌申请书中已填写了《产权转让申请书》，在重新挂牌时，不再填写新的《产权转让申请书》（事实上亦未填写），除挂牌条件变更的事项外，其余部分均沿用第一次申请时填写的《产权转让申请书》内容。由于百货公司在第一次及第二次申请挂牌时，未在公告期选项上进行勾选或变更公告期，案涉房产的公告期应默认为按每 3 个工作日为一周期延续挂牌，直至征集到意向受让方为止。故实业公司于 2010 年 5 月 21 日提出受让意向，是在案涉房产的公告期内提出的，且百货公司提供的交易中心出具的《关于中百（国恩）大厦房地产交易有关情况的说明》中，交易中心亦表示本次交易是按产权交易流程进行的，并收到了双方订立的《产权交易合同》。上述事实表明，案涉房产交易是在交易中心的公告期内进行的，且双方订立的《产权交易合同》亦在交易中心存档。百货公司主张双方订立的合同不是在交易中心的公告期内进行的理由不能成立。百货公司主张双方订立合同的价款并非第一次挂牌价的90%（3814.884279万元），而是低于90%的3814.88万元，该交易无效。百货公司因第一次挂牌没有受让意向人，向其主管部门要求降价10%，经其主管部门批复，确定以3814.88万元的价格进行挂牌出让，交易中心亦是按该批复确定的价格挂牌的，百货公司亦是按该价格与实业公司订立合同的。该价格虽下调超过10%，但该降价确系百货公司及其主管部门的意志，并通过挂牌公告，对交易价格该处置方式并不违反国有资产交易的相关规定，百货公司以此主张本次交易无效的理由不能成立。百货公司主张交易中心未在《产权交易合同》上盖章，该合同尚未成立。案涉房产的交易是经过交易中心的交易平台进行的，且是按交易中心公布的交易条件进行交易的，交易双方就交易事项所订立的合同，是平等主体之间的合意，交易中心在合同上盖章，仅是对合同订立的鉴证，根据《南昌市产权交易管理办法实施细则（实行）》第四十二条的规定，产权交易合同经双方当事人签字盖章即成立，除法律规定或当事人特别约定外，该合同自成立时生效。可见，交易中心是否在双方当事人订立的合同上盖章，并不影响合同的效力。且交易中心未在合同上盖章，是因为实业公司未交纳全额的交易款。而其未全额交纳转让款，是因为其与百货公司订立的《房产转让合同》中约定，实业公司在百货公司对案涉房产清场完毕后7日内付清全部转让款，而百货公司一直未能对案涉房产清场或清场后未予告知，致使实业公司付款条件未成就，造成交易中心未能收到全额转让款，从而没有在《产权转让合同》上盖章。对此，百货公司应承担相应的责任。百货公司以交易中心未在合同上盖章为由，主张双方当事人订立的合同尚未成立的理由不能成立。综上，双方当事人订立的《产权交易合同》和《房产转让合同》系双方当事人的真实意思表示，其内容及订立的程序并不违反法律、行政法规的强制性规定，合同依法成立，合法有效。实业公司要求继续履行合同的理由成立，予以支持，一审法院认定案涉合同尚未成立不当，应予纠正。现案涉房产已经清场完毕，双方应当继续履行上述合同，即在实业公司向交易中心足额交纳转让款3814.88万元（含保证金1500万元）后，百货公司应将案涉房产移交给实业公司，并办理房产过户的相关手续。综上所述，实业公司的上诉请求成立，应予支持。

要旨解析

本案作为一起房屋买卖合同纠纷，其特殊性在于案涉转让的房产属于集体产权。对于集体产权的交易除遵守合同法规定外，还需要遵循特定的产权交易规则。根据《企业国有资产交易监督管理办法》（32号令）的规定，集体产权交易应当在依法设立的产权交易中心公开进行。企业未按照上述规定在依法设立的产权交易机构中公开进行企业集体产权转让，而是进行场外交易的，其交易行为可能因违反法律的强制性规定或损害国家社会公共利益而无效。

本案的争议焦点即在于案涉《产权交易合同》《房产转让合同》的效力问题。

一审法院认为，在交易中心未再次挂牌交易前，出让方与受让申请方达成的交易合同，属于交易意向性合同，且产权经纪机构及交易中心未在《产权交易合同》中盖章确认，表明该合同并非是在交易中心正式交易后形成的正式合同，实业公司以性质属于交易意向的《产权交易合同》《房产转让合同》，要求百货公司交付意向标的物于法无据，不予支持。二审法院认为，案涉房产的交易是经过交易中心的交易平台进行的，且是按交易中心公布的交易条件进行交易的，交易双方就交易事项所订立的《产权交易合同》和《房产转让合同》，是平等主体之间的合意，其内容及订立的程序并不违反法律、行政法规的强制性规定，合同依法成立，合法有效。交易中心是否在双方当事人订立的合同上盖章，并不影响合同的效力。实业公司要求继续履行合同，交付案涉房产，应予支持。

笔者认同二审法院的裁判观点，以下就两份合同的效力问题逐一进行分析。

一、关于《产权交易合同》的效力

百货公司属于集体所有制企业。根据南昌市人民政府制定的《南昌市产权交易管理办法（试行）》第十五条规定："转让国有、集体产权，须按规定履行清产核资、资产评估等程序"。第十六条第一款规定："国有、集体产权以经核准或备案的评估结果作为转让底价的参考依据，同时充分利用产权交易市场的价格发现机制，兼顾产权交易市场的供求状况、同类资产的市场价格等因素；国有产权的转让底价低于评估价的90%时，须报经国有资产监督管理机构或财政部门或同级人民政府批准；集体产权转让底价低于评估机构的评估值或低于产权所有者授权范围的，应当经集体产权所有者同意"。本案所涉房产在挂牌交易之前进行过评估，第二次挂牌交易时仍在评估报告有效期之内，第二次挂牌交易降价处理以及根据意向受让情况与实业公司进行协议转让等事项均经过了主管部门南昌市商贸委员会的审批同意。百货公司提出实业公司未在第二次挂牌有效期之内提出受让申请因而案涉交易属于场外交易，但第二次挂牌时百货公司未重新提交《产权转让申请书》，第二次挂牌关于公告期应当沿用第一次挂牌填写的《产权转让申请书》内容。此外，南昌市国有资产监督管理委员会制定的《南昌市产权交易管理办法实施细则（试行）》（洪国字2006187号）第三十七条规定："挂牌期满未征集到意向受让方的，可按原有挂牌条件延长挂牌时间，也可以变更挂牌条件或价格重新申请办理挂牌手续。延长挂牌的期间按照3个工作日为一个周期计算，挂牌期可以延长若干个周期，直至征集到意向受让方"。在第二次挂牌期满后，百货公司未变更挂牌条件，南昌市公共资源交易中心接受了实业公司受让申请，通知实业公司交纳保证金，百货公司亦接受实业公司受让申请。由此表明，百货公司与南昌市公共资源交易中心均以上述事实行为明确案涉产权交易在挂靠期满后挂牌期限一直在顺延。百货公司于2010年5月21日在向南昌市商贸委员会报送《关于同意南昌百货总公司中百（国恩）大厦第一、二层房地产采用协议方式转让的批复》时，亦表示实业公司属于符合受让条件的受让人。且南昌市公共资源交易中心出具多份说明亦明确案涉《产权交易合同》是按照交易规则订立。故实业公司系在案涉房产公告期内提出的意向受让申请，案涉《产权交易合同》属于在产权交易市场依法订立的合同。

民法尊重意思自治，在通常情况下，合同一经依法成立就产生效力。原《合同法》第四十四条（现为《民法典》第五百零二条）规定："依法成立的合同，自成立时生效。法律、行政法规规定应当办理批准、登记等手续生效的，依照其规定。"原《合同法》没有笼统地规定违反法律的合同无效，而是作了两个方面的限定，一是将违法限定为违反全国人民代表大会及其常务委员会通过的法律及国务院发布的行政法规，地方性法规及行政规章均不能作为认定合同无效的依据；二是将违法限定为违反法律、行政法规的强制性规定。案涉《产权交易合同》约定本合同自双方授权代表签字或盖章之日起生效。2010 年 5 月 21 日，百货公司法定代表人在合同上签字并加盖印章，实业公司亦在合同上加盖印章，该合同不违反法律、行政法规强制性规定，故案涉《产权交易合同》自 2010 年 5 月 21 日起生效。百货公司提出案涉《产权交易合同》经南昌市公共资源交易中心盖章并出具交易凭证才能生效的主张缺乏法律依据。

二、关于《房产转让合同》的效力

百货公司与实业公司订立《产权交易合同》之时，案涉房产存在被他人侵占尚未清场的情形，百货公司无法履行房屋交易义务。在此情况下，双方当事人在订立《产权交易合同》同日又订立了《房产转让合同》，约定案涉房产清场完毕后 7 日内，实业公司支付剩余转让款。故案涉《房产转让合同》是双方根据买卖标的物暂无法交付的实际状况，而作出对房屋交付以及余款交付时间的补充约定，该约定不损害国家、集体和社会公共利益。亦属合法有效。

编写人：罗　晶

二审合议庭成员：彭海鹏　郭卫斌　陶松兵

17. 房屋买卖合同是否真实应综合履行情况、双方陈述辩解、交易习惯及房屋涉诉因素判断

——某建设集团有限公司与印某辉房屋买卖合同纠纷二审案

裁判要旨

当事人虽然提交了房屋买卖合同，但未能对合同履行中明显不符合常理的情形做出合理、符合交易习惯的解释，且没有其他直接证据证实双方有房屋买卖真实表示的，在房屋被查封，认定房屋买卖合同真实有效将直接损害第三人利益的情形下，对买受人要求继续履行合同的诉请不应支持。

案例索引

一审：江西省南昌市中级人民法院（2019）赣01民初276号

二审：江西省高级人民法院（2020）赣民终6号

基本案情

上诉人（原审原告）：某建设集团有限公司（以下简称建设公司）

被上诉人（原审被告）：印某辉。

建设公司向一审法院起诉请求：1.请求判决建设公司与印某辉2016年3月10日签署的《房屋买卖协议》合法有效；2.判决印某辉及时配合建设公司办理房屋过户登记手续；3.判决印某辉因不配合过户导致建设公司费用损失暂定人民币20万元；4.本案一切诉讼费、保全费等由印某辉承担。

建设公司与印某辉签订《房屋买卖协议》一份，协议记载的签订时间为2016年3月10日，协议内容包括“甲方（印某辉）将其所有的位于南昌县金沙二路××××号、××××号两套房产包括开发商赠送的房产（房产证号：南房权证莲塘镇字第××××号、南房权证莲塘镇字第××××号）作价1300万元出售给乙方（建设公司），合同订立后五日内予以付款。过户特别约定，因甲方目前资金周转紧张，暂时无法承担过户税费，甲方要求二年后办理过户手续，经双方沟通协商，同意二年后按乙方要求随时办理过户登记手续，但过户前甲方须确保乙方对前述房产的实际所有权，同时甲方同意无条件配合乙方用前述房产办理相关融资手续。且甲方将前述房产的房产证原件交付乙方。鉴于乙方购买前述房产时，该房产已由甲方前期投资装修经营酒店，在此特别约定，乙方给予甲方租赁优先权，《协

议》部分内容如下：1. 协议签订后，乙方给予甲方 2 年租赁期，相关租金抵扣乙方将来过户所产生的一切税费，该税费由甲方全部承担；2. 2 年租期满后，若甲方需要继续承租，则甲方以每两年 40 万元的租金标准向乙方一次性支付租金；3. 期满，若甲方需要再次承租，双方另行协商处理。协议签订后，甲方不得再行将本协议房产另售他人或采取妨碍乙方所有权的一切行为，否则甲方除向乙方返还购房款外，还应赔偿乙方一切损失。后建设公司出具《付款委托书》一份，委托房某华用其个人账户向印某辉转账购房款。印某辉出具有《收条》一份，记载收到建设公司委托房某华交付的购房款 1300 万元。建设公司出具《收款委托书》一份，委托公司会计人员朱某平以其个人账户代公司收取印某辉支付的《房屋买卖协议》涉案房产租金款项。建设公司提供的房某华中国建设银行个人活期账户交易明细显示：2016 年 3 月 17 日房某华向印某辉账户转账 1300 万元，摘要为“还款”，朱某平的中国建设银行个人活期账户交易明细显示：2018 年 3 月 29 日印某辉账户向朱某平转账 40 万元。2018 年 3 月 20 日，抵押人印某辉、鄢莉与抵押权人建行高新支行签订《最高额抵押合同》，以南昌县金沙二路 ×××× 号、×××× 号两套房产为建设公司在 2018 年 3 月 20 日至 2021 年 3 月 19 日期间发生的贷款提供抵押担保，担保债权最高限额为 800 万元。同年 3 月 27 日，该两套房产办理了抵押担保登记。

另查明，南昌县金沙二路 ×××× 号、×××× 号两套房产（产证号：南房权证莲塘镇字第 ×××× 号、南房权证莲塘镇字第 ×××× 号）均被法院另案查封，第一次被查封登记时间为 2019 年 4 月 23 日，至本案判决作出时止仍处于查封期间。

裁判结果

一审判决：驳回建设公司全部诉讼请求。

建设公司不服，提起上诉。二审判决：驳回上诉，维持原判。

裁判理由

二审认为，本案二审的争议焦点为：《房屋买卖协议》的效力及该协议的履行、应否赔偿损失？

关于《房屋买卖协议》是否真实有效的问题。《房屋买卖协议》记载签订的时间为 2016 年 3 月 10 日，判断该协议的法律效力应适用原《民法通则》及原《合同法》的相关规定。原《民法通则》第五十五条规定，民事法律行为应当具备下列条件：（一）行为人具有相应的民事行为能力；（二）意思表示真实；（三）不违反法律或者社会公共利益。本案中，案涉房屋登记的产权人为印某辉，其与建设公司签订《房屋买卖协议》，双方均具备相应的合同主体资格。但是，现有证据不能证明《房屋买卖协议》系双方的真实意思表示，主要理由为：1.《房屋买卖协议》关于房屋交付的约定与正常房屋买卖合同不相符。建设公司签订该协议的目的是得到案涉房屋的产权，但在案涉房屋具备过户的情形下，《房屋买卖协议》却约定两年后过户。对于不直接过户的原因，建设公司、印某辉均称印某辉缺乏过户资金，然而，按照建设公司的主张，该公司于2016年3月17日就向印某辉支付了全部购房款1300万元，双方关于因印某辉缺乏过户费不能办理过户手续的理由显然不能成立；2. 建设公司不要求办理房屋过户手续的行为与正常房屋买卖合同不相符。即使按照《房屋买卖协议》两年后办理过户手续的约定，2016年3月10日签订协议，至2018年3月27日已超过了协议约定的两年后过户时间，但建设公司却仍未要求过户，只是办理了抵押担保登记。在本案一审立案的2019年4月28日之前，建设公司既不要求印某辉办理房产过户，又不要求印某辉实际交付房屋，难以认定该公司是案涉房屋的买方；3. 建设公司举证的支付购房款的证据及收到案涉房屋租金的证据均属于间接证据，仅凭前述证据不能证明是对《房屋买卖协议》的履行。建设公司为证明其履行《房屋买卖协议》支付了购房款，提交了印某辉出具的收条、案外人房某华的转款凭证、建设公司的付款委托书，就这三份证据来说，房某华的转款凭证由银行出具，该证据的真实性可以认定，但该转款凭证的付款方是房某华，不是建设公司，且注明款项的性质是“还款”，与印某辉出具的收条、建设公司的付款委托书记载的支付购房款的性质不一致。至于建设公司举证的朱某平个人活期账户交易明细、收款委托书，个人活期账户交易明细由银行出具，该证据的真实性可以认定，但该账户系朱某平个人存款账户，印某辉于2018年3月29日向朱某平转入40万元款项，未注明款项性质。由于建设公司作为依法成立的法人，具有规范的公司账户，但该公司账户既未支付1300万元购房款，也未接受所谓的40万元租金，其主张上述个人账户的款项进出是该公司履行《房屋买卖协议》证据不足，故房某华向印某辉转款1300万元不能认定系建设公司向印某辉支付的购房款，印某辉向朱某平转款40万元也不宜认定是印某辉向建设公司支付案涉房屋的租金；4. 在建设公司一审起诉前，案涉房产已因印某辉涉诉被法院先后两次查封，而建设公司举证的本案证据，除《房屋买卖协议》外，其他证据都是间接证据，《房屋买卖协议》实际签订时间无其他直接证据证实。因此，目前尚不能认定《房屋买卖协议》是双方当事人的真实意思表示，建设公司要求确认《房屋买卖协议》合法有效的上诉请求，不能支持。

由于不能认定《房屋买卖协议》合法有效，建设公司关于判决印某辉及时办理过户手续、赔偿未过户损失的上诉请求，均不予支持。建设公司的上诉请求不能成立，应予驳回；一审判决认定事实清楚，适用法律正确，应予维持。

要旨解析

本案的争议焦点是房屋买卖合同的效力认定，其中主要涉及双方当事人真实意思表示的判断问题。

意思表示真实是民事法律行为应当具备的基本条件之一。所谓“意思表示真实”，是指行为人表示于外的意思与其内心真实意思相一致。然而，意思表示的方法不以明示为限，意思与表示亦并不总是一致，尤其是在涉房产纠纷中，经常出现当事人之间意思与表示不一致的情形。名为买房实为借贷担保，名为买房实为逃避债务的案件屡见不鲜。在商品房买卖中，如何判断当事人的真实意思表示，一直是司法实务中的难点。法院通常基于在案证据，借助当事人之间约定的内容、合同履行的情况、双方陈述辩解、交易习惯及房屋涉诉因素等来探明当事人的真实意思和合同约定的实质内容，以确定当事人之间的法律关系的性质。

具体到本案而言，房屋买卖合同是以转移不动产物权为内容的债权合同。房屋买受人有义务将购房款交付出卖人，出卖人有义务转移不动产物权，并在法定期限内协同买受人办理物权变动登记手续。依照常理，双方当事人当存有买卖房屋的意思表示及相应的履行行为。但是，本案当事人之间一系列的外在行为与上述意思表示存在相悖之处，从双方合同约定及其履行情况来看，在案涉房屋具备过户的情形下，房屋买卖协议却约定两年后过户；对于不直接过户的原因，双方的辩解不符合常理；买房人不要求办理房屋过户手续的行为与正常房屋买卖合同不相符；案涉房屋查封在前，诉讼在后；房屋买卖协议实际签订时间无其他直接证据证实。结合现有证据和已经查明的事实，法官难以达到内心确信双方有真实的房屋买卖意思表示。为此，本案一、二审法院没有支持原告要求确认房屋买卖协议合法有效的诉请。

本案判决虽系依据原《民法通则》第五十五条第二项即民事法律行为应当意思表示真实所作出的裁判，但该案对从司法实践角度分析虚伪意思表示行为的认定及效力等问题具有一定的借鉴性和参考意义。《民法典》实施前，以往对民事法律行为无效的判断，法律依据限于原《合同法》第五十二条的五种情形。如果民事法律行为与意思表示人的真实意思不一致，则只有在认定真实意思为“非法目的”的情形下，才能依据原《合同法》第五十二条规定的“以合法形式掩盖非法目的”，认定该民事法律行为无效。但在实践中，对于“非法目的”的确认，从当事人举证及法院认定方面都存在很大难度，不具备很好的操作性。《民法典》实施后，对于虚假意思表示实施的法律行为，在第一百四十六条第一款明确规定该行为无效。据此，民事法律行为无效的情形范围扩展。行为人与相对人以虚假的意思表示实施的民事法律行为无效。以虚假的意思表示隐藏的民事法律行为的效力，依照有关法律规定处理。如当事人之间的法律关系名为房屋买卖，实为其他法律关系的，应以隐藏的法律关系为基础确定其效力及相应权利义务。

在此需引起注意的是，房地产纠纷是虚假诉讼的高发领域。2013 年以来，最高人民法院先后下发《关于房地产调控政策下人民法院严格审查各类虚假诉讼的紧急通知》和《最高人民法院关于清查“以房抵债”等虚假诉讼案件的意见》，严厉打击房地产领域虚假诉讼行为。虚假房屋买卖诉讼一般有以下几种情况：1. 将房产价值作低用以抵偿虚构债务，按照抵债房产价值计税，达到逃税目的。2. 通过诉讼和申请强制执行，将涉案房产过户，以达到规避政府限购政策的目的。

3. 在债务人资不抵债或者存在多个债权人的情况下，与某个债权人恶意串通，以其仅有的房产抵偿该债权人的债权，损害其他债权人的利益，或者债务人与他人虚构债务关系恶意转移财产，利用法院判决或调解书的形式或者仲裁裁决等形式使该非法行为合法化，损害案外人的合法利益。为此，法院应加强对债权债务关系真实性的审查力度，严防当事人进行虚假诉讼。

编写人：罗　晶

二审合议庭成员：徐快华　徐清华　何全伟

18. 开发商在购房人未付清房款的情况下有权拒绝交房

——李某、王某梅与乐安县某置业有限公司房屋买卖合同纠纷二审案

裁判要旨

商品房买卖合同是双务合同，购房人在未付清房款或办理按揭贷款的情况下，开发商有权拒绝交房。

案例索引

一审：江西省抚州市中级人民法院（2019）赣01民初215号

二审：江西省高级人民法院（2020）赣民终700号

基本案情

上诉人（原审原告）：李某夫妇（以下简称李某夫妇）。

上诉人（原审被告）：乐安县某置业有限公司（以下简称置业公司）。

李某夫妇向法院起诉请求：1. 置业公司继续履行合同约定的18间商铺交房义务；2. 置业公司向李某夫妇支付逾期535天交房违约金暂计3635860元（该违约金从2018年6月1日起暂计至2019年11月22日，全部违约金计至置业公司实际交付店铺之日止）；3. 置业公司支付因逾期交房导致李某夫妇未收到应得租金796615元（该租金从2018年6月1日起暂计至2019年11月22日，2019年11月22日之后全部租金计至置业公司实际交付店铺之日止）；4. 本案诉讼费用由置业公司承担。

2017年8月3日，置业公司与李某签订商品房认购协议及补充协议，约定李某认购聚源公司聚源财富广场项目×楼：4#×××–4#×××，共计46间商铺。李某于2017年7月6日向置业公司转账2000000元，转账凭证摘要为李某购商铺4#楼整三层订金，2017年8月3日向置业公司转账4745782元，共计6745782元，该款项为上述46间商铺的首付款。

2018年10月9日，置业公司与李某夫妇签订46份《商品房买卖合同》，约定李某夫妇购买置业公司预售的位于乐安县城西片新区，名为锦都宾馆及附属商业综合体的46间商铺，单价为7400元/平方米，总房款为12945782元，首付款共计6745782元，按揭款6200000元。其中4#×××–4#×××，18间商铺的首付款为

3496826元，18间商铺的总房款为6796826元。46份《商品房买卖合同》均约定：签订本合同前，买受人已向出卖人支付定金，买受人采取贷款方式付款（商业贷款），买受人应当于2018年10月9日前支付首付款，余款向上饶银行申请贷款支付。出卖人应当在2018年5月31日前向买受人交付该商品房。除不可抗力外，逾期交房在90日之内，自约定的交付期限届满之次日起至实际交付之日止，出卖人按日计算向买受人支付全部房价款万分之三的违约金；逾期超过90日后，买受人有权解除合同。买受人解除合同的，应当书面通知出卖人并配合办理合同解除相关手续。出卖人应当自解除合同通知送达之日起15日内退还买受人已付全部房款（含已付贷款部分），并自买受人付款之日起，按照0.001%计算给付利息；同时，出卖人按照全部房价款的0.5%向买受人支付违约金。买受人要求继续履行合同的，合同继续履行，出卖人按日计算向买受人支付全部房价款万分之三的违约金。

2018年10月18日，乐安县聚源职业有限公司（乙方，以下简称聚源公司）与李某夫妇（甲方）签订46份《委托经营管理协议》，协议均约定：甲方所购锦源财富广场4#楼的46间商铺在交铺后10年内交由乙方经营管理。委托经营管理期限为10年，从2018年5月1日开始，双方约定：1.从2018年5月1日至2021年4月30日，乙方按照双方签署的商品房买卖合同成交总价本金部分的8%每年按季度向甲方支付租金；2.从2021年5月1日至2024年4月30日，乙方按双方签署的商品房买卖合同成交总价本金部分的10%每年按季度向甲方支付租金；3.从2024年5月1日至2026年4月30日，乙方按双方签署的商品房买卖合同成交总价本金部分的11%每年按季度向甲方支付租金；4.从2026年5月1日至2028年4月30日，乙方按双方签署的商品房买卖合同成交总价本金部分的12%每年按季度向甲方支付租金；如非因甲方原因或不可抗力因素导致该商铺延迟交付，则甲、乙双方同意对委托期限予以相应顺延，互不承担违约责任。

2019年3月，上饶银行收回对置业公司的贷款额度，不再同意给置业公司所开发的聚源财富广场项目的商铺发放贷款。2019年10月，置业公司通知李某夫妇去乐安县农商银行办理按揭贷款，但乐安县农商银行只允许每户发放的商业贷款额度不超过100万元。截至一审庭审结束时，李某夫妇尚未向置业公司支付46间商铺的按揭余款。案涉商铺尚未达到交付条件，置业公司亦尚未向李某夫妇交付案涉商铺。

裁判结果

一审判决：一、置业公司于本判决生效之日起十日内向李某夫妇赔偿租金损失780880元；二、驳回李某夫妇的其他诉讼请求。

李某夫妇、置业公司均不服，提起上诉。二审判决：一、撤销一审判决；二、置业公司于本判决生效之日起十日内向李某夫妇支付租金损失342560元；三、驳回李某夫妇的其他诉讼请求。

裁判理由

二审认为：

1. 关于案涉《商品房买卖合同》应否继续履行问题。从本案签订的《商品房买卖合同》内容来看，一方面约定李某夫妇向置业公司支付购房款，另一方面约定置业公司向李某夫妇交付所购商铺，该合同为双务合同，双方互为对等给付义务。合同签订后，李某夫妇向置业公司支付了所购商铺的首付款，剩余房款至今未付。李某夫妇未付剩余房款是因为按揭贷款办不下来，对此双方在诉讼中经过沟通协商并联系了一家贷款银行。双方对本案签订的《商品房买卖合同》的效力不持异议，且诉讼中均表示愿意继续履行合同，故一审法院判决双方继续履行该《商品房买卖合同》正确，应予维持。

2. 关于本案双方哪一方违约，责任如何认定问题。案涉《商品房买卖合同》虽约定剩余房款以按揭贷款形式支付，按揭贷款银行为上饶银行。合同履行过程中，上饶银行已经收回对客户向置业公司购房办理的房贷业务；之后，李某夫妇根据置业公司通知前往乐安县农商银行办理按揭贷款，在乐安县农商银行告知其对每户所发放的房贷额度不足以支付剩余房款的情况下，李某夫妇未通过其他途径支付尾款，并最终未支付所购商铺剩余尾款。本案签订的《商品房买卖合同》是双务合同，李某夫妇在未付清剩余房款或办理按揭贷款手续的情况下，无权要求置业公司交付商铺。因合同约定按揭贷款银行上饶银行收回对客户贷款业务导致双方履行合同障碍，双方理应以合作和谐的态度妥善处理按揭贷款事宜。双方虽经过协商但至今没有成效，影响李某夫妇向聚源公司交付商铺，导致李某夫妇的店面租金损失，对此双方均有过错。

李某夫妇与聚源公司 2018 年 10 月 18 日签订的《委托经营管理协议》约定，李某夫妇将其在置业公司所购的商铺出租给聚源公司，租金自 2018 年 5 月 1 日起按年利率 8% 计算。由于李某夫妇未办理按揭贷款手续的主要原因是置业公司指定的贷款银行上饶银行收回对置业公司的房贷业务，以及置业公司通知的乐安县农商银行贷款额度不足，而按揭贷款手续未能办理是《商品房买卖合同》继续履行的主要障碍，该合同不能履行影响的是李某夫妇的租金收入。对此损失，双方均有过错。从现有证据来看，双方签订《商品房买卖合同》时间为 2018 年 10 月 9 日，却约定交房时间为 2018 年 5 月 31 日；双方签订《委托经营管理协议》时间为 2018 年 10 月 18 日，却约定租金自 2018 年 5 月 1 日开始计算，有悖合同签订常理。租金损失应自《委托经营管理协议》签订之次日（即 2018 年 10 月 19 日）起开始计算，一审法院认定租金损失自 2018 年 5 月 1 日起开始计算不当，予以纠正。李某夫妇在知晓乐安县农商银行放贷额度支付剩余房款不足时，未积极采取其他措施或与置业公司协商解决尾款问题，一审法院认定租金损失计算至 2019 年 10 月 31 日止并无不当。经计算，李某夫妇在本案中产生的租金损失为 570933.38 元（自 2018 年 10 月 19 日起计算至 2019 年 10 月 31 日止共计 378 天，6796826 × 0.08 ÷ 360 × 378）。综合本案实际履行情况及双方过错程度，酌定置业公司对该租金损失承担 60% 的责任，即由置业公司承担租金损失 342560 元。李某夫妇自身承担 40% 的责任，即自己承担租金损失 228373.38 元。

3. 关于本案是否适用不安抗辩和情势变更问题。从现有证据来看，李某夫妇未支付剩余房款原因并非《合同法》第六十八条规定的不安抗辩情形之一，本案不存在适用不安抗辩的事实基础和法定条件；出现上饶银行不予贷款对双方来说也不构成情势变更，本案也不存在适用情势变更的事实和法律基础，因此一审法院认为置业公司未交付商铺系行使不安抗辩权和情势变更错误，应予纠正。

综上，李某夫妇与置业公司的上诉请求均不能成立，不予支持。原审判决认定事实清楚，但适用法律不当，处理欠妥。

要旨解析

本案双方争议的事实为开发商是否应当承担交付房屋的责任，其中涉及当事人享有的抗辩权性质为不安抗辩权还是同时履行抗辩权。

原《合同法》第六十六条、第六十八条分别对同时履行抗辩权、不安抗辩权进行了规定，《民法典》第五百二十五条、第五百二十七条亦沿用了《合同法》的规定。同时履行抗辩权和不安抗辩权所适用的前提条件是不一样的，前者要求当事人互负的债务没有先后履行顺序，后者要求当事人互负的债务有先后履行顺序。本案之所以产生争议，根本原因在于案涉《商品房买卖合同》对购房人按揭贷款的支付未约定付款时间，一、二审法院对购房人支付全部房款和出卖人交付房屋先后履行顺序的理解不同，导致适用法律不同。一审法院适用的是不安抗辩权，二审法院适用的是同时履行抗辩权。

一、同时履行抗辩权的适用

同时履行抗辩权，是指双务合同的当事人一方在对方未为对待给付以前，可以拒绝自己的债权的权利。同时履行抗辩权的宗旨在于促使双务合同双方当事人同时履行其债务，双方享有的债权同时实现。因此，只有在双方的债务同时届期时，才能行使同时履行抗辩权。就本案而言，案涉《商品房买卖合同》没有约定债务的履行顺序，支付剩余房款与交付涉案房屋是两项须同时履行的义务。虽然合同约定剩余房款向银行申请贷款支付，但在银行收回贷款额度，无法再提供按揭贷款时，购房人未通过其他途径支付剩余房款。在购房人未将剩余房款支付给开发商时，开发商亦有权拒绝将涉案房屋交付购房人。

二、不安抗辩权的适用

不安抗辩权，是指双方合同成立后，根据合同约定应当先履行合同义务的当事人在有证据证明对方不能履行合同义务，或者有不能履行合同义务之虞时，在对方没有对待履行或者提供担保之前，暂时中止履行合同义务的权利。不安抗辩权的目的在于公平合理地保护先履行方的合法权益，并通过赋予先履行方中止履行的自我救济手段，促进另一方当事人的履行。根据原《合同法》第六十八条的规定，可以行使不安抗辩权的情形主要有以下几种：1. 经营状况严重恶化；2. 转移财产、抽逃资金，以逃避债务；3. 严重丧失商业信誉；4. 其他丧失或可能丧失履行债务能力的情形。如上所述，本案双方当事人对债务的先后履行顺序约定不明，且购房人未能办理按揭贷款的主要原因是开发商指定的贷款银行收回对开发商的房贷业务以及贷款额度不足，故按揭贷款合同未能订立不可归责于购房人，此情形不属于上述可以行使不安抗辩权的情形。为此，一审法院适用不安抗辩权错误。

综上，在双务合同中，当事人应同时履行义务的，如果一方没有履行义务，对方可以援用同时履行抗辩权。但当事人履行义务有先后顺序时，先履行义务的一方应当先履行义务，不能援用同时履行抗辩权。主张不安抗辩权的先履行合同义务当事人必须有证据证明后履行义务的一方当事人有难以对待给付的现实危险，没有确切证据中止履行的，应当承担违约责任。

编写人：罗　晶

二审合议庭成员：黎章辉　肖玉华　赵建艳

19. 因开发商过错导致购房人观赏美景的购房目的不能实现时，购房人有权解除合同

——杨某春与萍乡市某物业发展有限公司商品房买卖合同纠纷再审案

裁判要旨

1. 开发商在样板房、宣传册和商品房买卖合同中均对所购房屋的房型结构、具有特殊用途的设计细节进行了明确约定，其交付的房屋与合同约定的不一致，开发商以其房屋具备房屋的基本居住功能为由主张免除交付房屋与合同约定房屋不一致的法律责任，不能得到支持。

2. 居住功能并不是购房人的唯一合同目的，购房人选择购买房屋，除了满足基本的居住功能，必然还会在自己能力范围内，根据自己的居住喜好，满足自己对美好生活的向往。

3. 当事人将特定的主观目的作为合同条件或成交基础并明确约定，并不违反法律、行政法规的禁止性规定，亦未侵害第三人权益，属于当事人意思自治的范畴，应当予以尊重和保护。因开发商过错导致购房人该特定目的不能实现时，购房人有权要求解除合同。

案例索引

一审：江西省上栗县人民法院（2017）赣0322民初659号

二审：江西省萍乡市中级人民法院（2018）赣03民终20号

再审：江西省高级人民法院（2020）赣民再52号

基本案情

再审申诉人（一审原告、二审被上诉人）：杨某春。

被申诉人（一审被告、二审上诉人）：萍乡市某物业发展有限公司（以下简称物业公司）。

杨某春向一审法院起诉请求：1. 解除双方签订的《商品房买卖合同》或退房；2. 物业公司返还购房款685997元及利息5275元（按银行同期贷款利率分段计算），并返还已缴的各项费用25742.52元；3. 物业公司承担本案诉讼费。

2014年6月7日，双方签订《商品房买卖合同》（合同编号PXBGY00931），约定杨某春购买物业公司开发的位于萍乡市上栗县赤山镇丰泉大道××号月湖轩月湖路×幢×单元××号精装修房，建筑面积131.30平方米，单价5225元/平方

米，总金额685997元，房屋交付期限为2016年6月30日前，付款方式为非银行按揭分期付款。双方还就逾期付款或交房的违约责任、装修标准及其他事项进行了详细约定。合同签订后，杨某春按期向物业公司支付了购房款685997元，物业公司于2016年5月通知杨某春收房；杨某春缴纳了相关费用25742.52元。在查验房屋时，杨某春发现物业公司交付的房屋与合同约定的房屋不一致，没有合同附件图中设计的“7”字型转角飘窗，便要求对房屋进行整改，经物业公司答复房屋无法进行整改，杨某春便向一审法院提起诉讼。

裁判结果

一审判决：一、杨某春与物业公司签订编号PXBGY00931的《商品房买卖合同》权利义务终止；二、杨某春将位于萍乡市上栗县赤山镇丰泉大道××号月湖轩月湖路×幢×单元××号精装修房退还给物业公司；三、物业公司返还杨某春购房款685997元及相关费用25742.52元，承担利息7992.33元，合计719731.85元；四、驳回杨某春的其他诉讼请求。

物业公司不服提出上诉。二审判决：撤销一审判决，驳回杨某春的诉讼请求。

杨某春不服向检察机关申请监督，检察机关提出抗诉。再审判决：一、撤销江西省萍乡市中级人民法院（2018）赣03民终20号民事判决；二、维持江西省上栗县人民法院（2017）赣0322民初659号民事判决第一、二、四项；三、变更江西省上栗县人民法院（2017）赣0322民初659号民事判决第三项为：物业公司返还杨某春购房款685997元及相关费用25742.52元，承担利息14405.94元（685997×0.35%/年×6年，自2014年6月7日起至2020年6月6日止，后期另算），合计726145.46元；四、杨某春与物业公司于本判决生效之日起十日内履行上述义务。

裁判理由

再审认为：

1. 根据一、二审法院查明的事实和再审的庭审情况，可以认定合同标的房屋的阳台在设计之初为“7”字型转角飘窗设计，在2013年10月因消防安全审查而变更设计，杨某春是2014年购买的房屋，因此，不属于变更设计的情况，故不适用购房合同第十条中关于规划、设计变更时的约定。但是，杨某春在看样板房时，物业公司提供观看的样板房是“7”字型转角飘窗，宣传册中也是“7”字型转角飘窗，《商品房买卖合同》中所附的房屋平面图中也是“7”字型转角飘窗，因此，可以明确杨某春购买带“7”字型转角飘窗的房屋意愿明显，意思表示清楚，物业公司从始至终亦一直是将其带有“7”字型转角飘窗的房屋推销并最终销售给了杨某春。虽然物业公司认为其无欺诈故意，属于工作人员失误。但是在整个购房过程中杨某春并无过错，对于所售房屋与交付房屋不一致产生的法律责任应当由物业公司承担。

2. 合同目的是指合同双方通过合同的订立和最终履行所期望得到的东西或者达到的状态。本案中，杨某春购买涉案房屋的目的不仅仅是居住，还有观赏湖景。因此，购买带“7”字型转角飘窗的房屋是其实现合同目的的方式。本案中，虽然物业公司交付的房屋不影响居住功能，但是，随着生活水平的提高，居住并不是人们购房的唯一目的。购房者选择购买特定的房屋，除了满足基本的居住功能，必然还会在自己能力范围内，根据自己的居住喜好，满足自己对美好生活的向往。根据杨某春的陈述，他们之所以选择诉争楼盘、用高于楼盘其他房屋的价格购买诉争房屋，就是看中了“7”字型转角飘窗视野更加开阔，能够更好地观赏湖景。根据现场所拍照片可以看出，一字型窗户窗口小，视野狭窄，不能完全实现杨某春观赏湖景的目的。双方在合同中对房屋阳台为“7”字型转角飘窗的约定用以实现其特定的合同目的，并不违反法律、行政法规的禁止性规定，亦未侵害第三人权益，属于当事人意思自治的范畴，法律尊重和保护个体通过自身价值判断自由选择合适房屋的合法权利。并且，房屋并非普通商品，金额巨大，杨某春可能一生也就只能购买这一套房屋，难以通过另行购买来满足其特定的需求。关于杨某春是否收楼问题，虽然杨某春在收楼的相关材料上签了字，但是据杨某春所述，不签字就不让看房，杨某春收房后才发现与图纸不符，一直在与物业公司交涉。并且，是否收房对本案当事人合同目的的能否实现，物业公司是否违约没有影响。因此，杨某春购买涉案房屋的目的之一不能实现，其要求解除合同于法有据，予以支持。

要旨解析

本案涉及“合同目的不能实现”的认定问题。

合同目的涉及约定不明时对合同的解释及合同法定解除权，其重要性不言而喻。原《合同法》及其司法解释并未就合同目的的含义给出一个明确的界定，该问题在《民法典》中亦仍然找不到具体而准确的答案，这就容易导致司法实践中对合同目的的理解存在分歧，其判断标准直接影响合同的解释及当事人权益。

本案的关键就在于“合同目的不能实现”的认定，一、二审法院乃至再审法院对案涉合同目的的不同理解，导致了截然不同的判决结果。一审法院认为，开发商交付的房屋没有合同约定的“7”字型转角飘窗，且其明确表示无法通过修复的方式完善合同的履行瑕疵，给买受人造成损失，应当承担违约责任和赔偿损失。双方所签订的合同虽不具备合同的解除条件，但瑕疵履行对买受人显失公平，有违实质正义，故对买受人要求退房并返还购房款和利息的诉请予以支持。退房后，双方所签订的《商品房买卖合同》没有履行的必要，双方当事人因合同产生的权利义务应当终止。二审法院认为，商品房的主要功能是供人们居住，当事人签订合同购买房屋的目的是居住。虽然开发商交付的房屋与合同约定不符，但既未影响到该商品房的结构形式、户型、空间尺寸、朝向等，又未影响该商品房的质量或者使用功能，且该商品房已竣工验收备案，故购房人的合同目的完全可以实现。开发商虽然存在瑕疵履行合同的行为，但不属于根本性违约行为。买受人提出解除合同或退房的诉讼请求，既不符合约定的条件，又不符合法定条件，依法应予驳回。再审法院则认为居住功能并不是购房人的唯一合同目的，双方在合同中对房屋阳台为“7”字型转角飘窗的约定用以实现其特定的合同目的，并不违反法律、行政法规的禁止性规定，亦未侵害第三人权益，属于当事人意思自治的范畴，应当予以尊重和保护。因买受人购买涉案房屋的目的之一不能实现，其要求解除合同于法有据，予以支持。

笔者亦认同再审判决的观点。原《合同法》第九十四条第一款第四项规定，当事人一方迟延履行债务或者有其他违约行为致使不能实现合同目的，当事人可以解除合同。该条赋予合同目的不能实现时非违约方的法定解除权，案涉房屋没有合同约定的“7”字型转角飘窗，导致买受人特定的合同目的不能实现，其有权解除购房合同。

其一，合同目的是合同双方通过合同的订立和履行，期望最终得到的东西、结果或者达到的状态。合同目的包括客观目的和主观目的。客观目的即典型交易目的，当事人购房的客观目的在于取得房屋所有权并用于居住、孩子入学、投资等，影响合同客观目的的实现的因素有房屋位置、面积、楼层、采光、质量、小区配套设施等，客观目的可通过社会大众的普通认知标准予以判断。主观目的为某些特定情况下当事人的动机和本意。一般而言，原《合同法》第九十四条第一款第四项中的合同目的不包括主观目的，但当事人将特定的主观目的作为合同条件或成交基础并明确约定，则该特定的主观目的客观化，属于原《合同法》第九十四条的规制范围。

其二，本案中，无论是开发商的样板房、宣传册，还是购房合同附件中的房屋平面图，均明确了房屋的阳台为“7”字型转角飘窗。因此，双方当事人对于房屋带“7”字型转角飘窗的约定具体明确，意思表示清楚。购房人选择购买带“7”字型转角飘窗的房屋，是其实现观赏湖景这一特定合同目的的方式。而开发商交付的房屋为一字型窗户，窗口小，视野狭窄，不能完全实现购房人观赏湖景的特定目的。开发商交付不符合合同约定的房屋且无法修复，致使买受人购买符合购房合同附件中约定布局房屋的合同目的落空，买受人当然有权要求解除合同。

其三，购房人与开发商在合同中对房屋阳台为“7”字型转角飘窗明确约定并作为特定的用以观赏湖景的合同目的，并不违反法律、行政法规的禁止性规定。房屋并非普通商品，购房者对所购房屋的谨慎选择符合生活常理，应当尊重和保护个体通过自身价值判断自由选择合适房屋的合法权利。二审法院将当事人签订合同购买房屋的目的仅认定为是为了居住，显然过于片面，有违当事人的意思自治。

综上，关于“合同目的不能实现”的确定，不能孤立地予以判定，而应当结合合同约定的具体内容，以及合同相对方订立合同时所要达到的预期效果进行综合认定。

编写人：罗　晶

再审合议庭成员：姚　姝　邓名兴　刘晓雯

20. 以违法建筑物为标的物的房屋租赁合同无效，当事人请求支付房屋占有使用费的应予支持

——熊某琴与王某明、唐某豹等房屋租赁合同纠纷再审案

裁判要旨

1. 出租人就未取得建设工程规划许可证或者未按照建设工程规划许可证的规定建设的房屋，与承租人订立的租赁合同无效。

2. 房屋租赁合同无效，当事人请求参照合同约定的租金标准支付房屋占有使用费用的，人民法院一般应予支持。但是，因出租人原因导致对承租人经营造成一定影响的，可酌情减付房屋占有使用费用。

案例索引

一审：南昌市青云谱区人民法院（2015）青民三初字第 93 号

二审：江西省南昌市中级人民法院（2015）洪民三终字第 266 号

再审：江西省高级人民法院（2016）赣民再 101 号

基本案情

再审申请人（一审被告、二审上诉人）：熊某琴。

被申请人（一审原告、二审被上诉人）：王某明。

被申请人（一审第三人、二审被上诉人）：南昌某城市建设投资发展有限公司（以下简称城建公司）。

被申请人（一审第三人、二审被上诉人）：江西某投资有限公司（以下简称投资公司）。

一审被告：唐某豹。

王某明向一审法院起诉请求：1. 解除王某明与唐某豹于 2013 年 8 月 21 日签订的租赁合同，并自合同解除之日起唐某豹立即腾空位于南昌市 ×× 与 ×× 路交界处的房屋；2. 唐某豹、熊某琴向王某明支付拖欠租金 304200 元，利息及违约金共计 44989 元（欠付租金、利定、及违约金暂算至 2015 年 5 月 29 日，租金、利息及违约金按合同约定计算至被告腾退为止）共计 349189 元；3. 本案诉讼费、律师费、公证费由唐某豹、熊某琴承担。

2011年11月1日，城建公司将南昌市××与××路交界处的房屋（系象湖农民公寓还建房裙楼部分物业，建筑面积为2203.7m^2）租赁给投资公司，用途为商业及办公场地使用，租赁期限为十年；将场地擅自转租给其他人，视为投资公司违约，城建公司有权单方面解除合同，且不承担违约责任，不退还押金，城建公司同意除外。合同签订当日，投资公司委托王某明将租赁来的该处房屋对外出租。委托书载明王某明有权和承租人签订租赁合同，有权收取租金，租金收益全部归王某明所有。2011年11月2日，投资公司出具证明将以上承租房产的租赁权转给王某明。2013年8月21日，唐某豹（乙方）与王某明（甲方）签订《租赁合同》，约定由甲方将位于南昌市××与××路交界处房屋（即以上投资公司承租来的房屋）的二楼，建筑面积为1300m^{2}租赁给乙方，房屋租赁期限为六年，自2013年8月30日至2019年8月29日止；房屋租金第一个年度（二年）自2013年8月30日至2015年8月29日止，每季度租金为70200元，年租金为280800元；房屋租金第二个年度（二年）递增10%，自2015年8月30日至2017年8月29日止，每季度租金为77220元，年租金为308880元；房屋租金第三个年度（二年）递增10%，自2017年8月30日至2019年8月29日止，每季度租金为85020元，年租金为340080元；乙方向甲方支付10万元押金，租赁期内，乙方无正当理由逾期支付租金的，每逾期一天，甲方有权按日租金双倍向乙方收取违约金，超出二十天未交租金，甲方有权解除合同，押金不退。合同签订后，王某明按约向唐某豹交付了租赁物，唐某豹亦向王某明交纳了保证金10万元。唐某豹将其中600多平方米的房屋装修成网吧经营，后将其余600多平方米的房屋分别装修成火锅店和麻将馆经营。唐某豹向王某明交纳了2个季度租金后，一直未向王某明交纳租金。2016年5月31日，青云谱区人民法院对本案采取强制执行措施，查封了网吧、火锅店和麻将馆，唐某豹、熊某琴（系唐某豹之妻）停止了经营。再审中，熊某琴提交了南昌市青云谱区城乡建设局出具的证明材料，主要内容是涉案房屋未在该局办理建设工程规划许可证，还提交了青云谱区文化局出具的证明材料，主要内容是因海都网吧（即唐某豹、熊某琴在涉案房屋经营的网吧）未取得消防部门出具的《公众聚集场所投入使用、营业前消防安全检查合格证》，所以未办理《网络经营许可证》。

裁判结果

一审判决：一、解除原告王某明与被告唐某豹于2013年8月21日签订的《租赁合同》；二、被告唐某豹自本判决生效之日起三个月内将位于南昌市××路与××路交界处房屋（象湖农民公寓还建房裙楼部分物业的二楼，建筑面积为1300m^2）腾退给原告王某明；三、被告唐某豹、熊某琴自本判决生效之日起七日内支付原告王某明租金及违约金共计人民币349189元（2015年5月30日以后的租金及违约金计算至被告唐某豹腾退时为止）；四、被告唐某豹交纳给原告王某明的押金人民币100000元归原告王某明所有，不予退回；五、驳回原告王某明的其他诉讼请求。

熊某琴不服提出上诉。二审判决：维持一审判决第一、二、五项，撤销第四项，变更第三项为“唐某豹、熊某琴自本判决生效之日起七日内支付王某明至2015年8月29日的租金及违约金共计人民币319389元；唐某豹、熊某琴自本判决生效之日起七日内支付王某明自2015年8月30日至实际腾房时止租金（按每月25740元计算）”。

熊某琴仍不服申请再审。再审判决：撤销一、二审判决，改判唐某豹自本判决生效之日起三个月内将位于南昌市××路与××路交界处房屋（象湖农民公寓还建房裙楼部分物业的二楼，建筑面积为1300m^2）腾退给王某明；唐某豹自本判决生效之日起十日内向王某明支付房屋占有使用费359600元，熊某琴承担连带清偿责任。

裁判理由

再审法院认为，本案争议焦点是：1. 本案房屋租赁合同是否有效；2. 唐某豹、熊某琴能否免除租金，并要求王某明、城建公司赔偿损失。

1. 关于本案房屋租赁合同是否有效。王某明、城建公司虽提交了南昌市政府办公厅会议纪要、青云谱区人民政府会议纪要、青云谱区发展和改革委员会相关文件，但未能提交涉案房屋的建设规划许可证或经主管部门批准建设的文件。再审中，熊某琴提交的南昌市青云谱区城乡建设局出具的证明材料，证明涉案房屋未在该局办理建设工程规划许可证。该院在再审审查期间，向青云谱区发展和改革委员会、江西省住房和城乡建设厅调查了解到，涉案出租房屋所属建设项目未向有关主管部门报批可行性研究报告，即未经主管部门批准建设。综上，可以认定本案涉案房屋未办理建设工程规划许可证或经主管部门批准建设。根据《城镇房屋租赁合同纠纷案件司法解释》第二条规定，唐某豹与王某明签订的房屋租赁合同无效。

2. 关于唐某豹、熊某琴能否免除租金，并要求王某明、城建公司赔偿损失。根据《城镇房屋租赁合同纠纷案件司法解释》第五条规定，“房屋租赁合同无效，当事人请求参照合同约定的租金标准支付房屋占有使用费用的，人民法院一般应予支持。”因此，对唐某豹、熊某琴要求免除租金的请求，不予支持。但是，因唐某豹、熊某琴经营的海都网吧未能办理《网络经营许可证》，对其经营造成了一定的影响，可酌情减付房屋占有使用费用。唐某豹、熊某琴经营租赁房屋至2016年5月31日，依据双方约定，自2013年8月30日起至2016年5月31日止，唐某豹应向王某明交纳房屋租金793260元，该院酌情确定唐某豹向王某明支付房屋占有使用费60万元，扣除已支付的140400元，还应支付459600元。因本案房屋租赁合同无效，根据原《合同法》相关规定，唐某豹应将房屋腾退给王某明，王某明收取唐某豹的10万元保证金应予退还，对王某明提出唐某豹应按合同约定向其支付违约金的请求不予支持。上述费用相抵后，唐某豹还应向王某明支付房屋占有使用费359600元，熊某琴承担连带清偿责任。对于唐某豹、熊某琴提出王某明、城建公司应赔偿其装修损失300万元的请求，因唐某豹、熊某琴未提供证据证明且在本案中未提出反诉，不予审理。

要旨解析

本案主要涉及对未办理建设规划许可证的建筑用于出租的效力认定以及由此带来的租赁合同解除或无效如何处理的问题。

一、关于违法建筑租赁合同的效力

违法建筑是指未取得建设工程规划许可证或者未按照建设工程规划许可证规定内容建设的房屋及建筑物。根据《城乡规划法》第四十条第一款、四十一条第一款、四十四条第一款的规定[①]，违法建筑包括违反城乡规划规定的建筑物、构筑物和违反临时建筑管理规定的临时建筑。

事实上，以违法建筑物为标的物订立的房屋租赁合同，司法解释对其效力已作出明确规定。根据2009年《城镇房屋租赁合同纠纷案件司法解释》第二条（2020年修正后仍为第二条）规定，出租人就未取得建设工程规划许可证或者未按照建设工程规划许可证的规定建设的房屋，与承租人订立的租赁合同无效。但在一审法庭辩论终结前取得建设工程规划许可证或者经主管部门批准建设的，人民法院应当认定有效。也就是说，一般情况下以违法建筑订立的租赁合同应当无效，但在一定条件下可以转化为有效，在实现效力转化之前，处于一种效力待定的状态。司法解释之所以作出这样的规定，是因为《城乡规划法》的规定是强制性规定，国家对违法建筑持否定性评价，且违法建筑损害了国家利益，规避了国家对规划体系、建筑产品质量、房地产市场交易等系列行为的监管，直接危及社会的公共安全和人民群众的生命财产安全。[②]

本案再审中，熊某琴提交的相关证据材料，证明涉案房屋未办理建设工程规划许可证，且未在一审法庭辩论终结前补正，依法应当认定合同无效。

二、租赁合同无效后的法律后果

根据原《合同法》第五十八条的规定，合同无效或者被撤销后，应当返还财产、赔偿损失。因此，首先，唐某豹应当将承租房屋腾退给王某明，王某明收取的

---

① 《中华人民共和国城乡规划法》第四十条第一款：在城市、镇规划区内进行建筑物、构筑物、道路、管线和其他工程建设的，建设单位或者个人应当向城市、县人民政府城乡规划主管部门或者省、自治区、直辖市人民政府确定的镇人民政府申请办理建设工程规划许可证。第四十一条第一款：在乡、村庄规划区内进行乡镇企业、乡村公共设施和公益事业建设的，建设单位或者个人应当向乡、镇人民政府提出申请，由乡、镇人民政府报城市、县人民政府城乡规划主管部门核发乡村建设规划许可证。第四十四条第一款：在城市、镇规划区内进行临时建设的，应当经城市、县人民政府城乡规划主管部门批准。临时建设影响近期建设规划或者控制性详细规划的实施以及交通、市容、安全等的，不得批准。

② 最高人民法院民事审判第一庭编著：《最高人民法院关于审理城镇房屋租赁合同纠纷案件司法解释的理解与适用》，人民法院出版社2016年版，第37页。

10万元保证金应予退还，合同中的违约金条款也自始无效。

其次，承租人不能免除全部租金。根据2009年《城镇房屋租赁合同纠纷案件司法解释》第五条（2020年修正后为第四条）规定，房屋租赁合同无效，当事人请求参照合同约定的租金标准支付房屋占有使用费的，人民法院一般应予支持。实际上，参照合同约定的租金标准支付房屋占有使用费属于返还原物的范畴。但因出租人的过错，将未取得消防部门出具的《公众聚集场所投入使用、营业前消防安全检查合格证》的房屋对外出租，存在履行瑕疵，导致承租人经营的网吧未能办理《网络经营许可证》，对其经营造成了一定的影响，可酌情减付房屋占有使用费用。

再次，承租人装修损失赔偿问题。唐某豹、熊某琴提出赔偿装修损失300万元，属于合同无效后信赖利益的赔偿，应根据出租人的需要程度和可利用价值，结合过错责任原则，分别对待，即属出租人过错的，由出租人补偿承租人；属承租人过错的，由承租人自行承担；属双方共同过错的，由双方按过错责任分担。但因本案承租人未提供证据证明且未提出反诉，故再审法院不予审理。

编写人：胡　媛

再审合议庭成员：田甘霖　徐　苹　谢丽萍

21. 房屋租赁合同解除后，承租人应当对租赁房屋交还出租人承担举证责任

——江西某实业发展有限公司与李某春房屋租赁合同纠纷再审案

裁判要旨

房屋租赁合同解除后，承租人应当搬离租赁房屋并将房屋交还出租人。承租人应当对租房到期后将租赁房屋交还出租人承担举证责任，不能举证已经交还的，应当支付合同解除后的房屋占有使用费。

案例索引

一审：江西省德安县人民法院（2016）赣0426民初592号

二审：江西省九江市中级人民法院（2016）赣04民终1489号

再审：江西省高级人民法院（2018）赣民再73号

基本案情

再审申请人（一审原告、二审上诉人）：江西某实业发展有限公司（以下简称实业公司）。

被申请人（一审被告、二审被上诉人）：李某春。

实业公司向江西省德安县人民法院起诉请求：判决李某春支付2015年6月1日至2016年5月31日期间租金107640元。

2013年4月17日，实业公司与李某春签订了一份《租房协议》，协议书约定实业公司同意将位于德安县陆路物流港××幢××号店铺租给李某春经营使用，租房期限自2013年6月1日至2015年5月31日止；甲方收取乙方每月每平方15元，店铺面积598平方米，两年租金为215280元（该两年实际为免租，并未收取租金）；同时约定，店铺租赁到期后，双方自然解除租房协议；被告第三年若继续租用，应提前一个月与原告联系，并与其续签，其租费双方商定（与本市场行情基本一致）。后租期届满，李某春未提出续租要求，亦未与实业公司续签合同，于2016年10月14日搬离租赁房屋。

裁判结果

一审判决：驳回实业公司的诉讼请求。

实业公司不服提出上诉。二审判决：驳回上诉，维持原判。

实业公司仍不服申请再审。再审判决：撤销一、二审判决，改判李某春在本判决生效后十日内支付实业公司租金人民币 20000 元；驳回实业公司的其他诉讼请求。

裁判理由

再审法院认为，本案的争议焦点可以归纳为：李某春应否向实业公司支付租赁协议期满后 2015 年 6 月 1 日至 2016 年 5 月 31 日期间占用租赁房屋的租金，租金应如何计算？

该院认为，租赁协议到期后，将租赁物返还给出租人是承租人的义务。本案中虽然双方在租赁协议到期前未达成继续租赁的书面协议，但李某春作为承租人如果不续租，应当搬离租赁房屋并将房屋交还实业公司，李某春应当对租房到期后是否将租赁房屋交还实业公司承担举证责任，一、二审将此项举证责任分配给实业公司错误。李某春在本案一、二审中并未举证证明其已将租赁房屋交还给了实业公司，李某春亦承认其系 2016 年 10 月 14 日才将全部物品搬离租赁的房屋。李某春在再审答辩中提出其多次要求搬出租赁房屋，但遭到实业公司阻挠或实业公司拒绝接受房屋以及其开门经营系应付政府检查等，李某春未提供证据证实上述其主张的事实。李某春还辩称租期届满后其未使用租赁房屋，只是存放了一些未搬离的经营工具。该院认为李某春该辩解的事实无论是否成立，都不能免除其应支付租金的义务。李某春是将租赁房屋用以存放工具、还是对外经营，此系李某春的使用方法问题，都足以认定李某春使用租赁物这一事实。根据原《合同法》第二百三十六条规定，租赁期间届满，承租人继续使用租赁物，出租人没有提出异议的，原租赁合同继续有效，但租赁期限为不定期，因而李某春在租赁期限届满后继续使用租赁房屋应当向实业公司支付相应的租金。

关于租金的计算，虽然租房协议约定了房屋的租金计算方式，但由于李某春系根据政府要求承租实业公司房屋，实业公司因此免除了李某春租房协议期间的全部租金，说明租房协议约定的租金计算方式并未实际履行。租房协议亦约定租赁到期后，双方自然解除租房协议，如承租人继续租用，租费由双方商定，因而租房协议约定的租金不能直接作为租房协议期满后的租金计算依据，仅能作为参考因素。另实业公司提交的李某春租赁商铺的水电使用情况可以证实除个别月份外，李某春租用房屋水电用量均不高，可见经营情况亦一般。本案中实业公司亦未提交同期该市场相同位置商铺的租金市场行情。综合上述情形，该院酌情考虑确定李某春应支付实业公司的租金为 2 万元。

综上，一审举证责任分配错误，导致认定事实错误，二审在李某春对实业公司提交的 2016 年 10 月 10 日店铺经营的照片和 10 月 14 日将经营工具设备搬离租赁房屋没有异议的情况下，仍然对李某春租房协议期满后占用租赁房屋的事实不予认定，明显与证据相违背。李某春在租房协议期满后继续使用租赁房屋，应当支付租金。

要旨解析

本案的争议焦点在于租赁期限届满后承租人继续占用租赁物是否应当支付占用期间的租金。一、二审法院认为，双方就商铺租赁达成合意，签订租房协议，该协议系双方真实意思表示，合法有效，双方应当按照协议约定履行义务。双方约定租期自2013年6月1日至2015年5月31日止，且租期到期双方自然解除租房协议，如李某春第三年续租，应提前一个月与实业公司联系，并续签，租费由双方商定。该协议到期后，双方没有续签合同，依照约定，双方的租房协议已自然解除。实业公司无证据证明被告继续使用该租赁商铺之事实，而李某春辩称其根本没有使用该门面，且其搬运自己的工具离开门面还受到实业公司的阻挠。故对双方合同解除后，实业公司称李某春一直占用该门面的事实不予认定，实业公司的诉请没有事实和法律依据。但再审法院对生效判决进行了改判，部分支持了实业公司的诉请。从再审法院的判决来看，与一、二审法院的分歧主要在于举证责任的分配。原审法院认为实业公司应当对李某春租赁期满后继续占用门面的事实承担举证责任，再审法院认为应当由李某春对租赁期满后返还房屋给出租人的事实承担举证责任。

举证责任的分配，是法院在诉讼中按照一定的标准或规范，将事实真伪不明时所要承担的不利后果在双方当事人之间进行划分。举证责任的分配直接关系到案件的实体结果。《民事诉讼法司法解释》（2022年修正）第九十一条规定，举证责任分配的一般规则是，主张法律关系存在的当事人，应当对产生该法律关系的基本事实承担举证证明责任；主张法律关系变更、消灭或者权利受到妨害的当事人，应当对该法律关系变更、消灭或者权利受到妨害的基本事实承担举证证明责任。根据上述规定，房屋租赁合同中，主张存在租赁关系的当事人，应当对租赁合同订立和生效的事实承担举证责任；主张租赁关系终止的当事人，应当对符合终止情形的事实承担举证责任。

根据原《合同法》第二百三十五条（现为《民法典》第七百三十三条）的规定，租赁期间届满，承租人应当返还租赁物。房屋租赁合同解除后，承租人一般都会通过返还房屋、归还钥匙、电话通知和书面确认等方式清理结算与出租人的权利义务关系。实践中，房屋租赁合同解除后，双方未办理房屋交接手续的，承租人单方搬离租赁物并不必然证明其已将房屋的占有使用权归还给出租人，承租人应当对是否将租赁房屋交还出租人承担举证责任，否则应当承担举证不能的不利后果。

本案租赁合同约定，店铺到期后，双方自然解除租房协议，承租人若继续租用，应提前与出租人联系，并与其续签合同。租赁期满后，双方没有续签合同，租房协议自然解除，承租人应当返还租赁物。本案承租人李某春虽主张租赁期满后，其已将主要设备、材料全部搬出，但未办理房屋交接手续，亦未提交证据证明其已将房屋交还，故应承担举证不能的不利后果。其次，实业公司再审期间提供了李某春租赁房屋2015年6月至2017年1月期间每个月的用电量，以及2015年度、2016年度的用水抄表计费台账，证明李某春一直在使用租赁房屋用于经营。李某春主张其租赁期满后将不常用的工具、废旧品存放在商铺内，且承认直至2016年10月14日才将全部物品搬离租赁的房屋。因此，现有证据可以证明李某春在租赁期限届满后继续使用租赁房屋，虽然只是用于存放工具，但承租人对租赁物的使用方式不影响其占用租赁物的事实认定。最后，现有证据无法证明李某春未返还租赁物系出租人的过错。李某春在再审答辩中提出其多次要求搬出租赁房屋，但遭到实业公司阻挠或实业公司拒绝接受房屋以及其开门经营系应付政府检查等，李某春未提供证据证实上述其主张的事实。

综上，房屋租赁合同解除后，承租人李某春未提供证据证明已将租赁房屋交还出租人，且未返还租赁房屋非出租人的过错，故应当认定承租人在租赁期满后继续使用租赁房屋。根据原《合同法》第二百三十六条（现为《民法典》第七百三十四条）规定，租赁期间届满，承租人继续使用租赁物，出租人没有提出异议的，原租赁合同继续有效，但租赁期限为不定期。因此，李某春应当支付合同解除后的租金（实际为房屋占有使用费），但因租房协议约定租赁到期后，双方自然解除租房协议，如承租人继续租用，租金由双方商定，故租房协议约定的租金不能直接作为租房协议期满后的租金计算依据。再审法院在综合考虑租金标准和承租人经营情况的基础上，酌情确定李某春应支付实业公司租金2万元是适当的。

编写人：胡　媛

再审合议庭成员：龚雪林　刘晓雯　邓名兴

22. 商业租赁合同在交付期限内主体工程竣工，配套工程未验收但后续得到补正的，不构成根本违约

——江西某投资发展（新余）有限公司与新余市某置业有限公司房屋租赁合同纠纷二审案

裁判要旨

出租方在约定的交付期限交付的物业存在未完成环保、绿化、规划、人防工程等验收备案等瑕疵，但该瑕疵履行后得到补正，不会影响物业的交付使用的，且当事人在履行过程中未提出而是在诉讼中提出该理由，并以此主张出租方根本违约的，不予支持。

案例索引

一审：江西省新余市中级人民法院（2018）赣 05 民初 95 号

二审：江西省高级人民法院（2019）赣民终 177 号

基本案情

上诉人（原审原告、反诉被告）：江西某投资发展（新余）有限公司（以下简称投资公司）。

被上诉人（原审被告、反诉原告）：新余市某置业有限公司（以下简称置业公司）。

投资公司向一审法院起诉请求：1. 判令置业公司返还双倍定金 1000 万元，并支付资金占用费 43.5 万元；2. 判令置业公司支付投资公司办理涉案银行保函的费用 2.5 万元；3. 本案诉讼费用由置业公司承担。置业公司反诉请求：1. 判令解除双方签订的《房屋预租协议书》；2. 判令投资公司赔偿损失 490 万元；3. 本案诉讼费用由投资公司承担。

2014 年 4 月 24 日，置业公司（甲方）与投资公司（乙方）签订《预租协议》，约定的主要内容如下：第一条：为保证乙方权益，甲方特承诺如下：1. 甲方根据乙方开办商场的实际需要制定该物业的规划设计方案（以本协议书附件 1 的相关图纸和附件 2《华润万家生活超市的建设标准》为准）。2. 甲乙双方签订本协议时，甲方向乙方提供该物业的《国有土地使用权证》《建设用地规划许可证》《建设工程规划许可证》《建设工程施工许可证》的复印件（见附件 2）并验原件。3. 该租赁物业

的交付日期初步定为2016年3月31日。物业交付前甲方保证竣工后的物业方设施、设备符合本协议附件1、附件2的要求，并向乙方提供工程竣工验收合格证明的文件。甲乙双方应签署书面交接记录。4.……5.……6.若甲方单方面违约不将租赁物业出租给乙方的，或甲方违反其承诺，则乙方有权终止本租赁关系，甲方应返还乙方保函原件，并支付违约金500万元。第二条：为保证甲方权益，乙方特承诺：自本协议书签署之日起25个工作日内，乙方（或由乙方委托的关联公司）应向甲方提供金额为500万元的银行保函作为履约的定金担保。若乙方单方面违约不承租，及推迟开业或违反承诺，甲方有权终止本协议，乙方应赔偿甲方违约金人民币500万元，甲方有权主张以保函约定的500万元偿付上述违约责任。第三条：租赁方案与商务条件：1.……2.……3.……4.……5.开业时间约定：乙方应于物业移交后的6个月内开业；如因乙方单方面原因未按时开业则视为乙方违约，甲方有权终止协议，并要求乙方按违约责任赔偿……

《预租协议》签订后，置业公司按照约定履行了义务，并根据投资公司要求的规划设计方案及建设标准对租赁物业及其所属的设施、设备全部予以整改到位。2015年11月，置业公司对投资公司提出的68条问题及整改方案予以一一解决，租赁物业已经竣工，相关环保、绿化、规划、人防验收正在办理中。2016年3月31日前，置业公司多次发函通知投资公司前来收楼，投资公司以各种理由拖延，不与置业公司签订正式的《租赁合同》。2016年5月13日，租赁物业交付日期已过，投资公司派代表与置业公司接洽，双方并就沟通内容形成“华润万家广城项目开业与否现场沟通”《会议纪要》，内容如下：1.关于华润万家（指投资公司）提出要求广城项目方（指置业公司），在《预租协议》约定之外追加投入的问题，广城项目方只能按照双方之前签订的《预租协议》的相关约定执行，不再追加任何相关投入。2.华润万家目前全国经营情况不佳，相关领导更换，暂时不能确定开业相关事宜。3.广城项目方要求，在2016年5月18日前，华润万家需明确回复按照《预租协议》约定时间是否承租和开业，如不能，是否同意广城项目方另行招商其他主力店（超市）。4.关于解除合同的相关后续事宜，再另行协商。2016年5月18日，上述《会议纪要》载明的回复期限到期后，投资公司以公司还在走流程，具体赔偿金额需领导审批为由予以拖延。双方因此未能就解除合同的相关后续事宜进行协商。2017年8月，置业公司与喜盈门超市就案涉租赁物业签订租赁合同。2018年7月28日，喜盈门超市入驻案涉租赁物业并开业经营。为与喜盈门超市经营的业态及规模相匹配，置业公司对案涉租赁物业进行了二次分割及重新测绘面积。

江西省新余市渝水区人民法院受理置业公司诉投资公司租赁合同纠纷一案［即（2016）赣0502民初2282号案］时，置业公司将中国工商银行股份有限公司深圳罗湖支行（以下简称工行罗湖支行）列为被告，要求工行罗湖支行承担500万元银行保函的支付责任。2016年8月1日，工行罗湖支行承担履约保函支付责任，向置业公司支付了500万元。置业公司遂申请撤回对工行罗湖支行的起诉，该院裁定准许，置业公司诉投资公司租赁合同纠纷一案继续审理。在该案审理过程中，投资公司未提出反诉。法院判决解除置业公司与投资公司所签《预租协议》，并判决投资公司赔偿置业公司损失 490 万元。投资公司不服，上诉至江西省新余市中级人民法院。该院经审理后，作出（2017）赣 05 民终 72 号民事判决，维持了原一审关于解除双方所签《预租协议》的判决，同时将投资公司赔偿置业公司损失的金额改判为 2740967.8 元。投资公司仍不服，向江西省高级人民法院提出申诉。经再审后，作出（2018）赣民再 59 号民事判决，确认双方的争议焦点为：1. 广城置业（指置业公司，下同）通知投资公司收楼时，案涉租赁物是否符合约定的交付条件；2. 投资公司是否违约；3. 二审法院判令投资公司赔偿广城置业 2740967.8 元损失是否有事实和法律依据；4. 案涉合同有无解除。对上述争议焦点一，阐述如下：“一、二审判决采信环保、绿化、规划、人防等部门出具的《证明》，认定涉案租赁物在广城置业通知投资公司收楼时符合约定的交付条件，系认定事实错误，本院予以纠正”。对上述争议焦点二，阐述如下：“故在一审质证时广城置业对《关于〈函告书〉的复函》的真实性、合法性、关联性均有异议的情况下，仅凭现有证据不足以证明投资公司在诉讼前曾以案涉租赁物不符合交付条件为由拒收标的物。据此，投资公司关于广城置业违约在先得先履行抗辩主张不能成立。另，虽然《华润万家广城项目开业与否现场沟通会议纪要》可证明投资公司是以华润万家全国经营情况不佳，相关领导更换，暂时不能确定开业相关事宜，如要投资公司继续承租开业，就需广城置业在《预租协议》约定之外追加投入为由回复广城置业收楼通知的事实，但因《预租协议》仅约定开业时间初步定为 2016 年 3 月 30 日，并未确定具体时间，亦因即便 2016 年 3 月 30 日为确定的开业日期，但标的物在 2016 年 3 月 30 日并不符合约定的交付条件，故置业公司认为投资公司系根本性违约，缺乏事实和法律依据，本院不予支持”。对上述争议焦点三，阐述如下：“上述约定内容表明，双方当事人既约定了违约金，又约定了定金。因广城置业基于保函已从工行罗湖支行支取了 5000000 元，故根据上述合同约定和法律规定，投资公司无需再向广城置业承担 2740967.8 元的违约赔偿责任。二审判决投资公司还应向广城置业承担 2740967.8 元的违约赔偿责任，明显存在错误，本院予以纠正”。对上述争议焦点四，阐述如下：因《华润万家广城项目开业与否现场沟通会议纪要》之后，投资公司与广城置业均未提供证据证明双方就解除合同事宜进行过协商，诉讼中亦无充分证据证明投资公司有过同意解除合同的明确意思表示，故一、二审法院以广城置业同意解除合同为由判决解除《房屋预租协议书》，认定事实错误，本院予以纠正”。据此，（2018）赣民再 59 号民事作出如下判决：撤销一、二审判决，驳回新余市某置业有限公司的诉请。上述再审民事判决已生效。

另查明，置业公司于 2017 年 6 月 20 日取得建设工程消防验收意见书、于 2017 年 4 月 16 日取得景观绿化工程竣工验收鉴定书、于 2017 年 9 月 27 日取得环境保护验收合格意见函、于 2017 年 8 月 3 日取得建设工程竣工规划核实合格意见单、于

2017年8月18日完成人防建设工程竣工验收备案。

裁判结果

一审判决：驳回投资公司的诉讼请求。[①]

投资公司不服提出上诉。二审判决：驳回上诉，维持原判。

裁判理由

二审法院认为，根据双方当事人的诉辩意见，本案争议焦点为：1. 案涉租赁物业是否根据投资公司要求的标准规划和设计的；2. 广城置业是否存在根本违约情形；3. 投资公司要求返还双倍定金并主张资金占用费有无依据。

1. 关于案涉租赁物业是否根据投资公司要求的标准规划和设计问题。该院认为，首先，《预租协议》第一条第1款约定，置业公司根据投资公司在开办商场的实际需要制定该物业的规划设计方案，并明确以本协议书附件1的相关图纸和附件2《华润万家生活超市的建设标准》为准。而该协议书附件1的相关图纸，确定了租赁物业的业态规划及商铺面积格局；该协议书附件2《华润万家生活超市的建设标准》，以菜单的方式对租赁物业外部环境、结构要求设定了专门标准。其次，喜盈门超市入驻案涉租赁物业后，置业公司对案涉租赁物业进行二次分割及重新测绘面积的事实，证明租赁物业原业态规划及商铺面积格局具有相当性。再次，一审判决虽用了“量身定做”一词，但其表述的重点在于，案涉租赁物业的规划和设计对投资公司而言具有相当性。因此，投资公司关于其向置业公司所提建设标准只是对权利、义务的量化，该标准对所有的超市具有共性的上诉理由，不能成立。案涉租赁物业系根据投资公司要求的标准规划和设计的。

2. 关于置业公司是否存在根本违约情形的问题。置业公司于2016年1月向投资公司提出交付案涉租赁物业时，该租赁物业已竣工，且系根据投资公司的规划设计方案及建设标准建设的。置业公司履行了《预租协议》约定的主要义务。至2016年3月31日双方约定的物业交付时间节点，案涉租赁物业的环保、绿化、规划、人防工程尚未取得正式验收合格文件，置业公司的履约行为确实存在瑕疵。但投资公司在2016年5月13日与置业公司接洽时，并没有提出以上配套工程验收手续的问题。故案涉租赁物业验收与否不是造成《预租协议》未能履行的真实原因。况且，案涉租赁物业上述配套工程的验收合格文件，在置业公司诉投资公司租赁合同纠纷案审理过程中陆续下发，置业公司的履约瑕疵已不复存在。因此，一审判决关于置业公司不构成根本性违约的认定，具有事实依据，予以确认。

3. 关于投资公司要求返还双倍定金并主张资金占用费有无依据问题。投资公司以上主张成立与否，应结合置业公司与投资公司的履约情况予以审查。首先，对置

---

① 一审法院认为置业公司的反诉请求构成重复诉讼，另行制作裁定书驳回置业公司的起诉。

业公司的履约情况，（2018）赣民再 59 号民事判决认定：“据此，投资公司关于广城置业违约在先得先履行抗辩主张不能成立”。从该认定内容可知，置业公司在要求投资公司接收案涉租赁物业时，其不存在违约在先。其次，针对投资公司于 2016 年 5 月 13 日提出其经营情况不好，需要置业公司追加投资的行为，（2018）赣民再 59 号民事判决认定：“故置业公司认为投资公司系根本性违约，缺乏事实和法律依据，本院不予支持”。该判决以上认定，是基于洪客隆希望变更履约条件，并没有不履行合同主要义务（即承租和开业）的表示。但投资公司所提由置业公司追加投资的要求，是在《预租协议》约定的交付期限过后，且已超出《预租协议》约定的置业公司义务范畴。置业公司予以拒绝，并要求投资公司限期回复其是否承租和开业，并无不当。因此，《预租协议》最终未履行到位，投资公司是主要过错方。再次，投资公司虽没有不承租和开业的意思，不构成根本性违约，但其已明确表示不按照《预租协议》现有约定内容履行承租和开业义务，存在违约行为。鉴于投资公司存在违约情形，且其关于置业公司违约在先的抗辩不能成立，其诉请置业公司返还双倍定金 1000 万元，并支付资金占用费，于法无据，不予支持。

要旨解析

本案的主要争议点在于违约行为的认定，以及一般违约与根本违约的区分。

一、根本违约行为的判断标准

原《合同法》第九十四条（现为《民法典》第五百六十三条第一款）规定了法定解除合同的情形，包括不可抗力、逾期违约、迟延履行等，但都必须满足“不能实现合同目的”这一实质性条件。多数观点认为，“不能实现合同目的”等同于根本违约。其判断标准是违约结果的客观严重性，即是否实际剥夺了债权人的履行利益，使得当事人订立合同所追求的履行利益不能实现。[①] 具体而言，一般可以综合考查以下因素：1. 违约部分的价值或金额与整个合同金额之间的比例。2. 违约部分对合同目标实现的影响程度。3. 在迟延履行中，时间因素对合同目的实现的影响程度。4. 违约的后果及损害能否得到修补。5. 在合同不能继续履行的情形下，当事人期待通过合同而达到的交易目的往往无法实现。[②] 因此，一般而言，如果违反的是主给付义务，通常构成根本违约；如果违反的是从给付义务、附随义务等，通常不构成根本违约，只有当对此类义务的违反危及作为合同基础的信赖关系时，可以此为由解除合同。

根据上述判断标准，本案中，置业公司的履约行为存在瑕疵，但不构成根本违约。

---

① 最高人民法院民法典贯彻实施工作领导小组主编：《中华人民共和国民法典合同编理解与适用（一）》，人民法院出版社 2020 年 7 月版，第 639 页。

② 最高人民法院民事审判第二庭编著：《最高人民法院关于买卖合同司法解释理解与适用》，人民法院出版社 2012 年版，第 409 ~ 410 页。

首先，置业公司履行了合同主要义务。按照《预租协议》的约定，置业公司的主要义务为在2016年3月31日提供符合交付条件的租赁物业。置业公司根据投资公司要求的规划设计方案及建设标准对租赁物业及其所属的设施、设备全部整改到位，至双方约定的物业交付时间节点租赁物业已经竣工，即置业公司履行了协议约定的主要义务。

其次，配套工程验收文件后续得到补正，不影响物业的交付使用。虽然《预租协议》约定，置业公司交付的租赁物业不仅要求竣工，还须交付环保、绿化、规划、消防、人防等验收合格证，而置业公司于2017年才陆续获得消防、绿化、环保、规划、人防工程等验收备案。但是，《预租协议》对租赁物业并未确定具体开业时间，所以置业公司在2017年陆续取得相关部门的验收合格意见书，并不构成根本性违约。且租赁物业配套工程的验收合格文件，在置业公司诉投资公司租赁合同纠纷案审理过程中陆续下发，置业公司的履约瑕疵已不复存在。

再次，配套工程未验收不是造成合同未能履行的真实原因。投资公司在2016年5月13日与置业公司接洽时，并没有提出以上配套工程验收手续的问题。故案涉租赁物业验收与否不是造成《预租协议》未能履行的真实原因。

二、违约金与定金并存时的处理

原《合同法》第一百一十六条（现为《民法典》第五百八十八条第一款）的规定，当事人既约定违约金，又约定定金的，一方违约时，对方可以选择适用违约金或者定金条款。换言之，对方当事人享有选择权，可以选择适用违约金条款，也可以选择适用定金条款，但二者不能并用。因为，违约金与定金指向的是同一损失，如果并用，则一方面加重了对违约方的惩罚，另一方面可能使守约方获得远高于其损失的补偿，与公平原则相悖。

本案《预租协议》中双方当事人既约定了500万元的违约金，又约定了500万元的银行保函作为定金。在置业公司诉投资公司租赁合同纠纷一案中，置业公司已经取得500万元的保函金额，但仍然诉请投资公司赔偿490万元损失。一、二审法院均予以了全部或部分支持，但再审法院改判驳回诉请，符合法律规定。本案投资公司要求返还双倍定金并主张资金占用费。原《合同法》第一百一十五条规定，给付定金的一方不履行约定的债务的，无权要求返还定金；收受定金的一方不履行约定的债务的，应当双倍返还定金。[①] 因此，定金罚则的适用条件是一方构成根本违约。如前所述，置业公司不构成根本违约，投资公司没有不履行合同主要义务（即承租和开业）的意思，也不构成根本违约，不适用定金罚则。

但双方均有一般违约行为，其中投资公司是主要过错方。投资公司已明确表示不按照《预租协议》现有约定内容履行承租和开业义务，根据原《合同法》第一百

① 《民法典》第五百八十七条在文字表述上作了修改，明确定金罚则的适用情形为一方不履行债务或履行债务不符合约定（不完全履行债务）须达到“致使不能实现合同目的”。

零八条（现为《民法典》第五百七十八条）的规定，当事人一方明确表示或者以自己的行为表明不履行合同义务的，对方可以在履行期限届满之前要求其承担违约责任。且现有证据不足以证明投资公司在诉讼前曾以案涉租赁物不符合交付条件为由拒收标的物，置业公司的瑕疵履行行为不是合同未能履行的根本原因。由于投资公司是合同未能履行的主要过错方，因此合同解除后因合同不能履行造成置业公司的损失，应由投资公司予以赔偿。所以，在置业公司诉投资公司租赁合同纠纷一案，置业公司有权主张以保函约定的500万元定金偿付上述违约责任，投资公司无需再向置业公司承担额外的违约赔偿责任。

编写人：胡　媛

二审合议庭成员：段亦枫　王慧军　魏　巍

23. 承租人不自行维修租赁物，未尽减损义务应对损失担责

——蔡某禄与中国银行股份有限公司某分行、陈某华房屋租赁合同纠纷再审案

裁判要旨

出租人交付不符合合同约定的租赁物，不履行维修义务，承租人既不提出解除合同返还租赁房屋，也不自行维修，造成未使用房屋租金的损失扩大，应当承担次要责任。

案例索引

一审：景德镇市珠山区人民法院（2016）赣0203民初709号

二审：江西省景德镇市中级人民法院（2018）赣02民终146号

再审：江西省高级人民法院（2019）赣民再51号

基本案情

再审申请人（一审被告、反诉原告、二审上诉人）：蔡某禄。

被申请人（一审原告、反诉被告、二审上诉人）：中国银行股份有限公司某分行（以下简称中行某分行）。

一审第三人：陈某华。

中行某分行向一审法院起诉请求：1. 解除双方签订的房屋租赁合同；2. 要求蔡某禄计算结清所拖欠原告房租114.55万元（暂算至2016年6月30日止，应算至被告搬出该房屋之日止）及延迟交付租金滞纳金9万余元；3. 本案诉讼费用由蔡某禄承担。

蔡某禄向一审法院提出反诉请求：1. 解除房屋租赁合同；2. 反诉被告中行某分行支付违约金50万元；3. 反诉被告退回租金及赔偿损失共计95.2万元，并承担房屋装修损失20万元；4. 本案反诉费由反诉被告承担。

2012年12月19日，中行某分行与陈某华签订位于景德镇市马鞍山路××号松涛公寓××号房屋的租赁合同。2013年4月22日，陈某华向中行某分行出具《关于租赁房产变更承租人的承诺》，内容为："中国银行股份有限公司某分行：本人（陈某华）于2012年12月19日与贵行签订的房屋租赁合同，承租景德镇市马鞍山路××号松涛公寓××号，因本人合作伙伴金冠实业蔡某禄先生要求，以他名义承租此房产。为此，请求贵行与蔡某禄重新签署合同，合同权利和义务不发生变

化。如因此产生的有关责任和纠纷，本人承担一切责任。特此承诺。陈某华，2013年4月22日。”后中行某分行与蔡某禄就上述房屋签订了《房屋租赁合同》，签订日期仍为2012年12月19日。合同约定：房屋间数及面积：一层建筑面积233平方、二层建筑面积311平方。租期共10年。自2012年12月19日至2022年12月19日。租金：第一年至第三年45.2万元；第四年至第七年46万元；第八年47万元；第九年48万元；第十年51万元；第一年租金的支付时间为合同签订后10日内一次性支付；以后年租金在相应周期开始前10日内支付。如乙方（蔡某禄）不能按时支付租金，甲方有权立即终止本合同。房屋交付与租赁登记：甲方（中行某分行）在本合同签订后10日内向乙方交付房屋。租赁期间从乙方实际接收房屋之日起计算。甲乙双方在交接房屋之日起10日内到当地房地产管理部门办理租赁登记。甲方保证乙方获得房地产管理部门颁发的房屋租赁证。合同还对其他事项进行了约定。2013年5月8日，蔡某禄向中行某分行出具《店面装修所涉问题申请报告》，报告对排污管道阻塞及店铺存在多根立柱影响店铺使用问题进行说明。2013年12月17日蔡某禄向中行某分行发出《关于尽快落实合同履行问题的报告》，报告对未办理房屋交付手续、房屋装修使用三分之一、房屋租赁登记备案有效期问题、房屋下水道破裂堵塞、租金起算等问题进行说明，并希望中行某分行对上述问题进行处理。2013年12月18日蔡某禄再向中行某分行发出《关于尽快明确有关合同履行事宜的几点意见》，该意见就《关于尽快落实合同履行问题的报告》中的问题再次进行函告。2014年12月13日蔡某禄向中行某分行发函一份，该函对2012年12月19日至2014年12月19日租金交纳情况进行说明，并对2014年12月19日至2015年12月18日租金交纳方式向中行某分行进行征询。中行某分行对《函》中关于减少半年租金的内容不持异议。2015年7月29日蔡某禄向中行某分行发《关于要求按〈房屋租赁合同〉履行的相关事项的函》，该函就房屋租赁登记备案、未按约定交付合格出租房屋问题进行陈述，希望中行某分行给予明确答复，使双方决定是否解除合同或者采取相应法律措施。2016年6月25日蔡某禄向中行某分行发出《2016年6月16日双方就〈房屋租赁合同〉磋商的函》——关于退回不符合使用条件房屋解决方案。另查明，2013年4月22日，陈某华向中行某分行出具“第一年租金已由本人代蔡总支付中国银行”字条。蔡某禄共向陈某华支付人民币95.2万元。位于景德镇市马鞍山路××号松涛公寓××号房屋系中行某分行所有。该租赁房屋办理了从2013年4月25日至2014年4月24日期间法人房屋租赁登记备案。经查看租赁现场，租赁房屋二楼空置、一层也未全部装修使用，房屋使用率为1/5。

裁判结果

一审判决：1. 解除原告中行某分行、被告蔡某禄于2012年12月19日签订的景德镇市马鞍山路××号松涛公寓××号房屋租赁合同；2. 被告蔡某禄按月租金人民币7533元向中行某分行支付从2013年4月22日至被告蔡某禄搬离租赁房屋之日止租金（已支付人民币 45.2 万元租金），中行某分行在被告蔡某禄搬离租赁房屋后三日内将多交纳的租金返还给被告蔡某禄；3. 第三人陈某华在该判决生效后五日内向被告蔡某禄返还房屋租金人民币 50 万元；4. 驳回原告中行某分行的其他诉讼请求；5. 驳回反诉原告蔡某禄的其他诉讼请求。

中行某分行不服提出上诉。二审判决：一、撤销一审判决；二、确认中行某分行与蔡某禄房屋租赁合同 2016 年 6 月 30 日解除，蔡某禄在本判决生效之日起 30 日内搬离租赁房屋；三、蔡某禄在本判决书生效后十日内向中行某分行按 7533 元 / 月支付租金（从 2013 年 5 月 19 日起支付至搬离租赁房屋之日止，扣除已经支付 45.2 万元）；四、蔡某禄在本判决书生效后十日内向中行某分行支付租金损失 54.4 万元；五、驳回中行某分行的其他诉讼请求；六、驳回蔡某禄的其他反诉请求。

蔡某禄不服申请再审。再审判决：维持二审判决第一、二、三、五、六项，变更第四项为“蔡某禄在本判决生效后十日内向中国银行股份有限公司某分行支付租金损失 44.4 万元”。

裁判理由

再审法院认为，本案的争议焦点可以归纳为：1. 租赁合同应否解除；2. 二审判决责任划分是否公平合理；3. 蔡某禄应当承担的租金数额如何计算；4. 蔡某禄的反诉请求能否得到支持；5. 二审判决撤销一审判决第三项是否错误。

一、关于租赁合同解除的问题。2012 年 12 月 19 日，中行某分行与第三人陈某华签订位于景德镇市马鞍山路 ×× 号松涛公寓 ×× 号房屋的租赁合同，2013 年 4 月 22 日，经双方协商一致变更承租人，陈某华将合同权利义务转让给蔡某禄。中行某分行与蔡某禄重新签订一份《房屋租赁合同》。该《房屋租赁合同》系双方当事人真实意思表示，不违反法律、法规的强制性规定，合法有效。租赁合同在履行中发生纠纷，蔡某禄 2016 年 6 月提出解除房屋租赁合同，中行某分行起诉请求租金计算至 2016 年 6 月 30 日止。因双方一致同意解除合同，故一、二审判决确认合同解除正当、合理。

二、关于二审判决责任划分是否公平、合理的问题。中行某分行与陈某华签订合同后，向陈某华交付了房屋钥匙，陈某华也已按照约定交纳了第一年租金 45.2 万元。蔡某禄从陈某华处拿到钥匙，接手租赁房屋后，应当继续履行合同。因出租房屋存在排污管道堵塞、漏水需要维修及房屋租赁未备案登记、消防许可未办理等问题，从 2013 年 5 月起，蔡某禄先后六次致函出租人或向出租人书面报告，要求解决有关问题，但中行某分行没有证据证明进行了回应或采取了措施。一审判决确认出租人中行某分行应承担违约责任，蔡某禄没有违约。因蔡某禄对造成的损失未提供证据证明，故对蔡某禄要求赔偿 50 万元损失的反诉请求不予支持。而二审判决认为出租人存在一定过错，应当减少租金或延长租期。承租人既不提出解除合同返还租赁房屋，也不自行维修，造成未使用房屋租金的损失扩大，应当承担相应责任。综观诉、辩双方履行合同的过错情况，经再审审查认为原一、二审判决有关责任划分均有不当。出租人中行某分行对本案所涉及的房屋租赁合同没有得到全部、正当履行应承担主要责任，承租人蔡某禄应承担次要责任。理由如下：（1）原《合同法》第二百一十六条规定："出租人应当按照约定将租赁物交付承租人，并在租赁期间保持租赁物符合约定的用途"。中行某分行出租房屋存在排污管道堵塞、漏水，房屋租赁未办理备案登记手续，未办理消防许可证，使承租人无法正常规划，经营、使用所租房屋，是造成本案租赁合同无法全部、正当履行的重要原因；（2）原《合同法》第二百二十条规定："出租人应当履行租赁物的维修义务，但当事人另有约定的除外"。出租房屋存在排污管道堵塞、漏水等问题中行某分行本应进行维修，在蔡某禄多次致函、报告的情况下，中行某分行均不协商处理，对承租人使用所租房屋造成不便，并产生了损害后果，故应承担主要责任。（3）原《合同法》第二百二十一条规定："承租人在租赁物需要维修时可以要求出租人在合理期限内维修。出租人未履行维修义务的，承租人可以自行维修，维修费用由出租人负担。因维修租赁物影响承租人使用的，应当相应减少租金或者延长租期"。在中行某分行对有关问题不予解决的情况下，蔡某禄作为承租人未采取措施，防止损失扩大，对损害后果应承担次要责任。《合同法》第一百二十条规定："当事人双方都违反合同的，应当各自承担相应的责任"。相应的责任并不等同于平分责任，应根据当事人的过错大小，公平、客观地进行划分和确定。

三、关于蔡某禄应当承担的租金如何计算的问题。经查，租赁房屋二楼空置、一层也未全部装修使用。蔡某禄 2015 年 7 月 29 日向中行某分行提交的函件中自认"我方只使用出租房屋的五分之一"。原一审判决经调查认定房屋使用率为五分之一，2018 年 5 月 28 日，二审法院办案人员组织双方现场勘查，查明的情况是：房产证证明涉及租赁的房产建筑面积 622.08 平方米，除掉 ATM 机占用的 19.32 平方米之外，实际占用面积 136.2 平方米，实际使用的面积占总面积 1/4.57，测量的结果与原审认定结果基本一致。法院判决按租赁合同约定的年租金 45.2 万元的五分之一计算每月 75331 元并无不当。

四、关于蔡某禄的反诉请求能否得到支持的问题。原一、二审判决鉴于蔡某禄没有提供证据证明因未办理租赁备案及消防许可实际影响经营的情形及受到的具体损失，且未办理租赁备案及消防许可不影响双方合同效力，认为不属于根本性违约，蔡某禄提出反诉请求中行某分行支付违约金 50 万元，退回租金及赔偿损失共计 95.2 万元，并承担房屋装修损失 20 万元，没有事实和法律依据，法院不予支持是正确的。

五、关于二审判决撤销一审判决第三项是否错误的问题。经查，中行某分行与陈某华签订合同后，陈某华按照合同支付了第一年租金 45.2 万元。蔡某禄称通过银行转账向陈某华支付 95.2 万元，扣除陈某华已经支付的 45.2 万元租金，其余 50 万元蔡某禄称也系其向中行某分行交纳的租金，但并没有证据证明陈某华向中行某分行转交了该款。蔡某禄支付给陈某华的50万元，是租金还是其他费用，情况不明。蔡某禄诉请法院判决直接由中行某分行向陈某华主张收取该部分租金没有依据。一审在蔡某禄诉讼请求并未主张陈某华向其返还房屋租金50万元的情况下，判决："第三人陈某华在本判决生效后五日内向被告蔡某禄返还房屋租金人民币50万元"确属判超所请，违反法定程序，二审予以纠正撤销该判项是正确的。

综上，二审判决有关本案房屋租赁合同没有得到全部履行的责任划分确有不当，应予纠正，酌情减少蔡某禄向中行某分行支付租金损失的数额。

要旨解析

本案的主要争议焦点在于租赁合同没有得到全部履行的责任划分问题，三级法院均存在不同认识。一审判决认为出租人应承担违约责任，承租人没有违约。二审判决认为出租人存在一定过错，应当减少租金或延长租期；承租人既不提出解除合同返还租赁房屋，也不自行维修，造成未使用房屋租金的损失扩大，应当承担相应责任。再审判决认为出租人对本案所涉及的房屋租赁合同没有得到全部、正当履行应承担主要责任，承租人应承担次要责任。笔者赞同再审法院的观点。

首先，出租人未交付符合合同约定的租赁物。原《合同法》第二百一十六条（现为《民法典》第七百零八条）规定："出租人应当按照约定将租赁物交付承租人，并在租赁期间保持租赁物符合约定的用途"。从蔡某禄六次致函出租人或向出租人书面报告的内容来看，出租房屋存在排污管道堵塞、下水道破裂堵塞、房屋租赁未办理备案登记手续（该租赁房屋仅办理了从2013年4月25日至2014年4月24日期间法人房屋租赁登记备案）、未办理消防许可证等问题，违反了法律规定和合同约定，影响了承租人的正常经营和使用，构成不完全履行。

其次，出租人未履行维修义务。根据原《合同法》第二百二十条（现为《民法典》第七百一十二条）规定："出租人应当履行租赁物的维修义务，但当事人另有约定的除外。"租赁物交付后，需要维修时，承租人应当通知出租人予以维修。2013年5月起，蔡某禄多次向出租人中行某分行提出，房屋存在排污管道堵塞、漏水需要维修等问题。中行某分行认为该房屋不存在质量问题，承租人在装修过程中造成的房屋漏水等问题，应当自行解决，未履行维修义务。当然，出租人承担维修义务的前提是承租人按照约定的方式或者租赁物的性质使用租赁物，如果因承租人的原因导致租赁物毁损的，则应由承租人自行承担维修费用。但本案现有证据不足以证明房屋的上述问题是由承租人造成的。

再次，承租人未履行减损义务。基于民法的诚信原则，受损害方在损害发生后负有减轻损失的义务，即由于主客观原因而使一方遭受损失时，遭受损失的一方应采取必要的措施，以防止损失的扩大，或声称另一方违反合同的一方，必须按情况采取合理措施，减轻由于该另一方违反合同而引起的损失。原《合同法》第二百二十一条（现为《民法典》第七百一十三条第一款）规定："承租人在租赁物需要维修时可以要求出租人在合理期限内维修。出租人未履行维修义务的，承租人可以自行维修，维修费用由出租人负担。因维修租赁物影响承租人使用的，应当相应减少租金或者延长租期。”因此，当出租人不履行维修义务时，承租人可以自行维修，以防止损失的扩大；也可以根据原《合同法》第九十四条（现为《民法典》第五百六十三条第一款）的规定解除合同。原《合同法》第一百一十九条第一款（现为《民法典》第五百九十一条第一款）规定：“当事人一方违约后，对方应当采取适当措施防止损失的扩大；没有采取适当措施致使损失扩大的，不得就扩大的损失要求赔偿。”该条即受害人的减损义务，受害人违反该义务将遭受权利减损。本案承租人在具备采取措施防止损失扩大可能性，且进行维修并不会过分增加其责任的情况下，未采取措施自行维修，也未解除租赁合同返还租赁房屋，应对扩大的损失自行担责。

综上，出租人和承租人均存在违反义务的行为，但出租人违反的是对租赁物的瑕疵担保责任（真正义务），而承租人违反的是减损义务（不真正义务），故合同未能全部履行的主要责任在出租方，承租人对损害后果仅承担次要责任。当然，蔡某禄没有提供证据证明因未办理租赁备案及消防许可实际影响经营的情形及受到的具体损失，出租人的上述违约行为并不会导致合同目的无法实现，不属于根本性违约。

编写人：胡　媛

再审合议庭成员：龚雪林　万细泉　李　彬

24. 承租人有重大违约时丧失优先购买权，无权主张赔偿责任

——江西某实业有限公司九江县分公司与徐某侵权责任纠纷再审案

裁判要旨

1. 承租人长期欠付租金构成根本违约时，丧失了行使优先购买权的基础，无权主张优先购买权。

2. 出租人为向第三人借款担保之目的，与第三人签订的房屋买卖合同系通谋虚伪意思表示，此时出租人没有通知承租人行使优先购买权的义务。出租人与第三人达成以房屋抵偿借款债务的真实合意时，才有义务通知承租人行使优先购买权。

案例索引

一审：江西省九江县人民法院（2017）赣0421民初1308号

二审：江西省九江市中级人民法院（2018）赣04民终1275号

再审：江西省高级人民法院（2019）赣民再147号

基本案情

再审申请人（一审被告、二审上诉人）：江西某实业有限公司九江县分公司（以下简称实业公司）。

被申请人（一审原告、二审被上诉人）：徐某。

2014年5月9日，实业公司与徐某签订租赁协议，双方约定，实业公司将1670.78m^2的商铺出租给徐某使用，租金按33416元/月计算，租期6年。协议签订后，徐某向实业公司支付了10万元抵押金，并支付了2014年12月1日至2015年5月30日的部分商铺租金200496元，后徐某未再依约支付商铺租金。徐某曾书面承诺在2016年8月付清欠付的租金，后徐某未履行该承诺。

2017年6月9日，实业公司向徐某当面送达并同时邮寄了解除租赁协议通知书。2017年7月，实业公司向江西省九江县人民法院起诉徐某，要求解除双方签订的租赁协议，并要求徐某支付租金和门面占用费。2017年9月，江西省九江县人民法院作出（2017）赣0421民初896号民事判决，解除双方签订的租赁协议。徐某不服，提起上诉。江西省九江市中级人民法院作出（2017）赣04民终1886号民事判决，驳回上诉，维持原判。

2014 年 7 月，实业公司为向案外人金某兵借款，与其签订了包括出租给徐某 1670.78m^2 商铺在内的共 2418.12m^2 房屋买卖合同，作为借款的担保，并在房管部门办理了备案登记手续。2017 年 5 月，实业公司与金某兵签订和解协议，双方协商以备案登记的房屋折价抵偿借款本息，并于同月办理了房屋过户手续。

2017 年 10 月，徐某向江西省九江县人民法院起诉实业公司，请求法院确认其对承租商铺在同等条件下具有优先购买权，并由实业公司赔偿其损失 7790946.51 元。一审诉讼中，2017 年 11 月 10 日，实业公司向徐某下发了购房通知，购房通知的主要内容为："致徐某：2014 年 7 月 30 日，你方开始拖欠房租，至 2017 年 7 月 31 日止欠租金 868816 元。你方要求行使购买商铺的优先权，现我公司郑重通知你：1. 包括你方租赁的商铺在内的商业地产已于 2014 年 7 月 16 日预售给第三人金某兵，合同销售面积为 2418.12 平方米，销售价格为 7000 元 / 平方米，金额总计 16926840 元，合同已在九江县房管局备案，但未办理产权登记。2. 如你方确实需要购买该商铺，请你方在收到本通知之日起 15 日内支付同等价金 16926840 元，我方将说服第三人放弃购买，配合你办理购房手续。"徐某在收到上述通知后未回复。

2018 年 1 月 19 日，江西求实司法鉴定中心依据徐某的委托出具鉴定意见书，鉴定意见为："1. 被鉴定对象房产在 2014 年 7 月二楼房产单价为 4239 元 / 平方米，二楼总价为 3016600 元；三楼房产单价为 4098 元 / 平方米，三楼总价为 3603207 元；2. 被鉴定对象房产在 2017 年 10 月二楼房产单价为 8605 元 / 平方米，二楼总价为 6123576 元；三楼房产单价为 8327 元 / 平方米，三楼总价为 7321598 元。"

一审法院认定实业公司未在与案外人金某兵签订商品房买卖合同的合理期限内通知承租人徐某，侵害了徐某的优先购买权，并参照鉴定意见中房屋买卖合同签订时至徐某主张优先购买权时的市场差价酌情判决赔偿徐某损失。二审认同一审实业公司侵害了徐某优先购买权的观点，但认为损失应以房屋买卖合同签订时与徐某主张优先购买权时的市场差价再减去按房屋买卖合同约定的价款至徐某主张权利期间的利息。

裁判结果

一审判决：一、由实业公司赔偿徐某损失 160 万元；二、由实业公司赔偿徐某鉴定费 1 万元；三、驳回徐某其他的诉讼请求。

实业公司不服，提起上诉。二审判决：一、维持一审判决第二项；二、撤销一审判决第一、三项；三、实业公司赔偿徐某损失 1389927.77 元；四、驳回徐某的其他诉讼请求。

实业公司不服二审判决，申请再审。再审判决：一、撤销二审判决和一审判决；二、驳回徐某的诉讼请求。

裁判理由

再审法院认为，徐某与实业公司建立了合法有效的房屋租赁关系，徐某作为承租人可以享有优先购买权，但实业公司并未侵害徐某的优先购买权，且徐某的优先购买权在其长期逾期支付租金构成根本违约后已经丧失，徐某要求凯诚九江分公司赔偿其损失的诉讼请求不能得到支持。主要理由有：

（一）实业公司与金某兵签订商品房买卖合同时未侵害徐某的优先购买权。2014 年 7 月实业公司与案外人金某兵签订房屋买卖合同系以签订房屋买卖合同的形式为其融资借款提供担保，双方并无房屋买卖合同的真实意思表示。因此，不能将实业公司与金某兵签订商品房买卖合同的时间认定为实业公司出卖了包含租赁给徐某的房屋的时间，而应以双方签订和解协议的时间作为实业公司出卖租赁房屋的时间。因而，实业公司在与金某兵签订房屋买卖合同前未通知徐某不构成对徐某优先购买权的侵害。

（二）徐某长期欠付租金构成根本违约后已经丧失优先购买权。承租人优先购买权的行使并不是没有任何限制，亦非在任何情形下都一直享有。2015 年 6 月开始，徐某没有依约支付租金，至 2016 年 7 月，共欠付租金 46 万余元。徐某书面承诺在 2016 年 8 月付清欠付的租金，但徐某并没有履行该承诺。徐某欠付一年多租金的行为，是未履行租赁合同的主要义务，属于根本违约，实业公司可以按照法律规定解除租赁合同。租赁合同解除后，承租人自然不享有优先购买权。徐某长期欠付租金的严重违约行为，属于不信守合同的表现，此时如认定徐可仍具有优先购买权，有违诚实信用的基本原则，应当认定其在构成根本违约后丧失了优先购买权。

（三）徐某并没有能力购买其承租的房屋。同等条件购买涉案房屋需要 1600 多万元的资金，徐某当时都无力支付欠付的租金。据此，可以认定徐某不具有同等购买能力来实际行使优先购买权。

（四）实业公司给予了徐某购买所承租房屋的机会。在徐某起诉要求行使优先购买权后，实业公司以书面形式通知徐某可以行使优先购买权，并要求徐某在收到通知后 15 内支付同等价款 16926840 元，同时明确表示配合徐某办理购房手续。但徐某接到通知后 15 日内既没有回复，也没有为行使优先购买权准备好资金，这也表明徐某没有行使优先购买权的意愿。

因此，实业公司与金某兵签订商品房买卖合同没有侵犯徐某的优先购买权，徐某在长期拖欠租金后已经丧失了优先购买权，且徐某实际上也没有行使优先购买权的能力，实业公司给予了其再次购买的机会。徐某主张实业公司侵犯其优先购买权，应当赔偿租赁房屋的差价和房屋装修的损失，没有事实依据。

要旨解析

长期以来，无论是理论界还是实务界，对设立承租人优先购买权制度的合理性、该权利的性质、权利的行使方式和条件、权利的救济和损害赔偿范围等诸多问题一直存在很多重大争议。《民法典》吸收整合了原《合同法》和《房屋租赁合同司法解释》的相关规定，用第七百二十六条、第七百二十七条、第七百二十八条 3

个条款对房屋承租人优先购买权进行规制，主要内容与原《合同法》、司法解释基本一致。本案再审时《民法典》尚未颁布，说理依据的是原《合同法》与司法解释的内容，但原《合同法》、司法解释适用中存在的问题和争议在《民法典》中仍然找不到答案，且两者内容基本一致，因而本案例对于研究完善《民法典》的相关内容有同样价值。

一、关于承租人严重违约时的优先权问题

关于排除承租人优先购买权的情形，《民法典》第七百二十六条规定了两种例外情形，即房屋按份共有人和出租人近亲属购买房屋时。对承租人是否会因欠付租金等自身履约行为导致优先购买权丧失、消灭或被剥夺，《民法典》和原《合同法》、司法解释均未规定，亦未见有此类指导性案例和参考案例发布。笔者认为应当根据承租人违约行为的程度具体分析，不应一概而论。如果承租人欠付租金的违约程度较轻，不影响双方租赁合同的继续履行的，不影响承租人优先购买权享有。但如果承租人欠付租金的行为已经达到严重违约的程度，符合法定或者约定的出租人可以解除租赁合同情形，且出租人主张解除租赁合同的，应视为承租人不享有优先购买权。主要理由是：

1. 根据前面对承租人优先购买权性质的分析，承租人优先购买权虽然是一项法定权利，但亦属于合同权利，其来源于租赁权，亦附随于租赁权，保存有合法有效的租赁关系是承租人享有优先购买权的前提和基础。一旦租赁合同因承租人违约被解除或即将解除，承租人享有优先购买权的基础不存。此种情形下，笔者认为即使合同尚未解除，承租人将丧失原本享有的优先购买权。

2. 如果在承租人严重违约情形下继续享有优先购买权，将背离合同权利义务对等的原则，严重损害出租人的利益，也背离法律设立优先购买权制度的目的。承租人享有优先购买权，相对应的是出租人处分权的限缩，即限制了出租人对房屋交易对象的选择，成为在出租人租赁物上附加的一项合法负担。根据权利义务对等原则的精神，承租人以其租赁权为基础享有派生的优先购买权，则应当恪尽维护租赁关系的承租人主要义务——支付租金，当承租人不履行支付租金义务时，出租人以承租人的违约行为对其优先购买权提出抗辩具有合理性。且在承租人拖欠租金不缴清的情况下，有理由对承租人履行“同等条件”购房的实际支付能力产生合理怀疑。

本案即是这方面的一个典型案例。徐某作为承租人，交付了约一年租金后，从 2015 年 6 月开始没有依约支付租金，徐某还书面承诺在 2016 年 8 月付清欠付的租金，但徐某并没有履行该承诺。实业公司依法提出解除合同诉讼并得到法院支持，徐某在法院已经判决解除租赁合同后于 2017 年 10 月向一审法院起诉主张优先购买权时，其仍然拖欠租金，拖欠时间超过两年，应该说作为承租人徐某已经构成根本违约。一、二审在租赁合同已经被法院依法判决解除，徐某仍拖欠租金长达两年之久的情况下，支持其优先购买权主张明显不妥，再审改判认定徐某丧失优先购买权理由充分。

二、承租人行使优先购买权的时间认定

根据《民法典》第七百二十六条的规定，房屋承租人行使优先购买权，必须满足以下三个条件：须有出租人出卖租赁房屋的行为；承租人须以同等条件购买；承租人在收到通知的15日内作出购买的意思表示。出租人出卖租赁房屋是引发承租人行使优先购买权的先决条件，也是判断出租人是否侵害承租人优先购买权的基础事实。现实生活中，要确定出租人向第三人出售房屋的同等条件，须出租人与第三人已经就房屋价款等主要内容达成一致，且合同主要内容应是双方真实意思表示，方可构成同等条件。该案例中，虽然实业公司与第三人金某兵2014年7月签订了房屋买卖合同并进行了备案登记，但双方并未有买卖房屋的真实意思表示，双方签订房屋买卖合同的真实意思表示是为借款提供担保，并非房屋买卖。此种情形属于《民法典》第一百四十六条通谋虚伪行为，双方虚假伪装的法律行为房屋买卖合同无效，隐藏的民事法律行为效力担保问题依照法律规定处理。此时实业公司与金某兵不存在真实有效的房屋买卖行为，承租人徐某主张的同等条件也不存在，徐某自然不能主张优先购买权。双方真正达成房屋买卖的意思表示是2017年5月，实业公司在无力清偿借款后，与金某兵经协商达成以房屋抵偿借款本息的和解协议时。此时，徐某才有权向实业公司主张优先购买权。

因此，在出租人与第三人签订名为买卖实为融资担保的房屋买卖合同特殊情形下，由于双方并无买卖房屋的真实意思表示，承租人此时无权主张优先购买权。出租人与第三人就租赁房屋达成以物抵债真实意思表示时，承租人才可以行使优先购买权。再审认定实业公司在2014年7月与金某兵签订房屋买卖合同时未通知承租人徐某不构成对徐某优先购买权的侵害正当。

编写人：龚雪林

再审合议庭成员：龚雪林　李振峰　李　彬

25. 合同中表见代理的认定

——江西某高速公路工程有限责任公司与献县某建材租赁站、贺某东租赁合同纠纷再审案

裁判要旨

1. 合同主体是实际承担合同权利义务的民事主体，仅在合同上加盖公章，但在该合同中并不享有权利、承担义务的相关方，不是合同主体。

2. 表见代理中相对人有理由相信行为人有代理权，须存在诸如合同书、公章、印鉴等有权代理的客观表象形式要素；相对人不知道行为人行为时没有代理权，且无过失。

案例索引

一审：江西省南昌市西湖区人民法院（2014）西民初字第 41 号

二审：江西省南昌市中级人民法院（2015）洪民四终字第 423 号

再审：江西省高级人民法院（2016）赣民再 111 号

基本案情

再审申请人（一审被告、二审上诉人）：江西某高速公路工程有限责任公司（以下简称工程公司）。

被申请人（一审原告、二审被上诉人）：献县某建材租赁站（以下简称租赁站）。

被申请人（一审被告、二审被上诉人）：贺某东。

租赁站向一审法院起诉请求：1. 判令工程公司、贺某东立即支付租赁站碗扣材料租赁费 232750 元；2. 判令工程公司、贺某东立即支付租赁站未归还碗扣材料折价款 420000 元；3. 判令工程公司、贺某东从 2011 年 7 月 28 日起按日 526.5 元支付租赁站租赁费至工程公司、贺某东付清碗扣材料折价款 420000 元时止（暂计算至 2013 年 11 月 30 日止为 451210.5 元）；4. 判令工程公司、贺某东按未支付租赁费的银行同期贷款利率的四倍支付租赁站违约金至付清租赁费时止（从 2011 年 7 月 28 日起暂计算至 2013 年 11 月 30 日止为 148702.03 元）；5. 本案诉讼费由工程公司、贺某东承担。

租赁站原系个体工商户，经营者为杨某茂，2013 年 12 月 25 日变更登记为个人独资企业，负责人为杨某茂。2009 年 11 月 21 日，租赁站与贺某东签订《碗扣支架租赁协议》，合同约定租赁站向贺某东承建的德昌高速公路 D9 标工程提供碗扣支

架约650吨，上、下托配套，碗扣支架每米0.03元/日，上下托支撑每根0.06元/日，钢管每米0.012元/日，扣件每只0.006元/日，合同期限为2009年12月1日至2010年4月30日，出租方负责人为沈某远，承租方负责人为贺某东。在《碗扣支架租赁合同》中，列明的承租方为贺某东，贺某东在承租方签名处签名，在贺某东签名按押及签署时间下方有工程公司的盖章，合同第一页内容下方亦有工程公司的盖章。合同签订后，租赁站按约向贺某东提供了碗扣支架等材料。因贺某东、工程公司未能按合同约定支付租赁费，也未按合同约定归还全部碗扣材料，为此，租赁站与贺某东于2011年7月27日签订了一份《补充协议》，确认至2011年7月27日贺某东欠租赁站租赁费172750元、未归还碗扣材料折价款420000元，合计592750元，贺某东原委托支付的租赁费余额160000元仍由德昌项目部支付给租赁站。

2010年12月20日贺某东向租赁站出具了一份《委托书》，委托德昌项目部将其施工队欠租赁站的碗扣租金360000元支付给租赁站。2011年7月27日签订《补充协议》后，2011年9月16日工程公司所属的德昌项目部向租赁站的负责人沈某远转款50000元，于2012年1月20日向沈某远转款50000元。2009年12月2日贺某东与工程公司下属的德昌项目部签订了一份《工程施工劳务合同》，约定D9标项目经理部邀请贺某东参与工程施工。上述合同另附三附件，合同附件1为施工任务委托书，附件2为材料单价表，附件3为预制梁板施工劳务综合单价。2013年5月15日德昌项目部的工程结算汇总单显示贺某东工程项目为桥梁上、下部包工包料及外供混凝土等，工程量合计8873527.62元，实际超付424274.93元。

租赁站在再审庭审时陈述，在与贺某东接洽时，贺某东告知租赁站案涉工程是贺某东做的，要碗扣支架，租赁站告诉贺某东，可以签订合同，但必须让工程公司作为合同承租方在合同上盖章才可以。找到项目部后，项目部也同意了，与贺某东签订合同后，德昌项目部作为合同承租方在合同上盖了章，租赁站才履行这份合同。

裁判结果

一审判决：一、贺某东、工程公司于本判决生效之日起十日内向租赁站支付碗扣材料租赁费及折价款492750元；二、贺某东、工程公司于本判决生效之日起十日内向租赁站支付自2011年7月28日起至款项还清之日止的违约金（按中国人民银行同期贷款利率的四倍计算）；三、驳回租赁站的其他诉讼请求。

工程公司不服提出上诉。二审判决：驳回上诉，维持原判。

工程公司仍不服申请再审。再审判决：撤销二审判决，改判工程公司不承担相关责任。

裁判理由

再审法院认为，本案的争议焦点是：工程公司是否为案涉《碗扣支架租赁合同》的承租方。

针对本案的争议焦点，租赁站认为工程公司为案涉《碗扣支架租赁合同》承租方，并提出了两种观点：一种观点认为工程公司与贺某东同为案涉租赁合同的相对方；另一种观点认为贺某东的行为构成表见代理。工程公司则认为其不是案涉《碗扣支架租赁合同》的承租人，本案也不构成表见代理。

主张工程公司与贺某东同为案涉租赁合同的相对方，租赁站的主要理由在于工程公司在案涉租赁合同上加盖了德昌项目部公章，对该公章的真实性不持异议，对加盖公章的行为未能作出合理解释，且向租赁站支付过租赁费。该院认为，租赁站的上述主张不能成立。理由在于：第一，从形式上看，案涉租赁合同正文共有两页，其中第一页首部“承租方（以下简称乙方）”一栏正后方为贺某东签名及捺印，第二页尾部“承租方”一栏正后方亦为贺某东签名及捺印，德昌项目部在该两页中均加盖了公章，公章所加盖的位置均在纸张页面的右下底角，与第一页首部“承租方（以下简称乙方）”位置截然不同，与第二页尾部“承租方”的位置亦存在明显的区分。仅凭德昌项目部加盖公章即认定其为案涉租赁合同的承租人，明显与常理不符。租赁站陈述其要求德昌项目部作为承租方在案涉租赁合同上加盖公章，但租赁站却并未要求德昌项目部在“承租方”位置加盖公章，亦与常理不符。第二，从内容上看，案涉租赁合同规定的均是甲乙双方的权利和义务关系，该租赁合同第六条约定：“本合同甲乙双方签字盖章之日起生效，本合同壹式陆份，甲乙双方各执叁份。”由该条规定可以推知，参与订立合同的当事人应为两方，并不存在三方共同订立合同的情形。第三，本案一审时，租赁站提交的2010年12月20日由贺某东向德昌项目部出具的《委托书》，其内容为：“德昌高速D9标经理部：兹委托贵项目部将我施工队尚欠租赁站碗扣租金计人民币叁拾陆万元整（360000元）从我施工队工程款中代付给该租赁站，特此委托”。从上述内容看，贺某东明确是其施工队欠租赁站的租金，贺某东认可其是案涉租赁合同租金的支付义务主体，德昌项目部只是接受贺某东的委托，从贺某东施工队工程款中代付相关费用给租赁站。德昌项目部并不因此而成为案涉租赁合同租金的支付义务主体。若德昌项目部并不欠贺某东施工队工程款，其并不必然需要向租赁站代付相关费用。第四，在2011年7月27日的《补充协议》中，租赁站与贺某东就碗扣租赁账目进行了总结算，对碗扣材料丢失部分折合金额、尚欠碗扣材料租赁费及相关费用的支付期限作出了约定。因总结算对租赁合同当事人利益关系重大，若工程公司亦为案涉租赁合同的承租人，则其理应参与总结算活动。而该协议第4条则再次对2010年12月20日《委托书》中德昌项目部代付租赁费事宜进行了重申，却并未明确德昌项目部作为承租人的付款义务。第五，至于德昌项目部在案涉租赁合同上盖章的原因，虽然工程公司有两种不同的说法，但因证明工程公司为案涉租赁合同承租方的举证责任在租赁站，在租赁站未能完成举证责任的情况下，其主张并不能得到支持。

主张贺某东的行为构成表见代理，租赁站的主要理由在于：根据工程公司与贺某东签订的《工程施工劳务合同》，可认定案涉工程由贺某东负责施工管理；贺某东、德昌项目部具有有权代理的客观表现形式要素；租赁站尽到了善意、谨慎、无过失的注意义务，其有理由相信贺某东、德昌项目部可以代理工程公司与其签订合同并实际履行合同；实际施工人贺某东以自己的名义与租赁站签订案涉租赁合同，并加盖德昌项目部公章、实际履行合同的行为构成表见代理。该院认为，原《合同法》第四十九条规定："行为人没有代理权、超越代理权或者代理权终止后以被代理人名义订立合同，相对人有理由相信行为人有代理权的，该代理行为有效。"根据该条规定，结合本案相关事实，租赁站的上述主张不能成立。理由在于：第一，工程公司与贺某东签订的《工程施工劳务合同》签订时间为2009年12月2日，案涉《碗扣支架租赁合同》签订时间为2009年11月21日。在签订案涉租赁合同时，租赁站无从产生案涉工程由贺某东负责施工管理的认知。第二，工程公司与贺某东签订的《工程施工劳务合同》第六条约定："乙方（贺某东）应配备足以满足工期、质量要求的机械设备和器具，并应按甲方（德昌项目部）要求的数量和时间将设备器具安排进场。施工中如乙方无法配备能符合甲方要求的机械设备和器具，甲方将代乙方租赁或购买相应机械设备和器具以保证工期和质量，费用将由甲方从乙方的工程款中扣除。"从上述约定可知，案涉工程机械设备和器具的配备，应由贺某东自行负责。《工程施工劳务合同》并未授权贺华东可以德昌项目部的名义租赁机械设备和器具。《工程施工劳务合同》并不能产生让贺某东具有代理权的表象。第三，根据租赁站的陈述，德昌项目部在案涉《碗扣支架租赁合同》上盖章，是在租赁站与贺某东签订相关租赁合同之后。租赁站在签订相关租赁合同时，与德昌项目部有过接触和协商的过程。贺某东是否有权代理，租赁站可以通过与德昌项目部核实确定。因此，在相信贺某东具有代理权上，租赁站并非善意且无过失。第四，根据前面的分析，工程公司并不是《碗扣支架租赁合同》的承租方，该租赁合同是贺某东以其自己的名义与租赁站所签订。可见，贺某东签订该租赁合同，并不符合表见代理中行为人以被代理人的名义订立合同的构成要件。

要旨解析

本案的争议焦点在于公司在案涉合同上盖章是否必然成为合同一方当事人，一、二审法院持肯定意见，再审法院持否定意见。

一、在合同上盖章行为的法律效力

原《合同法》第三十二条（现为《民法典》第四百九十条）规定："当事人采用合同书形式订立合同的，自双方当事人签字或者盖章时合同成立。"从表面上看，如果一方是公司，似乎只要在合同书上盖了公章即成为合同一方当事人，但合同成立的实质判断标准是意思表示达成一致，即使公章是真实的，仍应在尊重事实的基础上，从订立合同目的和权利义务的实际承受者出发，考察合同的实际主体，不能单纯以签订主体的名义认定合同实际履行主体。在合同书上签名、盖章的，不一定是合同的实际主体；未在合同书上签名、盖章的，有可能是合同的实际主体。[①]

本案中，工程公司在案涉租赁合同的每一页上均加盖了德昌项目部公章，且对该公章的真实性不持异议，但其对在案涉租赁合同上加盖公章的行为未能作出合理解释，故一、二审法院认为，即使本案碗扣支架的实际使用者是贺某东，但工程公司在本案租赁合同上加盖公章的行为表明其同意作为本案合同主体，与贺某东共同向租赁站承担民事责任。但是，实际承担合同权利义务的民事主体才是合同实际履行主体，而签约主体只是签署合同的一方，合同的权利义务未必与其相关。本案从合同内容及实际履行来看，现有证据不足以证明工程公司系合同权利义务的实际承担者。一是从租赁合同内容来看，合同规定的是租赁站和贺某东双方的权利和义务关系，不存在第三方的权利义务；二是工程公司公章所加盖的位置与“承租方”的位置存在明显的区分；三是虽然工程公司对加盖公章的行为未能作出合理解释，但证明工程公司为案涉租赁合同承租方的举证责任在租赁站，应由其承担举证不能的后果；四是《委托书》和《补充协议》上均明确德昌项目部只是代付租赁费，而非付款义务主体。《委托书》明确德昌项目部只是接受贺某东的委托，从贺某东施工队工程款中代付相关费用给租赁站。《补充协议》再次对《委托书》中德昌项目部代付租赁费事宜进行了重申，并未明确德昌项目部作为承租人的付款义务。因此，本案不应将工程公司认定为合同主体。

二、表见代理的构成要件

原《合同法》第四十九条（现为《民法典》第一百七十二条）规定了表见代理制度，即“行为人没有代理权、超越代理权或者代理权终止后以被代理人名义订立合同，相对人有理由相信行为人有代理权的，该代理行为有效。”《民商事合同指导意见》第13条明确：“合同法第四十九条规定的表见代理制度不仅要求代理人的无权代理行为在客观上形成具有代理权的表象，而且要求相对人在主观上善意且无过失地相信行为人有代理权。合同相对人主张构成表见代理的，应当承担举证责任，不仅应当举证证明代理行为存在诸如合同书、公章、印鉴等有权代理的客观表象形式要素，而且应当证明其善意且无过失地相信行为人具有代理权。”[②] 根据上述

① 例如，在保险合同中，查明名义投保人与实际投保人不一致的，只要实际投保人履行了如实告知和明确说明的义务，则实际投保人与保险公司在事实上已建立起了保险合同关系，保险公司不能以保险单上注明的投保人不是实际投保人为借口而拒绝理赔。

② 鉴于该规定在各级人民法院裁判中得到了普遍遵循，适用效果较好，最高人民法院将之上升为司法解释规则。《民法典总则编司法解释》第二十八条规定：“同时符合下列条件的，人民法院可以认定为民法典第一百七十二条规定的相对人有理由相信行为人有代理权：（一）存在代理权的外观；（二）相对人不知道行为人行为时没有代理权，且无过失。因是否构成表见代理发生争议的，相对人应当就无权代理符合前款第一项规定的条件承担举证责任；被代理人应当就相对人不符合前款第二项规定的条件承担举证责任。”该解释一方面将“相对人善意且无过失”进一步明确为“相对人不知道行为人行为时没有代理权，且无过失”；另一方面将相对人非善意的举证责任分配给被代理人，因为“按照社会生活经验，‘不知道’是难于举证证明的，故法庭不要求相对人就自己属于善意举证，而依‘善意推定’的法理进行判断。”

规定，认定行为人与相对人订立合同的行为构成表见代理，应当具备以下条件：行为人没有代理权；签订合同之时具有使相对人相信行为人具有代理权的事实或理由；相对人主观上须为善意且无过失；行为人与相对人签订的合同应具备合同有效的一般条件。从表见代理的构成要件来看，笔者认为贺某东的行为不构成表见代理。

首先，租赁站无法证明贺某东具有有权代理的客观表象形式要素。一方面，《碗扣支架租赁合同》的签订时间不能产生贺某东具有代理权的表象。工程公司与贺某东的劳务合同签订时间为2009年12月2日，案涉租赁合同签订时间为2009年11月21日。租赁合同签订在前，租赁站无从产生案涉工程由贺某东负责施工管理的认知。另一方面，《工程施工劳务合同》不能产生贺某东具有代理权的表象。劳务合同第六条约定，案涉工程机械设备和器具的配备，应由贺某东自行负责，工程公司并未授权贺某东可以德昌项目部的名义租赁机械设备和器具。

其次，租赁站并不是善意且无过失的。根据《民商事合同指导意见》第14条规定，人民法院在判断合同相对人主观上是否属于善意且无过失时，应当结合合同缔结与履行过程中的各种因素综合判断合同相对人是否尽到合理注意义务，此外还要考虑合同的缔结时间、以谁的名义签字、是否盖有相关印章及印章真伪、标的物的交付方式与地点、购买的材料、租赁的器材、所借款项的用途、建筑单位是否知道项目经理的行为、是否参与合同履行等各种因素，作出综合分析判断。本案中，根据租赁站的陈述，德昌项目部在租赁合同上盖章，是在租赁站与贺某东签订租赁合同之后。租赁站在签订相关租赁合同时，与德昌项目部有过接触和协商的过程，完全可以向其核实确定贺某东是否有权代理。因此，租赁站并未尽到合理注意义务。

综上，工程公司并不是案涉《碗扣支架租赁合同》的相对方，贺某东的行为也不构成表见代理，应由贺某东承担相关责任。

编写人：胡　媛

再审合议庭成员：龚雪林　李振峰　李　彬

26. 当事人经审慎协商在合同中预先约定放弃违约金调整的权利合法有效

——江西某百货投资（景德镇）有限公司与乐平某置业有限公司租赁合同纠纷二审案

裁判要旨

合同当事人关于放弃违约金调整的约定不违反法律强制性规定，若从权利义务对等的形式而言，没有违反公平原则，主观上各方也没有利用任何优势或对方的轻率、无经验签订协议，应认定该约定合法有效，法院应尊重当事人意思，不对约定违约金进行调整。

案例索引

一审：江西省景德镇市中级人民法院（2018）赣02民初第15号

二审：江西省高级人民法院（2018）赣民终579号

基本案情

上诉人（原审被告、反诉原告）：江西某百货投资（景德镇）有限公司（以下简称投资公司）。

被上诉人（原审原告、反诉被告）：乐平某置业有限公司（以下简称置业公司）。

置业公司向一审法院提出诉讼请求：1. 解除诉讼双方的租赁合同关系；2. 依法调整并增加违约金，判决投资公司赔偿置业公司实际损失28549672元；3. 本案诉讼费用由投资公司承担。投资公司向一审法院提出反诉请求：1. 判令置业公司违约，同时向投资公司支付500万元违约金；2. 反诉案件受理费由置业公司承担。

2012年9月18日，置业公司与投资公司签订《房屋预租协议》，约定置业公司根据投资公司需要，在乐平市迎宾东路与洎××、A－03地块修建租赁物业，供投资公司开办超市。置业公司需按附件2《华润万家生活超市建设标准》及投资公司卖场规划设计图纸施工，租赁物业原定的交付时间为2014年12月31日。对于违约金，双方约定一方违约，对方无需就损失承担举证责任，也无论损失多少，违约金均按人民币五百万元定额计算，不以实际损失多寡为由进行调整。

2015年5月6日，置业公司与投资公司正式签订《租赁合同》，租赁物业交付日期为2016年3月30日，合同违约金为500万元，如果甲方（置业公司）违约须放弃向人民法院申请要求调低违约金的权利。

《房屋预租协议》签订后，投资公司通过中国工商银行深圳罗湖支行向置业公司交付了500万元保函，在2016年3月30日之前，置业公司退回了该保函。

协议签订后，置业公司以建设大型超市为目的对A–03地块进行了房屋开发建设，并按照投资公司提供的《华润万家生活超市建设标准》以及规划设计图纸等要求，对房屋的内外装饰、电气工程、给排水等各部分进行量身定做。2016年2月23日，置业公司基本完成了租赁物业建设项目，建成面积17300平方米，但有部分工程没有完全到位。为按投资公司的要求整改，置业公司花费255.4万元。

根据《租赁合同》附件4的要求，置业公司办理到的证照有：1. A–01、A–03地块《国有土地使用权证》；2.《建设用地规划许可证》；3.《建设工程规划许可证》；4.《建筑工程施工许可证》；5. 翥山天城建设项目《建设项目环境影响报告表》（A–01、A–02地块）；6.《关于乐平某置业有限公司翥山天城项目废水排放许可情况说明》；7.《建设工程消防设计审核意见书》；8.《建设工程消防验收意见书》；9.《竣工验收备案表》。没有办理到的证照有：1. 环境影响报告书（A–03地块）；2. 污水排放许可证；3. 消防安全检查意见书；4. 电梯检验合格证；5. 环评验收文件（合格）；6. 房屋所有权证。其中，1要求签约前提交，2要求交房前提交，3、4、5要求开业前一个月提交，6要求开业后一年内提交。

根据《房屋预租协议》附件2的要求，置业公司已办理的证照同前文所述9项，未办理或未提交的证照除前文所述外还有：1. 房屋出租许可证；2. 绿化验收合格证；3. 人防验收合格证；4. 防雷验收合格证；5. 无障碍设施验收合格证。

2016年2月开始，置业公司连续发函至投资公司，要求其履行交接手续、进场装修，如未能前来视为同意另行招租。2016年8月8日，置业公司发函至投资公司，正式提出解除和终止合同，并表示将追究对方损失责任。置业公司最终与英伦公司签订《房屋租赁意向合同书》，将本案物业于2016年10月1日正式移交英伦公司使用。2016年11月14日，投资公司通过电子邮件向置业公司发送了“乐平华润–乐平洎阳路项目终止协议书”。

置业公司根据与英伦公司租赁合同在20年内可收到租金为98402400元。置业公司损失为应收投资公司租金124396515元减去可收英伦公司租金98402400元，得出差额为25994115元。

裁判结果

一审判决：一、解除置业公司与投资公司签订的《房屋预租协议》《租赁合同》；二、投资公司应在本判决生效之日起十五日内向置业公司赔偿经济损失人民币25994115元；三、驳回置业公司的其他诉讼请求；四、驳回投资公司的反诉请求。

投资公司不服提出上诉。二审判决：维持一审判决的第一项、第四项；改判投资公司向置业公司赔偿经济损失500万元；驳回置业公司的其他诉讼请求。

裁判理由

二审法院认为，本案二审争议焦点为：1. 置业公司交付承建的租赁物是否符合合同约定，是否构成违约，应否承担违约责任，如何承担；2. 投资公司拒不接受租赁物的行为是否构成违约，应否承担违约责任；3. 投资公司应否赔偿置业公司的租金利润损失，如需承担，数额多少？（包括一审对租金价差损失的计算是否正确？能否调整合同约定的违约金。）

法院认为，诉争双方于2012年9月18日签订的《房屋预租协议》和2015年5月6日签订的《租赁合同》均系双方当事人真实意思表示，内容不违反法律、行政法规的强制性规定，合法有效，双方均应按照合同约定诚信履行自己的义务。案涉物业华润万家生活超市建成竣工验收后，租赁方投资公司拒不接收租赁物业，明确表示或者以自己的行为表明不再履行合同主要义务，根据原《合同法》第九十四条的规定，符合合同法定解除的情形。2016年11月14日，投资公司通过电子邮件向置业公司发送了“乐平华润－乐平洎阳路项目终止协议书”，表明“乙方（投资公司）因市场形势及战略变化等原因，需提前终止本合同”，双方就此进行了多次磋商，同意解除先前订立的合同，根据原《合同法》第九十三条的规定，亦符合约定解除的情形。由于投资公司明确表示不再履行租赁合同，且以实际行动表明不履行合同主要义务，合同继续履行已无可能，因此，根据置业公司的诉请，一审法院判决解除双方之间签订的《房屋预租协议》及《租赁合同》，符合法律规定，亦符合本案实际，予以维持。

关于置业公司交付承建的租赁物是否符合合同约定，是否构成违约，应否承担违约责任，如何承担的问题。法院认为，主要应从以下方面进行审查，一是置业公司办理证照的情况，二是交付的租赁物是否符合交付的条件，三是联合验收是否通过。从置业公司履行合同的基本情况看，其行为并未构成违约……

关于投资公司拒不接受租赁物的行为是否构成违约，应否承担违约责任的问题。法院认为，投资公司的行为构成根本性违约，应承担违约的主要责任。理由是：其一，置业公司于2016年2月18日、2016年3月25日两次向投资公司发函，提示其履行接收手续，然而投资公司却一再推辞，在投资公司未回复的情况下置业公司又多次去电、书面函告（2016年5月3日、2016年7月4日），甚至以上门催告的方式要求投资公司尽快完成接收物业手续，但是投资公司仍然置之不理。其二，2016年8月8日、8月9日、9月9日，置业公司魏某根、江西华润万家华东片区发展部王某标先后与乐平好又多超市熊某明、江西抚州多美好商超袁某春、鹏泰购物广场曾某志等协商翥山天城项目后续推进事宜。期间，魏某根与刘某宇、王某标多次通话，商谈双方解约及投资公司向置业公司支付500万元违约金事宜。其三，2016年11月14日，投资公司通过电子邮件向置业公司发送了“乐平华润－乐平洎阳路项目终止协议书”，明确表示华润万家因市场形势和战略变化，需提前终止本合同，以自己的行为表明不再履行合同主要义务，并与置业公司协商赔偿事宜。其四，因投资公司拒绝接收房屋的违约行为，导致案涉租赁物业自交付日2016年3月30日之后的近4个月时间处于闲置状态，致使置业公司出租房屋收取租金的合同目的无法实现。因此置业公司于2016年8月8日函告投资公司，通知其解除合同。2016年10月28日，投资公司发电子邮件回复告知关于解约事宜已经完成审批并同意支付500万元违约金，并通过电子邮件发了《终止协议书》版本给置业公司。其五，由于该租赁物业自2012年起就为投资公司量身定做，以大型超市为目的进行开发建设，由于该房屋的特殊性，置业公司为防止损失进一步扩大，积极寻求承租户，于2016年10月1日将房屋对外出租，其行为符合原《合同法》第一百一十九条之规定，符合防止损失扩大的情形。综上，投资公司的毁约行为是导致合同无法履行的根本原因，已经构成合同根本性违约，应承担合同违约的全部责任。

关于投资公司应否赔偿置业公司的租金利润损失，如需承担，数额多少的问题。一审经审理查明，与合同履行后可获得的利益相比，置业公司将租赁物业转租给英伦公司，共计损失租金差价25994115元，一审关于租金损失的计算是正确的。投资公司上诉提出，一审法院对计租面积、英伦公司头三年的租金计算错误，其上诉请求缺乏事实依据，且没有相应证据予以证实，不予支持。在当事人订立合同时明确约定了违约金（损失赔偿金）的情况下，人民法院是否可以调整双方的约定直接认定损失由违约方承担，是本案争议的最大问题。经查，《房屋预租协议》第三条第2款约定："鉴于甲方（置业公司）根本违约导致合同目的不能实现，造成乙方在整体发展、经营规模、重新选址、前期投入、迟延开业、履行合同后可能获得经营利润各方面遭受巨大损失，且该等损失难以举证确定，为此，甲方确认，双方约定甲方违约所支付的违约金的性质是惩罚性违约金，系为确保严格履行协议实现合同目的而由双方自愿约定的，无须乙方承担损失的举证责任，也无论损失是多少，违约金均按上述约定的人民币五百万元金额计算，不以实际损失多寡为缘由而进行调整。"第三条第3款约定："鉴于乙方根本违约导致合同目的不能实现，造成甲方在物业投资及其配套设施投资、重新招商、迟延使用、履行合同后可以获得收入和利润等方面造成巨大损失，上述损失也同样难以举证确定，为此，乙方确认，双方约定的违约金性质是惩罚性违约金，系为确保各方严格履行协议实现合同目的而由双方自愿约定的，无须对方承担损失的举证责任，也无论损失是多少，违约金均按上述约定的人民币五百万元金额计算，不以实际损失多寡为缘由进行调整。"《租赁合同》第十条第5款约定："租赁期限内，双方任何一方非因法律、法规及本合同规定的情况，提前终止本合同的，违约方需向守约方支付违约金人民币五百万元。"第十条第7款约定："甲方充分知悉乙方承租本租赁物业的商业目的和乙方可能获得的预期收益，若因甲方违约而导致乙方终止本合同的，乙方的损失（包括直接和间接损失）是无法完全弥补的，即便是本合同项下之乙方完全要求甲方承担之违约金，赔偿金之全部综合亦不足以弥补乙方遭受损失的30%，故甲方不可撤销的承诺，放弃向人民法院申请要求调低违约金的权利。”根据双方上述约定，该院认为，诉争双方放弃调整违约金的约定不违反法律规定，亦不违反公平原则。理由是：首先，根据意思自治的法律原则，当事人可以对民事权利进行处分，人民法院应尊重双方在本案中预先放弃违约金调整请求权的约定。其次，当事人放弃违约金调整请求权的约定并未违反公平原则。客观上，双方出于自愿签订了预租赁协议和租赁合同，并在预租赁协议第三条第二款和第三款中均约定“违约金的性质是惩罚性违约金”，在协议第三条第四款约定“甲方双方均同意放弃申请人民法院依原《合同法》等法律法规、司法解释的规定对本协议所约定违约金、赔偿金予以调整的权利。”该约定从内容上没有违反法律强制性规定，从权利义务对等的形式而言，也没有违反公平原则。主观上，投资公司并没有利用任何优势或对方的轻率、无经验与其订立《预租赁协议》和《租赁合同》。不论是对方决定签订预租赁协议还是签订租赁协议，都是对方出于自身商业利益而自主作出的商业决定，其应当对此承担相应的商业风险。再次，本案的租金价差25994115元与投资公司没有直接的因果关系，投资公司无法预见对方会有25994115元的租金价差，不应当承担对方租金价差的损失。根据原《合同法》第一百一十三条规定，可得利益的损失“不得超过违反合同一方订立合同时预见到或者应当预见到的因违反合同可能造成的损失”，即损失赔偿额应当符合可预见原则。本案中，根据合同中对违约金条款的约定，双方当事人可以预见因自身违约需支付给对方的违约金是以500万元为限，投资公司无法预见对方会产生25994115元租金价差的损失。综上，一审法院突破当事人在合同中关于违约金约定，直接认定租金价差损失由投资公司承担，属于适用法律错误。因投资公司构成根本违约，根据合同约定，应赔偿置业公司损失500万元。

要旨解析

本案一、二审法院的主要争议焦点在于在当事人订立合同时明确约定了固定违约金的情况下，法院是否可以调整双方的约定直接认定损失由违约方承担。

一、关于放弃违约金调整约定效力的观点分歧

合同双方当事人关于排除适用违约金调整约定的效力，理论和实务中存在较大的争议。一种观点认为，违约金调整申请权是具有公法性质的请求司法保护的权利，当事人约定放弃对法院没有拘束力。违约金调整的司法介入蕴含了“合同自由”与“合同正义”相结合的公共政策，当事人放弃违约金调整申请权的约定，可能导致违约金条款异化成为一方压榨另一方的工具，违背公平、诚实信用、公序良俗等基本原则。① 因此，从平衡双方当事人利益的角度考虑，法院仍可根据一方当事人的要求对违约金数额认定作出调整。

另一种观点则认为，违约金调整请求权系当事人的民事实体权利，原《合同

---

① 朱新林：《放弃违约金调整请求权约定之效力》，载《人民法院报》2014年3月5日第7版。

法》第一百一十四条第二款（现为《民法典》第五百八十五条第二款）规定不属于强制性规定，法律也未明确禁止当事人约定排除违约金调整条款适用，因此，如双方当事人基于真实意思表示约定放弃违约金调整规则适用，则应予以认可。如本案（2019）最高法民申 3344 号裁定，最高人民法院驳回了置业公司的再审申请，认为合同双方当事人放弃违约金调整的约定不违反法律的规定，合同双方当事人放弃调整违约金的约定属于当事人意思自治，原审未以租金价差确定违约金未违反原《合同法》第一百一十四条第二款的规定，500 万元惩罚性违约金是双方当事人基于商业利益角度的决定，应自行承担相应风险。

可以看出，两种观点的主要分歧在于违约金调整权的性质认定与对公平原则的理解。

二、违约金调整权的性质分析

违约金调整权的性质直接关系到这一权利是否属于当事人可以放弃的权利，是否适用意思自治原则。有观点认为，违约金调整请求权是救济性形成权，属于民事实体权利，当事人认为合同中约定的违约金数额过高或者过低时不需要通过另一方的配合实现该权利，而是当事人依其单方意思表示直接向法院或者仲裁机构提出申请即可。民事实体权利是当事人可以自行放弃的权利，因此，放弃违约金调整请求权的约定是有效的。[①] 但理论上更多地将违约金调整权界定为形成诉权，“债权人主张酌减时，不是发生抗辩效力，而是直接具有减少数额的效力。另外，根据原《合同法》第一百一十四条第二款后段规定，其中的‘请求’二字，尚不能得出其为请求权的结论，因为其请求的对象为法院，实际上，是基于债务人的意思，通过诉讼形成的法律关系，在性质上属于形成诉权，其背后是针对酌减的主观权利，即酌减权。”[②] 诉权为公权，促成国家司法权之发动，因此，放弃违约金调整请求权的约定无效，对法院没有拘束力。

民事权利分为民事实体权利和民事程序性权利，请求权是权利人要求其他人履行一定行为或不履行一定行为的权利，存在于平等的当事人之间，属于民事实体上的私权利；诉权是公民所享有的请求国家维护自己的合法权益的权利，存在与个人与国家之间，属于民事程序上的公权力。笔者认为，违约金调整权属于形成诉权。首先，违约金调整权只能向行使审判权的法院提出，是对法院的请求权，而不是对对方当事人的请求权，体现的是当事人与法院之间的关系。其次，从原《合同法司法解释（二）》第二十七条的规定来看，当事人可以通过反诉或抗辩等民事程序性权利请求法院对违约金数额进行调整，可以看出当时立法者更认可其作为一种独立之诉的性质。再次，违约金调整权不属于救济性形成权。救济性形成权是指权利人仅凭单方意愿表达就能使相对人不作为或权利人权利消灭、变更的权，而违约金调

① 杨向荣：《放弃违约金调整请求权约定效力辨析》，西北政法大学 2018 年硕士学位论文。

② 王洪亮：《违约金酌减规则论》，载《法学家》2015 年第 3 期。

整权必须通过法院行使。

因此，违约金调整权属于具有公权性质的形成诉权，那么，放弃违约金调整请求权的约定就对法院没有拘束力。

三、预先放弃违约金调整的约定效力

笔者认为，虽然合同当事人关于放弃违约金调整的约定无法约束法院，但该约定的效力并非一律无效，应当具体问题具体分析。若没有违反公平原则，主观上各方也没有利用任何优势或对方的轻率、无经验签订协议，应认定约定合法有效，法院应尊重当事人意思，不对约定违约金进行调整；若违反公平、诚实信用、公序良俗等基本原则，应认定约定无效，法院仍然可以根据当事人的请求对违约金进行调整。

第一，违约金调整规则不属于强制性规范。有观点认为，从《买卖合同司法解释》(2020年修正)第十五条①、《民商事合同指导意见》第八条②规定来看，即便当事人约定了放弃违约金调整的条款而不主动提出酌减违约金，法院也会对当事人进行释明，因此违约金调整规则实际上具有“强制性”。③笔者认为，违约金调整规则不属于强制性规范。强制性规范指法律的规定必须严格遵循，当事人不得改变，不得变通，其表明了法律的价值判断，违反之将关系到相关行为的效力能否得到认可；任意性规范指虽有法律的规定但当事人可以加以选择，法律允许当事人做另外的规定或者约定，法律的条文只有在当事人没有另外规定和约定的情况下才适用。根据《民法典》第五百八十五条第二款规定，法院调整违约金必须根据当事人的请求。即便法院有释明的义务，也不得违背当事人的意愿主动适用。因而，违约金调整规则不属于强制性规范，从《民商审判会议纪要》第30条的规定来看，更不属于效力性强制性规定。

第二，惩罚性违约金侧重于履约担保功能。《民商事合同指导意见》第6条指出违约金的性质以补偿性为主、惩罚性为辅。因此，我国违约金具有赔偿与惩罚的双重性质。关于惩罚性违约金与赔偿性违约金的区分标准，理论界有不同的观点。主要有两种认定体系：一种是实际损失认定标准，以文义解释为解释基础，认为二者的区分应以违约造成的实际损失为界限，赔偿性违约金是损失赔偿额的预定，而

---

① 《最高人民法院关于审理买卖合同纠纷案件适用法律问题的解释》(2020年修正)第二十一条：买卖合同当事人一方以对方违约为由主张支付违约金，对方以合同不成立、合同未生效、合同无效或者不构成违约等为由进行免责抗辩而未主张调整过高的违约金的，人民法院应当就法院若不支持免责抗辩，当事人是否需要主张调整违约金进行释明。

② 《最高人民法院关于当前形势下审理民商事合同纠纷案件若干问题的指导意见》第8条：为减轻当事人诉累，妥当解决违约金纠纷，违约方以合同不成立、合同未生效、合同无效或者不构成违约进行免责抗辩而未提出违约金调整请求的，人民法院可以就当事人是否需要主张违约金过高问题进行释明。人民法院要正确确定举证责任，违约方对于违约金约定过高的主张承担举证责任，非违约方主张违约金约定合理的，亦应提供相应的证据。合同解除后，当事人主张违约金条款继续有效的，人民法院可以根据合同法第九十八条的规定进行处理。

③ 曹明哲：《当事人放弃违约金调整申请权约定的司法效力与应对——基于裁判的分析与展开》，载《中国案例法评论》2017年第2期。

超过实际损失的为惩罚性违约金；另一种是惩罚目的认定标准，以当事人在合同条款中的表述为衡量标准，若当事人在合同条款中明确约定为“惩罚性违约金”“罚金”“惩罚”等，则该条款为惩罚性违约金条款。[①]

实际上，上述两种认定标准本质上互为补充。典型的惩罚性违约金的约定方法是，既约定了实际损失的赔偿责任，又约定在此基础上支付一定的金额作为违约金。此外，如果合同双方将违约责任约定为固定数额的违约金，应视为一种与违约过错程度及违约行为轻重无关系的单一的、惩罚性的违约责任。本案协议中约定了500 万元固定数额的违约金，且明确约定违约金的性质是惩罚性违约金，系为确保严格履行协议实现合同目的而由双方自愿约定的。因此，案涉合同约定的违约金属于惩罚性违约金。

“赔偿性违约金的实质是损害赔偿总额预定，而惩罚性违约金才是真正的违约金。基于违约金酌减规则的规范目的，其应适用于惩罚性违约金，而不应适用于赔偿性违约金。”[②] 惩罚性违约金的功能主要是履行担保功能，以保证合同稳定性为第一价值取向，重在保证合同所规定的权利义务的实现，促使当事人选择守约；而赔偿性违约金的功能主要是损害赔偿功能，保护合同效益性，以实际损失为限，将违约成本控制在实际损失范围内。[③] 本案合同订立时双方主体正是考虑到自己的履约意图、履约能力等各方面因素，基于对惩罚性违约金履约担保功能的信任才最终形成合同关系。

第三，预先放弃违约金调整的约定应当不违反公平原则。公平原则，是指民事主体从事民事活动时，应当公正、持平、合理确定相互之间的权利和义务，如果民事行为的结果显失公平，就应当以公平为尺度，协调处理当事人间的利益关系。[④] 公平原则是法官适用民法应当遵循的重要理念，违约金调整、损害赔偿数额的确定等，均需要以公平原则为基本的遵循。本案一审判决以一方实际发生的损失为参照来判断合同中约定的禁止调整违约金的约定违反公平原则，二审判决从“权利义务对等”的角度认定该条款没有违反公平原则。

笔者认为，二审判决的理解是正确的。首先，本案合同主体为商事主体。相对于民事主体，商事主体更能够预见合同不能履行的风险程度，其在可预见的情况下约定的违约金，是基于自己可承受范围和能力而作出的，是考量成熟的决定，应当予以尊重并且适用。本案根据合同中对违约金条款的约定，双方当事人可以预见因自身违约需支付给对方的违约金是以 500 万元为限，本案的租金价差 25994115 元与

---

① 韩强：《违约金担保功能的异化和回归——以对违约金类型的考察为中心》，载《法学研究》2015 年第 3 期。

② 王洪亮：《违约金酌减规则论》，载《法学家》2015 年第 3 期。

③ 张能宝：《惩罚性违约金适用问题研究》，载《人民司法（应用）》2016 年第 13 期。

④ 最高人民法院民法典贯彻实施工作领导小组主编：《中华人民共和国民法典总则编理解与适用》（上），人民法院出版社 2020 年版，第 59 页。

投资公司没有直接的因果关系，投资公司无法预见租金价差的损失。其次，合同权利义务是对等的。合同约定禁止调整违约金是针对双方主体的，任何一方违约承担的违约金是等值的，合同上的负担和风险分配是合理的，因此，双方在签订合同时是本着公平的观念作出约定的。最后，签订合同的过程是公平的。当事人一方既没有以欺诈手段使对方在违背真实意思的情况下签订合同，也没有利用对方处于危困状态、缺乏判断能力等情形致使合同成立时显失公平。

编写人：胡　媛

二审合议庭成员：廖志坚　郭卫斌　肖童亮

三、金融借款合同纠纷

1. 夫妻一方利用他人冒充配偶为共有房产设定抵押权实为夫妻一方的无权处分

——中国农业银行股份有限公司某支行与占某芳、占某松、蔡某清、胡某香金融借款合同、抵押权纠纷再审案

裁判要旨

1. 夫妻一方利用他人冒名配偶为共有房产设定抵押权形式上是他人的冒名处分，实际上是夫妻一方对共有房产的无权处分，善意第三人可以根据原《物权法》第一百零六条取得共有房产的抵押权。

2. 在夫妻一方利用他人冒名配偶以共有房产为贷款设定抵押时，被冒名的配偶事后对抵押贷款合同的追认因损害其他债权人利益而不能发生抵押权生效的结果，但不影响第三人善意取得抵押权。

3. 有独立请求第三人对原被告争议的诉讼标的提出的全部或部分独立请求权应是基于民事实体法律规范产生的一种民事实体权利。普通债权人主张抵押权无效实质是通过否定抵押权人的抵押权排除其执行抵押物实现债权的障碍，并非对抵押物提出独立的实体法权利主张，因而不能成为有独立请求权第三人。

案例索引

一审：江西省景德镇市珠山区人民法院（2013）珠民二初字第102号

二审：江西省景德镇市中级人民法院（2015）景民二终字第29号

再审：江西省高级人民法院（2016）赣民再31号

基本案情

再审申请人（一审原告、二审上诉人）：中国农业银行股份有限公司某支行（以下简称农行某支行）。

被申请人（一审被告、二审被上诉人）：占某芳。

被申请人（一审被告、二审被上诉人）：占某松。

被申请人（一审第三人、二审被上诉人）：蔡某清。

被申请人（一审第三人、二审被上诉人）：胡某香。

农行某支行向一审法院起诉，请求：1. 判令占某芳、占某松归还贷款本息人民币170万元；2. 判令占某芳、占某松承担抵押担保责任，处置贷款抵押物优先偿还贷款本息。

占某芳答辩称，对农行某支行陈述的事实及理由没有异议，承认向农行某支行借款 1700000 元人民币，并进行了抵押。

占某松答辩称，对农行某支行陈述的事实及理由没有异议，抵押属实，希望公平处置抵押物。

蔡某清、胡某香共同答辩称：对农行某支行的第一项诉讼请求没有异议，对第二项诉讼请求有异议。其 2013 年就起诉申请查封抵押物并进入执行，占某芳的行为构成犯罪，已经刑事判决，占某松追认无效，抵押权无效，农行某支行依法不再享有优先受偿权。

2013 年 1 月 16 日，农行某支行与占某芳签订《最高额担保个人借款合同》及附件《同意抵押房产承诺书》，约定占某芳自 2013 年 1 月 16 日起至 2016 年 1 月 15 日（额度有效期）止可以在人民币 170 万元的借款本金额度内向贷款方申请借款，占某芳同意以占某芳本人商品房及商业用房提供最高额 170 万元抵押担保。抵押清单及景房他证字第 0918303 号房屋他项权证载明本案所涉抵押物分别为：1. 位于 ×× 路 ×× 号店面一间，产权人占某芳，产权证号：景房权证私字第 ×× 号；2. 位于景德镇城区 ×× 社区综合楼 × 栋 × 单元 × 室商品房一套，产权人占某芳，产权证号：景房权证私字第 ×× 号；3. 位于 ×× 路 ×× 号 × 栋 × 室商品房一套，产权人占某芳，产权证号：景房权证私字第 ×× 号。该份合同及附件签字页借款人处有占某芳、占某松二人签名，其中占某松签名系占某芳与案外人李某斌通过拍摄照片及相关信息资料，找人伪造占某芳与占某松结婚证和占某松身份证，由李某斌冒名签字，占某松对此不知情。

2013 年 1 月 21 日，占某芳在银行个人借款凭证上签名，该借款凭证中载明：借款日期为 2013 年 1 月 21 日至 2014 年 1 月 20 日，金额为 1700000 元，还款方式为一次性还本按约还息，执行利率 7.5%，逾期利率 11.25%。截至 2014 年 11 月 17 日，占某芳结欠农行某支行借款本金 1700000 元，利息 98068.77 元，共计 1798068.77 元。

占某芳、占某松于 2013 年 3 月 4 日经景德镇市珠山区民政局协议离婚，协议中未涉及婚后财产分割。上述三套抵押房产均系占某芳、占某松婚后购置。

2014 年 2 月，因占某芳未能按期还贷款而导致占某芳、李某斌伪造结婚证、身份证冒名签订本案合同之事案发。一审法院于 2014 年 9 月 15 日判决占某芳犯伪造国家机关证件罪，判处有期徒刑八个月；犯伪造居民身份证罪，判处有期徒刑八个月，决定执行有期徒刑一年。该刑事判决已发生法律效力。

2014 年 5 月 20 日，本案一审诉讼中占某松向农行某支行出具《合同确认书》，内容为："对贵行于 2013 年 1 月 16 日与占某芳所签订的《最高额担保个人借款合同》以及该合同项下之房产抵押约定，本人完全承认此合同约定，并愿承担此合同的权利义务。"同日，农行某支行负责人吴某涌在该《合同确认书》上书写："在不违背法律条款的情况下，我单位同意占某松的合同确认书"。

因占某芳、占某松与蔡某清、胡某香发生民间借贷纠纷，本案所涉三处抵押物经蔡某清、胡某香申请，已于2013年3月25日被法院查封。

裁判结果

一审判决：占某芳、占某松归还农行某支行贷款170万元本金和利息，驳回了农行某支行对三套抵押房产享有抵押权的诉讼请求。

农行某支行上诉。二审判决驳回上诉，维持原判。

农行某支行申请再审。再审判决：撤销一、二审判决，改判占某芳、占某松偿还农行某支行170万元本息，农行某支行对三套抵押房产享有抵押权，可以将抵押房产折价或者拍卖、变卖后所得价款在欠款本息范围内优先受偿。

裁判理由

再审认为，关于农行某支行对抵押房产是否享有抵押权的问题。抵押权设立有效与否属于物权法范畴，但我国物权法并未采纳物权行为无因性理论，虽然物权是否设立不影响物权原因行为效力，但物权原因行为是物权转移的前提和依据，物权原因行为效力如果被否定将导致物权转移的结果行为没有依据，受让人将不能取得物权。因此，要解决该争议问题，首先要分析本案《最高额担保个人借款合同》的效力，并在此基础上进一步分析占某芳授意李某斌冒用占某松名义为其共有房产设定抵押权是否构成无权处分，占某松对借款合同和抵押权的追认能否发生效力、农行某支行能否构成善意取得。

1. 关于抵押借款合同效力如何认定的问题。本案《最高额担保个人借款合同》及其附件《同意抵押房产承诺书》实际包含了两个合同内容，一个是主合同借款法律关系内容，另一个是从合同抵押担保法律关系内容。合同是特定当事人之间达成的协议，只有在该合同上做出意思表示的合同主体才受其约束。本案抵押借款合同中占某芳姓名系其本人所签，占某松姓名系由占某芳找来的李某斌冒名签字。因而，该借款合同和抵押担保合同是否有效要针对占某芳和占某松分别分析。对于占某芳和农行某支行而言，双方签订借款合同和抵押贷款合同是双方的真实意思表示，借款合同是债权债务关系，并没有损害第三人利益，不存在《合同法》第五十二条规定的无效情形。占某芳以自己在共有房产中享有的份额抵押给银行，是依法对自己所享有的物权的处分，同样未损害第三人利益，不违反法律规定，因而无论是主合同借款合同还是从合同抵押担保合同对占某芳、农行某支行都合法有效，双方应当受到该合同约束。但是该合同对于占某松而言，并非占某松的意思表示，合同签订时借款合同和抵押担保合同对占某松未成立。由于李某斌系根据占某芳的授意签字，由此引发的合同权利义务应由占某芳承担。占某芳授意李某斌以冒名方式签字目的是为占某松在共有房产中的份额设定抵押权，处分占某松享有的物权，该处分行为是否有效应根据原《物权法》及其他相关法律判断，其有效与否不影响对借款合同效力的判断。

2. 关于李某斌冒用占某松名义将其共有房产抵押是否构成无权处分的问题。无权处分系无处分权人以自己的名义处分他人财产。本案中李某斌系冒用占某松名义处分他人财产，从形式上看是冒名处分，不是无权处分。但本案有别于一般情况下的冒名处分，特殊之处在于：首先，李某斌冒名占某松系根据占某芳授意，为占某芳利益实施，并非为自己利益实施冒名行为，李某斌行为实际是占某芳的意思表示；其次，本案抵押房产登记在占某芳名下，占某芳授意李某斌冒名占某松系为实现其处分共有房屋中占某松所占份额之目的。因而，李某斌冒名占某松并非典型意义上的冒名处分，李某斌冒名的行为实际上是占某芳处分共有物的具体手段和方式，应当认定李某斌冒名占某松的行为就是占某芳以自己的名义对共有房屋中占某松所占份额的处分行为。由于占某芳的处分没有经过占某松授权，占某芳利用李某斌冒充占某松将共有房产中占某松所占份额用于抵押的行为构成无权处分。

3. 关于占某松追认是否导致抵押贷款合同生效和抵押权生效的问题。在诉讼中占某松出具《合同确认书》，对主合同借款合同而言，该追认系对占某芳以占某松名义与农行某支行之间借款合同这一债权债务关系的确认，该追认不损害第三人利益，未违反法律行政法规的禁止性规定，合同相对方亦认可，因而占某松追认可以发生借款合同对其生效的法律后果。

对于从合同抵押担保合同和抵押权而言，实际上构成真实权利人对无权处分的追认。有关无权处分的追认后果，原《合同法》第五十一条规定了无处分权的人处分他人财产经权利人追认后合同有效。原《合同法》第五十一条系规定在原《合同法》第三章效力一章中，从其在合同法所处的位置可知立法者设立此条款的目的是解决合同效力问题，并非解决物权处分行为效力问题，因而原《合同法》第五十一条不是判断占某松追认是否导致抵押权生效的法律依据。本案存在一个特殊因素是占某芳、占某松的债权人蔡某清、胡某香作为本案无独立请求权第三人对占某松就抵押担保合同和抵押权的追认提出了异议。原《合同法》第七十四条规定，因债务人放弃到期债权或者无偿转让财产，对债权人造成损害的，债权人可以请求人民法院撤销债务人的行为。因蔡某清、胡某香已经加入本案诉讼，对该追认行为提出了异议，本案应对此进行审查。占某松出具《合同确认书》时，蔡某清、胡某香对占某芳、占某松的债权已经法院审理判决确认并进入了执行程序。占某松对抵押合同和抵押权的追认将直接导致用于清偿蔡某清、胡某香财产的减少，占某松的追认与无偿转让财产的后果实际是一样的，从原《合同法》第七十四条规定出发也不能确认占某松追认可以导致抵押权生效的效力。因而，农行某支行能否对占某松在共有房产所占份额取得抵押权取决于其是否符合原《物权法》第一百零六条所规定的善意取得的条件。

4. 关于农行某支行能否构成善意取得的问题。原《物权法》第一百零六条第一款规定了构成善意取得的三个条件，第三款还规定，当事人善意取得其他物权的，参照前两款规定。分析本案农行某支行对占某芳无权处分占某松之财产是否构成善意取得，应当对照法律规定的条件分析。首先要分析农行某支行取得抵押权时是否是善意的。本案抵押房屋系登记在占某芳一人名下，签订合同时占某芳与假冒配偶李某斌共同到场签名，且占某芳按照李某斌的相貌伪造了占某松的身份证、结婚证。上述事实说明农行某支行在对占某芳办理抵押贷款时已经注意到抵押房屋可能存在其他共有人，并要求共有人携带身份证件到场签名，并进行了审查。本案中没有证据显示农行某支行可以对身份证、结婚证的真伪进行有效识别，更没有证据显示农行某支行明知占某松系李某斌冒名，农行某支行在取得抵押权的过程中并无明显过错，可以认定农行某支行是善意的。其次，农行某支行系为发放贷款取得争议房屋抵押权，已经支付了合理代价。再次，本案房屋已经办理了抵押权登记，该登记至今未被撤销。因而，本案农行某支行的行为符合原《物权法》第一百零六条规定的善意取得条件，可以取得抵押房产中占某松所占份额的抵押权。

综上分析，可以得出以下结论：占某芳与农行某支行签订的借款合同合法有效，占某芳以自己在共有房产中所占份额为借款提供抵押担保，是依法对自己所享有的物权的处分，抵押权经登记依法生效。占某芳授意李某斌冒名占某松构成其无权处分占某松在共有房产中的份额。占某松诉讼中的对借款合同的追认依法有效，其应当与占某芳共同对农行某支行贷款本息承担偿还责任。占某松对抵押担保合同和抵押权的追认虽不能发生抵押权生效的法律后果，但农行某支行符合善意取得的条件，可以根据原《物权法》第一百零六条的规定取得共有房产中占某松所占份额的抵押权。三套房产均已在抵押登记机关办理抵押登记，农行某支行可以对三套房产的全部价值取得抵押权。

要旨解析

冒名处分是否适用善意取得，以及冒名处分与无权处分的性质认定是法学界长期争论的疑难问题。本案虽然案情并不复杂，但涉及的法律问题很多，包括冒名处分、无权处分、权利人的追认、善意取得、无独立请求第三人等法律问题，是研究冒名处分、无权处分问题的一个很好案例。限于篇幅，笔者结合本案再审判决，着重就冒名处分是否构成善意取得、冒名处分与无权处分的甄别以及对冒名处分和无权处分追认的效力等问题进行探讨分析。

一、有关冒名处分问题的理论和实践观点梳理

冒名处分一词在我国现行民事法律、司法解释中并未出现，更未有对冒名处分的概念、含义和性质有过法律界定。严格意义上来说，冒名处分并非一个法律规范中的词语，主要在学术理论研究讨论中使用，在司法实践中直接使用冒名处分一词的频率非常低。使用“冒名处分”一词在中国裁判文书网做全文搜索，仅有一份民事判决书使用“冒名处分”一词。但使用“冒名”一词在中国裁判文书网做全文检索，共检索出 2913 个裁判文书。可见，虽然司法实践中使用冒名处分一词极少，但

由冒名引发的纠纷司法实践中并不在少数，对冒名处分相关法律问题进行研究极有必要。

关于冒名处分的含义，笔者认为关键在冒名一词。冒名，顾名思义，是行为人在未经他人允许的情况下冒用他人名义。行为人如果冒用他人名义实施法律行为处分他人动产或不动产即构成冒名处分。由于绝大部分动产物权以占有公示为原则，并不需要登记物权，实践中，行为人对不属于自己的动产在占有后往往可以直接以自己名义处分，而无需冒名处分，因而司法实践中冒名处分动产纠纷十分少见。学术界的研究基本集中于对冒名处分不动产的研究。本文探讨的冒名处分亦限定于行为人冒用他人名义处分他人不动产之情形。

对于冒名处分的法律性质及冒名处分是否可以适用原《物权法》第一百零六条（现为《民法典》第三百一十一条）规定的善意取得制度，学术界争议较大，目前并无统一观点。主要有以下三种观点。第一种观点认为，冒名处分不符合无权代理和表见代理的特征，不能适用无权代理制度和表见代理制度，应当将“无权处分”做广义上的理解，不能仅仅将“无权处分”限定在登记错误的情形，冒名处分构成无权处分，可以适用善意取得。[①] 第二种观点认为，冒名处分并不属于无权处分，无权处分发生的前提系不动产登记错误，冒名处分情形下并未发生登记错误，善意第三人也并非对登记簿内容产生信赖，所以不适用善意取得制度，但冒名处分可以类推适用表见代理制度实现对善意第三人的保护。[②] 第三种观点认为，善意取得制度仅适用于物权公示错误之情形，冒名处分系非法合同和交易，不适用善意取得。[③] 上述观点法理逻辑完全不同。

二、司法裁判应当对冒名处分适用善意取得持审慎态度

笔者认为，上述学术观点从法理上分析各有其合理性，但在司法实务中，法院的司法裁判不能脱离现行立法的规定去对冒名处分的性质及是否适用于善意取得做出判断，在具体案件中司法裁判者与学者这一问题的视角应有所不同。当法律对争议问题没有明确规定，而对相关法律进行解释又无法找到充分的支持理由，特别是法律适用将导致民事主体丧失基本财产权利时，司法裁判对法律的适用要采取审慎的态度。以下，笔者按照这一思路对冒名处分的性质及法律后果进行简要分析。

第一，根据现行相关立法规定的分析，无法得出冒名处分可以构成无权处分这一结论。原《物权法》第一百零六条（现为《民法典》第三百一十一条）是适用善意取得的基本法律依据，该条明确规定善意取得的基本事实前提是“无处分权人将

① 参见王利明：《善意取得制度的若干问题——从一起冒名顶替行为说起》，载《判解研究》2009年第2期。

② 参见郭明龙：《不动产“冒名处分”中善意第三人权益之保护》，载《武汉理工大学学报（哲学社会科学版）》2012年10月第25卷第5期；金印：《冒名处分他人不动产的司法效力》，载《法商研究》2014年第5期。

③ 参见傅鼎生：《不动产善意取得应排除冒名处分之适用》，载《法学》2011年第12期。

不动产或者动产转让给受让人的”。原《合同法》第五十一条使用的“无处分权的人处分他人财产”表述与原《物权法》第一百零六条的表述基本相同。两部民事基本法都未明确无处分权的人处分他人财产是仅指行为以自己名义处分他人财产，还是包括行为人以他人名义处分财产。笔者认为，原《物权法》第一百零六条规定的“无处分权人将不动产或者动产转让给受让人的”，应当理解为仅指无处分权人以自己名义处分他人财产，将其扩大到冒名处分理由不充分。首先在传统民法中，无权处分是指无处分权人以自己的名义处分他人财产。显然按照传统民法无权处分的观点，冒名处分是行为人以他人名义做出法律行为，完全不符合无权处分的形式要求。其次从原《合同法》、原《物权法》相关规定的整体立场和逻辑理解，无权处分不包括冒名处分。对于善意取得的性质，我国法学界的主流观点认为，应为原始取得。“当然善意取得与传统的、典型的原始取得有所不同，即存在一个无权处分行为。由此，作为原始取得的善意取得制度，可以归属于法律拟制的原始取得。”[①] 对于合同效力与善意取得的关系原，原《物权法司法解释（一）》第二十一条规定无效合同和因受让人存在欺诈、胁迫或乘人之危等法定事由被撤销时不能适用善意取得。司法解释的观点虽然没有将处分合同效力与善意取得挂钩，但实际上也认同处分合同效力与善意取得有一定的联系，即不能完全脱离处分合同效力去认定善意取得。在合同效力状态下，根据该条规定列举除外情形倒推，处分合同有效、效力待定或处分合同存在因转让人原因可被撤销等情形时，受让人均有善意取得的条件。合同效力是在合同成立状态下对其拘束力的法律评判，如果合同尚未成立，就不存在讨论其效力的基础。原《物权法》第十五条（现为《民法典》第二百一十五条）确定了物权原因行为与结果行为区分原则，该原则强调合同效力判断与物权处分行为相区分，但并未赋予物权处分行为的独立性。如果作为物权原因行为的合同无效、被撤销，将直接导致物权处分行为丧失依据，因此取得财产也将返还。物权原因行为与结果行为的区分原则是物权法的一个基本原则，第一百零六条所规定的善意取得制度同样不能违背该原则。合同是特定当事人之间达成的协议，合同形成的权利义务关系具有相对性，只有在该合同上做出意思表示的合同主体才受其约束。在冒名处分合同中，被冒名的权利人未在合同中做出意思表示，该合同对权利人并未成立。而冒名人又不是合同记载的主体，因而冒名处分合同对冒名人也没有合同拘束力，该合同对冒名人而言是无效的。在冒名处分合同对被冒名人未成立、对冒名人无效的情况下，受让人的善意取得将失去任何取得物权的原因，此时如果支持受让人善意取得在理论上会让善意取得与其他原始取得没有区别，即将合同效力问题从善意取得的认定中完全排除。因而，虽然原《物权法》第一百零六条未明示排除无处分权人以他人名义处分他人财产可以构成善意取得，但根据物权法的物权原因行为和物权结果

---

① 杜万华主编:《最高人民法院物权法司法解释（一）理解与适用》，人民法院出版社 2016 年版，第 478 ~ 479 页。

行为区分原则、合同效力制度、物权法司法解释等规定可以理解善意取得中的无处分权人处分他人财产仅指无处分权人以自己名义处分他人财产，而不包括冒名处分。

第二，从民事责任的基本原理分析，不能得出冒名处分适用善意取得这一结论。维护物权登记公信力，保护市场交易安全是支持冒名处分构成善意取得观点的一个重要理由。对于现代善意取得制度的来源，理论界并无大的分歧。“善意取得是物权公示公信力的表现形式，而物权公示公信力是以公示信息错误为前提。”① “不动产善意取得以不动产登记具有公信力为基础，毫无疑问。”② 但以此为基点，并不能推论出维护市场交易安全的价值就比保护民事主体不动产所有权的价值更重要这一结论。不动产所有权是民事主体的基本权利，是民事主体赖以生存的基本物质条件，既为宪法所保护，也是物权法等民事法律所追求的基本价值。两者并没有当然的孰重孰轻的评价标准。各国之所以在物权登记公示错误的情况下保护善意第三人利益而非真实权利人的利益，并非两种价值比较的结果。笔者认为，当两者发生冲突时，应当运用民事责任的基本原理去分析。民事责任主要包括合同责任和侵权责任，合同责任以当事人不履行合同义务为基础，侵权责任以当事人存在过错或负有法律上义务为基础。在基于对物权登记公示的信赖之下，法律没有让善意第三人承担登记错误导致的民事责任的理由。在物权登记错误的情形下，真实权利人对登记错误的形成往往是存在过错。登记错误形成后，真实权利人发现登记错误的机会和纠正登记错误途径都要远远大于交易前与该不动产完全无关的第三人。但在冒名处分案件中，物权登记本身并不存在错误，法律上没有可归责于真实权利人的责任事由。真实权利人享有的不动产物权具有对世性，其他人皆有不侵害其物权之义务。对于冒名处分情形下不动产交易的风险，只有参加交易的主体才有可能对风险进行识别，未参与交易的真实权利人显然不会比第三人更能知晓、识别和控制交易风险。在真实权利人没有实施任何积极民事行为，不存在任何过错损害他人利益或对交易主体风险判断构成影响的情况下，要求真实权利人承担并未由其实施的民事行为风险和责任不符合民事责任基本逻辑。保护冒名处分中的善意第三人，并非真实地维护了其对物权登记的信赖，而是未区分民事责任的归责事由，以维护市场交易安全为名将第三人利益与真实权利人利益进行了失衡的比较。这一逻辑违背了承担民事责任的基本原理。

第三，从立法与司法裁判的关系分析，在事关是否保护民事主体不动产所有权这一问题上，当立法者态度不明时，司法裁判应当保持审慎的态度。迄今，物权法、物权法司法解释以及其他相关法律、司法解释、司法政策均没有明确冒名处分情形下是否适用善意取得制度。最高人民法院民事审判第一庭编著的《最高人民法院物权法司法解释（一）理解与适用》在分析实践中常见的“无处分权人将不动产

① 傅鼎生:《不动产善意取得应排除冒名处分之适用》，载《法学》2011年第12期。
② 戴永盛:《论不动产冒名处分的法律适用》，载《法学》2014年第7期。

或者动产转让给受让人”情形时，概括了登记错误、借名登记、抵押物转让、查封、扣押物转让和部分共有人处分共有物等五种情形，其中抵押物转让、查封、扣押物转让仅适用于动产，并未将冒名处分概括其中。说明最高司法机关对待这一问题的态度谨慎。冒名处分是否适用善意取得制度直接影响民事主体所享有的基本财产权利，如果允许将冒名处分情形适用于善意取得，将使得所有民事主体享有的不动产所有权时时处于其无法防范的风险之中。对民事主体的基本财产权利影响如此之大的法律制度适用问题，即使可以适用，也应当以立法的形式明确，在立法者未明确态度前，司法裁判对此应当保持审慎的态度。

三、冒名处分共有不动产与无权处分之甄别

根据前述分析，无权处分系指行为人以自己名义处分他人财产，而冒名处分因行为人以他人名义处分他人不动产，因而冒名处分不属于无权处分。但社会生活和法律关系的复杂，使得冒名处分与无权处分并非可以容易地以行为人行为时的名义作为区分标准。简单地以行为外在表现甄别区分，有时并不能真正厘清当事人之间的法律关系。有些行为外在表现上具有冒名处分的形式特征，但不宜认定为冒名处分，而是实为无权处分。实践中最常见的无权处分纠纷就是部分共有人在未经其他共有人同意的情况下对共有财产的处分，其中又以夫妻共同财产登记在一方名下，登记方未经另一方同意擅自处分。对于此种情况下，善意第三人可以构成善意取得已有相关法律规定。原《民法通则意见》第 89 条、原《婚姻法司法解释（三）》第十一条第一款均有相关规定。上述司法解释并未明确“擅自处分”“未经另一方同意”等行为的具体表现形式。实践中常见的手段和方式包括，不告知第三人不动产属于夫妻共有财产的实情、伪造离婚证隐瞒不动产属于夫妻共同财产的真相、伪造配偶的授权委托书、找人冒充配偶签订合同等等。其中找人冒充配偶签订合同就是本案的情形。理论和实务界在研究冒名处分时，通常将在夫妻一方找人冒充配偶签订合同作为典型的冒名处分，并以此作为研究冒名处分的典型案例。本案中占某芳找来李某斌冒充占某松签订抵押贷款合同也是属于此种情况。再审判决认为，占某芳找李某斌冒充占某松签订抵押贷款合同，形式上是李某斌冒名处分占某松之共有财产，实质上李某斌的冒名行为是占某芳无权处分共有财产的具体手段和方法，本质上构成占某芳无权处分。笔者赞同这种观点。从本案纠纷形成的背景分析可以知道，在房屋登记所有人为占某芳一人的情况下，占某芳之所以找来李某斌冒充占某松，系为实现其将共有房屋抵押之目的，李某斌冒充占某松并非为了通过将他人房屋设定抵押为自己取得贷款，其行为产生的利益完全归属于占某芳。冒名处分中冒名人是基于自己的意思表示通过冒名行为处分他人不动产获得该不动产利益。李某斌在本案中的行为并非其真正的意思表示，而是占某芳的意思表示。李某斌的行为仅是占某芳实现无权处分的一个手段和方法。因而，本案中李某斌的行为虽然外在表现上具有冒名处分的形式特征，但实际上应认定为意思表示人占某芳的无权处分行为。

四、真实权利人对无权处分合同追认的法律后果

权利人对无权处分的追认可以从合同效力和物权两个角度进行分析。原《合同法》第五十一条规定了无处分权的人处分他人财产经权利人追认后合同有效。根据原《物权法》第十五条确立的物权变动的原因行为与物权变动结果的区分原则以及2012年施行的《买卖合同司法解释》第三条（该条已在2020年修正后的《买卖合同司法解释》中被删除）规定的出卖人对标的物是否有处分权不影响合同的效力判断这一法律精神，原《合同法》第五十一条所规定的无处分权人经权利人追认或者取得处分权后该合同有效实际应理解为权利人追认后该处分行为有效。至于合同效力，对于无权处分人与第三人而言，其效力判断取决于合同是否具有合同法规定的无效因素。本案中占某芳与农户新兴支行之间签订抵押贷款合同并不存在无效因素，占某松的追认可以对其发生合同效力。

权利人的对物权处分行为的追认，系基于其对不动产享有的处分权，通常情况下应当肯定追认可以发生确认物权变动的效力。但由于权利人的追认将直接导致其对不动产物权的丧失，如果此种追认将影响到其他人享有的合法权益，则应当依据有关法律规定进行审查，以确认权利人的追认应否得到支持。本案中的一个特殊情形是占某松的追认系在诉讼中发生，本案诉讼中占某芳、占某松的另案债权人蔡某清、胡某香已经作为无独立请求权第三人加入本案诉讼，对农行某支行的抵押权提出了异议，占某松的追认将导致其用以清偿蔡某清、胡某香财产的减少，直接影响蔡某清、胡某香的利益。此种情形完全符合原《合同法》第七十四条的规定，虽然本案不是蔡某清、胡某香提出的撤销之诉，但在蔡某清、胡某香已经加入本案诉讼的情况下，完全可以依据该条规定对追认的物权效力予以否定。

综上，法律虽然对于冒名处分问题未作出明示的排除适用，但从法律规定的整体理解和法理分析，冒名处分不属于无权处分。冒名处分影响民事主体享有的基本财产权利，在立法未明确态度前，司法裁判对于冒名处分适用善意取得制度应持审慎态度。在实践中，应注意甄别形式上具有冒名处分的特征，但实为无权处分的行为，对于仅具有冒名处分形式特征，但实为无权处分的行为，可以适用善意取得。

编写人：龚雪林

再审合议庭成员：龚雪林　刘晓雯　吕淑瑾

2. 对非证券公司作为受托人的委托理财合同中的保底条款不宜简单进行否定性评价

——黄某程与赵某委托理财合同纠纷二审案

裁判要旨

非证券公司作为受托人的委托理财合同中，委托方与受托方有权自愿约定收益比例的分享以及由委托方独自承担风险的条款，如该保底条款没有违背商务活动的本质，符合民事法律关系所遵循的契约自由、意思自治、权利和义务相一致的原则，且没有违反现行法律、行政法规的强制性规定，应当认定其有效。

案例索引

一审：江西省九江市中级人民法院（2014）九中民一初字第 102 号

二审：江西省高级人民法院（2016）赣民终 130 号

基本案情

上诉人（原审原告）：黄某程。

上诉人（原审被告）：赵某。

黄某程向一审法院提出诉讼请求：判令赵某按约定向黄某程支付 2300 万港币。

黄某程在香港以其本人及妻子邱某华的名字开设股票交易账户，户名分别为:（1）黄某程，开户单位：凯基证券亚洲有限公司，账户号码：1-00-*******-7;（2）邱某华，开户单位：中国银行（香港）有限公司，账户号码：012-***-63-*****-1（以上统称为交易账户）。该两个交易账户均由黄某程实际控制并享受收益、处分权，但因其没有意向和时间精力参与 H 股投资，对 H 股也没有足够的分析判断能力，故由具有丰富的证券股票交易经验和市场分析判断能力的赵某参与 H 股交易投资。双方于 2012 年 11 月 10 日就合作投资 H 股股票交易事项达成《合作投资协议书》，约定赵某承诺在合作期限内黄某程的保底收益每月不低于 5%，如果交易盈利，收益超过 5% 的部分，双方按照 8 : 2 的比例分成并在合作期满一个月内结算并付讫。该协议还约定了合作项目与方式、合作期限、结算与收益分配等内容。在签订《合作投资协议书》后，黄某程按照赵某指令共计买入 00007.HK 股票 1186.4 万股，买入支出共计 16397137.78 港元。购入上述股票后，赵某即不再指示黄某程交易，黄某程向赵某催告要求指示交易，赵某亦未回复。黄某程于 2014 年 10 月 14 日至 2014 年 12 月 10 日期间，通过本人账户卖出 00007.HK 股票

1217 万股（包括其于协议之前购买的 264.6 万股），卖出收入为 13651116.76 港元；2014 年 10 月 13 日，通过邱某华的账户卖出 00007.HK 股票 234 万股，卖出收入为 3137503.84 港元。黄某程、赵某一直未结算，后黄某程诉至法院，要求赵某按约定向其支付 2300 万港元，并负担本案诉讼费。

裁判结果

一审判决：一、赵某于判决生效之日起十五日内向黄某程支付 2576541.25 港元，并按照中国人民银行同期同类贷款利率计算利息，从 2014 年 12 月 10 日起计算至付清之日；二、驳回黄某程的其他诉讼请求。

黄某程与赵某均不服，提起上诉。二审判决：一、维持一审判决第二项；二、变更一审判决第一项为赵某于判决生效之日起十五日内向黄某程支付 2850931.56 港元，并自 2013 年 2 月 9 日起按中国人民银行同期同类贷款利率计付利息至款项付清之日止；三、赵某于判决生效之日起十五日内向黄某程支付本案香港证据认证费 10250 港元。

裁判理由

二审认为，黄某程与赵某之间签订的《合作投资协议书》符合民间委托理财法律关系的特征，协议属于非证券公司作为委托人的有保底条款的委托理财合同，目前现行法律、法规尚未作出否定性评价，该协议中的保底约定系双方当事人意思自治的表现，并未违背权利和义务相一致的原则，亦没有违背商务活动的本质，《合作投资协议书》《补充协议》应为合法有效。主要理由有：

（一）在双方所签《合作投资协议书》中，黄某程与赵某约定，由黄某程提供交易账户和资金，赵某负责研判市场并指令交易，合作进行 H 股交易。在之后的合作中，涉案的两个交易账户均由黄某程实际控制，即黄某程及其妻子邱某华名下的资金或证券资产所有权掌握在黄某程手里，并未发生转移。因此，双方的合作符合民间委托理财的特征，一审判决认定黄某程与赵某之间系民间委托理财关系正确。

（二）《合作投资协议书》《补充协议》的签约主体黄某程与赵某均系自然人，且有保底约定，属于非证券公司作为受托人的有保底条款的委托理财合同。我国现行法律、行政法规尚未对受托人为特定金融机构以外的委托理财合同的保底条款作否定性规定，故《合作投资协议书》中关于在合作期限内黄某程的保底收益每月不低于 5% 的约定，并没有违反法律、行政法规的强制性规定。

（三）《合作投资协议书》的有关保底的约定符合民事法律关系所遵循的契约自由、意思自治原则。委托方黄某程与受托方赵某有权通过自愿约定收益比例的分享以及由委托方独自承担风险这种方式，来确定双方的权利义务。这种约定是当事人行使私权的体现，只要不违反法律规定，不损害国家和社会公共利益，就应得到尊重。

（四）《合作投资协议书》及《补充协议》亦未违背权利和义务相一致的原则。凡商业活动均有一定风险，赵某既与黄某程约定了保底条款，必然在事前已对可能出现的后果予以了充分考虑并决定承担。本案中，赵某在未投入任何资金的情况下，借助黄某程的资金和证券交易账户进行经营并希望盈利。按照市场运行规则，如经营获利，赵某享有依约定取得高收益的权利，如经营失败，则负有依约定承担高风险的义务。故上述保底约定也没有违背商务活动的本质。

要旨解析

委托理财是指委托人与受托人约定，由委托人将自己所有或募集的资金、证券等金融性资产，交由受托人掌握并由受托人在证券、期货等金融市场从事营利性投资的经营活动，以获取经济利益的行为。[①] 按照受托人的主体特征不同，委托理财可分为金融机构委托理财和民间委托理财。其中，民间委托理财是指由非金融机构作为受托人的委托理财形式。本案中，《合作投资协议书》约定赵某接受黄某程的委托，操作以黄某程及其妻子名义开设的账户进行交易，对利润按一定规则进行划分，符合委托理财合同的法律特征。

保底条款是委托理财合同中较为重要的内容，也是当事人双方以意思自治的形式对受托行为所设定的一种激励和约束机制，通常是指委托人向受托人作出的保证受托人的投资本金不受损失，无论盈亏均可收回其出资和收取利润的条款。实践中，保底条款大体可以分为保证本息固定回报条款、保证本息最低回报条款和保证本金不受损失条款，案涉《合作投资协议书》中关于赵某保证黄某程的保底收益每月不低于5%，超过5%的部分双方按照8∶2的比例分成的条款即属于保证本息最低回报条款。无论采取何种形式的条款，不承担经营亏损的责任和风险都是保底条款的基本特征。目前，在金融委托理财中，从事委托理财业务的金融机构主要有证券公司、信托公司、基金公司等，根据《证券法》第一百四十四条关于"证券公司不得以任何方式对客户证券买卖的收益或者赔偿证券买卖的损失作出承诺"的规定，证券公司委托理财合同中的保底收益条款应认定为无效。但对于受托人主要是投资咨询公司、自然人的民间委托理财，现行法律尚未明确规定该类合同中保底条款的效力。笔者认为对民间委托理财合同中的保底条款，不宜一概认定为无效，理由如下：

首先，此类委托理财合同中的保底条款并不违反法律和行政法规的强制性规定。我国现行的法律法规尚没有对受托人除特定金融机构以外的委托理财合同的保底条款作出否定性规定。根据《民法典》第五百零二条、五百零八条的规定，依法成立的合同，自成立时生效。违反法律、行政法规强制性规定的民事法律行为无

① 颜火开、王文忠：《论委托理财合同风险责任条款的效力》，载《人民司法（应用）》2008年第19期。

效。虽然我国有关法律法规对特定的金融机构受托人承诺保底收益的行为加以了禁止，但并未明确禁止非金融机构从事委托理财业务，对于受托人是自然人的民间委托理财，只要其不违反《民法典》以及国家金融法规的禁止性规定，当事人之间基于信任建立起来的委托关系就应得到尊重。

其次，此类委托理财合同中的保底条款并不违背权利和义务相一致原则。在委托理财关系中，由于委托人专业知识的匮乏，受托人基本都是全权负责处理相关事务，其在享有较大权限的同时也承担着较大的责任。而凡是商业活动均有一定风险，受托人既然与委托人约定了保底条款，必然在事前已对可能出现的后果予以了充分考虑并决定承担。受托人在未投入任何资金的情况下，借助委托人的资金和证券交易账户进行经营并希望盈利，如果受托人经营方式和策略得当，将会在本身不投入任何资金的情况下获取一定数额甚至是相当数额的高回报。如果受托人的经营失败，则负有依约定承担高风险的义务。这两种结果都是市场运行规则导致的结果，并无对任何一方当事人不公平的现象存在。

再次，此类委托理财合同中保底条款的约定，符合民事法律关系所遵循的契约自由，意思自治原则。委托方和受托方在委托理财合同中有权通过自愿约定的方式来确定双方的权利义务，此种关于收益比例的分配以及由受托方独自承担风险的约定是当事人行使私权的体现，只要该约定不违反法律规定，就应基于契约自由的原则得到法律的尊重，而不是轻易地打破合同的稳定性。

基于上述分析，笔者认为，随着我国经济的不断发展，委托理财现象将会越来越普遍地出现在我们的生活当中，在审判实践中不能仅以保底条款排除了委托人的商业风险系违背民法中的公平原则为由轻易否定此类委托理财合同中保底条款的效力。在法律、法规缺乏强制性规定的情况下，应综合考虑是否有利于市场经济发展、是否背离商务活动本质、是否符合市场运行规则、是否有利于公平公正地维护各方当事人利益等角度进行综合判断。二审法院认定《合作投资协议书》中的保底约定有效正确。

编写人：蔡　静

二审合议庭成员：段亦枫　李　平　陈　慧

3. 未经预告登记权利人同意债权人在房产上设立抵押权的行为不发生物权效力

——张某洪等人与中国某资产管理股份有限公司江西省分公司等金融借款合同纠纷二审案

裁判要旨

在房屋办理预告登记后，债权人未经预告登记的权利人同意在该房产上设立抵押权的行为不能发生物权效力。

案例索引

一审：江西省上饶市中级人民法院（2015）饶中民二初字第83号

二审：江西省高级人民法院（2017）赣民终152号

基本案情

上诉人（原审被告）：张某洪。

上诉人（原审被告）：沈某昭。

上诉人（原审被告）：徐某。

上诉人（原审被告）：杨某华。

上诉人（原审被告）：郑某珍。

被上诉人（原审原告）：中国某资产管理股份有限公司江西省分公司（以下简称资产管理公司）。

原审被告：弋阳县某房屋建筑工程有限公司（以下简称建筑公司）。

原审被告：江西某房地产开发有限责任公司（以下简称房地产公司）。

资产管理公司一审诉讼请求：1. 判令建筑公司归还借款本金1440万元及截至还清款项之日止的利息；2. 判令资产管理公司对房地产公司、张某洪、沈某昭、徐某、杨某华、郑某珍提供的抵押物享有优先受偿权。

2014年4月30日，工行上饶信州支行与建筑公司签订《小企业借款合同》，约定：建筑公司向该行借款1440万元，房地产公司、张某洪、徐某、杨某华为该借款提供担保。该合同对应的最高额抵押合同中的担保人分别是房地产公司、张某洪、徐某、杨某华。2014年4月25日，工行上饶信州支行与抵押人张某洪、徐某、杨昌华办理了抵押登记手续并办理他项权证。2014年5月5日，工行上饶信州支行向建筑公司发放贷款人民币1440万元。

一审法院审理期间，工行上饶信州支行与资产管理公司于2015年9月25日签订《债权转让协议》，工行上饶信州支行将其享有的对本案建筑公司的债权及相应担保的从权利转让给资产管理公司，并于2015年11月19日在江西日报进行了公告。一审法院依法裁定将原告变更为资产管理公司。

张某洪、沈某昭、徐某、杨某华、郑某珍用于抵押的房产因产权争议，案外人陈某军、张某娟、唐某勇、邬某军等分别向湖南省永州市零陵区人民法院提起行政诉讼，主张撤销登记在张某洪、徐某、杨某华名下的房屋所有权证。该院经审理均作出撤销东安县房产局颁发给徐某、张某洪、杨某华的房屋所有权证的行政判决，后湖南省永州市中级人民法院二审维持了该行政判决。湖南省永州市东安县房管局分别为唐某勇、张某娟、邬某军办理了预购商品房预告登记及抵押权预告登记。后经湖南省永州市中级人民法院二审予以维持。湖南省永州市东安县房管局分别于2014年4月4日、2013年6月4日、2013年5月23日为唐某勇、张某娟、邬某军办理了预购商品房预告登记及抵押权预告登记。

裁判结果

一审判决：一、建筑公司于判决生效之日起七日内归还资产管理公司借款本金1440万元及自2014年5月5日起至款项还清之日止按合同约定利率计算的利息；二、资产管理公司对房地产公司所有的商铺拍卖、变卖所得的价款在人民币1573万元内优先受偿；三、资产管理公司对张某洪、沈某昭、杨某华、郑某珍、徐某所有的房产拍卖、变卖所得价款在人民币1200万元内优先受偿。

张某洪、沈某昭、徐某、杨某华、郑某珍均不服，提起上诉。二审判决：一、维持一审判决第一项、第二项；二、撤销一审判决第三项；三、房地产公司承担担保责任后有权向建筑公司追偿；四、驳回资产管理公司其他诉讼请求。

裁判理由

二审认为，2014年4月25日，原债权人工行上饶信州支行与抵押人张某洪、徐某、杨某华在湖南省永州市东安县房地产管理局办理了抵押登记手续，原债权人工行上饶信州支行取得了相应的他项权证。虽然他项权证载明的他项权利种类为抵押权，但抵押方式明确为最高额抵押。不管原债权人工行上饶信州支行办理抵押登记手续出具的函件内容是否明确，相关的合同是否在登记部门备案，均不能推翻本案约定的抵押物在湖南省永州市东安县房地产管理局已经办理了抵押登记手续的事实。张某洪、沈某昭、徐某、杨某华、郑某珍关于抵押权未设立的上诉理由不能成立。由于张某洪、沈某昭、徐某、杨某华、郑某珍提供抵押的房产存在产权争议，分别登记在张某洪、徐某、杨某华名下证号为东房权证白牙市镇字第××号、××号、××号、××号、××号的房产所有权证已经被湖南省永州市零陵区人民法院作出的生效行政判决书所撤销。其中编号为东房他证白牙市镇字第 ×× 号、第 ×× 号他项权证也已经为生效判决所撤销。编号为东房他证白牙市镇字第 ××、××、×× 他项权证目前虽然尚未撤销，但对应的房产均在本案 2014 年 4 月 25 日办理抵押他项权证之前办理了购房预告登记及抵押预告登记，根据《物权法》第二十条的规定，预告登记后，未经预告登记的权利人同意，处分该不动产的，不发生物权效力。原债权人在房屋已经预告登记后，未取得预告登记权利人的同意在该房产上设立抵押权的行为不能发生物权效力。综上，张某洪、沈某昭、徐某、杨某华、郑某珍关于资产管理公司对抵押房产不享有抵押优先受偿权的上诉理由应予支持。

要旨解析

预告登记是相对于本登记而言的一种不动产登记。本登记指的是作为不动产物权公示方法的登记，而预告登记通常是在本登记无法办理时，当事人为保障将来取得物权而办理的临时登记。[①]《民法典》第二百二十一条吸收了原《物权法》第二十条的规定对预告登记进行规制，其主要内容与物权法基本一致。

《民法典》第二百二十一条第一款对预告登记制度规定如下："当事人签订买卖房屋的协议或者签订其他不动产物权的协议，为保障将来实现物权，按照约定可以向登记机构申请预告登记。预告登记后，未经预告登记的权利人同意的，处分该不动产的，不发生物权效力。"由此，预告登记并非创设物权，而是一种不动产登记制度，其目的是添附预期物权，是将来发生不动产物权变动的请求权。预告登记的实质作用在于限制现实登记的权利人行使处分权，而非直接赋予预告登记的权利人以担保物权。债权人可以享有产权已过户后的部分权利，包括可以对抗前手抵押权人行使抵押权，司法机关不能将已进行预告登记的不动产当作出卖方的财产进行强制执行。预告登记是双方当事人的合意行为，当事人可以申请进行预告登记，也可以不申请预告登记。预告登记适用于所有不动产交易，不仅包括了商品房买卖，还包括国有土地使用权的有偿转让、房地产开发项目的整体转让等。

不动产登记制度中的预告登记的法律效果为保全一项以将来发生不动产物权变动为目的的债权请求权的实现。其最主要的特征是未经预告登记的权利人同意，对预告登记标的物的处分行为不发生物权变动效力。预告登记的适用范围是当事人签订门面房屋的协议或者签订其他不动产物权的协议，具体在《不动产登记暂行条例实施细则》（2019 年修正）第八十五条中有详细规定，即"有下列情形之一的，当事人可以按照约定申请不动产预告登记：（一）商品房等不动产预售的；（二）不动产买卖、抵押的；（三）以预购商品房设定抵押权的；（四）法律、行政法规规定的其他情形。"

---

① 最高人民法院民事审判第二庭：《最高人民法院民法典担保制度司法解释理解与适用》，人民法院出版社 2021 年版，第 453 ~ 454 页。

《〈民法典〉物权编司法解释（一）》第四条规定："未经预告登记的权利人同意，转让不动产所有权等物权，或者设立建设用地使用权、居住权、地役权、抵押权等其他物权的，应当依照《民法典》第二百二十一条第一款的规定，认定其不发生物权效力。"由此可知，未经预告登记权利人同意，虽然转让不动产所有权或设立担保物权的合同并不因此而无效，但物权变动相对于预告登记权利人无效。预告登记对权利人的处分权进行限制的目的是保障相对人将来实现物权。本案中，原债权人工行上饶信州支行与抵押人张某洪、徐某、杨某华于2014年4月25日办理抵押登记手续，原债权人工行上饶信州支行取得了他项权证。但因张某洪、沈某昭、徐某、杨某华、郑某珍提供抵押的房产存在产权争议、部分他项权证已经为生效判决所撤销，但对应的房产均在办理抵押他项权证之前办理了购房预告登记及抵押预告登记，二审法院根据当时有效的原《物权法》第二十条（现为《民法典》第二百二十一条）之规定认定该房产上设立抵押权的行为不发生物权效力正确，《民法典》也相应地沿用了这一精神。

编写人：蔡　静

二审合议庭成员：赵建艳　周　辉　汪娣娣

4. 开发商以虚假商品房买卖合同套取贷款，应按借款合同约定对商品房按揭贷款承担连带清偿责任

——上海浦东发展银行某分行与吕某秋、张某斐、江西庐山某投资开发有限公司金融借款合同纠纷二审案

裁判要旨

1. 以签订《商品房买卖合同》的形式骗取银行贷款，不具有购买、出售商品房的真实意思，系以合法形式掩盖非法目的，《商品房买卖合同》无效。

2. 借款是独立于购房的意思表示，且发生在不同主体之间，两个合同之间并不具有从属关系，《商品房买卖合同》无效不会当然导致后者无效。

3. 金融机构依照购房借款合同的约定将款项汇入开发商账户，是向购房人履行合同义务的行为，购房人作为借款人应当对借款承担清偿责任。开发商根据合同约定，对该笔借款承担阶段性连带保证责任，在房屋未完工而不满足办理抵押登记手续的条件下，其阶段性连带保证责任未达到解除条件，应当对商品房按揭贷款承担连带清偿责任。

案例索引

一审：江西省九江市中级人民法院（2011）九中民一初字第 38 号

二审：江西省高级人民法院（2017）赣民终 281 号

基本案情

上诉人（原审原告）：上海浦东发展银行某分行（以下简称浦发银行某分行）。

被上诉人（原审被告）：吕某秋。

被上诉人（原审被告）：张某斐。

被上诉人（原审被告）：江西庐山某投资开发有限公司（以下简称投资公司）。

浦发银行某分行一审诉讼请求：1. 吕某秋、张某斐归还贷款本金及利息（自 2011 年 7 月起至贷款本金归还之日止）共计 200 万元；2. 投资公司对上述款项承担连带保证责任；3. 确认浦发银行某分行享有天地星墅第 ×× 栋别墅的抵押权。

2010 年 2 月 26 日，投资公司与吕某秋签订《商品房买卖合同》约定吕某秋向投资公司购买“天地星墅”第 ×× 栋别墅。同年 3 月 11 日，在吕某秋未支付首付款的情况下，投资公司出具收据，载明收到其付款 188.0843 万元。2010 年 3 月 10 日，

浦发银行某分行（甲方）与投资公司（乙方）签订《商品房担保贷款协议书》，约定由浦发银行某分行向购房人提供个人住房贷款，投资公司愿意为购房人向浦发银行某分行提供阶段性保证担保。2010 年 3 月 19 日，吕某秋与浦发银行某分行签订《个人购房借款（综合）合同》，约定浦发银行某分行提供贷款 180 万元给吕某秋用于购房，并将该笔贷款转入吕某秋指定的投资公司在浦发银行某分行的账户内。另吕某秋与浦发银行某分行签订《个人借款合同之补充合同》，就贷款人受托支付方式、抵押物担保人和保证担保人等进行确认。合同签订后，浦发银行某分行于同年 4 月 9 日将 180 万元贷款汇入投资公司账户。自 2010 年 5 月 10 日至 2016 年 3 月 10 日共计还款 71 期，投资公司归还了 24.9019 万元，吕某秋归还了 95.8816 万元。吕某秋为避免个人征信出现不良记录，此后仍继续归还贷款本金及利息。

2010 年 3 月 10 日，浦发银行某分行（甲方）与投资公司（乙方）签订《商品房担保贷款协议书》约定，浦发银行某分行意向性同意向投资公司投资该商品楼宇的购房人提供个人住房贷款，投资公司愿意为购房人向浦发银行某分行提供阶段性保证担保。浦发银行某分行在投资公司取得商品房预售许可证或已办理新建商品房产权初始登记后，向购房人提供 10000 万元额度以内的个人住房贷款，投资公司为购房人（借款人）向浦发银行某分行提供连带责任保证担保。投资公司应按照借款人（购房人）向浦发银行某分行申请的住房贷款总金额的 10% 提取担保保证金并划入“担保保证金专户”，该专户内资金作为质物向浦发银行某分行提供质押担保，双方不再另行签订保证金质押合同。浦发银行某分行就质物享有第一顺位的优先受偿权。浦发银行某分行按贷款金额的 10% 收取了投资公司的保证金 18 万元。

投资公司自 2004 年起在星子县温泉开发区开发建设“天地星墅”别墅 ×× 栋均属于在建工程，已获得商品房预售许可证。由于公司经营管理不善，“天地星墅”别墅群工程已于 2011 年停工。别墅项目的土地使用权被法院查封。一审法院执行局在执行过程中发现买卖合同中只有两栋别墅的房款入账，有四栋别墅系假按揭骗贷，目前分别登记备案在吕某秋、姜某、邵某义、夏某艳名下，经审计查明，投资公司与该四人所签合同未支付首付款而出具发票，且价格明显高于正常销售价，浦发银行某分行南昌分行贷款款项由投资公司使用。

裁判结果

一审判决：一、投资公司于判决生效后十日内返还浦发银行某分行 59.2164 万元；二、吕某秋承担投资公司不能返还部分 30% 的赔偿责任；三、驳回浦发银行某分行的其他诉讼请求。

浦发银行某分行不服，提起上诉。二审判决：一、撤销一审判决；二、吕某秋应于判决生效十日内偿还浦发银行某分行借款人民币 96.75 万元，并支付相应利息；三、投资公司对二审判决第二项吕某秋的给付义务承担连带清偿责任；四、驳回浦发银行某分行其他诉讼请求。

裁判理由

二审认为，《个人购房借款（综合）合同》是经过正当程序订立的独立合同，与《商品房买卖合同》不具有从属关系，也无证据证明浦发银行某分行参与骗贷行为，浦发银行某分行作为被欺诈方亦未行使撤销权，《个人购房借款（综合）合同》依法有效，吕某秋作为借款人对借款本息应当承担清偿责任，投资公司作为保证人承担连带清偿责任。理由如下：

（一）吕某秋与投资公司签订《商品房买卖合同》是为了骗取银行贷款，不具有购买、出售商品房的真实意思，系以合法形式掩盖非法目的，《商品房买卖合同》无效。但是，借款是独立于购房的意思表示，且发生在不同主体之间，《商品房买卖合同》无效仅导致《个人购房借款（综合）合同》的担保物发生变化，两个合同之间并不具有从属关系，前者无效不会当然导致后者无效。浦发银行某分行在签订《个人购房借款（综合）合同》过程中，审查了吕某秋的首付款收据和工作及收入证明材料，吕某秋也在相应的借款表格和笔录上签名确认相关情况，浦发银行某分行已履行了必要的审查义务。现有证据不能证明投资公司和吕某秋将骗贷情况告诉了浦发银行某分行，也不能证明浦发银行某分行知道或应当知道骗贷行为的存在，银行是被欺诈的一方。吕某秋与投资公司恶意串通骗取贷款，扰乱金融秩序，并不能导致吕某秋与被欺诈的浦发银行某分行之间的《个人购房借款（综合）合同》无效。浦发银行某分行作为被欺诈方，亦未行使撤销权，因此《个人购房借款（综合）合同》合法有效。

（二）吕某秋是《个人购房借款（综合）合同》的借款人，浦发银行某分行将180万元借款汇入投资公司账户，是向吕某秋履行合同义务的行为，吕某秋应当对借款承担清偿责任。投资公司根据合同约定，对上述借款承担阶段性连带保证责任，现因房屋未完工，不满足办理抵押登记手续的条件，其阶段性连带保证责任未达到解除条件，应当对因《个人购房借款（综合）合同》产生的所有债务承担连带清偿责任。

（三）浦发银行某分行提出的请求为合同提前到期，应当按照合同履行还款义务，即按照等额本金还款法分20年240期还款，每期归还本金7500元，截至2017年7月10日已归还87期，本金共计归还65.25万元，期间产生利息76.31万元，因5期迟延还款产生罚息3236.51元。归还上述款项后，尚欠借款本金11.475万元。浦发银行某分行在给吕某秋办理贷款的过程中，按贷款金额10%向开发商收取了保证金，用于对借款人归还贷款的担保。浦发银行某分行称保证金是对投资公司整个项目的担保，但从浦发银行某分行和投资公司签订的《商品房担保贷款协议书》中关于保证金的约定并没有相关约定。按照《商品房担保贷款协议书》的约定，保证金按借款数额“逐笔划入担保保证金专户”，并且保证人“在所承担的某一借款人的保证责任履行结束后，便可动用该借款人的担保保证金”，与借款高度相关，应当认定为是对特定借款的担保。即浦发银行某分行在办理吕某秋贷款过程中扣划的

10%计180万元的保证金为对吕某秋还款责任的担保。本案浦发银行某分行已起诉投资公司承担连带保证责任，保证金应直接冲抵债务。

要旨解析

在《民法典》实施以前，对于合同无效的法定情形主要由原《合同法》第五十二条进行规制，其中就包括了“以合法形式掩盖非法目的”导致合同无效的内容。以合法形式掩盖非法目的，是指当事人实施的行为在形式上是合法的，但在缔约目的和内容上是非法的。[①] 以合法形式掩盖非法目的的合同中所谓的非法目的应是合同双方当事人的共同目的，是双方的当事人通谋的结果，或者说是双方当事人共同明知或应当知道的，而非单独某一方的目的。《民法典》施行以来，虽然取消了“以合法形式掩盖非法目的”导致合同无效的情形，但本案可以适用《民法典》第一百四十六条第一款关于“行为人与相对人以虚假的意思表示实施的民事法律行为无效”的规定进行规制。法律之所以要对通过虚假表示实施的民事法律行为的效力予以否定，是因为这一“意思表示”所指向的法律效果并非双方当事人的内心真意，双方对此相互知晓，如果认定其为有效，有悖于意思自治的原则[②]。本案中，吕某秋是《个人购房借款（综合）合同》的借款人，浦发银行某分行将借款汇入投资公司账户是向吕某秋履行合同义务的行为，该180万元贷款汇入了吕某秋指定的投资公司账户并实际由投资公司使用。吕某秋与投资公司系以签订《商品房买卖合同》的形式套取浦发银行某分行贷款。该合同不具有购买、出售商品房的真实意思，投资公司与吕某秋亦对此予以认可，二审法院根据当时有效的《合同法》第五十二条进行判决，认定《商品房买卖合同》因以合法形式掩盖非法目的而无效，亦符合《民法典》相关规定精神。

《民法典》第一百四十六条第二款规定：“以虚假的意思表示隐藏的民事法律行为的效力，依照有关法律规定处理。”实践中，在存在虚伪表示时，往往也同时存在着隐藏行为，而该虚伪表示背后隐藏的民事法律行为，往往体现的是双方当事人的真实意思表示，在原则上不应该否定其效力。也就是说，如果这种隐藏行为本身符合法律关于民事法律行为的生效要件，则该行为可以生效。回到本案中，《借款合同》与《商品房买卖合同》系分别发生于不同主体之间的合同，不具有从属关系，借款系独立于商品房买卖的意思表示，《商品房买卖合同》的无效并不会当然导致《借款合同》无效。

本案采取的是开发商进行阶段性保证的担保方式，系当前商品房交易中经常采用的担保方式之一，即房产开发商仅对自按揭贷款合同生效之日起至购房人取得房屋产权证明、办理抵押权登记并将房屋他项权证等其他相关凭证交至银行保管之日止的购房者应还借款本息提供保证。采用该种方式，金融机构能较好地保障信贷资金的安全、控制自身风险。实践中，房产开发商对金融机构承担保证责任的方式和形式多

---

① 崔建远：《合同法（第五版）》，法律出版社2010年版，第103～104页。

② 黄薇：《中华人民共和国民法典释义》（上），法律出版社2020年版，第288页。

样，可能体现在商品房按揭贷款合同的保证条款中，也可能呈现为单独的保证合同的形式。对房产开发商的保证方式多为连带保证，如果借款人（买受人）未能按照按揭贷款合同约定偿还贷款本息及相关费用，金融机构有权要求房产开发商承担连带清偿责任。房产开发商保证的范围一般包括按揭贷款本金及利息、罚息，借款人（买受人）的违约金、损害赔偿金和银行实现贷款债权而发生的实际费用等。

对于房产开发商的法律地位，《商品房买卖合同司法解释》（2020 年修正）有明确规定，其中，第二十二条规定："买受人未按照商品房担保贷款合同的约定偿还贷款，亦未与担保权人办理不动产抵押登记手续，担保权人起诉买受人，请求处分商品房买卖合同项下买受人合同权利的，应当通知出卖人参加诉讼；担保权人同时起诉出卖人时，如果出卖人为商品房担保贷款合同提供保证的，应当列为共同被告。"第二十三条规定："买受人未按照商品房担保贷款合同的约定偿还贷款，但是已经取得不动产权属证书并与担保权人办理了不动产抵押登记手续，抵押权人请求买受人偿还贷款或者就抵押的房屋优先受偿的，不应当追加出卖人为当事人，但出卖人提供保证的除外。"根据上述规定，买受人未按照商品房担保贷款的约定偿还贷款时，房产开发商可能要作为诉讼参与人来承担商品房担保贷款合同的担保责任。

在阶段性保证这种担保形式中，保证责任的解除以办妥抵押登记为条件，抵押登记未完成之前，保证人的保证责任不能解除，故阶段性保证合同为附解除条件的合同。在个人购房贷款合同纠纷案件中，金融机构作为贷款人，为了最大限度地保障债权实现，往往会在合同中约定房屋抵押登记办妥之前，房产开发商对买受人（借款人）的借款承担连带保证责任。此时，抵押生效保证责任则可解除，抵押未生效的，房产开发商仍要承担保证责任。

金融机构具有要求抵押人办理抵押登记的权利，也负有积极办理抵押登记的义务。在办理抵押登记的条件已经成就时，从维护自身债权安全的角度，金融机构应及时行使权利，不能因为有开发商提供阶段性担保的兜底而怠于督促抵押人办理登记。在具备物权登记条件情况下，购房人有义务协助贷款银行办理商品房抵押登记，开发商亦应督促购房人办理抵押登记。在商品房抵押登记完成后，抵押权方依法设立，银行才能作为抵押权人对商品房行使优先受偿权，开发商因保证期间届满而免除保证责任。

商品房按揭贷款往往涉及贷款银行、开发商、购房人三方利益，商品房担保贷款合同与商品房买卖合同亦相互牵连，若商品房已经具备抵押登记条件而因购房人原因未能完成正式登记，将导致银行对商品房的抵押权未能依登记而及时设立，开发商提供阶段性担保的保证期间被不当延长，购房人亦将面临开发商以购房人违约为由解除商品房买卖合同而导致其无法获取商品房溢价收益的不利局面，影响到交易安全和合同稳定。

编写人：蔡　静
二审合议庭成员：黄训荣　王慧军　魏　巍

5. 债权受让人对其因受欺诈而签订的债权转让合同有权请求撤销

——陈某星与肖某富、赣州某房地产开发有限公司、王某、赣州某典当有限责任公司债权转让合同纠纷二审案

裁判要旨

债权转让中，原债权人、债务人向债权受让人隐瞒了转让的债权债务真实信息，且债务人对债权受让人作出虚假承诺，原债权人、债务人的行为构成欺诈，足以使债权受让人陷入错误认识，即认为其所受让的债权真实并依法受法律保护，从而做出受让债权的意思表示。债权受让人因受欺诈而违背真实意思受让债权，其依法有权请求人民法院予以撤销。

案例索引

一审：江西省赣州市中级人民法院（2016）赣07民初7号

二审：江西省高级人民法院（2018）赣民终100号

基本案情

上诉人（原审被告）：肖某富。

上诉人（原审被告）：赣州某房地产开发有限公司（以下简称房地产公司）。

上诉人（原审被告）：王某。

上诉人（原审被告）：赣州某典当有限责任公司（以下简称典当公司）。

被上诉人（原审原告）：陈某星。

陈某星向一审法院起诉请求：一、撤销或解除其与典当公司、房地产公司、肖某富于2014年5月28日签订的《债权转让合同书》；二、王某、典当公司返还债权转让款6000万元并赔偿自2014年5月28日起至还清时止的利息损失（以6000万元为基数，按月利率2%计算，自2014年5月28日起暂计至2015年12月27日为2280万元）；三、房地产公司、肖某富对典当公司、王某的返还、赔偿责任承担连带清偿责任；四、肖某富向其清偿借款本金700万元及自2014年9月5日至还清时止的利息（按月利率2%，计算至2016年1月4日暂计为224万元）；房地产公司承担连带清偿责任；五、对折价、拍卖或变卖房地产公司名下位于赣州市章贡新区赞贤路北侧、证号为赣市国用（2008）第××号的××地块抵押物价款，其享

有优先受偿权。

从2008年到2014年，房地产公司、肖某富因经营需要多次向王某借款，在借款的同时，也向王某还款。2014年1月6日，典当公司股东会决议，同意接受股东王某对房地产公司、肖某富自2008年至2014年的全部借款债权作为典当公司的债权，股东王某与典当公司为共同债权人。2014年5月28日，陈某星（甲方）与典当公司（乙方）、房地产公司（丙方）、肖某富（丁方）签订了《债权转让合同书》，约定由典当公司将其对房地产公司、肖某富的6000万元债权（及抵押权）转让给陈某星。合同第3条约定："丙方、丁方完全同意甲方受让乙方债权（含抵押权），并向甲方保证前述债务的真实性、合法性及对借款数额不存在异议，并愿意在约定期限内足额向甲方还本付息。丙方、丁方向甲方承诺，本协议签署后，丙方、丁方在任何时候不以任何理由对甲方已受让债权的真实性、合法性及借款金额提出任何抗辩或主张无效。如其与乙方之间存在债权债务或其他法律关系或其他法律纠纷（如有）均由其独自与乙方自行解决，与甲方无关，不影响甲方债权的实现。"第4条约定："丙方、丁方向甲方承诺，前述债务（6000万元）在一年内向甲方还清，利息按月支付，月息按4%支付，丙方、丁方共同承担还本付息义务。"债权转让协议签订后，肖某富向陈某星出具6000万元借条一张，房地产公司对上述债务提供了保证担保。典当公司2014年10月13日出具的《收款确认书》载明："陈某星至今日已全额向我司支付了该《债权转让合同书》项下全部6000万元债权转让款。专此确认！"。债权转让协议确定的履行期满后，房地产公司、肖某富未履行清偿义务，陈某星向法院起诉请求撤销其与典当公司、房地产公司、肖某富于2014年5月28日签订的《债权转让合同书》，由王某、典当公司返还债权转让款6000万元并赔偿自2014年5月28日起至还清时止的利息损失，房地产公司、肖某富对典当公司、王某的返还、赔偿责任承担连带清偿责任。

在本案诉讼期间，房地产公司、肖某富以自己不欠王某、典当公司6000万元的债务为由，拒绝履行债权转让合同确定的还款义务，并向王某提起诉讼，要求王某返还其多支付的利息，王某提起反诉。房地产公司、肖某富与王某、典当公司民间借贷纠纷一案，生效判决查明，截至2014年5月28日，房地产公司、肖某富尚欠王某本息3333614.04元。

裁判结果

一审判决：一、撤销陈某星与房地产公司、肖某富、典当公司于2014年5月28日所签订的《债权转让合同书》；二、典当公司、王某应于判决生效之日起十日内向陈某星归还欠款6000万元及支付该笔欠款的利息，利息自2014年5月28日起按照月利率2%计算确定，利随本清；三、房地产公司、肖某富对上述第二项确定的欠款本息的一半承担连带清偿责任；四、驳回陈某星的其他诉讼请求。

宣判后，肖某富、房地产公司、王某、典当公司不服，提起上诉。二审判决：

维持一审判决第一项，改判典当公司、王某向陈某星返还债权转让款6000万元并支付该笔欠款的利息（利息计算方法：自2014年10月13日起至实际付清之日止以6000万元为基数按照月利率2%计算），房地产公司、肖某富对前述债务本息的50%承担补偿赔偿责任。

裁判理由

二审认为，关于诉争《债权转让合同书》应否撤销的问题，涉及以下两个问题：1.典当公司转让的6000万元债权是否真实合法；2.2014年5月28日签订《债权转让合同书》时，王某、典当公司与房地产公司、肖某富是否存在恶意串通情形，王某、典当公司对陈某星是否存在欺诈情形或故意隐瞒合同重要事项等合同撤销情形。关于典当公司转让的6000万元债权是否真实合法的问题。王某及典当公司均主张典当公司转让给陈某星的债权实为王某对肖某富和房地产公司的债权，二者为共同债权人。且2014年1月6日，典当公司股东会决议同意接受股东王某对肖某富、房地产公司自2008年至2014年的全部借款债权作为典当公司的债权，股东王某与典当公司为共同债权人。另外，诉争《债权转让合同书》第3条约定："乙方（典当公司）的实际控制人为王某，为乙方的全权代理人，乙方授权王某有权以个人名义代表乙方处理本合同项下的一切事项，由此引起的一切法律后果乙方完全认可和接受。"因此，本案典当公司转让给陈某星的诉争债权实为王某对肖某富、房地产公司自2008年至2014年的借款债权。根据二审法院查明的事实，2014年5月28日，诉争《债权转让合同书》签订时，王某对肖某富、房地产公司享有的合法债权为3333614.04元，其并不享有6000万元的合法债权。王某主张根据肖某富向其出具的借条认定其对肖某富、房地产公司享有6000万元的债权，该主张不成立，理由是：肖某富向其出具的借条为结算性借条，因结算性借条中包含了不受法律保护的高额利息，依法不能作为认定借款金额的依据。王某对肖某富、房地产公司实际享有的合法债权金额应依据双方实际支付的借款时间、金额和还款时间、金额依照法律规定的利率标准结算确定。关于2014年5月28日《债权转让合同书》签订时，是否存在合同撤销的情形。原《合同法》第五十四条规定："下列合同，当事人一方有权请求人民法院或者仲裁机构变更或者撤销：（一）因重大误解订立的；（二）在订立合同时显失公平的。一方以欺诈、胁迫的手段或者乘人之危，使对方在违背真实意思的情况下订立的合同，受损害方有权请求人民法院或者仲裁机构变更或者撤销。当事人请求变更的，人民法院或者仲裁机构不得撤销。"王某与肖某富、房地产公司的借贷发生在2008年至2014年，按照当时施行的《最高人民法院〈关于人民法院审理借贷案件的若干意见〉》第六条的规定，民间借贷的利率可以适当高于银行的利率，但最高不得超过银行同类贷款利率的4倍（包含利率本数），超出此限度的，超出部分的利息不予保护。本案中无证据证明王某、典当公司、肖某富、房地产公司在债权转让时向陈某星告知了转让的诉争债权中所包含的利息情况。且房地产公司、肖某富还在《债权转让合同书》中向陈某星保证诉争债务的真实性、合法性及对借款数额不存在异议，并承诺在债权转让协议签订后在任何时候不以任何理由对陈某星已受让债权的真实性、合法性及借款金额提出任何抗辩或主张无效，如其与典当公司之间存在债权债务或其他法律纠纷均由其独自与典当公司自行解决，与陈某星无关，不影响陈某星债权的实现。之后，其又以自己不欠王某、典当公司6000万元债务为由，拒绝履行还款义务，并向王某提起诉讼，要求王某返还其多支付的利息。综上，王某、典当公司、肖某富、房地产公司向陈某星隐瞒了诉争债权债务的重要信息，且肖某富、房地产公司对陈某星作出虚假承诺，王某、典当公司、肖某富、房地产公司的行为构成欺诈，足以使陈某星陷入错误认识，即认为其所受让的债权真实并依法受法律保护，从而做出受让诉争债权的意思表示。陈某星因受欺诈而违背其真实意思订立诉争《债权转让合同书》，其依法有权请求人民法院予以撤销。

要旨解析

本案涉及的问题为民间借贷的债权受让人能否以受欺诈为由申请撤销合同。在民间借贷领域，转让债权的现象普遍存在，出借人将其对借款人享有的债权即借款本息转让给第三方，第三方受让债权后向债务人主张归还借款，债务人不履行还款义务并辩称转让的债权中包含不受法律保护的高额利息，对债权金额提出异议，债权受让人能否以受欺诈为由申请撤销债权转让合同，应审查是否符合可撤销合同的要件。原《合同法》第五十四条规定："下列合同，当事人一方有权请求人民法院或者仲裁机构变更或者撤销：（一）因重大误解订立的；（二）在订立合同时显失公平的。一方以欺诈、胁迫的手段或者乘人之危，使对方在违背真实意思的情况下订立的合同，受损害方有权请求人民法院或者仲裁机构变更或者撤销。当事人请求变更的，人民法院或者仲裁机构不得撤销。"《民法典》第一百四十七条至第一百五十一条也规定了可撤销合同的情形。《民法典》第一百四十七条规定："基于重大误解实施的民事法律行为，行为人有权请求人民法院或者仲裁机构予以撤销。"第一百四十八条规定："一方以欺诈手段，使对方在违背真实意思的情况下实施的民事法律行为，受欺诈方有权请求人民法院或者仲裁机构予以撤销。"第一百四十九条规定："第三人实施欺诈行为，使一方在违背真实意思的情况下实施的民事法律行为，对方知道或者应当知道该欺诈行为的，受欺诈方有权请求人民法院或者仲裁机构予以撤销。"第一百五十条规定："一方或者第三人以胁迫手段，使对方在违背真实意思的情况下实施的民事法律行为，受胁迫方有权请求人民法院或者仲裁机构予以撤销。"第一百五十一条规定："一方利用对方处于危困状态、缺乏判断能力等情形，致使民事法律行为成立时显失公平的，受损害方有权请求人民法院或者仲裁机构予以撤销。"可见，《民法典》基本上吸收了原《合同法》有关可撤销合同的规定，但是，在受欺诈而签订合同方面除吸收了原《合同法》中规定的一方当事人采取欺诈手段使对方违背真实意思表示签订合同外，另规定了第三人实施欺诈行为而使一方当事人签订合同且对方知道或应当知道该欺诈行为的情形。因此，无论是按照《合同法》还是《民法典》，受欺诈而签订的合同，受欺诈方均有权请求撤销。

关于如何认定债权受让人受欺诈。债权受让人受欺诈表明一方当事人或第三方采取了欺诈手段使债权受让人违背了真实意思表示而签订债权转让合同。在债权转让合同关系中，转让债权之时，债权人只需通知债务人即可，对于转让的债权金额，一般也是债权人单方计算的结果，不一定经过债务人确认。在债权受让人向债务人主张权利时，债务人对债权金额提出异议，属于正常现象。尤其是民间借贷的债权，因民间借贷利率存在司法保护的上限，而民间借贷交易中收取非法高息为常见现象，即使债务人在转让债权时确认了债权金额，债务人在后期基于民间借贷利率标准的调整而对债权金额提出异议，也是合法的。一般不能因此认定债权人与债务人的行为构成欺诈。因此，在债权转让交易中，即使债权受让人向债务人主张债权时，债务人就债权金额提出抗辩，且债权金额经依法审查后少于转让合同约定的债权金额，但是，债权转让人或债务人的行为符合正常的交易习惯，符合法律规定，不应认定债权转让人或债务人的行为构成欺诈。但是，债权人、债务人向债权受让人隐瞒转让的债权债务真实信息，如在民间借贷债权中，隐瞒转让的债权金额包含了非法高息，债务人承诺保证债务的真实性、合法性并对债权数额不存在异议，在债权转让协议签订后在任何时候不以任何理由对已受让债权的真实性、合法性及债权金额提出任何抗辩或主张无效。之后，又对债权金额提出异议并拒绝履行还款义务。而债权金额经过依法审查与原债权人、债务人确认和承诺的金额相差巨大。此时，债权转让人和债务人的行为对债权受让人构成欺诈，债权受让人因受欺诈而陷入错误认识，即认为其所受让的债权真实并依法受法律保护，从而做出受让诉争债权的意思表示。债权受让人因受欺诈而违背真实意思受让债权，其依法有权请求人民法院予以撤销。

编写人：吴玉萍

二审合议庭成员：汪少华　陶松兵　吴玉萍

6. 当事人违反具有预约合同性质的意向书约定拒绝签订正式合同，守约方只能根据意向书约定主张违约责任

——左某波与江西某银行股份有限公司合同纠纷二审案

裁判要旨

《债权购买意向书》系双方当事人为订立正式的《债权转让协议》而签订的预约合同，一方当事人明确以自己的行为拒绝履行案涉合同意向书，构成根本违约的，原则上应根据意向书的约定承担相应的违约责任。

案例索引

一审：江西省南昌市中级人民法院（2017）赣01民初359号

二审：江西省高级人民法院（2018）赣民终284号

基本案情

上诉人（原审原告）：左某波。

上诉人（原审被告）：江西某银行股份有限公司（以下简称江西某银行）。

左某波向一审法院起诉请求：1.责令江西某银行履行《债权购买意向书》，签订正式的债权购买协议，并办理债权转让通知等手续；2.责令江西某银行立即终止债权的公开竞拍程序；3.如法院判决江西某银行无需继续履行《债权购买意向书》，则要求判决江西某银行赔偿左某波损失10700万元整。

2017年5月9日，左某波与江西某银行签订《债权购买意向书》，约定左某波以10700万元的价格购买江西某银行对江西省顺富印染有限公司的债权，定金1000万元，在2017年7月30日前须签订正式的债权转让协议。2017年5月10日，左某波支付1000万元，转账凭证中用途注明：定金。2017年6月12日，江西某银行与江西省产权交易所签订《债权进场交易协议书》，将江西某银行持有的江西省顺富印染有限公司债权委托江西省产权交易所按照法定程序转让。其后，江西某银行以电话、发送告知函、登报公告方式通知左某波报名参加债权的公开挂牌出让，左某波未报名参加。2017年6月19日，左某波向江西某银行发函要求立即终止债权的网络公开交易，全面履行债权购买协议。2017年8月9日，经网络报价竞买，江西雄安实业有限公司以22336万元受让上述债权。2017年8月3日，江西某银行转账1000万元至左某波，

转账支票及进账单均注明用途为：退客户定金。2017 年 8 月 23 日，江西某银行及江西雄安实业有限公司、江西省产权交易所签订《债权转让协议》。

裁判结果

一审判决：一、江西某银行在判决生效之日起十日内向左某波支付 1000 万元；二、驳回左某波其他诉讼请求。

左某波、江西某银行均不服提出上诉。二审做出驳回上诉，维持原判的判决。

裁判理由

二审认为，本案的主要争议焦点是：1. 意向书的法律性质及效力；2. 意向书无法履行的原因及责任；3. 本案损失如何认定，一审判决适用定金罚则认定损失是否恰当。

关于《债权购买意向书》的性质及效力。意向书的性质及效力不能一概而论，应结合具体情形判断，可能是磋商性文件、也可能是预约合同或者名为意向书实为本约合同。案涉《债权购买意向书》江西某银行与左某波就债权转让的标的、价款及订立正式的《债权转让协议》的时间、违反意向书的违约责任等重要条款均作出了明确约定，应当认定为双方当事人为订立正式的《债权转让协议》而签订的预约合同，是双方当事人的真实意思表示，依法应认定为有效合同。一审对合同效力的认定正确，应予维持。

关于本案违约责任的认定。1. 作为专业金融机构应知晓中国银监会相关规定并按规定进行业务上的专业操作，既然中国银监会在 2009 年就有相关的批复，江西某银行却无视该批复仍然和左某波签订债权购买意向书，且未事先告之，对此江西某银行存在明知的故意过错。2. 中国银监会系国务院下属机构，其对各地银监局作出的批复不属于法律法规、部门规章，违反该批复导致的是银监会的处罚，并不产生合同无效的法律后果，江西某银行以此为由拒绝履行合同义务没有法律依据。3. 依法成立的合同，对当事人具有法律约束力。当事人应当按照约定履行自己的义务，不得擅自变更或者解除合同。故左某波要求继续履行合同于法有据且已采取适当的措施维护自身权益，包括向江西省产权交易所发函要求停止网拍交易等。意向书中并未约定左某波必须参与网拍债权，故左某波未按江西某银行通知要求报名网上竞拍，并不违反法律规定，不宜认定存在违约行为。江西某银行将左某波的 1000 万元定金退还并与案外人签订债权转让合同，明确以自己的行为拒绝履行案涉合同，该行为违背了合同法规定的全面履行原则及商事合同中应遵循的诚信原则，属于根本违约。即本案合同无法履行最终导致解除的责任在江西某银行，江西某银行依法应承担相应的违约责任。

关于赔偿数额如何认定。原《合同法》第一百一十三条规定，当事人一方不履行合同义务或者履行合同义务不符合约定，给对方造成损失的，损失赔偿额应当相当于因违约所造成的损失，包括合同履行后可以获得的利益，但不得超过违反合同一方订立合同时预见到或者应当预见到的因违反合同可能造成的损失。1. 本案《债权购买意向书》性质上属预约合同，不是本约合同。预约合同的履行只是发生签订本约合同的行为，左某波诉请就是要求签订正式债权转让合同，事实上左某波丧失的是签订本约合同的机会，本约合同并未成立，并未产生可得利益。故违反案涉意向书没有签订正式的债权转让协议，原则上只能根据意向书的约定承担相应的违约责任。2. 因网上竞拍存在许多不确定性因素，江西某银行将案涉债权网上拍卖，能否成交及成交价格为多少已超出违约方江西某银行在签订意向书时所能预见到的范围，网上竞拍价与意向书价之差不能与左某波可得利益画等号，左某波据此得出的可得利益损失缺乏法律依据，不能成立。3. 案涉债权涉及抵押的土地使用权依法必须网上拍卖，是否流拍及最终成交价多少均是无法预估的，即双方当事人签订意向书时无法预见的。4. 本案《债权购买意向书》第四条对违约损失已作出了明确约定，即左某波不履行签订正式合同的义务，则1000万元定金不予返还。按照当事人权利义务对等原则，出卖人江西某银行不履行该合同义务，则应承担双倍返还定金的责任。故江西某银行在签订意向书时应当预见到的损失仅限定为该1000万元。

左某波及江西某银行的上诉请求均没有事实及法律依据，应予驳回。

要旨解析

本案涉及以下几个法律问题：一是《债权购买意向书》的性质；二是一方违反预约合同的责任。

一、关于意向书的性质问题

意向书在房地产交易、公司并购、股权转让等大宗交易、复杂交易等领域广泛存在。意向书的含义有广义和狭义之分，广义的意向书是指合同磋商过程中形成的冠以意向性或者类似名称的文件，狭义的意向书指合同中有关程序性和实体性事项达成的不具有合同效力的文件[①]。《买卖合同司法解释》第2条将意向书、备忘录等直接纳入预约合同范畴。但是，意向书的性质不能一概而论，根据其具体的内容，会被认定为磋商性文件、预约、本约等不同的性质。为此，《买卖合同司法解释》（2020年修正）删除了原第2条有关认购书、订购书、预订书、意向书、备忘录的表述，而是在《民法典》第四百九十五条采用了“当事人约定在将来一定期限内订立合同的认购书、订购书、预订书等，构成预约合同”的表述。也即，在对意向书的性质进行认定时，应当综合考虑当事人约定文件名称、合同约定内容尤其是约束力条款、标的、数量条款、定金条款以及履行情况等进行综合审查，并作出相应认定。磋商性的意向书虽不具有法律约束力，但并不意味没有任何意义，更不意味着违反不用承担任何法律责任。当事人为缔约而进行磋商，在订立合同上已进入实质

---

① 郭魏:《意向书的法律性质和效力》，载《人民司法·案例》2015年第22期。

性阶段，由一般关系进入特殊关系，相互之间存在合理信赖关系。因此，一方负有先合同义务，如果违反导致对方信赖利益受损，应当承担缔约过失责任，赔偿他方因信赖意向书而支出的合理成本和费用。

二、关于违反预约合同应承担的责任问题

对于案涉《债权购买意向书》，江西某银行与左某波就债权转让的标的、价款及订立正式的《债权转让协议》的时间、违反意向书的违约责任等重要条款均作出了明确约定，应当认定为双方当事人为订立正式的《债权转让协议》而签订的预约合同。

原《合同法》未规定预约合同，《民法典》吸收了前述第2条的精神，在第四百九十五条规定："当事人约定在将来一定期限内订立合同的认购书、订购书、预订书等，构成预约合同。当事人一方不履行预约合同约定的订立合同义务的，对方可以请求其承担预约合同的违约责任。"从立法层面上认可了预约合同是一种独立合同，并扩大适用范围，不再限于买卖合同。违反预约的赔偿范围是赔偿履行利益还是信赖利益？通常认为，履行利益赔偿使守约方之处境与合同得到履行后相同，守约方可以获得其所期望的将来差价利益，即赔偿所谓的积极损失（利润）。信赖利益赔偿是使守约方的处境回到合同（未信赖允诺）前，即赔偿所谓的消极损失（成本费用支出等）[①]。无论如何，预约的赔偿范围应小于本约的赔偿范围。预约合同的履行利益损害包括为签订合同而合理支出的实际费用，也可包括丧失与第三人另订合同的机会所产生的损失，即可酌情赔偿机会损失利益。具体赔偿数额，可综合考虑守约方的实际履行的金额、当事人的信赖程度、缔约过程的时间跨度、违约方的获利、守约方的受损以及违约方的过错程度等因素，确定公平、合理的赔偿数额。对于简单预约、典型预约，原则上赔偿范围应当以信赖利益为限，一般而言，包括为订立合同所支付的各项费用、准备为签订合同所支付的费用、已付款项的法定孳息等。本案中，左某波主张的1.07亿元可得利益损失就是江西某银行网上竞拍债权的价格与意向书价格之差，但是案涉《债权购买意向书》性质上属预约合同，不是本约合同。预约合同的履行只是发生签订本约合同的行为，左某波诉请就是要求签订正式债权转让合同，事实上左某波丧失的是签订本约合同的机会，本约合同并未成立，并未产生可得利益。故违反案涉意向书没有签订正式的债权转让协议，原则上只能根据意向书的约定承担相应的违约责任。案涉《债权购买意向书》第四条对违约损失已作出了明确约定，即左某波不履行签订正式合同的义务，则1000万元定金不予返还。按照当事人权利义务对等原则，出卖人江西某银行不履行该合同义务，则应承担双倍返还定金的责任。故江西某银行在签订意向书时应当预见到的损失仅限定为该1000万元。

编写人：李源源

二审合议庭成员：邓相红　肖玉华　邱爱珍

---

① 耿秋航：《预约合同效力和违约救济的实证考察与应然路径》，载《法学研究》2016年第5期。

7. 借款人的实际控制人构成贷款诈骗犯罪，借款合同效力应当依据民事法律规范作出认定

——江西银行股份有限公司某支行与江西某物矿实业有限公司等金融借款合同纠纷二审案

裁判要旨

借款人的实际控制人或法定代表人构成贷款诈骗犯罪后，有关借款合同效力的判断，应当依据民事法律规范作出认定，取决于受欺诈一方的补充意思表示，该借款合同效力应认定为可撤销合同。

案例索引

一审：江西省南昌市中级人民法院（2014）洪民二民初字第922号

二审：江西省高级人民法院（2018）赣民终430号

基本案情

上诉人（原审被告）：江西某物矿实业有限公司（以下简称甲实业公司）。

上诉人（原审被告）：范某照。

上诉人（原审被告）：彭某军。

被上诉人（原审原告）：江西银行股份有限公司某支行（原南昌银行股份有限公司某支行）（以下简称江西银行某支行）。

被上诉人（原审被告）：江西某实业发展有限公司（以下简称乙实业公司）。

原审被告：万某云。

原审被告：杨某琴。

原审被告：孙某南。

原审被告：孙某花。

原审被告：徐某。

江西银行某支行向一审法院提出诉讼请求：1. 判令乙实业公司向江西银行某支行立即清偿借款本金880万元及相应利息；2. 甲实业公司、范某照、彭某军、万某云、杨某琴、孙某南、孙某花承担借款本金880万元及相应利息的连带清偿责任；3. 若乙实业公司不履行上述债务，请求对徐某所有的位于丰城市剑光街办建设路××号（恒丰时代广场）×栋地上×层×号房产的拍卖、变卖所得价款享有优先受偿权。

2014年9月29日，江西银行某支行与乙实业公司签订了一份《流动资金借款

合同》，约定：借款金额 880 万元，借款期限 12 个月等内容。同日，江西银行某支行与甲实业公司、范某照、彭某军、万某云、杨某琴、孙某南、孙某花签订了《最高额保证合同》，约定：为前述借款提供连带责任保证。同日，江西银行某支行与徐某签订了《抵押合同》，约定：徐某以本人所有的位于丰城市剑光街办建设路 ×× 号（恒丰时代广场）× 栋地上 × 层 × 号房产为此笔本金 880 万元的借款作为抵押，并办理了抵押登记手续，江西银行某支行取得了他项权证。2014 年 9 月 30 日，江西银行某支行向乙实业公司发放贷款 880 万元。此后，乙实业公司仅支付部分利息，拖欠借款本金及后期利息至今未还。截至 2017 年 12 月 26 日，乙实业公司尚欠江西银行某支行借款本金 880 万元，利息 3551985.78 元。

孙某南因犯非法吸收公众存款罪、犯骗取贷款、票据承兑罪，被南昌市东湖区人民法院判处有期徒刑。现南昌市东湖区人民法院（2015）东刑初字第 570 号刑事判决书已经发生法律效力。该刑事判决书查明了以下事实：2013 年 8 月，乙实业公司实际控制人孙某南通过提供虚假的乙实业公司与电联实业、洲上二矿的煤炭购销合同、业务发票等材料，向原南昌银行股份有限公司某支行（现江西银行某支行）申请获得了贷款 880 万元，包括一年流动资金贷款 480 万元和保证金比例为 50% 的银承授信 400 万元。次年 2 月，孙某南指使杨若群通过向银行提供虚开的七张增值税专用发票（未用于抵扣税款，已作废）开出人民币 800 万元的银行承兑汇票。次年 8 月，孙某南因资金周转困难，未能如期归还上述贷款，经与银行协商后，再次申请了一年期 880 万元的贷款用于借新还旧。

2014 年 8 月，因资金周转困难，未能如期归还贷款，经与银行协商后，乙实业公司再次申请了一年期 880 万元的贷款用于借新还旧。2014 年 9 月 29 日，当甲实业公司、范某照、彭某军、万某云、杨某琴、孙某南、孙某花与江西银行某支行签订《最高额保证合同》时，范某照、彭某军、万某云、杨某琴、孙某南出具《担保承诺函》，其中第二条约定“已知悉借款实际用途为续贷、借新还旧，并自愿提供担保，不以借款用途与实际用途不符为抗辩事由解除担保责任或申请担保无效”。

江西银行某支行于 2018 年 10 月 19 日出具《证明》一份，载明：甲实业公司及范某照除为乙实业公司借款提供担保之外，未在江西银行某支行办理过其他借款及担保业务。2018 年 11 月 5 日江西警察学院物证鉴定所出具赣警院鉴（文、痕鉴）〔2018〕1002 号《文书司法鉴定意见书》，鉴定结论为：1. 2014 年 9 月 29 日的《最高额保证合同》以及 2014 年 9 月 29 日的《担保承诺函》上的彭某军签名笔迹不是彭某军本人书写。2. 2014 年 9 月 29 日的《最高额保证合同》以及 2014 年 9 月 29 日的《担保承诺函》“彭某军”签名上的指印文线模糊，清晰可辨的细节特征较少，红色指印不具备检验条件。鉴定费用 13000 元，由彭某军预交。

裁判结果

一审判决：一、乙实业公司在本判决生效后十日内一次性归还江西银行某支行银行借款本金880万元及相应的利息；二、甲实业公司、范某照、彭某军、万某云、杨某琴、孙某南、孙某花对上述第一项款项承担连带清偿责任；三、江西银行某支行对拍卖、变卖徐某提供的抵押房产所得价款，在上述第一项款项范围内享有优先受偿权；四、甲实业公司、范某照、彭某军、万某云、杨某琴、孙某南、孙某花、徐某承担担保责任后，有权向乙实业公司追偿。

甲实业公司、范某照、彭某军不服提出上诉。二审法院认为彭某军不应承担连带担保责任，判决：一、维持一审判决第一项、第三项；二、改判一审判决第二项为：甲实业公司、范某照、万某云、杨某琴、孙某南、孙某花对乙实业公司在判决生效后十日内一次性归还江西银行某支行借款本金880万元及相应的利息承担连带清偿责任；三、改判一审判决第四项为：甲实业公司、范某照、万某云、杨某琴、孙某南、孙某花、徐某承担担保责任后，有权向乙实业公司追偿；四、驳回江西银行某支行其他诉讼请求。

裁判理由

二审法院认为：

一、关于本案所涉《流动资金借款合同》《最高额保证合同》《抵押合同》的效力问题。二审法院认为，本案现有的证据和已查明的事实，不能证实江西银行某支行工作人员与乙实业公司存在恶意串通，损害国家、集体或第三人利益的情况，故不属于原《合同法》第五十二条第一款第（二）项规定的合同无效之情形。在当前民刑并行的主流裁判理念下，对于借款人的实际控制人或法定代表人构成贷款诈骗犯罪后，有关借款合同效力的判断，应当依据民事法律规范作出认定。本案中，借款人乙实业公司以欺诈手段，故意告知金融机构虚假信息，提供虚假购销合同并隐瞒真实情况，诱使金融机构作出错误意思表示，与借款人先后两次签订《流动资金借款合同》（后一次借款合同是借新还旧）。在没有证据证明存在损害国家利益的情形下，根据原《合同法》第五十四条第二款“一方以欺诈、胁迫的手段或者乘人之危，使对方在违背真实意思的情况下订立的合同，受损害方有权请求人民法院或者仲裁机构变更或者撤销”的相关规定，原审判决认定有关《流动资金借款合同》的效力为可撤销合同，于法有据，应予维持。即《流动资金借款合同》的效力取决于受欺诈一方江西银行某支行的补充意思表示。如果江西银行某支行主张撤销《流动资金借款合同》，则《流动资金借款合同》自始无效，相应的《最高额保证合同》和《抵押合同》等从合同也应认定无效，如担保方无过错的，则担保方不承担责任。但是直至本案二审诉讼期间，江西银行某支行并未要求行使撤销权，反而在二审答辩时明确主张借款合同合法有效。本案所涉《流动资金借款合同》均应认定为有效合同。基于《流动资金借款合同》签订的《最高额保证合同》《抵押合同》合法有效。

二、范某照、甲实业公司应当对于案涉《流动资金借款合同》项下未清偿的借款本金、利息（含罚息）承担连带保证责任。主要理由是当甲实业公司、范某照、万某云、杨某琴、孙某南、孙某花与江西银行某支行签订《最高额保证合同》时，范某照出具了《担保承诺函》，其中第二条约定“已知悉借款实际用途为续贷、借新还旧，并自愿提供担保，不以借款用途与实际用途不符为抗辩事由解除担保责任或申请担保无效”。因此，保证人甲实业公司、范某照明知是以新贷偿还旧贷的情形，应承担保证责任。

三、关于彭某军应否对案涉《流动资金借款合同》项下未清偿的借款本金、利息（含罚息）承担连带保证责任的问题。根据二审查明的事实，《最高额保证合同》《担保承诺函》上的彭某军签名与提供送检的样本不一致，并非彭某军的真实签名，现有的证据并不能证明《最高额保证合同》《担保承诺函》是彭某军真实的意思表示，不应承担连带保证责任。

要旨解析

本案涉及以下几个法律问题：1. 借款人的实际控制人或法定代表人构成贷款诈骗犯罪后，有关借款合同效力应如何判断；2. 新贷还旧贷中，担保人的责任如何承担。

一、关于借款人构成贷款诈骗罪后，借款合同的效力问题

本案中，借款人乙实业公司以欺诈手段，故意告知金融机构虚假信息，诱使金融机构作出错误意思表示，其法定代表人因此也构成贷款诈骗罪。但没有证据证实江西银行某支行工作人员与乙实业公司存在恶意串通，损害国家、集体或第三人利益的情况，故不属于原《合同法》第五十二条第一款第（二）项规定的合同无效之情形。原《合同法》第五十四条是对可撤销合同的规定。可撤销合同，是指因意思表示不真实，通过有撤销权的当事人行使撤销权，使已经生效的意思表示归于无效的合同。《民法典》则在总则编民事法律行为中作出了规定，分别是第一百四十七条基于重大误解实施的民事法律行为、第一百四十八条以欺诈手段实施的民事法律行为、第一百四十九条受第三人欺诈的民事法律行为、第一百五十条以胁迫手段实施的民事法律行为和第一百五十一条显失公平的民事法律行为，行为人可以在一定期限内行使撤销权。原《合同法》第五十二条第一项规定，“一方以欺诈、胁迫的手段订立合同，损害国家利益”的，合同无效。第五十四条第二款规定：“一方以欺诈、胁迫的手段或者乘人之危，使对方在违背真实意思的情况下订立的合同，受损害方有权请求人民法院或者仲裁机构变更或者撤销。”通过对比，比较大的修改是，无论欺诈的对象是谁，都是可以撤销的民事法律行为；而不是区分欺诈的对象来认定法律效力，欺诈国家的，无效，欺诈其他的，可撤销。由此可见，借款人的实际控制人或法定代表人构成贷款诈骗犯罪后，有关借款合同认定为可撤销合同，受害人金融机构既可以要求借款人承担违约责任或缔约过失责任，也可以要求其继续履行合同义务，同样也可以要求担保人承担相应的担保责任，这对于作为受害人的债权人而言，更为有利于保护其合法权益。而认定借款合同无效却可能适得其反。因为，刑法和民法均有一条共同的法律准则，即任何人不得从非法行为中获利。如果借款人的实际控制人或法定代表人构成贷款诈骗犯罪后，将有关借款合同效力认定为无效，则意味着借款人因其实际控制人或法定代表人的犯罪行为而免除支付约定利息的合同义务，同时也免除了担保人应承担的担保责任，这对于债权人合法利益的保护是明显不利的，更是变相地允许借款人从其实际控制人或法定代表人的犯罪行为中获利。

二、关于新贷还旧贷中担保人如何承担担保责任的问题

借新还旧并非真正的金融专业术语和法律概念，其基本内涵是指债权人与债务人在旧的贷款尚未清偿的情况下，再次签订贷款合同，以新贷出的款项清偿部分或者全部旧的贷款。这种操作模式被我国金融机构普遍采用，作为保全资产和化解不良贷款的重要方式[①]。对于该问题，原《担保法司法解释》第30条规定："保证期间，债权人与债务人对主合同数量、价款、币种、利率等内容作了变动，未经保证人同意的，如果减轻债务人的债务的，保证人仍应当对变更后的合同承担保证责任；如果加重债务人的债务的，保证人对加重的部分不承担保证责任。债权人与债务人对主合同履行期限作了变动，未经保证人书面同意的，保证期间为原合同约定的或者法律规定的期间……"《民法典》第六百九十五条规定："债权人和债务人未经保证人书面同意，协商变更主债权债务合同内容，减轻债务的，保证人仍对变更后的债务承担保证责任；加重债务的，保证人对加重的部分不承担保证责任。债权人和债务人变更主债权债务合同的履行期限，未经保证人书面同意的，保证期间不受影响。"可见，《民法典》该条立法精神应当来自原《担保法司法解释》第三十条的规定。

在认定以新贷还旧贷的行为有效的前提下，由于前一个贷款合同的欠款已经由新贷出的款项偿还，对前一份贷款合同进行担保的保证人，因主合同已经履行完毕，其保证责任自然消灭。故这里所要解决的仅是后一份贷款合同的保证人的责任问题，大体上有以下三种情况：1. 前一份贷款合同没有保证人，而后一份贷款合同有保证人。对保证人来说，等于直接承担了已经不能归还贷款的保证责任，并无争议。2. 前后两份合同都有保证人，但分别是不同的保证人。前后两份贷款合同分别由不同的保证人担保，前一份贷款合同因新贷偿还了旧贷而履行完毕，前一保证人的责任自然消灭，从结果上来看等于新的保证人承担了原来保证人的责任。因此，在上述两种情况下，如果不事先将此情况告知后一贷款保证人，则显系主合同双方当事人恶意串通欺骗保证人，保证人不应承担任何责任。当然，在保证人明知或者应当知道以新贷还旧贷，而仍自愿为其担保时，其中则并无欺诈因素在内，保证人自然应当依约承担保证责任。3. 前后两份贷款合同均为一个保证人担保。则不论保证人是否知道或者应当知道，保证人均应承担对后一份贷款合同的保证责任。这是因为，同一保证人先后承担了两份贷款合同的担保责任。在以新贷偿还旧贷的场合

---

① 最高人民法院民事审判第二庭：《最高人民法院民法典担保制度司法解释理解与适用》，人民法院出版社2021年版，第203页。

下，由于新贷偿还了旧贷，致使原来的贷款合同履行完毕，从而也消灭了保证人对前一份贷款合同的保证责任，由其继续承担对后一份贷款合同的保证责任，也应当是公平的。所以，该情形下，保证人以主合同双方当事人没有经过保证人的同意，改变了后一贷款合同的贷款用途，将本应用于流动资金等用途的新贷款偿还了旧贷款，损害了保证人的利益为由，主张免除自己的保证责任，其抗辩理由不成立。在前后两份贷款合同均由同一保证人担保时，主合同双方当事人改变贷款用途，实质上并没有加重保证人的风险责任，因此，无论保证人是否明知或者应当知道，其均应对后一份贷款合同承担保证责任。只是如果加重了保证人的责任，则对加重部分不承担责任。《民法典担保制度解释》第十六条也做了相同的规定。本案甲实业公司、范某照、万某云、杨某琴、孙某南、孙某花与江西银行某支行签订《最高额保证合同》时，范某照出具了《担保承诺函》，其中第二条约定“已知悉借款实际用途为续贷、借新还旧，并自愿提供担保，不以借款用途与实际用途不符为抗辩事由解除担保责任或申请担保无效”。而且，即使甲实业公司、范某照未被告知新贷偿还旧贷的情形，根据上述规定，甲实业公司、范某照的保证责任仍依法不能免除。

编写人：李源源

再审合议庭成员：熊　伟　黄声敏　胡爱菊

8. 动产抵押物价值评估或互联网平台公示并非抵押权成立的要件

——江西某农村商业银行股份有限公司与铜鼓县某天然气有限公司等金融借款合同纠纷二审案

裁判要旨

动产抵押登记本身就是一种物权公示行为，当事人签订抵押合同时可以协商确定动产抵押登记的抵押物的抵押值，若无必须在互联网平台公示或评估的硬性要求或约定，那么互联网平台公示、或评估不是抵押权成立的要件。

案例索引

一审：江西省宜春市中级人民法院（2018）赣09民初127号

二审：江西省高级人民法院（2018）赣民终731号

基本案情

上诉人（原审原告）：江西某农村商业银行股份有限公司（以下简称农商银行）。

被上诉人（原审被告）：铜鼓县某天然气有限公司（以下简称天然气公司）。

原审第三人：熊某伟。

农商银行向一审法院起诉请求：1. 判令天然气公司归还借款本金1894万元，并支付相应利息；2. 判令天然气公司以其抵押物（抵押物为：天然气场站工程、场外设施、抢修设备、管网工程、工器具、土地购置）对上述借款本金承担抵押担保责任；3. 判令天然气公司以其质押物（天然气公司的天然气经营收费权）对上述借款本金承担质押担保责任。

2013年3月22日，农商银行（贷款人）与天然气公司（借款人）签订《固定资产借款合同》一份。双方约定：借款金额2000万元，借款用途为天然气管道铺设及其他基础设施建设；借款期限36个月。天然气公司尚欠借款本金1894万元。

2013年2月5日，天然气公司与农商银行签订一份《固定资产评估价值认定协议》，约定：天然气公司向农商银行申请借款500万元，其固定资产位于铜鼓县城，包括天然气场站工程、场外设施、抢修设备、管网工程、工器具、土地购置等。经双方协商同意本固定资产评估总价值为2456.51万元。2013年3月22日，农商银行与天然气公司签订《抵押合同》，被担保的主债务为农商银行依据主合同发放的借款，金额为2000万元，借款用途为投资城区及工业园区天然气推广使用工程。抵押物明细表列明的抵押物为：天然气场站工程、场外设施、抢修设备、管网工程（含中压燃气管）、工器具及土地购置。

2013年3月21日，原铜鼓县工商行政管理局（现为铜鼓县市场和质量监督管理局，以下简称铜鼓市监局）作出了一份《动产抵押登记书》，载明：抵押人天然气公司，抵押权人农商银行；种类为固定资产抵押，数额估价2456.51万元，贷款2000万元；债务人履行债务的期限自2013年3月22日起至2016年3月21日止；抵押物名称为天然气管网，数量、质量、状况、所在地等详见《固定资产评估价值认定协议》。天然气公司与农商银行于2013年3月22日在该登记书上盖章。之后，农商银行与天然气公司签订《经营权质押合同》。

2016年8月24日，天然气公司与熊某伟在铜鼓市监局办理了《动产抵押登记书》，载明：抵押人天然气公司，抵押权人熊某伟；抵押物种类为机器设备及构筑物等，数额共计20053926元；债务人履行债务的期限自2016年8月18日起至2018年8月18日止；抵押物名称为构筑物及其他辅助设施、机器设备；数量、质量、状况、所在地等详见《评估报告》固定资产—构筑物及其他辅助设施评估明细表、机器设备评估明细表。2017年3月1日，江西省宜春市中级人民法院对熊某伟与天然气公司、熊某松、熊某民间借贷纠纷一案，作出（2016）赣09民初220号判决（已生效），确认熊某伟对天然气公司享有2400万元借款债权及相应利息，认定熊某伟对上述抵押登记书项下的财产享有优先受偿权。

2013年3月22日，铜鼓县农村信用合作联社与天然气公司所签《抵押合同》，载有“抵押物详见抵押物明细表（附后），抵押物明细表作为本合同的附件，与本合同具有同等法律效力”的内容。同日，双方到原铜鼓县工商行政管理局办理动产抵押登记时，出具了加盖双方公章的《抵押合同》及《抵押物明细表》。该抵押物明细表载明：抵押物是评估值为2599万元的天然气公司已投资固定资产；设定抵押值为1000万元。

2016年9月21日，农商银行与天然气公司到铜鼓市监局办理动产抵押登记变更手续。铜鼓市监局出具了《动产抵押登记变更书》，在办理登记变更时，农商银行提交了由天然气公司盖章确认的《铜城天然气有限公司固定资产抵押明细》，总价值合计2456.51万元。

裁判结果

一审判决：一、天然气公司于判决生效之日起15日内偿还农商银行逾期借款本金1894万元，并支付相应利息、罚息；二、驳回农商银行的其他诉讼请求。

农商银行不服提出上诉。二审判决：一、维持一审判决第一项；二、撤销一审判决第二项；三、农商银行对天然气公司用于担保的抵押物（即天然气场站工程、场外设施、抢修设备、管网工程、工器具、土地购置）折价或者变卖、拍卖的价款，在 1000 万元范围内享有优先受偿权。四、驳回农商银行的其他诉讼请求。

裁判理由

本案一审法院认为农商银行提供的其与天然气公司的抵押合同抵押物仅有名称，无法确定具体指哪些工程和物品，也无其他证据证明上述抵押物在双方达成抵押合意时客观存在。抵押明细表中所列建造价值、购置价值以及安装价值等抵押物价值缺乏证据证实。天然气公司向熊某伟提供抵押时，熊某伟聘请评估公司对天然气公司提供的抵押物进行了资产价值评估，形成了评估报告。熊某伟的抵押在国家企业信息公示系统中进行了公示，农商银行的抵押未进行公示。农商银行与天然气公司约定的抵押物及办理抵押登记的抵押物不明确、不真实，抵押物价值亦仅系双方协商估计。因此，农商银行在本案中主张的抵押财产无法确定，其提出的享有抵押物优先受偿权的诉讼请求不予支持。

二审法院认为，本案的主要争议焦点是，农商银行在案涉抵押物上所涉抵押权是否成立。

本案系由农商银行以天然气公司为被告提起的诉讼，应重点审查双方是否形成金融借贷法律关系，即 2013 年 3 月 22 日签订的《固定资产借款合同》《抵押合同》的效力。经查，天然气公司对上述两份合同的真实性不持异议，上述两份合同系双方真实意思表示，且未违反法律、行政法规的强制性规定，合法有效，对双方当事人具有约束力。

关于农商银行对案涉抵押物所设抵押权是否成立的问题。原《物权法》第一百八十一条规定：经当事人书面协议，企业、个体工商户、农业生产经营者可以将现有的以及将有的生产设备、原材料、半成品、产成品抵押。天然气公司作为该法条所称企业，与农商银行达成用现有的以及将有的生产设备抵押的书面协议后，农商银行面临的只是天然气公司将有的生产设备能否建造完成进而顺利受偿的问题，并不影响其抵押权的成立。在双方办理动产抵押登记时，其提交的《固定资产评估价值认定协议》载明“经双方协商同意本固定资产评估总价值为 2456.51 万元”。登记部门没有因该资产价值系双方自行议定而不予办理，表明对抵押物价值没有必须由第三方评估的强制性规定。至于动产抵押登记的对外公示问题，一则当时对动产抵押登记尚无在互联网平台公示的硬性要求；二则动产抵押登记本身就是一种物权公示行为。故在互联网平台公示不是抵押权成立的要件。因此，一审法院关于农商银行就案涉抵押物所设抵押权不成立的认定错误，应予纠正。

鉴于农商银行在案涉抵押物上的抵押权成立，而生效以前的判决已确认熊某伟对案涉抵押物享有优先受偿权，法院应在审查双方证据材料及熊某伟陈述内容的基础上，查明案件事实并解决纠纷。二审业已查明，农商银行与天然气公司签订《抵押合同》时，天然气公司提供的抵押物包括一些将有的生产设备。因将有的生产设备存在可能难以建造完成的风险，双方将天然气公司所提供动产类抵押物的抵押值设定为 1000 万元，并载明在《抵押合同》的附件《抵押物明细表》上。双方办理动产抵押登记时，也向登记部门提交了该份《抵押物明细表》。之后，天然气公司与农商银行办理抵押登记变更时，仅对债务人履行债务期限予以了变更，未涉及抵押值问题。因此，农商银行对天然气公司提供的抵押物，可在双方设定的 1000 万元抵押值范围内优先受偿。

要旨解析

本案涉及的法律问题主要是：未经评估或办理公示，但已办理抵押登记的动产抵押合同抵押权是否成立。

本案农商银行主张的抵押权与熊某伟的抵押权存在冲突。天然气公司向熊某伟提供抵押时，熊某伟对天然气公司提供的抵押物进行了资产价值评估，形成了评估报告，并在国家企业信息公示系统中进行了公示。农商银行与天然气公司的抵押未进行类似公示，其抵押登记的抵押物价值系协商确定。可见两个抵押权的主要区别就在于是否对抵押资产价值进行了评估和在国家企业信息公示系统中进行了公示，该区别也是一、二审处理结果不同的关键所在。原《物权法》第一百八十五条规定了设立抵押权的条件，《民法典》第四百条也做了类似的规定："设立抵押权，当事人应当采用书面形式订立抵押合同。抵押合同一般包括下列条款：（一）被担保债权的种类和数额；（二）债务人履行债务的期限；（三）抵押财产的名称、数量等情况；（四）担保的范围。"该规定首先界定了抵押合同的形式——书面的抵押合同。抵押合同是设立抵押权的原因。在动产抵押中，登记仅是抵押权设立的对抗要件，抵押合同有效成立，抵押权就设立，只是未经登记不能对抗善意第三人而已。不动产抵押中，登记是抵押权设立的生效要件，未经登记，抵押合同有效，但不发生抵押权设立的效果。其次还界定了抵押合同的内容——抵押合同必备条款。必备条款的欠缺意味着当事人未就合同必备条款达成一致，其结果是导致合同不成立。因此，《担保法司法解释》第五十六条（现为《民法典》第四百条）第一款规定："抵押合同对被担保的主债权种类、抵押财产没有约定或者约定不明，根据主合同和抵押合同不能补正或者无法推定的，抵押不成立。"必备条款包括：1. 被担保债权。设立抵押权的目的就是为了担保主债权的实现，因此，被担保的主债权的种类是抵押合同的必备条款。2. 抵押财产。原《物权法》第一百八十五条第三项规定，抵押合同要载明抵押财产的名称、数量、质量、状况、所在地、所有权归属或者使用权归属，《民法典》将对应表述简化为"抵押财产的名称、数量等情况"，这是否意味着《民法典》允许对抵押财产进行概括描述？对此，不可一概而论[①]。不动产抵押实行登记生效主义，登记具有公示公信力，所以对不动产的描述要具体明确。但动产则不同，动

① 最高人民法院民法典贯彻实施工作领导小组：《中华人民共和国民法典物权编理解与适用》（下），人民法院出版社 2020 年版，第 1066 页。

产抵押实行登记对抗主义，登记的意义仅在于提醒债权人注意相应标的物上可能存在担保负担，以使第三人及时评估交易风险、尽早采取防范措施。基于登记对抗的法理，动产抵押往往实行声明登记制，其对担保财产的描述要求很低。3. 担保范围。所谓担保范围，即被担保的主债权的范围。根据《民法典》第三百八十九条的规定，首先看当事人有无约定；当事人没有约定或者约定不明的，担保的范围包括主债权及其利息、违约金、损害赔偿金等附属债权。至于履行债务期限，如果抵押合同对此没有明确，则法院也可以根据《民法典》规定的相关解释规则予以补正，固然通说认为，履行期限固然重要，但并非抵押合同的必备条款。

就本案而言，天然气公司提供的抵押物为天然气场站工程、场外设施、抢修设备、管网工程、工器具、土地购置，属于动产抵押情形，农商银行与天然气公司可以对抵押物及抵押价值进行协商，并不影响抵押合同的效力。而且该抵押合同也进行了登记，双方达成用现有的以及将有的生产设备抵押的书面协议后，农商银行面临的只是天然气公司将有的生产设备能否建造完成进而顺利受偿的问题，并不影响其抵押权的成立。在双方办理动产抵押登记时，其提交的《固定资产评估价值认定协议》载明"经双方协商同意本固定资产评估总价值为 2456.51 万元"。登记部门没有因该资产价值系双方自行议定而不予办理，表明对抵押物价值没有必须由第三方评估的强制性规定。因将有的生产设备存在可能难以建造完成的风险，农商银行和天然气公司将抵押物的抵押值设定为 1000 万元，载明在《抵押合同》的附件《抵押物明细表》上，双方办理动产抵押登记时，也向登记部门提交了该份《抵押物明细表》。至于动产抵押登记的对外公示问题，一则当时对动产抵押登记尚无在互联网平台公示的硬性要求；二则动产抵押登记本身就是一种物权公示行为。故在互联网平台公示不是抵押权成立的要件。案涉抵押物上的抵押权成立。二审法院认定农商银行对天然气公司提供的抵押物可在 1000 万元抵押值范围内优先受偿，有事实依据。

编写人：李源源

二审合议庭成员：段亦枫　王慧军　魏　巍

9. 金融借款合同中不能仅凭银行单方扣划利息金额认定双方改变了借款利率的约定

——中国建设银行股份有限公司某分行与江西某科技有限公司等金融借款合同纠纷二审案

裁判要旨

金融借款合同对于贷款利率的给付有约定的，按约定。银行不能单方上调合同约定的贷款利率，且不能仅凭银行自行从借款人专门账户扣去利息的行为证明双方改变了借款合同中借款利率的约定。

案例索引

一审：江西省吉安市中级人民法院（2018）赣08民初59号

二审：江西省高级人民法院（2019）赣民终74号

基本案情

上诉人（原审原告）：中国建设银行股份有限公司某分行（以下简称建行某分行）。

上诉人（原审被告）：江西某科技有限公司（以下简称科技公司）。

被上诉人（原审被告）：江西某企业有限公司（以下简称江西某公司）。

被上诉人（原审被告）：李某远。

被上诉人（原审被告）：马某飞。

被上诉人（原审被告）：黄某强。

建行某分行向一审法院起诉请求：1. 科技公司偿还到期贷款本金人民币9968267.03元及相应利息80000元（暂计算至2018年4月20日，利息按签订的《人民币流动资金贷款合同》约定的利率计算，自2018年4月20日起计算至实际还清之日止）；2. 江西某公司、李某远、马某飞、黄某强对上述债务承担连带保证责任。

2017年3月8日，建行某分行与科技公司签订《人民币流动资金贷款合同》，约定贷款金额500万元，贷款期限为一年，自2017年3月9日至2018年3月9日止。贷款利率为在银行年基础贷款利率（经查明，银行基础贷款利率为年利率4.3%）基础上加135.5个基点（1基点=0.01%，精确至0.01基点）。2017年3月30日，建行某分行与科技公司再次签订《人民币流动资金贷款合同》，约定贷款金额500万元，贷款期限为一年，自2017年3月30日至2018年3月29日止。贷款利率为在银行年基础贷款利率基础上加 1 个基点（1 基点 =0.01%，精确至 0.01 基点）。2017 年 3 月 8 日，建行某分行分别与江西某公司、李某远、马某飞、黄某强签订《最高额保证合同》上述协议签订后，建行某分行按约定向科技公司发放贷款 1000 万元，科技公司偿还贷款利息至 2018 年 2 月 20 日，以后仅偿还了贷款本金 31732.97 元，尚余 9968267.03 元贷款本金及以后利息未偿还。在一审庭审中，建行某分行明确贷款利率为：在合同期内年利率 5.655%，逾期之后在此基础上上浮 50%。科技公司当庭答辩对建行某分行诉请的本金 9968267.03 元无异议，对计算利息及主张罚息提出了异议。对于第一笔借款合同的年利率为 5.655%，科技公司无异议。在收取两笔借款利息中，建行某分行是按照年利率 5.655%、从科技公司的专门账户中直接扣收。2017 年建设银行 LPR 利率为年利率 4.3%。

裁判结果

一审判决：一、科技公司在判决生效后十日内偿付建行某分行借款本金 9968267.03 元及其利息（5000000 元借款本金，自 2018 年 2 月 21 日起至 2018 年 3 月 9 日止，按照年利率 5.65% 计算利息，自 2018 年 3 月 10 日起至借款还清之日止，按照年利率 8.475% 计算利息；4968267.03 元借款本金，自 2018 年 2 月 21 日起至 2018 年 3 月 29 日止，按照年利率 4.31% 计算利息，自 2018 年 3 月 30 日起至借款还清之日止，按照年利率 6.465% 计算利息）。二、江西某公司、李某远、马某飞、黄某强对上述借款本息承担连带清偿责任，其承担保证责任后，有权向科技公司追偿。

建行某分行、科技公司不服提出上诉。二审判决：一、维持一审判决第二项；二、变更一审判决第一项为：科技公司在判决生效后十日内偿付建行某分行借款本金 9968267.03 元及其利息（5000000 元借款本金，自 2018 年 2 月 21 日起至 2018 年 3 月 9 日止，按照年利率 5.655% 计算利息，自 2018 年 3 月 10 日起至借款还清之日止，按照年利率 8.483% 计算利息；4968267.03 元借款本金，自 2018 年 2 月 21 日起至 2018 年 3 月 29 日止，按照年利率 4.31% 计算利息，自 2018 年 3 月 30 日起至借款还清之日止，按照年利率 6.465% 计算利息），2018 年 2 月 21 日之前科技公司多支付的利息可以冲抵 2018 年 2 月 21 日之后产生的利息、罚息；三、驳回建行某分行的其他诉讼请求。

裁判理由

二审认为，本案的争议焦点之一是如何认定第二笔借款在合同期内的利率。在借款合同纠纷中，确定借贷双方权利义务的依据是借款合同。本案中，对于第二笔借款，即借款期限为 2017 年 3 月 30 日至 2018 年 3 月 29 日的 500 万元借款，双方为该笔借款签订的《人民币流动资金贷款合同》第四条贷款利率第（三）项对该笔贷款利率约定为：固定利率，即 LPR 利率加 1 基点，1 基点等于 0.01%，精确至 0.01 基点，在借款期限内，该利率保持不变。根据上述基点计算方式，2017 年建设银行

LPR利率为年利率4.3%，加上1个基点换算的百分比0.01%，则第二笔500万元借款合同期内年利率为4.31%。虽然建行某分行对两笔借款都是按照年利率5.655%收取利息，但已收取的利息不是科技公司定期支付的，而是建行某分行自行从科技公司专门账户扣取，仅凭建行某分行收取利息的行为不能证明双方改变了借款合同中借款利率的约定。建行某分行关于《人民币流动资金贷款合同》第四条贷款利率第（三）项“LPR利率加1基点”的约定是笔误的上诉请求，无证据证实，不能支持。

由于第二笔500万元借款在2018年2月20日之前，建行某分行都是按照年利率均5.655%收取利息，而《人民币流动资金贷款合同》约定的借款年利率为4.31%，科技公司为此多支付了利息。因科技公司未按照合同约定还本付息，且在一审庭审中对建行某分行主张的尚欠借款本金9968267.03元无异议，故其在2018年2月20日之前多付的利息可以冲抵2018年2月20日之后的利息，科技公司上诉要求冲抵本金，不予支持。

要旨解析

本案涉及以下几个法律问题：1.借款合同中关于利率的约定与实际履行的利率不同时如何来确定；2.多收取的利息是否可以冲抵本金。

一、关于约定的利率和实际履行的利率不同的问题

合同是当事人意思自治的体现，通常而言，当事人有依约履行合同的义务。但是，法律也赋予了当事人以实际履行行为变更合同的权利。所以，在借款合同中，当约定利率和实际履行利率不同时，不能简单认为以约定的利率或以实际履行的利率为准，应结合案件实际情况，来判断是否以实际履行行为变更了合同的约定。

关于变更合同的问题，《民法典》第五百四十三条规定“当事人协商一致，可以变更合同。”合同的变更是合同成立后，当事人在原合同的基础上对合同的内容进行修改或者补充。合同是双方当事人通过要约、承诺的方式，经协商一致达成的。合同成立后，当事人应当按照合同的约定履行义务。任何一方未经对方同意，都不得改变合同的内容。但是，当事人在订立合同时，有时不可能对涉及合同的所有问题都作出明确约定。合同签订后，当事人在合同履行前或者履行过程中可能出现一些新的情况，需要对双方的权利义务关系重新进行调整和规定。因此，需要当事人对合同内容重新修改或者补充[①]。由于合同是当事人协商一致的产物，所以，当事人在变更合同内容时，也要遵循协商一致的原则进行。具体到本案而言，借款合同约定的借款年利率为4.31%，建行某分行则是按照年利率均5.655%收取利息，但已收取的利息不是科技公司定期支付的，而是建行某分行自行从科技公司专门账户扣取，仅凭建行某分行收取利息的行为不能证明双方改变了借款合同中借款利率的约定。

① 胡康生主编：《中华人民共和国合同法释义》，法律出版社1999年版，第128页。

二、关于多收取的利息能否冲抵本金的问题

本案是在合同履行过程中多收取了利息，而且主债务借款本金还未清偿，笔者认为该多收取的利息可以参照债的抵冲顺序来判断。

债的抵充顺序在原《合同法司法解释（二）》第二十一条有规定："债务人除主债务人之外还应当支付利息和费用，当其给付不足以清偿全部债务时，并且当事人没有约定的，人民法院应当按照下列顺序抵充：（一）实现债权的有关费用；（二）利息；（三）主债务。"债务人除主债务之外还应当支付利息和费用，当其给付不足以清偿全部债务时，并且当事人没有约定的，人民法院应当按照下列顺序抵充：（一）实现债权的有关费用；（二）利息；（三）主债务。《民法典》第五百六十一条也同样的规定，只作了个别文字调整。需强调的是，实现债权的费用、利息和主债务的抵充顺序应当依照该条规定予以确定，不允许债务人作相反的指定。债务人在指定抵充时，如作出与该条规定的清偿抵充顺序相反的指定，不产生债务人所期待发生的法律效力。另应注意的是，该条规定虽然排斥债务人在指定抵充过程中作出相反的规定，但是并非强制性规定。亦即如果债务人与债权人另行针对实现债权的费用、利息和主债务的抵充顺序事宜达成合意，则应从其约定，此乃尊重当事人意思自治的应有之义。

与本案有关的就是利息——未偿还的利息，和主债务——未清偿的借款本金。关于"利息"，应当以已经产生的利息为限，才发生优先抵充的问题。利息，包括约定利息和法定利息，即使是迟延履行利息也包括在内。就利率问题，依法严守法定利率红线。对于各种以利息、违约金、服务费、中介费、保证金、延期费等突破或变相突破法定利率红线的，应当依法不予支持。对此，本文不予赘述。本案不存在建行某分行与科技公司协商多收取利息的冲抵问题，同时，由于案涉借款本金和利息均未清偿，那么依照上述法律规定，多收取的利息应冲抵未清偿本金产生的利息，而不能冲抵未清偿的本金。

编写人：李源源
二审合议庭成员：胡俊涛　徐快华　吕卫红

10. 银行出具承兑汇票无真实贸易背景不影响保证合同效力

——熊某斌、江西某建设工程有限公司、闵某兵、闵某根与南昌某农村商业银行股份有限公司等金融借款合同纠纷二审案

裁判要旨

担保人以银行未对真实贸易背景尽合理审查义务，存在过错为由，主张担保合同无效免除担保责任的，人民法院不予支持。

案例索引

一审：江西省南昌市中级人民法院（2017）赣01民初182号

二审：江西省高级人民法院（2019）赣民终103号

基本案情

上诉人（原审被告）：熊某斌。

上诉人（原审被告）：江西某建设工程有限公司（以下简称建设公司）。

上诉人（原审被告）：闵某兵。

上诉人（原审被告）：闵某根。

被上诉人（原审原告）：南昌某农村商业银行股份有限公司（以下简称农商银行）。

原审被告：南昌某物资有限公司（以下简称物资公司）。

原审被告：江西某实业有限公司（以下简称实业公司）。

原审被告：张某1。

原审被告：张某2。

原审被告：万某娇。

原审被告：涂某华。

原审被告：聂某勇。

原审被告：张某华。

农商银行向一审法院起诉请求：1. 物资公司归还农商银行开具的承兑汇票垫款金额11819958.36元、利息3043639.32元，共计14863597.68元（利息暂计算到2017年3月6日止）及自2017年3月7日起至垫付的承兑金额付清之日止的利息（按承兑合同约定的利率日万分之五计息）；2. 保证人建设公司、实业公司、张某1、张某2、闵某兵、熊某斌、万某娇、涂某华、聂某勇、闵某根、张某华对上述款项

承担连带清偿责任。

2014 年 8 月 27 日，农商银行所辖洪都支行与物资公司签订《最高额银行承兑汇票承兑合同》（编号：2014 南农银高银承字第 106702014082750010001 号），约定提供授信额度 2400 万元，授信期限自 2014 年 8 月 27 日至 2016 年 8 月 27 日，使用额度需以票面金额的 50% 存入质押存款，承兑手续费按票面金额的 0.5‰计算，违约利息以承兑人垫款金额为本金按日利率万分之五计算，未按时足额偿还垫款、支付利息的，应当承担承兑人为实现本合同项下债权而支付的催收费、诉讼费（或仲裁费）、保全费、公告费、执行费、律师费、差旅费及其他相关费用。同日，洪都支行与建设公司、实业公司签订《银行承兑汇票最高额保证合同》（编号：2014 南农银高保承字第 B10670201408270001-1 号），与张某 1、张某 2、闵某兵、熊某斌、万某娇、涂某华、聂某勇、闵某根签订《银行承兑汇票最高额保证合同》（编号：2014 南农银高保承字第 B10670201408270001-2 号），与张某 1、张某 2、张某华签订《银行承兑汇票最高额保证合同》（编号：2014 南农银高保承字第 B10670201408270001-3 号），均约定：为上述《最高额银行承兑汇票承兑合同》项下债务承担连带责任保证，担保债权之最高本金余额为 1200 万元，保证担保的范围包括债务人依照主合同与债权人发生的全部债务本金、利息、罚息、复利、违约金、损害赔偿金以及诉讼费、律师费等债权人变现债权的一切费用，保证方式为连带责任保证，保证期间为主合同约定的债务人履行债务期限届满之日起二年。2015 年 4 月 3 日洪都支行与物资公司签订《银行承兑协议》后，洪都支行开具了以海鑫物资公司为出票人的银行承兑汇票 6 张共 2400 万元，到期日为 2015 年 10 月 3 日。到期后，洪都支行在扣划物资公司保证金 1200 万元及利息后于 2015 年 10 月 8 日实际垫款 11819958.36 元。至 2017 年 4 月 10 日止，依合同约定，洪都支行垫款利息计 3250488.55 元。

2018 年 2 月 2 日，江西银监局出具的《信访答复意见书》中载明，经审计，涉及本案的 6 张承兑汇票无真实贸易背景，江西银监局对农商银行及相关责任人进了处罚。

南昌洪都农村商业银行股份有限公司于 2012 年 10 月 23 日更名为南昌某农村商业银行股份有限公司。洪都支行系分支机构，不具有独立法人资格，需要以农商银行名义提起诉讼。

裁判结果

一审判决：一、物资公司于判决生效之日起十日内向农商银行偿还垫款本金 11819958.36 万元并支付利息（利息暂算至 2017 年 4 月 10 日为 3250488.55 元，剩余利息自 2017 年 4 月 11 日开始，至付清全部垫款本金之日止，按日利率万分之五计算）；二、建设公司、实业公司、张某 1、张某 2、闵某兵、熊某斌、万某娇、涂某华、聂某勇、闵某根、张某华就上述第一项的给付款项承担连带清偿责任；三、建设公司、实业公司、张某 1、张某 2、闵某兵、熊某斌、万某娇、涂某华、聂某勇、闵某根、张某华在承担担保责任后，有权向物资公司追偿。

二审判决：驳回上诉，维持原判。

裁判理由

二审认为，农商银行未审查承兑汇票真实交易背景是否影响四上诉人保证合同的效力。二审认为，保证合同作为本案金融借款合同的从合同，其效力受到两个方面因素的影响：一是主合同的效力；二是保证合同本身的效力。兹分述如下：

关于本案主合同的效力。物资公司开出汇票向江西大泽泰贸易有限公司付款，双方之间有无贸易关系以及贸易关系是否真实，对农商银行来说，涉及的是为物资公司垫款的用途问题。对借款用途，除贷款人知道或应当知道借款人用于从事法律禁止的活动外，原则上不影响借款合同的效力；除合同特别约定外，贷款人也没有约束借款人如何使用借款的权利。《商业银行法》第三十五条规定："商业银行贷款，应当对借款人的借款用途、偿还能力、还款方式等情况进行严格审查。"该规定是对商业银行审慎经营的要求，其宗旨是控制商业银行的经营风险，保护商业银行资产安全，是对商业银行经营活动的管理性规定。尽管江西银监局在《信访事项答复意见书》中明确农商银行存在"签发无真实贸易背景银行承兑汇票的问题"，违反了相关规定，但不属于原《合同法》第五十二条第五项规定的"违反法律、行政法规的强制性规定"情形。因此，物资公司与农商银行之间的合同合法有效，不影响本案相关保证合同的效力。

关于本案四上诉人保证合同的效力。四上诉人于 2014 年 8 月 27 日分别与农商银行签订了最高额保证合同，为物资公司与农商银行约定的银行承兑汇票业务产生的最高余额 1200 万元承担连带责任保证。在保证合同中，四上诉人与农商银行对物资公司的汇票基础关系的内容没有作出约定，物资公司借款的用途，没有证据证明构成四上诉人向农商银行是否提供保证的考量因素，也不能证明是四上诉人提供保证的信赖因素。况且，四上诉人签订保证合同时，案涉银行承兑汇票尚未开出，农商银行是否审查物资公司出票的真实贸易背景，与四上诉人提供本案保证没有因果关系，不存在因农商银行与物资公司恶意串通或农商银行欺诈致使四上诉人作出保证意思表示的情形。由此，农商银行没有审查物资公司出票的真实贸易背景，并不影响四上诉人作出本案保证的真实意思表示，一审法院认定农商银行违反了审查真实贸易背景的义务不影响本案保证合同效力正确，四上诉人以此提出不承担保证责任的上诉主张，没有事实与法律依据，不予支持。

另，四上诉人提出农商银行未在第一时间告知物资公司未按约支付票据款以致损失扩大加重其担保责任，该主张没有合同依据，不予支持。

要旨解析

本案涉及的法律问题是银行出具承兑汇票对真实贸易背景的审查义务问题。

担保人以银行未对真实贸易背景尽合理审查义务存在过错为由主张担保合同无

效，免除其担保责任，主要是基于《票据法》第十条“票据的签发、取得和转让，应当遵循诚实信用的原则，具有真实的交易关系和债权债务关系”及《商业银行法》第三十五条“商业银行贷款，应当对借款人的借款用途、偿还能力、还款方式等情况进行严格审查”的规定，该规定要求银行在发放贷款及承兑时需要对贸易背景进行审查。因此，银行业务操作的瑕疵能否直接导致保证合同无效，进而免除担保人的担保责任，是认定能否支持担保人主张的关键。

《商业银行法》第三十五条规定：“商业银行贷款，应当对借款人的借款用途、偿还能力、还款方式等情况进行严格审查。”《商业银行法》所要求的银行对交易背景的审查应当理解为形式审查。银行应当对出票人和收款人之间的贸易关系进行何种程度的审查法律上并无明确的规定，但从票据的流通性以及银行无法控制基础交易执行程度等客观情况考虑，若要求银行对基础交易关系进行实质审查，在实践中银行通常难以做到，且不利于票据的流通，大幅增加了交易成本。并且《票据法》第十条及《商业银行法》第三十五条所规定的银行对真实贸易关系的审查义务，实际上是从银行业审慎经营的角度考虑，要求银行控制风险的措施，银行对真实贸易关系的审查义务属于银行为了加强内部风险控制的工作流程，主要目的是减少银行自身经营风险，保障银行资金安全。因此，一般认为银行对真实贸易关系的审查义务限于要求承兑人或借款人提交交易合同、购销合同、增值税发票或普通发票等足以证明该票据具有真实贸易背景的书面材料并进行形式审查，并不要求银行对基础交易的执行程度进行持续审查。①

保证人在银行未能审核真实交易背景的情况下，应否继续承担保证责任，《民法典》并无明确规定。根据《民法典》第一百四十三条的规定：“具备下列条件的民事法律行为有效：（一）行为人具有相应的民事行为能力；（二）意思表示真实；（三）不违反法律、行政法规的强制性规定，不违背公序良俗。”担保合同作为一般民事法律行为，其效力的认定主要受上述三个条件的约束。银行对出票人与持票人之间的真实贸易关系的审查，是银行作为承兑人为了维护自身资金安全而取得的权利而非对担保人承担的义务，《商业银行法》对银行进行贷款业务操作的要求不能理解为影响担保合同效力的强行性规定。因此，银行业务操作瑕疵不会导致担保合同无效，担保人不能以此拒绝承担担保责任。此外，原《担保法》第三十条曾规定有下列情形之一的，保证人不承担保证责任：（一）主合同当事人双方串通，骗取保证人提供保证的；（二）主合同债权人采取欺诈、胁迫等手段，使保证人在违背真实意思表示的情况下提供保证的。根据上述规定，担保人想免除担保责任，需举证证明存在以下两种情形中的任意一种，即主合同当事人双方恶意串通，或者主合同债权人采取欺诈、胁迫等手段使担保人违背真实意思表示提供担保的事实。具体到本案，

---

① 苏家成、鲁勇睿：《银行承兑商业汇票的审查义务及其担保权利实现》，载《人民司法（案例）》2015 年第 14 期。

虽然物资公司存在虚构交易骗取银行承兑汇票的行为，但无证据表明其与农商银行在本案中存在恶意串通、骗取保证的事实，或者农商银行存在欺诈、胁迫保证人提供担保的事实。因此，保证人仅以物资公司虚构交易为由免除担保责任，其理由不能成立。

编写人：魏　巍

二审合议庭组成人员：周　辉　黄　颖　王　冬

11. 在企业办理止付冻结的内部登记不发生股权质押效力

——江西某农村商业银行股份有限公司与上饶市某林业开发有限公司金融借款合同纠纷二审案

裁判要旨

股权质押在企业办理止付冻结的内部登记，该质押登记不符合法定要求和公示公信的效果而归于无效。但该行为并不违反企业意愿也不损害企业其他投资人的利益，仍具有担保效力，债权人可就该股权拍卖变卖的价值受偿，但不得对抗善意第三人。

案例索引

一审：江西省上饶市中级人民法院（2018）赣11民初27号

二审：江西省高级人民法院（2019）赣民终142号

基本案情

上诉人（原审原告）：江西某农村商业银行股份有限公司（以下简称农商银行）。

被上诉人（原审被告）：上饶市某林业开发有限公司（以下简称林业公司）。

农商银行向一审法院提出诉讼请求：1. 判令林业公司立即归还借款本金13500000元，利息2199906.38元（利息暂算至2017年8月2日，之后利息按合同约定计算至款清之日止）；2. 判令农商银行对林业公司名下横峰县农村信用合作联社1000万股股金拍卖、变卖所得或折价享有优先受偿权。

2013年7月12日，农商银行与林业公司签订编号为（2013）干农信流借字第010003号《流动资金借款合同》，借款金额为人民币1350万元，期限为2013年7月12日至2016年7月11日，以林业公司名下横峰县农村信用合作联社1000万股股金作质押。同日，双方签订了《权利质押合同》，并在横峰县农村信用合作联社进行了质押登记。后农商银行向林业公司放款人民币1350万元，但林业公司未按约履行还款义务。截至2017年8月2日，林业公司尚欠农商银行本金1350万元，利息2199906.38元。

裁判结果

一审判决：一、由林业公司在判决生效之日起十五日内偿还农商银行借款本金人民币13500000元、利息2199906.38元（利息计算至2017年8月2日止，后续利息按《流动资金借款合同》的约定计算至借款全部偿清止）；二、驳回农商银行其他诉讼请求。

农商银行不服，提起上诉。二审判决：一、撤销一审判决；二、由林业公司在判决生效之日起十五日内偿还农商银行借款本金人民币 13500000 元、利息 2104598.44 元（利息计算至 2017 年 8 月 2 日止，后续利息按《流动资金借款合同》的约定计算至借款全部偿清止）；三、林业公司未按时偿还上述第二项借款本息，农商银行可以申请拍卖、变卖林业公司在江西横峰农村商业银行股份有限公司 1000 万股金，以股金拍卖、变卖所得价款偿还；四、驳回农商银行其他诉讼请求。

裁判理由

二审认为，争议的焦点是：农商银行是否对林业公司在横峰县农村信用合作联社 1000 万股金享有优先受偿权。

二审认为，根据原《物权法》的规定，权利质押在办理登记后质权设立。根据本案查明的事实，在双方办理借款及质押担保时，以农村信用合作联社股金质押的登记形式，原《物权法》及相关法律没有规定，虽本案质押人与质权人在质押物所在的横峰县农村信用合作联社办理止付冻结的内部登记，根据物权法定和物权公示的原则，因该登记不符合法定要求和公示公信的效果而归于无效，一审法院认定本案质权未设立依据充分。但林业公司与农商银行签订了《权利质押合同》，林业公司承诺以其在横峰县农村信用合作联社的 1000 万股金质押，担保其向农商银行的 1350 万元的借款，林业公司担保的意思表示明确，且股金质押并不违反质押物所在的横峰县农村信用合作联社的愿意也不损害横峰县农村信用合作联社其他投资人的利益。因此，农商银行对林业公司的 1350 万元债权是有担保的债权，本案在拍卖标的物清偿债务时，农商银行的债权应有别于普通债权。

要旨解析

本案涉及在企业内部进行止付冻结登记效力的问题，这一问题以信用社最为典型。

依据《农村信用合作社管理规定》第二条的规定，农村信用合作社是指经中国人民银行批准设立、由社员入股组成、实行社员民主管理、主要为社员提供金融服务的农村合作金融机构。其管理体制、产权制度一直处于不规范状态，2003 年，国务院印发了《深化农村信用社改革试点方案》的通知，并提出了改革农村信用社管理体制和产权制度的要求。[①] 尚未改制完成的农村信用社并不是公司制法人企业，无法在工商机关进行股权登记。随着信用社股份制改革的不断推进，2016 年 4 月 25

① 在该方案的改革主要内容中要求“构建新的产权关系，完善法人治理结构。按照股权结构多样化、投资主体多元化原则，根据不同地区情况，分别进行不同产权形式的试点。有条件的地区可以进行股份制改造；暂不具备条件的地区，可以比照股份制的原则和做法，实行股份合作制；股份制改造有困难而又适合搞合作制的，也可以进一步完善合作制。”

日，江西省人民政府金融办公室、江西省工商行政管理局下发《关于开展全省非上市股份有限公司股权集中登记托管工作的指导意见》，设立江西联合登记结算有限公司，负责接受省内非上市股份有限公司或股东委托，管理公司股东名册、提供股权登记托管及其他相关服务。至此，江西完成股份制改革的信用社确定了股权登记机构，即江西联合登记结算有限公司。但在此之前，各类信用社普遍是采取在企业内部设立账册进行股金的登记。

我国实行物权法定原则，担保物权必须源自法律的明确规定，否则不发生物权效力。但是，实践中股权质押存在未在有权机构或像信用社这样没有有权机构办理担保登记的情况下，在企业内部办理止付冻结的方式办理股权质押的情况，对此效力应如何认定？

这一问题涉及两个层次：一是合同是否有效，二是是否具有物权效力。对于合同效力问题，除非存在违反法律、行政法规的强制性规定或者违背公序良俗等合同法上的无效事由，一般不应轻易否定合同效力。存有较大异议的是，以企业内部登记方式办理的股权质押，未经公示，其物权效力如何？

担保未进行公示的，因物权的设立、变更和消灭均应依法定方式进行公示，这是物权公示原则的当然要求，也是物权公信力的来源，应当认定质权不成立。如果承认未经公示的权利质权也能成立，就必然导致承认权利人的担保权利具有对抗效力，而第三人却无法知晓该权利上有他人排他性权利存在，这必然会对善意第三人的利益造成损害；如果一方面承认质权未经公示可以成立，另一方面又主张成立的质权没有对抗效力，那么就不符合物权的对世效力。

对于未经公示的担保，因物权变动的合意行为与物权变动的公示行为是两个行为，缺少公示行为，并不影响合意行为的效力。因此在缺少公示行为的情况下，不应一概否定合意行为的效力，而应依照法律行为的有效要件，对此类质押合同的效力进行审查。如果符合法律行为的有效要件，则担保合同有效，但构成债权性质的担保，担保权利人可以对担保标的的变价，但不享有优先受偿权。不赋予此类担保的担保权人以优先受偿权，是因为优先受偿权来源于物权的排他性，既然此类担保不是物权性质的担保，而是债权性质的担保，债权是没有排他性的权利，因此，赋予债权性担保的权利人以优先受偿权缺乏法理依据。对这一问题，《民商审判会议纪要》第六十七条做了明确规定，债权人与担保人订立担保合同，约定以法律、行政法规未禁止抵押或者质押的财产设定以登记作为公示方法的担保，因无法定的登记机构而未能进行登记的，不具有物权效力。当事人请求按照担保合同的约定就该财产折价、变卖或者拍卖所得价款等方式清偿债务的，人民法院依法予以支持，但对其他权利人不具有对抗效力和优先性。

本案发生于《民商审判会议纪要》发布之前，但在处理原则上与纪要精神完全一致，对于未经公示的担保，否定其物权效力的同时，肯定其债权效力，赋予债权人就担保物变价受偿的权利，但不得对抗善意第三人。但是，如果第三人知晓股权在企业内部止付冻结的事实，则该登记对第三人发生效力，债权人可就担保物优先于该特定第三人受偿。

编写人：魏　巍

二审合议庭成员：吴爱民　赵建艳　汪娣娣

12. 合同相对人未尽合理注意义务对其表见代理的主张不应支持

——赣州银行股份有限公司某分行与新余市某置业有限公司、新余市某贸易有限公司等金融借款合同、保证合同、抵押合同纠纷二审案

裁判要旨

合同相对人主张构成表见代理的，不仅代理行为应当存在诸如合同书、公章、印鉴等有权代理的客观形式要素，而且其主观上应当尽合理注意义务，善意且无过失地相信行为人具有代理权，否则对其主张不予支持。

案例索引

一审：江西省新余市中级人民法院（2017）赣05民初106号

二审：江西省高级人民法院（2019）赣民终219号

基本案情

上诉人（原审原告）：赣州银行股份有限公司某分行（以下简称赣州银行某分行）。

被上诉人（原审被告）：新余市某置业有限公司（以下简称置业公司）。

原审被告：新余市某贸易有限公司（以下简称贸易公司）。

原审被告：廖某惠。

原审被告：张某勇。

原审被告：廖某闽。

原审被告：沈某铭。

赣州银行某分行向一审法院提出诉讼请求：1. 判令贸易公司立即归还借款本金3000万元，并支付利息7541500元（暂算至2016年9月20日）及本息还清之日止的利息；2. 判令廖某惠、张某勇、廖某闽、沈某铭、置业公司对上述债务承担连带保证责任；3. 判令赣州银行某分行对置业公司所有的位于仙女湖新码头旁，仙国用（2011）第××号土地的拍卖、变现所得款项享有优先受偿权；4. 判令各被告承担律师费30000元。

2014年2月26日，中江国际作为贷款人，贸易公司作为借款人，双方签订编号为江信国际［2012信托022］第（2-543）号《信托贷款合同》，约定中江国际向贸易公司发放3000万元信托贷款，借款期限为2014年2月26日至2015年2月26日，贷款年利率为9.8%，贷款逾期罚息利率为贷款利率上浮50%等。

2014 年 2 月 26 日，置业公司与中江国际签订《最高额抵押合同》，置业公司以仙国用（2011）第 ×× 号土地使用权为贸易公司提供最高债权本金额 3000 万元、利、罚息及实现债权等费用担保，并办理了他项权证。

2014 年 2 月 26 日，廖某惠、张某勇与中江国际签订《保证合同》，约定为《信托贷款合同》提供连带责任保证，保证范围包括本金、利、罚息及实现债权等费用。2014 年 2 月 26 日，置业公司与中江国际签订《保证合同》，约定为贸易公司《信托贷款合同》提供连带责任保证，保证范围包括本金、利、罚息及实现债权等费用。《保证合同》第十条（合同的生效）约定："本合同自各方法定代表人或授权代表签字（或签单）且加盖公章或合同专用章之日起生效"。新余市公安局仙女湖分局对廖贵秀、张某勇的询问笔录及江西天剑司法鉴定中心赣天剑司鉴［2017］文鉴字（2033）号鉴定意见表明，贸易公司与中江国际签订的《保证合同》上"潘某华"印章并非潘某华本人及其授权代表所刻。

2015 年 9 月 15 日，廖某闽、沈某铭与中江国际签订《最高额保证合同》，约定廖某闽、沈某铭为贸易公司 2014 年 3 月 4 日至 2015 年 3 月 4 日期间发生的最高本金额 3000 万元、利、罚息及实现债权等费用提供连带责任保证。2016 年 6 月 28 日，中江国际与赣州银行股份有限公司签订协议，将中江国际的债权转让给赣州银行股份有限公司，并制作了资产移交清单，赣州银行某分行将债权受让通知了贸易公司、廖某惠、张某勇、廖某闽、沈某铭、置业公司。

2017 年 8 月 21 日，一审法院裁定受理对贸易公司的破产申请，贸易公司进入破产清算程序。至 2017 年 8 月 21 日，贸易公司共尚欠赣州银行某分行本金 30000000 元，利息 11633013.83 元，本息共计 41633013.83 元。

裁判结果

一审判决：一、贸易公司在本判决生效之日起十日内向赣州银行某分行归还借款本金 30000000 元，利息 11633013.83 元，本息共计 41633013.83 元；二、贸易公司在本判决生效之日起十日内向赣州银行某分行支付律师代理费 30000 元；三、廖某惠、张某勇、廖某闽、沈某铭对以上判决第一、二项确定的债务承担连带清偿责任；廖某惠、张某勇、廖某闽、沈某铭承担保证责任后，有权向贸易公司追偿；四、赣州银行某分行在以上判决第一、二项确定的债权范围内享有对置业公司位于新余市仙女湖新码头旁的土地使用权折价或以拍卖、变卖该土地价款的优先受偿权；置业公司承担担保责任后，有权向贸易公司追偿；五、驳回赣州银行某分行的其他诉讼请求。

赣州银行某分行不服，提起上诉。二审判决：驳回上诉，维持原判。

裁判理由

二审认为，本案的争议焦点是：1. 能否认定保证合同上潘某华的印章并非本人或其授权人所刻；2. 抵押合同、保证合同在印章的认定上是否自相矛盾；3. 即便能够认定保证合同上潘某华的印章并非本人或其授权人所刻，上诉人是否无过错、属善意第三人。

因置业公司印章被伪造案，新余市公安局仙女湖分局分别对置业公司原员工张某勇（也是本案原审被告）、廖某秀进行询问，该两人均确认置业公司的法人印章确实被人私刻，后由张某勇交给廖某秀，并由廖某秀销毁。新余市公安局仙女湖分局委托的江西天剑司法鉴定中心作出的《文书司法鉴定意见书》表明，所涉置业公司的《抵押合同》《保证合同》《土地登记申请书》上的“潘某华印”名章印文与提供的样本均不是同一名章盖印形成。上述事实足以认定，本案所涉置业公司《保证合同》盖有的“潘某华印”非置业公司真实有效使用的印文。原审判决认定该印文并非潘某华本人及其授权代表所刻并无不当，上诉人赣州银行某分行提出上述证据不能得出这一结论与事实不符，依法不予采纳。

本案涉置业公司的《抵押合同》《委托书》《承诺书》《土地登记申请书》均盖有非真实有效的“潘某华印”，置业公司基于股东会对抵押作出了同意的决议且《抵押合同》并未约定应加盖法定代表人印章后才发生效力而认可抵押的效力，但对上述文件上的“潘某华印”的真实有效性从未予以认可。原审法院认定《抵押合同》有效与否定“潘某华印”印文的真实有效性并不矛盾。上诉人的这一上诉理由不能成立。

本案涉置业公司的《保证合同》第十条约定，本合同自各方法定代表人或授权代表签字（或盖章）且加盖公章或合同专用章之日起生效。赣州银行某分行提出，《保证合同》所盖“潘某华印”即使不真实，其并无过错，属于善意第三人。置业公司提出，其虽将公司印章交给贸易公司员工程学玲，但系用于办理抵押事宜，并未委托程学玲签订保证合同，赣州银行某分行未尽合理注意义务，具有过错，不属于善意第三人。二审认为，原《合同法》第四十九条规定的表见代理，不仅要求代理人的无权代理行为在客观上形成具有代理权的表象，而且要求相对人在主观上善意且无过失地相信行为人有代理权。合同相对人主张构成表见代理的，应当承担举证责任，不仅应当举证证明代理行为存在诸如合同书、公章、印鉴等有权代理的客观表象形式要素，而且应当证明其善意且无过失地相信担保制度下行为人具有代理权。上述义务包括对印章的真实性进行审查的义务。上诉人赣州银行某分行虽曾提出，《保证合同》印章是在置业公司办公地点由置业公司工作人员所盖，但该说法未得到置业公司的认可后其并无证据证实这一主张，赣州银行某分行应承担该主张不能成立的后果。且本案涉置业公司的《抵押合同》与《保证合同》系同一天签署，置业公司就抵押担保出具的《股东决议》记载的股东与置业公司曾于两个月前出具的保证担保《股东决议》记载的股东全部不同，赣州银行某分行因未尽合理注意义务而未要求置业公司重新出具《股东决议》具有过错。置业公司出具给程学玲的《委托书》明确载明办理抵押登记事宜，就保证合同的签订并无委托书。因此，赣州银行某分行在合同签订过程中未尽合理审查义务，并不属于善意无过失的相对人，本案涉置业公司的《保证合同》不构成表见代理，且因印章虚假而未生效。原审法院认定《保证合同》未生效从而判决置业公司不承担保证责任符合事实和法律规定。赣州银行某分行的这一上诉理由依法不予采纳。

综上，赣州银行某分行提出不能确认《保证合同》印章虚假及其属于善意无过失的相对人的主张无事实与法律依据，依法应予驳回。

要旨解析

本案涉及表见代理的认定。

表见代理是指虽然行为人事实上无代理权，但相对人有理由认为行为人有代理权而与其进行法律行为，其行为的法律后果由被代理人承担的代理。表见代理从广义上看是无权代理，但是为了保护善意第三人的信赖利益与交易的安全，法律强制被代理人承担其法律后果。构成表见代理的要件有：1. 须行为人没有代理权。无代理权是成立表见代理的第一要件，如果系有权代理，则不发生表见代理问题。2. 须有使相对人相信行为人具有代理权的事实或者理由。这是表见代理成立的客观要件，其是以行为人与代理人之间存在某种客观事实或法律上的联系为基础的，若相对人充分相信行为人有代理权，通常情况下须相对人举证证明行为人与代理人之间确实存在某种联系使其按照一般的交易情况足以误认行为人有代理权。3. 须相对人为善意。此为表见代理成立的主观要件，如果相对人出于恶意，明知对方无权代理，但仍与其事实民事行为，法律就没有保护的必要，也就不能成立表见代理。4. 须以被代理人的名义订立合同。此为表见代理成立的程序要件，即行为人与相对人签订合同时是以被代理人的名义签订，否则不构成表见代理，而为无权处分人擅自处分他人财产，属无权处分。

司法实践中，容易引发争议的一般是第 2 个要件和第 3 个要件，故而也是强调最多的两个要件。最高人民法院（2000）经终字第 220 号案件的判决认为，构成表见代理应同时具备行为人具有代理权的客观表象和相对人善意无过失两个方面的要件。最高人民法院《关于当前形势下审理民商事合同纠纷案件若干问题的指导意见》第十四条规定，应当结合合同缔结与履行过程中的各种因素综合判断合同相对人是否尽到合理注意义务。最高人民法院的指导意见在表见代理的构成要件上基本上延续了（2000）经终字第 220 号民事判决的立场。

本案主要涉及第 3 个要件，即相对人应证明自己善意无过失。相对人善意无过失，即相对人不知道也不应当知道代理人实际是没有代理权的。不知道的反面就是需要被代理人证明相对人知道。而不应当知道，就是相对人需要证明自己根本不可能知道，而且该不知道还不存在过错，当时的情景下不知道是合乎情理的，不存在因为自己的疏忽大意而不知道的情况，也就是相对人对于代理人具有代理权外观有合理相信的基础。是否善意属于主观判断，主要来自于相对人的内心及内心意思活动，无法准确有效地呈现于法庭，只能采取根据客观条件推定的方式，尽可能真实地反映相关客观情况。对此，最高人民法院《关于当前形势下审理民商事合同纠纷案件若干问题的指导意见》第14条提出了判断基本方法，人民法院在判断合同相对人主观上是否属于善意且无过失时，应当结合合同缔结与履行过程中的各种因素综合判断合同相对人是否尽到合理注意义务。至于合理注意义务的程度，在无权代理情形中，作为法律行为实施者的代理人与作为法律行为名义载体的被代理人不是同一个人，在法律行为的实施与法律行为的效果归属之间多出了一个环节，即代理权。多一个环节就意味着多一份“节外生枝”的风险，这是任何相对人都知道的情况，这种情况本身就足以引起相对人的警觉，在实施法律行为时其应谨慎地审查代理人是否具备代理权。如果审查得不够仔细，遗漏了一个勤谨、理性的一般人本来可以发现并予以核实的疑点，其就不是善意的，此时，其过错程度是轻过失而不是重过失。[①] 此外，如果相对人是特殊的专业人士，或者是相应领域经验特别丰富的人士，则该一般人就上升为相应的专业人士的一般人，以相应的专业人士一般人的标准衡量，如注册会计师工作者对于会计人士表见代理的理解，就不同于一个普通人，不能再以一般普通人为标准，而应以一般专业人为标准。

本案中，赣州银行某分行作为专业的金融机构，其对担保合同订立中的代理行为应当具有较高的注意义务。而置业公司就抵押担保出具的《股东决议》记载的股东与置业公司曾于两个月前出具的保证担保《股东决议》记载的股东全部不同，且置业公司出具给程学玲的《委托书》明确载明办理抵押登记事宜，就保证合同的签订并无委托书，赣州银行某分行在合同签订过程中未尽合理审查义务，并不属于善意无过失的相对人，本案涉置业公司的《保证合同》不构成表见代理。

编写人：魏　巍

二审合议庭组成人员：胡俊涛　徐快华　徐清华

---

① 杨代雄:《表见代理的特别构成要件》，载《法学》2013年第2期。

13. 约定不明时最高额抵押担保应理解为全部债权的最高限额

——九江农村商业银行股份有限公司某支行与
九江某贸易有限公司等金融借款合同纠纷再审二审案

裁判要旨

最高额抵押担保合同中，债务人应偿还的借款本金及利息等合计超过了最高限额的情况下，若没有明确约定最高限额为本金的，该最高限额不应理解为本金最高额，而应理解为全部债权的最高限额。

案例索引

原审一审：江西省九江市中级人民法院（2015）九中民二初字第158号
再审一审：江西省九江市中级人民法院（2017）赣04民再16号
再审二审：江西省高级人民法院（2019）赣民再57号

基本案情

上诉人（一审被告、再审申请人）：九江某贸易有限公司（以下简称甲贸易公司）。

上诉人（一审被告、再审申请人）：王某。

上诉人（一审被告、再审申请人）：宋某节。

上诉人（一审被告、再审申请人）：万某珍。

被上诉人（一审原告、被申请人）：九江农村商业银行股份有限公司某支行（以下简称农商银行某支行）。

一审被告：江西省某贸易有限公司（以下简称乙贸易公司）。

农商银行某支行向一审法院起诉请求：1.乙贸易公司立即归还农商银行某支行借款本金37316640.35元及承担利息违约金至其还清全部借款本金之日止（暂计算至2015年6月30日为2350948.3元）；2.农商银行某支行与甲贸易公司、王某、宋某节、万某珍之间的抵押有效，农商银行某支行对甲贸易公司、王某、宋某节、万某珍提供的抵押物在其担保的范围内享有优先受偿权（抵押物详见抵押物清单）。

2013年8月13日，农商银行某支行与乙贸易公司签订《最高额银行承兑汇票承兑合同》。同日，农商银行某支行与甲贸易公司、王某、宋某节、万某珍签订《银行承兑汇票最高额抵押合同》并附抵押房产清单，约定甲贸易公司、王某、宋某节、万某珍以其清单所列各自的房屋所有权为上述承兑合同项下的款项提供抵押担保，并办理了抵押权登记。

汇票到期后，乙贸易公司未依约交存票据款。农商银行某支行垫付票款7600万元后，按约扣划乙贸易公司保证金3800万元及部分利息，用于冲抵部分垫付票款。

经确认，截至2015年6月30日，乙贸易公司尚欠农商银行某支行垫付票款本金37316640.35元、利息2350948.3元。

再审二审另查明：2013年8月13日农商银行某支行与甲贸易公司、王某、宋某节、万某珍签订的《银行承兑汇票最高额抵押合同》约定：第一条“被担保的主债权及最高额”1.甲贸易公司、王某、宋某节、万某珍自愿为乙贸易公司自2013年8月13日起至2015年8月5日止，……第二条“抵押担保的范围”抵押担保的范围包括乙贸易公司依主合同与农商银行某支行发生的全部债务本金、利息、罚息、复利、违约金、损害赔偿金以及诉讼费、律师得、抵押物处置费、过户费等农商银行某支行实现债权的一切费用。第三条“抵押物”甲贸易公司、王某、宋某节、万某珍同意以下列财产（详见附件“抵押物明细表”）作为抵押物，其中甲贸易公司所有的一套房产设定的抵押值为1000万元，王某、宋某节所有的三套房产设定的抵押值分别为900万元、200万元和200万元，万某珍所有的一套房产设定的抵押值为1500万元，合计3800万元。上述抵押房产均办理了抵押权登记，他项权证上载明的债权数额与抵押物清单上记载的设定抵押值数额均一致。

裁判结果

原审一审判决生效后，甲贸易公司、王某、宋某节、万某珍向江西省高级人民法院申请再审，江西省高级人民法院经审查认为原一审法院向四申请人采取公告送达诉讼文书的形式，违反了法律关于送达的规定，剥夺了当事人的辩论权，故裁定指令江西省九江市中级人民法院再审本案。

再审一审判决：一、撤销原审一审判决；二、乙贸易公司于本判决生效之日起七日内偿还农商银行某支行银行承兑汇票垫付款本金37316640.35元及截至2015年6月30日止的利息2350948.3元，并从2015年7月1起按日万分之五的利率支付利息至本金全部还清之日止；三、农商银行某支行对甲贸易公司、王某、宋某节、万某珍提供的抵押物（详见抵押物清单）变现所得价款，在上述债权范围内享有优先受偿权。

甲贸易公司、王某、宋某节、万某珍不服提出上诉。再审二审判决：一、维持再审一审判决第一项、第二项；二、变更再审一审判决第三项为农商银行某支行对抵押人甲贸易公司提供的抵押物（抵押房产）变现所得价款在1000万元债权范围内享有优先受偿权，对抵押人王某、宋某节提供的抵押物（三套抵押房产）变现所得价款分别在900万元、200万元和200万元债权范围内享有优先受偿权，对抵押人万某珍提供的抵押物（抵押房产）变现所得价款在1500万元债权范围内享有优先受偿权。三、驳回农商银行某支行的其他诉讼请求。

裁判理由

再审二审认为，本案的争议焦点是：1. 四上诉人是否要对案涉款项承担抵押担保责任；2. 四上诉人若要承担抵押担保责任，则被上诉人对四上诉人提供的抵押物享有优先受偿权的担保范围及份额。

一、关于四上诉人是否要对案涉款项承担抵押担保责任的问题

乙贸易公司与农商银行某支行签订的《最高额银行承兑汇票承兑合同》及一系列《银行承兑汇票承兑合同》，都是双方当事人的真实意思表示，应为合法有效，农商银行某支行依据《银行承兑汇票承兑合同》开具相关银行承兑汇票，并无不当。抵押权人农商银行某支行、债务人乙贸易公司与抵押人甲贸易公司、王某、宋某节、万某珍签订的《银行承兑汇票最高额抵押合同》系四上诉人自愿签订的，并未违反法律法规的强制性规定，且合同所涉抵押房产均办理了抵押权登记，故该抵押合同应为合法有效。本案诉争的款项系农商银行某支行根据《银行承兑汇票承兑合同》开具的银行承兑汇票项下的资金，属于《银行承兑汇票最高额抵押合同》的担保范围，四上诉人应对案涉款项承担抵押担保责任。

二、关于被上诉人对四上诉人提供的抵押物享有优先受偿权的担保范围及份额的问题

根据原《担保法》第五十九条的规定，最高额抵押是指抵押人与抵押权人协议，在最高债权额限度内，以抵押物对一定期间内连续发生的债权作担保。案涉《银行承兑汇票最高额抵押合同》中虽约定担保范围包括债务本金、利息等，但同时亦明确约定抵押人为实际形成的最高余额不超过3800万元的债务提供抵押担保，会同所付抵押物清单中合计的抵押值亦是3800万元，故本案抵押权人仅能在3800万元的范围内行使优先受偿权。一审判令农商银行某支行对甲贸易公司、王某、宋某节、万某珍提供的抵押物变现所得价款在乙贸易公司应偿还的本金及利息合计已超过3800万元的债权范围内享有优先受偿权，突破了合同约定的最高债权额，与抵押人签订最高额抵押合同的预期和物权法、担保法的立法本意相悖，上诉人的该上诉理由可以成立，应予以改判。同时，《银行承兑汇票最高额抵押合同》附件的“抵押物清单”中对四上诉人提供的抵押房产明确设定了各自的抵押值，农商银行某支行在抵押物清单上亦加盖了印章，认可该事实，同时抵押房产的他项权证上也明确登记了各抵押房产的债权数额，据此可以认定四抵押人对其提供的抵押房产所担保的债权份额有明确约定，抵押权人应依据该份额比例就四抵押人提供的抵押房产变现所得价款享有优先受偿权，一审未做份额区分，与合同约定不符，四上诉人对于该问题的上诉理由可以成立。综上所述，甲贸易公司、王某、宋某节、万某珍的上诉部分请求成立。

要旨解析

本案涉及以下两个法律问题：1. 最高额抵押担保合同中，最高限额的理解；2. 同一债权有两个以上抵押人并约定了担保债权份额的，各抵押人如何承担抵押担保责任。

一、关于最高额抵押担保合同中，最高限额的理解问题

关于最高额抵押担保，原《担保法》第五十九条、原《担保法司法解释》第八十三条都有相关规定。《民法典担保制度司法解释》第十五条规定："最高额担保中的最高债权额，是指包括主债权及其利息、违约金、损害赔偿金、保管担保财产的费用、实现债权或者实现担保物权的费用等在内的全部债权，但是当事人另有约定的除外。登记的最高债权额与当事人约定的最高债权额不一致的，人民法院应当依据登记的最高债权额确定债权人优先受偿的范围。"就最高债权额限度而言，《民法典担保制度司法解释》明确了原则上应该包括主债权及其利息、违约金、损害赔偿金、保管担保财产和实现债权或者实现担保物权的费用等在内的全部债权，基于意思自治的原则，当事人也可以约定最高债权额限度为本金最高限额。最高额担保包括最高额抵押、最高额质押和最高额保证，其中最高额抵押和最高额质押因涉及登记公示，当事人之间就最高债权额限度的约定仅具有相对效力，应以登记的最高债权额确定债权人优先受偿的范围；最高额保证中因不存在公示问题，应当依照最高额保证合同的约定认定最高债权额限度，当事人未作约定的，视为债权总额最高限额。

就最高额担保中的最高债权额的范围而言，应当采取当事人约定优先的原则。在当事人订立最高额担保合同过程中，允许担保人对最高债权额的范围作出选择，案件审理中对最高债权额范围的确定亦应当首先审查当事人是否对此作出了明确约定。如果当事人在担保合同中明确约定了最高债权限额仅为本金最高限额，那么主债权产生的利息、违约金、损害赔偿金、保管担保财产和实现债权或者实现担保物权的费用则不能计入最高债权限额之中；如果上述从债权未依约排除在担保责任范围之外，则担保人仍应就上述从债权承担担保责任。如果当事人明确约定最高债权限额为债权总额最高限额，或者未在担保合同中明确约定最高债权限额的范围时，则应当认定主债权及其从债权均应纳入最高债权限额中一并计算[①]。实际发生的债权余额高于最高限额的，以最高限额为限，超过部分不具有优先受偿的效力。案涉《银行承兑汇票最高额抵押合同》中虽约定担保范围包括债务本金、利息等，但同时亦明确约定抵押人为实际形成的最高余额不超过3800万元的债务提供抵押担保，会同所付抵押物清单中合计的抵押值亦是3800万元，故本案抵押权人仅能在3800

① 最高人民法院民事审判第二庭:《最高人民法院民法典担保制度司法解释理解与适用》，人民法院出版社2021年版，第199页。

万元的范围内行使优先受偿权。

二、关于同一债权有两个以上抵押人并约定了担保债权份额的，各抵押人如何承担抵押担保责任的问题

原《担保法司法解释》第七十五条规定："同一债权有两个以上抵押人的，债权人放弃债务人提供的抵押担保的，其他抵押人可以请求人民法院减轻或者免除其应当承担的担保责任。同一债权有两个以上抵押人的，当事人对其提供的抵押财产所担保的债权份额或者顺序没有约定或者约定不明的，抵押权人可以就其中任一或者各个财产行使抵押权。抵押人承担担保责任后，可以向债务人追偿，也可以要求其他抵押人清偿其应当承担的份额。"该条是对同一债权数个抵押权并存的情况下清偿顺序的规定。两个以上的抵押人分别以不同的抵押物为同一债权担保，除抵押合同对各抵押物所担保的债权份额有明确约定外，为连带共同抵押，各抵押人以其抵押物承担连带责任，抵押权人可以对其中一个或者数个或者全部抵押物行使抵押权。两个以上的抵押人以数个财产共同设定同一抵押权的情况。例如以两宗以上房地产设定同一抵押权的，为共同连带抵押。抵押权的标的物是数个财产，数个财产上设定一个抵押权，设定抵押权的各个财产是独立的，不同于财团抵押，共同抵押为物的连带，属于物权关系，不同于连带债务；连带债务为人的连带，属于债权关系。因此，共同抵押不能适用连带债务的规定。同一债权有两个以上抵押财产的，各个抵押财产相互之间承担物上连带责任，抵押权人可以就任一或者各个财产行使抵押权。但是，当事人另有约定的除外。抵押合同对各抵押物所担保的债权份额有明确约定的，抵押权人只能就约定的份额对各个抵押物分别优先受偿[①]。

案涉《银行承兑汇票最高额抵押合同》附件的"抵押物清单"中对四上诉人提供的抵押房产明确设定了各自的抵押值，农商银行某支行在抵押物清单上亦加盖了印章，认可该事实，同时抵押房产的他项权证上也明确登记了各抵押房产的债权数额，据此可以认定四抵押人对其提供的抵押房产所担保的债权份额有明确约定，抵押权人应依据该份额比例就四抵押人提供的抵押房产变现所得价款享有优先受偿权。

编写人：李源源

再审二审合议庭成员：熊　伟　黄声敏　胡爱菊

① 人民法院出版社编：《司法解释理解与适用全集·物权卷》，人民法院出版社2018年版，第2064页。

14. 刑民交叉案件中民事行为与犯罪行为重合时对民事行为效力的评价应与刑法对犯罪行为的认定保持一致

——兴业银行股份有限公司某分行与江西某资源再生利用有限公司等借款合同纠纷二审案

裁判要旨

刑民交叉案件中，犯罪行为并不当然影响民事合同效力，其效力认定要注意民事行为与犯罪行为的重合度。若民事行为是双方恶意串通，且该行为在刑法上已被评价为犯罪行为，则民法对民事行为效力的评价应与刑法对犯罪行为的认定保持一致，认定民事行为无效以彰显法律所保护的法益；若涉嫌犯罪的民事行为系单方欺诈，或须经过量的积累方能达到质变构成犯罪的，即民事行为与犯罪行为并不完全重合，此时应适用民法中的诚信原则和公平原则，综合判断合同的效力。

案例索引

一审：江西省南昌市中级人民法院（2013）洪民二初字第394号

二审：江西省高级人民法院（2020）赣民终15号

基本案情

上诉人（原审原告）：兴业银行股份有限公司某分行（以下简称兴业银行某分行）。

被上诉人（原审被告）：江西某资源再生利用有限公司（以下简称资源公司）。

被上诉人（原审被告）：周某军。

被上诉人（原审被告）：槐某霞。

被上诉人（原审被告）：周某。

被上诉人（原审被告）：何某玲。

被上诉人（原审被告）：陈某珊。

原审被告：王某凤。

原审被告：徐某兰。

原审被告：徐某。

原审被告：岳某。

兴业银行某分行向一审法院提出诉讼请求：1. 判令资源公司向兴业银行某分行支付借款本金 29969847.71 元、利息 587554.69 元、罚息 2338.46 元，共计 30559740.86 元（利息暂计至 2013 年 11 月 19 日，实际计算至付清之日止）；2. 确认兴业银行某分行对资源公司的质押财产享有优先受偿权；3. 判令周某军、槐某霞、王某凤、徐某兰、周某、何某玲、陈某珊、徐某、岳某对资源公司上述借款本金、利息、罚息及其他费用承担连带责任；4. 本案的诉讼费、保全费、律师费等实现债权的费用由资源公司、周某军等人共同承担。

2013 年 1 月 10 日，周某军、槐某霞、周某、何某玲、陈某珊分别向兴业银行某分行出具《个人担保声明书》，为资源公司于 2013 年 1 月 10 日到 2015 年 1 月 10 日在兴业银行某分行的融资提供担保。2013 年 2 月 4 日，兴业银行某分行与资源公司签订《流动资金借款合同》约定了借款金额为人民币 3000 万元及借款期限、年利率等内容。2013 年 2 月 5 日，兴业银行某分行依约向资源公司发放了 3000 万元借款。截至 2018 年 1 月 15 日，资源公司尚欠借款本金 29959847.71 元。

2016 年 7 月 7 日，江西省抚州市临川区人民法院作出（2016）赣刑 1002 刑初 140 号刑事判决，判决资源公司犯骗取贷款罪，判处罚金人民币一百万元；周某军犯骗取贷款罪，判处有期徒刑四年，并处罚金人民币五万元；黄某明犯骗取贷款罪，判处有期徒刑三年，缓刑三年，并处罚金人民币四万元；责令资源公司、周某军、黄某明退赔人民币 2997 万元，发还给被害人兴业银行某分行。

资源公司、周某军不服提出上诉。江西省抚州市中级人民法院作出（2016）赣 10 刑终 155 号刑事裁定书，裁定驳回上诉，维持原判。

一审法院认定：兴业银行某分行与资源公司签订的《流动资金借款合同》无效。对尚欠的借款本金 29959847.71 元，资源公司应予以返还。对兴业银行某分行诉请的利息、罚息及律师费，鉴于兴业银行某分行及资源公司均存在过错，酌定利息按年利率 6% 计算，律师费则以已实际支付的金额 89880 元为限。周某军应对资源公司不能清偿部分的三分之一向债权人承担责任。二审同意一审关于《流动资金贷款合同》无效的认定，借款利率作为合同约定条款，应当无效。一审关于兴业银行某分行存在过错，按照年利率 6% 计算利息的认定亦正确并最终维持原判。

裁判结果

一审判决：一、资源公司在判决生效之日起十日内一次性返还兴业银行某分行借款本金 29959847.71 元及利息；二、资源公司在判决生效之日起十日内一次性向兴业银行某分行支付律师费 89880 元；三、周某军对判决第一项及第二项资源公司所欠借款本息及律师费不能清偿部分的三分之一承担赔偿责任，周某军承担责任后，有权向资源公司追偿；四、驳回兴业银行某分行其他诉讼请求。

兴业银行某分行不服，提起上诉。二审判决：驳回上诉，维持原判。

裁判理由

二审认为，作为从合同的案涉《最高额动产质押合同》《个人担保声明书》效力的认定，需以作为主合同的案涉《流动资金借款合同》效力的认定为前提。本案应适用民法中的诚信原则和公平原则，综合判断合同的效力。理由如下：

本案借款合同效力之疑问的根本原因在于资源公司已经被司法机关以骗取贷款罪追究了刑事责任。资源公司构成犯罪是否会影响其与兴业银行某分行所签订的借款合同的效力，跨涉刑事和民事不同的法域，我国法律和司法解释仅对民事行为涉嫌具体犯罪适用先刑后民，还是民刑并行的程序问题进行规范，并没有涉及民事行为构成犯罪，该民事行为效力如何认定。刑法注重实质判断，民法关注形式判断。由于评价方式的差异，因此，有些民事行为即使在刑法中被认定为犯罪，民事行为并非当然无效。但是，在判断时要注意民事行为与犯罪行为的重合度。若民事行为是双方恶意串通，且该行为在刑法上已被评价为犯罪行为，则民法对民事行为效力的评价应与刑法对犯罪行为的认定保持一致，认定民事行为无效以彰显法律所保护的法益。若涉嫌犯罪的民事行为系单方欺诈，或须经过量的积累，方能达到质变，构成犯罪的，即民事行为与犯罪行为并不完全重合，此时应适用民法中的诚信原则和公平原则，综合判断合同的效力。

根据本案查明的事实，本案所涉贷款系资源公司、周某军与兴业银行某分行原职工黄某明串通伪造虚假购销合同，虚构贷款用途，再通过虚增质押物价值与兴业银行某分行签订借款合同诈骗而来。资源公司、黄某明的真实目的是骗取银行信贷资产，签订《流动资金贷款合同》只是骗取银行信贷资产的形式和手段。资源公司、周某军、黄某明均已被追究刑事责任。黄某明负责兴业银行某分行信贷业务，其行为属于兴业银行某分行的职务行为，其与资源公司串通，共同骗取银行贷款而被认定构成骗取贷款罪，足可认定兴业银行某分行在案涉贷款合同签订和履行过程中存在明显过错，并因此导致资源公司采取多种违法行为，以签订《流动资金贷款合同》之合法形式进而掩盖骗取银行贷款的非法目的得以实现，符合原《合同法》第五十二条第三项规定的合同无效情形。兴业银行某分行原信贷部负责人黄某明，协助资源公司办理虚假的购销合同，与资源公司共同骗取贷款，违反刑法禁止性的法律规范，其所掩盖的目的不仅非法，而且构成犯罪。黄某明是代表兴业银行某分行在履行职务，兴业银行某分行知道且应当知道信贷业务存在的法律风险，而对原信贷业务负责人黄某明疏于管理，致使黄某明与他人勾结共同骗取贷款，该借款合同理应认定无效。在刑事裁判已经对兴业银行某分行所受损失予以追缴的情况下，兴业银行某分行企图借助民事诉讼通过对主合同效力的确认，要求保证人承担保证责任以分散因自己过错所造成的贷款不能完全收回的风险，不予支持。

要旨解析

随着市场经济的不断发展，法律调整的社会关系日趋复杂。在金融借款案件中，借款纠纷往往会与骗取贷款、贷款诈骗等刑事案件交织在一起，出现了所谓的民刑交叉案件，即由同一法律事实或相互交叉的两个法律事实引发的，一定程度上交织在一起的刑事案件和民事案件。此时，刑事案件与民事案件往往在法律事实、主体等方面存在竞合或牵连，从而导致刑事、民事部分之间在法律规范的适用、法律责任的承担、诉讼程序的选择等方面产生交叉和渗透。刑民交叉背景下合同效力、合同责任等认定问题，一直是司法实践中的难点。本案即为典型的刑民交叉案件，兴业银行某分行作为出借人与资源公司签订金融借款合同，但因资源公司被认定为骗取贷款罪，导致本案的法律事实产生了刑事和民事的交叉。本案二审时《民法典》尚未颁布，生效裁判说理依据虽然是原《合同法》第五十二条关于合同无效的内容，但本案例对于研究完善刑民交叉案件中的民事合同效力仍有一定价值。

一、刑民交叉的审理原则

关于刑民交叉案件的审理原则，实践中长期存在三种不同的观点，即先刑后民、刑民并行、先民后刑。先刑后民强调在处理刑民交叉案件的过程中，原则上应优先处理刑事案件，然后再处理民事纠纷。如果民事案件与所发现的涉嫌刑事犯罪行为所涉及的是同一法律事实，且民事纠纷的裁判依赖于刑事案件的侦查结果，则应当向侦查机关移送材料并终止民事案件的审理。司法实务中常见的做法是“先刑后民”，但这一做法容易因为犯罪嫌疑人长期潜逃未归案等原因导致案件审理效率降低，不利于对被害人的权益进行及时救济。先民后刑则强调先处理民事纠纷，再处理刑事案件。笔者认为，处理刑民交叉案件时，首先要厘清刑民交叉案件中刑事法律和民事法律的关系，强调刑事案件和民事纠纷的相互协调，再根据具体案件进行相对合理的处理。只有符合《民事诉讼法》（2023 年修正）第一百五十三条关于“本案必须以另一案的审理结果为依据，而另一案尚未审结的”之规定的才“先刑后民”，不符合该条规定的，应“刑民并行”审理。最高人民法院于 2019 年 7 月 11 日公布的刑民交叉案件六大典型案例中的“徐某诉中国建设银行股份有限公司、中国建设银行股份有限公司北京市分行信用卡纠纷案”中强调涉嫌刑事犯罪的事实与民商事案件虽有关联但不是同一事实的，如果民商事案件基本事实的认定不以刑事案件的审理结果为前提，则民商事案件可以继续审理。这一做法即是“刑民并行”的审理方式，有利于及时化解民事纠纷，维护民事主体的合法权益。

二、刑民交叉案件中民事合同效力认定

目前在司法实践中，涉及诈骗类犯罪行为与民事合同交叉时，理论界大致有如下几种观点：第一种观点认为，刑事上构成诈骗罪，行为人的行为即构成损害国家利益的欺诈行为，应认定合同无效。一方以欺诈手段从银行取得贷款的行为破坏了金融管理秩序进而损害了国家利益。此外，该欺诈行为因违反刑法规定构成骗取贷

款罪或贷款诈骗罪。刑法系具有最高强制力的法律规定，违反刑法当然地属于违反法律、行政法规的强制性规定，也就自然导致了合同无效。

第二种观点认为，合同诈骗罪成立，但合同并不因一方当事人缔约时的诈骗行为构成犯罪而当然无效，而属于可撤销合同。

第三种观点认为，刑民交叉案件中，犯罪行为并不当然影响民事合同效力，若民事行为在刑法上已被评价为犯罪行为，则应认定民事行为无效；若涉嫌犯罪的民事行为与犯罪行为并不完全重合，此时应综合认定合同效力。

笔者认同第三种观点，理由如下：

1. 涉合同的诈骗犯罪存在着有所牵连但截然不同的两个行为——诈骗行为与合同行为。诈骗行为是合同一方当事人所实施的以签订合同为手段、以骗取财物为目的的行为；合同行为则是双方当事人意思表示一致的情况下（尽管合同一方因被欺诈而作出了不真实的意思表示）共同实施的行为。易言之，诈骗行为是单方行为，合同行为是双方行为。刑法的聚焦点是诈骗行为，所评价的是该行为是否严重到触犯刑律需施以刑罚处罚的程度；民法的着眼点则在于合同行为，所评价的是该行为是否是当事人真实的意思表示一致的结果。

2. 若民事合同纠纷中涉及刑事犯罪的，可以径直按照刑事法律规范进行判决，但刑法规范只是对某类犯罪行为进行规制，不直接调整私法行为，判决承担刑事责任仅仅是对犯罪行为的一种否定性评价，并不能得出一旦涉及刑事犯罪、民事合同就当然无效的观点。出借人基于借款合同约定向借款人提供金融借款，是基于合同的意思自治行为，此类借款行为并未侵犯刑事法律规范。借款关系发生在金融机构和借款人之间，纵然借款人的借款行为被人民法院认定为骗取贷款罪，但对合同效力的判断和认定属于民商事审判范畴，此时判断和认定的标准应当是民事法律规范。对于涉嫌骗取贷款犯罪的金融借款合同，甚至是与犯罪行为有关的其他民事合同，其效力并不当然受犯罪与否的影响。存在犯罪行为，民事合同仍有可能有效；不存在犯罪行为，民事合同也有可能违反民事法律规定而无效。

3.《民法典》关于合同效力的论述集中在第五百零二至五百零八条，其中，第五百零二条第一款规定："依法成立的合同，自成立时生效，但是法律另有规定或者当事人另有约定的除外。"第五百零八条对合同效力援引规定为："本编对合同的效力没有规定的，适用本法第一编第六章的有关规定。"即《民法典》合同编中未涉及的规定，自然应当适用总则编第六章对民事法律行为所作的规定。总体来说，判定刑民交叉案件中民事合同的效力，应从民事法律的角度去考虑，主要考察的是行为人是否具有相应的民事行为能力、行为人的意思表示是否真实、民事法律行为是否违反法律或者行政法规的强制性规定、是否违背了公序良俗、是否系行为人与相对人恶意串通损害他人合法权益等，此外，还应兼顾交易安全保护等其他因素。

4. 对民事合同效力的认定还要注意民事行为与犯罪行为的重合度。若民事行为是双方恶意串通，在刑法上已被评价为犯罪行为，则民法对民事行为效力的评价应与刑法对犯罪行为的认定保持一致，认定民事行为无效以彰显法律所保护的法益；若涉嫌犯罪的民事行为系单方欺诈，或须经过量的积累方能达到质变构成犯罪的，即民事行为与犯罪行为并不完全重合，此时除前述判断标准外，还应结合民法中的诚信原则和公平原则，综合判断合同的效力。

本案中的款项系资源公司、周某军与兴业银行某分行原职工黄某明串通伪造虚假购销合同，虚构贷款用途，通过虚增质押物价值与兴业银行某分行签订借款合同诈骗而来。签订《流动资金贷款合同》是资源公司、黄某明骗取银行信贷资产的形式和手段，资源公司和黄某明本质上实施的是以签订借款合同为手段、以骗取财物为目的的行为，该行为被刑法所聚焦并评价为需要加以刑事处罚的程度。资源公司与黄某明互相勾结，为牟取私利而实施了损害他人合法权益的民事法律行为，该民事行为系恶意串通且在刑法上已被评价为犯罪行为，二审法院基于此认为民法应与刑法对犯罪行为的认定保持一致以彰显法律所保护的法益，进而关于《流动资金贷款合同》无效的认定正确。

编写人：蔡　静
二审合议庭成员：汪少华　吴玉萍　刘伟伟

15. 与案件无直接利害关系的受让人并非适格原告，其起诉应予驳回

——徐某江、江西某实业集团有限公司与李某强合同纠纷二审案

裁判要旨

当事人签订《债权转让协议》的实质是由一方来代替另一方行使诉讼权利，未支付对价，对实体判决结果不承担相应的法律后果，受让人与案件无直接利害关系，其起诉不符合《民事诉讼法》第一百一十九条所规定的起诉条件，应予驳回。

案例索引

一审：江西省南昌市中级人民法院（2019）赣 01 民初 319 号

二审：江西省高级人民法院（2020）赣民终 398 号

基本案情

上诉人（一审原告、反诉被告）：徐某江。

上诉人（一审被告、反诉原告）：江西某实业集团有限公司（以下简称实业公司）。

被上诉人（原审第三人）：李某强。

徐某江向一审法院起诉请求：1. 判令实业公司向徐某江交付 5300.03 平方米的房屋或支付同地段房屋市场价格款 26590159 元；2. 诉讼费由实业公司承担。

实业公司向一审法院反诉请求：1. 确认 2013 年 6 月 17 日签订的《土地开发协议》无效；2. 判令徐某江、李某强返还实业公司已支付的 350 万元款项；3. 判令徐某江、李某强向实业公司支付暂计至 2019 年 6 月 28 日的利息损失 1158550.7 元。

2013 年 6 月 17 日，实业公司与李某强签订《土地开发协议》，主要约定李某强将原绿田园土地交给实业公司开发，实业公司出资帮李某强承建，房屋建成后实业公司以实际测量土地面积的 2.5 倍返还给李某强房屋。实业公司先垫付 150 万元给李某强作为处理债务的费用，此款和房屋的承建费用由李某强在房屋销售后返还实业公司。2013 年 6 月 17 日至 6 月 25 日期间，李某强分六次向实业公司出具借条或领条，载明的款项金额合计为 350 万元。

2014 年 6 月 25 日，南昌县人民政府同意由土地储备中心收储 3.18 亩用地并招拍挂。2014 年 7 月 30 日，实业公司竞得地块使用权。2014 年 8 月 11 日，实业公司与南昌县国土资源局《国有建设用地使用权出让合同》，出让价款为 1895.85 万元，

该公司已足额缴纳土地出让金和契税。实业公司取得土地使用权证和建设用地规划许可证、建设工程规划许可证，开发了天祥·棕榈湾项目。

2018年12月19日，债权出让人罗某德、李某强、李某1、李某2、李某3与债权受让人徐某江签订《债权转让协议》，约定将其对实业公司的债权全部转让给徐某江，与此债权相关的其他权利也一并转让，由徐某江向实业公司主张债权（不论是获得房屋还是作价现金赔偿），徐某江同意受让。2018年12月24日，徐某江和李某强将债权转让事宜通知了实业公司。徐某江在接受二审法院的询问时，陈述其与李某强等人签订的《债权转让协议》没有约定支付对价，其与李某强的女婿有经济上的来往，帮李某强垫付诉讼费用，不承担败诉后果，胜诉了也只是得到一些补偿。不论胜诉、败诉都由李某强及其家人承担后果。

一审法院认定：案涉法律关系实为土地使用权转让合同纠纷，李某强与实业公司签订的《土地开发协议》合法有效。实业公司系通过政府公开出让程序而获得案涉土地使用权。实业公司与李某强之间因该350万元款项产生的纠纷不在本案审理范围，实业公司可另行主张权利。二审认定徐某江并非案涉《合作开发协议》的相对人，其与李某强等人签订《债权转让协议》的实质是由徐某江来代替李某强等行使诉讼权利，但对实体判决结果不承担相应的法律后果。徐某江与本案并无直接利害关系，其起诉应予驳回。

裁判结果

一审判决：一、驳回徐某江的诉讼请求；二、驳回实业公司的反诉请求。

徐某江、实业公司均不服，提起上诉。二审判决：一、撤销一审判决；二、驳回徐某江的起诉；三、驳回实业公司的反诉。

裁判理由

二审认为，徐某江并非案涉《合作开发协议》的相对人，其起诉不符合《民事诉讼法》（2017年修正）第一百一十九条所规定的起诉条件。理由如下：

根据《民事诉讼法》（2017年修正）第一百一十九条之规定，起诉必须符合下列条件：（一）原告是与本案有直接利害关系的公民、法人和其他组织；（二）有明确的被告；（三）有具体的诉讼请求和事实、理由；（四）属于人民法院受理民事诉讼的范围和受诉人民法院管辖。

本案中，徐某江并非案涉《合作开发协议》的相对人，其提起诉讼的依据是其与李某强等签订了《债权转让协议》，受让了案涉债权，并通知了实业公司。经查，李某强等将案涉《合作开发协议》项下的债权转让给徐某江，由徐某江采取协商、诉讼等多种形式向实业公司主张债权，但该协议未约定对价，徐某江在本院二审询问中，也确认债权转让协议没有约定对价。徐某江二审中称其与李某强的女婿有经济上的来往，李某强家里没钱，诉讼费都是其帮他垫付，又称胜诉了也没约定什么，就是会给一点补偿。不论胜诉、败诉都是李某强及其家人要承担的后果。虽然徐某江后又称实际情况为败诉的律师费、诉讼费、差旅费等由其承担，但不能否认其之前的陈述。由此可见，徐某江与李某强等人签订《债权转让协议》的实质是由徐某江来代替李某强等行使诉讼权利，但对实体判决结果不承担相应的法律后果，故其与本案并无直接利害关系，其起诉不符合《民事诉讼法》（2017 年修正）第一百一十九条所规定的起诉条件，应予驳回。实业公司提起的反诉系针对徐某江的起诉请求，因徐某江主体不适格，故实业公司的反诉不符合反诉条件，也应予驳回。一审法院以判决方式驳回徐某江及实业公司的诉讼请求不当。

要旨解析

起诉，是指公民、法人或者其他组织，认为自己所享有的或者依法由自己管理、支配的民事权益受到他人侵害，或者与他人发生争议时，以自己的名义向人民法院提起诉讼，请求人民法院依法审判，以解决权利义务关系争议的诉讼行为。人民法院对起诉条件的审查包括：一是对当事人提交的起诉状的形式审查，主要看起诉状载明的事项是否符合《民事诉讼法》（2023 年修正）第一百二十四条关于起诉状内容的规定，即是否记明原告姓名、性别、联系方式及被告姓名、性别等能够确定其身份的信息，是否记明诉讼请求和所根据的事实，是否记明证据和证据来源等。如果起诉状不符合形式要求，法院可以要求原告补齐相应信息。二是对起诉要件的实质审查，即起诉是否符合《民事诉讼法》第一百一二十二条的规定。

根据《民事诉讼法》（2023 年修正）第一百二十二条之规定，起诉必须符合下列条件：（一）原告是与本案有直接利害关系的公民、法人和其他组织；（二）有明确的被告；（三）有具体的诉讼请求和事实、理由；（四）属于人民法院受理民事诉讼的范围和受诉人民法院管辖。《民事诉讼法司法解释》（2022 年修正）第三百二十八条规定："人民法院依照第二审程序审理案件，认为依法不应由人民法院受理的，可以由第二审人民法院直接裁定撤销原裁判，驳回起诉。"具体条件如下：

1."有直接利害关系"即指作为原告的公民、法人或其他组织自身的民事权益受到侵害或者发生争议，此处的民事权益包括了自己的或者依法由自身管理或支配的财产权、人身权等内容。

在司法实践中，直接利害关系包括两种类型：一是原告请求人民法院行使审判权，解决与自己的民事权益直接相关的民事法律关系争议；另一种是原告请求人民法院行使审判权，解决与自己管理、支配的民事权益直接相关的民事法律关系争议。只有为保护自身的民事权益而提起诉讼的人，才是适格原告。

2."有明确的被告"是指原告所起诉的对象应当特定化、具体化。不仅要求被告的名称准确，还要求载明被告的基本情况。如被告是法人的，应明确法人的名称、住所、法定代表人的姓名和职务等基本情况；被告是其他组织的，应明确其名称或字号、住所、主要负责人的姓名和职务等基本情况；被告是公民的，应明确其姓名、年龄、民族、职业或工作单位和职务、住所等基本情况。

3.“有具体的诉讼请求和事实、理由”是指原告基于诉争民事法律关系而通过人民法院向相对方提出的具体而明确的权利主张，该具体诉讼请求有相应的事实依据、证明材料和法律依据。

4.“属于人民法院受理民事诉讼的范围和受诉人民法院管辖”是指原告提出的双方当事人之间的争议事项必须属于人民法院行使审判权的职权范围，否则，人民法院应裁定不予受理。

回到本案中，徐某江与李某强等人签订《债权转让协议》的实质是由徐某江来代替李某强等行使诉讼权利，但徐某江对实体判决结果不承担相应的法律后果，故徐某江与本案并无直接利害关系，其并非适格原告，徐某江的起诉不符合《民事诉讼法》（2021年修正）第一百二十二条所规定的起诉条件，应予驳回。既然徐某江因主体不适格而导致起诉被驳回，则实业公司针对其提起的反诉不符合反诉条件，也应驳回。

编写人：蔡　静

二审合议庭成员：彭海鹏　郭卫斌　肖童亮

16. 金融借款合同中的借贷事实涉嫌犯罪的，并不当然影响该合同及对应保证合同的效力

——罗某莉、聂某球与江西银行股份有限公司某支行、南昌某实业有限公司、曾某金融借款合同纠纷二审案

裁判要旨

签订金融借款合同的借款人就同一借贷事实涉嫌骗取贷款罪的，借款合同和保证合同的效力仍应依据相关民事规范进行判断，符合合同有效要件的，应认定合同有效，借款人和保证人应按照合同约定承担相应的归还借款和保证责任。

案例索引

一审：江西省南昌市中级人民法院（2019）赣01民初740号

二审：江西省高级人民法院（2020）赣民终417号

基本案情

上诉人（原审被告）：罗某莉。

上诉人（原审被告）：聂某球。

被上诉人（原审原告）：江西银行股份有限公司某支行（以下简称江西银行某支行）。

原审被告：南昌某实业有限公司（以下简称实业公司）。

原审被告：曾某。

江西银行某支行向一审法院提出诉讼请求：一、判令实业公司立即偿还贷款本金1000万元及利息、复利，罚息2303486.11元（利息暂计算至2019年9月5日，实际算至还清之日止）；二、判令罗某莉、聂某球、曾某对实业公司的全部债务承担连带清偿责任。

2016年12月9日，江西银行某支行与实业公司签订《流动资金借款合同》，约定：借款金额本金1000万元，借款期限12个月，自2016年12月9日至2017年12月8日止，按月结息，借款利率5.655%。同日，江西银行某支行与罗某莉、聂某球以及曾某分别签订《最高额保证合同》，约定：保证人自愿为主合同项下债务提供连带责任保证担保，保证期间为主合同项下债务履行期限届满之日起两年。合同签订后，江西银行某支行按照合同约定发放贷款1000万元。贷款到期后，实业公司未按约履行到期还本付息义务。截至2019年9月5日，实业公司尚欠借款

本金1000万元，利息、复利、罚息共计2303486.11元，本息合计12303486.11元。一审法院认定实业公司应当按照合同约定向江西银行某支行还本付息，罗艳莉、聂某球、曾某应当按照合同约定对实业公司所负债务承担连带清偿责任。二审认同一审关于《流动资金借款合同》合法有效及罗某莉、聂某球应承担担保责任的认定，并认为本案并无证据证明涉及贷款诈骗。

裁判结果

一审判决：一、实业公司在判决生效之日起十日内向江西银行某支行偿还贷款本金1000万元及利息、复利、罚息（截至2019年9月5日，利息、复利，罚息为2303486.11元，2019年9月5日之后的利息、罚息、复利以本金1000万元为基数，按照合同约定利率计算至还清之日止）；二、罗某莉、聂某球、曾某对实业公司上述的全部债务承担连带清偿责任；罗某莉、聂某球、曾某承担连带清偿责任后，有权向实业公司追偿。

罗某莉、聂某球均不服，提起上诉。二审判决：驳回上诉，维持原判。

裁判理由

二审认为，案涉《流动资金借款合同》《最高额保证合同》是各方真实意思表示，未违反法律、行政法规的禁止性规定，应当认定为合法有效。罗某莉、聂某球关于本案名为金融借款合同、实为贷款诈骗的主张没有事实和法律依据。罗某莉、聂某球作为完全民事行为能力人，其应当清楚担任法人在借款合同上签字以及作为担保人在保证合同上签字的法律后果。本案中的《最高额保证合同》是罗某莉、聂某球本人签字，其对贷款和保证的行为是明知且同意的，并未遭受胁迫和欺诈，本案不存在合同无效、保证人不承担民事责任的情形。此外，江西银行某支行于2016年12月9日的出具的《贷款发放凭证》以及盖有实业公司及罗某莉印章的《江西银行借款借据》都可以证明江西银行某支行在合同签订以后，已经按照合同约定发放了贷款。本案借款合同期限为2016年12月9日至2017年12月8日。在借款人实业公司没有依照合同履行还款义务时，江西银行象南银行于2019年10月29日向法院起诉，要求实业公司偿还贷款及利息，保证人承担连带担保责任，并未超出诉讼时效及担保期限。主合同当事人双方新贷偿还旧贷，除保证人知道或者应当知道的外，保证人不承担民事责任。新贷与旧贷系同一保证人的，不适用前款的规定。罗某莉作为实业公司的法人与江西银行某支行签订了续贷合同，罗某莉和聂某球两次贷款均为保证人，对续贷的事实是明知的，因此不能免除其担保责任。

要旨解析

金融借款合同或民间借贷合同中的借款人就同一借贷事实涉嫌诈骗类犯罪的，如何评价合同的效力是重要的法律实体问题，也是当前民商事审判中的难点问题。

审判实践中，因民间借贷或是金融借款案件中的一方当事人犯罪或涉嫌诈骗类犯罪，另一方当事人主张签订的借款合同无效的情形比比皆是，但处理结果却不尽相同。我国以司法解释的形式在《民间借贷司法解释》（2020年第二次修正）中对刑民交叉时民事合同效力的认定作出了尝试性规定，解决了民事合同效力评价的问题。

在该类合同中，行为人涉嫌的犯罪主要是集中在诈骗类犯罪中，有的通过编造项目，使用虚假合同或担保骗取贷款；有的通过诈骗方式进行非法集资等，犯罪嫌疑人通过此类手段骗取财物时使用了民事合同作为重要依托。诈骗行为是合同一方当事人所实施的以签订合同为手段的骗取财物的行为，此为单方行为；而合同行为是双方当事人意思表示一致的情况下（尽管合同一方因被欺诈而作出了不真实的意思表示）共同实施的行为，是双方行为。对于此类案件，因评价角度的不同，刑法和民法会得出不同结论。此时，梳理民事合同的效力至关重要。

笔者认为，诈骗类犯罪和合同的效力问题是两个截然不同的法律问题。若民事合同纠纷中涉及刑事犯罪的，可以径直按照刑事法律规范进行判决，但判决承担刑事责任仅仅是对犯罪行为的一种否定性评价，并不能得出一旦涉及刑事犯罪、民事合同就当然无效的观点。签订金融借款合同的借款人就同一借贷事实涉嫌骗取贷款罪的，对于借款合同效力的判断应从民事法律的角度去考虑，从有效合同的构成要件角度进行考察，集中分析行为人是否具有相应的民事行为能力、其意思表示是否真实、行为是否违反法律、行政法规的强制性规定、是否违背公序良俗等。此外，还应依据《民法典》第一百四十四条、第一百四十六条、第一百五十三条、第一百五十四条等法律规范进行判断。在借款合同有效的情况下，对担保合同的效力判断取决于担保行为本身，同样也应以前述法条为依据进行效力认定。如果借款合同有效且担保合同有效的，担保人应当承担担保责任；如果借款合同有效而担保合同无效，担保人有过错的，担保人与借款人对出借人的本金与利息损失承担连带赔偿责任；出借人、担保人有过错的，担保人承担民事责任的部分不应超过借款人不能清偿部分的二分之一。

具体到本案中，罗某莉和聂某球在上诉时主张本案名为金融借款合同，实为贷款诈骗，犯罪嫌疑人熊某涉嫌贷款诈骗犯罪，但并未提交相应证据予以证明，该主张没有事实和法律依据。而因实业公司与江西银行某支行签订的《流动资金借款合同》，加盖了双方当事人的公章，是双方真实意思表示，且未违反法律、行政法规的禁止性规定，《流动资金借款合同》合法有效。罗某莉、聂某球与江西银行某支行签订《最高额保证合同》亦是各方当事人之间的真实意思表示，罗某莉、聂某球作为完全民事行为能力人，应当清楚在借款合同、保证合同上签字的法律后果，在《流动资金借款合同》《最高额保证合同》均合法有效的前提下，二审法院认定罗某莉、聂某球应承担连带清偿责任正确。

编写人：蔡　静

二审合议庭成员：黄训荣　王慧军　段亦枫

17. 保证人以保证合同部分栏目空白处系对方填补为由抗辩其不承担保证责任不能得到支持

——九江银行股份有限公司某支行与江西某实业有限公司、厦门某洋伞工业有限公司等金融借款合同纠纷二审案

裁判要旨

保证人对保证合同空白项未要求先行予以填写，视为保证人放任合同相对方任意填写，该填写内容对其具有约束力。保证人事前存在的对自己不负责的行为，不能成为其事后抗辩义务的理由。

案例索引

一审：江西省九江市中级人民法院（2018）赣04民初179号

二审：江西省高级人民法院（2020）赣民终630号

基本案情

上诉人（原审被告）：陈某琳。

被上诉人（原审原告）：九江银行股份有限公司某支行（以下简称九江银行某支行）。

原审被告：江西某实业有限公司（以下简称实业公司）。

原审被告：厦门某洋伞工业有限公司（以下简称工业公司）。

原审被告：蔡某磅。

原审被告：蔡某标。

原审被告：洪某玲。

原审被告：黄某铿。

原审被告：肖某伟。

原审被告：蔡某彬。

原审被告：孙某良。

九江银行某支行向一审法院起诉请求：1.判令实业公司立即偿还贷款本金656万元，并按合同约定年利率及罚息标准向其支付利息、罚息至全部欠款还清止；2.判令工业公司、蔡某磅、蔡某标、洪某玲、黄某铿、肖某伟、蔡某彬、陈某琳对上述借款承担连带清偿责任；3.判令其对抵押房产及实业公司、工业公司等名下所

有资产享有处置权及优先受偿权。

2017年6月5日，九江银行某支行与实业公司签订《借款合同》，约定九江银行某支行向实业公司提供1036万元贷款并进行发放。后实业公司虽分多次归还本金380万元，但尚欠九江银行某支行656万元本金及利息。2014年6月4日，九江银行某支行与工业公司签订《最高额保证合同》，约定了保证额度和时限。2017年6月5日，九江银行某支行与实业公司签订《最高额抵押合同》，约定了抵押物并办理了抵押登记。黄某铿、蔡某彬、蔡某标、洪某玲、蔡某磅、肖某伟、陈某琳分别向九江银行某支行出具了其本人签名的空白《不可撤销的担保函》，仅担保人、时间和金额不一致，其他内容均一致为：为实业公司与九江银行某支行自 年 月 日起至 年 月 日止在最高债权额度人民币 万元内签订的所有授信合同（含贷款合同、银行承兑协议及保函等）的履行，提供最高额担保。九江银行某支行员工填写了《不可撤销的担保函》中的额度、期间等内容。后陈某琳申请对《不可撤销的担保函》进行鉴定，江西天剑司法鉴定中心出具的《鉴定意见书》载明：检材落款处的“陈某琳”签名笔迹是其本人所写、红色指印是其本人捺印所留、检材中其他填写字迹不是陈某琳本人书写，检材中编号、正文第二行日期、落款处日期三处“2016”中的数字“6”存在改动，改动前原始数字为“8”。

一审法院认定：案涉《不可撤销的担保函》为陈某琳、黄某铿、蔡某彬、蔡某标、洪某玲、蔡某磅、肖某伟分别向九江银行某支行出具的空白的《不可撤销的担保函》，其七人对保证合同空白项未要求先行予以填写，视为保证人放任合同相对方任意填写，该《不可撤销的担保函》合法有效。黄某铿、蔡某彬、蔡某标、洪某玲、蔡某磅、肖某伟、陈某琳应按《最高额保证合同》的约定及《不可撤销担保函》的承诺在其担保的范围内承担相应的保证担保责任。二审认同一审关于陈某琳出具的《不可撤销的担保函》的合同性质的认定，并认为陈某琳系以单独签订保证合同的方式为九江银行某支行的债权提供担保，其与九江银行某支行已设立了合法有效的担保合同，相关主合同未予记载并不影响独立担保合同的成立和效力。

裁判结果

一审判决：一、实业公司自判决生效后十日内向九江银行某支行偿还借款本金656万元，利息（包括罚息）603911.79元（利息暂计算至2019年11月1日，之后利息按合同约定的利率标准计算至借款本息还清之日止）；二、实业公司自判决生效后十日内向九江银行某支行支付律师费40000元；三、宏达洋公司、黄某铿、蔡某彬、蔡某标、洪某玲、蔡某磅、肖某伟、陈某琳对实业公司的上述债务及实现债权的费用承担连带清偿责任；四、工业公司、黄某铿、蔡某彬、蔡某标、洪某玲、蔡某磅、肖某伟、陈某琳承担担保责任后有权向实业公司追偿；五、九江银行某支行对实业公司名下59户房产折价或者拍卖、变卖的价款在上述借款本息及律师费范围内享有优先受偿权；六、驳回九江银行某支行的其他诉讼请求。

陈某琳不服，提起上诉。二审判决：驳回上诉，维持原判。

裁判理由

二审认为，陈某琳出具的《不可撤销担保函》可以认定为双方之间成立的保证合同。陈某琳作为完全民事行为能力人，其对于签署空白《不可撤销担保函》的法律后果应当明知。主要理由有：

（一）九江银行某支行提供的《不可撤销的担保函》除空白栏外，其他打印好的条款内容已明确该函为担保函，系为被担保人提供最高额担保，并对保证范围、保证方式、保证期间、保函生效时间等进行了明确规定，保证的意思明确，其中第十条还规定，本担保函自本人签字后生效。陈某琳自愿在该保函签名、捺印，说明其愿意接受该保函内容的约束，其愿意为九江银行某支行所享有的债权提供保证，自陈某琳签名并提供给对方时起，该保证合同即成立并生效。陈某琳在签名时，对该保函落款日期、空白栏等未进行填写，且未提出填补应经其同意方可进行，应视为其已同意由九江银行某支行单方填补。陈某琳出具保函，也是基于其与实业公司的关联关系，因此，九江银行某支行填补的内容作为合同的组成部分，对陈某琳同样具有拘束力。因该空白部分的内容已授权由九江银行某支行填写，因此即便九江银行某支行对该部分有修改之处，亦应以其修改后确定内容为准。

（二）担保人提供担保，既可以通过在主合同中约定担保条款的方式进行，也可以通过单独签订担保合同的方式进行。陈某琳以单独签订保证合同的方式为九江银行某支行的债权提供担保，其与九江银行某支行已设立了合法有效的担保合同，相关主合同未予记载并不影响独立担保合同的成立和效力。

要旨解析

在金融借款合同中，保证人多与主债务人息息相关，当主债务人为自然人时，保证人多为主债务人的亲属或与该主债务人有关的公司、企业等；当主债务人为法人时，保证人多为主债务人的股东或是其他有利害关系的主体。保证人签订保证合同，本身即要承担较大的风险，若保证人中空白合同上签字，则相当于给予合同相对方在空白部分填写相应内容的授权，由此往往将造成巨额损失。在审理此类案件时，审查保证人签署空白保证合同时时所体现的意思表示尤为关键。

关于民事法律行为，原《民法总则》第一百三十四条、第一百四十三条的规定被《民法典》承继，文字表述并无变化。《民法典》第一百三十四条规定："民事法律行为可以基于双方或者多方的意思表示一致成立，也可以基于单方的意思表示成立。"据此，民事法律行为自成立时生效，民事法律行为一旦生效，就产生了相应的拘束力。这种拘束力包括当事人之间必须严格遵守，任何一方不得擅自变更或解除民事法律行为。一旦当事人违反他们之间达成的民事法律行为，就应当承担相应的民事责任。第一百四十三条规定："具备下列条件的民事法律行为有效：（一）行为人具有相应的民事行为能力;(二)意思表示真实;(三)不违反法律、行政法规的强制性规定，不违背公序良俗。”

一方面来说，任何民事法律行为都以行为人的意思表示为基础，行为人也因此必须具备正确理解自己行为的性质、后果并独立表达自己意思的能力。对于完全民事行为能力人来说，其可以从事法律允许的任何民事法律行为，换言之，完全民事行为能力人应当对其在空白合同上签字可能产生的法律后果明知。只要该签字行为系完全民事行为能力人的真实意思表示，且不违反法律、行政法规的强制性规定，不违背公序良俗，则该民事法律行为有效。

另一方面，作为保证合同的当事人，往往清楚自己的义务在于承担债务的保证责任并基于这一认识而在空白保证合同上签章。此时，应认识到在空白合同上作为保证人签名的法律后果，其本应尽到对合同约定内容的审慎注意义务，尤其是签订重要的合同时，应当仔细审核合同内容，认真阅读合同文本，并在自身充分清楚、理解双方权利义务的前提下签字。如果发现保证合同存在空白条款的，双方当事人应进一步就此进行磋商并达成一致意见，如果磋商无法达成一致的，应避免在空白合同上署名捺印。一旦保证人没有要求对合同中的空白内容先行予以填写或者拒绝签名，则属于保证人对自己民事权利的处置，将会产生授权对方当事人补记合同空白部分内容的法律后果。该种行为在实践中难以查清空白处添加的内容究竟形成于何时，往往由于证据的不足而导致法院最终做出不利于保证人的裁判。

本案中，各方当事人对于空白保证合同的主要内容均已知悉，对于提供担保的意思表示也是真实明确的，尽管《不可撤销担保函》中的落款日期、首部中被担保人名称、担保债务起止日期及最高债权额度金额、本人名称、编号等均为空白，但从当事人签署《不可撤销担保函》的过程来看，陈某琳对于合同的主要内容和主要目的系提供担保是明知的，此时在存在多处重要内容空白的《不可撤销担保函》上签字，陈某琳对签字将给自身带来的法律后果有明确认知。此时，《不可撤销担保函》的内容部分空白未填写并不影响对该函效力的认定，可以推定为陈某琳认可对方根据实际情况填写。

此外，保证人中空白保证合同上签名捺印的，应承担担保责任的法律后果也在实践中有利于合同的稳定性和保护交易稳定。从以上角度出发，也应认可签名捺印的承诺效力，视为签名、捺印一方授权合同相对方补填相关条款。保证人事前存在的对自己不负责的行为，不能成为其事后抗辩义务的理由。

通过本案，可以提醒广大社会公众，无论签订何种类型的合同，均应仔细审核合同文本内容，以确保自身理解充分、不存在歧义和理解误差的前提下审慎签名捺印。对于留有空白的合同应尽量不签订，或者由各方在注明“未约定”或以画斜杠方式填充后签订，各方均应持有一份合同原件，以防止对方当事人恶意填补或篡改。

编写人：蔡　静

二审合议庭成员：徐清华　吕卫红　何全伟

18. 质押人对应收账款质押权构成无权处分的，其质押登记因缺乏实质要件而无效

——江西某县人民政府与江西某金融资产管理股份有限公司、江西某投资有限公司等金融借款合同纠纷二审案

裁判要旨

应收账款质押权的登记设立并非意味着质权人当然享有该应收账款的优先受偿权，办理质押登记仅视为符合应收账款质押的形式要件，债权人对案涉应收账款真实性、合法性、完整性未尽审查义务的，如质押人对应收账款质押构成无权处分，应收账款质押登记因缺乏实质要件而无效。

案例索引

一审：江西省南昌市中级人民法院（2019）赣01民初859号

二审：江西省高级人民法院（2020）赣民终764号

基本案情

上诉人（原审第三人）：江西某县人民政府（以下简称县政府）。

被上诉人（原审原告）：江西某金融资产管理股份有限公司（以下简称金融资产公司）。

被上诉人（原审被告）：江西某投资有限公司（以下简称甲投资公司）。

被上诉人（原审被告）：江西某房地产开发有限公司（以下简称房地产公司）。

被上诉人（原审被告）：奉新县某建设投资开发有限公司（以下简称乙投资公司）。

原审被告：张某华。

原审被告：张某冰。

原审被告：温某。

华夏银行南昌分行向一审法院起诉请求：1. 判令甲投资公司立即归还借款本金及至清偿之日止的逾期借款利息、罚息、复利以及为实现债权而支付的催收费、公告费、执行费、律师费、差旅费等费用；2. 判令房地产公司、乙投资公司、张某华、张某冰、温某对甲投资公司的上述债务承担连带保证责任；3. 判令其对房地产公司提供抵押的位于冯川镇滨河西路的17处房产以及位于滨河西路的两处国有土地使用权享有优先受偿权；4. 判令其对乙投资公司在南昌仲裁委员会（2016）洪仲裁字第

47 号裁决书中确定对县政府持有的金额共计 32220.76 万元及相应利息等费用及投资收益权，在 8400 万元质押担保范围内享有优先受偿权。

2015 年 1 月 20 日、7 月 22 日，甲投资公司与华夏银行南昌分行分别签订《流动资金借款合同》，约定贷款金额为 3600 万元、2800 万元。房地产公司与华夏银行南昌分行签订了《最高额抵押合同》，以房产及国有土地使用权提供抵押担保并办理了抵押登记。张某华、张某冰、温某均与华夏银行南昌分行签订了《个人最高额保证合同》。华夏银行南昌分行依约发放了贷款。2016 年 1 月 21 日，甲投资公司、房地产公司与华夏银行南昌分行签订《展期协议》，房地产公司、张某华、张某冰、温某、乙投资公司同意继续承担担保责任。2016 年 3 月 25 日，甲投资公司、房地产公司、乙投资公司、张某华、张某冰、温某与华夏银行南昌分行共同签订两份《展期协议》，房地产公司、乙投资公司还分别与华夏银行南昌分行签订了《最高额保证合同》。

2016 年 7 月 5 日，南昌仲裁委员会作出（2016）洪仲裁字第 47 号裁决书，裁决县政府应向乙投资公司支付 32220.76 万元及相应利息。2017 年 10 月 9 日，乙投资公司与华夏银行南昌分行签订两份《质押合同》。10 月 16 日，华夏银行南昌分行就上述质押财产在中国人民银行征信中心办理了动产权属初始登记。截至2020年3月8日，甲投资公司欠借款本金共计 6400 万元，利息（含罚息、复利）29257887.2 元。

2017 年 4 月 1 日、4 月 12 日，叶某分两次向宜春市中级人民法院申请诉前财产保全，请求对乙投资公司在县政府拥有的 1 亿元到期债权进行冻结。2017 年 4 月 5 日、4 月 13 日，宜春市中级人民法院作出财产保全，并分别要求县政府停止对乙投资公司在县政府拥有的到期债权 8000 万元、1 亿元的支付。4 月 26 日，叶某申请追加冻结乙投资公司在县政府的 1.8 亿元到期债权。4 月 27 日，宜春市中级人民法院要求县政府停止对乙投资公司在县政府拥有的到期债权 1.8 亿元的支付。

2017 年 4 月 27 日，叶某向宜春市中级人民法院起诉乙投资公司、甲投资公司、张某华民间借贷纠纷一案。因涉案标的较大，该案由江西省高级人民法院审理并作出（2017）赣民初 66 号民事判决。

叶某和乙投资公司均不服并提起上诉。2018 年 12 月 18 日，最高人民法院作出（2018）最高法民终 272 号民事判决，改判：乙投资公司于判决生效后十日内向叶某支付 4435.58 万元及相应的利息。2017 年 5 月 10 日，江西省高级人民法院立案受理叶某与乙投资公司、甲投资公司合同纠纷一案并作出（2017）赣民初 41 号民事判决，后被最高人民法院裁定发回重审。江西省高级人民法院重新判决乙投资公司在收到县政府支付的 32220.76 万元及利息后十日内将其中 22868.29 万元及利息支付给叶某。

乙投资公司不服提起上诉，最高人民法院二审判决驳回上诉，维持原判。

2017 年 4 月 6 日，奉新县国土资源局起诉荣鑫公司、叶某、童某荣、黎某保要求支付剩余土地出让款，江西省高级人民法院经调解，确认荣鑫公司至今尚欠奉新县国土资源局土地出让金2.2873亿元未支付，荣鑫公司、叶某、黎某保、童某荣承诺在其起诉乙投资公司的案件中债权款项获得偿还后，立即全部用于偿还欠奉新县国土资源局的土地出让金2.2873亿元；在荣鑫公司全额支付土地出让金2.2873亿元前，县政府应付乙投资公司的款项利息、迟延履行金，县政府实际承担的，均由荣鑫公司承担。

2019年12月18日，华夏银行南昌分行与金融资产公司签订《债权转让协议》，华夏银行南昌分行将其对甲投资公司的债权即本案债权转让给了金融资产公司。2020年1月22日，华夏银行南昌分行与金融资产公司将包括本案债权在内的债权转让事宜在《江西日报》上予以公告。

一审法院认定:《最高额融资合同》《流动资金借款合同》《最高额抵押合同》《最高额保证合同》《质押合同》《个人最高额保证合同》《展期协议》均合法有效。截至2020年3月8日，甲投资公司尚欠借款本金6400万元、利息（含罚息、复利）29257887.2元，依法应当承担违约责任。房地产公司、张某华、张某冰、温某、乙投资公司自愿为甲投资公司的债务提供连带责任保证担保，应当向华夏银行南昌分行承担连带保证责任。二审认为，应收账款质押权的登记设立并非意味着质权人当然享有该应收账款的优先受偿权，人民法院认定质权人是否享有优先权应当审查应收账款是否真实、合法、完整。案涉应收账款质押登记因缺乏实质要件而无效，华夏银行南昌分行对案涉应收账款不享有优先受偿权。

裁判结果

一审判决：一、甲投资公司于判决生效之日起十日内归还华夏银行南昌分行借款本金3600万元及利息、罚息、复利；二、甲投资公司于判决生效之日起十日内归还华夏银行南昌分行借款本金2800万元及利息、罚息、复利；三、甲投资公司于判决生效之日起十日内向华夏银行南昌分行支付律师代理费128000元；四、华夏银行南昌分行就本判决第一项、第三项确定的债权对房地产公司名下的位于冯川镇滨河西路的17处房产及一处国有土地使用权折价、拍卖、变卖所得的价款享有优先受偿权；五、华夏银行南昌分行就本判决第二项、第三项确定的债权对房地产公司名下的位于冯川镇滨河西路的一处国有土地使用权折价、拍卖、变卖所得的价款享有优先受偿权；六、华夏银行南昌分行就本判决中第一项、第二项、第三项确定的债权对乙投资公司提供的质押财产享有优先受偿权；七、房地产公司、张某华、张某冰、温某、乙投资公司对本判决第一项、第二项、第三项债务承担连带清偿责任；八、房地产公司、张某华、张某冰、温某、乙投资公司承担担保责任后，有权向甲投资公司追偿；九、驳回华夏银行南昌分行其他诉讼请求。

县政府不服，提起上诉。二审判决：一、撤销一审判决；二、甲投资公司于判决生效之日起十日内归还金融资产公司借款本金3600万元及利息、罚息、复利；三、甲投资公司于判决生效之日起十日内归还金融资产公司借款本金2800万元及利息、罚息、复利；四、甲投资公司于判决生效之日起十日内向金融资产公司支付律师代理费 128000 元；五、金融资产公司就本判决第二项、第四项确定的债权对房地产公司名下的位于冯川镇滨河西路的 17 处房产及一处国有土地使用权折价、拍卖、变卖所得的价款享有优先受偿权；六、金融资产公司就本判决第三项、第四项确定的债权对房地产公司名下的位于冯川镇滨河西路的一处国有土地使用权折价、拍卖、变卖所得的价款享有优先受偿权；七、房地产公司、乙投资公司、张某华、张某冰、温某对本判决第二项、第三项、第四项债务承担连带清偿责任；八、房地产公司、乙投资公司、张某华、张某冰、温某承担担保责任后，有权向甲投资公司追偿；九、驳回金融资产公司其他诉讼请求。

裁判理由

二审认为，人民法院认定质权人是否享有优先受偿应当审查应收账款是否真实、合法、完整，本案中，应收账款质押登记因缺乏实质要件而无效，华夏银行南昌分行不享有案涉应收账款优先受偿权，主要理由有：

（一）原《物权法》第二百二十三条规定债务人或者第三人对有权处分的应收账款可以出质。本案中，在华夏银行南昌分行与乙投资公司办理案涉应收账款质押登记即 2017 年 10 月 16 日之前，案外人叶某已向宜春市中级人民法院申请对乙投资公司在县政府享有的 3.6 亿债权进行财产保全，宜春市中级人民法院亦作出保全裁定并在 2017 年 4 月 28 日前送达县政府，相关裁定书已依法上网，有关主体均可在中国裁判文书网上查询了解。案涉应收账款因被法院查封在先，乙投资公司依法已无权处分。华夏银行南昌分行认为法院查封未经公示，不能对抗善意第三人。根据《最高人民法院关于人民法院民事执行中查封、扣押、冻结财产的规定》第二十六条第三款“人民法院的查封、扣押、冻结没有公示的，其效力不得对抗善意第三人”的规定，案涉应收账款查封裁定生效后，乙投资公司明知其对案涉应收账款已无权处分，仍于 2017 年 10 月 9 日与华夏银行南昌分行签订《质押合同》，并办理质押登记，损害了第三人的合法权益。现有证据虽无法证明华夏银行南昌分行存在恶意串通行为，但华夏银行南昌分行在签订质押合同及办理质押登记时，叶某已申请法院依法查封案涉应收账款，相关裁定均已上网，叶某与乙投资公司、甲投资公司等民事纠纷均已进入诉讼阶段，华夏银行未审查乙投资公司的涉诉情况及质押应收账款的权利义务负担，未尽到基本的注意审查义务，其不属于《最高人民法院关于人民法院民事执行中查封、扣押、冻结财产的规定》第二十六条规定的“善意第三人”。

（二）原《物权法》第二百二十八条第一款规定：“以应收账款出质的，当事人应当订立书面合同。质权自信贷征信机构办理出质登记时设立”，《应收账款质押登记办法》第二十四条规定：“质权人开展应收账款质押融资业务时，应当严格审核确认应收账款的真实性，并在登记公示系统中查询应收账款的权利负担状况”，第二十五条规定："质权人、出质人和其他利害关系人应当按照登记公示系统提示项目如实登记，并对登记内容的真实性、完整性和合法性负责"。根据上述规定，虽然应收账款质权自办理出质登记起设立，但应收账款的真实性由质权人、出质人和其他利害关系人负责，质权人对应收账款真实性应尽基本的审查义务。本案中，华夏银行南昌分行未向应收账款的债务人县政府核实该应收账款的真实性、完整性和合法性，其与乙投资公司签订的质押合同并不能约束县政府，县政府主张乙投资公司对其欠款当然可以抵扣。本案诉讼过程中，叶某与乙投资公司等民间借贷纠纷、合同纠纷均已陆续取得生效判决并进入执行，其中最高人民法院于2020年9月14日作出（2019）最高法民终1403号民事判决书，已确认乙投资公司在（2016）洪仲裁字第47号裁决书享有的债权中有22868.29万元及利息属于叶某。而根据（2017）赣民初24号民事调解书，叶某对奉新县国土资源局负有支付土地出让金2.2873亿元的义务。且县政府在（2016）洪仲裁字第47号裁决书生效后经乙投资公司认可已支付部分款项。因此，乙投资公司对（2016）洪仲裁字第47号裁决书所认定的债权已不享有完整权利，且该应收账款因涉及多起诉讼早已陷入不确定状态，乙投资公司是否还享有对县政府的债权亦无法确定。本案中，华夏银行南昌分行在未向县政府核实该应收账款真实性、完整性的情况下，就未确定的应收账款设立质押登记，相应风险应由其自行承担。

综上，应收账款质押权的登记设立并非意味着质权人当然享有该应收账款的优先受偿权，人民法院认定质权人是否享有优先权应当审查应收账款是否真实、合法、完整。乙投资公司以被法院查封的应收账款出质，主观上存在恶意，损害了其他权利人的合法权益。华夏银行南昌分行对案涉应收账款真实性、合法性、完整性未尽审查义务，侵害了县政府的合法权益。案涉应收账款虽然在设立时办理了质押登记，但仅符合应收账款质押的形式要件，办理质押登记的应收账款债权因乙投资公司无权处分不具有合法性；同时所质押的应收账款不具确定性，质押债权的真实性、完整性存在瑕疵，故案涉应收账款质押登记因缺乏实质要件而无效。华夏银行南昌分行对案涉应收账款不享有优先受偿权。

要旨解析

本案涉及对应收账款质权效力的判断问题。

《动产和权利担保统一登记办法》第三条对应收账款进行了基本界定。该条规定，应收账款是指应收账款债权人因提供一定的货物、服务或设施而获得的要求应收账款债务人付款的权利以及依法享有的其他付款请求权，包括现有的以及将有的金钱债权，但不包括因票据或其他有价证券而产生的付款请求权，以及法律、行政法规禁止转让的付款请求权。《民法典》第四百四十五条规定："以应收账款出质的，质权自办理出质登记时设立。应收账款出质后，不得转让，但是出质人与质权人协商同意的除外。出质人转让应收账款所得的价款，应当向质权人提前清偿债务或者提存。"

应收账款包括下列权利：（一）销售、出租产生的债权，包括销售货物，供应水、电、气、暖，知识产权的许可使用，出租动产或不动产等；（二）提供医疗、教育、旅游等服务或劳务产生的债权；（三）能源、交通运输、水利、环境保护、市政工程等基础设施和公用事业项目收益权；（四）提供贷款或其他信用活动产生的债权；（五）其他以合同为基础的具有金钱给付内容的债权。

实践中，对应收账款质押登记的审查，主要有两种方式：一种是形式审查，是指登记机构仅就当事人提供的有关书面文件材料以及当事人的陈述进行表面上的审查，至于质权的设立是否与登记的状态相符，登记机构不负责任。当质权的真实状况与登记的状况不符而登记机构对此无过错时，登记机构对此不承担责任。另一种是实质审查，是指登记机构对登记的质权的存在状况进行实质的审查。在进行登记之前，登记机构应对质权的存在以及质权的类型和形成过程进行全面的核实。若因登记机构的疏忽导致登记的质权与该权利的现实状态不符，登记机关应对因此而受到损害的人承担赔偿责任。长期以来，对于应收账款出质登记究竟是采取实质审查主义，还是采取形式审查主义，理论上和登记实践中均存在争议，但《动产和权利担保统一登记办法》第四条进行了明确，即中国人民银行征信中心是动产和权利担保的登记机构，具体承担服务性登记工作，不开展事前审批性登记，不对登记内容进行实质审查。该征信中心建立基于互联网的动产融资统一登记公示系统为社会公众提供动产和权利担保登记和查询服务。

《动产和权利担保统一登记办法》第二十三条规定："担保权人开展动产和权利担保融资业务时，应当严格审核确认担保财产的真实性，并在统一登记系统中查询担保财产的权利负担状况。"第二十四条规定："担保权人、担保人和其他利害关系人应当按照统一登记系统提示项目如实登记，并对登记内容的真实性、完整性和合法性负责。因担保权人或担保人名称填写错误，担保财产描述不能够合理识别担保财产等情形导致不能正确公示担保权利的，其法律后果由当事人自行承担。办理登记时，存在提供虚假材料等行为给他人造成损害的，应当承担相应的法律责任。"

自2020年1月1日起施行的《优化营商环境条例》第四十七条第二款规定："国家推动建立统一的动产和权利担保登记公示系统，逐步实现市场主体在一个平台上办理动产和权利担保登记。纳入统一登记公示系统的动产和权利范围另行规定。"目前，已经由中国人民银行牵头在北京市和上海市开展动产统一登记试点。[①]《动产和权利担保统一登记办法》第四条规定："中国人民银行征信中心是动产和权利担保的登记机构，具体承担服务性登记工作，不开展事前审批性登记，不对登记内容进行实质审查。征信中心建立基于互联网的动产融资统一登记公示系统为社会公众提供动产和权利担保登记和查询服务。"以应收账款出质的，质权自信贷征信机构办理出质登记时发生效力。应收账款质押必须经信贷征信机构办理出质登记，才能

---

① 黄薇：《中华人民共和国民法典释义》（上），法律出版社2020年版，第1385～1386页。

发生效力。本案中，华夏银行南昌分行就质押财产在中国人民银行征信中心办理了动产权属初始登记，该质权发生法律效力。

结合本案情况来看，本案主要的争议焦点在于华夏银行南昌分行是否享有案涉应收账款优先受偿权的问题。首先，债务人或者第三人对有权处分的应收账款可以出质。本案中，在华夏银行南昌分行与乙投资公司办理案涉应收账款质押登记之前，案涉应收账款已被案外人叶某申请法院查封，并由宜春市中级人民法院作出保全裁定并送达某县人民政府协助执行，乙投资公司依法已无权处分案涉应收账款；其次，根据前述《动产和权利担保统一登记办法》第二十三条、第二十四条的规定，华夏银行南昌分行作为质押担保的主债权人，在接受应收账款质押时应当尽到基本的审核义务，向基础交易关系债务人某县人民政府核实该应收账款债权的真实性、完整性和合法性，但华夏银行南昌分行并未履行该项义务，由此带来的风险应由华夏银行南昌分行自行承担。故二审根据应收账款不具有确定性的事实认定质押债权的真实性、完整性存在瑕疵，案涉应收账款质押登记因缺乏实质要件而无效，华夏银行南昌分行对案涉应收账款不享有优先受偿权正确。

编写人：蔡　静

二审合议庭成员：王慧军　段亦枫　魏　巍

19. 应收账款质押未经通知次债务人对次债务人不发生法律效力

——中国银行股份有限公司某分行与珠海市某科技有限公司等金融借款合同纠纷二审案

裁判要旨

1. 应收账款质押不具有证实质押权利真实性的效力。

2. 应收账款质押未经通知次债务人，对次债务人不发生法律效力。次债务人在不知情的情况下向债务人履行债务的，发生清偿效力，应收账款消灭。

案例索引

一审：江西省南昌市中级人民法院（2019）赣01民初601号

二审：江西省高级人民法院（2020）赣民终908号

基本案情

上诉人（原审原告）：中国银行股份有限公司某分行（以下简称中行某分行）。

被上诉人（原审被告）：珠海市某科技有限公司（以下简称甲科技公司）。

原审被告：徐某。

原审被告：魏某娅。

原审被告：南昌某通讯技术有限公司（以下简称通讯公司）。

原审被告：上海某科技有限公司（以下简称乙科技公司）。

中行某分行向一审法院起诉请求：1. 通讯公司向其补足银行承兑汇票垫款34727715.26元及本息付清之日止的利息、复利、罚息（暂算至2019年7月11日为538279.72元，实际按合同约定计算至本息付清之日止）；2. 乙科技公司、徐某对上述全部债务承担连带清偿责任；3. 魏某娅在其与徐某夫妻共同财产的范围内承担担保责任；4. 甲科技公司立即在157601990.6元的范围内向其履行应收账款付款义务，若甲科技公司未履行付款义务则在157601990.6元范围内向其承担赔偿责任。

2018年11月27日，中行某分行与通讯公司签订一份《授信额度协议》（编号：GJXQSXED2018001）约定：中行某分行向通讯公司提供人民币3500万元的授信额度，具体种类及金额为银行承兑汇票敞口额度3500万元，循环使用；使用期限为自本协议生效之日起至2019年7月1日止。

2018年11月27日，中行某分行（承兑人）与通讯公司（申人）签订一份《电子商业汇票承兑协议》，该协议属于前述《授信额度协议》下的单项协议，其中双方约定：通讯公司签发汇票10张，金额合计人民币7000万元。

2018年7月10日，中行某分行分别与徐某、乙科技公司签订了《最高额保证合同》，担保债权之最高本金余额为人民币3500万元。同日，徐某妻子魏某娅向中行某分行出具了以与徐某的夫妻共同财产承担前述《最高额保证合同》下的担保责任的书面同意函。

2018年7月10日，中行某分行（质权人）与通讯公司（出质人）签订一份《最高额质押合同》（编号：GJXQZGEZY2018001），约定：通讯公司自愿将其享有合法处分权的质押物及其权利凭证为质权人的债权设立质押。担保债权之最高本金余额为人民币3500万元，担保的债权范围包括基于该债权本金所发生的利息（包括法定利息、约定利息、复利、罚息）、违约金、损害赔偿金等，其具体金额在其被清偿时确定。同日，中行某分行与通讯公司签订《应收账款质押登记协议》（编号：GJXQYSZKZY2018001）。2018年7月17日，中行某分行在中国人民银行征信中心办理了动产权属统一登记－初始登记。

后中行某分行又与通讯公司签订了一份《应收账款质押登记协议》（编号：GJXQYSZKZY2019001），记载应收账款为出质人通讯公司自2018年4月1日起销售给甲科技公司货物所产生的应收货款157601990.6元。2019年4月9日，中行某分行在中国人民银行征信中心办理了动产权属统一登记－初始登记，最高债权额3500万元，债务履行期限2018年7月10日至2019年7月9日；质押合同号码GJXQZGEZY2018001；质押财产价值157601990.60元；质押财产描述为：质押财产是通讯公司自2018年4月1日起销售给甲科技公司货物所产生的应收货款（金额为157601990.60元），应收账款到期日为2019年7月9日。

2019年4月10日，中行某分行在中国人民银行征信中心办理了动产权属统一登记－变更登记，质押财产描述为：质押财产是通讯公司自2018年4月1日起销售给甲科技公司货物所产生的应收货款（金额为157601990.60元）。

2018年11月27日，通讯公司向中行某分行预存了3500万元保证金。中行某分行为通讯公司开立了10张电子银行承兑汇票，合计承兑7000万元。因通讯公司未支付剩余垫付资金，中行某分行2019年5月28日将通讯公司预存的保证金3500万元及保证金利息271993.07元直接扣划用于抵扣承兑汇票垫付款，2019年5月29日、6月21日又扣除通讯公司账户资金291.67元、3.51元归还垫付本金，截至2019年7月11日，通讯公司尚欠中行某分行银行承兑汇票垫付本金34727711.75元及利息（含罚息、复利）538279.72元。

2018年12月11日，甲科技公司（甲方）与通讯公司（乙方）签订一份《协议》，约定双方对截至2018年12月1日之前所合作项目情况进行盘点，并达成抵销协议，其中包括如下内容：截至 2018 年 12 月 1 日，乙方应支付甲方的款项总额累计为 164774333 元，甲方应支付乙方款项总额为 77274408.80 元，且互负债务均已到期，抵销日为 2018 年 12 月 11 日。同等金额部分进行相互抵消，在协议和上述抵销得到有效执行的前提下，甲方同意豁免未产生抵消的乙方应付甲方的债务。

裁判结果

一审判决：一、南昌与德通公司于本判决生效之日起十五日内向中行某分行偿还银行承兑汇票垫款 34727711.75 元及利息（利息含罚息、复利，截至 2019 年 7 月 11 日的利息为 538279.72 元，2019 年 7 月 12 日起的利息，以 34727711.75 元为基数，按《电子商业汇票承兑协议》的约定计算至所有款项付清之日止）；二、通讯公司于本判决生效之日起十五日内给付中行某分行律师费 130000 元；三、乙科技公司、徐某、魏某娅对本判决第一项、第二项确定的全部债务承担连带清偿责任；四、乙科技公司、徐某、魏某娅依照本判决承担担保责任后，可以向通讯公司追偿；五、驳回中行某分行其他诉讼请求。

中行某分行不服，提起上诉。二审判决：驳回上诉，维持原判。

裁判理由

二审认为，本案的争议焦点是：对于通讯公司向中行某分行质押的应收账款，甲科技公司应否履行付款义务，如需履行付款义务，具体金额是多少？

二审认为，根据原《物权法》第二百二十八条以及中国人民银行《应收账款质押登记办法》的有关规定，应收账款质权自办理出质登记时设立；应收账款质押登记仅为形式登记，质权人和登记机构在办理登记时无须对产生应收账款的基础法律关系进行审核。2018 年 7 月 20 日和 2019 年 4 月 10 日，中行某分行在中国人民银行征信中心办理的两份应收账款质押登记，是在合法的登记机关依法进行的质押登记，登记机关依法进行了审核，并出具了“中国人民银行征信中心动产权属统一登记 - 变更登记”（初始登记证明编号分别为：04762401000569477100、05742106000682788799），应认定合法有效，案涉应收账款质押自登记时成立，中行某分行依法享有质押权。至于中国人民银行征信中心的登记行为是否合法，不属于本案的审查范围。

因应收账款质押登记为形式登记，人民法院须对应收账款的基础法律关系进行实质审查。2018 年 12 月 11 日，甲科技公司和通讯公司签订了债务相互抵消的《协议》，甲科技公司自 2018 年 12 月 11 日起不再欠付通讯公司任何债务。亦即案涉第一次质押登记的应收账款因抵债《协议》而抵销；第二次质押登记时，抵债《协议》已签订实施，其所涉及的应收账款不存在。中行某分行在办理两次质押登记时，均未要求甲科技公司在质押登记材料上签字，也未将质押登记事项告知甲科技公司。甲科技公司称对该两次质押登记完全不知情，目前也没有证据证明通讯公司和甲科技公司之间存在恶意串通的情形。甲科技公司属于不知情的善意的次债务人，已经对其欠付的应收账款支付了相应对价，一审法院判决甲科技公司不承担应收账款给付义务，符合公平原则，应予支持。

要旨解析

本案涉及应收账款质押的设立及对次债务人效力问题。

应收账款质押是指借款人将其对第三方的应收账款之债权向银行等信贷机构提供质押担保的行为。借款人是借贷关系的主债务人和质押担保的出质人，相应的，银行等信贷机构是债权人和质权人，而应收账款的债务人则为次债务人。针对次债务人在应收账款质押法律关系中的地位，有以下问题值得探讨：

一、应收账款质押设立不以通知次债务人为条件

根据《民法典》第四百二十七条第一款的规定，“设立质权，当事人应当采用书面形式订立质押合同”，第四百四十五条第一款规定，“以应收账款出质的，质权自办理出质登记时设立”。因此，应收账款质押的设立条件有两项：其一，质权人与出质人应当签订合法有效的书面质押合同；其二，就出质的应收账款办理质押登记，此外并无其他条件。根据《动产和权利担保统一登记办法》第四条的规定，中国人民银行征信中心是动产和权利担保的登记机构，具体承担服务性登记工作，不开展事前审批性登记，不对登记内容进行实质审查。因此，动产登记仅具有警示和确定优先顺序的功能，并不能赋予登记的事实本身以公信力。应收账款登记机构在登记过程中，也不负有向债务人核实应收账款真实性的义务。进行应收账款登记的质权人、出质人对质押登记的真实性负责，如提供虚假材料办理登记，给他人造成损害，应承担相应法律责任。

二、应收账款出质后未通知次债务人的，对次债务人不发生效力

通知应收账款债务人虽然不是应收账款质押设立的要件，但却是应收账款质押权人保全质权的一种必要手段。

根据《民法典担保制度解释》第六十一条第三款的规定，“以现有的应收账款出质，应收账款债务人已经向应收账款债权人履行了债务，质权人请求应收账款债务人履行债务的，人民法院不予支持，但是应收账款债务人接到质权人要求向其履行的通知后，仍然向应收账款债权人履行的除外。”

根据债的相对性，债权人仅对债务人享有权利，债务人仅对债权人承担义务，故次债务人仅对出质人即应收账款债权人承担义务，而无需对包括应收账款质权人在内的其他人承担任何义务。债的相对性并非没有例外。债权让与中，作为第三人的受让人基于受让债权被纳入到债的关系中，债务人对受让人承担给付责任。如上所述，应收账款质押与应收账款转让虽然在债权主体是否变更上存在区别，但在利益关系上存在相似之处，次债务人履行债务均会涉及债权人之外的质权人或者受让人的利益，故要求次债务人对质权人承担一定的义务，作为债的相对性的突破，符合法律逻辑。故如同债权转让未经通知不得对抗债务人，应收账款出质登记虽然具有对抗第三人的效力，但并不能当然约束次债务人，未经通知亦不得对抗次债务人。次债务人在偿还账款之前并无义务查询该账款的出质登记情况，若其不知该账款已出质而向该账款债权人（出质人）偿还款项，则应视为其履行了清偿义务，无须对质权人负有任何责任。

通知只是使次债务人受到质权的约束，并非要求其必须向质权人清偿应收账款。这种约束首先体现的是一种消极义务，即次债务人不得随意向原债权人履行。至于次债务人具体应向谁清偿、如何清偿，应由质权人和出质人根据账款清偿期、主债务期限以及其他交易因素自行约定。若账款清偿期先于主债权到期，当事人一般约定次债务人将应收账款结算资金支付到指定账户以便质权人监管，可提前清偿主债务或进行提存；若账款清偿期后于主债权到期时，则可约定次债务人直接向质权人清偿。此类约定，次债务人都应遵照履行。即便当事人在通知中没有对次债务人的清偿作出明确约定，但仅仅告知出质事实已足以对次债务人宣示质权人的对应收账款拥有担保物权，次债务人所受的最低约束就是不能妨害质权人享有和行使这一担保物权，具体而言就是未经质权人同意，不得向出质人清偿债务。

三、次债务人收到通知后，未经质权人同意向出质人清偿的，该清偿行为对质权人不产生效力

应收账款质押虽然没有动产或权利凭证的交付，但其作为一种权利质押，仍然具备法律意义上的权利占有的移转，由出质人、质权人将质押情况通知债人质权的债务人，即意味着移转了人质债权的占有。将应收账款债权视为质物来看，质物移交质权人占有后，出质人就不能使用质物，也不能以质物收益，故应收账款质押后，出质人已不再占有该债权，也不能使用该债权，无权接受次债务人的清偿。次债务人收到通知后已非善意第三人，其向出质人清偿应属履行债务的对象错误，其清偿责任并不能免除。

司法解释已有类似规定可供参考，原《担保法司法解释》第八十八条规定，出质人以间接占有的财产出质的，……占有人收到出质通知后，仍接受出质人的指示处分出质财产的，该行为无效。应收账款质押与间接占有财产出质有共同特点，质权人都不实际掌控质物，次债务人和占有人都直接影响质权实现，清偿债务和处分出质财产都直接影响质物的状态，故应收账款质押的规范亦应有同样的价值取向。

本案应收账款虽然依法办理了质押登记，但中行某分行在办理两次质押登记时，均未要求甲科技公司在质押登记材料上签字，也未将质押登记事项告知甲科技公司。甲科技公司称对该两次质押登记完全不知情，目前也没有证据证明通讯公司和甲科技公司之间存在恶意串通的情形。甲科技公司属于不知情的善意的次债务人，应收账款质押对其不发生效力。待中行某分行向甲科技公司主张权利时，甲科技公司在不知晓应收账款质押的情况下，已经对欠付的应收账款通过账款抵销的方式支付了相应对价，质押权利不复存在，中行某分行无权要求甲科技公司清偿相应债务。

编写人：魏　巍

二审合议庭组成人员：杨国安　吕卫红　何全伟

20. 应收账款质权的存续与消灭从属于主债权不因质押登记期满而消灭

——宋某、赣州银行股份有限公司某支行与江西某药业有限公司等金融借款合同纠纷再审案

裁判要旨

1. 以应收账款出质的，应收账款质权自在信贷征信机构办理质押登记时设立，质押登记仅具有对外公示效力。质押登记期满，如无法定的担保物权消灭情形，应收账款质权仍然有效。

2. 最高额保证担保的最高额度是指被保证人能获得的优先受偿债权的最高限额，超出限额部分，保证人无需承保证担保责任。

3. 最高额保证合同虽约定保证担保范围包括全部债务本金、利息等一切费用，但在债务人应偿还的借款本金及利息等合计超过了最高限额的情况下，若合同中没有明确约定最高限额为本金的情况下，该最高限额不应理解为本金最高额，而应理解为全部债权的最高限额。

案例索引

一审：江西省赣州经济技术开发区人民法院（2019）赣 0791 民初 850 号

二审：江西省赣州市中级人民法院（2019）赣 07 民终 2433 号

再审：江西省高级人民法院（2020）赣民再 89 号

基本案情

再审申请人（一审被告、二审上诉人）：宋某。

再审申请人（一审原告、二审被上诉人）：赣州银行某支行股份有限公司某支行（以下简称赣州银行某支行）。

被申请人（一审被告、二审被上诉人）：江西某药业有限公司（以下简称药业公司）。

被申请人（一审被告）：钟某鑫。

被申请人（一审被告）：黄某梅。

被申请人（一审被告）：钟某霞。

被申请人（一审被告）：苏某。

赣州银行某支行向一审法院起诉请求：1. 判令药业公司偿还其借款本金 785 万

元，并支付利息、罚息、复利 423725.7 元（合同期内利息按年利率 8.075% 计，自 2017 年 10 月 12 日计至合同期满日 2018 年 10 月 12 日止；逾期罚息自 2018 年 10 月 12 日起按年利率 12.1125% 计算至所有款项还清之日止；另对借期内未付利息计算复利，复利利率按 8.075% 计）截至 2019 年 3 月 7 日拖欠利息、罚息、复利合计 423725.7 元，拖欠本息合计 8273725.7 元，其后利息、罚息、复利按双方签订的《流动资金借款合同》约定的标准计算至所有款项清偿之日止；2. 判令钟某鑫、黄某梅、钟某霞、苏某、宋某对上述债务承担连带清偿责任；3. 判令药业公司在其《最高额质押合同》约定的范围内以其质押应收账款（赣南医学院第二附属医院应收账款价值 1260 万元、江西省崇义县人民医院应收账款价值人民币 468 万元）对上述债务承担质押担保责任，其对上述应收账款享有优先受偿权。

2016 年 10 月 12 日，药业公司因经营周转需要向赣州银行某支行借款，双方签订《流动资金借款合同》，约定：借款金额 785 万元，借款期限从 2016 年 10 月 14 日至 2017 年 10 月 13 日止，共计 12 个月。同年 10 月 14 日，赣州银行某支行向药业公司发放了上述借款本金 785 万元。2017 年 10 月 12 日，药业公司因经营周转困难，对上述《流动资金借款合同》借款本金 785 万元申请展期，与赣州银行某支行（乙方）签订了《贷款展期协议书》。赣州银行某支行对药业公司借款展期进行了放款，展期年利率 8.075%，展期开始日 2017 年 10 月 12 日，展期到期日 2018 年 10 月 12 日。借款期限届满，药业公司未归还借款本金，仅按约定向赣州银行某支行支付了 2018 年 8 月 13 日前的借款利息。2017 年 10 月 12 日，钟某鑫、黄某梅、钟某霞、苏某、宋某与赣州银行某支行签订了《最高额保证合同》，约定自愿为药业公司上述借款本金、利息、复利、罚息、违约金等费用承担连带责任保证，保证期间均为两年。另查明，2016 年 10 月 12 日，药业公司（甲方）与赣州银行某支行（乙方）签订了《最高额质押合同》，约定：质押物名称应收账款，质押物参考价值人民币壹仟柒佰贰拾捌万元整，质押担保的最高限额为人民币壹仟柒佰贰拾捌万元整，担保范围为主合同项下全部债务，包括但不限于：债权本金以及由此产生的利息、复利、罚息、违约金等费用。该质押办理了登记，登记期限 1 年，登记到期日为 2017 年 10 月 12 日。

2016 年 9 月 22 日，赣州银行某支行向赣南医学院第二附属医院（以下简称赣南二附院）发送《应收账款确认书》，列明截至 2016 年 8 月 31 日赣南二附院尚欠药业公司 12606478.18 元货款，对这一事实赣州银行某支行、药业公司、赣南二附院均盖章确认。2016 年 9 月 23 日，江西省崇义县人民医院（以下简称崇义医院）向赣州银行某支行出具《应收账款确认书》，列明截至 2016 年 8 月 31 日崇义医院应付药业公司账款合计 468 万元整，崇义医院在确认书上加盖公章及法定代表人印鉴。2016 年 10 月 13 日，药业公司将其已形成的 1728 万元应收账款（其中赣南二附院的应收账款 1260 万元、崇义医院的应收账款 468 万元）以及未来形成的应收账款一并出质给赣州银行某支行，并在中国人民银行征信中心办理了动产权属统一登记，登记期限为一年，自 2016 年 10 月 13 日至 2017 年 10 月 13 日，质押的最高债权额为 1728 万元整。

2017 年 10 月 12 日，钟某鑫、黄某梅、钟某霞、苏某、宋某分别与赣州银行某支行签订了《最高额保证合同》，约定自愿为药业公司与赣州银行某支行自 2017 年 10 月 12 日至 2018 年 10 月 12 日期间主合同项下的全部债务（包括但不限于借款本金、利息、复利、罚息、违约金等费用）提供担保，担保的最高限额为人民币 785 万元整，保证期间均为两年，保证方式为连带保证。钟某鑫、黄某梅、钟某霞、苏某、宋某与赣州银行某支行签订的《最高额保证合同》中均约定："本合同项下担保的债权如果同时设定物的担保，不论物的担保是债务人或第三人提供，乙方实现债权时，可无限制地随时要求甲方承担保证责任。"

裁判结果

一审判决：一、药业公司于判决生效后十日内向赣州银行某支行归还借款本金人民币 7850000 元及利息（以 7850000 元为基数，从 2018 年 8 月 13 日起按年利率 8.04% 计算至 2018 年 10 月 12 日，该期间利息可按年利率 8.04% 计算复利。从 2018 年 10 月 13 日起按罚息利率即年利率 12.06% 计算至款清之日止，利随本清），该期间已支付的利息从中抵扣；二、钟某鑫、黄某梅、钟某霞、苏某、宋某对上述判决第一项确定的债务在《最高额保证合同》约定的担保范围内承担连带担保责任，在承担保证责任后，有权向药业公司追偿；三、驳回赣州银行某支行的其他诉讼请求。

宋某不服，提起上诉。二审判决：驳回上诉，维持原判。

宋某、赣州银行某支行均不服，申请再审。再审判决：一、撤销一、二审判决；二、药业公司于本判决生效后十日内向赣州银行某支行归还借款本金人民币 785 万元及利息（以 785 万元为基数，从 2018 年 8 月 13 日起按年利率 8.04% 计算至 2018 年 10 月 12 日，该期间利息可按年利率 8.04% 计算复利。从 2018 年 10 月 13 日起按罚息利率即年利率 12.06% 计算至还款清之日止，利随本清，该期间已支付的利息从中抵扣）；三、药业公司以其质押应收账款（赣南医学院第二附属医院的应收账款 1260 万、江西省崇义县人民医院的应收账款 468 万元）对上述债务承担质押担保责任，赣州银行某支行在本判决第二项确定的债权范围内对质押的应收账款享有优先受偿权；四、钟某鑫、黄某梅、钟某霞、苏某、宋某对《流动资金借款合同》中药业公司的全部债务在《最高额保证合同》约定的 785 万元担保范围内承担连带保证责任，钟某鑫、钟某霞、黄某梅、苏某、宋某在承担保证责任后，有权向药业公司追偿；五、驳回赣州银行某支行的其他诉讼请求。

裁判理由

再审认为，本案争议焦点为：一、案涉应收账款质押登记期满后，质权是否仍然有效；二、宋某是否应当承担连带保证责任；三、宋某应当在什么范围内承担连带保证责任。

关于质押权效力的问题。原《物权法》第一百七十七条规定："有下列情形之一的，担保物权消灭：(一)主债权消灭；(二)担保物权实现；(三)债权人放弃担保物权；(四)法律规定担保物权消灭的其他情形。"第二百二十八条规定："以应收账款出质的，当事人应当订立书面合同。质权自信贷征信机构办理出质登记时设立。"原《担保法》第七十四条规定："质权与其担保的债权同时存在，债权消灭的，质权也消灭。"

《担保法司法解释》第十二条第一款规定："当事人约定的或者登记部门要求登记的担保期间，对担保物权的存续不具有法律约束力。"《应收账款质押登记办法》第十二条规定："质权人自行确定登记期限，登记期限以年计算，最长不得超过5年。登记期限届满，质押登记失效。"该部门规章已经失效。《应收账款质押登记办法》第十二条规定："质权人应根据主债权履行期限合理确定登记期限。登记期限最短6个月，超过6个月的，按年计算，最长不超过30年。"该部门规章已经失效。《应收账款质押登记办法》第十二条规定："质权人应当根据主债权履行期限合理确定登记期限。登记期限最短1个月，最长不超过30年。"上述法律、司法解释和部门规章的规定表明：应收账款作为可以质押的权利，权利质权在信贷征信机构办理质押登记之时便已经设立。质权作为担保物权，其存续与消灭均从属与主债权，只有出现法定情形时质权方得消灭，若无法定情形，则质权不消灭。质押登记属于应收账款质权的设立（生效）要件而不属于应收账款质权的失效要件，虽然2007年《应收账款质押办法》作出了"登记期限届满，质押登记失效"的规定，但质押登记失效并不等同于质权消灭，且该2007年《应收账款质押办法》已经失效，现行《应收账款质押办法》已经删去了"质押登记失效"的说法，可见，应收账款质押登记仅起到对外公示的作用，应收账款质权不会随着质押登记期限届满而消灭，其仍旧从属于主债权的存在而存在，只有出现法定情形时应收账款质权方得消灭。

本案中，甲方药业公司与乙方赣州银行某支行于2016年10月12日签订《流动资金借款合同》，约定药业公司向赣州银行某支行借款785万元，借期一年；同日，双方还签订了《最高额质押合同》，该合同第二编第十九条约定："本合同是主债权债务合同的从合同。"《最高额质押合同》第一编第六条约定："甲方自愿为乙方与债务人自2016年10月13日起至2017年10月13日止按上述约定办理的各项业务提供担保，质押担保的最高限额为人民币壹仟柒佰贰拾捌万元……"该条款中的"自2016年10月13日起至2017年10月13日"既是主合同借款期限，同时也是质押担保债权的发生期间，而非质押担保期限。《最高额质押合同》并没有对质押担保期限进行约定，不存在超过质押担保期限的问题。双方在签订《最高额质押合同》后到信贷征信机构办理了质押登记，登记期限一年，自2016年10月13日至2017年10月12日（与主合同借款期限一致），该期限只是应收账款质押登记期限而非质押担保期限。2017年10月12日，甲方药业公司又与乙方赣州银行某支行签订《贷款展期协议书》，约定对《流动资金借款合同》中785万元的借款展期一年。《贷款展期协议书》第九条约定："本协议与原合同是不可分割的整体，除本协议变动的有关条款外，原合同有关条款仍然有效。未尽事宜，由原合同调整和解释。"《贷款展期协议书》中仅约定对主合同《流动资金借款合同》借款期限和利率进行了变更，并未增加贷款金额，也没有约定解除《最高额质押合同》，该《贷款展期协议书》并非一份新的借款合同，而是对《流动资金借款合同》中部分内容变更的协议。《最高额质押合同》第二编第十一条约定："乙方与主合同借款人协议变更主合同的，除增加贷款金额外，无须经甲方同意，甲方仍在本合同确定的担保范围内承担担保责任。"因此，《最高额质押合同》仍然约束《贷款展期协议书》的双方当事人，药业公司仍需在《最高额质押合同》确定的担保范围内承担担保责任。应收账款质权作为权利质权，在信贷征信机构办理质押登记之时便已经设立，非因法定情形质权不消灭，所以在双方当事人签订《贷款展期协议书》后，也无需另行签订一份新的质押合同。一审判决认为："药业公司与赣州银行某支行签订的《最高额质押合同》，已过双方约定的质押担保期限，故其主张对质押的应收账款享有优先受偿不予支持。"混淆了质押担保期限和质押登记期限，事实认定错误，二审判决予以维持，存在不当，应予以纠正。

关于宋某是否应承担连带保证责任的问题。原《物权法》第一百七十六条规定："被担保的债权既有物的担保又有人的担保的，债务人不履行到期债务或者发生当事人约定的实现担保物权的情形，债权人应当按照约定实现债权；没有约定或者约定不明确，债务人自己提供物的担保的，债权人应当先就该物的担保实现债权；第三人提供物的担保的，债权人可以就物的担保实现债权，也可以要求保证人承担保证责任。提供担保的第三人承担担保责任后，有权向债务人追偿。"宋某与赣州银行某支行于2017年10月12日签订的《最高额保证合同》第二编第四条约定："本合同项下担保的债权如果同时设定物的担保，不论物的担保是债务人或第三人提供，乙方实现债权时，可无限制地随时要求甲方承担保证责任。"该合同条款不违反法律规定，不存在无效情形，因而合法有效。依据该合同条款的约定，无论赣州银行某支行是否优先实现应收账款质权，均可以无限制地要求保证人宋某承担保证责任。宋某提出其可以在赣州银行某支行放弃质押担保范围内免除保证责任，没有事实与法律依据，应不予支持，宋某应对本案主债务在《最高额保证合同》约定的范围内承担连带保证责任。

关于宋某应当在何范围内承担连带保证责任的问题。原《担保法》第十四条规定："保证人与债权人可以就单个主合同分别订立保证合同，也可以协议在最高债权额限度内就一定期间连续发生的借款合同或者某项商品交易合同订立一个保证合同。"

《担保法司法解释》第二十三条规定："最高额保证合同的不特定债权确定后，保证人应当对在最高债权额限度内就一定期间连续发生的债权余额承担保证责任。"宋某与赣州银行某支行于2017年10月12日签订的《最高额保证合同》第一编第三条约定："甲方（宋某）自愿为乙方（赣州银行某支行）与债务人自2017年10月12

日起至2018年10月12日止按上述约定办理的各项业务提供担保，保证担保的最高限额为人民币柒佰捌拾伍万元整，担保范围为主合同项下全部债务，包括但不限于：债权本金及由此产生的利息、复利、罚息、违约金、赔偿金及乙方为实现贷款债权所发生的仲裁法、诉讼费、律师费、拍卖费和其他应付费用。”该《最高额保证合同》虽然约定了保证担保范围包括全部债务，即本金、利息、违约金等一切费用，但在债务人应偿还的借款本金、利息等各项费用合计超过了最高限额的情况下，若合同中没有明确约定最高限额为本金的情况下，该最高限额不应理解为本金最高额，而应理解为全部债权的最高限额，其范围可以包括本金、利息、罚息、违约金及其他为实现债权而产生的费用，但担保人应承担的债务数额不应突破合同约定的最高限额，这更符合保证人签订《最高额保证合同》的预期和《担保法》的立法本意。因此，赣州银行某支行仅能在785万元范围内要求宋某等人承担连带保证责任。一审判决“钟某鑫、黄某梅、钟某霞、苏某、宋某对上述判决第一项确定的债务在《最高额保证合同》约定的担保范围内承担连带担保责任”，二审予以维持，均未予明确最高限额，存在不当，应予以纠正。

要旨解析

本案讨论的核心问题是应收账款质押是否因登记期限已过而失效。

应收账款质押，是指债权人将其对债务人的应收账款债权作为质押物以获得融资的行为。虽然我国原《物权法》第二百二十三条、第二百二十八条之规定正式创立了应收账款质押制度，但是并未就应收账款的内涵作出法律上的阐释。中国人民银行颁布的《应收账款质押登记办法》将应收账款的内涵界定为：“是指因提供一定的货物、服务或者设施，权利人享有的向义务人请求付款的权利，包含已有的和未来享有的金钱债权，但不包含票据或其他有价证券而享有的请求付款的权利。”用于设定质押的应收账款应当具有以下法律特征[①]：1.应收账款具有可转让性。应收账款质押是以应收账款担保主债务的履行，当主债务因客观原因无法履行时，就需要将应收账款变现实现担保功能，所以，用于设立质权的应收账款就应当具备可转让性。基于特定的原因，如与身份相关的债权（抚养费请求权），就不能作为应收账款用于质押。合同双方当事人明确约定不可转让的债权同样不能设定质权。2.应收账款应是金钱债权。用于设定质押的应收账款，必须是以金钱为给付内容的，通过提供一定行为为给付内容的债权不能设质。3.应收账款应当具有确定性。确定性要求用于设立质押的应收账款具有明确的金额、支付方、期限和产生应收账款的法律事实，还要有债务人详细的信息，如姓名、地址、联系方式等。4.应收账款应当是非证券化债权。已经被证券化的有价证券，具有法定的权利凭证，法律就其质押的设立、公示和实施等已在其他法律中做了专门的规定，所以不需要再将其纳入应收账款的范畴。

① 陶连宁：《应收账款质押法律问题研究》，西南政法大学硕士学位论文。

应收账款作为一般债权，表现为一种抽象的请求权，此金钱债权请求权不仅涉及第三方债务人的利益，而且其频繁的转让和设质将产生复杂的法律关系体系，因此原《物权法》第二百二十八条（现为《民法典》第四百四十五条）规定应收账款质权的设立应当签订书面协议并进行登记。《应收账款质押登记办法》明确了中国人民银行总行及其分行的信贷征信机构是唯一的登记机构，该办法还规定，质权人应当根据主债权履行期限合理确定登记期限。登记期限最短 1 个月，最长不超过 30 年。这种登记期限的规定，并不影响应收账款质押权的效力，理由有三：

第一，我国实行物权法定原则，担保物权的消灭必须有法律规定。原《担保法》第七十四条规定："质权与其担保的债权同时存在，债权消灭的，质权也消灭。"原《物权法》第一百七十七条规定："有下列情形之一的，担保物权消灭：（一）主债权消灭；（二）担保物权实现；（三）债权人放弃担保物权；（四）法律规定担保物权消灭的其他情形。"《民法典》第三百九十三条规定："有下列情形之一的，担保物权消灭：（一）主债权消灭；（二）担保物权实现；（三）债权人放弃担保物权；（四）法律规定担保物权消灭的其他情形。"以上法律均未规定超过登记期限导致物权消灭。应收账款质押权作为担保物权的一种，其消灭应当严格符合法律规定的要求。

第二，登记是应收账款质押生效要件，但并非存续要件。《民法典》第四百四十五条规定："以应收账款出质的，质权自办理出质登记时设立。"上述法律只规定了登记为应收账款质押的生效要件，均未规定应收账款登记期限的问题，应收账款登记期限是登记部门为了管理便利所作的要求，对于应收账款质押权的存续期限并无影响。

第三，担保实务已就担保物权登记期限问题形成共识。早在 2000 年 9 月，《最高人民法院研究室关于抵押权不受抵押登记机关规定的抵押期限影响问题的函》就明确指出，依照原《担保法》第五十二条的规定，抵押权与其担保的债权同时存在，办理抵押物登记的部门规定的抵押期限对抵押权的效力不发生影响。2000 年 12 月实施的原《担保法司法解释》第十二条第一款规定："当事人约定的或者登记部门要求登记的担保期间，对担保物权的存续不具有法律约束力。"上述司法解释虽然已失效，但其精神已经为一系列司法判决所确认。从《应收账款质押登记办法》的演变来看，相较于 2007 年的规定，2019 年的规定已经删除了"登记期限届满，质押登记失效"的内容，实务界已就相关问题形成一致意见。

因此，本案应收账款质押虽然有登记期限，但该期限并非质押权的存续期限。超过该期限，不影响质押权的效力。质押权人仍可就应收账款优先受偿。

编写人：魏　巍

再审合议庭成员：熊　伟　刘　瑾　胡爱菊

四、民间借贷合同纠纷

1. 夫妻一方的对外担保之债一般不应认定为夫妻共同债务

——皮某娟与星子某信用担保有限责任公司、尹某富、汪某英等借贷合同纠纷再审案

裁判要旨

夫妻一方的对外担保之债一般不应认定为夫妻共同债务，其配偶不应承担连带保证责任。

案例索引

一审：江西省南昌市西湖区人民法院（2012）西民初字第 2351 号

二审：江西省南昌市中级人民法院（2013）洪民四终字第 277 号

指令再审：江西省南昌市中级人民法院（2014）洪民再指字第 9 号

再审：江西省高级人民法院（2016）赣民再 34 号

基本案情

抗诉机关：江西省人民检察院。

申诉人（一审被告、二审上诉人）：汪某英。

申诉人（一审被告、二审上诉人、再审申请人）：尹某富。

被申诉人（一审原告、二审上诉人、再审申请人）：皮某娟。

被申诉人（一审被告）：星子某信用担保有限责任公司（以下简称担保公司）。

法定代表人：林某炳，担保公司董事长。

被申诉人（一审被告）：林某炳。

皮某娟向一审法院起诉，请求四被告返还借款 200 万元整及其利息（从 2012 年 3 月 19 日起至借款付清之日止，按月息 2 分计算）。

2012 年 3 月 16 日，皮某娟作为乙方与担保公司作为甲方签订《借款协议书》一份，协议载明：甲方借乙方 200 万元存入九江银行南昌分行营业部保证金账户。存款期限三个月，自 2012 年 3 月 19 日至 2012 年 6 月 18 日止。利息按月 2 分计付。甲方开完户后，乙方存入 200 万元，甲方即支付利息 12 万元。协议签订后即 3 月 20 日，皮某娟将本金 200 万元通过九江银行汇入担保公司账户内，随后担保公司即向皮某娟支付了 12 万元。3 月 27 日，担保公司转账 20 万元，其中向皮某娟支付了 12 万元利息，另外 180 万元以定期开户的名义转至该公司在九江银行的信用证保证金账户，用于担

保公司为江西贵达实业发展有限公司提供担保。

2012年3月26日，尹某富向皮某娟出具承诺函一份，载明：因借皮某娟200万元，尹某富用位于南昌市新洲路朝阳居房产（×栋××房）作质押，因产权证丢失补办。自即日起二周内补办给皮某娟。若不能补办到，资金退200万元整。如不能及时归还以此房做押。庭审过程中，尹某富认可该份承诺函中的借款人为担保公司。2012年10月21日，尹某富再向皮某娟出具承诺书一份：星子南华投资担保有限公司向皮某娟借款贰佰万元整，定于2012年9月26日归还，至今未还，借款时我签了担保。由于借款当事人现一下联系不到，该款由我负责偿还，若一周内不能偿还，则用我朝阳居×栋××室住房抵押给皮某娟，并由其处置。我朝阳居×栋××室的房产证于2012年10月22日交皮某娟。若上述承诺无兑现，皮某娟有权行使维权。该份函中"星子南华投资担保有限公司"为担保公司名称的笔误。借款到期后，2012年10月24日，皮某娟与林某炳（担保公司法定代表人）协商还款事宜，并签订《还款协议》《抵债协议》《剩余价值转让协议》。截至皮某娟起诉至法院之日止，担保公司尚未履行还款义务。

裁判结果

一审判决：一、担保公司于判决生效后十日内支付皮某娟借款本金200万元；二、担保公司于判决生效之日起十日内一次性归还皮某娟借款本金200万元的利息（自2012年3月20日起至还清借款时止，按2%月利率计算利息，其中应扣除已支付的利息12万元）；三、林某炳对担保公司的上述债务承担连带清偿责任；四、尹某富、汪某英对担保公司的上述债务承担连带清偿责任。

尹某富、汪某英不服，提起上诉。二审判决：一、撤销一审判决；二、担保公司于本判决生效后十日内向皮某娟偿还借款188万元及利息（利息自2012年3月20日起至本判决指定还款之日止，按月利率2%计算，其中应扣除已支付的利息12万元）；三、林某炳对担保公司的上述债务承担连带清偿责任；四、尹某富对担保公司的上述债务承担连带清偿责任；五、驳回皮某娟的其他诉讼请求。

皮某娟、尹某富不服二审判决，申请再审。经指令再审判决：一、维持二审判决第一、二、三、五项；二、改判第四项为"尹某富、汪某英对担保公司的上述债务承担连带清偿责任"。

汪某英不服向检察机关申诉，检察机关提出抗诉，再审判决：一、撤销指令再审判决；二、维持二审判决。

裁判理由

再审法院认为，2012年3月19日，担保公司向皮某娟出具一张200万元《借条》，3月20日，皮某娟将200万元通过九江银行汇入担保公司基本账户，同月27日，担保公司将该200万元分二批转出，一笔是20万元，另一笔180万元。在

20万元转账中，12万元支付了皮某娟的利息；180万元以定期开户的名义转至担保公司在九江银行开立的信用证保证金账户，之后用该保证金账户上的款向九江银行进行了贷款。由于担保公司在贷款到期后未偿还借款本息，担保公司保证金账户的180万元被九江银行收贷处理。2012年8月9日，皮某娟收到的12万元是担保公司支付给皮某娟的第二笔利息，因此，原判认定皮某娟与担保公司形成188万元的民间借贷关系客观、真实，认定事实正确。

2012年3月26日尹某富出具《承诺函》，该函虽未写明借款人，但之前几日皮某娟通过尹某富介绍，将200万元借给了担保公司，且该《承诺函》由皮某娟持有，《承诺函》中的担保标的和抵押物与同年10月21日《承诺书》中的标的、抵押物一致，没有改变，尹某富没有提供证据证明在此时间段内皮某娟还将另外200万元借给了他人事实，尹某富申诉称其所写《承诺函》《承诺书》不是向皮某娟承诺，没有事实依据。尹某富申诉称出具给皮某娟的《承诺函》《承诺书》，是皮某娟采取胁迫手段，迫使其违背真实意思表示情况下提供，并称所借款项是用于验资不是保证金、林某炳与皮某娟串通将保证金账户款项转出，但尹某富未提供证据证明其所称上述事实，故对尹某富的上述理由不予支持，原判认定尹某富是本案保证人，认定事实正确。尹某富申诉称担保公司未征得其同意，与皮某娟重新对偿还期限或利率达成了《还款协议》《剩余价值转让协议》以及《抵债协议》等相关协议，尹某富不应再承担担保公司向皮某娟借款的保证责任。担保公司或林某炳虽与皮某娟签订了三份还款协议，但三份协议都未实际履行，根据原《担保法司法解释》第三十条第三款的规定：债权人与债务人协议变动主合同内容，但并未实际履行的，保证人仍应当承担保证责任。因此，尹某富在本案中仍应承担保证责任。

对于汪某英在本案中应否承担连带保证责任问题。本案在审理时已经查明，皮某娟借给担保公司的200万元，通过九江银行已全部汇入担保公司账户，该200万元没有证据证明被尹某富个人用于做棉花业务，也没有证据证明用于尹某富与汪某英家庭共同生活。尹某富单方对外担保之债不应认定为夫妻共同债务，汪某英在本案中不应承担连带保证责任。检察机关的该抗诉理由成立，再审法院予以支持。

要旨解析

本案例主要涉及夫妻一方对外提供担保，是否属于夫妻共同债务的认定。对于这种情况是否属于夫妻共同债务，另一方是否需要承担连带责任，在司法实践中一直存有较大争议。一种观点认为，夫妻一方对外担保债务系其个人行为，不属于夫妻共同债务，应由对外承担担保之债的夫妻一方单独承担保证责任。另一种观点认为，只要夫妻一方对外担保之债的产生时间在夫妻关系存续期间，即可推定为夫妻共同债务，应由举债人的配偶一方承担连带担保责任。在具体案件准确认定夫妻一方对外担保债务，配偶一方是否需要承担连带责任的问题，才能切实保证债权人和配偶一方的合法权益。《民法典》第一千零六十四条在吸收既有法律实践经验特别是《夫妻债务纠纷司法解释》相关规则的基础上，区分双方负债型共同债务和一方负债型共同债务而采取不同的认定规则。其中，《民法典》第一千零六十四条第一款规定："夫妻双方共同签名或者夫妻一方事后追认等共同意思表示所负的债务，以及夫妻一方在婚姻关系存续期间以个人名义为家庭日常生活需要所负的债务，属于夫妻共同债务。"这个条款规定强调夫妻共同债务的本质在于夫妻合意，并从夫妻共同意思表示和家庭日常生活需要两个方面来认定。第二款规定"夫妻一方在婚姻关系存续期间以个人名义超出家庭日常生活需要所负的债务，不属于夫妻共同债务；但是，债权人能够证明该债务用于夫妻共同生活、共同生产经营或者基于夫妻双方共同意思表示的除外。"这个条款规定强调夫妻一方对外负债是否与作为整体的家庭存在牵连关系而从夫妻共同生活、共同生产经营等方面来展开，并通过证明责任的分配以平衡保护夫妻中非举债方与债权人。原《婚姻法司法解释（二）》第24条规定："债权人就婚姻关系存续期间夫妻一方以个人名义所负债务主张权利的，应当按夫妻共同债务处理。但夫妻一方能够证明债权人与债务人明确约定为个人债务，或者能够证明属于婚姻法第19条第3款规定情形的除外"。因此，司法实践中多将《婚姻法司法解释（二）》作为法律依据，在审理夫妻一方对外担保之债案件时，判决配偶一方承担连带保证责任。本案一审、指令再审判决即适用上述司法解释判决配偶一方承担连带保证责任，二审、再审判决认定夫妻一方对外担保之债一般不属于夫妻共同债务，配偶一方不承担连带责任是正确的。

笔者认为，针对夫妻一方对外担保债务，配偶一方是否承担连带保证责任，如何区分判断该笔债务的性质是配偶一方个人债务，还是夫妻共同债务，需要从以下三个因素予以考虑：其一，夫妻双方在对外担保之债时是否有夫妻双方共同合意。如夫妻双方在对外担保之债上已达成一致，且夫妻双方是基于自愿，也应视为夫妻双方在该笔债务上达成一致，上述情形，均应认定为夫妻共同债务。反之，如果配偶一方在对外担保之债前未告知另一方，或者已告知另一方，但另一方未同意该笔债务，且另一方明确书面表示并已让债权人知晓该笔债务仅为配偶一方的个人债务，该笔债务为配偶一方个人债务。

其二，夫妻双方在对外担保之债上是否共同分享了因该笔债务产生的合法利益。如果配偶一方在对外担保之债前并未与另一方达成一致，但在夫妻一方对外提供担保后，夫妻双方已共同基于该笔债务享受到了合法利益，则可判定该笔债务性质为夫妻共同债务。如该笔债务所产生的合法利益仅为配偶一方享有，则该笔债务仅应视为配偶一方债务。

其三，夫妻一方对外担保之债，还要考虑担保的性质和法律意义，担保是指为保证特定的债权人实现债权，以第三人或者债务人的特定财产或者信用来督促债务人履行债务的制度。而配偶一方在法律上具有独立人格，夫或者妻方的信用并不存在必然连带关系，因此，夫妻一方对外担保债务，配偶一方并非必然承担连带保证责任。笔者认为，在司法实践中，夫妻一方对外担保债务，不能单纯认定配偶一方承担连带保证责任，也不能一味认定配偶一方不承担连带保证责任导致夫妻双方恶意规避本应承担的法律责任，需要按照上述因素综合认定配偶一方是否需要承担连带保证责任。如夫妻一方对外担保之债基于共同合意达成一致，或者用于夫妻共同生活或者共同生产经营活动，包括对共有财产的管理、使用、收益和处分而产生的债务，或者夫妻双方共同分享了因夫妻一方在对外担保之债上产生的合法利益，才可认定为夫妻共同债务。这也符合《民法典》正式确立了夫妻共同债务认定的三项规则：共同合意、共同生活、共同生产经营。否则，夫妻一方的对外担保之债一般不应认定为夫妻共同债务，其配偶不应承担连带保证责任。本案中，没有证据证明尹某富承担案涉200万元担保债务用于夫妻共同生产经营的目的，也没有证据证明用于尹某富与汪某英家庭共同生活。尹某富单方对外担保之债不应认定为夫妻共同债务，汪某英在本案中不应承担连带保证责任。

编写人：骆丽玲

再审合议庭成员：邓名兴　徐　苹　吕淑瑾

2. 认定是否构成表见代理，需要综合考察主客观构成要件

——廖某平与江苏某水利建设有限公司、王某荷等民间借贷纠纷再审案

裁判要旨

1. 建设工程项目部虽名为承包单位组建，但实为实际施工人个人具体组织负责，债权人知晓实际施工人与承包单位之间的挂靠关系，不存在让其相信实际施工人有权代表承包单位借款的事实基础，实际施工人在借条上加盖项目印章的行为不构成表见代理。

2. 在借款合同法律关系中，借款人收到款项后如何使用借款并不会导致还款主体的转移或增加。

案例索引

一审：江西省鹰潭市月湖区人民法院（2014）月民一初字第875号

二审：江西省鹰潭市中级人民法院（2015）鹰民一终字第189号

再审：江西省高级人民法院（2016）赣民再102号

基本案情

再审申请人（一审被告、二审上诉人）：江苏某水利建设有限公司（以下简称水利公司）。

被申请人（一审原告、二审上诉人）：廖某平。

被申请人（一审被告、二审被上诉人）：王某荷。

被申请人（一审被告、二审被上诉人）：某建设有限公司（以下简称建设公司）。

被申请人（一审被告、二审被上诉人）：王某康。

被申请人（一审被告、二审被上诉人）：王某伟。

被申请人（一审被告、二审被上诉人）：林某。

廖某平向一审法院提出诉讼请求：1. 判令王某荷、水利公司偿还借款本金200万元及2011年2月16日以后的利息（以200万元为本金，按月息2分计算至实际偿还完毕为止）；2. 判令王某康、王某伟、建设公司、林某对上述债务承担连带偿还保证责任。

王某荷与水利公司于2009年11月12日签订一份《合作协议书》，该协议书

约定以水利公司名义中标的鹰潭市夏埠区城市防洪工程 B 标段全部由王某荷施工。2011 年 1 月 10 日廖某平与王某荷、建设公司三方签订一份《合作协议书》，该协议书约定合作期限从 2010 年 6 月 15 日至 2015 年 6 月 15 日，王某荷在南昌设立建设公司第八分公司，王某荷聘请廖某平为第八分公司副经理，负责为公司在经营过程中解决、筹集急需资金，所筹集资金王某荷以个人名义出具借条给廖某平，借期最短不得少于半年，最长不得超过协议合作期限，所有借款必须汇入建设公司指定的账号（户名钟某明，卡号 52×××38，开户行为工行东阳南街支行），建设公司对该协议实施担保，承担偿还连带责任，担保总额在 1000 万元人民币以内。2010 年 9 月 1 日王某康出具一份担保书：本人自愿为家父王某荷自 2010 年 9 月以来向廖某平所借款项提供担保，承担一切连带偿还经济责任，具体数额以家父王某荷写的借条原件为准，本担保 3 年内有效。2011 年 2 月 12 日王某荷向廖某平出具 2 张借条，借条内容为："今借到廖某平人民币陆拾万元整（600000.00 元）从 2011 年 2 月 12 日至 2012 年 2 月 12 日止，按月息 2 分计息，每月支付，到期一次性还本"，"今借到廖某平人民币玖拾万元整（900000.00 元），借期 1 年，从 2011 年 2 月 12 日至 2012 年 2 月 12 日止，按月息 2 分计息，每月支付，到期一次性还本"。2011 年 2 月 16 日王某荷向廖某平出具 1 张借条，借条内容为："今借到廖某平人民币伍拾万元整（500000.00 元）从 2011 年 2 月 16 日至 2012 年 2 月 16 日止，按月息 2 分计息，每月支付，到期一次性还本"。上述 3 份借条在具借人一栏均加盖了名称为"江苏某水利建设有限公司鹰潭市夏埠区城市防洪工程 B 标段项目部"的印章，林某也在上述三张借条出具借条当日注明："本人自愿为此款作担保并承担连带责任"。廖某平将上述三笔借款均打入建设公司指定的账号（户名钟某明，卡号 52×××38，开户行为工行东阳南街支行），上述三笔借款到账后即转入王某荷指定的账号，将此款用于鹰潭市夏埠区城市防洪工程 B 标段建设。2012 年 9 月 10 日王某荷在向廖某平另行借款 450000 元时，注明与本案的 2000000 元借款不冲突，王某荷与廖某平结算了本案 200 万元 2012 年 9 月 16 日之前的利息。2013 年 6 月 16 日王某荷向廖某平出具欠款阶段性小结："王某荷在 2013 年 4 月 16 日前共欠廖某平人民币计伍佰柒拾捌万叁仟肆佰叁拾肆元整（5783434.00 元），现按协议结至 2013 年 6 月 16 号利息计贰拾叁万叁仟陆佰伍拾元整（233650.00 元）。结至 2013 年 6 月 16 日止，共欠廖某平人民币陆佰零壹万柒仟零捌拾肆元整（6017084.00 元），欠款人特此小结，具欠人王某荷，2013 年 6 月 16 日。"王某伟在该小结中注明："担保此款并承担连带责任"。廖某平于 2014 年 9 月 8 日诉至一审法院，请求判令王某荷、水利公司向廖某平偿还借款本金 200 万元及 2012 年 9 月 16 日以后的利息（以 200 万元为本金，按月息 2 分计算至实际偿还完毕为止），王某康、王某伟、建设公司、林某对上述债务承担连带偿还保证责任。2014 年 10 月 2 日林某向廖某平出具一份承诺书："本人于 2011 年 2 月之后曾四次为王某荷向廖某平所借人民币共肆佰万元（以签字担保为准）提供了担保，因王某荷迟迟未偿还欠款，所以廖某平于 2012 年至 2014 年间多次向我催款，要求我承担担保责任。我因资金困难，特此承诺想尽办法催促王某荷还款，要继续履行自己担保的责任。”建设公司于 2013 年 7 月 31 日由浙江万利建筑工程有限公司变更为某建设有限公司。2015 年 1 月 22 日鹰潭市公安局作出立案决定书，决定对王某荷伪造印章立案侦查。

二审法院另查明：1. 王某荷写给廖某平借条上使用的项目部的印章属王某荷私自雕刻的印章，该印章用于与业主的工程联系及相关报表中；2. 王某荷是夏埠项目的实际负责人；3. 王某荷将所借款项用于鹰潭市夏埠区防洪堤项目工地上。

裁判结果

一审判决：1. 王某荷应于本判决生效之日起十日内返还廖某平借款本金计人民币 200 万元，并支付以 200 万元为本金的利息（以 200 万元为本金按月息两分，利息从 2012 年 9 月 16 日计算至实际还清之日止）；2. 水利公司对王某荷的上述债务承担连带清偿责任；3. 王某伟、林某对上述债务承担连带清偿保证责任，在承担连带清偿保证责任后，有权向王某荷追偿；4. 驳回廖某平的其他诉讼请求。

廖某平、水利公司不服提出上诉。二审判决：1. 维持一审民事判决第一、二、四项；2. 撤销一审民事判决第三项；3. 王某伟、建设公司、林某对上述债务承担连带清偿保证责任。王某伟、建设公司、林某在承担连带清偿保证责任后，有权向王某荷追偿。

水利公司不服申请再审。再审判决：1. 撤销一、二审民事判决；2. 王某荷应于本判决书生效之日起十日内向廖某平偿还借款本金人民币 200 万元及利息，利息自 2012 年 9 月 16 日起按月息 2% 计算至实际还清之日止；3. 王某伟、建设公司、林某对上述第二项判决所确定的债务承担连带清偿保证责任，王某伟、建设公司、林某在承担连带清偿保证责任后，有权向王某荷追偿；4. 驳回廖某平的其他诉讼请求。

裁判理由

再审认为，根据双方的诉辩意见，本案的争议焦点可以归纳为：水利公司应否对本案借款承担连带偿还责任。对此争议焦点，水利公司和廖某平的观点和理由可以分别概括如下：水利公司认为，本案借款系王某荷个人向廖某平借款，水利公司未授权王某荷代表公司借款，王某荷也无权代表公司对外借款，且借条上加盖的是王某荷私自刻制的印章，项目部印章亦无对外借款之功能。廖某平认为，王某荷系水利公司委派的项目部管理人员，王某荷在借条上加盖了项目部印章，该印章虽系王某荷私自刻制但已在工程联系中经常使用，借款人是项目部和王某荷，且借款用于支付民工工资，故水利公司应对借款承担偿还责任。

分析双方的观点和理由，主要分歧在于对王某荷在借条上加盖项目部印章是否构成表见代理及法律效力的认识不同。适用表见代理，不仅要求代理人的无权代理行为在客观上形成具有代理权的表象，而且相对人在主观上是善意且无过失地相信行为人有代理权。本案中证据表明的事实并不符合上述表见代理事实构成要件。首先，王某荷并未以水利公司代理人身份向廖某平借款，本案不具有代理权的表象。本案借款的发生源于2011年元月10日王某荷与廖某平、建设公司三方签订的合作协议书，该协议明确了三方合作的主体是甲方王某荷、乙方廖某平、丙方建设公司，合作事由是王某荷经建设公司批准设立了建设公司第八分公司，王某荷聘请廖某平为第八分公司副经理，负责为分公司筹集资金，丙方建设公司则为王某荷借款提供连带责任担保。此后，廖某平根据合作协议向王某荷提供了借款。王某荷既未在该合作协议书中提及其代表水利公司借款，也未向廖某平出具任何水利公司授权其借款的委托书，从未向廖某平表明其系以水利公司代理人身份向其借款。建设公司、王某康、林某分别在合作协议书、担保书、承诺书中明确是为王某荷的债务提供担保也可印证本案王某荷是以个人名义借款，并未以水利公司代理人身份借款。其次，廖某平在借款前对王某荷的身份及其与水利公司的关系是明知的，廖某平明知王某荷不是水利公司的代理人，不具有代理水利公司借款的代理权限。除三方合作协议明确了系王某荷本人向廖某平借款外，廖某平在起诉状中也陈述“经原告调查证实：王某荷系被告浙江万利建筑工程有限公司第八分公司经理，与被告水利公司在鹰潭有一水利工程项目，并和水利公司签订了合作协议书，约定被告王某荷以被告水利公司的名义共同组建鹰潭市夏埠区城市防洪工程B标段项目部。欲聘请原告管理有关财务及协助、协调工程等事宜……原告经多方考察，证实被告王某荷所言。”上述廖某平自己陈述的事实也可证明，虽然三份借条的借款时间上加盖了项目部印章，但廖某平在向王某荷提供借款前已经明知鹰潭市夏埠城市防洪工程B标段工程是王某荷以水利公司名义组建并实际负责施工，该工程投资施工由王某荷负责，工程款亦归王某荷所有。因此，该项目部也是名为水利公司组建，实为王某荷具体组织负责，王某荷加盖项目部印章并不是代表水利公司的意思表示。廖某平完全了解王某荷与水利公司之间的关系，不存在让其相信王某荷有权代表水利公司借款的事实基础。且王某荷逾期还款后，2013年6月16日王某荷向廖某平出具的欠款阶段性小结中，亦明确记载的是王某荷欠款。因此，本案中王某荷在借条上加盖私刻的项目部印章的行为不构成表见代理，该行为法律后果应由行为人王某荷承担，对水利公司不发生任何法律效力。

廖某平还以其提供的借款被王某荷实际用于工程作为水利公司承担还款责任的理由。廖某平的该观点同样不能成立。在借款合同法律关系中，借款人收到款项后如何使用借款并不会导致还款主体的转移或增加。王某荷从廖某平处借款后是否将款项用于项目工程中，并非判断水利公司应否承担还款责任的理由。本案借款人系王某荷，其作为项目实际施工人，因工程施工产生的权益工程款亦归其所有，王某荷将借款用于项目工程亦是为其个人利益。廖某平向王某荷提供借款用于工程亦是为履行三方合作协议。如按照廖某平主张的逻辑以借款用途或受益人来认定还款人，王某荷作为工程款的受益人，借款也应当由王某荷来偿还。故廖某平以其借款用于工程为由要求水利公司承担偿还责任不能得到支持。由于王某荷在夏埠区城市防洪 B 标段项目所有的工程款实际进入在水利公司账户中，由水利公司管理，因此，廖某平可以在执行中要求水利公司协助执行王某荷的工程款，但这只是协助执行义务，并非水利公司应承担偿还该欠款的法律责任。

要旨解析

本案例主要涉及表见代理及其法律效果的认定。在建设工程施工合同纠纷中，经常存在挂靠等不规范经营行为，一些挂靠施工单位的实际施工人以被挂靠单位名义从事买卖、租赁、借贷等行为，在发生纠纷时，往往涉及是否构成表见代理的认定问题，从而影响到法律关系主体的确定和责任承担。

一、表见代理的相关规定

原《合同法》第四十九条（现为《民法典》第一百七十二条）规定："行为人没有代理权、超越代理权或者代理权终止后以被代理人名义订立合同，相对人有理由相信行为人有代理权的，该代理行为有效。"这一规定确立了原《合同法》上的表见代理制度。表见代理的法律后果，是产生与有权代理相同的法律效果。表见代理的法律意义，在于对外表授权的承认与保护，对于善意相对人利益进行保护，也可以保护交易的动态安全。由于上述规定较为原则，为了统一裁判标准，最高人民法院于 2009 年 7 月制定出台了《关于当前形势下审理民商事合同纠纷案件若干问题的指导意见》，其中第 12 条规定，人民法院应当正确适用原《合同法》第四十九条关于表见代理制度的规定，严格认定表见代理行为。第 13 条规定："合同法第四十九条规定的表见代理制度不仅要求代理人的无权代理行为在客观上形成具有代理权的表象，而且要求相对人在主观上善意且无过失地相信行为人有代理权。合同相对人主张构成表见代理的，应当承担举证责任，不仅应当举证证明代理行为存在诸如合同书、公章、印鉴等有权代理的客观表象形式要素，而且应当证明其善意且无过失地相信行为人具有代理权。"第 14 条规定："人民法院在判断合同相对人主观上是否属于善意且无过失时，应当结合合同缔结与履行过程中的各种因素综合判断合同相对人是否尽到合理注意义务，此外还要考虑合同的缔结时间、以谁的名义签字、是否盖有相关印章及印章真伪、标的物的交付方式与地点、购买的材料、租赁的器材、所借款项的用途、建筑单位是否知道项目经理的行为、是否参与合同履行等各种因素，作出综合分析判断。"原《合同法》及最高人民法院司法解释的规定，是认定表见代理的基本依据。人民法院在审理涉及表见代理的案件时，应当按照上述规定，综合考察相关行为是否构成表见代理，准确认定当事人之间的法律关系，依法确定民事责任的承担。

二、构成表见代理要求代理人的无权代理行为在客观上形成具有代理权的表象

原《民法通则》第六十三条第二款规定:“代理人在代理权限内,以被代理人的名义实施民事法律行为。被代理人对代理人的代理行为,承担民事责任。”对此,《民法典》第一百六十二条规定:“代理人在代理权限内,以被代理人名义实施的民事法律行为,对被代理人发生效力。”根据上述规定,在代理中,代理人必须以被代理人的名义实施民事法律行为,在被代理人和第三人之间设定权利义务关系,代理行为的法律效果归属于被代理人。构成表见代理,要求行为人的行为对相对人必须具有有权代理的全部要件,其中就包括行为人必须以被代理人的名义实施民事法律行为。否则,该行为根本不属于代理行为,也就更谈不上构成表见代理。《关于当前形势下审理民商事合同纠纷案件若干问题的指导意见》第13条规定构成表见代理要求代理人的无权代理行为在客观上形成具有代理权的表象,其中就包含了行为人必须以被代理人名义实施民事法律行为的要求。本案例中,从多个方面进行分析,均难以认定王某荷的行为是以水利公司名义实施。一是借款发生前,王某荷与廖某平、建设公司三方就借款事宜签订了合作协议书。王某荷向廖某平借款,所依据的是该三方签订的合作协议书,但该合作协议书与水利公司并无关系。二是在借款发生时,水利公司并未向廖某平出具授权其借款的委托书,王某荷也从未向廖某平表明其系以水利公司代理人身份向其借款。三是在借款发生后,担保人林某在承诺书中明确是为王某荷的债务提供担保,王某荷向廖某平出具的欠款阶段性小结中亦明确借款人王某荷。

三、构成表见代理要求相对人在主观上是善意且无过失地相信行为人有代理权

因相对人的过错而相信行为人具有代理权,则不能成立表见代理。所谓“相对人善意且无过失”,包括两个方面的含义:第一,相对人相信代理人的行为属于代理权限内的行为。第二,相对人并无过错,即相对人已尽了充分的注意,仍无法否认行为人的代理权。一般而言,代理的相对人应对代理人有无代理权加以慎重地审查。如相对人因轻信代理人有代理权而签约的,或者因疏忽大意而未对行为人的代理资格或代理权进行审查而相信行为人的代理权,不能成立表见代理,即本人对此不负授权责任。[①] 本案例中,结合借款前后各方当事人的接触、沟通,借款的履行和偿还情况,以及诉讼时廖某平的诉状内容可知,各方当事人对于廖某平在向王某荷提供借款前已经明知鹰潭市夏埠城市防洪工程B标段工程是王某荷以水利公司名义组建并实际负责施工,该工程投资施工由王某荷负责,工程款亦归王某荷所有,该项目部名为水利公司组建,实为王某荷具体组织负责,王某荷加盖项目部印章并不是代表水利公司的意思表示。因廖某平完全了解王某荷与水利公司之间的关系,故不存在让其相信王某荷有权代表水利公司借款的事实基础。

---

① 王一平:《表见代理及其司法适用》,载《人民法院报》2002年10月9日。

四、不构成表见代理情形下本人的责任承担问题

不构成表见代理的情况下，对于相对人所为的民事法律行为，对本人不发生法律效力。这就意味着，在案例中，水利公司无需承担借款的偿还责任，而应由借款人廖某平承担偿还责任。借款合同法律关系中，借款人收到款项后如何使用借款并不会导致还款主体的转移或增加，出借人并不能突破合同的相对性原则，要求其他主体承担借款人的还款责任。

编写人：李振峰

再审合议庭成员：龚雪林　李振峰　李　彬

3. 一人有限责任公司的股东，未能举证证明其财产和公司之间的财产相互独立，应对公司的借款承担连带责任

——余某坚与修水县某鞋业有限公司、曾某民间借贷纠纷再审案

裁判要旨

一人有限责任公司的股东，未能举证证明其财产和公司之间的财产相互独立，应对公司的借款承担连带责任。

案例索引

一审：江西省修水县人民法院（2015）修民二初字第20号

二审：江西省九江市中级人民法院（2015）九中民三终字第150号

再审：江西省高级人民法院（2016）赣民再119号

基本案情

再审申请人（一审原告、二审上诉人）：余某坚。

再审申请人（一审被告、二审上诉人）：修水县某鞋业有限公司（以下简称鸿营公司）。

被申请人（一审被告、二审被上诉人）：曾某。

余某坚向一审法院提出诉讼请求：判令鸿营公司、曾某偿还余某坚借款本金30万元及利息105600元，本息共计405600元。

2010年8月7日注册成立的鸿营公司登记股东为曾某一人独资，经营范围：鞋类制造、销售及其产品进出口贸易。2012年9月，因鸿营公司应鄢某要求，需交付定金给鄢某指定的温州市杰盛鞋业有限公司、惠州市新惠鞋业有限公司、惠东百欢鞋业有限公司、成都某鞋业有限公司账户等，为此，2012年9月28日，余某坚以曾某的名义向余某中出具借款30万元，约定借款期限为1个月，月息2分借据一份，借条载明所有内容均由余某坚书写，其本人作为担保人签名。次日，余某中将29万元通过银行转账至鸿营公司账户，由于银行系统原因，又退回余某中账户。

2012年10月8日，余某中将30万元转账至余某坚账户，10月10日余某坚将该30万元转账至鸿营公司，2012年10月31日，鸿营公司记账凭证摘要上注明“余某坚经手担保向余某中个人借款”。2012年11月28日，由余某坚经手在鸿营公司领

取12000元（报销封签上费用类别注明“还款利息余总”），由余某坚审核，曾某审批，余某坚领取后次日将该款付给余某中，余某中已在该报销封签上领款人一栏签名确认。2013年1月底，鸿营公司发现被鄢某诈骗报案，最后，经法院判决鄢某有期徒刑13年。因余某中的借款30万元，多次向余某坚及曾某催讨未果，便于2014年8月1日将余某坚、鸿营公司诉至一审法院，请求判令余某坚、鸿营公司还本付息。因鸿营公司法定代表人曾某及鸿营公司均未在借据上签名或盖章，且鸿营公司又予以否认，一审法院遂依法判决由出具借条人余某坚向余某中偿还借款本金30万元及利息105600元，共计405600元。双方均未上诉，该判决已经发生法律效力。

再审查明以下事实：1.再审审理中，余某坚提交在修水县市场和监督管理局调取的鸿营公司相关资料，用以证明曾某个人财产与鸿营公司财产混同。曾某对余志坚所提证据材料发表了质证意见；2.鸿营公司为曾某投资设立的一人有限责任公司。起初注册资本为100万元。2013年1月14日，曾某向鸿营公司缴纳新增注册资本1900万元。2014年9月17日，修水县工商行政管理局出具的鸿营公司企业信息显示，鸿营公司仍为曾某投资设立的一人有限责任公司，注册资本为2000万元。对于增资的1900万元，曾某陈述是其从外面融资而来，亏损了500万元，后将钱退还了融资人处。对于融资款退还在公司账目上是否有反映的问题，曾某陈述称在鸿营公司的账目上反映不出来，在鸿森公司的账目上可以有反映。

裁判结果

一审判决：1.由鸿营公司于本判决生效之日起10日内偿还余某坚借款本金288000元，并自2014年11月26日起以年利率5.6%计算利息至借款还清时止；2.驳回余某坚的其他诉讼请求。

余某坚、鸿营公司不服提出上诉。二审判决：驳回上诉，维持原判。

余某坚、鸿营公司仍不服申请再审。再审判决：1.撤销二审民事判决；2.维持一审民事判决第二项；3.变更一审民事判决第一项为：由鸿营公司于本判决生效之日起10日内偿还余某坚借款本金288000元，并自2014年11月26日起以年利率5.6%计算利息至借款还清时止。曾某对上述款项承担连带责任。

裁判理由

再审认为，本案中，余某坚一贯主张曾某应承担其汇入鸿营公司的30万元借款及利息的清偿责任。在本案二审和再审阶段，余某坚明确主张根据《公司法》第六十三条的规定，曾某作为鸿营公司的独资股东，应对余某坚汇入鸿营公司的30万元借款及利息承担连带责任。余某坚针对该主张进行了举证，曾某对余某坚所举证据进行了质证。《公司法》第六十三条规定：一人有限责任公司的股东不能证明公司财产独立于股东自己的财产的，应当对公司债务承担连带责任。据此，曾某作为一人有限责任公司鸿营公司的股东，对于其财产和鸿营公司之间的财产相互独立负有举证责任，否则即应按照上述规定，对余某坚汇入鸿营公司的30万元借款及利息承担连带责任。在余某坚向曾某主张权利的依据和争议焦点明确，《公司法》第六十三条对举证责任分配和法律后果规定明确，余某坚已就鸿营公司财产和曾某个人财产混同提供证据材料，而曾某的自认表明其个人财产和鸿营公司财产存在混同可能的情况下，曾某并未提供证据证明鸿营公司的财产独立于其个人财产，其应承担举证不能的后果，对余某坚汇入鸿营公司的30万元借款及利息应承担连带责任。

要旨解析

本案例涉及一人有限责任公司股东对公司债务的责任承担问题。具体涉及以下三个法律问题：一是公司对其债务应如何承担责任；二是公司股东对公司债务应如何承担责任；三是一人有限责任公司的股东对公司债务应如何承担责任。

一、关于公司对其债务应如何承担责任的问题

原《民法通则》第三十六条第一款规定："法人是具有民事权利能力和民事行为能力，依法独立享有民事权利和承担民事义务的组织。"《民法典》第五十七条重申了上述规定，并在第六十一条明确规定："法人以其全部财产独立承担民事责任。"《公司法》历来规定：公司是企业法人，有独立的法人财产，享有法人财产权。公司以其全部财产对公司的债务承担责任。本案例中，原判决判令鸿营公司偿还借款本金及利息，符合上述法律规定。

二、关于公司股东对公司债务应如何承担责任的问题

股东出资后，该出资即成为公司的财产，由公司享有法人财产权，股东对该出资即丧失占有、使用、收益和处分的权利，所享有的是资产收益、参与重大决策和选择管理者等权利。与此同时，股东的其他财产也严格区别于出资的财产。一般情况下，公司债务应由其自身承担，而无须由其股东承担。只有在例外的情况下，股东才需要对公司债务承担责任。

例外情形之一是股东存在违反出资义务的行为时，应对公司债务依法承担补充赔偿责任。《公司法》第三条第二款规定："有限责任公司的股东以其认缴的出资额为限对公司承担责任；股份有限公司的股东以其认购的股份为限对公司承担责任。"该法第二十八条第一款规定："股东应当按期足额缴纳公司章程中规定的各自所认缴的出资额。股东以货币出资的，应当将货币出资足额存入有限责任公司在银行开设的账户；以非货币财产出资的，应当依法办理其财产权的转移手续。"第八十三条第一款规定："以发起设立方式设立股份有限公司的，发起人应当书面认足公司章程规定其认购的股份，并按照公司章程规定缴纳出资。以非货币财产出资的，应当依法办理其财产权的转移手续。"股东出资义务是股东应当足额缴纳对公司资本的认缴出资额的义务，是股东的最基本的法律义务。股东出资义务至关重要，它通过影响公司资本实在数额而影响着公司的法人人格、公司债权人的相关利益以及市场的

交易秩序的有序和安全。公司法人财产的最初来源是股东出资，无论是股东已实际履行的出资，还是已认购而未缴纳的出资，都是公司资产不可缺少的组成部分，是公司赖以发展的重要物质条件，因此，股东履行出资义务是支撑公司的基础。股东出资义务分离了公司责任与股东责任，是公司取得独立法人人格的基本保障。一方面，股东出资义务将股东对公司的责任限定在出资范围内，一般情况下，股东除了以出资为限对公司债务负责之外，不存在其他责任；另一方面，股东出资义务使得公司独立承担财产责任，是公司取得法人人格的根本保障。股东违反出资义务，给其他主体造成损害的，应当承担相应的民事责任。[①] 对于股东违反出资义务时对公司债权人所应承担的责任，《公司法司法解释（三）》第十三条第二款规定："公司债权人请求未履行或者未全面履行出资义务的股东在未出资本息范围内对公司债务不能清偿的部分承担补充赔偿责任的，人民法院应予支持。"

例外情形之二是公司股东滥用公司法人独立地位和股东有限责任损害公司债权人利益时，应对公司债务承担连带责任。公司法人制度的创立使公司获得了独立人格，并赋予股东以有限责任，从而极大地刺激了投资者的积极性，对经济的发展起着巨大的推动作用。然而现实生活中，由于在观念和制度上将公司独立人格和股东有限责任绝对化，使得公司法人制度在充分发挥其经济价值的同时，也为各种各样滥用公司法人人格谋取不正当利益的行为提供了可乘之机，其中最明显而影响重大的就是公司股东滥用公司独立人格和股东有限责任，使公司法人制度本身所具有的社会伦理价值无法实现，导致本应平衡的公司法人人格制度的利益体系向股东一方倾斜。因此，在承认公司具有法人人格的前提下，对特定法律关系中的公司人格及股东有限责任加以否认、直接追索公司背后股东责任的公司法人人格否认制度就应运而生了，它对完善公司法人制度、促进公司法人制度与股东有限责任充分发展起着重要的作用和制度意义。[②] 为此，《公司法》第二十条第三款规定："公司股东滥用公司法人独立地位和股东有限责任，逃避债务，严重损害公司债权人利益的，应当对公司债务承担连带责任。"适用这一规则要符合以下三个要素：一是公司股东滥用公司法人独立地位和股东有限责任，逃避债务；二是债权人的利益受到严重损害；三是公司股东滥用公司法人独立地位和股东有限责任的行为与债权人的利益受到损害之间存在因果关系。符合上述三个要素的，则可认定股东滥用法人独立地位和出资人有限责任，逃避债务，严重损害法人债权人的利益，应当对法人债务承担连带责任。[③]

上述关于股东对公司债务承担责任的例外情形，适用于所有的公司形式，在

---

① 最高人民法院民事审判第二庭编著：《最高人民法院关于公司法解释（三）、清算纪要理解与适用（注释版）》，人民法院出版社2016年版，第293～294页。

② 最高人民法院民事审判第二庭编著：《最高人民法院关于公司法解释（三）、清算纪要理解与适用（注释版）》，人民法院出版社2016年版，第335～336页。

③ 石宏主编：《〈中华人民共和国民法典〉释解与适用·总则编》，人民法院出版社2020年版，第148～149页。

涉及一人有限责任公司的案件中，应同样适用。本案例中，原判决依据《公司法》第三条规定，对于余某坚要求鸿营公司股东曾某承担连带责任的诉请请求未予支持，其原因在于本案中余某坚并未主张曾某存在违反出资义务的行为，亦未依据该法第二十条的规定主张权利。从上述两个方面看，原判决似乎并不存在错误。再审之所以对原判决予以改判，原因在于原判决忽视了《公司法》对一人有限责任公司的股东对公司债务承担责任的特别规定在本案例中的适用，导致在认定事实和适用法律上均出现了错误。

三、关于一人有限责任公司的股东对公司债务应如何承担责任的问题

一人有限责任公司为有限责任公司中的特殊形式。在理论和实践中，我们会发现，法律上承认一人有限责任公司，容易出现对保护公司债权人利益不利的局面。① 因一人有限责任公司只有一个自然人或者一个法人股东，股东与公司联系更为紧密，股东对公司的控制力更强，股东与公司存在人格混同的可能性也更大。一人公司股东身兼数职并对公司有极大控制权，容易诱发股东财产和公司财产界限模糊不清，股东恶意转移财产等现象。因此，在债权人与股东的利益平衡时，应当对股东课以更重的注意义务。为此，《公司法》第六十三条规定："一人有限责任公司的股东不能证明公司财产独立于股东自己的财产的，应当对公司债务承担连带责任。"该条对一人有限责任公司财产独立的事实，确定了举证责任倒置的规则，即一人有限责任公司的股东应当举证证明公司财产独立于股东自己的财产。在其未完成举证证明责任的情况下，应当对公司债务承担连带责任。此为法律对一人有限责任公司的特别规定，应当优先适用。本案例中，余某坚一贯主张曾某应承担其汇入鸿营公司的30万元借款及利息的清偿责任。在二审和再审阶段，余某坚明确主张根据《公司法》第六十三条的规定，曾某作为鸿营公司的独资股东，应对余某坚汇入鸿营公司的30万元借款及利息承担连带责任。本案例应适用该条规定作出认定和处理。但在本案诉讼中，曾某并未就其个人财产与鸿营公司财产做到分别列支列收，单独核算，利润分别分配和保管，风险分别承担等事实进行举证，即未就鸿营公司财产独立于曾某个人财产进行举证。相反，债权人余某坚收集和提交了欲证明曾某个人财产和鸿营公司财产混同的证据材料，相关证据材料和曾某的陈述表明，曾某个人财产和鸿营公司财产存在混同可能的情况。综上，因曾某并未提供证据证明鸿营公司的财产独立于其个人财产，其应承担举证不能的后果，故再审判决判令曾某对余某坚汇入鸿营公司的30万元借款及利息应承担连带责任。

编写人：李振峰

再审合议庭成员：龚雪林　李振峰　张文明

---

① 朱少平主编：《〈中华人民共和国公司法〉释义及实用指南》，中国民主法治出版社2012年版，第179页。

4. 非因登记部门的原因未办理权属转移或抵押登记的，不能产生物权公示效力，抵押权人不享有优先受偿权

——曾某琴、肖某元与钟某贵、严某珍借款合同纠纷二审案

裁判要旨

1. 非因登记部门的原因未办理权属转移或抵押登记，即使将相关权利证书交付给了债权人，也不产生物权的公示效力，不能起到物权转移或抵押登记的效力。

2. 对于当事人以签订买卖合同作为民间借贷合同担保的，按照民间借贷法律关系审理作出生效判决后，借款人不履行生效判决确定的金钱债务，虽然赋予出借人申请拍卖买卖合同标的物以偿还债务的权利，但并未赋予出借人优先受偿权。

案例索引

一审：江西省赣州市中级人民法院（2015）赣中民一初字第 16 号

二审：江西省高级人民法院（2016）赣民终 30 号

基本案情

上诉人（原审被告）：钟某贵。

上诉人（原审被告）：严某珍。

被上诉人（原审原告）：曾某琴。

被上诉人（原审原告）：肖某元。

原审第三人：黄某萍等 103 人。

钟某贵因新建幼儿园之需，多次向曾某琴、肖某元借款，这些借款多经曾某琴、肖某元委托王某海转付给钟某贵。2014 年 9 月 5 日，钟某贵再次向曾某琴、肖某元借款时，曾某琴、肖某元提出要求钟某贵提供担保。双方协商，以钟某贵名下的兴国县保育院凤凰校区资产进行抵押担保。双方为此还到相关部门咨询有关抵押担保的登记手续。因相关部门对此不予登记，故钟某贵、曾某琴、肖某元于 2014 年 9 月 5 日同时签订了一份《借款协议》以及一份《兴国县保育院整体转让协议》。其中，《兴国县保育院整体转让协议》经过了兴国县公证处公证，而借款协议没有经过公证。《兴国县保育院整体转让协议》打印的落款时间为 2014 年 9 月 4 日，而公证书载明，实际在公证员见证下的签约时间为 2014 年 9 月 5 日。严某珍没有在

借款协议中签名，但在《兴国县保育院整体转让协议》中签名。王某海没有在《兴国县保育院整体转让协议》中签名，但在借款协的甲方处中签名。该《借款协议》约定了以下主要事项：一、借款总金额为 1500 万元，其中曾某琴 1100 万元（王某海 900 万元、曾某琴 200 万元），肖某元 400 万元。二、所有借款统一经王某海私人账户给付，包括 2014 年 9 月 4 日前已付的 1300 万元，即本协议签订前钟某贵已收到曾某琴、肖某元借款合计 1300 万元，剩余的 200 万元在本协议签订之日付给钟某贵。三、利息及付息方式：钟某贵同意按月息 3 分计息支付给钟某贵，每月前三天内付清当月利息，将利息转账到曾某琴、肖某元指定的账户内。四、借款期限：双方约定借款期限为 11 个月，自 2014 年 9 月 5 日至 2015 年 8 月 4 日。若钟某贵资金充足，曾某琴、肖某元同意钟某贵提前还清本息。五、担保方式：曾某琴、肖某元为保证资金安全，要求钟某贵提供抵押担保，钟某贵自愿将自己夫妻共有的兴国县保育院整体资产作为抵押，为此，双方专门签订了《兴国县保育院整体转让协议》，并经县公证处公证。若钟某贵到期不能还清借款本息，则双方按协议依法依规办理转让过户手续，将兴国县保育院整体资产过户到曾某琴、肖某元名下。若钟福贵按时或提前还清了曾某琴、肖某元的借款本息，则双方同意解除《兴国县保育院整体资产转让协议》，本协议也同时终结。六、本协议应包括《兴国县保育院整体资产转让协议》及协议所涉及的相关证件和各种文件，作为本协议的整体。《兴国县保育院整体资产转让协议》约定了以下主要事项：一、钟某贵、严某珍共同认定兴国县保育院内的不动产、动产及民办学校办学许可资格均属钟某贵、严某珍夫妻共同所有。二、兴国县保育院整体资产转让。包括：（一）兴国县保育院的不动产：1. 位于兴国县潋江镇五中旁边的国有土地使用权，土地证号为：兴国用（2002）第 2B2901–1049 号，土地使用权人为钟某贵，地类（用途）为学前教育，使用权类型为出让，使用权面积为 6064.7m^2。2. 坐落在兴国县潋江镇凤凰大道的房屋一栋，房产证号为：兴房权证（潋）字第 ×××× 号，房屋所有权人为钟某贵，产别为私有房产，设计用途为综合，建筑面积为 2319.57m^2。3. 坐落在兴国县潋江镇凤凰大道的房屋一栋，房产证号为：兴房权证（潋）字第 ×××× 号，房屋所有权人为钟某贵，产别为私有房产，设计用途为综合，建筑面积为 1271m^2。4. 坐落在兴国县潋江镇五中旁边的办公楼一栋，房产证号为：兴房权证（潋）字第 LJ8817 号，房屋所有权人为钟某贵，产别为私有房产，设计用途为办公楼；国有土地使用证号为兴国用（2010）第 2B2901–015 号，土地使用权人为钟某贵，地类（用途）为学前教育，使用权类型为出让，面积为 326.9m^2。5. 坐落在兴国县保育院内的未办产权证房屋一栋。（二）兴国县保育院内的动产。（三）民办学校办学许可资格。（四）其他专属兴国县保育院的财产权利。三、转让价格：整体转让价格为 1500 万元。四、税费缴纳：整体转让所需相关税、费，双方各承担 50%。五、转让过户期限：双方同意，2015 年 8 月 5 日起 10 日内双方共同办理好上述不动产、动产及民办学校办学许可资格的转让过户登记手续。六、办理转让过户登记手续前所产生的经济效益及法律责任由钟某贵享受及承担，办理转移过户登记手续后，由曾某琴、肖某元继续正常办学。七、办理转移过户登记手续前，钟某贵不得以该转让协议所涉及的不动产、动产及民办学校办学许可资格予以抵押借贷，也不得转让股份。2014 年 9 月 5 日，曾某琴、肖某元与钟某贵、严某珍签订上述两份协议的当天，曾某琴、肖某元将剩余借款 200 万元给付钟某贵，同时钟某贵将兴国县保育院的房屋产权证、土地使用权证以及办学许可证等资料交付给了曾某琴、肖某元。

因钟某贵向多人借款，资不抵债，无法偿还这些人的借款。故其部分债权人先后向法院起诉钟某贵。曾某琴、肖某元在获知兴国县保育院凤凰校区的资产被查封以后，于 2015 年 1 月 26 日提起诉讼，并同时申请财产保全，也查封了兴国县保育院凤凰校区的诉争房产。在本案审理过程中，钟某贵的债权人通过在债权人内部竞价的方式于 2015 年 8 月 22 日由钟某贵与何某英签订了案涉幼儿园的转让合同。案件审理中，钟某贵提交其签名确认的《王某海借给钟某贵现金往来账目明细》，载明合计本息 1500 万元。

裁判结果

一审判决：一、由钟某贵、严某珍在本判决生效后十日内共同返还曾某琴、肖某元借款本金 1500 万元及利息，利息按 1500 万元本金自 2014 年 9 月 5 日起按月利率 2% 计息至付清之日止；二、确认 2014 年 9 月 4 日曾某琴、肖某元与钟某贵、严某珍签订并经公证机关公证的《兴国县保育院整体转让协议》系钟某贵向曾某琴、肖某元所借 1500 万元借款本金及相应利息的一种非典型担保，该担保合法有效。三、在钟某贵、严某珍不履行本案债务的前提下，曾某琴、肖某元可申请法院拍卖《兴国县保育院整体转让协议》标的物，并在本判决第一项金额范围内就拍卖所得的价款优先受偿。四、驳回第三人黄某萍等 103 人的诉讼请求。

钟某贵、严某珍不服，提起上诉。二审判决：一、维持一审判决第一项、第四项；二、撤销一审判决第二项、第三项；三、驳回曾某琴、肖某元的其他诉讼请求。

裁判理由

二审法院认为，本案中，曾某琴、肖某元出借款项给钟某贵，曾某琴、肖某元与钟某贵之间形成民间借贷关系，据此，原审判决钟某贵、严某珍夫妻共同偿还曾某琴、肖某元 1500 万元借款本金及利息，有事实和法律依据。且钟某贵、严某珍在二审庭审时明确表示放弃对该部分判决的上诉。故对原审判决第一项予以维持。

本案二审争议焦点为：本案担保的性质和效力如何。即本案的担保是抵押还是非典型担保，是否有效。对此，该院分析如下：

关于本案担保是抵押担保还是其他非典型担保，以及是否有效的问题。关于本案担保性质问题。原审判决认定因曾某琴、肖某元与钟某贵、严某珍签订《兴国县保育院整体转让协议》，本案担保性质属于非典型担保。二审认为，从双方的真实意思表示，从本案《借款协议》《兴国县保育院整体转让协议》内容看，双方约定的担保方式是抵押担保，而非其他非典型担保。理由如下：首先，《兴国县保育院整体转让协议》签订前，双方曾协商以钟某贵名下的兴国县保育院凤凰校区资产为钟某贵向曾某琴、肖某元借款进行抵押担保。双方为此还到相关部门咨询有关抵押担保的登记手续事宜。因标的物属于幼儿园资产，相关部门不予办理抵押登记，双方才签订该协议。可见，双方最初的真实意思是将该协议约定的标的物作为抵押；其次，《借款协议》第五条约定：担保方式：曾某琴、肖某元为保证资金安全，要求钟某贵提供抵押担保，钟某贵自愿将自己夫妻共有的兴国县保育院整体资产作为抵押，为此，双方专门签订了《兴国县保育院整体转让协议》，并经县公证处公证。若钟某贵到期不能还清借款本息，则双方按协议依法依规办理转让过户手续，将兴国县保育院整体资产过户到曾某琴、肖某元名下。若钟某贵按时或提前还清了曾某琴、肖某元的借款本息，则双方同意解除《兴国县保育院整体资产转让协议》，本协议也同时终结。该约定明确了本案借款的担保方式是抵押。设定抵押的具体方法则是双方签订《兴国县保育院整体转让协议》；再次，虽然从形式上看，双方同时签订《借款协议》《兴国县保育院整体转让协议》，具有非典型性担保的某些特征，但是《兴国县保育院整体转让协议》约定转让的标的物既包括钟某贵个人所有但由兴国县保育院使用的财产，也包括专属于兴国县保育院的财产及民办学校办学许可资格。对于专属于兴国县保育院的财产及权益，钟某贵无权处分。且《借款协议》是主合同，《兴国县保育院整体转让协议》是从合同，在对两份合同关于担保性质约定存在不同理解时，应以双方当事人在主合同约定的内容为准。因此，本案双方当事人约定的担保应是抵押担保。原审判决认定本案担保是非典型担保不当，应予纠正。关于本案担保效力问题。如上所述，本案担保属于抵押担保。双方约定的抵押物有土地使用权、房屋等不动产，按照原《物权法》第一百八十七条的规定，应当办理抵押登记。但本案抵押物并未办理抵押登记，抵押权并未设立。从本案相关事实分析，本案用于担保的有关房屋和土地使用权的权利人为钟某贵而非兴国县保育院，双方在签订本案两份协议后并未再次去登记部门办理登记，未办理抵押登记并非登记部门的原因，钟某贵虽然将相关权利证书交付给了曾某琴、肖某元，曾某琴、肖某元也不能依据原《担保法司法解释》第五十九条取得对相应财产的优先受偿权。故曾某琴、肖某元对《兴国县保育院整体转让协议》中的财产不享有抵押权。

退一步说，即使双方当事人通过签订《兴国县保育院整体转让协议》具有设立非典型担保的意思表示，曾某琴、肖某元对该协议约定的标的物也不享有优先受偿权：首先，双方虽然签订了《兴国县保育院整体转让协议》，但并未办理标的物过户登记或备案登记手续，也未将标的物转移占有，未产生物权公示效力；其次，对于以不动产设立担保而言，如果仅仅以签订买卖合同的形式设定所谓的非典型担保，债权人就可取得优先受偿权，并认定其效力等同于办理了抵押登记的不动产抵押担保。那么，则会助长当事人规避不动产抵押登记行为，从而产生不良的示范作用。再次，根据《民间借贷司法解释》第二十四条，对于当事人以签订买卖合同作为民间借贷合同担保的，按照民间借贷法律关系审理作出生效判决后，借款人不履行生效判决确定的金钱债务，虽然赋予出借人申请拍卖买卖合同标的物以偿还债务的权利，但并未赋予出借人优先受偿权。

要旨解析

买卖型担保是近年来房地产融资热潮的产物，在我国融资担保中被广泛适用，即债务人为了获得高额贷款，以自己或第三人的财产为标的与债权人签订买卖合同来担保债权的实现。《民间借贷司法解释》（2020年第二次修正）第二十三条，明确此种买卖型担保案件的性质为民间借贷纠纷，应按民间借贷法律关系进行审理，法院不能判决履行买卖合同，否则将违反禁止流质的法律规定。[①] 虽然司法解释对买卖型担保作出了上述规定，但实践中对买卖型担保的性质和效力仍存在较大的争议。

买卖型担保是指债权人与债务人或第三人通过订立买卖合同约定转移担保标的物所有权的方式来担保债权的实现，当债务履行期限届满，债务人未清偿债务时，债权人即可通过归属清算的方式取得担保物所有权或通过处分清算的方式优先受偿，反之买卖型担保物权即随主债权的消灭而消灭。买卖型担保的表现形式通常为当事人在达成借款合意的同时签订买卖合同，并在买卖合同或借款合同中约定“若债务人不能在债务清偿期届满前清偿债务即履行买卖合同”。目前，我国买卖型担保的设立主要表现为以下几种方式：第一种方式表现为当事人之间签订了买卖合同与借款合同或以担保债权的履行为目的仅签订买卖合同，并办理所有权过户登记手续；第二种方式表现为当事人之间签订了买卖合同与借款合同或仅签订买卖合同担保债权的履行，并办理预告登记或房屋预售备案登记手续；第三种方式表现为当事人之间仅签订了买卖合同与借款合同或仅签订买卖合同担保债权的履行，未办理任何登记手续。

第一种情况毫无疑问属于让与担保性质，第二种情况与第三种情况又称为所有权未移转的让与担保，由于买卖合同签订之时无法对标的物进行所有权变更登记手续，当事人通常只能够通过预告登记或备案登记等方式予以公示来保全其债权请求权。目前学术界与司法实务界争议最大的就是所有权未转移的不动产买卖型担保的性质问题。本案即属于第三种情形，双方签订借款合同同时签订买卖合同担保债权履行，但未办理变更登记手续。

此时买卖合同的性质和效力如何。笔者认为，只要当事人之间达成让与担保合意，即具有让与担保属性，让与担保的合意对双方具有债务约束力。而根据物权区分原则，让与担保可分为让与担保债权与让与担保物权，所有权转移为其公示要

① 胡晗敏:《不动产买卖型担保合同的法律分析》，载《江苏科技大学学报（社会科学版）》2019年3月。

件，经过所有权转移登记才能产生让与担保物权效力，未经过所有权移转登记即未公示的让与担保，仅产生让与担保债权约束力，不具有担保物权效力。让与担保根据是否完成公示具有不同的效力：

1. 已公示买卖型担保具有物权性担保效力。已公示买卖型担保可以产生物权公示公信力，如动产买卖型担保经登记可产生对抗效力，经交付转移占有的可以产生优先受偿的担保物权效力；经过预告登记或备案登记的不动产买卖型担保亦具有公示公信力，可以产生优先受偿的担保物权效力。

2. 未公示买卖型担保具有债权性担保效力。根据《民间借贷司法解释》（2020年第二次修正）第二十三条的规定，仅签订买卖合同作为借款担保，债权人要求就买卖标的物受偿的，应按民间借贷法律关系审理。当事人具有让与担保的合意，根据物权变动区分原则，当事人未进行公示导致让与担保物权未成立，但不影响让与担保权利人的让与担保合同的效力。出借人可以依据让与担保合意，主张拍卖买卖合同标的物，履行清算程序以偿还债务，但不享有优先受偿权。

就本案而言，双方曾协商以钟某贵名下的兴国县保育院凤凰校区资产为钟某贵向曾某琴、肖某元借款进行抵押担保。因标的物属于幼儿园资产，相关部门不予办理抵押登记，双方才签订案涉《兴国县保育院整体转让协议》。可见，双方的本意系抵押担保，双方约定的抵押物有土地使用权、房屋等不动产，应当办理抵押登记。但本案抵押物并未办理抵押登记，抵押权并未设立。未办理抵押登记并非登记部门的原因，钟某贵虽然将相关权利证书交付给了曾某琴、肖某元，曾某琴、肖某元也不能依据原《担保法司法解释》第五十九条取得对相应财产的优先受偿权。而如果认为双方当事人通过签订《兴国县保育院整体转让协议》具有设立非典型担保的意思表示，即以转让协议为债权的履行设立担保，双方的合意属于让与担保的性质。双方并未办理标的物过户登记或备案登记手续，也未将标的物转移占有，未产生物权公示效力。根据《民间借贷司法解释》（2020年第二次修正）第二十三条的规定，对于当事人以签订买卖合同作为民间借贷合同担保的，按照民间借贷法律关系审理作出生效判决后，借款人不履行生效判决确定的金钱债务，出借人可以申请拍卖买卖合同标的物以偿还债务的权利，因此，曾某琴、肖某元对该协议约定的标的物也不享有优先受偿权。

编写人：骆丽玲

二审合议庭成员：胡国运　吴玉萍　李　平

5. 保证期间已过的保证人，又自愿债务加入的，应承担还款责任

——郑某春与江西某新电源有限公司民间借贷纠纷二审案

裁判要旨

作为保证人其保证期间已过应当免除保证责任，但其又出具还款计划具有债务加入的意思表示的，仍应承担还款责任。

案例索引

一审：江西省上饶市中级人民法院（2015）饶中民一初字第44号

二审：江西省高级人民法院（2016）赣民终287号

基本案情

上诉人（原审原告）：郑某春。

被上诉人（原审被告）：江西某新电源有限公司（以下简称新电源公司）。

被上诉人（原审被告）：林某辉。

被上诉人（原审被告）：刘某兵。

被上诉人（原审被告）：方某灵。

被上诉人（原审被告）：余某旺。

原审被告：张某荣。

原审被告：张某芳。

郑某春向一审法院起诉请求：各被告连带归还借款本金1790万元及支付利息966.6万元（从2013年2月2日暂算至2014年12月25日）。

张某荣与郑某春于2010年8月3日签订《最高额借款协议书》，约定张某荣向郑某春借款1000万元用于江西长河新电池有限公司购买设备。《最高额借款协议书》签订时，郑某春已支付给张某荣120万元现金，其余880万元通过银行转账的形式分四次转给张某荣，张某荣同时出具了借条给郑某春。《最高额借款协议书》约定，还款日期为2010年10月3日前，如到期未全部还清，影响出借人计划投资，自违约之日起，每日赔偿给出借人违约金2万元和支付千分之一的利息。张某荣、张某芳、江西长河新电池有限公司将其拥有的所有资产作为偿还本息及支付违约金的保证，江西长河新电池有限公司、张某芳为担保方，承诺为本协议借款承担二年期限担保

责任，直到本息及违约金全部偿还。余某旺、方某灵也作为担保人在《最高额借款协议书》上签了字。

2012年8月28日，张某荣向郑某春出具还款计划，承诺在半年内分批还清借款，方某灵作为担保人在还款计划上签了字。新电源公司于2012年8月29日出具还款计划，内容为："经结算，以张某荣经手至2012年8月2日，共向郑某春借款本息计人民币1430万元，约定利息每月六十万元，计划分六个月还清本息。"

2013年2月3日，张某荣、刘某兵、林某辉共同向郑某春出具借款结算，该借款结算的内容如下："张某荣向郑某春借款用于新电源公司经营，至2013年2月1日本息合计人民币1790万元整（按公司财务会计实际结算后认定），公司各股东予以确认，决定春节后办理还款计划或按现有净资产计算办理债转股手续。"

江西长河新电池有限公司于2012年9月6日变更为江西某新电源有限公司。张某芳与张某荣系夫妻关系。

裁判结果

一审判决：一、张某荣、张某芳归还郑某春借款本金1000万元及其利息（从2010年10月3日起按中国人民银行同期贷款基准利率的四倍计息至还清之日止）；二、驳回郑某春的其他诉讼请求。

郑某春不服，提起上诉。二审判决：一、维持一审判决第二项；二、变更一审判决第一项为：张某荣、张某芳、新电源公司共同偿还郑某春借款本金1000万元及其利息（从2010年10月3日起按中国人民银行同期贷款基准利率的四倍计算至还清之日止）。

裁判理由

二审法院认为，本案涉及数份协议的保证问题，每份保证合同涉及的担保人、担保数额及担保期限均不同，其法律后果也相应不同，应从每份合同约定的不同内容对担保的法律适用问题进行分析。一审将数份保证合同笼统认定为一份保证合同，将数名保证人承担的担保责任笼统认定为连带承担保证责任不当。

在2010年8月3日张某荣与郑某春签订的《最高额借款协议书》中，协议约定借款1000万元，还款日期为2010年10月3日前，新电源公司、余某旺以保证人的身份，在协议书上签字，并约定了二年的担保期限，直到本金利息及违约金全部偿还。根据原《担保法司法解释》第三十二条第二款的规定，"保证合同约定保证人承担保证责任直至主债务本息还清时为止等类似内容的，视为约定不明，保证期间为主债务履行期届满之日起二年。"按照当事人的约定和上述司法解释的规定，本案担保人的担保期间应为自2010年10月3日起二年，即2010年10月3日至2012年10月3日。担保期间届满，担保人不承担担保责任。本案一审受理立案日期为2015年3月4日，已超过担保人的担保期限，故新电源公司、余某旺不承担本案的担保责任。

在2012年8月28日张某荣出具给郑某春的《还款计划》中，明确约定："至2012年8月2日共欠郑某春人民币1430万元，计划在半年内分批还清。待新电源公司财务将本息配合作账后，以双方结算依据为准。"方某灵以担保人的身份签字。方某灵作为担保人，其担保的债务数额为1430万元。双方没有约定保证期间，故保证期间为主债务履行期届满之日起六个月，即2013年2月2日至2013年8月2日。

本案一审受理立案日期为2015年3月4日，已超过本案担保人方某灵的担保期限，故方某灵不承担本案的担保责任。

新电源公司于2012年8月29日出具还款计划，承诺至2012年8月2日，共向郑某春借款本息计人民币1430万元，约定利息每月六十万元，计划分六个月还清本息。《还款计划》上加盖了江西长河电池有限公司的公章。此举表明其自动承担借款的偿还责任，在民法上属于债务的自动加入，其应作为债务人承担还款责任。一审只免除了新电源公司的担保责任，而未认定其作为债务人应承担借款的偿还责任不当，应予纠正。

在2013年2月3日的《借款结算》中，明确载明："张某荣向郑某春借款用于新电源公司经营，至2013年2月1日本息合计人民币1790万元整（按公司财务会计实际结算后认定），公司各股东予以确认，决定春节后办理还款计划，或按现有净资产计算办理债转股手续。"表明公司的股东确认，因张某荣向郑某春的借款均用于新电源公司的经营活动，应由公司承担本案借款的偿还责任。二审认为，该笔借款全部用于新电源公司的经营活动，购买机械设备，作为公司流动资金，而未转移至公司股东个人，理应由公司承担还款责任，而不应由公司股东林某辉、刘某兵个人承担责任。

要旨解析

债务加入为并存的债务承担，是指依第三人与债务人约定或向债权人表示加入债务的意愿，并由此与原债务人承担连带债务的行为。[①]《民法典》第552条新增了债务加入的规定："第三人与债务人约定加入债务并通知债权人，或者第三人向债权人表示愿意加入债务，债权人未在合理期限内明确拒绝的，债权人可以请求第三人在其愿意承担的债务范围内和债务人承担连带债务。"依照上述表述，债务加入的成立方式存在两种情形：一是第三人与债务人约定加入债务并通知债权人，且债权人未在合理期限内明确拒绝；二是第三人向债权人表示愿意加入债务，债权人未在合理期限内明确拒绝。

① 陈兆顺：《论债务加入与连带责任保证的区分——以〈民法典〉第552条为分析对象》，载《中国应用法学》2021年第6期。

由于第三人加入他人债务与第三人为他人债务提供保证担保，均扩张了责任财产的范围，增加了债权受偿的机会，二者都发挥着担保的功能，颇为近似，容易混淆。保证与债务加入主要存在以下不同：1. 是否具有从属性不同。保证人履行债务具有从属性，而债务加入成立之后作为独立的债务而存在。2. 行使期间的限制不同。债务加入中，债权人对债务加入人行使债权请求权没有行使期间限制，只有诉讼时效的约束；而债权人对保证人行使请求权则要受保证期间的限制。3. 责任形态不同。根据《民法典》的规定，债务加入人对债务的履行负连带责任；而保证担保中，保证人对债务的履行以负补充责任为原则，以负连带责任为例外（在保证合同明确约定保证方式为连带责任保证的情况下）。

《民法典担保制度解释》第三十六条第二、三款的规定对识别债务加入与保证明确了基本思路，即第三人向债权人提供的承诺文件，具有加入债务或者与债务人共同承担债务等意思表示的，人民法院应当认定为《民法典》第五百五十二条规定的债务加入；第三人提供的承诺文件难以确定是保证还是债务加入的，人民法院应当将其认定为保证。面对实践中纷繁复杂的情况，对债务加入与保证的区分应当把握以下具体思路：

（一）以措辞的文义优先。如当事人之间的协议中有“保证”“保证人”“保证期间”以及“担保”等字样的，或者能够明确推知其具有提供保证意思的，按保证对待。如协议中出现“债务加入人”“作为共同借款（债务）人，加入……”，以及“连带清偿”“共同偿还”“承担连带责任”等表述，或者具有明显的加入债务意思的，一般认定为债务加入。①实践中还有的以“代替履行”“由本人解决”“由我方负责支付”等表述来体现债务加入意思。甚至出现有第三人以确认商业往来对账函等形式加入债务的情况。

（二）存疑时推定为保证。如根据措辞不能直接判定是债务加入还是保证，依照合同解释的方法仍不能作出有说服力的解释，则应当按照保证对待，且有关协议或承诺文件中不会约定保证方式，依法应按第三人享有后顺位利益的一般保证对待。理由为债务加入人的责任相较于保证责任更重，而第三人在保证期间、追偿权等规则适用方面存有利益，为保护第三人利益立法已废止“保证方式不明时推定为连带责任保证”的规则，那么做有利于第三人的推定能够较好地平衡当事人之间的利益，也更符合立法精神。②

本案中，新电源公司虽然因保证期间已过免除保证责任，但其于2012年8月29日向郑某春出具的还款计划，加盖了公司公章，公司对此予以认可，其向债权人郑某春表明加入债务的意思表示。且张某荣向郑某春的借款均用于新电源公司的经

---

① 刘贵祥：《民法典关于担保的几个重大问题》，载《法律适用》2021年第1期。

② 林文学、杨永清、麻锦亮、吴光荣：《〈关于适用民法典有关担保制度的解释〉的理解和适用》，载《人民司法（应用）》2021年第4期。

营活动，公司与该借款的使用具有高度的利益关联，新电源公司各股东对该债务还款计划予以确认并同意按公司净资产办理债转股手续。新电源公司的上述行为表明其具有债务加入的意思，愿意自动承担借款的偿还责任，其作为债务加入人应当共同承担本案借款的偿还责任。

编写人：骆丽玲

二审合议庭成员：廖志坚　廖溢爱　吴　狄

6. 借款年利率超过法律保护上限的，债权人仍可主张借款合同约定的律师费

——新余市分宜县某小额贷款股份有限公司与邓某等借款合同纠纷二审案

裁判要旨

律师费不属于民间借贷司法解释第二十九条规定的“其他费用”，在民间借贷纠纷中，当借款年利率单独超过或逾期利率、违约金和其他费用合计超过合同成立时一年期贷款市场报价利率4倍后，债权人仍可主张借款合同约定的律师费。

案例索引

一审：江西省新余市中级人民法院（2015）余民二初字第102号

二审：江西省高级人民法院（2016）赣民终341号

基本案情

上诉人（原审原告）新余市分宜县某小额贷款股份有限公司（以下简称小贷公司）。

上诉人（原审被告）邓某。

被上诉人（原审被告）贾某，系邓某妻子。

被上诉人（原审被告）邓某荣，系邓某父亲。

被上诉人（原审被告）曾某红，系邓某母亲。

被上诉人（原审被告）新余某置业有限公司（以下简称置业公司）。

被上诉人（原审被告）新余某贸易有限公司（以下简称贸易公司）。

小贷公司向一审法院起诉请求：一、判令邓某、贾某共同向小贷公司偿还借款本金1000万元，支付利息160万元（自2015年1月21日至2015年7月31日），律师费16.4万元，合计1176.4万元；二、判令邓某、贾某按中国人民银行同期同类贷款利率四倍向小贷公司支付自2015年8月1日至全部款项清偿之日止的利息；三、判令邓某荣、曾某红、置业公司、贸易公司对上述一、二项债务承担连带还款责任。

邓某为解决资金周转向小贷公司借款1000万元，并于2013年8月29日双方签订《借款合同》，合同约定：借款期限为四个月，即2013年8月29日至2013年12月28日，月利率为25‰，小贷公司为实现合同项下债权已付和应付所有费用（如诉讼费、仲裁费、律师代理费、执行费、签订费、评估费、拍卖费、公告费等）由

邓某承担。贾某向小贷公司出具《夫妻共同还款承诺书》，承诺愿意与邓某共同承担还款责任。邓某荣、置业公司、贸易公司在邓某签订《借款合同》的当日，分别与小贷公司签订《保证合同》自愿为邓某的借款提供连带责任担保，保证期限为两年。合同签订后，小贷公司依约向邓某支付了 1000 万元。借款到期后，邓某未按约归还借款。2014 年 5 月 15 日小贷公司与邓某签订《借款展期协议》，该协议约定将借款展期至 2014 年 12 月 28 日，年利率为 30%，贾某再次出具《夫妻共同还款承诺书》，置业公司、贸易公司在展期协议上提供担保。展期借款到期后，邓某仍未偿还借款，仅支付了 2015 年 1 月 10 日前的利息。

裁判结果

一审判决：一、邓某、贾某应于本判决生效之日起十日内支付给小贷公司借款本金 1000 万元，并按年息 24% 计算支付自 2015 年 1 月 21 日起至全部款项付清之日止的利息；二、邓某荣、置业公司、贸易公司对上述项款项承担连带清偿责任；三、驳回小贷公司的其他诉讼请求。

小贷公司、邓某不服，提起上诉。二审判决：一、维持一审判决第二项、第三项；二、变更一审判决第一项为：邓某、贾某应于本判决生效之日起十日内支付给小贷公司借款本金 1000 万元、律师代理费 16.4 万元及利息（利息以 1000 万元为本金，按年利率 24% 自 2015 年 1 月 21 日起计算至借款本金及利息全部付清之日止）。

裁判理由

二审法院认为，根据各方诉辩意见，本案二审的争议焦点为：一、2014 年 12 月 30 日的邓某支付给小贷公司的 25 万元系偿还利息还是本金；二、小贷公司因本案诉讼支付的律师代理费人民币 16.4 万元应否由本案债务人承担。就上述争议焦点，该院分析评判如下：

关于 2014 年 12 月 30 日邓某支付给小贷公司的 25 万元系偿还利息还是本金的问题。一审庭审中，小贷公司主张邓某仅按借款约定支付了 2015 年 1 月 20 日前的借款利息，邓某予以认可。但在二审中，邓某又提出 2014 年 12 月 30 日偿还给小贷公司 25 万元本金，而未提供相应证据予以证明，不符合诚信原则，且双方对本息还款未作具体约定，按先息后本的原则，该院对邓某的上诉请求不予支持。

关于小贷公司因本案诉讼支付的律师代理费人民币 16.4 万元应否由本案债务人承担的问题。小贷公司主张，律师费的性质不同于《民间借贷司法解释》第三十条中的“其他费用”，应不包括在“其他费用”之内，而双方约定了实现债权的律师费用由违约方承担，因此该律师费应由邓某承担。二审认为，从法条文义来看，结合《民间借贷司法解释》第三十条：“出借人与借款人既约定了逾期利率，又约定了违约金或者其他费用，出借人可以选择主张逾期利息、违约金或者其他费用，也可以一并主张，但总计超过年利率 24% 的部分，人民法院不予支持”与第二十六条、

第二十九条对借款利率上限的规定可知，出借人与借款人的约定不得超限的各种费用，应属于借款人为获得借款所支付的成本，包括双方约定的逾期利息、逾期未付违约金、服务费、咨询费、管理费等在借款时就约定由借款人承担的费用；而不应包括出借人为追索借款、实现债权所支付的成本。如将出借人为实现债权所支出的合理费用并入“其他费用”而设定上限，不利于维护守约方权益。可见，律师代理费不属于《民间借贷司法解释》第三十条的其他费用，小贷公司有权向邓某主张双方在借款合同中已约定的合理律师费用。本案律师费用16.4万元，未超出《江西省律师收费管理办法》规定的收费标准，二审予以支持。

要旨解析

本案双方争议焦点主要是：借款年利率达到或超过法律保护上限的年利率24%（系2015年司法解释规定的利率上限，新民间借贷司法解释修改为合同成立时一年期贷款市场报价利率4倍）时，当事人主张借款合同约定的律师费用和诉讼费用的诉讼请求，还能否获得法院的支持。

司法实践中，民间借贷纠纷的一方当事人向人民法院提起诉讼时，除了要求对方当事人承担逾期利息、违约金等请求外，还可能一并主张借款合同约定的律师费用和诉讼费用等。尽管《民间借贷规定》对民间借贷逾期利息、违约金、其他费用并存时如何处理进行了明确，也即该解释第二十九条规定：“出借人与借款人既约定了逾期利率，又约定了违约金或者其他费用，出借人可以选择主张逾期利息、违约金或者其他费用，也可以一并主张，但是总计超过合同成立时一年期贷款市场报价利率四倍的部分，人民法院不予支持。”但是，在借款年利率达到超过合同成立时一年期贷款市场报价利率4倍后，当事人主张借款合同约定的律师费用和诉讼费用等诉讼请求还是否能够获得支持？

由于缺乏具体明确的规定，司法实践中在这一问题上存在认识上的分歧。一种观点认为，律师费用和诉讼费用不应包含在借款年利率上限计算的范围之内。相反，律师费用和诉讼费用属于实现债权的费用，应予以支持。另一种观点认为，律师费用和诉讼费用已经包含在上述司法解释条文中的“其他费用”之内，不应再支持律师费用和诉讼费用。对此，笔者倾向于同意上述第一种观点，理由如下：

首先，根据《民间借贷规定（2020年第二次修正）》第二十九条的立法本意，此条为逾期利息、违约金、其他费用并存时处理的规定，主要目的在于，当借贷双方对逾期利率、违约金以及其他费用一并约定时，如何平衡保护当事人之间的权益。根据前述司法解释的规定，在借款人逾期还款时，出借人有权要求借款人一并支付逾期利息、违约金和其他费用。从实践中的情况看，“其他费用”主要涉及的是出借人和借款人所约定的服务费、咨询费、管理费等，上述费用亦属于借款人为获得借款而支付的必要成本，此类费用从性质上看与逾期利息、违约金无异，分开约定仅是为了规避利率的上限。正是为了防止当事人通过变相的方式提高借款利率，司法解释才将包括服务费、咨询费、管理费等发生的其他费用的保护标准限定在超过合同成立时一年期贷款市场报价利率4倍之内。

其次，律师费用、诉讼费用等为保护守约方合法权益而发生的费用，其不属于借款资金成本，且与借款人为获得借款而支付成本的性质截然不同，不应将律师费用、诉讼保全费用等归入“其他费用”之范畴。民间借贷年利率法定上限本身是为了打击高利贷行为，保护正常借款人利益，若认定“其他费用”包括律师费、诉讼费，将会大大降低违约方的违约成本，侵害守约方的权益，这与立法本意相悖。

最后，诉讼费用并非必然由主张还款的出借人负担。在纠纷由人民法院裁判时，根据诉讼费用由败诉方承担的原则，若因借款人的原因导致纠纷的发生，由借款人承担此部分费用较为公平、合理。在此情况下，诉讼费用更不应包含在“其他费用”之内。

综上，民间借贷纠纷中，当事人主张借款合同约定的律师费、诉讼费，不应受民间借贷年利率法定上限的限制。

编写人：骆丽玲

二审合议庭成员：汪少华　陈幸欢　吴　狄

7. 人民法院对不同的诉合并审理必须是两个诉均已实际提出

——金某明、金某旗与高安市某陶瓷有限公司、姚某、陈某君、陈某民间借贷纠纷二审案

裁判要旨

1. 诉的合并一般指诉的客体的合并，诉的客体的合并，是将同一原告对同一被告提起的两个以上的诉或者反诉与本诉合并到同一诉讼程序中审理。

2. 根据合并的条件，两个诉必须实际发生，当事人已经向法院行使了请求权，才构成诉的合并。一审法院将一个已经实际发生的诉（民间借贷之诉）与一个潜在的可能发生的诉（股权转让之诉）合并审理，有违法院不告不理的司法审查原则。

3. 法院作出裁判，只能根据当事人的诉讼请求，并在诉讼请求提出的范围之内作出，当事人未提出诉讼请求，法院作出裁判，或超越当事人诉讼请求范围之外作出裁判，都是不当行使裁判权的行为。

案例索引

一审：江西省宜春市中级人民法院（2016）赣09民初47号

二审：江西省高级人民法院（2016）赣民终581号

基本案情

上诉人（一审被告）：姚某。

上诉人（一审第三人）：陈某君。

上诉人（一审第三人）：陈某。

被上诉人（一审原告）：金某明。

被上诉人（一审原告）：金某旗。

一审被告：高安市某陶瓷有限公司（以下简称陶瓷公司）。

金某明、金某旗向一审法院起诉请求：1. 判令姚某支付借款本金1357万元及利息；2. 陶瓷公司对借款本息承担连带清偿责任。

金某明与姚某系朋友关系，自2013年起，姚某因资金周转需要向金某明借款，借期一般为1个月、3个月、5个月不等，双方口头约定借款利率为月息4分。姚某于2013年9月3日和2014年1月30日出具了金额为400万元和500万元的两张借条

给金某明。2015 年 5 月 18 日，金某明与姚某经结算后，签订了三份借款合同，借款金额分别为 357 万元、500 万元、500 万元，其中一份借款合同的出借人为金某旗。陶瓷公司均提供担保，共计 1357 万元。

2014 年 8 月 14 日，金某明将《姚某明细》用短信发给陶瓷公司的财务人员付某。《姚某明细》注明：2013 年 11 月 14 日借 160 万元，利息收至 2014 年 2 月 14 日。

2013 年 9 月 23 日借 400 万元（8 月 23 日转的，9 月 23 日的借据），利息收至 2014 年元月 23 日。2014 年元月 30 日，借 500 万元，利息收至 2014 年 2 月 30 日。2014 年 2 月 12 日，260 万元已还，利息未付；2 月 27 日还 60 万元（15 天），3 月 12 日还 200 万元（28 天）。2014 年 4 月 30 日收款 15 万元，5 月 20 日收款 20 万元，5 月 22 日收款 30 万元，6 月 27 日收款 100 万元。付某收到该短信后回复金某明，确认姚某欠金某明的本金为 1060 万元。2015 年元月 8 日，姚某还款 20 万元至金某明。2015 年 12 月 31 日，陈某君、陈某与蔡某雷、黄某武签订一份《股权转让协议书》，协议约定：陈某君将其持有陶瓷公司的 51% 股份转让给黄某武，陈某将其持有陶瓷公司的 49% 的股权转让给蔡某雷。除江西银行 1890 万元的债务外，截至 2016 年元月 1 日之前的公司债务，均由陈某君、陈某承担。

裁判结果

一审判决：一、姚某在本判决生效之日起十五日内给付金某明、金某旗借款本金 1060 万元及至 2015 年元月 8 日止的利息 22.36 万元；自 2015 年元月 9 日起至实际付清之日止的利息，按月息 2 分的标准计算。二、陶瓷公司对前款判项承担连带清偿责任；陶瓷公司承担担保责任后，有权向姚某追偿。三、陈某君、陈某与陶瓷公司对该笔保证债务共同承担清偿责任。

姚某、陈某君、陈某均不服，提起上诉。二审判决：一、维持一审判决的第一、二项；二、撤销一审判决的第三项。三、驳回金某明、金某旗的其他诉讼请求。

裁判理由

二审认为，原告是指为维护自己或自己所管理的他人的民事权益，而以自己的名义向法院起诉，从而引起民事诉讼程序发生的自然人、法人或其他组织。姚某与出借人之间签订了三份借款合同，其中两份的出借人是金某明，一份的出借人是金某旗，时间均为 2015 年 5 月 18 日。署名金某旗的借款合同上的出借金额为 500 万元，金某旗与金某明之间系父子关系。在本案中，金某旗与金某明均是与本案有直接利害关系的自然人，以共同原告的身份提出诉讼，请求姚某偿还借款本金及利息，当然享有原告的诉讼主体资格。自 2013 年起，借贷双方即存在民间借贷资金往来，金某明与姚某于 2015 年 5 月 18 日签订的三份借款合同（其中一份借款合同注明出借人为金某旗），确系对金某明借款本息结息后将利息计入后期借款本金并重新出具的债权凭证，这一事实，有借贷双方在庭审中的陈述、双方对账信息，付某的书面说明予以证实，故金某明、金某旗无须再提供借款凭证证明借贷事实。双方约定的借款总额为 1357 万元，包括了超过法律规定限度的高额利息及复利，根据最高人民法院的司法解释，不能以此金额确定姚某欠金某明借款本金的依据。在姚某与金某明、金某旗签订的三份借款合同中，陶瓷公司均在借款协议上盖章，以担保人的身份自愿承担担保责任，该项事实清楚，有充分的证据予以证实，依照原《担保法》第二十一条的规定，陶瓷公司应对姚某的借款承担保证责任，故陈某君、陈某上诉提出的本案中借款合同的担保内容不符合担保人的真实意思表示，陶瓷公司提出的加盖公章系姚某个人行为，未经公司董事会同意，其不应承担保证责任的理由均与本案事实不符，依法不能成立。

本案不属于诉的合并情形，因为另外一个诉并未实际发生，即陶瓷公司起诉陈佳、陈某君承担公司的保证责任之债的诉并未发生。一审法院将一个已经实际发生的诉（民间借贷之诉）与一个潜在的可能发生的诉（股权转让之诉）合并审理，有违法院不告不理的司法审查原则。法院作出裁判，只能根据当事人的诉讼请求，并在诉讼请求提出的范围之内作出，当事人未提出诉讼请求，法院却强行作出裁判，或超越当事人诉讼请求范围之外作出裁判，都是不当行使裁判权的行为。另外，陈义君、陈某在 2015 年 12 月 31 日签订的《股权转让协议书》中，第八条明确列举了陶瓷公司截至 2016 年 1 月 1 日的债权及债务凭证，即对外债权有应付款 4320000 元，其他应付款 131800 元，对外债务有江西银行的 1890 万元；第九条明确约定："丙方蔡某雷、丁方黄某武经营公司期间，若出现陈某君、陈某二人经营陶瓷公司的债务且未列在本协议第八条的范畴中。丙方蔡某雷、丁方黄某武承担该债务的付款义务后，有权向陈某君、陈某二人追偿。"从前述约定可知，陶瓷公司在本案中应承担的担保债务，未列入当时的协议之中。如果出现未列举的债务情形，股权受让方的新股东在承担公司的债务后，再行向股权转让方陈某君、陈某二人追偿。因此，一审法院将民间借贷之诉与股权转让之诉合并审理，判令第三人陈某君、陈某对陶瓷公司的担保之债承担责任不当，应予纠正。陶瓷公司承担保证责任后，可另循法律途径解决。

要旨解析

《民事诉讼法》（2023 年修正）第十三条第二款："当事人有权在法律规定的范围内处分自己的民事权利和诉讼权利。"该条规定民事诉讼当事人在法律规定的范围内，有权按照自己的意愿支配自己的民事权利和诉讼权利，即可以自行决定是否行使或如何行使自己的民事权利和诉讼权利。法院作出裁判，只能根据当事人的诉讼请求，并在诉讼请求提出的范围之内作出，当事人未提出诉讼请求，法院却强行作出裁判，或超越当事人诉讼请求范围之外作出裁判，都是不当行使裁判权的行为。司法裁判中对于是否有处分权的判定主要从处分权的主体是否适格，处分权的范围是否越权等方面进行全面理解。

一、关于处分权的主体

处分权的主体是当事人。《民事诉讼法》规定的处分权主体仅限于当事人，其他诉讼参与人不享有处分权。当事人除单一诉讼的原告、被告外，还包括共同诉讼人、诉讼代表人、第三人。单一诉讼的原告和被告、普通共同诉讼人、有独立请求权的第三人有权依自己的意思行使处分权，但是必要共同诉讼人、诉讼代表人以及无独立请求权的第三人的处分权受到不同程度的限制。本案中，被告抗辩原告金某旗不是本案适格原告，无权提起民事诉讼该抗辩不成立。

根据法院查明的事实，在三份借款合同中，两份借款合同的署名是金某明，一份借款合同的署名是金某旗。根据普通共同诉讼的法规规定："有两个以上属于同一种类的诉讼标的，属于共同法院管辖，适用同一诉讼程序的，属于普通共同诉讼。普通共同诉讼属于诉讼客体的合并，并因为诉讼客体的合并，导致诉讼主体的合并。因此要成为普通共同诉讼，必须有两个以上的当事人，就两个以上同一种类的诉讼标的向同一法院起诉或应诉。"在本案中，金某旗与金某明系父子关系，且是基于同一法律关系提起的诉讼，均是与本案有直接利害关系的自然人，以共同原告的身份提出诉讼，请求被告偿还借款本金及利息，当然享有原告的诉讼主体资格。

二、关于处分权的范围

处分权的范围包括民事权利的处分与诉讼权利的处分。在民事诉讼中当事人对民事实体权利的处分一般是通过处分诉讼权利实现的，但是对诉讼权利的处分不一定引起实体权利状态或者法律关系的改变。原告在起诉时，通过诉讼请求确定其主张的范围，原告没有主张的权利或部分权利，不是其争议的对象。因此，法院必须根据诉讼请求确定诉讼标的，不得超出原告请求的范围作出判决。

诉的合并一般指诉的客体的合并，诉的客体的合并，是将同一原告对同一被告提起的两个以上的诉或者反诉与本诉合并到同一诉讼程序中审理。根据合并的条件，两个诉必须实际发生，当事人已经向法院行使了请求权，才构成诉的合并。法院作出的裁判，只能根据当事人的诉讼请求，并在诉讼请求提出的范围之内作出，当事人未提出诉讼请求，法院却强行作出裁判，或超越当事人诉讼请求范围之外作出裁判，都是不当行使裁判权的行为，超越了处分权的范围。

本案并不属于诉的合并情形，因为另外一个诉并未实际发生，即陶瓷公司起诉陈某、陈某君承担公司的保证责任之债的诉并未发生。一审法院将一个已经实际发生的诉（民间借贷之诉）与一个潜在的可能发生的诉（股权转让之诉）合并审理，有违法院不告不理的司法审查原则。从陈某君、陈某在2015年12月31日签订的《股权转让协议书》中约定可以看出，陶瓷公司在本案中应承担的担保债务，未列入当时的协议之中。如果出现未列举的债务情形，股权受让方的新股东在承担公司的债务后，再行向股权转让方陈某君、陈某二人追偿。因此，一审法院将民间借贷之诉与股权转让之诉合并审理，判令第三人陈某君、陈某对陶瓷公司的担保之债承担责任超出了原告的诉讼请求，陶瓷公司承担保证责任后，可另循法律途径解决。

司法判决的出具是基于当事人的诉讼请求，不应当违反当事人的处分权，不得违背不告不理原则，将原告未主张的诉讼请求人民法院擅自作出裁判。

三、处分原则在民事诉讼中的体现

处分，即自由支配，对于权利可以行使，也可以放弃。包括当事人是否起诉或终结诉讼，何时或何种内容，范围（法院对当事人没有提出的诉讼请求事项不能进行审理和作出裁判），对何人起诉，原则上由当事人自由决定，国家不能干预。当事人处分原则主要包括民事实体权利和诉讼权利的处分。

在民事实体权利中，私法自治原则赋予当事人在民事争议发生后由其自身决定是否主张权利以及主张权利的形式，人民法院不得依职权启动。请求权的提出以及诉讼材料的提供由当事人决定，人民法院必须尊重当事人的决定，不得超出当事人请求。

在民事诉讼程序中，当事人可以充分行使处分权。原告可以申请撤诉或变更诉讼请求，被告可以提起反诉、承认原告的主张或认诺原告的诉讼请求，双方可以自行和解或申请调解。一审判决作出后，当事人可以决定是否提起上诉。民事裁判或者调解书生效后，如果义务人在规定的期限内不主动履行给付义务，由权利人决定是否申请强制执行。在执行程序中当事人亦可达成执行和解。对于发生法律效力的民事裁判，当事人认为确有错误的，有权申请再审。

处分原则贯穿于民事诉讼全过程，我国当事人的处分权受到人民法院审判权的适当干预，不能损害国家、集体、社会利益。

处分原则是公民的自由权利在民事诉讼领域的具体表现，保证了当事人双方诉讼力量对比的平衡关系，是民事诉讼法的精神魂魄。

编写人：张满洋

二审合议庭成员：廖志坚　廖溢爱　吴　狄

8. 以典当为名的抵押担保合同中约定的利息、综合服务费等实为民间借贷关系的利息，超过法律保护上限无效

——赣州某典当有限公司与巫某等借款合同纠纷二审案

裁判要旨

1. 为确保归还借款而在事后订立的抵押担保合同，并不是按照典当法律关系规定的“绝当”之后依法变卖当物实现典权的方式，不属于《典当管理办法》规定的“典当”关系，实质属于民间借贷关系。

2. 合同中涉及专属于“典当”合同的有关利息、综合服务费等约定属于以合法形式掩盖非法目的的行为，相关条款应当认定为无效，借贷利息不得超过《民间借贷司法解释》关于利息上限的规定。

案例索引

一审：江西省赣州市中级人民法院（2015）赣中民二初字第50号

二审：江西省高级人民法院（2016）赣民终568号

基本案情

上诉人（一审被告）：巫某。

被上诉人（一审原告）：赣州某典当有限公司（以下简称典当公司）。

一审被告：郭某军。

一审被告：黄某坚。

一审被告：管某靓。

一审被告：黄某英。

典当公司向一审法院起诉，请求：1. 判令郭某军、管某靓归还当金人民币壹仟万元整；2. 判令郭某军、管某靓支付自2014年4月10日至还清借款之日止的月综合服务费、息（计算至2015年1月10日的月综合服务费、息为288万元）；3. 判令郭某军、管某靓支付律师费人民币64420元；4. 判令黄某坚、巫某对上述款项承担连带清偿责任；5. 判决其对郭某军、管某靓、黄某英提供的抵押物享有优先受偿权。

2014年4月10日，典当公司与郭某军签订《房地产借贷抵押合同》，合同的主要内容为：贷款数额：1000万元整；贷款期限：自2014年4月10日起至2014年7

月 9 日；综合费及息费支付方式：月综合服务费 2%/ 月，月利率为 0.5% / 月，合计费率为 2.5% / 月，月综合服务费、息费每月月底缴纳，逾期缴纳期间综合服务费、息则按 3.2% / 月计算并加收贷款本金 4‰ / 日违约金。

黄某坚作为连带责任保证人在合同上签字认可。同时，黄某坚出具《保证函》，以其个人全部财产向典当公司提供连带责任保证。

2014 年 9 月 22 日，典当公司与郭某军、管某靓签订了《房地产借贷抵押合同》，郭某军、管某靓同意以其自有的位于滨江城市 ×× 房屋提供抵押担保，且办理了抵押登记手续。同日，典当公司与黄某英签订了《房地产借贷抵押合同》，黄某英同意以其自有的位于滨江城市 ×× 房屋提供抵押担保，且办理了抵押登记手续。

上述合同签订后，按照约定通过案外人刘某的账户将 1000 万元转入郭某军指定的黄某英账户中，当期届满后，郭某军、管某靓并未按约定赎当，也从未向支付月综合费及息费，黄某坚、黄某英也未按约履行保证义务。

裁判结果

一审判决：一、郭某军、管某靓于本判决生效后 10 日内向典当公司偿还典当借款本金 1000 万元及违约金（违约金自 2014 年 4 月 10 日起按每月 32‰费率标准计算至还清全部当金为止）；二、郭某军、管某靓于本判决生效后 10 日内向典当公司支付因本案支出的律师费 64420 元；三、典当公司对郭某军、管某靓提供抵押担保的位于滨江城市 ×× 房屋享有优先受偿权；四、黄某英在典当公司实现上述第三项抵押权的情况下，对剩余的典当借款本金和违约金以其所有的位于滨江城市 ×× 房屋承担抵押担保责任；黄某英在承担抵押担保责任后，有权向郭某军、管某靓追偿；五、黄某坚在典当公司实现上述第三项抵押权的情况下，对剩余的典当借款本金和违约金承担连带保证责任；黄某坚在承担连带保证责任后，有权向郭某军、管某靓追偿；六、驳回典当公司的其他诉讼请求。

巫某不服，提起上诉。二审判决：一、维持一审判决第二项、第三项、第四项、第五项、第六项；二、变更一审判决第一项为：郭某军、管某靓于本判决生效后 10 日内向典当公司偿还借款本金 1000 万元及违约金（即利息，自 2014 年 4 月 10 日起按年利率 24% 计算至全部借款还清止）。

裁判理由

二审认为，巫某与黄某坚是夫妻关系，在两人不存在可对抗外部的各自独立财产权的情况下，巫某属于与黄某坚不可分的责任主体。一审法院判令黄某坚承担连带担保责任，必然对巫某的财产利益产生实质的法律影响。故一审判决对巫某有实质的利害关系，其可以依法行使上诉权。根据《典当管理办法》第三条规定，“本办法所称典当，是指当户将其动产、财产权利作为当物质押或者将其房地产作为当物抵押给典当行，交付一定比例费用，取得当金，并在约定期限内支付当金利息、偿还当金、赎回当物的行为。”本案中，典当公司与郭某军于2014年4月10日签订《房地产借贷抵押合同》时，并未提供用于典当的房地产，即不存在“当物”。2014年9月22日，典当公司与郭某军、管某靓和黄某英分别签订的《房地产借贷抵押合同》，均是为确保归还借款而在事后订立的抵押担保合同，并不是按照典当法律关系规定的“绝当”之后依法变卖当物实现典权的方式。因此，典当公司与郭某军于2014年4月10日签订的《房地产借贷抵押合同》不属于《典当管理办法》规定的“典当”关系，实质属于民间借贷关系。该合同中涉及专属于“典当”合同的有关利息、综合服务费等约定属于以合法形式掩盖非法目的的行为，相关条款应当认定为无效，借贷利息不得超过《民间借贷司法解释》第二十六条第一款关于最高年利率24%的规定（一审判决中关于“违约金”的表述实质属于“借贷利息”性质），其他担保人承担责任的内容相应按照司法解释的规定予以确定。

要旨解析

本案属于典型的“名为典当，实为借贷”的民间借贷纠纷案。司法裁判审理此类纠纷主要区分案涉法律关系属于典当关系还是借贷关系，以及违约金计算的问题。

一、典当关系与借贷关系的区别

典当关系是指当户将其动产或者其他财产权利作为当物质押或者将其房地产作为当物抵押给典当行，并交付一定比例费用，取得当票和当金，并在约定期限内偿还当金、支付当金利息、赎回当物的行为。[①] 民间借贷关系主要是指自然人、法人和非法人组织之间进行资金融通的行为。[②] 借贷关系的主体，是自然人、法人和其他组织；借贷的性质是资金融通，而不是其他民事活动；借贷的内容，是自然人、法人、其他组织之间以及他们相互之间，在借贷活动中发生的债权债务关系；借贷关系的法律表现形式是民间借贷合同。典当关系与借贷关系存在交叉点，典当的本质是借贷，是以当物作为担保，换取一定期限的当金权益。两者的区别可以从构成要件上进行分析。

第一，法律关系的主体上。典当的主体限于典当公司，是满足一定条件并经行政许可的企业法人，当户可以是自然人、法人或其他组织，民间借贷关系的主体是自然人、法人、其他组织。本案中，从工商登记信息可以看出，典当公司属于企业

---

①《典当管理办法》第三条将“典当”定义为：“是指当户将其动产、财产权利作为当物质押或者将其房地产作为当物抵押给典当行，交付一定比例费用，取得当金，并在约定期限内支付当金利息、偿还当金、赎回当物的行为。”——商务部、公安部2005年第8号令，2005年4月1日施行。

②《民间借贷司法解释》第一条将“民间借贷”定义为：“是指自然人、法人和非法人组织之间进行资金融通的行为。经金融监管部门批准设立的从事贷款业务的金融机构及其分支机构，因发放贷款等相关金融业务引发的纠纷，不适用本规定。”——法释〔2020〕6号，2021年1月1日起施行。

法人，注册资本1000万元，典当行的设立需要特别的程序，但其尚不属于法定的金融机构范畴，符合借贷关系的主体资格要件。

第二，在法律关系的内容上。典当要求当户用其动产、财产权利作为质押或将其房地产作为抵押给典当行，当物是典当的前提和基础，当户是当物的所有权人或有权处分人，而民间借贷并不必然要求存在担保，即使要求担保也并不限制借款人或者第三人的担保。典当行开展典当业务，应签发当票。民间借贷并不要求签订借贷合同，允许口头合同的存在，常用的是借条、借据等，格式、内容也无统一的要求。

本案中，典当公司与郭某军于2014年4月10日签订《房地产借贷抵押合同》时，并未提供用于典当的房地产，即不存在“当物”。在合同中，典当公司以放贷人自居，没有典当的真意流露；其也未向上诉人出具当票，即并未订立典当合同。合同虽名为房地产借贷抵押合同，但没有约定抵押物，即未约定当物，不符合典当合同的要件。

第三，在法律后果上。典当关系的赎当是当户的权利，而民间借贷关系的担保是借款人的权利。本案中，2014年9月22日，典当公司与郭某军、管某靓和黄某英分别签订的《房地产借贷抵押合同》，均是为确保归还借款而在事后订立的抵押担保合同，并不是按照典当法律关系规定的“绝当”之后依法变卖当物实现典权的方式。

综上，结合2015年度全国民事审判工作会议纪要第22条规定，若没有当物（包括没办理抵质押登记），即便典当行向当户签发当票或双方之间签订了借款合同的，典当合同仍为无效，按民间借贷关系处理的规定，本案中，典当公司既未向郭某军开具发票，郭某军也未向典当公司提供当物，故本案按照民间借贷纠纷处理正确合理。

二、关于违约金的计算

借贷关系中利息的计算存在以下情况：①自然人之间与自然人和法人、法人之间的认定标准；②约定明确与约定不明时的认定标准；③对于利息无约定或者利息约定不明时的裁量认定标准。”关于“名为典当、实为借贷”的案件，存在部分当事人假借典当纠纷案由规避借贷高利审查，意图通过法院裁判使其高利合法化。“名为典当，实为借贷”合同中涉及专属于“典当”合同的有关利息、综合服务费等约定属于以合法形式掩盖非法目的的行为，相关条款应当认定为无效，借贷利息不得超过《民间借贷司法解释》关于利息上限的规定。

《典当管理办法》[①] 对典当的月综合管理费用规定了上限，但对综合管理费用的收取时限以及违约金的收取标准并没有明确规定，同时《典当管理办法》系部门规章，

---

①《典当管理办法》第三十八条：“典当综合费用包括各种服务及管理费用。动产质押典当的月综合费率不得超过当金的42‰。房地产抵押典当的月综合费率不得超过当金的27‰。财产权利质押典当的月综合费率不得超过当金的24‰。”

并不能当然作为司法裁判的依据。因此，对于该类案件，应当在严格审查典当关系和民间借贷法律关系的区别条件基础上，对“名为典当、实为借贷”，尤其是存在保证担保以及当物未进行抵押、质押登记或未交付质物等情形的，不宜认定为典当关系，而应认定为民间借贷法律关系，从而适用关于民间借贷法律关系、担保及保证的相关法律规定，从而抑制和否定典当行对于高额息费的诉讼主张，但对于典当行合理的商业期待利益仍应在民间借贷法律规范规定的合理范围内予以裁量认定。[①]

本案中，一审法院按照典当关系以郭某军与典当公司签订《房地产借贷抵押合同》中约定的“典当期限内的综合服务费为2%/月，月利率为0.5%/月、每月32‰费率标准计算至还清全部当金为止”符合《典当管理办法》的相关规定，支持了润川公司关于综合服务费、利息和律师费的诉讼请求，最后被告所需承担的费用远远高于民间借贷利息最高限额的规定。二审法院按照借贷关系，以自然人与商业主体之间的借款利息不能超过民间借贷最高额利息的规定判决郭某军承担清偿责任。判决符合本案的真实法律关系，维护了典当市场和借贷市场的良性发展，揭开了“名为典当，实为借贷”的面纱。

编写人：张满洋

二审合议庭成员：欧阳军　吴玉萍　陈　慧

---

① 陈某星：《“名为典当、实为借贷”的合同性质辨析及借款利息认定》，载《民事审判指导与参考》2017年第1辑。

9. 当事人利益的增减不是调解协议效力的评判依据

——叶某与桑某华保证合同纠纷再审案

裁判要旨

1. 当事人对自己享有的民事权利在法律规定范围内可以自行处分，在调解过程中对权利的放弃让步或对义务的自愿承担，只要不损害国家和社会公共利益，不侵害案外人利益，均属于当事人自主处分范围。

2. 评判调解协议的效力，不能以当事人的利益是否受到减少或增加作为判断标准，而应以此种利益的减少或增加是否属于当事人真实意思表示为依据。

3. 当事人与其特别授权代理人之间属于委托法律关系，特别授权代理人诉讼行为的后果应当由作为被代理人的当事人承担，除非其代理人与对方当事人串通损害被代理人利益，否则代理人的行为是否符合被代理人的指示不是调解书应否撤销需要审查的问题。

案例索引

一审：江西省九江市浔阳区人民法院（2015）浔民再初字第 4 号

二审：江西省九江市中级人民法院（2015）九中民再终字第 19 号

再审：江西省高级人民法院（2017）赣民再 67 号

基本案情

再审申诉人（一审原告、二审上诉人）：叶某。

被申诉人（一审被告、二审被上诉人）：桑某华。

江西省人民检察院抗诉认为，（2013）浔民一初字第 143 号民事调解书是合法有效的。理由：一、该调解书是叶某和桑某华的真实本意，调解程序符合自愿原则；二、该调解书的内容符合现行法律法规规定，既未损害国家利益、社会公共利益、他人合法权益，对 2011 年 2 月 18 日的 50 万元借款收据一并处理未加重桑某华的债务，未对桑某华权益造成侵害。应维持原一审调解书效力。

2012 年 12 月 12 日，叶某向九江市浔阳区人民法院起诉请求：桑某华履行担保义务，归还叶某欠款 80 万元并按同期银行贷款利率的四倍支付自 2012 年 3 月 18 日起至还款之日止的利息。该案经九江市浔阳区人民法院组织调解，桑某华的特别授权委托代理人肖某律师与叶某达成如下调解协议，“原告叶某同意被告桑某华于 2013 年 3 月 15 日前归还欠款本金 800000 元，并承担自 2012 年 3 月 18 日起至本金还清之日止的利息（按中国人民银行同期贷款利率的四倍）；本案诉讼费 13400 元减半收取 6700 元，财产保全费 5000 元，由被告桑某华负担。”九江市浔阳区人民法院对此予以了确认，并出具了（2013）浔民一初字第 143 号民事调解书。

桑某华不服，向九江市浔阳区人民法院申请再审，九江市浔阳区人民法院于 2015年1月23日作出（2015）浔民申字第7号民事裁定，再审本案。该院再审认为，叶某 2011 年 1 月 18 日出具的证明，证实了其名下 100 万元债权中实际有 50 万元归属被告桑某华，故原告就该 50 万元不享有要求被告承担保证责任的权利，原一审民事调解书确认的调解协议内容违反法律规定，应予撤销。二审认为，叶某在原一审中主张的债权，仅为 2011 年 1 月 18 日其出借给华强公司的 100 万元中尚未归还的 80 万元及其利息；且双方在原一审调解时并未表明调解内容超出原告诉请，故原一审确认的调解协议中确定的桑某华向叶某归还 80 万元本息的义务，系桑某华履行叶某主张的 2011 年 1 月 18 日华强公司向叶某借款 100 万元的担保义务。然而，叶某同日出具的证明可以证明该笔以叶某名义出借给华强公司的 100 万元，其中的 50 万元属于桑某华，故桑某华没有向叶某偿还此 50 万元的担保义务，原调解协议包含的桑某华该款偿还义务，没有合法根据，叶某据此取得的利益构成不当得利，根据原《民法通则》第九十二条的规定，不当得利不受保护，应予返还，原一审调解书对上述调解协议确认不当，应予撤销。

2011 年 1 月 18 日，华强公司因经营周转向叶某借款 100 万元，并出具收据一张，华强公司法定代表人周某强在该收据（背面）上签署：年回报百分之三十，按月结。同日，叶某向桑某华出具证明一份，内容为：“今证明叶某借给周某强人民币大写壹佰万元整，其中伍拾万元整归属桑某华。”后经叶某催要，周某强又在该收据背面签字同意该笔款项六个月内还清。2012 年 4 月 20 日，桑某华在该收据背面签字同意担保六个月。2012 年 9 月 10 日，华强公司出具承诺书，上面载明：“……因该笔借款有担保人桑某华提供债务到期后六个月的担保，故承诺人再次郑重承诺，该笔借款在 2012 年 9 月 18 日前归还，利息按月息三分（月息 3%）予以计算……”华强公司在归还叶某本金 20 万元后，余款 80 万元尚未归还。

2011 年 2 月 18 日，华强公司向叶某借款 50 万元，并出具借款收据一张。同日，华强公司法定代表人周某强在该借款收据背面签署：“年回报百分之三十，按月结”，该背书下面周某强另签署：“本人同意该笔款项六个月内还清”，但未署明时间。2012 年 4 月 20 日，桑某华在该借款收据背面签字：“同意担保六个月”。

2016 年 5 月 25 日，九江市人民检察院对肖某进行了询问，肖某在询问笔录中陈述，其系接受桑某华委托代理该案，知道叶某手中还有 2011 年 2 月 18 日桑某华担保的 50 万元，在调解时就把这两笔 50 万元放一起解决了，桑某华总共是要承担 80 万元的担保责任，其也跟桑某华沟通过，把几张条子打总处理。

裁判结果

一审判决：一、撤销江西省九江市浔阳区人民法院（2013）浔民一初字第143号民事调解书；二、原审被告桑某华在判决生效后五日内向原审原告叶某返还借款300000元，并按中国人民银行同期贷款利率的四倍支付自2012年3月18日起至判决确定的给付之日止的利息。

叶某提出上诉。二审判决：驳回上诉，维持原判。

双方均不服二审判决，向检察机关申请抗诉，检察机关提出抗诉。再审判决：一、撤销江西省九江市中级人民法院（2015）九中民再终字第19号民事判决、九江市浔阳区人民法院（2015）浔再初字第4号民事判决；二、维持九江市浔阳区人民法院（2013）浔民一初字第143号民事调解书。

裁判理由

再审认为，调解书是人民法院出具确认当事人达成的调解协议合法有效的法律文书，其本质上是对调解协议是否为当事人之间一致意思表示和内容是否合法进行的审查确认。《最高人民法院关于人民法院民事调解工作若干问题的规定》第十二条规定了人民法院不予确认调解协议的四种情形，即侵害国家利益、社会公共利益的；侵害案外人利益的；违背当事人真实意思的；违反法律、行政法规禁止性规定的。综合本案查明的事实，本案双方当事人达成的调解协议并不具有以上不应确认的情形，原一审法院对双方达成的调解协议出具调解书予以确认符合法律规定，不存在应予撤销的事由。首先，本案原一审调解程序合法，调解书是双方真实意思表示。该案系在法院主持下进行的调解，叶某及其委托代理人向某，桑某华代理人肖某参加调解，虽然桑某华本人未参加调解，但肖某系其特别授权委托诉讼代理人，肖某有权代表桑某华就其与叶某纠纷进行调解，其所做意思表示即代表了桑某华的意思表示。桑某华在申请再审时称叶某与其代理人肖某串通，但未提供证据证实该调解协议系叶某与肖某串通的结果。肖某在接受九江市人民检察院询问时亦陈述其在代理本案时已经和桑某华沟通，将2011年1月18日的借款和2011年2月18日的借款一并处理。其次，本案原一审调解程序和内容符合法律规定，也未违法损害桑某华的利益。当事人对自己享有的民事权利在法律规定范围内可以自行处分，在调解过程中对权利的放弃让步或对义务的自愿承担，只要不损害国家和社会公共利益，不侵害案外人利益，均属于当事人自主处分范围。评判调解协议是否损害当事人利益，不能以当事人的利益是否受到减少或增加作为判断标准，而应以此种利益的减少或增加是否属于当事人真实意思表示为标准。即使本案中双方在原一审系仅就2011年1月18日借条进行调解，桑某华作为被告自己未在调解中主张权利，亦是其对自身民事权利义务的处分，不存在违法损害其利益的情形。桑某华对叶某向其出具的2011年1月18日100万元借款中有50万元属于其所有的债权凭据是否交付给肖某的解释本身亦前后矛盾，且双方之间属于委托法律关系，肖某作为代理人所作诉讼行为的后果应当由被代理人桑某华承担，除非肖某与叶某串通，肖某履行委托代理合同的行为是否符合桑某华的指示不是调解书应否撤销需要审查的问题。虽然2011年2月18日的借款并不在叶某起诉的诉讼请求范围内，但《最高人民法院关于人民法院民事调解工作若干问题的规定》第九条明确规定，调解协议内容超出诉讼请求的，人民法院可以准许。本案中直接参与调解的叶某和桑某华代理人肖某均确认本案调解系将2011年1月18日借款和2011年2月18日两笔借款一并处理的结果。叶某与桑某华在原一审中就叶某未起诉的2011年2月18日借款一并达成调解符合司法解释的规定。最后，本案不存在损害国家利益、社会公共利益和侵害案外人利益的情形。因此，叶某申诉理由成立，对其再审请求应予支持，二审判决适用法律错误，应予纠正。本案应撤销一、二审判决，维持原一审调解书效力。

要旨解析

本案裁判要旨涉及如何判断人民法院在民事诉讼中主持达成的调解协议的效力。调解是人民法院在审理民事案件时采用的一种案件处理方法。目前，规范调解的法律、司法解释主要有《民事诉讼法》《民事诉讼法司法解释》《最高人民法院关于人民法院民事调解工作若干问题的规定》等。《民事诉讼法》（2023年修正）第八章以专章共七个条款对调解进行规范。其中《民事诉讼法》（2023年修正）第九十六条规定："人民法院审理民事案件，根据当事人自愿的原则，在事实清楚的基础上，分清是非，进行调解。"除了第一百四十三条规定的适用特别程序、督促程序、公示催告程序的案件和婚姻等身份关系确认案件以及其他根据案件性质不能进行调解的案件，不得调解外，一般的民事纠纷人民法院均可以在审理全过程进行调解。根据民事诉讼法第八章调解的相关规定，民事诉讼中的调解必须坚持两个原则，即当事人自愿原则和合法原则。

当事人自愿原则是人民法院在民事诉讼中组织调解的基本原则。《民事诉讼法》（2023年修正）第九十六条规定，人民法院审理民事案件，根据当事人自愿的原则，在事实清楚的基础上，分清是非，进行调解。第九十九条又规定，调解达成协议，必须双方自愿，不得强迫。从上述民事诉讼法的两个条款可以看出，民事诉讼中调解自愿包含两个方面的意思，一是人民法院进行调解应当坚持当事人自愿原则，必须尊重当事人的意愿，当事人愿意进行调解的，才组织调解，当事人不愿意进行调解的，不能强迫当事人进行调解。二是调解协议的达成必须坚持当事人自愿。当事人虽然自愿进行调解，但对协商结果不满意，不愿达成调解协议的，人民法院应当尊重当事人的选择。

合法是对调解达成协议的基本要求。《民事诉讼法》（2023年修正）第九十九条除规定了"调解达成协议，必须双方自愿，不得强迫"外，还有一句"调解协议的内容不得违反法律规定。"合法原则主要针对调解达成的协议内容，协议内容不能违反法律的规定。在《最高人民法院关于人民法院民事调解工作若干问题的规定》中，第十条将合法原则具体化为四种情形，即调解协议具有下列情形之一的，人民法院不予确认：

（一）侵害国家利益、社会公共利益的；（二）侵害案外人利益的；（三）违背当事人真实意思的；（四）违反法律、行政法规禁止性规定的。当事人经过调解达成的协议具有以上情形之一，人民法院不能通过发民事调解书进行确认。如果存在上述情形，人民法院未审查发现，对其通过民事调解书进行了确认，则有可能需要通过再审程序撤销该民事调解书。本案即是此种争议。

以上两个人民法院组织调解必须坚持的基本原则是我们判断一份调解协议效力的基本依据。该案当事人桑某华和叶某在法院组织下达成调解协议，符合上述两个原则，再审已经从证据采信、事实分析和法律解析几个方面进行了充分的说理，不存在否定其效力的理由。申诉人桑某华提出该调解协议无效的另一个理由是调解协议侵害了其利益，即将 2011 年 1 月 18 日的借款和 2011 年 2 月 18 日的借款一并处理损害了其利益。再审判决认为评判调解协议是否损害当事人利益，不能以当事人的利益是否受到减少或增加作为判断标准，而应以此种利益的减少或增加是否属于当事人真实意思表示为标准。笔者对此亦完全认同。调解本身即意味着协商让步，需要各方当事人根据情况放弃一部分自己利益才可能与对方达成一致协议。如果完全坚持自己的主张和利益，调解达成协议的可能性会很低。该案二审否定调解协议效力的理由是认为调解协议包含了被告自身出借的 50 万元，因此原告通过调解协议构成不当得利。该观点即系以调解协议对当事人双方利益的得失来评判调解协议的效力，而忽视了因调解导致的利益减少只要证实系当事人自愿达成，又不损害他人利益，与调解协议效力没有关系，利益得失本身不构成评判效力依据。因此，评判调解协议的效力应当以前述自愿和合法两个原则为依据，只要是当事人自愿达成，亦不存在违法事由，即不应否定其效力。

编写人：龚雪林

再审合议庭成员：龚雪林　刘晓雯　邓名兴

10. 债务履行期届满前第三人签订的以物抵债协议属于债权性质担保

——唐某浪、郑某萍与徐某洪、李某华、上饶市某实业有限公司、张家界某置业有限公司民间借贷纠纷二审案

裁判要旨

1. 在债务履行期届满前，第三人为担保债务的履行与债权人签订的以物抵债协议，性质为非典型担保，依物权法定原则，其系债权性质的担保而非物权担保。不适用德国民法中“代物清偿协议”理论而应依原《合同法》等规定认定效力，系诺成性合同。

2. 第三人无需履行交付抵债物的义务，应承担担保责任。依诚信原则，其应以签订以物抵债协议时承诺担保的范围及用以抵债的标的物价值为限对主债务承担清偿责任。在签订协议时，抵债标的物上存在物权担保时，根据物权优先于债权的原则，物权担保人对抵债标的物享有优先受偿权。用以抵债的标的物价值为物权担保实现后抵债标的物的剩余价值。

3. 第三人承担债务清偿责任后，有权在其实际清偿的范围内向主债务人追偿。

案例索引

一审：江西省上饶市中级人民法院（2015）饶中民一初字第163号

二审：江西省高级人民法院（2017）赣民终11号

基本案情

上诉人（原审被告）：张家界某置业有限公司（以下简称置业公司）。

被上诉人（原审原告）：唐某浪。

被上诉人（原审原告）：郑某萍。

原审被告：徐某洪。

原审被告：李某华。

原审被告：上饶市某实业有限公司（以下简称实业公司）。

唐某浪、郑某萍诉至一审法院，请求判令：1. 徐某洪、李某华归还其借款1000万元及利息（截至2015年5月21日的利息370万元，自2015年5月22日起至借款还清之日止的利息按月利率2%计算）；2. 实业公司承担连带保证责任；3. 置业

公司履行交付房产的抵债义务，如不能履行则要求其在1000万元借款本金范围内承担连带还款责任。

2014年2月6日，徐某洪因资金需要向唐某浪、郑某萍借款1000万元，并约定借期一年、利息为年利率36%。2014年12月24日，唐某浪、郑某萍与实业公司、徐某洪签订《抵押、保证担保协议》，约定如下：唐某浪、郑某萍同意截至本协议签订日将未支付的利息调整为年利率18%，本协议签订后的利息予以免除，本息归还期限延长至2016年3月23日。截至本协议签订日尚有本金1000万元。如徐某洪不能在2016年3月23日前依约清偿债务本息，实业公司同意从该日起对该协议项下借款本息承担连带保证责任，并将其在建的上饶中商广场商业裙楼部分在建物业及上饶中商广场公寓在具备该协议约定条件时预先抵押给唐某浪、郑某萍。2015年5月21日，唐某浪、郑某萍和徐某洪、置业公司签订《抵债协议》，主要内容如下：徐某洪确认其尚欠唐某浪、郑某萍本金1000万元，利息计370万元。置业公司将位于湖南省张家界市解放路土地权证号为张国用（2013）第1224号、张国用（2013）第0086号的部分房产抵偿唐某浪、郑某萍及李某、唐某强借款本金共计5700万元。唐某浪、郑某萍及李某、唐某强根据置业公司的实际履约情况，视为徐某洪已清偿等价相应债务。2015年5月22日，唐某浪、郑某萍与李某、唐某强签订《抵债财产分配协议书》。置业公司用于抵债的房产均已抵押给中国农业银行张家界分行。

《抵债协议》第二条注明所争房产均已抵押给中国农业银行张家界分行，办理项目开发贷款。第六条约定：置业公司抵偿给唐某浪、郑某萍、李某、唐某强的房产因置业公司缘故暂不能在房管局办理预售备案登记，置业公司承诺自本协议签订之日起，本协议项下之抵债房产归唐某浪等所有。第九条约定：徐某洪、唐某浪、郑某萍等于2014年12月24日与实业公司签订的《抵押、保证担保协议》继续有效。唐某浪、郑某萍等有权择优以本协议项下抵债资产或《抵押、保证担保协议》项下抵押物实现名下债权，若有不足部分从两份协议所涉资产中互相调配。一审判决宣判后，置业公司不服一审判决，提出上诉。

裁判结果

一审判决：一、徐某洪、李某华在本判决发生法律效力后一个月内共同归还唐某浪、郑某萍借款本金1000万元（利息按年利率24%计算，从2014年2月6日起计算至清偿之日止）；二、实业公司对徐某洪、李某华所欠唐某浪、郑某萍本金1000万元及其相应利息（自2014年2月6日起至2014年12月24日止以1000万元为基数按年利率18%计算）的债务承担连带保证责任；三、置业公司在唐某浪、郑某萍分配到的抵偿房产价值范围内对徐某洪所欠唐某浪、郑某萍的本金1000万元承担连带清偿责任；四、实业公司履行了上述第二项责任后有权向徐某洪、李某华追偿；五、驳回唐某浪、郑某萍的其他诉讼请求。

二审判决：一、维持一审判决第一项、第二项、第四项；二、撤销一审判决第五项；三、变更一审判决第三项为置业公司以唐某浪、郑某萍依照2015年5月22日与李某、唐某强签订的《抵债房产分配协议书》分得的房屋价值在抵押权人中国农业银行张家界分行实现抵押权后的余额为限，对徐某洪尚欠唐某浪、郑某萍的1000万元本金承担连带清偿责任；四、置业公司履行本判决第三项后在其实际清偿范围内有权向徐某洪、李某华追偿；五、驳回唐某浪、郑某萍的其他诉讼请求。

裁判理由

二审认为，关于《抵债协议》的性质问题，其性质应根据当事人在合同中的真实意思表示来确定。从《抵债协议》的内容来看，第一，置业公司有以诉争房产替徐某洪抵偿债务的意思表示，虽约定了自协议签订之日起协议项下抵债房产归唐某浪、郑某萍等所有，但该约定在法律上不能发生物权变动的效力，且诉争房产因设定了抵押无法办理网签备案和所有权转移登记，故唐某浪、郑某萍在客观上无法依约取得诉争房产的物权，置业公司、徐某洪及唐某浪、郑某萍对此均是明知的。因此，各方的真实意思表示并非以诉争房产的物权抵偿徐某洪的债务。第二，根据《抵债协议》第九条的约定，实业公司也为诉争债务的履行提供了担保，债权人唐某浪、郑某萍对实业公司提供的担保和置业公司提供的以物抵债协议的履行可以选择。由此，说明诉争《抵债协议》与实业公司提供的担保是并列的债权担保方式。第三，徐某洪并不因《抵债协议》的签订完全免除承担清偿债务的责任，《抵债协议》第三条约定根据《抵债协议》的实际履行情况视为徐某洪已清偿等价相应债务，如果该协议未履行或未完全履行或履行后仍不能抵偿全部债务，徐某洪仍需继续清偿债务。且无证据证明《抵债协议》签订后，唐某浪、郑某萍等无权再向徐某洪主张权利。因此，根据《抵债协议》，各方当事人的真实意思表示是置业公司以诉争房产的一定价值为徐某洪尚欠唐某浪、郑某萍等诉争债务的履行提供的担保。该种担保不属于我国原《物权法》、原《担保法》规定的物权担保，而是债权性质的担保。

关于《抵债协议》的效力问题。因《抵债协议》为债权性质的担保，故对其效力的认定应根据原《合同法》相关规定认定。《抵债协议》系当事人的真实意思表示。根据原《合同法》第五十二条、原《合同法司法解释（二）》第十四条的规定，该合同未违反法律、行政法规的效力性强制性规定，也无证据证明该合同符合原《合同法》第五十二条第一项至第四项规定的合同无效的情形。因此，该《抵债协议》合法有效。置业公司主张诉争《抵债协议》为代物清偿协议，系实践性合同，在交付标的物时生效，无法律依据。

关于置业公司应否承担清偿责任及责任范围问题。因所争房产在签订《抵债协议》时已抵押给银行，合同各方当事人对此均是明知的。抵押权为物权，根据原《担保法》第三十三条之规定，在债务人不履行债务时，享有抵押权的债权人对抵押物有优先受偿权。因此，就本案而言，合同各方当事人的真实意思表示是诉争房产的价值在抵押权人中国农业银行张家界分行实现抵押权后以其余额为徐某洪尚欠唐某浪、郑某萍的1000万元本金提供担保。根据原《合同法》第六条的规定，当事人行使权利、履行义务应当遵循诚信原则，故置业公司应对诉争债务承担清偿责任，其对唐某浪、郑某萍承担责任的范围有两个限制：一是以唐某浪、郑某萍根据2015年5月22日与李某、唐某强签订的《抵债房产分配协议书》分得的房屋价值以抵押权人中国农业银行张家界分行实现抵押权后的余额为限；二是仅对徐某洪尚欠唐某浪、郑某萍的1000万元本金承担担保责任。置业公司上诉中也认可即使《抵债协议》合法有效，其应承担连带责任也应该限于银行行使优先受偿权之后的剩余房产价值内。一审法院将置业公司承担责任的财产价值认定为诉争房产的价值，未考虑抵押权人的优先受偿权，适用法律错误，应予纠正。关于承担责任的方式，因各方当事人未约定在徐某洪不能履行债务时由置业公司以房抵债，故置业公司对诉争债务应在其责任范围内承担连带清偿责任。另外，原《担保法司法解释》第四十二条第一款规定："人民法院判决保证人承担保证责任或者赔偿责任的，应当在判决书主文中明确保证人享有担保法第三十一条规定的权利。判决书中未予明确追偿权的，保证人只能按照承担责任的事实，另行提起诉讼。"因本案的担保与保证同为债权担保，参照该规定，置业公司在其承担清偿责任后有权在其实际清偿范围内向徐某洪、李某华追偿。

要旨解析

本案争议的问题是：1. 以物抵债协议的性质；2. 以物抵债协议的效力；3. 提供抵债标的的主体承担何责任。

一、关于以物抵债协议的性质

关于以物抵债协议的性质，主要有三种观点：第一种观点认为，以物抵债协议的性质为代物清偿协议，系要物合同，认为在无债权人现实地受领他种给付时，以物抵债协议未成立，以物抵债协议未履行时因合同未成立而无需履行，债务人继续履行原债务。第二种观点认为，在认定债务清偿期届满后的以物抵债协议的性质时，应以尊重当事人的意思自治为基本原则，约定不明的，一般应认定以物抵债协议为诺成性的新债清偿协议。在协议的履行问题上，债权人的选择应受到必要限制，一般应先行使新债务履行请求权，但在新债务届期不履行，致使以物抵债协议目的不能实现时，债权人有权请求债务人履行旧债务。第三种观点认为，以物抵债协议的性质应根据协议的内容确定。债务履行期届满前与债务履行期届满后的以物抵债协议性质不同。债务履行期届满后达成的协议或为代物清偿协议或为新债清偿协议，应依合同内容而定。对于债务履行期届满前达成的以物抵债协议，因债务人到期是否履行债务尚不确定，以物抵债的目的在于担保债权不能实现的风险，应认定为债权性质的担保。笔者同意第三种观点。理由是：一、当前，代物清偿协议并非我国原《合同法》中的有名合同，我国立法和司法解释均无明确规定。《德国民法典》第三百六十四条规定："债权人受领原定给付以外之他种给付以代清偿者，债之关系消灭。债务人未清偿债权人而对债务人负担新债务者，有疑义时，不得认为债务人负担债务为代物清偿。"据此，学者认为，代物清偿，是指债权人受领他种给付以代原定给付，而使债之关系归于消灭的现象。在德国、日本，代物清偿协议为实践性合同，即代物清偿协议自债权人现实地受领债务人提出的他种给付时成立。国内，有观点认为，应借鉴代物清偿的相关理论，理由是：1.代物清偿只是给付标的的改变，作为清偿之目的，仍应实际履行后才发生清偿的效果；2.把以物抵债作为实践性合同可避免与虚假诉讼的关联，避免虚假诉讼造成的巨大救济成本；3.即使债务人反悔，不履行现实给付，而此时仍按原债的关系履行，并未损害债权人的利益，更未增加债务人的利益。而另一种观点认为，我国并无德国相关立法例，代物清偿合意作为非典型合同，不宜套用境外的代物清偿理论与规则，削足适履地受制于要物合同的学说。在当今合同强调意思主义的前提下，约定当事人有权要求变更合同给付客体的"纯代物清偿合意"也属于"债务变更契约"的范畴，自应合法有效。[①] 笔者认为，以物抵债是否为代物清偿，不能一概而论。根据"以物抵债"的文义，其有以交付特定标的物抵偿原债务的意思。债，即请求相对人为或不为一定行为，是一种给付。而交付特定标的物抵偿原债务，意味着债务人需要履行一种新的给付代替原给付。债务人履行异于原定给付的他种给付通常可分为三个类型：代物清偿、为清偿而给付、为担保而给付。[②] 当事人的意思究竟是代物清偿、为清偿而给付还是为担保而给付，应结合合同的内容确定其性质，而不应直接认定为代物清偿。在当事人没有明确约定以新债履行代替旧债且合同自新债标的物交付时成立则不宜认定为代物清偿。本案当事人并未约定合同自新债标的物交付时成立，不属代物清偿协议。二、新债清偿，又称新债抵旧、间接清偿、旧债新偿或间接给付，德国法上称"为清偿之给付"，是指债务人因清偿旧债务而负担新债务，并因新债务的履行而使旧债务消灭之契约。[③] 新债清偿发生于债务履行期届满后，而本案中的以物抵债协议签订于债务履行期届满前，且本案中提供抵债标的物的为第三人，即为第三人设定了一种新的债务而非原债务人为自己设定的一种新的债务。综上，本案中的以物抵债协议既不适用域外代物清偿理论也不适用新债清偿协议。

关于本案《抵债协议》的性质，应根据当事人在合同中的真实意思表示来确

① 崔建远：《以物抵债的理论与实践》，载《河北法学》2012年第3期；陆青：《以房抵债协议的法理分析——最高人民法院载"朱俊芳案"评释》，载《法学研究》2015年第3期；转引自庄加园：《买卖型担保"与流押条款的效力—〈民间借贷规定〉第24条的解读》，载《清华法学》2016年第3期。

② 庄加园：《买卖型担保"与流押条款的效力—〈民间借贷规定〉第24条的解读》，载《清华法学》2016年第3期。

③ 司伟：《债务清偿期届满后的以物抵债纠纷裁判若干疑难问题思考》，载《法律适用》2017年第17期。

定。从《抵债协议》的内容来看，第一，徐某洪并不因《抵债协议》的签订完全免除承担清偿债务的责任，《抵债协议》第三条约定根据《抵债协议》的实际履行情况视为徐某洪已清偿等价相应债务，如果该协议未履行或未完全履行或履行后仍不能抵偿全部债务，徐某洪仍需继续清偿债务。本案中以物抵债协议约定的新债履行方式与旧债并存。第二，本案中以房产抵债虽然也是一种新债清偿方式，但根据《抵债协议》第九条的约定，实业公司也为诉争债务的履行提供了担保，债权人唐某浪、郑某萍对实业公司提供的担保和置业公司提供的以物抵债协议的履行可以选择。由此，诉争《抵债协议》与实业公司提供的担保是并列的债权担保方式。担保协议具有从属性，不同于新债清偿协议，也不同于债务加入。新债清偿协议是与原债并列的清偿方式。债务加入，是指第三人与债权人、债务人达成三方协议或第三人与债权人达成双方协议或第三人向债权人单方承诺由第三人履行债务人的债务，但同时，不免除债务人履行义务的债务承担方式。债务加入的承担人履行的债务是与原债务人承担的并存债务，不具有附属性。① 第三，置业公司有以诉争房产所有权替徐某洪抵偿债务的意思表示，并约定了自协议签订之日起协议项下抵债房产归唐某浪、郑某萍等所有，形式上符合“代物清偿协议”的特征，但实质上不能依照约定产生物权变动和旧债消灭的法律后果。依照我国法律规定，房产自办理所有权转移登记时才能产生物权变动的效力，不可能自协议签订时产生物权变动的效力，且诉争房产因设定了抵押无法办理网签备案和所有权转移登记，置业公司、徐某洪及唐某浪、郑某萍对此均是明知的。本案以物抵债虽非以“买卖型担保”的形式出现，但类似于“买卖型担保”。在“买卖型担保”担保中，“买卖”标的物并非当事人的真实意思表示，真实意思是以买卖的标的物为主债务的履行提供担保。本案中，各方当事人均明知抵债标的物的所有权不可能自签订合同时转移，且标的物早已抵押给银行，在房产管理局无法办理转移过户手续，故抵债标的物所有权的转移也并非当事人的真实意思表示。本案中的给付实系为担保而给付，类似于让与担保、出质中的给付。因此，各方当事人的真实意思表示并非以诉争房产的物权抵偿徐某洪的债务，实际是以抵债标的物的价值为旧债的履行提供担保。本案以物抵债协议的性质为非典型的债权性质的担保。

二、关于以物抵债协议的效力问题

本案《抵债协议》不应认定为实践性合同。首先，出于尊重意思自治、鼓励交易，原《合同法》中绝大部分合同为诺成性合同。立法将某类合同界定为实践性合同，常基于社会公共利益、交易安全考虑而对民事交易主体的行为作出限制。无论以物抵债协议在名称是否被命名为“代物清偿协议”，在我国立法未明确规定其为

---

① 高勇、黄兆坤:《论债务加入及其立法》，载《齐齐哈尔大学学报（哲学社会科学版）》2017年7月。

实践性合同的情况下，不应刻板地套用域外法学理论。其次，若将以物抵债协议认定为实践性合同，未履行导致合同未成立，将让不诚信的一方受益，违反诚信原则。当前，学界套用代物清偿理论的观点认为代物清偿协议未履行时原债务继续履行，不免除原债务人的义务，不会损害债权人的利益。对此，笔者认为，在提供抵债标的物的主体为债务人自身时，由于债务人的全部财产包括用于抵债的标的物在内都是其履行债务的一般担保，故其不履行代物清偿协议不会影响其承担责任的财产范围。而在第三人提供抵债标的物时，改变的不仅是给付标的，也改变了债务履行主体。若坚持以物抵债协议的实践性，在未交付标的物时，合同未成立，对当事人尚未产生效力，则意味着第三人无需承担任何法律责任，违背了当事人对债务清偿作出的安排，与意思自治原则相冲突。同时，第三人同意以其特定标的物冲抵债务人的债务，即做出了清偿的意思表示，若其事后反悔却无须承担任何责任，违背了诚信原则，对债权人不公平，也纵容了第三人的不诚信行为。

本案《抵债协议》为债权性质的担保合同，对其效力的认定应根据原《合同法》相关规定认定。因其系各方当事人的真实意思表示，且未违反法律、行政法规的效力性强制性规定，也无证据证明该合同符合法定的合同无效的情形。因此，本案《抵债协议》合法有效。

三、关于提供抵债标的主体的责任承担问题

由于本案《抵债协议》的性质为担保，如同“买卖型担保”中当事人的真实意思表示并非取得买卖标的物的所有权，本案中当事人的真实意思表示并非取得抵债标的物的所有权，而是以抵债标的物的财产价值为主债务的履行提供担保。因此，在主债务人到期不履行债务，第三人也未交付抵债标的物时，担保债权人不能请求担保人直接交付抵债标的物，为避免债权人获取暴利，应通过对抵债标的物进行清算清偿债务。在主债务人到期不履行债务时，提供抵债标的物的第三人不负有交付标的物的义务，但其基于担保的意思表示，应承担相应的担保责任，其责任范围为签订以物抵债协议时承诺担保的范围。在本案中，因诉争房产在签订《抵债协议》时已抵押给银行，合同各方当事人对此均是明知的。抵押权为物权，在债务人不履行债务时，享有抵押权的债权人对抵押物有优先受偿权。因此，就本案而言，合同各方当事人的真实意思表示是诉争房产的价值在抵押权人中国农业银行张家界分行实现抵押权后以其余额为徐某洪尚欠唐某浪、郑某萍的 1000 万元本金提供担保。根据原《合同法》第六条的规定，当事人行使权利、履行义务应当遵循诚信原则，故置业公司应对诉争债务承担清偿责任，其对唐某浪、郑某萍承担责任的范围有两个限制：一是以唐某浪、郑某萍根据 2015 年 5 月 22 日与李某、唐某强签订的《抵债房产分配协议书》分得的房屋价值以抵押权人中国农业银行张家界分行实现抵押权后的余额为限；二是仅对徐某洪尚欠唐某浪、郑某萍的 1000 万元本金承担担保责任。一审法院将置业公司承担责任的财产价值认定为诉争房产的价值，未考虑抵押权人的优先受偿权，适用法律错误，应予纠正。

关于承担责任的方式，立法未予明确。笔者认为，本案担保的方式可以参照保证的责任方式确定。在保证中分为一般保证和连带责任保证。在未明确约定主债务人履行不能时担保人才承担责任的，视为连带责任担保。本案中，因各方当事人未约定在徐某洪不能履行债务时由置业公司以房抵债，故置业公司对诉争债务应在其责任范围内承担连带清偿责任。

关于追偿权的问题，立法亦未予明确。根据担保法，无论是第三人提供的保证、抵押或质押，在第三人承担担保责任后，均赋予了其在实际清偿范围内对主债务人的追偿权，这一精神已被《民法典》吸收。因本案的担保与保证同为债权担保，可参照适用原《担保法司法解释》第四十二条第一款，赋予置业公司在其承担清偿责任后在其实际清偿范围内向徐某洪、李某华追偿的权利。

编写人：吴玉萍

二审合议庭成员：汪少华　吴玉萍　陈　慧

11. 未转移所有权的商品房买卖合同让与担保，借款人不具有优先受偿权

——杨某胜与赣州市某秀房地产开发有限公司企业借贷纠纷二审案

裁判要旨

当事人双方签订商品房买卖合同为借贷提供让与担保，如果双方未按照商品房买卖合同的约定办理商品房所有权转移，出借人在债务人不能还款之时，可以申请拍卖商品房买卖合同的标的物偿还债务，但不得主张优先受偿权。

案例索引

一审：江西省赣州市中级人民法院作出的（2017）赣07民初100号

二审：江西省高级人民法院（2017）赣民终585号

基本案情

上诉人（原审被告）：杨某胜。

被上诉人（原审原告）：赣州市某秀房地产开发有限公司（以下简称某秀公司）。

被上诉人（原审被告）：赣州市某尔房地产开发有限公司（以下简称某尔公司）。

某秀公司向一审法院起诉请求：1. 判令某尔公司立即偿还某秀公司购房款本金2000万元及利息1229.356万元（利息按年息24%从2014年9月12日暂计算至2017年7月10日，之后利息仍按年息24%计算至还清为止，利随本清）；2. 依法确认其与某尔公司分别于2014年9月11日、18日签订的两份《赣州市商品房买卖合同》（网签备案编号为：20140902693、20140901602）备案担保合法有效；确认某秀公司在某尔公司不履行生效判决确定的金钱债务时可申请法院拍卖案涉《赣州市商品房买卖合同》标的物所得价款在法院确定其债权范围内享有优先受偿权。

2014年9月中旬，某秀公司决定向某尔公司出借资金2000万元。某尔公司为取得出借方的信任，与某秀公司在2014年9月11日、18日签订了两份《商品房买卖合同》并进行了网签备案。上述两份《商品房买卖合同》均约定：某尔公司应当在2015年9月30日前将取得当地建设行政主管部门出具的《房屋建筑工程和市政基础设施工程竣工验收备案表》及符合双方约定的交付条件的房屋交给某秀公司。合同签订后，某秀公司于2014年9月12日、19日向某尔公司支付了借款各1000万元，合计2000万元。某尔公司于2014年9月18日向某秀公司出具了已收到

2000 万元款项的《收据》，并注明“收款事由购房款”。2014 年 9 月 12 日，某尔公司与某秀公司签订一份《协议书》，约定乙方（某秀公司）同意在签订本协议后的 6 个月内可以将上述购买房屋按原购买价格由甲方（某尔公司）予以回购。2015 年 3 月 12 日，某尔公司与某秀公司又签订一份《协议书》，协议主要内容与 2014 年 9 月 12 日《协议书》的内容相同，同时进一步明确了还款期限。同时某尔公司向某秀公司出具一份《承诺书》，承诺六个月内将出售给某秀公司的房产实行回购（亦可办理解除手续）。若超过六个月的期限，某尔公司自愿放弃回购，同意某秀公司有权将该商品房更换买受人转让，并协助办理相关产权证。且某秀公司随时可以终止回购并要求某尔公司交付房产及办理相关产权登记事宜。因某尔公司在约定期限未能回购，某秀公司于 2015 年 12 月 29 日向某尔公司发送了《限期交房催告函》，要求某尔公司在收到催告函之日起 7 日内将上述《商品房买卖合同》约定的房产交付给某秀公司，办理房屋交接的相关手续。2016 年 1 月 4 日，某秀公司委托法律顾问江西南芳律师事务所向某尔公司发了《律师催告函》，要求某尔公司将商品房交付某秀公司。2016 年 2 月 23 日，某尔公司与某秀公司签订一份《交房协议书》，约定：1. 根据双方 2015 年 3 月 12 日签订的《协议书》约定，双方签订的《商品房买卖合同》，系双方自愿所形成，并就商品房销售价格及出售面积经过充分协商，并再次明确若甲方（某尔公司）资金压力缓解，乙方（某秀公司）同意在签订本协议后的 6 个月内将上述购买房产按照原购买价格由甲方回购；2. 因甲方目前无力履行回购，甲方同意将上述商品房交付给乙方，甲方确认交付商品房情况如下：2014 年 9 月 11 日、18 日双方签订的《商品房买卖合同》中，甲方将位于于都县贡江镇金龙路学府商街 ×× 楼 × 层写字楼建筑面积 6223.08 平方米、三层写字楼建筑面积 5829.95 平方米，总价合计 2000 万元的房产，该房产于 2016 年 3 月 2 日前交付给乙方，因交付存在瑕疵，未达到《房屋建筑和市政基础设施工程竣工验收备案表》及双方约定的交付条件，甲方仍应继续达到合同约定的交付标准和条件完成交付，并办理好产权过户登记手续，确保乙方拥有完整合法的产权。2017 年 5 月 10 日，某尔公司与某秀公司签订一份《结算协议书》，调整了销售单价，约定甲方（某尔公司）同意按照截至 2017 年 5 月 10 日止欠乙方（某秀公司）本息合计 40894300 元综合调整销售单价。

另查明，2016 年 12 月 5 日，杨某胜因与胡某飞、某尔公司民间借贷纠纷一案，向原审法院提出申请，要求胡某飞、某尔公司所有的房产等价值 2575 万元的财产采取诉前保全措施，杨某胜提供了相应财产担保。2016 年 12 月 6 日，原审法院作出（2016）赣 07 执保 127 号民事裁定，查封了某尔公司开发的于都县贡江镇濂溪路、金龙路学府商街 ×× 楼 × 层写字楼（商场 0002 号）、× 层写字楼（商场 0003 号）房产。此后，某秀公司向原审法院提出书面异议，要求依法撤销（2016）赣 07 执保 127 号民事裁定，解除对于都县贡江镇濂溪路、金龙路学府商街 ×× 楼 × 层写字楼（商场 0002 号）、× 层写字楼（商场 0003 号）的查封。原审法院对某秀公司的执行异议作出了执行裁定书，裁定驳回某秀公司的异议请求。某秀公司收到原审法院作出的裁定书后，在15日内向一审法院提起了本案诉讼。

裁判结果

一审判决：一、某尔公司在判决生效之日起十日内向某秀公司偿还借款本金2000万元并支付借款利息，其中，截至2017年10月18日的借款利息为1334万元，2017年10月19日起至还清借款之日止的利息按照年利率24%计算，利随本清；二、在第一项的款项范围内，某秀公司对某尔公司开发的于都县贡江镇濂溪路、金龙路学府商街××楼×层写字楼（商场0002号）、×层写字楼（商场0003号）房产的拍卖价款享有优先受偿权。

杨某胜不服提出上诉。二审判决：一、维持一审判决第一项；二、撤销一审判决第二项；三、某尔公司未按时偿还第一项借款本息，某秀公司可以申请拍卖某尔公司开发的、位于于都县贡江镇濂溪路、金龙路学府商街××楼×层写字楼（商场0002号）、×层写字楼（商场0003号）房产，以拍卖所得价款偿还；四、驳回某秀公司其他诉讼请求。

裁判理由

二审认为，关于本案以买卖合同为民间借贷提供担保，出借人能否对买卖标的物享有优先受偿权的问题。首先，在以商品房买卖合同的方式提供让与担保的情况下，债务人与债权人签订不动产买卖合同，约定将不动产买卖合同的标的物作为担保标的物，但并未实际让渡不动产所有权，而是让渡物权期待权。从查明的事实来看，本案所涉的房产仍登记在债务人某尔公司名下，不动产所有权并未进行让渡，某秀公司主张所涉房屋已经登记在其名下没有事实依据。其次，根据《民间借贷司法解释》第二十四条的规定，对于当事人以签订买卖合同作为民间借贷合同担保的，按照民间借贷法律关系审理作出生效判决后，借款人不履行生效判决确定的金钱债务，出借人可以申请拍卖买卖合同的标的物，以偿还债务。该规定赋予出借人在债务人不能还款之时，申请拍卖买卖合同标的物以偿还债务的权利，但并未赋予出借人优先受偿权。某秀公司抗辩根据该规定其享有优先受偿权的理由不能成立。再次，某秀公司主张与某尔公司签订买卖合同后进行了网签备案，是一种物权预告登记，具有物权公示效果。《城市商品房预售管理办法》第十条规定，商品房预售应当签订合同，开发企业应当自签约之日起30日内向房地产管理部门和土地管理部门办理商品房预售合同登记备案手续。《房屋登记办法》第七十条规定，申请预购商品房预告登记，应当提交已登记备案的商品房预售合同。原《物权法》第二十条的规定，当事人签订买卖房屋或其他不动产物权的协议，为保障将来实现物权，按照约定可以向登记机关申请预告登记。从上述规定来看，签订买卖合同后网签备案并非物权预告登记。网签备案是行政强制性行为，办理预告登记为当事人民事行为。某秀公司也未提交办理预告登记申请以及预告登记的相关证据。本案网签备案实际上是商品房买卖的公示而非抵押担保的公示，并不具有物权预告登记的公示效力，某秀公司抗辩网签备案即为物权预告登记没有事实和法律依据。按照物权法定和物权公示原则，让与担保为债权担保方式，不具有物权效力，所以某秀公司对某尔公司本案所涉房产不享有优先受偿权。但本案某尔公司用买卖合同所涉房产为借款提供担保的意思表示真实、明确，且在房地产管理部门办理了网签备案手续，《民间借贷司法解释》第二十四条规定也赋予出借人可以申请拍卖买卖合同的标的物以偿还债务的权利，故某秀公司对某尔公司的债权为有担保的债权，在拍卖标的物借款受偿时应有别于普通债权。

要旨解析

一、让与担保的含义

让与担保是一种非典型性的担保物权形式，根据物权法定原则，让与担保不能发生物权效力，仅发生债权效力。让与担保有广义和狭义之分，广义的让与担保包括买卖式担保和让与式担保。上述案例即属于买卖式担保。根据《民法典》第四百零一条规定，抵押权人在债务履行期限届满前，与抵押人约定债务人不履行到期债务时抵押财产归债权人所有的，只能依法就抵押财产优先受偿。让与担保、所有权保留、融资租赁以及保理原则上放在合同编中进行规制，但对于能够通过登记等方式进行公示的，认可其具有相当于担保物权的效力。

二、以订立买卖合同作为民间借贷合同的让与担保是否具有优先受偿权的问题

根据《民间借贷司法解释》（2020 年第二次修正）第二十三条的规定，当事人以订立买卖合同作为民间借贷合同的担保，借款到期后借款人不能借款，出借人请求履行买卖合同的，人民法院应当按照民间借贷法律关系审理。当事人根据法庭审理情况变更诉讼请求的，人民法院应当予以准许。按照民间借贷法律关系审理作出的判决生效后，借款人不能履行生效判决确定的金钱债务，出借人可以申请拍卖买卖合同标的物，以偿还债务。就拍卖所得借款与应偿还借款本息之间的差额，借款人或者出借人有权主张返还或者补偿。故法律赋予出借人在债务人不能还款时，申请拍卖买卖合同标的物以偿还债务的权利，但并未赋予优先受偿权。

三、何种情况下具有优先受偿权

在担保制度中，未经登记或者公示不得对抗善意第三人，即优先受偿权是建立抵押权等经依法登记或者公示的情形下才具有。根据《民法典》第二百二十一条的规定，当事人签订买卖房屋的协议或者签订其他不动产物权的协议，为保障将来实现物权，按照约定可以向登记机构申请预告登记。预告登记后，未经预告登记的权利人同意，处分该不动产的，不发生物权效力。预告登记后，债权消灭或者自能够进行不动产登记之日起九十日内未申请登记的，预告登记失效。

具体到本案中，案涉房屋仍登记在某尔公司名下，不动产所有权并未进行让

渡，仅仅是在签订合同后在房地产部门进行网签备案。网签备案是一种行政强制性行为，应当区别于《民法典》物权编中预告登记行为。根据《城市房地产管理法》第四十七规定，房地产抵押，是指抵押人以其合法的房地产以不转移占有的方式向抵押权人提供债务履行担保的行为。债务人不履行债务时，抵押权人有权依法以抵押的房地产拍卖所得的价款优先受偿。本案网签备案实际上是商品房买卖的公示而非抵押担保的公示，并不具有物权预告登记的公示效力。

某秀公司与某尔公司签订两份《商品房买卖合同》，名为商品房买卖，实为借贷，双方当事人由此形成借贷关系，所签订的商品房买卖合同是为借贷提供担保。并且该规定赋予出借人在债务人不能还款之时，申请拍卖买卖合同标的物以偿还债务的权利，但并未赋予出借人优先受偿权。某秀公司抗辩根据该规定其享有优先受偿权的理由不能成立。

编写人：马 悦

二审合议庭成员：黎章辉 周 辉 汪娣娣

12. 债务抵销的效力应溯及至双方债务符合抵销条件之时

——肖某富、赣州某房地产开发有限公司与王某民间借贷纠纷二审案

裁判要旨

1. 借贷双方长期多次借贷，未约定每笔借款的还款期限，借款人边借边还，因前期还款超出按照司法保护利率上限计算的借款本息，借款人主张将其多还的利息抵销后期新贷本息，借款人主张债务抵销的效力应溯及至双方债务符合抵销条件之时。

2. 在边借边还的借款关系中，无法区分哪笔还款对应哪笔借款，又未约定还款期限，应推定先借的款项先到期，先到期的借款先还。

案例索引

一审：江西省赣州市中级人民法院（2017）赣07民初183号

二审：江西省高级人民法院（2018）赣民终101号

基本案情

上诉人（原审本诉原告、反诉被告）：肖某富。

上诉人（原审本诉原告、反诉被告）：赣州某房地产开发有限公司（以下简称房地产公司）。

上诉人（原审本诉被告、反诉原告）：王某。

原审第三人：陈某星。

房地产公司、肖某富向一审法院起诉请求：依法判令王某归还其已超额支付的利息103318109元。

王某向一审法院反诉请求：1. 依法判令房地产公司、肖某富偿还借款本金3640万元及利息（暂计728万元自2015年7月29日至2016年5月29日）；2. 本案的全部诉讼费用由房地产公司、肖某富承担。

经双方共同对账确认，从2008年至2014年，王某先后向房地产公司及肖某富提供借款共计16017.4万元，房地产公司、肖某富向王某共归还了18213.99万元，法院还查明了每一年每一笔出借金额或还款金额。除双方确认的款项外，2009年1月21日王某通过南康市龙头典当有限责任公司账户向肖某富出借100万元。肖某富于2008年6月23日、2008年6月24日分别向王某还款75万元、17万元。关于房地产公司、肖某富是欠付王某借款还是超额归还借款，法院委托赣州中诚会计师

事务所进行审计。2018年6月8日，赣州中诚会计师事务所出具鉴定意见，内容如下：一、按“多笔借贷”方法（当先期出现超额支付的利息时视为前期多支付的利息，只冲抵后期借款发生的利息、不冲抵后期借款本金）计算的四种结果：1. 含1200万元、不含730万元的鉴定结论：截至2014年7月18日房地产公司尚欠王某本息24442565.83元（其中欠付本金22862360.77元，欠付利息1580205.06元）。2. 含730万元、不含1200万元的鉴定结论：截至2014年7月18日房地产公司多支付王某利息6710906.97元。3. 含1200万元、含730万元的鉴定结论：截至2014年7月18日房地产公司尚欠王某5685100.25元（其中：欠付本金5790500元，多付利息105399.75元）。4. 不含1200万元、不含730万元的鉴定结论：截至2014年7月18日房地产公司尚欠王某本息7063852.38元（其中：欠付本金6996219.45元，欠付利息67632.93元）。二、按“整体借贷”的方法（将本案全部借款视为一次整体借款，当先期出现超额支付的利息时全额冲抵后期借款本金）计算的四种结果：1. 含1200万元、不含730万元的鉴定结论：截至2014年7月18日，房地产公司尚欠王某本息23157866.08元（其中：欠付本金21689476.03元，欠付利息1468390.05元）。2. 含730万元、不含1200万元的鉴定结论：截至2014年7月18日，房地产公司多支付王某利息14301552.03元。3. 含1200万元、含730万元的鉴定结论：截至2014年7月18日，房地产公司多支付王某利息1731454.20元。4. 不含1200万元，不含730万元的鉴定结论：截至2014年7月18日，房地产公司尚欠王某本息5647982.30元（其中：欠本金5632045.63元、欠利息15936.67元）。三、对于已归还的借款按照月利率3分计算，经计算出现超额支付的利息后又出现新的借款和还款时，在新的借款出现后第一笔还款发生时，将超额支付的利息与当期还款一起按照先归还利息后归还本金的方式计算，对未归还的本金按照月利率2分计息，据此计算的四种结果：1. 含1200万元、不含730万元的鉴定结论：截至2014年7月18日房地产公司尚欠王某本息23507053.72元（其中：欠付本金22008271.81元，欠付利息1498781.91元）。2. 含730万元、不含1200万元的鉴定结论：截至2014年7月18日，房地产公司多支付王某利息11767685.11元。3. 含1200万元、含730万元的鉴定结论：截至2014年7月18日，房地产公司尚欠王某本金859962元。4. 不含1200万元、不含730万元的鉴定结论：截至2014年7月18日，房地产公司尚欠王某本息6086884.94元（其中：欠付本金6064604.08元，欠付利息22280.86元）。

裁判结果

一审判决：一、限房地产公司、肖某富于本判决生效十日内向王某归还借款本金4705556.80元，并支付该笔借款的利息，利息从2014年7月19日起按照月利率2%计算确定，利随本清；二、驳回房地产公司、肖某富的诉讼请求；三、驳回王某的其他诉讼请求。

宣判后，肖某富、房地产公司、王某均不服，提起上诉。二审判决：一、撤销一审判决第二项、第三项，二、变更一审判决第一项为限房地产公司、肖某富于本判决生效之日起十日内向王某归还借款本金6064604.08元及利息（截至2014年7月18日的利息为22280.86元，自2014年7月19日至实际付清之日止的利息以6064604.08元为基数按照月利率2%计算）；三、驳回房地产公司、肖某富的诉讼请求；四、驳回王某的其他诉讼请求。

裁判理由

二审认为:（一）关于前期超额支付的利息能否冲抵后期借款本金的问题。肖某富、房地产公司虽然在诉讼请求中主张返还不当得利，但在一审庭审中主张超过月利率3%的部分冲抵本息，即主张了债务抵销，其主张返还的不当得利应理解为债务抵销后仍然存在的不当得利。王某与房地产公司、肖某富之间发生了多笔借贷关系，由于其没有及时主张超额支付的利息，在不当得利产生后，双方又发生了新的借款，双方存在互负到期债务的情形。根据原《合同法》第九十九条的规定，当事人互负到期债务，该债务的标的物种类、品质相同的，任何一方可以将自己的债务与对方的债务抵销。本案中王某对肖某富、房地产公司所负不当得利之债与肖某富、房地产公司对王某所负合同之债，均为到期的金钱债务，可以进行抵销。债务抵销的范围既包括本金也包括利息。因此，前期超额支付的利息依法能够冲抵后期借款本金。王某主张将肖某富、房地产公司对其所欠借款本金和其对肖某富、房地产公司所负不当得利之债金额分别计算，不互相冲抵。该问题涉及债务抵销是否具有溯及力。二审认为，债务抵销具有溯及力。一方当事人在债务到期后主张债务抵销，其效力应溯及至双方债务符合抵销条件之时，即虽然当事人主张抵销在后，双方债务在符合抵销条件时即发生抵销。否则，在不当得利产生时间与主张抵销时间存在差异而双方又陆续发生新的借款时，会出现不当得利之债没有计算利息而新的借款仍然继续计算利息，不符合公平原则。因此，对王某的该项主张不予支持。（二）关于如何冲抵的问题。根据2017年2月17日鉴定机构作出的鉴定意见，“整体借贷”的计算方法是将本案全部借款视为一次整体借款，当先期出现超额支付的利息时全额冲抵后期借款本金。“多笔借贷”的计算方法是指当先期出现超额支付的利息时视为前期多支付的利息，只冲抵后期借款发生的利息、不冲抵后期借款本金。本案中双方自2008年至2014年多次借款、多次还款，双方之间发生了多笔借贷关系，肖某富、房地产公司主张双方之间为整体借贷关系，理由不成立，不予支持。按照“整体借贷”的计算方法，在后期借款发生之日即以其本金与前期超额支付的利息进行冲抵，实际上是推定后期借款出借当日即到期。而借款一般在到期时才归还。根据原《合同法》第七十一条第一款的规定，债权人可以拒绝债务人提前履行债务，但提前履行不损害债权人利益的除外。因此，提前归还借款需经过债权人同意，直接以前期超额支付的利息在后期借款出借当天即冲抵本金，在有期限约定时，意味着期限利益的丧失。如果随意允许提前归还可能会损害债权人的期限利益。而借款在出借当天即到期，即当天借当天还在实践中较为少见。而且，本案是因《民间借贷司法解释》的实施而引发，经计算才发现不当得利存在的具体时间和金额，无证据证明当事人在出借当天实际上存在还款的意思表示。因此，“整体借贷”的计算方法中推定后期借款出借当天即到期，并将后期借款本金与前期不当得利之债在借款出借当天予以抵销，不符合交易习惯，也不合理。如前所述，债务抵销既可以抵销利息也可以抵销本金，而按照“多笔借贷”的计算方法，不当得利之债只与到期合同之债中的利息进行抵销而未与到期合同之债中的本金进行抵销，无法律依据。后期借款合同之债与不当得利之债何时抵销，涉及后期借款何时到期。在边借边还的借款关系中，无法区分哪笔还款对应哪笔借款，应推定先借的先还，故在后期借款发生后第一笔还款出现时推定该笔借款到期，较为公平。另外，根据原《合同法司法解释（二）》第二十一条的规定，当还款不足以清偿债务的，当事人对本息归还顺序未作约定的，应先清偿利息后清偿本金。综上，本案应按照以下计算方法确定诉争借款尚欠本息金额：对于已归还的借款按照月利率3%计息，出现超额支付的利息后又出现新的借款和还款时，在新的借款出现后第一笔还款发生时，将超额支付的利息与当期还款一起按照先归还利息后归还本金的方式计算。对未归还的本金按照月利率2%计息。

要旨解析

在民间借贷纠纷中，出借方收取超出司法保护上限的高额利息已成为普遍现象。根据《民间借贷司法解释》第二十六条第二款的规定，借贷双方约定的利率超过年利率36%，超过部分的利息约定无效。借款人请求出借人返还已支付的超过年利率36%部分的利息的，人民法院应予支持（该条已在2020年第二次修正后的《民间借贷司法解释》中被删除）。在该解释施行之前，对于已经归还的超出司法保护上限的利息借款人能否主张返还，尚存在争议。而该解释施行后，借款人归还的超出司法保护上限的利息为不当得利，借款人有权主张返还，已经在司法解释层面得到确认。审判实践中，有的借贷双方长期存在借贷关系，多次借贷，边借边还，且未约定每一笔借款的还款期限，在该解释施行后，出借人向借款人主张归还欠付借款本息，借款人抗辩其已超额还款并反诉出借人返还不当得利。在借款人前期归还的某一笔或某几笔借款的利息超出司法保护的利率上限，借款人主张其归还的超出司法保护上限的利息冲抵借款本金，余款作为不当得利由出借人返还，出借人主张将借款人所欠借款本金和其对借款人所负不当得利之债分别计算，不互相冲抵。借款人对出借人的不当得利之债与出借人后期对借款人的借贷之债能否冲抵，如何冲抵，对于裁判结果影响较大。笔者认为，首先，关于借款人对出借人的不当得利之债与出借人后期对借款人的借贷之债能否冲抵，涉及债务抵销是否具有溯及力。通常抵销权成立的时间与实际行使抵销权的时间并不一致，权利人行使抵销权能否溯及至抵销权产生之时，我国原《合同法》及《民法典》均未作出明确规定，以致理论和实践中存在争议。对于该问题有两种观点，一种观点认为债务抵销具有溯及力，抵销人作出意思表示后，抵销效力溯及债权得为抵销之时即抵销适状之时。另一种观点认为，债务抵销不具有溯及力，仅对将来发生效力，即在当事人主张抵销之时发生抵销的效力。笔者赞同第一种观点。一方当事人在债务到期后主张债务抵销，其效力应溯及至双方债务符合抵销条件之时，即虽然当事人主张抵销在后，双方债务在符合抵销条件时即发生抵销。否则，在不当得利产生时间与主张抵销时间存在差异而双方又陆续发生新的借款时，会出现不当得利之债没有计算利息而新的借款仍然继续计算利息，不符合公平原则。其次，关于如何冲抵的问题。根据原《合同法》第九十九条的规定，当事人互负到期债务，该债务的标的物种类、品质相同的，任何一方可以将自己的债务与对方的债务抵销。前期超额归还借款本息后形成的不当得利之债为金钱之债，后期新贷也为金钱之债，因此，不当得利之债既可以冲抵后期借款之债的本金，也可以冲抵其利息。关于本息的冲抵顺序。《合同法司法解释（二）》第二十一条规定："债务人除主债务之外还应当支付利息和费用，当其给付不足以清偿全部债务时，并且当事人没有约定的，人民法院应当按照下列顺序抵充：（一）实现债权的有关费用；（二）利息；（三）主债务。"《民法典》第五百六十一条规定与此一致。因此，在未约定本息归还顺序时，应先冲抵利息再冲抵本金。关于后期存在多笔新贷时，应冲抵哪一笔借款的问题。原《合同法司法解释（二）》第二十条规定："债务人的给付不足以清偿其对同一债权人所负的数笔相同种类的全部债务，应当优先抵充已到期的债务；几项债务均到期的，优先抵充对债权人缺乏担保或者担保数额最少的债务；担保数额相同的，优先抵充债务负担较重的债务；负担相同的，按照债务到期的先后顺序抵充；到期时间相同的，按比例抵充。但是，债权人与债务人对清偿的债务或者清偿抵充顺序有约定的除外。"在边借边还的借款关系中，无法区分哪笔还款对应哪笔借款，也未约定还款期限，无法确定每笔借款的还款日期及先后顺序，应推定先借的先到期先还，故在后期借款发生后第一笔还款出现时推定该笔借款到期，并予以冲抵，较为公平。

编写人：吴玉萍

二审合议庭成员：汪少华　陶松兵　吴玉萍

13. 公司分支机构未取得公司授权提供担保，担保行为应认定为无效

——彭某芸与九江市某房地产开发有限公司民间借贷纠纷二审案

裁判要旨

1. 当事人虽在所有债权凭证及《还款承诺书》《对账说明》上盖章，但并无还款的承诺，缺乏债务加入的意思表示，鉴于其在《还款承诺书》中是以担保人的身份加盖印章，应认定当事人是为本案所涉借款提供担保责任。

2. 公司分支机构未取得公司授权提供担保，该担保行为应认定为无效。造成该担保无效，公司有疏于管理的过错，债权人未尽审查义务亦有过错。债权人、担保公司均有过错，公司承担民事责任的部分，不应超过债务人不能清偿部分的二分之一。

案例索引

一审：江西省九江市中级人民法院（2017）赣 04 民初 167 号

二审：江西省高级人民法院（2018）赣民终 145 号

基本案情

上诉人（原审被告）：九江市某房地产开发有限公司（以下简称房地产公司）。

被上诉人（原审原告）：彭某芸。

原审被告：石某香。

原审被告：九江市某房地产开发有限公司都昌分公司（以下简称房地产都昌分公司）。

彭某芸向一审法院起诉请求：1. 判令三被告共同偿还所欠原告借款本金 1300 万元，并按月息一分标准支付利息；2. 判令三被告对上述债务本息承担连带清偿责任。

石某香分别于 2014 年 7 月 11 日、7 月 18 日、8 月 21 日出具了两份《借据》和一份《借条》，两份《借据》首部均记载了“借款人姓名：石某香”及石某香身份证号码及家庭住址，内容记载了借款金额、借款期限，并承诺“本人个人资产愿意为上述本人石某香借款作全额抵押担保”，落款“借款人”处有石某香签名和房地产都昌分公司印章。《借条》无首部记载，内容为“今借到彭某芸人民币贰佰万元整”，落款“借款人”处有石某香签名和房地产都昌分公司印章。后双方于 2017 年 2 月 29 日形成书面的《还款承诺书》，记载“根据彭某芸借款给石某香认可该 1300

万元借款。经双方结算，截至2017年2月19日石某香尚欠彭某芸本金壹仟叁佰万元，石某香承诺：将于2017年6月30日之前，一次性归还彭某芸欠款1300万元，2017年2月3日之前一次性归还欠款本金1300万元，2017年2月19日至还清之日止的利息按月息1分计算一并归还。上述还款责任由江西达利房地产开有限公司、房地产公司、石某香承担连带担保责任，担保期限至2019年3月29日”。尾部“承诺人”处有石某香签名，“担保人”手书“房地产都昌分公司”，房地产都昌分公司印章覆盖了石某香签名及上述手书。此后，双方又形成书面的《对账说明》，载明：“彭某芸与石某香自2014年7月11日至2017年2月19日借款事项对账说明，双方一致确认以下事项：1. 截至2017年2月19日，双方以打总形式对账，彭某芸从2014年7月11日至2017年2月19日以转账和提现多次借款石某香个人投资周转和借款按月息2%结算，结算到2017年2月19日石某香欠彭某芸总欠款是壹仟叁佰万元，该数据双方无异议。2. 2017年7月19日之后的借款利息仍按2017年2月19日《还款承诺书》约定的壹仟叁佰万元的月息按1分标准按月支付直至还清。”尾部“签名”处有石某香签名及房地产都昌分公司印章。实际履行中，彭某芸实际付出的借款为580万元。上述款项均支付到石某香个人账户。

裁判结果

一审判决：一、石某香、房地产都昌分公司、房地产公司于本判决生效之日起十日内共同偿还彭某芸借款人民币9425267元并支付利息（自2017年2月20日起至还清借款之日止按月息1%计算）；二、驳回彭某芸的其他诉讼请求。

房地产公司不服，提起上诉。二审判决：一、撤销一审判决；二、石某香于本判决送达之日起十日内偿还彭某芸借款人民币9425267元并支付利息（自2017年2月20日起至还清借款之日止按月息1%计算）；三、房地产都昌分公司、房地产公司对石某香上述应偿还款项中的二分之一即4712633.5元及该款的利息（自2017年2月20日起至还清之日止按月息1%计算）承担连带清偿责任；四、房地产都昌分公司、房地产公司承担责任后有权向石某香追偿；五、驳回彭某芸的其他诉讼请求。

裁判理由

二审法院认为，本案三份债权凭证中有两份《借据》其多处文义均明确指明系“本人石某香借款”，另一份《借条》虽未如此明确指明，但此后形成的《还款承诺书》《对账说明》均明确载明石某香欠款、借款给石某香个人、石某香承诺等字样，且所有借款均进入了石某香个人账户，因此本案的借款人系石某香个人。彭某芸提出，房地产都昌分公司系自愿加入该债务。经审查，房地产都昌分公司虽在所有债权凭证及《还款承诺书》《对账说明》上盖有印章，但并无还款的承诺，缺乏债务加入的意思表示。彭某芸的这一主张缺乏证据支持。一审判决认定房地产都昌分公司是涉案借款的还款承诺人与事实不符，应予纠正。因房地产都昌分公司于《还款承诺书》中以担保人的身份加盖了印章，应认定其为本案所涉借款提供了担保。因房地产都昌分公司作为分支机构，其提供担保未取得房地产公司的授权，根据原《担保法》第十条、第二十九条的规定，应认定为无效。造成该担保无效，作为企业法人的房地产公司有疏于管理的过错，彭某芸未尽审查义务亦有过错。因本案的主合同借款合同有效，根据原《担保法司法解释》第七条的规定，债权人、担保人有过错的，担保人承担民事责任的部分，不应超过债务人不能清偿部分的二分之一。彭某芸与石某香原结算的截至 2017 年 2 月 19 日的借款本金 1300 万元，因年利率超过 24%，一审判决根据原《民间借贷司法解释》第二十八条的规定重新计算确定为 9425267 元无误，石某香应予偿还，并按双方约定支付自 2017 年 2 月 20 日起至还清之日止按月息 1% 计算的利息。房地产都昌分公司对上述借款本金 9425267 元的二分之一即 4712633.5 元及该款的利息（自 2017 年 2 月 20 日起至还清之日止按月息 1% 计算）承担连带清偿责任。根据原《民法总则》第七十四条的规定，分支机构以自己的名义从事民事活动，产生的民事责任由法人承担。因此房地产都昌分公司的上述责任由房地产公司承担。房地产公司上诉时虽对相关证据中的房地产都昌分公司的印章的真实性提出异议，但并无合理理由，且亦未提出重新鉴定的书面申请，该上诉理由不予采信。

要旨解析

本案争议的法律问题主要是对债务加入与连带保证识别及公司分支机构出具担保的效力。一、二审观点存在较大分歧，二审对一审债务加入的认定进行了纠正。

一、如何识别债务加入与连带保证

《民法典》第五百五十二条规定：“第三人与债务人约定加入债务并通知债权人，或者第三人向债权人表示愿意加入债务，债权人未在合理期限内明确拒绝的，债权人可以请求第三人在其愿意承担的债务范围内和债务人承担连带债务。”上述条款是《民法典》新增条款，专门针对债务加入的问题进行了规定。实践中债务加入与连带保证的识别十分困难，一般可以综合参考以下因素认定：1 . 合同中如果出现“保证”等文字表述的，一般应按保证认定，不宜按债务加入认定；2. 合同中如果仅出现“连带清偿、共同偿还”表述的，一般应按债务加入认定；3. 加入的债务人是否具有相应的利益，只能作为综合判断因素，不能作为必要因素，因为保证和债务加入都可能有利益考量，不能单从是否有利益而得出结论；4. 一般而言，如果当事人出具“给予流动性支持，差额补足”等书面增信承诺的，要结合合同条款的具体内容进行判断，具有提供担保的意思表示的，可以认定为保证责任，至于是一般保证还是连带保证，可按《民法典》第六百八十六条第二款的规定处理，即约定不明的，按照一般保证承担保证责任。[①] 当然，第三人在承诺文件中作出债务加入或共同承担债务意思表示的，可按《民法典》第五百五十二条关于债务加入的规定处理。总之，对于一些似是而非的承诺文件，如果不能作出“令人足以信服的解释”，应当结合《民法典》的整体立法精神进行综合判断。与原《担保法》相比，《民法典》第六百八十六条对保证方式的规定在立法倾向上已发生了变化，即已由注重对债权人的保护向平衡债权人和担保人的利益转变，因此，在无法作出有说服力的合同解释的情况下，应向责任较轻的方向进行推定。例如，如果当事人对是连带保证还是债务加入存在理解上的分歧，用合同解释方法难以作出有说服力的解释，考虑到连带保证责任一般要轻于债务加入，同时根据《民法典》关于当事人对保证方式约定不明或没有约定的，推定为一般保证的立法精神，应按一般保证对待。从本案查明事实来看，相关证据明确借款人为石某香，实际收款人亦为石某香，房地产都昌分公司在相关证据材料中出现的表述既无“连带清偿、共同偿还”等债务加入共同还款的意思表示，在借款当时也无作为共同债务人的意思表示，其在《还款承诺书》中以担保人的身份加盖了印章，应认定其为本案所涉借款提供了担保。

二、公司分支机构出具担保的效力

公司担保，指公司以自己的名义，用自己的财产，为其他企业或者个人提供担保，为其他企业或者个人提供增信支持。公司担保，有别于公司为了自身融资而提供的增信措施，而是为第三方提供增信支持，当被提供增信支持的第三方没有根据协议履行偿债义务时，公司将根据担保合同的约定承担履约义务，这可能直接影响公司的资产，进而损害股东利益。从这个意义看，公司担保不一定是从公司的利益出发。而在公司制下，公司的所有权与经营权是分离的。因此，公司对外提供担保时，为保护股东利益，根据《公司法》第十六条公司担保的规定，须经公司股东会、董事会等公司机关的决议程序。

根据原《担保法》第十条的规定，公司的分支机构、职能部门无权向第三方提供担保。公司的分支机构在取得公司的书面授权的前提下，在授权范围内可以向第三方提供担保，超过授权范围的担保行为无效。2020 年底发布的《民法典担保制度解释》相较《全国法院民商审判工作会议纪要》，增加了公司分支机构提供担保需经公司决议程序的规定，其中第十一条规定：“公司的分支机构未经公司股东（大）会或者董事会决议以自己的名义对外提供担保，相对人请求公司或者其分支机构承担担保责任的，人民法院不予支持，但是相对人不知道且不应当知道分支机构对外提供担保未经公司决议程序的除外。”根据《民法典》第七十四条及《公司法》十四条，公司的分支机构虽然不是独立的民事主体，但可以自己的名义从事民事活动，产生的民事责任则由公司承担。分支机构没有独立的法人资格，

① 刘保玉:《民法典中债务加入与保证的区分及其规则适用》，载《山东大学学报（哲学社会科学版）》2021 年第 4 期。

产生的民事责任由法人承担。对于公司分支机构提供担保的效力，笔者认为，既然公司对外提供担保原则上须有公司决议，那么公司的分支机构对外提供担保亦应当有公司决议，否则担保无效，公司或其分支机构不承担担保责任。本案房地产都昌分公司作为分支机构，对外提供担保未经房地产公司决议程序，房地产公司不承担担保责任，但其仍应按导致担保无效的过错责任承担相应赔偿责任。

编写人：骆丽玲

二审合议庭成员：胡俊涛　徐清华　吕卫红

14. 公司对其成立前法定代表人的借款，若款项未用于公司经营即便借据加盖公章，亦不应承担还款责任

——九江市某置业有限公司与张某富、吴某龙、黄某琼民间借贷纠纷再审案

裁判要旨

借款发生在公司成立之前，且借款存入公司法定代表人个人账户，即便后期在借据上加盖了公司公章，在借款未用于公司经营情形下，该借据对公司依法不具有约束力，公司依法不应承担还款责任。

案例索引

一审：江西省武宁县人民法院（2016）赣0423民初1545号

二审：江西省九江市中级人民法院（2017）赣04民终596号

再审：江西省高级人民法院（2018）赣民再39号

基本案情

再审申请人（一审被告、二审被上诉人）：九江市某置业有限公司（以下简称置业公司）。

被申请人（一审原告、二审上诉人）：张某富。

一审被告：吴某龙。

一审被告：黄某琼。

张某富向一审法院起诉请求：判令吴某龙、黄某琼、置业公司共同偿还借款；本金3100000元，利息864000元，并自2015年9月16日起以借款本金3100000元按照年利率20%计算支付利息及逾期利息至借款还清之日止。

2014年9月14日、16日、17日，张某富通过中国银行汇款借款3500000元给吴某龙，约定借期一年，利息为年利率30%，同日，吴某龙向张某富出具了借条一张。借款到期后，吴某龙无力还款，张某富要求其重新出具借条，并加盖置业公司公章。开始吴某龙明确声明该借款系其个人借款，并不同意加盖置业公司公章，但在张某富等人的纠缠下，同时张某富承诺以暂时盖章不会向法院起诉，2015年10月，吴某龙利用办事之机，私自在三张空白借据上加盖了公司的公章。后吴某龙又在张某富等人的一再要求下，在其中一张空白的借据上补写了：“今借到张某富叁佰壹拾万

元整（￥3100000）借期一年年息 20%，落款日期为 2015 年 9 月 16 日”。2015 年 12 月 13 日，吴某龙向张某富又出具了 864000 元的欠条一张，该 864000 元系上述借款自 2014 年 9 月 16 日起至 2015 年 9 月 16 日止借期一年的利息，该利息欠条未加盖置业公司公章。2015 年 12 月 13 日，吴某龙担心置业公司股东追究责任，将其在九江市瑞昌市宝源实业有限公司开发并享有的房屋买卖合同及购房发票共 6 份交给张某富质押。同时，又与张某富协商并就 2014 年 9 月 16 日的借款达成新的结算还款协议，该协议内容为“……债务人吴某龙（以下简称乙方）因参股投资武宁县锦城半岛，向债权人张某富（以下简称甲方）提出借款要求。甲方将人民币叁佰伍拾万元整出借给乙方，借期 1 年，计息起始时间为二〇一四年九月十六日，月息 2.5%……”“……经双方协商，达成如下还款协议：第一条：甲乙双方确认，截至二〇一五年九月十六日止，乙方仍欠甲方本金人民币叁佰壹拾万元整，利息捌拾陆万肆仟元整……第三条：乙方承诺（1）二〇一六年二月六日前乙方归还甲方本金伍拾万元整……”。吴某龙与黄某琼系夫妻关系，双方于 1997 年 8 月 11 日登记结婚。置业公司成立于 2014 年 11 月 7 日。吴某龙在其向张某富出具的借条加盖置业公司公章时，其系置业公司的法定代表人。后吴某龙并未按照还款协议约定及时还款，故张某富诉诸法院。

裁判结果

一审判决：吴某龙、黄某琼共同偿还张某富借款本金 3100000 元，利息 744000 元，合计 3844000 元，并自 2015 年 9 月 17 日起以借款本金 31000000 元按照年利率 20% 计算支付利息及逾期利息至借款还清之日止；驳回张某富的其他诉讼请求。

张某富不服提出上诉。二审判决：吴某龙、黄某琼、置业公司共同偿还上诉人张某富借款本金 3100000 元，利息 744000 元，合计 3844000 元，并自 2015 年 9 月 17 日起以借款本金 31000000 元按照年利率 20% 计算支付利息及逾期利息至借款还清之日止；驳回张某富的其他诉讼请求。

置业公司不服二审判决，申请再审。再审判决：撤销二审判决，维持一审判决。

裁判理由

再审认为，本案的争议焦点为置业公司应否承担本案的还款责任。经查，本案的初始借款 3500000 元发生于 2014 年 9 月 14 日、9 月 16 日、9 月 17 日，此时置业公司尚未成立，借款存入了吴某龙的个人账户，且吴某龙的银行账户流水显示，上述借款系用于其个人的对外资金往来以及其家族企业江西省武宁县明星锑业有限公司。张某富提交的证据并不足以证明吴某龙将上述借款用于锦城半岛项目。故该笔借款应系吴某龙的个人借款，与置业公司无关。2015 年 9 月 16 日该笔借款到期后，吴某龙无力偿还借款，在张某富的要求下，其私自在空白借据上加盖了置业公司的公章，并在借据上补写了：“今借到张某富叁佰壹拾万元整借期一年年息

20%”。张某富明知该借款系吴某龙的个人债务，其知道并且应当知道吴某龙在空白借据上加盖置业公司公章的行为，并非置业公司的真实意思表示。因此，该借据对置业公司依法不具有约束力。再者，在 2015 年 12 月 13 日签订的《还款协议书》中，明确载明了债权人系张某富，债务人系吴某龙，协议对欠款的由来、欠款的本息、还款的时间等均作出了明确的说明，该协议并未加盖置业公司的公章，进一步证实了本案借款系吴某龙个人借款的事实。综上，置业公司不应承担本案的还款责任。二审判决认定的基本事实缺乏证据证明，判决处理结果不当。一审判决认定事实清楚，适用法律正确，再审予以维持。

要旨解析

本案涉及以下几个法律问题：一是案涉借款合同的效力；二是公司应否承担还款责任。

一、关于案涉借款合同的效力问题

《民法典》第一百五十四条规定：“行为人与相对人恶意串通，损害他人合法权益的民事法律行为无效。”恶意串通为主观因素，是指当事人双方具有共同目的，损害国家、集体或者第三人的利益。它可以表现为双方当事人事先达成协议，也可以表现为一方当事人作出意思表示，对方当事人明知其目的非法，而以默示的方式接受。它可以是双方当事人共同作为，也可以是双方当事人相互配合。案涉借款合同，相对人张某富明知吴某龙擅自加盖置业公司公章行为超越了法定代表人的代理权限，已符合双方恶意串通损害他人合法权益的法律规定，故借条上加盖置业公司公章的行为属无效，但借款合同作为吴某龙向张某富的个人借款部分有效。

二、关于公司是否应承担还款责任的问题

公司印章作为公司对外进行意思表示的手段，在商事交易中发挥着极其重要的作用。在经营活动中，持有盖着公司印章的法律文件的民事主体会被认定为公司的代理人。在实践过程中，往往会出现公司印章丢失、员工私刻印章、印章交接程序混乱以及印章效力与签字效力关系混乱等问题，是否加盖公司印章对民事法律行为是否成立、生效起着重要作用。《民法典》第六十一条第二款规定，“法定代表人以法人名义从事的民事活动，其法律后果由法人承受。”第一百七十条第一款规定：“执行法人或者非法人组织工作任务的人员，就其职权范围内的事项，以法人或者非法人组织的名义实施的民事法律行为，对法人或者非法人组织发生效力”。对于法定代表人的个人行为，且相对人明知债务系法定代表人个人债务，而非公司的真实意思表示，即法定代表人不是以法人名义从事的民事活动，不应由法人承担。具体而言，在民商事活动中，加盖印章是否导致公司承担债务责任，应综合债务种类、合同形成时间、相对人是否善意、款项流向等因素确定。本案相对人明知法定代表人在未召开股东会，并经全体股东同意的情况下在空白借据上加盖公司公章，相对人即非善意。且借款发生在公司成立之前，借款存入于公司法定代表人

个人账户，即便后期在借据上加盖了公司公章，在借款未用于公司经营情形下，合同对公司不能发生法律约束力，公司依法不应承担还款责任。一审认定公司不承担还款责任处理正确，二审改判公司承担责任处理不当，再审撤销二审判决，维持一审判决是正确的。

编写人：王　菁

再审合议庭成员：熊　伟　黄勇平　胡爱菊

15. 保证合同主要条款完备，即使部分内容存在涂改瑕疵，并不必然导致保证合同整体无效

——朱某文与谢某雄等民间借贷纠纷二审案

裁判要旨

1. 保证合同可以是单独订立的书面合同，也可以是主债权债务合同中的保证条款。第三人单方以书面形式向债权人作出保证，债权人接收且未提出异议的，保证合同成立。

2. 保证合同的债务主体、债务担保期限、担保责任的履行等主要条款完备，即使部分内容存在涂改，仍应当认定担保人提供担保的真实意思表示。债权人起诉并未因此增加保证人的保证责任，其要求以能够辨识的未经涂改的原借款款项支付时间来追究当事人的保证责任符合公平原则，应予支持。

案例索引

一审：江西省赣州市中级人民法院（2017）赣 07 民初 159 号

二审：江西省高级人民法院（2019）赣民终 147 号

基本案情

上诉人（原审原告）：朱某文。

被上诉人（原审被告）：谢某雄。

被上诉人（原审被告）：赖某梅。

被上诉人（原审被告）：叶某全。

被上诉人（原审被告）：廖某。

朱某文向一审法院起诉请求：1. 判令四被告连带偿还原告借款本金 895 万元；2. 判令四被告从 2013 年 4 月 1 日起按本金 639 万元、月利率 2% 向原告连带偿还利息直到本金清偿为止；从 2013 年 4 月 2 日起按本金 11 万元、月利率 2% 向原告连带偿还利息直到本金清偿为止；从 2013 年 4 月 17 日起按本金 20 万元、月利率 2% 向原告连带偿还利息直到本金清偿为止；从 2013 年 5 月 16 日起按本金 75 万元、月利率 2% 向原告连带偿还利息直到本金清偿为止；从 2013 年 5 月 17 日起按本金 150 万元、月利率 2% 向原告连带偿还利息直到本金清偿为止。

2013 年 4 月 1 日起，原债权人赖某岭通过其自己和胡某瑞的银行账户向叶某

全银行账户转账金额共计为895万元。2013年5月17日，被告叶某全向原债权人赖某岭出具《借据》。同日，原债权人赖某岭（甲方）与被告叶某全（乙方）签订《借款合同》。2013年5月20日，原债权人赖某岭（甲方）与赣州泓泰典当有限责任公司，以下简称泓泰典当公司（乙方）签订《债权转让协议》，该协议约定“甲方拥有对叶某全的债权，截至2013年5月17日借款本金计人民币捌佰玖拾伍万元整（￥895万），利息按叶某全借据上为准计算；甲方将上述债权让予乙方，乙方同意受让甲方上述债权；转让标的的有关凭证自本协议签订之日由甲方交给乙方，该转让标的之权利自债权凭证交付乙方之时发生转移，依附主债权合同的担保合同一并转让；转让标的之权利一经转移，原甲方对债务人叶某全享有的权利归乙方享有，即乙方对债务人叶某全享有依借据确定的所有权利……”当日，原债权人赖某岭在被告叶某全的居住地住宅区张贴了《债权转让通知书》。2013年8月12日，“赣州泓泰典当有限责任公司”在赣州市工商行政管理局登记变更名称为“江西大宏典当有限公司”（以下简称大宏典当公司）。2015年7月29日，大宏典当公司（甲方）与原告朱某文（乙方）签订《债权转让协议》，该协议约定“甲方拥有对叶某全的债权，截至2013年5月17日借款本金计人民币捌佰玖拾伍万元整（￥895万），利息按叶某全借据上为准计算；甲方将上述债权让予乙方，乙方同意受让甲方上述债权；转让标的的有关凭证自本协议签订之日由甲方交给乙方，该转让标的之权利自债权凭证交付乙方之时发生转移，依附主债权合同的担保合同一并转让；转让标的之权利一经转移，原甲方对债务人叶某全享有的权利归乙方享有，即乙方对债务人叶某全享有依借据确定的所有权利……”2015年7月30日，大宏典当公司在被告叶某全的居住地住宅区张贴了《债权转让通知书》，该通知书载明“叶某全：根据原《合同法》和相关法律的规定，以及我司与朱某文达成的债权转让协议，现将我司对你所享有债权（你于2013年5月17日向我出具‘借据’，包含本金890万及相应的利息、违约金，后于2013年5月20日由赖某岭将该债权转让给我），依法转让给朱某文，与此转让债权相关的其他权利也一并转让。请你自接到本债权转让通知书后应向朱某文履行全部义务。本债权转让通知未经债权受让人书面同意不得撤销。债权转让人：大宏典当公司。”而后朱某文将本民间借贷纠纷诉至一审法院。

裁判结果

一审判决：一、被告叶某全于本判决生效之日起二十日内向原告朱某文归还借款本金895万元；二、被告叶某全于本判决生效之日起二十日内向原告朱某文归还借款利息（以借款本金639万元为基数，利率按月利率2%自2013年4月1日起计算至还清借款之日止；以借款本金11万元为基数，利率按月利率2%自2013年4月2日起计算至还清借款之日止；以借款本金20万元为基数，利率按月利率2%自2013年4月17日起计算至还清借款之日止；以借款本金75万元为基数，利率按月利率2%自2013年5月16日起计算至还清借款之日止；以借款本金150万元为基数，利率按月利率2%自2013年5月17日起计算至还清借款之日止）；三、驳回原告朱某文的其他诉讼请求。

朱某文不服提出上诉。二审判决：一、维持一审判决第一项、第二项；二、撤销一审判决第三项；三、被上诉人谢某雄对上诉人朱某文的债权本金639万元及利息承担连带偿还责任，利息自判决生效之日起按月利率2%计算至清偿之日止；被上诉人谢某雄承担保证责任后，有权向被上诉人叶某全追偿；四、驳回上诉人朱某文的其他诉讼请求。

裁判理由

二审认为，关于本案中的担保合同的效力问题。谢某雄在2013年3月27日的借款借据和承诺书上的担保人处签了名字和身份证号码，且向受让赖某岭债权的泓泰典当公司出具了《连带责任担保承诺函》，因此，谢某雄应为本案的借款承担保证责任。根据原《担保法司法解释》第二十二条规定“第三人单方以书面形式向债权人出具担保书，债权人接受且未提出异议的，保证合同成立。”本案的债权可以认定是附保证合同的，案外人（债权人）赖某岭第一次及大宏典当公司第二次转让债权的合同第三条中均已明确“……该转让标的之权利自债权凭证交付……之时发生转移，依附主债权合同的担保合同一并转让。”关于该保证合同的效力问题，一审法院认为该承诺函的担保金额与借款凭据不一致、担保范围、落款时间均经涂改且经鉴定并非谢某雄本人所为，未认定该承诺函的保证效力。但经二审审查，该承诺函中的债务主体、债务担保期限、担保责任的履行等条款并未更改，涂改的担保范围条款实际是借款款项支付起止时间，担保的实质内容即借款金额并无涂改，即该承诺函作为保证合同的主要条款依然是完备的，应认定系谢某雄承诺为叶某全借款承担保证责任的真实意思表示，且涂改部分虽然不是谢某雄所为，但债权人起诉并未因此增加保证人的保证责任，其要求以能够辨识的未经涂改的原借款款项支付时间来追究谢某雄的保证责任符合公平原则。

要旨解析

一、保证合同的含义

保证合同是指保证人与债权人订立的在主债务人不履行其债务时由保证人承担保证债务的协议。

保证合同应该采取书面形式，口头保证合同是不成立的，除非保证人已经实际履行了担保义务。具体书面形式可采取下列方式：1.单独的保证合同。应由保证人、债权人签署；2.保证书形式。实务中标题可能叫保证书、保函、还款保证书、保证承诺书。关键是内容要体现出承担保证责任；3.主合同中含保证条款。由主合同双方加上保证人签署。主合同中虽然没有保证条款，但是，保证人在主合同上以保证人的身份签字或者盖章的，保证合同成立。但是最好采用书面保证合同、含保证条款的主交易合同、担保书等正式形式，而不是只在主合同上以保证人身份签署。

二、保证合同的效力问题

本案所涉及的担保合同的效力问题。《民法典》第六百八十五条规定保证合同可以是单独订立的书面合同，也可以是主债权债务合同中的保证条款。第三人单方以书面形式向债权人作出保证，债权人接收且未提出异议的，保证合同成立。第六百八十八条第一款规定“当事人在保证合同中约定保证人和债务人对债务承担连带责任的，为连带责任保证”，第 2 款规定“连带责任保证的债务人不履行到期债务或者发生当事人约定的情形时，债权人可以请求债务人履行债务，也可以请求保证人在其保证范围内承担保证责任”。第六百九十五条规定债权人和债务人未经保证人书面同意，协商变更主债权债务合同内容，减轻债务的，保证人仍对变更后的债务承担保证责任；加重债务的，保证人对加重的部分不承担保证责任。债权人和债务人变更主债权债务合同的履行期限，未经保证人书面同意的，保证期间不受影响。

三、保证合同的瑕疵是否影响合同整体无效

保证合同主要条款如果是完备的，即使部分内容存在涂改瑕疵，并无必然导致保证整体无效。

具体到本案中，谢某雄向债权受让人提供的《连带责任担保承诺函》因该承诺函落款处的签名捺印均系谢某雄所为，根据原《担保法司法解释》第二十二条规定“第三人单方以书面形式向债权人出具担保书，债权人接受且未提出异议的，保证合同成立。”本案的债权可以认定是附保证合同的，案外人（债权人）赖某岭第一次及大宏典当公司第二次转让债权的合同第三条中均已明确“……该转让标的之权利自债权凭证交付……之时发生转移，依附主债权合同的担保合同一并转让。”因此谢某雄应对 639 万元借款承担连带保证责任。

编写人：马　悦
二审合议庭成员：徐快华　徐清华　吕卫红

16. 人格混同的关联公司对混同经营项目对外所形成的债务应承担连带责任

——南昌某机电设备有限公司与南昌某文化产业发展有限公司等民间借贷纠纷二审案

裁判要旨

实际控制人名下有多家公司进行控制，且资金财产由该实际控制人随意在各公司之间分配、调拨，各公司缺乏独立的治理体系，财产已完全混合在一起无法区分，属于构成财产方面的混同。各公司共同运作同一项目的，构成生产经营混同。如各公司法定代表人均为同一人，在主要工作人员方面构成混同。各公司之间已经丧失独立的法人人格，依照公司人格否定法理，各公司对经营案涉土地项目对外所形成的债务应相互承担连带责任。

案例索引

一审：南昌市中级人民法院（2017）赣 01 民初 456 号

二审：江西省高级人民法院（2019）赣民终 429 号

基本案情

上诉人（原审原告）：南昌某机电设备有限公司（原南昌某置业有限公司）（以下简称机电公司）。

被上诉人（原审被告）：南昌某文化产业发展有限公司（以下简称文化公司）。

被上诉人（原审被告）：南昌某民俗村艺术有限公司（以下简称民俗村公司）。

被上诉人（原审被告）：南昌某陶艺村艺术有限公司（以下简称陶艺村公司）。

被上诉人（原审被告）：南昌某影视村艺术有限公司（以下简称影视村公司）。

被上诉人（原审被告）：江西某环保工程设备有限公司（以下简称设备公司）。

原审被告：张某。

原审被告：江西省某房地产综合开发有限公司（以下简称房地产公司）。

原审被告：南昌某大市场有限公司（以下简称大市场公司）。

机电公司向一审法院起诉请求：1. 被告文化公司、张某立即归还原告借款本金 2700 万元及利息（借款利息自 2012 年 8 月 21 日起至还清借款之日止，按月息 2 分计算，暂算至 2016 年 9 月 30 日为 2701.8 万元）；2. 被告民俗村公司、陶艺村公司、影视村公司对上述2700万元借款本息承担连带清偿责任；3.被告设备公司在借款1200万元本息范围内承担连带清偿责任；4.被告房地产公司、大市场公司就上述借款本息承担连带保证责任。

张某系文化公司的实际控制人，2011年8月8日文化公司、张某、陶艺村公司签订了一份《投资合作协议》约定，由张某投资参与南昌华夏艺术谷项目的合作建设，文化公司同意先行将其持有的陶艺村公司49%的股份转给张某或其指定的人持有。《投资合作协议》签订后，文化公司按约将陶艺村公司49%的股份登记在了张某指定的虞某国名下，并于2012年1月18日向张某出具了一份《委托书》，委托书内容为“兹委托张某先生代表文化公司办理融资的一切事宜。特此委托！”委托书加盖了文化公司的公章和法定代表人周某湘的签名。2012年3月7日张某以文化公司实际控制人的身份和经营周转需要为由，向机电公司借款2700万元。机电公司出于对朋友（介绍人）的情谊和信任，在张某出具借条之后，于2012年3月8日向文化公司南昌银行东湖支行79×××66账户汇入1500万元，并于2012年3月16日通过江西天宝实业有限公司向被告指定的收款单位设备公司汇入1200万元。借款交付后，张某及文化公司并没有按时归还借款，机电公司多次找其催讨，张某一次次言而无信，后来甚至避而不见，电话不接，毫无还款迹象。机电公司无奈于2014年1月29日以张某涉嫌诈骗向南昌市公安局进行控告未果。2015年元月13日，机电公司通过多方努力终于找到了张某，因其无钱归还，让其再次签署《承诺书》和《债务确认书》。张某及文化公司就其向机电公司的借款没有归还分文。民俗村公司、陶艺村公司、影视村公司均系文化公司及张某实际控制的关联子公司，因该关联子公司与文化公司及张某在主体、业务、财产等一系列方面发生严重混同，因此机电公司认为前述五被告依法应就被告张某及文化公司向机电公司的借款承担连带清偿责任。机电公司为维护其合法权益将本民间借贷纠纷诉至一审法院。

裁判结果

一审判决：一、被告张某于本判决生效之日起十日内偿还原告机电公司借款本金2700万元及利息（利息的计算：以本金2700万元为基数，自2012年8月21日起至本息清偿之日止，按年利率24%计算）；二、驳回原告机电公司其他诉讼请求。

机电公司不服提出上诉。二审判决：一、撤销一审判决；二、张某、文化公司、民俗村公司、陶艺村公司、影视村公司于本判决生效之日起十日内共同偿还机电公司借款本金1500万元及利息（利息的计算：以本金1500万元为基数，自2012年8月21日起至本息清偿之日止，按年利率24%计算）；三、张某于本判决生效之日起十日内偿还机电公司借款本金1200万元及利息（利息的计算：以本金1200万元为基数，自2012年8月21日起至本息清偿之日止，按年利率24%计算）；四、驳回机电公司其他诉讼请求。

裁判理由

二审认为，关于各公司相互间是否构成人格混同的问题。《鉴证报告》载明，民俗村公司、陶艺村公司、影视村公司系文化公司的全资子公司，周某湘、魏某辉仅代文化公司持股，《鉴证报告》载明的该事实有双方所签书面协议证实，文化公司提供的与张某、陶艺村公司于2011年8月8日签订的《投资合作协议》亦对该事实进行了确认。文化公司设立民俗村公司、陶艺村公司、影视村公司的目的，即系为了参与文化产业园项目用地的招拍挂，且事实上也与文化公司进行了联合竞拍。拍得土地后，文化公司将土地使用权分别登记在三家村公司名下。从《鉴证报告》反映的情况来看，所支付的土地出让金，文化公司及三家村公司并无自有资金，均系由股东及相关个人进行融资。文化公司、民俗村公司、陶艺村公司、影视村公司的资金财产均受周某湘控制，且资金财产由控制人周某湘随意在各公司之间分配、调拨，各公司缺乏独立的治理体系，各公司的财产已完全混合在一起，无法区分，因此构成财产方面的混同。各公司共同运作九龙湖地块一个项目，构成生产经营混同。各公司设立时工商登记住所地均为江西省南昌市新建县工业大道29号，法定代表人均为周某湘，在主要工作人员方面构成混同。文化公司、民俗村公司、陶艺村公司、影视村公司相互之间已丧失独立的法人人格，依照公司人格否定法理，各公司对经营案涉土地项目对外所形成的债务应相互承担连带责任。

要旨解析

公司人格否认制度，又称“刺破公司的面纱”或“揭开公司面纱”，指为阻止公司独立法人人格的滥用和保护公司债权人利益及社会公共利益，就具体法律关系中的特定事实，否认公司与其背后的股东各自独立的人格及股东的有限责任，责令公司的股东（包括自然人股东和法人股东）对公司的债权或公共利益直接负责，以实现公平、正义目标之要求而设置的一种法律措施。构成公司人格否认的情形有：（一）人格混同。这种情形在母子公司和一人公司中比较严重。（二）不公平的关联交易。关联交易是指发生在关联方之间的交易，主要表现形式是控制股东滥用其控制权，实现其不法的目的，如获取资金、规避法律责任、逃避债务、逃避税收等，其最终的结果，是控制股东获利，公司和其他股东承担风险和后果，而债权人的利益则无法获利保障，从而遭受损失；（三）公司资本明显不足。公司资本是公司用以对外承担财产责任的最低信用担保。若公司资本未达到《公司法》规定的最低限额，则根本无法承担公司经营风险和公司债务。此时控制股东的目的，往往是希望通过公司形式将风险转嫁给债权人而摆脱其个人责任。

本案所涉及的公司人格混同的问题。关联公司人格混同的主要特征包括：（1）人员混同：指关联企业之间在组织机构和人员上的严重交叉、重叠。比如公司之间的董事互相兼任，公司的高管交叉任职，甚至员工都一样，最典型的情况就是“一套人马，多块牌子”。（2）业务混同：指关联企业之间从事同一业务活动，在经营过程中相互不分。比如，同一业务的交易有时以这家企业的名义进行，有时以另一家企业的名义进行，以致与其交易的对方不能分辨是在与哪一家企业进行交易。（3）财产、财务混同：指公司间的财产、账簿、账目、账户混合，难以区分。如公司之间账簿、账目不相互区分，公司的办公场所、设施、主要设备等其他公司完全统一，一家公司的盈利成为其他公司的资产，一家公司账面的负债实际为其他公司的债务等情形。

《公司法》（2018年修正）第二十条规定公司股东应当遵守法律、行政法规和公司章程，依法行使股东权利，不得滥用股东权利损害公司或者其他股东的利益；不得滥用公司法人独立地位和股东有限责任损害公司债权人的利益。公司股东滥用股东权利给公司或者其他股东造成损失的，应当依法承担赔偿责任。公司股东滥用公司法人独立地位和股东有限责任，逃避债务，严重损害公司债权人利益的，应当对公司债务承担连带责任。《民法典》第一百七十八条规定二人以上依法承担连带责任的，权利人有权请求部分或者全部连带责任人承担责任。连带责任人的责任份额根据各自责任大小确定；难以确定责任大小的，平均承担责任。实际承担责任超过自己责任份额的连带责任人，有权向其他连带责任人追偿。连带责任，由法律规定或者当事人约定。

具体到本案，民俗村公司、陶艺村公司、影视村公司系文化公司的全资子公司，周某湘、魏某辉仅代文化公司持股。文化公司设立民俗村公司、陶艺村公司、影视村公司的目的，即系为了参与文化产业园项目用地的招拍挂，且事实上也与文化公司进行了联合竞拍。拍得土地后，文化公司将土地使用权分别登记在三家村公司名下。从《鉴证报告》反映的情况来看，所支付的土地出让金，文化公司及三家村公司并无自有资金，均系由股东及相关个人进行融资。文化公司、民俗村公司、陶艺村公司、影视村公司的资金财产均受周某湘控制，且资金财产由控制人周某湘随意在各公司之间分配、调拨，各公司缺乏独立的治理体系，各公司的财产已完全混合在一起，无法区分，因此构成财产方面的混同。各公司共同运作九龙湖地块一个项目，构成生产经营混同。各公司设立时工商登记住所地均为江西省南昌市新建县工业大道29号，法定代表人均为周某湘，在主要工作人员方面构成混同。文化公司、民俗村公司、陶艺村公司、影视村公司相互之间已丧失独立的法人人格，依照公司人格否定法理，各公司对经营案涉土地项目对外所形成的债务应相互承担连带责任。

编写人：马　悦

二审合议庭成员：胡俊涛　徐清华　吕卫红

17. 以物抵债协议解除，债权人根据以物抵债协议占有使用债务人的财产期间不应计算借款利息

——皮某根与江西某置业有限公司等民间借贷纠纷再审案

裁判要旨

1. 当事人约定以借款本息支付公司股权转让款实际系以公司资产抵偿债务的协议，协议只要是双方真实意思表示，应认定合法有效。

2. 以物抵债协议属于实践性合同，在以物抵债协议未履行完毕前，债权人的原债权并不消灭。

3. 债权人根据以物抵债协议接受使用公司资产，相当于其收到并使用了与其借款价值相等的债务人资产，此后以物抵债协议无法继续履行而需要解除的，在债权人管理使用公司资产期间，其借款不应计算利息。

案例索引

一审：江西省吉安市中级人民法院（2016）赣08民初80号

二审：江西省高级人民法院（2017）赣民终488号

再审：江西省高级人民法院（2019）赣民再30号

基本案情

再审申请人（一审原告、二审被上诉人）：皮某根。

被申请人（一审被告、二审上诉人）：江西某置业有限公司（以下简称置业公司）。

被申请人（一审被告、二审上诉人）：谢某才。

被申请人（一审被告、二审上诉人）：萍乡市某小城镇开发有限公司（以下简称开发公司）。

被申请人（一审被告、二审上诉人）：周某燕。

二审被上诉人（一审第三人）：皮某伟。

二审被上诉人（一审第三人）：邹某英。

二审被上诉人（一审第三人）：皮某磊。

一审被告：江西省某生物制品有限公司（以下简称生物公司）。

皮某根向一审法院起诉请求：1. 判令置业公司立即归还借款本金1180万元及自

2013年2月6日起至实际还款之日止按月息2%计算的利息；2.生物公司、谢某才、周某燕、开发公司对上述借款本息承担连带清偿责任。

谢某才与周某燕是夫妻关系，与谢某安是兄弟关系。皮某根与皮某伟系兄弟关系，皮某伟与邹某英系夫妻关系，皮某伟与皮某磊系父子关系。江西开元安福火腿有限责任公司的实际控制人为邹某英和皮某磊。

2013年2月4日皮某根与置业公司、谢某才、生物公司签订借款协议，约定皮某根向置业公司出借资金1180万元，借期6个月，逾期未还借款月利率3%，从江西开元安福火腿有限责任公司转账至生物公司的账户，谢某才、生物公司对上述借款本息承担连带责任担保。协议签订当日，皮某根通过江西开元安福火腿有限责任公司转账1000万元至指定的生物公司账户。邹某英于2013年8月7日收到谢某才转款110万元，8月8日收到谢某才转款70万元。2013年2月7日，谢某才出具借条，内容为：借到皮某根600万元，借期7个月不计算利息，到期后一次性归还。如有逾期按36%的年息计算违约金至本息全部归还为止。置业公司、生物公司在借条上盖章同意对该600万元承担连带担保责任。2013年2月7日皮某根转账谢某才474万元。2013年9月5日谢某才转账给邹某英300万元，9月6日谢某才又转账给邹某英300万元。

后双方又多次发生经济往来，部分款项进行了抵销。因置业公司、谢某才未按协议约定履行还款义务，2014年7月10日谢某才向皮某根出具承诺书，承诺在2014年7月30日前归还500万元，同时谢某才妻子周某燕以担保人身份向皮某根出具担保书，同意对谢某才向皮某根的所有借款承担连带清偿责任。2014年9月26日，开发公司在借款协议上盖章并注明还款担保人身份。

2014年11月15日施某亮代表皮某根、皮某伟接受了生物公司的一部赣DV8862车辆，作价100万元抵偿本案借款的利息。

2015年1月25日皮某根与谢某才、周某燕、谢某安签订协议，约定将谢某才、周某燕、谢某安持有生物公司的全部股份转让给皮某根，股权转让在合同签订后五个工作日到工商部门办理变更手续。并确认生物公司在安福农村合作银行贷款1000万元，由皮某根承担，确定了股权转让所涉及资产范围，皮某根以2460万元的价格收购生物公司全部股权。在全部变更手续办完五个工作日内，股权转让款余款1460万元一次性付清。股权转让协议签订后即生效，生效后3日内，按合同要求办理股权变更登记手续。2015年2月7日，皮某根委托欧阳某清、毛某等人与生物公司的谢某安、肖某对生物公司的厂房和其他财产进行了交接。交接后，因发现谢某才、周某燕持有的生物公司全部股权于2013年5月21日质押给江西汇丰典当有限公司，生物公司的股权已经无法办理变更登记。

在申请执行人安福县利康土栖白蚁资源供销服务所与被执行人生物公司买卖合同纠纷执行案中，2016年8月9日江西省安福县人民法院以（2016）赣0829执570号裁定书对生物公司的财产进行了查封。

2018年1月5日，谢某才、周某燕、谢某安向江西省吉安市中级人民法院起诉皮某根、皮某伟、邹某英，要求解除双方于2015年1月25日签订的股权转让协议，返还已移交的生物公司资产，并赔偿经济损失2540万元。同时皮某根方提出反诉，要求谢某才方赔偿损失500万元。

裁判结果

一审判决：一、置业公司、谢某才于判决生效后十日内归还皮某根借款本金905万元及利息（利息自2013年11月29日起按年利率24%计算至还清之日止）；二、生物公司、周某燕、开发公司对判决第一项本息承担连带保证责任；三、生物公司、周某燕、开发公司承担保证责任后，有权向置业公司、谢某才追偿；四、驳回皮某根的其他诉讼请求。

置业公司、谢某才等不服提出上诉。二审判决：一、维持一审判决第三项；二、撤销一审判决第二项、第四项；三、变更一审判决第一项为：置业公司、谢某才于判决生效后十日内归还皮某根借款本金52.8389万元及利息（利息自2014年8月2日起按年利率24%计算至还清之日止）；四、生物公司、周某燕、开发公司对判决第三项本息承担连带保证责任；五、驳回皮某根的其他诉讼请求。

皮某根不服，向最高人民法院申请再审，最高人民法院指定江西省高级人民法院再审。再审判决：一、撤销一审判决和二审判决；二、置业公司、谢某才于本判决生效后十日内归还皮某根借款本金932.0407万元及利息（截至2015年2月6日尚欠利息为217.4556万元，2015年2月7日至2016年8月8日不计算利息，2016年8月9日起的利息按年利率24%计算至本金还清之日止）；三、生物公司、周某燕、开发公司对上述第二项判决确定的借款本息承担连带清偿责任；四、生物公司、周某燕、开发公司承担保证责任后，有权向陆度置业有限公司、谢某才追偿；五、驳回皮某根的其他诉讼请求。

裁判理由

再审认为，本案系民间借贷纠纷，双方2013年2月4日签订的借款协议是双方真实意思表示，除有关利息利率约定过高外，其他内容不违反法律规定，应确认其合法有效。资金来源并非确定民间借贷法律关系当事人的根据，发生借贷关系的相对人应以双方书面合同载明为准。本案的借款协议和借条均载明出借人是皮某根，谢某才、周某燕另出具承诺书和担保书，也载明出借人是皮某根，因此应认定本案出借人为皮某根。结合当事人诉辩意见，本案的争议焦点是：一、本案借款本息是否已经以生物公司股权抵偿消灭；二、如未抵偿消灭，置业公司、谢某才尚欠借款本息是多少。

一、关于本案债权债务是否已经以生物公司股权抵偿消灭的问题

本案中被申请人主张皮某根与谢某才、周某燕、谢某安签订股权转让协议书，

系为抵偿置业公司、谢某才等人的借款本息，本案债权债务关系已经因以生物公司股权抵债而消灭。皮某根主张双方签订的股权转让协议系独立的法律关系，与本案借款没有关联。因而，该争议焦点包含两个层次的争议内容，一是双方签订生物公司股权转让协议是否系为了抵偿本案借款本息；二是本案债权债务是否已经以生物公司的资产抵债消灭。

（一）关于双方是否达成了以生物公司股权抵债协议的问题。再审认为，股权转让协议虽未明确以股权转让款抵借款本息的内容，但结合本案其他证据，可以认定该协议实际系以生物公司股权抵债的协议。一是协议约定的皮某根需要向谢某才等直接支付的股权转让款与置业公司、谢某才所欠借款本息基本相等。二是双方签订股权转让协议后，在股权尚未办理变更登记、皮某根亦未支付股权转让款的情况下即办理了厂房等资产交接。三是证人肖某在本案再审审理中出庭作证，证明皮某根、皮某伟多次到勃克酒厂与谢某才等人商量以勃客酒厂抵债的事宜，为此对酒厂资产进行了盘查登记，并在2015年2月办理了勃客酒厂资产的交接手续。由此可见，双方签订股权转让协议的真实目的系以生物公司股权抵偿本案借款本息。该股权转让协议实际系以物抵债协议，该协议系双方真实意思表示，合法有效。

（二）关于本案债权债务是否已经以股权抵债消灭的问题。本案中，双方约定的抵债物系公司股权，虽然2015年2月双方对生物公司资产进行了交接，皮某根在交接后管理和控制了生物公司的资产，但因生物公司的股权在签订股权转让协议前已经被谢某才等人质押，生物公司股权在解除质押前无法办理变更登记，导致双方一直未能办理股权变更登记，皮某根并未实际取得生物公司的股权和资产所有权。自2016年8月9日，生物公司的厂房及资产因置业公司、谢某才等其他债务纠纷被查封至今，双方股权转让协议已经无法继续履行。因此，由于股权转让协议并未履行完毕，皮某根并未取得生物公司股权和资产所有权，本案借款本息债权并未消灭，皮某根在股权转让协议无法履行后提起本案诉讼，要求置业公司、谢某才等偿还借款本息应当得到支持。

由于双方在股权未办理变更登记的情况下对生物公司的资产进行了交接，交接后，生物公司资产处于皮某根管理和控制下，相当于置业公司、谢某才将与借款等值的资产交于皮某根，皮某根亦利用生物公司资产开展了经营活动，因而皮某根管理控制生物公司资产期间，本案借款不应计算利息。皮某根管理控制生物公司资产期间自2015年2月7日至2016年8月8日生物公司资产被查封前，本案借款不计算利息。2016年8月9日生物公司资产因谢某才其他诉讼纠纷被人民法院查封至今未解除，皮某根方实际无法再继续经营生物公司。因此，谢某才方应承担自2016年8月9日起的借款利息。

二、关于置业公司、谢某才尚欠借款本息金额如何计算的问题

皮某根与谢某才等人2013年2月4日签订的1180万元借款协议和2013年2月7日的600万元借条都是先将利息预先在本金中扣除，借款本金应以实际出借的金额为准，上述两笔借款皮某根实际出借金额分别为 1000 万元和 474 万元，两笔借款的本金应分别认定为 1000 万元和 474 万元。

2013 年 2 月 7 日的借条，载明借款 600 万元借期 7 个月不计利息，到期后一次性归还。如有逾期，按 36% 的年息计算违约金至本息全部归还为止。本金 474 万元的借款自 2013 年 2 月 7 日至 2013 年 9 月 6 日按月利率 3% 计算 7 个月的利息 99.1112 万元，可以在 2013 年 9 月 5 日、9 月 6 日以支付的 600 万元扣除。2013 年 9 月 7 日谢某才已全部归还 474 万元本金及 7 个月的利息 99.1112 万元，该笔 474 万元的借款本息已全部偿还，剩余的 26.8888 万元可以冲抵 1000 万元借款本息。1000 万元借款双方约定的月利率为 3%，但皮某根在一审起诉时主张本案 1000 万元借款的利息自 2013 年 2 月 6 日起按月利率 2% 计算，该主张系其对自身权利的处分且没有超过司法解释的规定，应予支持。因此，1000 万元借款利息应当自 2013 年 2 月 6 日起按月利率 2% 计算。借款后，谢某才先后偿还了 180 万元利息和以赣 DV8862 车辆抵偿了 100 万元利息，应依法扣除。根据前述分析，2015 年 2 月 7 日至 2016 年 8 月 9 日期间不予计算利息。2016 年 8 月 10 日后的利息应按照月利率 2% 计算至本金还清之日止。截至 2015 年 2 月 6 日，谢某才尚欠皮某根本金 932.0407 万元，利息共计 217.4556 万元（166.5892 万元 +50.8664 万元）。

要旨解析

本案系因民间借贷债务人无法偿还借款，以公司股权抵债但又因股权被查封无法过户履行而引起。这个案子涉及几个问题，一是民间借贷纠纷中，债务人无法清偿债务时以物抵债的效力如何认定；二是在债权人接受抵债财产后，又因债务人原因导致财产无法过户时，双方的债权债务关系应以原民间借贷法律关系为准还是以以物抵债法律关系为准；三是债权人接受财产后，在以物抵债需要解除时，债权人接受财产期间债务人是否需要承担借款利息。

一、关于民间借贷中以物抵债的效力

以物抵债是债务人在无法清偿金钱债务时，与债权人协商以动产、不动产或其他财产折价抵偿，以清偿债权。以物抵债是民间借贷中常见的债务清偿方式。原《合同法》对以物抵债并无专门规定，《民法典》也未专门规定以物抵债协议，此类协议应属无名合同。因而，判断这类协议的效力应以《民法典》有关一般合同效力的条款进行考察判断，考察合同主体、合同各方意思表示、合同是否损害国家利益、社会公共利益和第三人利益、合同是否违反法律行政法规的强制性规定等。一般来说，只要债权人和债务人双方以物抵债的协议系真实意思表示，都可以认定以物抵债协议的效力。本案以物抵债与债务人通常提供不动产、动产作为抵债财产不同，而是以公司股权作为抵债财产。以公司股权作为抵债财产的实质是以该公司名下的资产作为抵债财产，不过要合法获得抵债公司名下的财产，必须取得该公司的股权。皮某根接受股权亦是希望接收该公司的资产。所以，该协议不存在无效的因

素，再审认定合法有效并无不妥。

二、关于以物抵债协议无法履行时，双方权利义务如何确定

实践中，当事人签订以物抵债协议后，会出现各种情况。有的当事人签订以物抵债协议后，并未真正按照协议约定履行，债务人未向债权人交付抵债的财产。有的当事人签订义务抵债协议后，债务人按照协议约定向债权人交付了财产，但因其他原因，债权人无法获得该财产登记的所有权。还有的当事人交付的财产与协议约定的质量、数量、价值不一致，从而引发纠纷。

通常观点认为，以物抵债协议属于实践性合同，在以物抵债协议未履行完毕前，债权人的原债权并不消灭。如果以物抵债协议已经履行完毕，债权人获得了以物抵债的财产所有权，债权人的原债权则消灭。笔者认为，未履行完毕的以物抵债协议，债权人可以选择主张原债权或者是主张履行以物抵债协议。首先，以物抵债协议本身仍是一份合同，对双方仍具有合同效力，债权人可以主张协议中的权利。其次，以物抵债协议未履行完毕，说明债权人与债务人之间的债权债务关系没有了结，不管是从原债权债务关系还是从以物抵债关系的角度来说，都没有从法律上消灭债权债务关系。因而，此时债权人有选择主张原债权或继续履行以物抵债协议的权利。当然，债权人如果主张继续履行以物抵债协议，应当是以物抵债协议不存在履行的客观障碍时。如果以物抵债协议无法履行，债权人只能主张原债权，其与债务人的权利义务关系应以原债权为准。

三、关于债权人接受以物抵债财产期间的利息问题

债权人接受以物抵债财产后，如果以物抵债协议不能继续履行，债权人只能主张原债权的情况下，这是债权人接受财产期间，债务人是否还要承担此期间的利息。笔者认为，此时应区分不同的情况而言。一种情况是，债务人交付了以物抵债约定的全部财产，债权人占有财产后可以对财产进行正常管理使用，此时相当于债权人支配了相当于原债权等值的财产，即使存在未办理过户登记的情形，只要未办权属登记不影响债权人对财产的使用，在此期间，债务人即不应承担利息。另一种情况是，如果债务人只交付了部分财产，该部分财产债权人可以进行正常管理使用，此时与该部分财产等值的债权不应计算利息。如果债权人对接收的全部或部分财产无法正常管理使用，债务人仍应承担债权人占有财产期间的债权利息。本案即属于第一种情形，债权人在接收以物抵债后，对酒厂资产可以进行正常经营，说明其占有使用了债务人提供的与债权等值的财产，再审判决债务人不承担此期间的利息正确。

编写人：龚雪林

再审合议庭成员：龚雪林　万细泉　李　彬

18. 债权人与债务人关于债务偿还的约定未加重债务的，保证人仍应对相关债务承担保证责任

——付某清与九江市某房地产开发有限公司、江西省某置业有限公司、胡某若、宋某仕、周某柏民间借贷纠纷再审案

裁判要旨

1. 当事人根据生效民事判决达成的《债务和解协议》，并不构成对基础法律关系的变更。

2. 在《债务和解协议》并未加重债务，亦不能证明债权人放弃了要求保证人承担担保责任权利的情况下，保证人仍应对相关债务承担保证责任。

案例索引

一审：江西省进贤县人民法院（2015）进温民初字第 191 号

二审：江西省南昌市中级人民法院（2017）赣 01 民终 687 号

再审：江西省高级人民法院（2019）赣民再 55 号

基本案情

再审申请人（一审被告）：江西省某置业有限公司（以下简称置业公司）。

被申请人（一审原告、二审被上诉人）：付某清。

二审上诉人（一审被告）：胡某若。

一审被告：九江市某房地产开发有限公司（以下简称房地产公司）。

一审被告：宋某仕。

一审被告：周某柏。

付某清向一审法院提出诉讼请求：1. 房地产公司清偿其借款本金 700 万元及利息 140 万元（利息自 2014 年 9 月 5 日算至 2015 年 7 月 4 日，此后利息按银行同期贷款利率的 4 倍计算至所有债务清偿之日止）并支付律师费 85000 元；2. 胡某若、宋某仕、周某柏、置业公司对上述债务承担连带清偿责任。

2014 年 9 月 5 日，债权人万某玲与房地产公司签订《借款协议》，约定房地产公司向其借款人民币 1200 万元，借款利息为月息 5%，借期三个月，按月结息。协议同时约定房地产公司同意将其公司永修县分公司的位于永修县新城永昌大道东侧

的华龙莱因美郡第 × 幢 ×-×××× 建筑面积2145.03平方米的商铺以买卖合同的形式过户到万某玲名下，用于担保借款。借款期限后，房地产公司未能清偿全部借款的，债权人可选择将该笔借款直接冲抵上述商铺的购房款，且无论届时该商铺的价格是否高于商品房买卖合同签订时的价格，房地产公司同意按1200万元将此商铺直接卖给债权人万某玲。或者债权人放弃采取借款抵购房款的方式，则买卖合同终止，债权人可按借款协议直接向房地产公司及其他担保人主张还款权利。协议约定房地产公司未按时归还借款本息的，应当承担出借人为实现债权所支出的包括但不限于差旅、交通、住宿、诉讼、律师等一切费用。同日，胡某若、宋某仕、周某柏、置业公司在借款协议中担保人一栏中签名，承诺对上述债权向万某玲承担无限连带责任保证担保，担保范围包括但不限于借款本息及借款方为实现债权所支付的差旅、交通、住宿、诉讼、律师等一切费用。同日，万某玲分两笔将上述1200万元借款汇入房地产公司指定的账户内。房地产公司出具收条一份，说明收到万某玲人民币1200万元，胡某若、宋某仕、周某柏、置业公司在收条“担保人”一栏中签名或盖章。借款借出后，房地产公司一直未支付利息，借款到期后，亦未清偿本金，担保人亦未承担担保责任。2015年7月13日，债权人万某玲将上述债权中的700万元借款本息转让给付某清，双方签订了《债权转让协议书》。同年7月15日，万某玲通过邮政快递方式将债权转让通知书送达房地产公司，房地产公司于同年7月16日收到通知书。付某清受让债权后，多次联系未果，故向法院起诉，要求法院支持其诉讼请求。二审法院对律师费已支付的事实予以确认。

再审另查明：一、2016年11月18日，债权方付某清、万某玲、艾某玲、嘉信公司与债务方胡某若、房地产公司、华龙永修分公司达成《债务和解协议》，主要约定：万某玲、付某清、艾某玲全部债权作价1400万元，嘉信公司全部债权作价900万元，共计2300万元，不再计算利息。债务方以华龙莱茵美郡第 × 幢 ×××× 号商铺作价1600万元抵偿各债权方，不够部分700万元债权由债务人另行提供资产抵偿，若债务方提供的资产不足以清偿债权方全部债务2300万元，又不提供其他资产抵债或清偿剩余债务的，则债权方的债权不再固定作价2300万元，而是以实际发生的债权本息为准，债权方可以要求债务方与担保人共同连带清偿尚未清偿的债务本息。协议签订后，债务方以华龙永修分公司名下华龙莱茵美郡第 × 幢 ×××× 号商铺作价1600万元抵偿给债权方，并应嘉信公司要求将该商铺过户到南昌市永正贸易有限公司名下。再审中，付某清、艾某玲称，嘉信公司所得商铺价值为838万元，其两人所得商铺价值共为762万元。置业公司称，二审判决后，法院执行付某清、艾某玲的债权时扣除了762万元。二、2012年12月14日，永修县房地产管理局向房地产公司颁发了华龙莱茵美郡第 × 幢 ×××× 号商铺房产证，2013年7月12日，该商铺办理了抵押登记，期限为2013年7月12日至2015年7月11日。2014年9月5日，华龙永修分公司与万某玲签订华龙莱茵美郡第 × 幢 ×××× 号商铺《商品房买卖合同》时，该商铺是已经办理了抵押登记的。三、2015

年 12 月 31 日，嘉信公司与华龙永修分公司、胡某若、周某柏、陈某东签订《借款合同》，约定：华龙永修分公司以资金周转困难为由向嘉信公司借款 838 万元，借期八个月，月息一分，逾期还款则承担逾期利息；胡某若、周某柏、陈某东作为担保人承担连带保证责任。再审中，各方当事人对该借款用以清偿此前向永修县农村信用合作联社营业部的抵押借款没有异议。借款期限届满后，华龙永修分公司没有如约返还借款，2016 年 9 月 12 日，嘉信公司诉至永修县人民法院，请求房地产公司、华龙永修分公司共同偿还借款本金 838 万元及逾期利息，胡某若、周某柏、陈某东承担连带清偿责任。该案审理过程中，嘉信公司、房地产公司、华龙永修分公司、胡某若自行和解达成如下协议，请求人民法院确认：1. 华龙永修分公司欠嘉信公司借款本金 838 万元，华龙永修分公司同意以其名下华龙莱茵美郡第 × 栋 ×××× 号商铺作价 838 万元抵偿给嘉信公司，并应嘉信公司要求过户到南昌市永正贸易有限公司名下；2. 嘉信公司放弃对其他被告的诉讼请求；3. 案件受理费 75615 元，减半收取 37808 元、保全费 5000 元，合计 42808 元，原告自愿负担。2016 年 11 月 25 日，永修县人民法院对上述协议予以确认并制作了调解书。

裁判结果

一审判决：1. 限房地产公司在该判决生效后十日内一次性向付某清偿还借款人民币本金 700 万元；2. 限华龙房公司在该判决生效后十日内一次性向付某清支付借款利息 140 万元（利息以年利率 24% 计算，自 2014 年 9 月 5 日算至 2015 年 7 月 4 日止）；3. 限房地产公司在该判决生效后十日内一次性向付某清支付借款 700 万元自 2015 年 7 月 5 日之后的利息（利息以人民银行同期银行贷款利率的 4 倍，自 2015 年 7 月 5 日计算至还清全部欠款之日止）；4. 限房地产公司在该判决生效后十日内一次性向付某清偿还实现债权的律师费 85000 元；5. 胡某若、宋某仕、周某柏、置业公司对上述借款及利息、律师费承担连带清偿责任。

胡某若不服提出上诉。二审判决：驳回上诉，维持原判。

置业公司仍不服申请再审。再审判决：维持二审民事判决。

裁判理由

再审认为，本案的争议焦点可以归纳为：一、《债务和解协议》是否对本案的法律关系进行了变更；二、《债务和解协议》签订后，置业公司、胡某若、宋某仕、周某柏对本案债务是否仍应承担担保责任。

一、关于《债务和解协议》是否对本案的法律关系进行了变更问题。《债务和解协议》明确载明该和解协议鉴于进贤县人民法院（2015）进温民初字第 191 号、192 号民事判决，该协议第十八条约定："如债务方提供的资产不足以清偿债权方全部债务，而债务方又拒不提供其他资产抵债或清偿剩余债务的，则债权方的债权不再固定作价 2300 万元，而是以实际发生的债权本息为准，债权方可以要求债务方与担保人共同连带清偿尚未清偿的债务本息”。根据该条款约定，付某清并没有放弃担保人置业公司、胡某若、宋某仕、周某柏对本案应当承担的担保责任。由此可见，《债务和解协议》实际是在认可并尊重进贤县人民法院（2015）进温民初字第191号、192号民事判决的基础上达成的，对本案的法律关系并没有变更。置业公司称《债务和解协议》是对上述判决确定的权利义务的变更，理由不能成立。

二、关于《债务和解协议》签订后，置业公司、胡某若、宋某仕、周某柏对本案债务是否仍应承担担保责任问题。经再审查明，2014年9月5日，华龙永修分公司与万某玲签订华龙莱茵美郡第×幢××××号商铺《商品房买卖合同》时，该商铺是已经办理了抵押登记的，他项权人为永修县农村信用合作联社营业部，期限为2013年7月12日至2015年7月11日。2015年12月31日，嘉信公司与华龙永修分公司、胡某若、周某柏、陈某东签订《借款合同》，由嘉信公司向房地产公司出借838万元，用以清偿此前向永修县农村信用合作联社营业部的抵押借款，在该抵押借款中，房地产公司已经用华龙莱茵美郡第×幢××××号商铺办理了抵押。此后，借款期限届满后，华龙永修分公司没有如约返还借款，嘉信公司诉至永修县人民法院，请求房地产公司、华龙永修分公司共同偿还借款本金838万元及逾期利息，胡某若、周某柏、陈某东承担连带清偿责任。该案审理过程中，2016年11月25日，嘉信公司、房地产公司、华龙永修分公司、胡某若达成调解：1. 华龙永修分公司欠嘉信公司借款本金838万元，华龙永修分公司同意以其名下华龙莱茵美郡第×栋××××号商铺作价838万元抵偿给嘉信公司，并应嘉信公司要求过户到南昌市永正贸易有限公司名下；2. 嘉信公司放弃对其他被告的诉讼请求；3. 案件受理费75615元，减半收取37808元、保全费5000元，合计42808元，原告自愿负担。根据上述查明的事实可知，虽然2014年9月5日置业公司为债权人万某玲与房地产公司签订《借款协议》提供担保时，借款协议约定以华龙莱茵美郡第×幢××××号商铺签订买卖合同形式为借款担保，但实际在此前该房屋已经抵押给了永修县农村信用合作联社营业部。永修县农村信用合作联社营业部依法对此房屋享有优先受偿权。因此，2015年12月31日嘉信公司向华龙永修分公司出借838万元以偿还永修县农村信用合作联社营业部债务，各方通过《债务和解协议》和《调解书》约定以华龙莱茵美郡第×幢××××号商铺折价1600万元抵偿胡某若、房地产公司、华龙永修分公司债务，其中抵偿嘉信公司债务838万元并未加重置业公司的担保责任。《债务和解协议》亦不能证明债权人放弃了要求置业公司承担担保责任的权利。再审中，付某清、艾某玲称，嘉信公司所得商铺价值为838万元，付某清、艾某玲所得商铺价值为762万元，故该两人债权并没有完全得到清偿。根据《债务和解协议》第十八条约定：“如债务方提供的资产不足以清偿债权方全部债务，而债务方又拒不提供其他资产抵债或清偿剩余债务的，则债权方的债权不再固定作价2300万元，而是以实际发生的债权本息为准，债权方可以要求债务方与担保人共同连带清偿尚未清偿的债务本息”，置业公司、胡某若、宋某仕、周某柏对本案债务仍应承担担保责任。置业公司关于《债务和解协议》加重了其担保责任，其不应承担本案担保责任，理由不能成立，不予采纳。

要旨解析

本案例涉及债权人与债务人对债务偿还作出约定，保证人应否及如何承担责任的问题。具体涉及以下两个法律问题：一是债权人与债务人对债务偿还的约定是否构成对当事人之间基础法律关系的变更；二是在债权人与债务人对债务偿还作出约定时，保证人应如何承担责任。

一、关于债权人与债务人对债务偿还的约定是否构成对当事人之间基础法律关系变更的问题

本案例中，2016 年 11 月 18 日，债权方付某清、万某玲、艾某玲、嘉信公司与债务方胡某若、房地产公司、华龙永修分公司达成《债务和解协议》，主要约定：万某玲、付某清、艾某玲全部债权作价 1400 万元，嘉信公司全部债权作价 900 万元，共计 2300 万元，不再计算利息。债务方以华龙莱茵美郡第 × 幢 ×××× 号商铺作价 1600 万元抵偿各债权方，不够部分 700 万元债权由债务人另行提供资产抵偿，若债务方提供的资产不足以清偿债权方全部债务 2300 万元，又不提供其他资产抵债或清偿剩余债务的，则债权方的债权不再固定作价 2300 万元，而是以实际发生的债权本息为准，债权方可以要求债务方与担保人共同连带清偿尚未清偿的债务本息。上述《债务和解协议》的签订，建立在以下背景之上：1. 针对付某清诉房地产公司、置业公司、胡某若、宋某仕、周某柏民间借贷纠纷案，一审法院作出（2015）进温民初字第 191 号民事判决：（1）房地产公司清偿付某清借款本金 700 万元及利息 140 万元（利息自 2014 年 9 月 5 日算至 2015 年 7 月 4 日，此后利息按银行同期贷款利率的 4 倍计算至所有债务清偿之日止）并支付律师费 85000 元；（2）胡某若、宋某仕、周某柏、置业公司对上述债务承担连带清偿责任。2. 针对艾某玲诉房地产公司、置业公司、胡某若、宋某仕、周某柏民间借贷纠纷案，一审法院作出（2015）进温民初字第 192 号民事判决：（1）限房地产公司在本判决生效后十日内一次性向艾某玲偿还借款人民币本金 500 万元。（2）限房地产公司在本判决生效后十日内一次性向艾某玲支付借款利息 100 万元（利息以年利率 24% 计算，自 2014 年 9 月 5 日算至 2015 年 7 月 4 日止）。（3）限房地产公司在本判决生效后十日内一次性向艾某玲支付借款 500 万元自 2015 年 7 月 5 日之后的利息（利息以人民银行同期银行贷款利率的 4 倍，自 2015 年 7 月 5 日计算至还清全部欠款之日止）。（4）限房地产公司在本判决生效后十日内一次性向艾某玲偿还实现债权的律师费 65000 元。（5）胡某若、宋某仕、周某柏、置业公司对上述借款及利息、律师费承担连带清偿责任。3. 针对嘉信公司诉房地产公司、华龙永修分公司、胡某若、周某柏、陈某东民间借贷纠纷案，一审法院作出（2016）赣 0425 民初 818 号民事调解书：（1）华龙永修分公司欠嘉信公司借款本金 838 万元，华龙永修分公司同意以其名下华龙莱茵美郡第×栋××××号商铺作价838万元抵偿给嘉信公司，并应嘉信公司要求过户到南昌市永正贸易有限公司名下；（2）嘉信公司放弃对其他被告的诉讼请求。

从上述脉络可知，案例中《债务和解协议》的签订，建立在各方当事人之间存在借款和担保合同关系以及人民法院对借款和担保作出裁判的基础之上，当事人根据《债务和解协议》所形成的法律关系，仍然是借贷合同关系和担保法律关系。该和解协议并非在当事人之间建立了新的法律关系，其仍然是当事人之间原有借款和担保法律关系的延续。根据《债务和解协议》约定的内容看，应认定该协议是当事人对主合同关系所作出的附条件的变更，即债权方全部债权作价2300万元，以债务人方提供的资产足以清偿该债权为前提，否则，债务人方仍应以实际发生的债权本息为准进行清偿，即以主合同为准进行清偿。

二、关于在债权人与债务人对债务偿还作出约定时，保证人应如何承担责任的问题

本案例中，置业公司主张在付某清放弃权利的范围内免除保证责任。置业公司的该项主张，不能成立。第一，付某清等债权人在签订《债务和解协议》时，并未放弃要求主合同关系的保证人承担相应的保证责任，故在置业公司不存在免除其保证责任事由的情况下，付某清仍有权要求置业公司承担保证责任。第二，本案例中，债权人付某清与债务人房地产公司之间就华龙莱因美郡第×幢××××号房屋，并未形成有效的担保物权关系。虽然债权人万某玲与房地产公司签订的《借款协议》中约定房地产公司同意将其公司永修县分公司的位于永修县新城永昌大道东侧的华龙莱因美郡第×幢××××号建筑面积2145.03平方米的商铺以买卖合同的形式过户到万某玲名下，用于担保借款。但因上述房屋在《借款协议》签订之前已经办理了抵押登记，上述担保约定无法实现，实际上也并未履行。因此，本案例并不存在付某清放弃担保物权的情形。第三，置业公司虽然没有参与《债务和解协议》的签订，可以认定该和解协议未经其同意，但只要该和解协议未加重债务人的债务，则置业公司仍应承担保证责任。原《担保法司法解释》第三十条第一款规定："保证期间，债权人与债务人对主合同数量、价款、币种、利率等内容作了变动，未经保证人同意的，如果减轻债务人的债务的，保证人仍应当对变更后的合同承担保证责任；如果加重债务人的债务的，保证人对加重的部分不承担保证责任。"本案例中，各方通过《债务和解协议》和《调解书》约定以华龙莱茵美郡第×幢××××号商铺折价1600万元抵偿胡某若、房地产公司、华龙永修分公司债务，其中抵偿嘉信公司债务838万元，并未加重龙华公司的债务，从而也并未加重置业公司的担保责任。

编写人：李振峰

再审合议庭成员：龚雪林　刘晓雯　邓名兴

19. 特殊男女关系中大额金钱给付不应轻易认定为赠与

——周某与刘某民间借贷纠纷二审案

裁判要旨

1. 特殊男女关系中大额金钱给付是赠与还是民间借贷，需要考虑是否有赠与的意思表示，不宜轻易认定为赠与。如果没有证据证实赠与意思表示，同时给付人对借款过程及未出具借条原因作出合理解释，超出日常交往费用范畴的大额金钱给付可以认定为借贷。

2. 有偿陪侍服务违背公序良俗，因有偿陪侍服务产生的债权债务不受法律保护。

案例索引

一审：江西省抚州市中级人民法院（2019）赣10民初172号

二审：江西省高级人民法院（2020）赣民终50号

基本案情

上诉人（一审原告）：周某。

被上诉人（一审被告）：刘某。

周某向一审法院提出诉讼请求：判令刘某偿还借款本金40万元及利息（以借款本金40万元为基数按照年利率6%从起诉之日起计算至实际清偿之日止）。

2018年9月至2019年3月期间，刘某在深圳市皇家国际酒吧工作。周某曾多次到该酒吧消费，与刘某相识并发展成特殊男女关系。在相处期间，周某与刘某经常一起吃饭、住宿、外出旅游等。因刘某收入较低，周某经常会给予刘某生活补贴。2019年7月2日，周某汇款15万元至刘某建设银行账户，同年7月10日，周某通过微信转账方式向刘某转款2万元和3万元，合计5万元。同年8月9日，周某再汇款20万元至刘某建设银行账户。2019年8月2日至9日，刘某陪周某及其儿子一同到内蒙古旅游，旅游所需费用最初是由刘某支付的，内蒙古回来后，周某将该笔开支5万元给付了刘某。

周某主张以上40万元款项系借款，并提交了银行转账凭证和微信转账凭证予以证实。刘某对收到该40万元转款无异议，但抗辩上述转账款项系赠与，属于其有偿陪侍服务的所得。

裁判结果

一审判决：驳回周某的诉讼请求。

周某不服提出上诉。二审判决：一、撤销一审判决；二、刘某于本判决生效之日起十五日内偿还周某本金人民币 40 万元；三、驳回周某的其他诉讼请求。

裁判理由

二审认为，根据《民间借贷司法解释》第十七条“原告仅依据金融机构的转账凭证提起民间借贷诉讼，被告抗辩转账系偿还双方之前借款或其他债务，被告应当对其主张提供证据证明。被告提供相应证据证明其主张后，原告仍应就借贷关系的成立承担举证证明责任”的规定，刘某应对其主张的赠与事实承担举证责任。因刘某提交的证据不能证实周某有赠与的意思表示，聊天内容中也没有周某关于款项赠与刘某的陈述或者确认，周某对借款过程及未出具借条原因作了合理解释，因此，刘某关于 40 万元款项系赠与的抗辩不能成立。由于有偿陪侍服务产生的债权债务不受法律保护，刘某以此为由提出该 40 万元为其有偿陪侍所得的主张，不予支持。周某与刘某认识时间较短，在平常的交往消费中，也都是周某支付相应的费用，周某在一个月的时间内转款 40 万元也不属于日常交往费用。故对周某主张的借款事实予以确认，关于利息，因双方对借款利息未进行约定，对周某的利息主张，不予支持。综上，周某的上诉理由部分成立，予以支持。依据《民事诉讼法》（2017 年修正）第一百七十条第一款第（二）项之规定，判决如下：一、撤销江西省抚州市中级人民法院（2019）赣 10 民初 172 号民事判决；二、刘某于本判决生效之日起十五日内偿还周某本金人民币 40 万元；三、驳回周某的其他诉讼请求。

要旨解析

本案涉及以下两个法律问题：一是如何认定特殊男女关系中大额金钱给付的性质；二是有偿陪侍所得是否受法律保护。

一、关于如何认定特殊男女关系中大额金钱给付的性质问题

男女双方在恋爱或其他特殊关系中往往会发生一些经济往来，这些经济往来可能是因共同生活消费、赠与、借贷、投资等多种法律关系。由于关系亲密，男女关系中的经济往来不像商事活动较为规范，通常只有转账凭证，没有其他说明或者是转账备注，较难认定款项性质。因此而发生纠纷时收款方往往主张相关款项是对方赠与给自己的。赠与行为是赠与人将自己的财产无偿给予受赠人，在未订立书面赠与合同仅有转账行为的情形下，识别是否存在赠与行为的标准在于给付方是否有赠与的意思表示。如果没有证据证实赠与意思表示，同时给付人对借款过程及未出具借条原因作出合理解释，超出日常交往费用范畴的大额金钱给付不宜轻易认定为赠与，可以认定为借贷。

本案周某在刘某工作的酒吧多次消费并因此与他相识发展成特殊男女关系。在相处期间，周某与刘某经常一起吃饭、住宿、外出旅游等，都是周某支付相应的支出。除此之外，周某在一个月内向刘某转款40万元，金额较大，已超出双方交往消费的范畴。刘某未提交证据证明周某有赠与的意思表示，周某对借款过程及未出具借条原因作了合理解释，因此二审法院将周某和刘某之间的大额金钱给付行为认定为借贷。

二、关于有偿陪侍所得是否受法律保护问题

原《民法通则》第七条规定了民事活动应当尊重社会公德，《民法典》明确采用公序良俗概念，在总则第八条规定从事民事活动，不得违背公序良俗。公序良俗的概念包含两层意思：一是指公共秩序，包括社会公共秩序和生活秩序；二是指善良风俗，即由全体社会成员所普遍认可、遵循的道德准则。有偿陪侍是指通过“情感”“旅游”等方式进行陪伴、陪护，以此来获得报酬的行为。有偿陪侍不属于正常交往关系，陪侍活动以获取金钱、财物或谋取其他利益为目的，不符合社会成员所普遍认可的道德准则。因此，有偿陪侍服务违背了公序良俗，因有偿陪侍服务产生的债权债务不受法律保护。刘某在本案二审审理过程中主张周某向其转账的40万元是其提供有偿陪侍所得。二审法院认为其在婚姻存续期间，隐瞒婚史，与周某进行不正当的男女关系交往，其行为违反社会主义核心价值观，对其主张不予认可。

编写人：李振峰

二审合议庭成员：徐快华　吕卫红　何全伟

20.“先刑后民”借贷案件中保证期间应从刑事判决生效之日起算

——江某胜与陆某、王某、第三人叶某祥民间借贷纠纷二审案

裁判要旨

当事人之间民间借贷纠纷的债务人涉嫌犯罪被追究刑事责任，债权人在刑事案件终结前提起民事诉讼被驳回，且借条和保证书均未约定主债务履行期限的，刑事追诉程序构成当事人主张保证责任的阻却事由，保证期间的起算应从上述事由消除之日，即刑事判决生效之日起计算。

案例索引

一审：江西省赣州市中级人民法院（2019）赣07民初257号

二审：江西省高级人民法院（2020）赣民终625号

基本案情

上述人（一审原告）：江某胜。

被上诉人（一审被告）：王某。

一审被告：陆某。

一审第三人：叶某祥。

江某胜向一审法院起诉请求：1.判令陆某向江某胜偿还借款2640万元；2.判令陆某自2015年6月1日起以2150万元为基数，按月利率2%向原告支付利息（暂计算至2019年8月1日，利息为2150万元），利随本清；3.判令王某对上述借款本息向江某胜承担连带清偿责任。

江某胜于2014年7月22日至2014年8月22日通过第三人叶某祥以及案外人江某等人的银行账号陆续向陆某、案外人康某支付借款共计2150万元；2015年6月18日通过叶某祥的银行账号向陆某、案外人康某转账490万元。

2015年6月1日，陆某、案外人康某在江某胜位于江西三和医药有限公司的办公室出具一张借款金额2640万元的借条，借条载明：本人康某因短期资金周转需要，向叶某祥借款人民币（大写）贰仟陆佰肆拾万元，小写（￥:2640万元），月息3.5%，按月付息；其中2014年7月22日至2014年8月22日分别转入人民币2150万元到康某工商银行和信用社账户上。陆某、案外人康某分别在借条上的

"借款人"落款处签名、捺印。同时，该张借条下方打印了一份保证担保书，王某作为借款担保人在该担保书上签名，其内容为：保证人王某自愿为借款人以上全部借款和利息承担连带担保责任，担保直至归还全部借款本息为止。2015 年 8 月 12 日，江某胜向信丰县公安局报案陈述称，其通过叶某祥、案外人江某的银行账户出借了 2640 万元给案外人康某，并提供了陆某、案外人康某 2015 年 6 月 1 日出具的上述借条及王某的保证担保书。2018 年 10 月 8 日，第三人叶某祥提供上述借条，向赣州市中级人民法院提起民事诉讼，该院以案涉款项涉及康某犯非法吸收公众存款罪等为理由，作出（2018）赣 07 民初 237 号民事裁定书，裁定驳回叶某祥的起诉。

案外人康某因涉嫌犯非法吸收公众存款罪于 2015 年 7 月 11 日被刑事拘留，同年 8 月 17 日被逮捕。经赣州市中级人民法院二审审理，判决被告人康某犯非法吸收公众存款罪，判处有期徒刑七年五个月，并处罚金人民币 50 万元；查封、冻结的涉案财产依法予以追缴，发还集资参与人（涉案财产、集资参与人损失详见附表）；继续追缴被告人康某等人的违法所得，发还集资参与人。上述刑事判决书认定江某胜为集资参与人，尚欠本金 2640 万元，已收取利息 270 万元，实际损失 2370 万元。

裁判结果

一审判决：一、陆某于本判决生效后十日向江某胜归还借款本金 2331.5 万元；二、陆某于本判决生效后十日内向江某胜支付借款利息，以 2150 万元为基数，按月利息 2% 计算，自 2015 年 6 月 19 日起计算至付清之日止；三、驳回江某胜的其他诉讼请求。

江某胜不服，提起上诉。二审判决：一、维持原判第一、二项；二、王某对原判第一、二项确定的款项向江某胜承担连带清偿责任；王某承担担保责任后，有权向康某、陆某追偿。

裁判理由

二审法院认为，根据双方诉辩主张，本案审判争议焦点为：江某胜向王某主张连带保证责任是否超过保证期间。

根据原《担保法司法解释》第三十二条第二款规定，"保证合同约定保证人承担保证责任直至主债务本息还清时为止等类似内容的，视为约定不明，保证期间为主债务履行期届满之日起二年"。而本案借条未约定主债务履行期，根据原《合同法》第六十二条第一款第四项规定，"履行期限不明确的，债务人可以随时履行，债权人也可以随时要求履行，但应当给对方必要的准备时间"。因此，本案是否超过保证期间，取决于主债务履行期的确定，即江某胜向康某主张权利要求归还借款的期限。本案的特殊性在于，在债权人还未向主债务人要求履行，主债务人即因涉嫌犯罪进入刑事司法程序的情况下，主债务履行期应如何确定。根据上述查明的事实，本案有三个时间点可以作为确定主债务履行期间届满日期的参照，即江某胜接受公安机关询问时间2015年8月12日、第一次提起民事诉讼的时间2018年10月8日、刑事生效判决时间2019年3月26日。其中，将刑事判决生效日期即2019年3月26日作为确定主债务履行期间届满日期，符合刑民交叉程序未约定主债务履行期的情形下民事权利保护的实际，也更具合理性。理由如下：第一，因康某涉嫌非法吸收公众存款罪已进入刑事程序，根据2013年1月1日施行的《最高人民法院关于适用〈中华人民共和国刑事诉讼法〉的解释》第一百七十六条的规定，"被告人非法占有、处置被害人财产的，应当依法予以追缴或责令退赔。被害人提起附带民事诉讼的，人民法院不予受理。"即对于占有型犯罪行为，应经司法机关追缴或责令退赔的方式弥补被害人损失，对被害人提起附带民事诉讼的，法院不予受理。这意味着在刑事程序中被害人无权向被告人主张民事权利，提出何时归还借款的要求。而本案江某胜因得知案件进入刑事程序，从而向公安机关陈述债权债务关系，并提交详细证据的行为，目的是配合公安机关的侦查活动，使公安机关认定其集资参与人身份，从而追究康某的刑事责任，也使其债权得到刑事保护，上述行为不能等同于向主债务人康某主张权利从而主动追求发生履行期限届满的法律后果。第二，根据2015年9月1日施行的《民间借贷司法解释》第八条、第十三条，明确规定债权人有权在刑事程序之外就民间借贷合同和担保合同另行提起民事诉讼向借款人和担保人主张权利。同时，《关于办理非法集资刑事案件适用法律若干问题的意见》第七条规定，涉及刑民交叉情形时对民事案件的处理，应采取先刑后民的处理方式。本案中，名义出借人叶某祥2018年10月8日第一次以康某、陆某、王某为被告提起民事诉讼主张权利，一审法院在该案中以刑事案件正在审理为由驳回起诉。这意味着刑民交叉案件中，由于刑事程序的介入，需遵循先刑后民的处理顺序，涉案总金额的认定、主债权和保证债权数额的认定、被告人的偿还能力及债权受到刑事保护的程度，均有待于刑事生效判决的确定。在刑事生效判决最终确定前，暂时阻断了债权人通过民事诉讼向主债务人和连带保证人主张权利的途径，从而导致在刑事程序启动后，江某胜无法早于刑事判决生效日期主张权利。从上述分析可以看出，如以江某胜接受公安询问的时间作为主债务履行期届满之日，开始起算保证期间，江某胜必须在两年内主张保证责任，在其以提起诉讼方式主张权利时又必然会因刑事追诉程序的存在而被阻却，导致其无法在两年内主张权利，只能等待刑事追诉程序的结束。据此，刑民交叉程序中，未约定主债务履行期限的，保证期间的起算点应待刑事追诉程序结束后，即从刑事判决生效之日开始起算。本案以江某胜接受公安询问的时间和第一次提起诉讼的时间作为主债务履行期届满之日，均不具有合理性。

综上所述，本案保证期间应从2019年3月26日刑事案件判决生效之日起算，故江某胜于2019年8月30日提起本案诉讼向保证人王某主张承担保证责任，并未超过两年的保证期间，王某应向江某胜承担保证责任。认定本案未超过保证期间，亦更符合公平正义的精神。一审法院以江某胜接受公安机关询问的时间2015年8月12日作为主债务履行期，从而以此作为保证期间起算点，认定其向王某主张连带保证责任超过保证期间不当，二审予以纠正。

要旨解析

保证期间的起算，是解决保证期间从何时开始，从而确定债权人之保证权利存续和消灭的期间。根据原《担保法》和原《担保法司法解释》相关条款之规定，在借贷双方对主债务履行期有明确约定的情况下，保证期间从主债务履行期届满之日起计算。如果借贷双方对主债务履行期没有约定或者约定不明，根据原《合同法》第六十二条第二款（现为《民法典》第五百一十一条第四款）之规定，履行期限不明确的，债务人可以随时履行，债权人也可以随时要求履行，但应当给对方必要的准备时间。根据原《担保法司法解释》第三十三条第一款之规定，主合同对主债务履行期限没有约定或者约定不明的，保证期间自债权人要求债务人履行义务的宽限期届满之日起计算。

实践中，当事人之间民间借贷纠纷的债务人涉嫌犯罪被追究刑事责任，且借条和保证书均未约定主债务履行期限的，该种情形下保证期间的起算时间如何确定，存在较大的争议。对涉及刑民交叉的民间借贷纠纷案件，实践中存在“刑民并行”和“先刑后民”两种处理方式，而不同处理方式也会导致主债务履行期确定和保证期间起算的不同。

一、关于“刑民并行”

根据《民间借贷司法解释》（2020年第二次修正）第六条规定：“人民法院立案后，发现与民间借贷纠纷案件虽有关联但不是同一事实的涉嫌非法集资等犯罪的线索、材料的，人民法院应当继续审理民间借贷纠纷案件，并将涉嫌非法集资等犯罪的线索、材料移送公安或者检察机关。”第八条规定：“借款人涉嫌犯罪或者生效判决认定其有罪，出借人起诉请求担保人承担民事责任的，人民法院应予受理。”最高人民法院2019年印发的《民商审判会议纪要》第一百二十八条也规定了民商事案件和刑事案件分别审理的五种情形。对未约定主债务履行期限的民间借贷纠纷案件，采取“刑民并行”处理方式的话，因为民事案件和刑事案件分别审理，不必等待刑事案件的处理结果出来，意味着允许债权人以提起诉讼的方式行使民事权利，那么债权人的起诉将构成主张权利的行为，从起诉之日起可视为主债务履行期限届满，从而开始计算保证期间。

二、关于“先刑后民”

根据《民事诉讼法》（2023年修正）第一百五十条第五项之规定，“本案必须以另一案的审理结果为依据，而另一案尚未审结的”才“先刑后民”，不符合该项规定的应“刑民并行”审理。《民间借贷司法解释》（2020年第二次修正）第七条规定“民间借贷的基本案件事实必须以刑事案件审理结果为依据，而该刑事案件尚未审结的，人民法院应当裁定中止诉讼。”《关于办理非法集资刑事案件适用法律若干问题的意见》第七条“关于涉及民事案件的处理问题”规定：“对于公安机关、人民检察院、人民法院正在侦查、起诉、审理的非法集资刑事案件，有关单位或者个人就同一事实向人民法院提起民事诉讼或者申请执行涉案财物的，人民法院应当不予受理，并将有关材料移送公安机关或者检察机关。人民法院在审理民事案件或者执行过程中，发现有非法集资犯罪嫌疑的，应当裁定驳回起诉或者中止执行，并及时将有关材料移送公安机关或者检察机关。公安机关、人民检察院、人民法院在侦查、起诉、审理非法集资刑事案件中，发现与人民法院正在审理的民事案件属同一事实，或者被申请执行的财物属于涉案财物的，应当及时通报相关人民法院。人民法院经审查认为确属涉嫌犯罪的，依照前款规定处理。”最高人民法院 2019 年印发的《民商审判会议纪要》在第一百二十九条也规定了涉众型经济犯罪与民商事案件的程序处理问题，肯定前述意见的处理方式，认为“集资诈骗、非法吸收公众存款等涉众型经济犯罪，由于所涉人数众多、当事人分布广泛、标的额特别巨大、影响范围广，严重影响社会稳定，故对于受害人就同一事实提起的以犯罪嫌疑人或者刑事被告人为被告的民事诉讼，人民法院应裁定不予受理”，即遵循“先刑后民”的处理顺序。

对未约定主债务履行期限的民间借贷纠纷案件，在司法机关采取“先刑后民”处理方式的情形下，如何确定债权人要求债务人履行义务的期限，存在较大的争议。本案即属于此类情形。“先刑后民”情形下，刑事程序的启动构成对民事权利主张的阻却事由，从期待可能性理论来看，应待该事由消除后，才可确定主债务履行期。原因有二：一是在传统私法中，一条重要原则就是当事人意思自治原则，也就是说，在民事行为中，应遵循意思自治的原则，充分尊重当事人的约定，在双方没有明确约定的情况下，当事人对履行义务期限的意思表示，应由债权人通过意思表示直接到达对方。而刑事程序系公权力通过公法手段追究被告人的刑事责任，在刑事程序中受害人向司法机关表达主张债权的意思，希望通过刑事手段追赃挽损，不能等同于向相对方主张债权，对履行期限予以确定。刑事程序的介入，实际上阻断了其将意思表示送达到对方。二是涉案总金额的认定、主债权和保证债权数额的认定、被告人的偿还能力及债权受到刑事保护的程度等基本事实，均有待于刑事生效判决的确定。法院对此采取“先刑后民”的处理顺序，将暂时阻断债权人通过单独提起民事诉讼向主债务人和连带保证人主张权利的途径。同时，根据 2021 年 3 月 1 日起施行的《最高人民法院关于适用〈中华人民共和国刑事诉讼法〉的解释》第一百七十六条之规定，“被告人非法占有、处置被害人财产的，应当依法予以追缴或者责令退赔。被害人提起附带民事诉讼的，人民法院不予受理。”《关于办理非法集资刑事案件若干问题的意见》第十条就“集资参与人权利保障问题”作出了规定，强调“对集资参与人提起附带民事诉讼等请求不予受理”。即在刑事案件中，对相关民事权利的保护亦无法通过提起附带民事诉讼的方式进行救济。因此，当事人以单独提起民事诉讼或附带民事诉讼的方式主张权利时均会因刑事追诉程序的存在而被阻却，从而应待刑事案件审结后，以刑事判决生效之日作为主债务履行期限确定之日。

具体到本案，保证人关于保证期间的约定不明，且借贷双方未约定主债务履行期，债权人还未向主债务人提出要求履行，主债务人即涉嫌犯罪进入刑事司法程序，导致主债务履行期限届满之日存在不确定性。实际出借人江某胜于 2015 年 8 月 12 日接受公安机关询问调查时，向公安机关申报了债权。如以该时间作为保证期间的起算点，则本案已过两年保证期间。从上述分析可以看出，如以江某胜接受公安询问的时间作为主债务履行期届满之日开始起算保证期间，江某胜必须在两年内主张保证责任，但名义出借人叶某祥于 2018 年 10 月 8 日以提起诉讼方式主张权利时又因刑事案件正在审理被驳回起诉，导致其事实上无法在两年内主张权利，只能等待刑事追诉程序的结束。据此，刑民交叉程序中，未约定主债务履行期限的，刑事追诉程序构成当事人主张民事权利的阻却事由，保证期间应从该事由消除之日，即从刑事判决生效之日 2019 年 3 月 26 日开始起算。

编写人：骆丽玲

二审合议庭成员：黄训荣　段亦枫　王慧军

21. 当事人签订名为买卖实为借贷的合同，买卖合同无效，其隐藏的借贷法律效力依照有关法律规定认定

——江西省某出版集团公司供应链管理分公司与江西某工程技术有限公司等借款合同纠纷二审案

裁判要旨

1. 当事人之间并无成立买卖合同的真实意思表示，实质是成立民间借贷合同关系，当事人所签订的《采购协议》《购销合同》系伪装行为，依法应认定为无效民事行为，当事人签订买卖合同系其共同实施的虚假意思表示所隐藏的民事法律行为，其效力依照有关法律规定处理。

2. 名为买卖，实为借贷的买卖合同无效，由此担保合同无效，但担保人有过错的，仍应承担不超过债务人不能清偿部分的三分之一的责任。

案例索引

一审：江西省南昌市中级人民法院（2018）赣 01 民初 110 号

二审：江西省高级人民法院（2020）赣民终 278 号

基本案情

上诉人（一审被告）：江西某工程技术有限公司（以下简称工程公司）。

上诉人（一审被告）：中国建设银行股份有限公司某支行（以下简称建行某支行）。

被上诉人（一审原告）：江西省某出版集团公司供应链管理分公司（以下简称供应链公司）。

被上诉人（一审第三人）：江西某达实业有限公司（以下简称某达公司）。

被上诉人（一审第三人）：江西某强实业有限公司（以下简称某强公司）。

供应链公司向一审法院提出诉讼请求：1. 判令工程公司向其赔偿货款损失 16471982 元，并按日利率 0.1% 支付违约金 22723242 元（违约金自 2016 年 1 月 4 日起暂计算至 2019 年 4 月 30 日，准确金额计算至款项支付完毕之日止）；2. 建行青云谱支行对工程公司的上述债务承担连带保证责任。

2015 年 12 月 11 日，供应链公司与工程公司签订一份《采购协议》，约定工程公司向供应链公司采购材料，供应链公司向工程公司提供不超过 3000 万元（含税），

供应链公司按照工程公司的具体采购订单要求分批次供应，最终结算以实际数量、金额为准；工程公司向供应链公司提供任一国有银行开具的履约保函，以保证工程公司按月付款；供应链公司提供给工程公司的货物只能从工程公司指定的货物生产、销售厂商处采购获得，供应链公司不得自行从其他渠道采购，由供应商直接将货物交付至工程公司指定或者由工程公司直接在供应商指定地点处提货。双方针对每份采购订单发生的具体购销业务的结算进行了约定，工程公司对于供应链公司与指定供应商之间所订立的购销合同中有关供应商的违约行为承担最终法律责任，工程公司不得以包括但不限于前述指定供应商的任何交货瑕疵事由，拒绝或迟延履行本协议以及相关采购订单约定的合同义务（尤其是工程公司的依约付款义务）或追究供应链公司的任何责任。违约责任：如果工程公司未能按本协议或本协议项下每批采购订单的约定付款的，则工程公司必须按未付款金额的每日千分之一承担违约金支付责任。

2015 年 12 月 24 日，工程公司与建行青云谱支行签订一份《出具保函协议》，约定建行青云谱支行为工程公司出具以供应链公司为受益人、保证金额为 3000 万元的履约保函；保证费用为 0.25%。同日，建行青云谱支行向供应链公司出具一份《履约保函》，其接受申请人工程公司申请为工程公司履行《采购协议》提供如下保证：一、本保函项下承担的保证责任最高限额为 3000 万元；二、保证方式为连带责任保证；有效期至 2016 年 6 月 23 日止。……七、本保函项下的合同或基础交易不成立、不生效、无效、被撤销、被解除，本保函无效。建行青云谱支行陈述其向工程公司出具保函经过审批程序，累计向工程公司收取了 99999.98 元费用。

2015 年 12 月 28 日，工程公司向供应链公司发出 2 份要求从某达公司采购货物的《采购订单》，涉及金额分别为 10562600 元、3434280 元，合计 13996880 元。同日，供应链公司与某达公司签订 2 份《购销合同》，货物金额分别为 10140103.20 元、3288268.80 元，合计金额 13428372 元。《采购订单》与《购销合同》所附的附件中记载的产品名称、规格型号、单位、数量一致，但单价和金额不一致。

2015 年 12 月 28 日，工程公司向供应链公司发出 2 份要求从某强公司采购货物的《采购订单》，涉及金额分别为 13324394.20 元、2382500 元，合计 15706894.2 元。约定的其他权利和义务内容与前述涉及某达公司的《采购订单》相同。同日，供应链公司与某强公司签订 2 份《购销合同》，货物金额分别为 2287200 元、12791410.20 元，合计金额 15078610.20 元，《采购订单》与《购销合同》所附的附件中记载的产品名称、规格型号、单位、数量一致，但单价和金额不一致。

2015 年 12 月 29 日，工程公司向供应链公司出具 4 张《货物收条》，与《购销合同》《采购订单》记载的产品大致相同。同日，供应链公司向某达公司开具银行承兑汇票 19 张，合计金额 13428372 元；向某强公司开具银行承兑汇票 27 张，合计金额 15078610.20 元。合计总金额为 28506982.20 元，所有承兑汇票到期时间均为 2016 年 6 月 29 日，且均已按期承兑。

2016年6月20日，工程公司向供应链公司出具《承诺书》，对分期付款作出承诺，之后陆续支付部分款项合计1253.50万元。

2016年6月22日，建行青云谱支行向供应链公司出具一份《保函修改函》，将前述签订的《履约保函》有效期延长至2016年9月21日止。2016年9月21日，再次出具一份《保函修改函》，将《履约保函》有效期延长至2016年10月20日止，供应链公司予以同意。2016年6月7日、9月19日、10月9日供应链公司先后向建行青云谱支行发出《索赔通知》，要求建行青云谱支行按照《履约保函》的要求支付未付货款。

2015年11月19日工程公司与九江新园农林开发有限公司（以下简称新园公司）签订一份《工程施工合同》，约定新园公司将其位于九江县赤湖工业园的部分工程发包给了工程公司。但根据新园公司实际控制人在公安机关陈述，工程公司从未施工，也未收到工程公司、某达公司、某强公司的货物。在诉讼中，根据《送货单》显示，送货时间均在均在2015年12月29日之后，但4辆送货车辆中有3辆在2015年1月12日前均已注销，1辆车为5座的非营运小型轿车。送货人周某龙承认某强公司、某达公司未实际供货。

裁判结果

一审判决：1. 工程公司偿还供应链公司借款本金16471982.2元及利息（截至2019年8月16日的利息为12474320.44元，并从2019年8月17日起，以16471982.2元为基数，按照年利率24%支付利息至所有款项付清之日止）；2. 建行青云谱支行在3000万元范围内对本判决第一项确定的工程公司应付款项承担连带清偿责任；3. 驳回供应链公司其他诉讼请求。

工程公司、建行青云谱支行均不服，提起上诉。二审撤销一审判决，改判：1. 工程公司偿还供应链公司借款本金16471982.20元及利息（截至2019年8月19日的利息为1857566.67元，自2019年8月20日起至清偿之日止的资金占用利息，以16471982.20元为基数，按照同期全国银行间同业拆借中心公布的贷款市场报价利率计算）；2. 建行青云谱支行在工程公司对本判决确定的应付款项不能清偿部分的三分之一范围内向供应链公司承担赔偿责任，并在承担责任后，有权向工程公司追偿；3. 驳回供应链公司的其他诉讼请求。

裁判理由

二审认为，案涉《采购协议》《购销合同》并非真实的买卖合同。首先，《采购协议》约定，货物由某达公司、某强公司直接向工程公司供货，由工程公司验收，某达公司、某强公司未能按照购销合同约定的时间交货等其他因供货产生的违约责任由工程公司承担，而供应链公司不承担任何违约责任，有违一般的交易常理。而实际上，某达公司、某强公司未向工程公司实际提供货物。其次，工程公司在没有实际收货的情况下，认可收到了所有货物并向江西供应链公司承诺归还货款并支付资金占用费，且返还了部分款项，可以推定工程公司实际得到了供应链公司所给付的款项。最后，《采购订单》《购销合同》签订的时间是 2015 年 12 月 28 日，而工程公司 2015 年 12 月 29 日就向供应链公司出具《货物收条》，供应链公司也在同日向某达公司、某强公司出具了承兑汇票以支付货款。本案涉及货物量巨大，从签订合同到送货完成仅一天时间，而供应链公司在未履行是否实际交货的形式审查的情况下就支付货款，有违一般买卖交易的惯例。供应链公司、某达公司、某强公司、工程公司之间系通过所谓的买卖合同而形成了一个闭合的资金链，故本案法律关系名为买卖合同纠纷，实为企业间融资借贷纠纷。供应链公司与工程公司所签订《采购协议》的实质是成立民间借贷合同关系，其共同实施的虚假意思表示所隐藏的民事法律行为依照有关法律规定处理。供应链公司并非金融机构，其通过与工程公司、某强公司、某达公司之间的连环买卖合同，以买卖合同之间的价差获取资金出借的收益，明显存在规避国家金融政策的情形；供应链公司出借的资金是通过银行承兑汇票方式从银行融入的，并非其自有资金，其以某达公司、某强公司为收款人，向银行申请开具 6 个月银行承兑汇票，且上述汇票均已承兑，虽然供应链公司于 2016 年 6 月 29 日支付了全部敞口金额，但不改变其是用虚假买卖合同申请承兑汇票方式套用银行资金，且其收取的利息明显高于银行贷款利息的事实，而工程公司在接受出借人以交付银行承兑汇票方式交付货款（实为出借款项），就应当知道出借人将银行信贷资金高利转贷的事实。根据《民间借贷司法解释》第十四条："具有下列情形之一，人民法院应当认定民间借贷合同无效：（一）套取银行信贷资金高利转贷，且借款人事先知道或者应当知道的……"的规定，案涉民间借贷行为无效。因案涉《采购协议》无效，根据担保法第五条的规定，《履约保函》应为无效。关于建行青云谱对担保无效是否应承担责任的问题。首先，本案建行青云谱支行涉及保证金额近 3000 万元，但其在工程公司无任何担保物的情况下仅以不到 10 万元的费用就为此提供担保，有违一般交易惯例；其次，作为专业的金融机构，建行青云谱支行未对案涉合同内容及履行做到审慎的注意义务，《采购协议》约定未交货的责任在建行青云谱支行的担保范围内，对其性质缺乏审查。最后，建行青云谱支行应当知道工程公司可能不能还款的情况下，仍多次向供应链公司出具保函修改函，对工程公司提供担保，且与供应链公司协商还款事宜。由此可以认定建行青云谱支行存在过错，根据原《担保法解释》第八条的规定，其应担不应超过债务人不能清偿部分的三分之一的责任。

要旨解析

本案涉及以下几个法律问题：一是名为买卖，实为企业间融资借贷行为的认定问题；二是名为买卖，实为企业间融资借贷合同的效力问题；三是主合同无效致担保合同无效情况下，担保人如何承担责任的问题。

一、关于名为买卖，实为企业间融资借贷行为的认定问题

根据原《民法总则》第五十五条的规定（《民法典》已吸收在总则编中的第一百四十三条），意思表示真实是民事法律行为有效的要件之一。所谓意思表示真实，是指行为人表达出的外在意思与其内心的意思一致。但社会中因部分企业融资困难，采取成立买卖合同或者以买卖作为担保获取融资的行为多有发生，当纠纷产生时，一方主张根据买卖合同履行相应义务，另一方主张买卖合同是虚假的，真实的意思是借贷，当事人之间的法律关系成为案件裁判的重要依据。笔者认为，当事人之间法律关系的界定，应基于当事人的真实意思表示及合同约定的权利义务关系来综合认定，不应受限于当事人之间签订合同的名称，即从主观、客观两方面分析认定。

从主观上看，买卖合同关系中，双方的真实意思表示应该是，卖方想要出售标的物，而买方想要购买标的物，向卖方支付价款。但本案中的某达公司、某强公司并未将合同约定的货物实际交付给供应链公司，供应链公司却向两公司支付货款；同样工程公司亦未实际收到供应链公司的货物，却支付部分货款。由此可见，工程公司并没有取得货物的真实意思表示。从客观上看，根据《采购协议》约定，供应链公司除向某达公司、某强公司付款外不承担任何违约责任，工程公司在没有实际收货的情况下，认可收到了所有货物并向江西供应链公司承诺归还货款并支付资金占用费，且返还了部分款项。供应链公司、某达公司、某强公司、工程公司在实际交易过程中并不符合一般买卖交易常理，四公司通过所谓的买卖合同而形成了一个闭合的资金链，故工程公司与江西供应链公司之间真实的法律关系为企业间融资借贷关系。

特别需要说明，签订的买卖合同在性质上属于直接证据、原始证据，具有较高的证明力。因此，若案件的真实法律关系并非书面合同所体现的法律关系，而是其他隐藏的法律关系，应有充足的证据作为支撑，达到高度可能性的标准，法院才会支持当事人关于合同外存在隐藏法律关系的主张。

二、关于名为买卖，实为企业间融资借贷合同的效力问题

原《民法总则》第一百四十六第一款（《民法典》已吸收在总则编中的第一百四十六条）规定，行为人与相对人以虚假的意思表示实施的民事法律行为无效。据此，当事人以通过虚假意思表示实施的民事行为，因欠缺真实意思表示，不具备民事法律行为的有效条件而无效。本案中，供应链公司与某达公司、某强公司之间，工程公司与供应链公司之间并无成立买卖合同的真实意思表示，故本案当事人所签订的《采购协议》《购销合同》系伪装行为，依法应认定为无效民事行为。

关于工程公司与供应链公司之间的借贷行为是否有效的问题。原《民法总则》第一百四十六第二款（《民法典》已吸收在总则编中的第一百四十六条）规定，以虚假的意思表示隐藏的民事法律行为的效力，依照有关法律规定处理。《民间借贷司法解释》（2020年第二次修正）第十一条规定，法人之间、其他组织之间以及它们相互之间为生产、经营需要订立的民间借贷合同，除存在原《合同法》第五十二条、本规定第十四条规定的情形外，当事人主张民间借贷合同有效的，人民法院应予支持。《民间借贷司法解释》（2020年第二次修正）第十三条第一款规定，具有下列情形之一，人民法院应当认定民间借贷合同无效：

（一）套取银行信贷资金高利转贷，且借款人事先知道或者应当知道的。根据以上规定，企业之间的借贷合同的效力认定，应当区分借贷目的和资金来源。

关于借贷目的，企业相互之间为生产、经营需要订立的民间借贷合同原则上有效；如果企业知道或者应当知道作为借款人的企业借款用于犯罪或者从事其他违法活动，企业仍然提供贷款的，该借贷应为无效。关于资金来源，企业资金的来源分为自有资金和非自有资金，企业用自有资金借贷原则上应为有效，非自有资金中从银行等金融机构取得的信贷资金，又转贷给其他企业牟取利益，借款人事先知道或者应当知道的，应认定为无效。本案中，供应链公司出借的资金是通过银行承兑汇票方式从银行融入，并非其自有资金，其向银行申请开具6个月银行承兑汇票均已承兑，供应链公司已实际支付了借款，其收取的利息明显高于银行贷款利息，而工程公司在接受出借人以交付银行承兑汇票方式交付货款（实为出借款项），就应当知道出借人将银行信贷资金高利转贷的事实，故案涉民间借贷行为无效。

三、主合同无效致担保合同无效情况下，担保人如何承担责任的问题

主合同无效，根据担保法第五条（《民法典》已吸收在物权编中的第三百八十八条）的规定，担保合同作为从合同亦无效；在此情形下，根据原《担保法司法解释》第八条的规定，担保人无过错的不承担民事责任，担保人有过错的，承担民事责任的部分，不应超过债务人不能清偿部分的三分之一。

司法实务中对于判断担保人存在过错，并无明确规定，也是司法实务中的难题。笔者认为，关于担保人过错的认定标准，一般包括担保人在提供担保时知道或者应当知道主合同无效的事实但仍提供担保，或者担保人对主合同的订立、履行过程中存在一定程度的过错。本案中，建行青云谱支行作为专业性的金融机构，未对案涉合同内容及履行做到审慎的注意义务。建行青云谱支行从《出具保函协议》《履约保函》的内容来看，建行青云谱支行对《采购协议》的内容知道且应当知道，江西供应链公司在案涉合同中所承担的义务与通常买卖合同明显不同，且《采购协议》约定未交货的责任在建行青云谱支行的担保范围内，对其性质缺乏审查。在合同履行中，建行青云谱支行在知道工程公司可能不能还款的情况下，仍多次向供应链公司出具保函修改函，对工程公司提供担保，且与供应链公司协商还款事宜。由此可以认定建行青云谱支行存在过错。

担保人承担按份责任的幅度，原《担保法司法解释》第八条规定为不超过债务人不能清偿部分的三分之一。在绝大数情形下，法院一般按照法定的最高责任认定担保人应承担的责任份额，但也有法院结合具体案情及各方的过错，将担保人承担的责任份额适当降低，故责任份额大小可由法院根据具体案情确定，并非一定为债务人不能清偿部分的三分之一。

特别注意的是，担保人承担责任为债务人不能清偿部分的相应份额，“不能清偿”属于待确定状态，担保人只有在确定了债务人不能清偿的部分后，担保人的赔偿责任才开始起算。

编写人：张满洋

二审合议庭成员：彭海鹏　郭卫斌　肖童亮

22. 共同合作贷款并非高利转贷，还款人可以向合作借款方主张代垫的还款费用及违约损失

——黄某志与樟树市某实业有限公司、周某旺民间借贷纠纷二审案

裁判要旨

当事人约定以一方的名义向银行贷款，用另一方的房产抵押担保，所贷款项双方各按 50% 的比例共同使用，有共同合作贷款的意思表示，并非高利转贷。还款人可以向合作借款方主张代垫的还款费用及违约损失，未实际偿还的款项，不能向合作借款方主张。

案例索引

一审：江西省宜春市中级人民法院（2019）赣 09 民初 182 号

二审：江西省高级人民法院（2020）赣民终 515 号

基本案情

上诉人（一审被告）：樟树市某实业有限公司（以下简称实业公司）。

上诉人（一审被告）：周某旺。

被上诉人（一审原告）：黄某志。

黄某志向一审法院起诉请求：1. 撤销黄某志与周某旺、樟树市某实业有限公司于 2018 年 12 月 19 日签订的协议书；2. 判令实业公司立即偿付黄某志截至 2019 年 8 月 31 日代偿的樟树建行借款本金、利息和代偿本金违约金、代偿利息违约金共计 49827770 元；自 2019 年 9 月 1 日起至清偿该款项完毕之日止的代偿违约金（按月利率 2% 计算）；周某旺对该款项承担连带清偿责任；3. 判令实业公司立即偿付黄某志截至 2019 年 8 月 31 日代偿的赣州银行樟树支行借款本金、利息和代偿本金违约金、代偿利息违约金共计 5441707 元；自 2019 年 9 月 1 日起至清偿该款项完毕之日止的代偿违约金（按月利率 2% 计算）；周某旺对该款项承担连带清偿责任；4. 判令实业公司立即偿付黄某志截至 2019 年 8 月 31 日新余农商银行的借款本金 37500000 元、代偿该借款利息以及代偿该借款利息违约金合计 28456222.3 元，共计 65956222.3 元；自 2019 年 9 月 1 日起至清偿该款项完毕之日止的代偿违约金（按月利率 2% 计算）；周某旺对该款项承担连带清偿责任。

黄某志系典当公司法定代表人、原亿铂公司的法定代表人和星月公司的实际控制人；周某旺原系实业公司的法定代表人，并为该公司的实际控制人。

2012年1月21日，实业公司作为用款人，典当公司作为借款人，双方签订一份《共同借款协议书》，约定：双方以典当公司名义向银行借款，实业公司则用房产为典当公司贷款作抵押担保，所贷到的款项各使用50%；利息按银行批复利率×贷款金额×50%计算。该协议还就有关通知义务、违约责任、争议的解决及其他事项等作了明确约定。周某旺在用款人处、黄某志在借款人处签名。

共同借款协议签订后，双方按照该协议约定，自2012年12月至2013年5月期间，黄某志按照上述《共同借款协议书》的约定，分别将在樟树建行、赣州银行樟树支行、新余农商行贷款的50%（含银行承兑汇票贴现款）转给周某旺25000000元、22500000元、37500000元，共计85000000元。涉及新余农商行流动资金贷款和银行承兑汇票综合年利率平均达10.27%。

在贷款到位后，实业公司、周某旺未按期还偿还其使用的全部合作贷款本息。2013年12月11日，经过双方的财务人员对账后，周某旺向黄某志出具一张借条。

2014年12月2日，双方对账后黄某志与周某旺经协商一致，双方同意以物抵债，当日，黄某志作为甲方和实业公司作为乙方签订了一份《协议书》。2014年12月12日，实业公司与典当公司签订《借款协议》，其中约定贷款到期前，实业公司应将其应承担的贷款本息汇入典当公司指定账户，以便典当公司及时归还银行贷款；如实业公司未能按时归还本金及利息，则实业公司未付本金及利息总计按日利率2‰承担利息。2014年12月19日，实业公司、周某旺（作为担保人）和黄某志签订《借款协议》。实业公司、周某旺仍未偿还其使用的贷款本息。2017年6月16日，黄某志与周某旺办理确认手续，周某旺向黄某志出具了结算凭据，确认截至2017年5月31日，尚欠合作贷款本金6550万元和利息2000万元。

2018年2月4日，黄某志于将在樟树建行的贷款本息及费用还清，截至2019年8月31日，实业公司尚欠黄某志代偿贷款本金、利息30088889元及本金、利息违约金共计13640881元；2018年6月7日，黄某志将在赣州银行樟树支行合作贷款本息及费用还清，截至2019年8月31日，实业公司尚欠黄某志代偿贷款本金、利息共计3887250元和本金、利息违约金共计1554457元；截至2019年8月31日，黄某志尚未归还在新余农商行的贷款，实业公司也没有偿还其使用的贷款本金3750万元。截至2019年8月31日，实业公司尚欠黄某志代偿借款利息18135417元和代偿借款利息违约金10320806元。

2018年3月，典当公司、亿铂公司、星月公司分别制作债权转让通知书，通知实业公司及周某旺，实业公司使用的银行贷款25000000元、37500000元和3000000元本息的债权已转让给黄某志，并要求实业公司及周某旺直接向黄某志履行还本付息的义务。

2018年12月19日，即在一审诉讼期间，黄某志、亿铂公司、典当公司、星月公司作为甲方，周某旺、实业公司作为乙方，签订一份《协议书》。

裁判结果

一审判决：1. 撤销黄某志、典当公司、星月公司、亿铂公司与周某旺、实业公司于 2018 年 12 月 19 日签订的协议书；2. 实业公司偿付黄某志截至 2019 年 8 月 31 日代偿的樟树建行借款本金、利息和代偿本金违约金、代偿利息违约金共计 43729770 元及自 2019 年 9 月 1 日起至清偿完毕之日止以代偿借款本金 2500 万元与代偿借款利息 5088889 元为基数按月利率 2% 计算的代偿违约金；3. 实业公司偿付黄某志截至 2019 年 8 月 31 日代偿的赣州银行樟树支行借款本金、利息和代偿借款本金违约金、代偿借款利息违约金共计 5441707 元及自 2019 年 9 月 1 日起至上清偿完毕之日止以代偿借款本金 300 万元和代偿借款利息 887250 元为基数按月利率 2% 计算的代偿违约金；4. 实业公司偿付黄某志截至 2019 年 8 月 31 日新余农商行的借款本金 3750 万元、代偿该借款利息以及代偿该借款利息违约金合计 28456223 元，共计 65956223 元和自 2019 年 9 月 1 日起至清偿借款本金 3750 万元完毕之日止以借款本金 3750 万元为基数按年利率 10%计算的代偿利息以及自 2019 年 9 月 1 日起至上述代偿借款利息清偿完毕之日止以上述代偿借款利息为基数按月利率 2%计算的代偿违约金；五、周某旺对本判决第二项、第三项、第四项判令的金钱给付义务承担连带清偿责任。

实业公司、周某旺不服，提出上诉。二审判决：1. 维持一审判决第二项、第三项；2. 变更一审判决第四项为：实业公司偿付黄某志截至 2019 年 8 月 31 日新余农商行的代偿借款利息 18135417 元，代偿借款利息违约金 10320806 元；3. 周某旺对本判决第一项、第二项判令的金钱给付义务承担连带清偿责任；4. 撤销一审判决第一项、第五项；5. 驳回黄某志的其他诉讼请求。

裁判理由

二审认为，双方当事人约定以一方的名义向银行贷款，用另一方的房产抵押担保，所贷款项双方各按 50% 的比例共同使用。因此，双方当事人系共同借款共同使用，有共同合作贷款的意思表示，并非高利转贷。黄某志在诉讼中要求实业公司承担的利息和费用，是黄某志代为向银行垫付的利息，其中部分利息是黄某志为按期归还银行利息，在民间短期拆借的利息和费用。因此，本案协议合法有效。双方当事人于 2017 年 6 月 16 日对账签字确认，实业公司使用的银行贷款本金为樟树建行 2500 万元、新余农商行 3750 万元、赣州银行樟树支行 300 万元，共计 6550 万元。此后实业公司及周某旺未再支付其使用的合作贷款本息，法院根据相应证据认定实业公司尚欠的贷款本金数额具有事实和法律依据。新余农商行 3750 万元贷款目前尚未到期，黄某志只按期归还了利息，尚未归还本金，无权诉请实业公司提前支付。对于黄某志一审已举证主张的归还新余农商行截至 2019 年 8 月 31 日的垫付利息及违约金，予以支持。本案借款协议书约定，上诉人必须按时还本付息，否则，即应承担黄某志因此而垫付利息和垫付贷款本金的违约金，按日利率2‰计算。黄某志为上诉人垫付的贷款本金和利息，系黄某志自筹的资金，双方约定该垫付本金和利息按日利率2‰承担利息，除利率超过年利率24%部分无效外，其他的并不违反法律、行政法规强制性规定，应为有效。黄某志起诉就垫付的本金和垫付的利息按年利率24%计算违约金符合法律规定，应予支持。本案原一审诉讼期间，法官组织当事人调解，双方当事人于2018年12月19日达成了一份协议，但黄某志反悔，本案当事人在诉讼中达成的和解协议因没有经法院制作调解书予以确认，因此协议还未生效，因此一审法院判决撤销2018年12月19日协议处理不当，应予纠正。2013年12月11日，周某旺以个人名义出具借条。2014年12月12日和2014年12月19日的借款协议中，周某旺同意以个人资产归还借款。2014年12月19日的借款协议中周某旺作为担保人签字。在2017年6月16日的对账协议中周某旺明确同意承担银行贷款利息。从上述周某旺签订的协议及借条约定看，周某旺同意承担本案债务，周某旺应承担连带责任。

要旨解析

本案涉及以下几个法律问题：一是合作使用银行贷款协议的效力问题；二是还款人向合作借款方主张偿还银行贷款的范围问题；三是还款人能否向合作借款方主张违约损失的问题。

一、关于合作使用贷款协议的效力问题

我国法律、法规及司法解释对民间借贷活动予以规制，目的是维护国家对信贷发放及利率的管理，防范高利转贷行为给金融市场带来的风险，大致历程为从对民间借贷限制较多到民间借贷活动的环境较为宽松，从法律法规尚不完善到再到对民间借贷关系法律调整新时期，司法实务中应正确处理契约自由与司法强制之间的关系。企业为了解决融资问题，与其他企业约定合作以一方名义从银行贷款，并共同使用银行贷款的协议是否有效应从以下几点考虑：

1. 双方合作贷款是否系真实意思表示。典当公司、亿铂公司、星月公司都具有从银行取得贷款的资格和条件，但缺少必要的抵押财产；而实业公司在银行贷不到款的根本原因在于其不具备直接从银行获得贷款的授信条件和资格，但其可以自有房产做抵押；双方充分发挥各自优势，互为补缺合作贷款，贷款之前，黄某志与周某旺便达成了各使用贷款一半的共同意思表示，贷款理由和贷款行为均不存在虚假性，系真实的合作贷款的意思表示。

2. 合作贷款是否存在高利转贷行为。《民间借贷司法解释》第十四条第一项（已被2020年修正的民间借贷司法解释第十三条吸收）规定：具有下列情形之一，人民法院应当认定民间借贷合同无效：（一）套取金融机构信贷资金又高利转贷给借款人，且借款人事先知道或者应当知道的。根据以上规定，使用银行贷款转贷给他人

的借贷合同无效有三个条件，一是出借人支付的借款系从金融机构“套取”的信贷资金；二是出借人将金融机构贷款“高利”转贷；三是借款人知道或者应当知道借款来自金融机构贷款。本案合作贷款，借款人知道借款来自金融机构。对于是否属于套取信贷资金又高利转贷的，笔者认为，套取，应是施以某种计谋骗取，而“高利”是指出借人将从金融机构套取的信贷资金转贷他人所约定利率远远高于其从银行或其他金融机构的信贷资金利率。具体而言，就是行为人采取虚构贷款项目等手段，套取银行的贷款再转而贷给他人，从中牟取高额利差，只有同时具备两个行为，才可以认定为是高利转贷行为。本案中，从《共同借款协议书》第二条中“借款金额双方各使用50%、利息按银行批复利率 × 贷款金额 ×50%计算，以及贷款的评估费及登记费各承担50%”的约定可知，并不存在高利转贷牟利的行为。因实业公司，代其向银行垫付本金及利息，故黄某志诉请实业公司支付其代付的逾期未还其使用的合作贷款本金及利息于法有据。综上，涉案合作贷款协议系当事人真实意思表示，未违反法律、法规的强制性规定，合法有效。

二、关于还款人向合作借款方主张偿还银行贷款的范围问题

还款人向合作借款方主张其已代为偿还银行借款本金及利息的，各方均无异议；对于主张还未到期贷款的本金3750万元，应否予以支持？所谓追偿，是指追偿权人在承担法定或者约定的义务以后，再根据法定或者约定向义务人求偿。本案中，黄兴志向实业公司主张返还银行贷款本金及利息系基于追偿权，只有当一方当事人已经向贷款银行承担了还款责任以后才有权要求另一方偿还。对于还未到期的银行贷款本金，因黄某志未向银行偿付，黄某志要求实业公司支付没有法律依据。并且，因未到期的贷款是以实业公司的房产抵押担保，如果判决实业公司归还尚未到期的贷款本金给黄某志，今后贷款到期黄某志未偿还该笔贷款时，银行将主张抵押物优先受偿，实业公司将面临重复偿还借款的后果。因此，一审法院判决实业公司向黄兴志支付未实际偿还新余农商行的贷款本金处理不当，但对于黄某志主张向其支付该笔贷款已付利息的，应予支持。本金3750万元及之后的利息及违约金，黄某志可在其实际归还银行后可再向对方主张。

三、还款人能否向合作借款方主张违约损失的问题

根据《民法典》第五百七十七条[①]的规定，还款人可以向合作借款方主张违约损失。2014年12月，因实业公司未按时还本付息，与典当公司签订借款协议书，其中约定实业公司必须按时还本付息，否则，即应承担典当公司因此垫付贷款本金和利息的违约金，按日利率2‰计算。该约定系双方真实意思表示，除利率超过年利率24%部分无效外，其他的并不违反法律、行政法规效力性强制性规定，应为有效，故黄某志起诉就垫付的利息和垫付的贷款本金主张按年利率24%计算违约金，

① 《民法典》第五百七十七条：当事人一方不履行合同义务或者履行合同义务不符合约定的，应当承担继续履行、采取补救措施或者赔偿损失等违约责任。

应予支持。但如双方当事人对于垫付本金及利息没有约定违约损失金额或计算方法的，违约损失可以参照《民间借贷司法解释》（2020年第二次修正）第二十八条第二款第一项[①]的规定，自逾期还款之日起按照当时一年期贷款市场报价利率的标准计算的资金占用费用，直到逾期还款之日止。

编写人：张满洋

二审合议庭成员：黄　颖　王　冬　周　辉

① 《民间借贷司法解释》第二十八条第二款第二项：未约定逾期利率或者约定不明的，人民法院可以区分不同情况处理：（一）既未约定借期内利率，也未约定逾期利率，出借人主张借款人自逾期还款之日起参照当时一年期贷款市场报价利率标准计算的利息承担逾期还款之日的，人民法院应予支持。

23. 担保人的民事责任并不因借款人构成犯罪而必然免除

——胡某英与喻某、涂某民间借贷纠纷二审案

裁判要旨

借款人涉嫌犯罪或生效判决认定其有罪，出借人起诉要求借款人和担保人承担民事责任的，法院应予受理。当事人提起民事诉讼的，民间借贷合同并不当然无效，担保人的责任并不因借款人构成犯罪而必然免除，借款人和担保人的民事责任应依据借款合同与担保合同的效力等因素依法确定。

案例索引

一审：江西省南昌市中级人民法院（2019）赣01民初172号

二审：江西省高级人民法院（2020）赣民终552号

基本案情

上诉人（一审被告）：喻某，中国香港居民。

被上诉人（一审原告）：胡某英。

原审被告：涂某。

胡某英向一审法院提出诉讼请求：判令涂某、喻某连带偿还借款本金1000万元及相应利息（至2015年10月26日，按月利率2%计算，暂计978.6667万元）。

2011年10月20日，胡某英与涂某兰签订一份《借款合同》一份，约定："涂某兰向胡某英借款人民币1000万元，借期为一个月，借款利率为月利率20‰，结息日为每月15日，本金到期一次性偿还，担保方式为保证担保。"同日，胡某英将1000万元借款汇入涂某兰账户。

涂某、喻某分别于2011年10月20日、19日向胡某英出具《股东/董事或个人连带责任保证担保承诺书》，承诺为涂某兰上述借款及利息承担连带偿还责任，并承诺无论借款出现任何情况，在借款本金和利息未还清前，本承诺人仍然负有连带保证责任，直到全部借款本金、利息及罚金还清为止。2012年4月11日，涂某在《督促履行担保责任通知书》上担保人处签名捺印。2012年9月27日，龚某勇、涂某兰向胡某娥、胡某英出具《承诺书》，确认涂某兰上述借款，龚某勇、涂某兰互负担保责任等。

喻某系中华人民共和国香港特别行政区永久居民。2013年10月14日，胡某英

对涉案借款到西湖区人民法院桃花法庭提起诉讼，同年 12 月 18 日向西湖区人民法院桃花法庭申请撤诉。2014 年又向西湖区人民法院桃花法庭对涉案借款提起诉讼，2014 年 11 月 3 日西湖区人民法院做出（2014）西桃民初字第 14 号民事裁定书，驳回胡某英的起诉。2015 年胡某英对涉案借款向南昌市中级人民法院对保证人喻某和涂某提起诉讼。

2018 年 12 月 4 日，法院作出（2017）赣 01 刑初 5 号刑事判决书，判决被告人涂某兰犯集资诈骗罪、合同诈骗罪等，并责令被告人涂某兰退赔集资参与人经济损失共计 18914.254792 万元，并在该判决书的附件《集资参与人名单及退赔数额》中列明胡某娥、胡某英共同退赔金额为 1764 万元。龚某刚、龚某勇系涂某兰之子。该刑事判决书认定："胡某娥的陈述及资金往来清单，证明自 2011 年 10 月，涂某兰承诺高息向其和胡某英借款 2000 万元，仅支付部分利息；司法审计意见：未归还的款项中，胡某娥（胡某英）1764 万元。"

裁判结果

一审判决：一、涂某、喻某于本判决生效之日起七日内一次性偿还胡某英借款本金 1000 万元并支付利息（自 2011 年 10 月 20 日起以借款本金 1000 万元为基数，按月利率 2% 计算至欠款付清之日止，并扣减已支付的利息 118 万元）；二、驳回胡某英的其他诉讼请求。

喻某不服，提起上诉。二审判决：驳回上诉，维持原判。

裁判理由

二审法院认为，本案上诉人喻某系中国香港居民，本案系涉港民商事纠纷。喻明与胡某英签订的协议中未选择合同争议应适用的法律，因此，依照《涉外民事关系法律适用法》第四十一条之规定，应适用履行义务最能体现该合同特征的一方当事人经常居所地法律或者其他与该合同有最密切联系的法律，即中华人民共和国法律。

关于本案借款合同效力和保证合同效力如何认定，喻某应否承担连带保证责任的问题。二审认为，根据《民间借贷司法解释》第十三条之规定："借款人或者出借人的借贷行为涉嫌犯罪，或者已经生效的判决认定构成犯罪，当事人提起民事诉讼的，民间借贷合同并不当然无效。人民法院应当根据原《合同法》第五十二条、本规定第十四条之规定，认定民间借贷合同的效力。担保人以借款人或者出借人的借贷行为涉嫌犯罪或者已经生效的判决认定构成犯罪为由，主张不承担民事责任的，人民法院应当依据民间借贷合同与担保合同的效力、当事人的过错程度，依法确定担保人的民事责任。"本案中，借款人涂某兰虽已认定犯集资诈骗罪，但该类犯罪的构成是由若干个民事借款行为叠加而导致的，当事人在订立民间借贷合同时，主观上基于借贷的真实意思表示，不存在违反法律、法规的强制性规定或以合法形式掩盖非法目的。集资诈骗的犯罪行为与单个民间借贷行为并不等价，民间借贷合同并不必然损害国家利益和社会公共利益，借贷双方之间的行为是一种正当的民间借贷关系，贷款人出借自己合法所有的货币资产，借款人自愿借款，双方自主决定交易对象与内容。因此，本案借款合同的订立、履行并没有违反法律、行政法规效力性的强制性规定。本案胡某英与涂某兰之间的借贷关系成立且合法有效，应受法律保护。胡某英与涂某兰的借款合同有效，胡某英与喻某签订的担保合同本身无瑕疵的情况下，胡某英与喻某之间的担保合同也属有效。喻某向胡某英承诺对涂某兰的借款承担连带保证责任，原审判决喻某对本案借款承担连带清偿责任，并无不当。喻某主张胡某英的借款已在刑事判决书中得到支持，其不应承担保证责任的上诉理由不能成立，二审不予支持。

要旨解析

近年来，以民间借贷为主要形式的民间融资蓬勃兴起，民间借贷纠纷案件也大量增加，此类案件往往与非法吸收公众存款、集资诈骗等案件交织在一起，出现所谓民刑交叉的问题。此时，同一民间借贷行为同时涉及民事法律和刑事法律的规范，也必然引起民事诉讼程序和刑事诉讼程序、民事责任和刑事责任的适用和确定。本案即涉及以下几个问题的处理：

一、本案民事诉讼应否受理

关于集资诈骗中被告人已经被判刑，被害人以民间借贷纠纷为由向法院起诉要求被告人或担保人承担民事赔偿责任的，法院能否受理的问题。一种观点认为，对被害人的损失应通过追缴或责令退赔的方式处理，对民事诉讼不应予以受理。另一种观点认为，在被害人的合法权益通过刑事诉讼不能得到充分保护的情况下，对被告人以民间借贷纠纷为由另行提起的民事诉讼，应予受理。根据《民间借贷司法解释》(2020年第二次修正)第八条：“借款人涉嫌犯罪或者生效判决认定其有罪，出借人起诉请求担保人承担民事责任的，人民法院应予受理。”在第三人提供担保的民间借贷中，根据刑事和民事法律规范，分别产生了刑事和民事法律责任，涉及相同或不同主体，需要通过两种不同的诉讼程序来实现救济，会产生民间借贷中的民刑交叉问题。而根据上述规定，借款人涉嫌犯罪或者生效判决认定其有罪，出借人起诉请求担保人承担民事责任的，人民法院应予受理。

二、民间借贷合同和担保合同是否有效

《民间借贷司法解释》(2020年第二次修正)第十二条第一款规定，借款人或者出借人的借贷行为涉嫌犯罪，或者已经生效的裁判认定构成犯罪，当事人提起民事诉讼的，民间借贷合同并不当然无效。法院应当依据合同效力的民事法律规范认定民间借贷合同的效力。经审查，如果没有导致合同无效的情形，则应当认定合同有效；反之，则认定合同无效。第十二条第二款规定，担保人以借款人或者出借人的借贷行为涉嫌犯罪或者已经生效的裁判认定构成犯罪为由，主张不承担民事责任的，法院应当依据民间借贷合同与担保合同的效力、当事人的过错程度，依法确定

担保人的民事责任。由此可见，借贷合同、担保合同的效力并不因出借人的借贷行为涉及刑事犯罪而当然无效，出借人与借款人、担保人形成的借贷关系和担保关系，属于民法规范评价和调整的范畴，应根据有关合同效力的私法规范进行判定，从而认定借款人和担保人应当承担的民事责任。

三、本案保证责任的承担

民事诉讼中认定借款合同和担保合同有效，借款人在刑事诉讼中被判令退赔的，在民事判决中不再重复评价，不再做处理；但借款人已获退赔金额，应当民事判决中扣除或在执行中予以协调处理。担保人责任并不因借款人构成犯罪而必然免除，如果担保合同有效，担保人应当对本息承担担保责任。如果担保合同无效，则应当根据当事人的过错程度，判令担保人承担过错赔偿责任。本案保证合同应认定有效，保证人涂某、喻某应对案涉债务承担连带清偿责任。

编写人：骆丽玲

二审合议庭成员：何全伟　徐清华　吕卫红

24. 公司虽形式上有两名股东但实为一名股东控制，该股东以公司名义对外担保应认定有效

——会昌县某林业投资有限责任公司与青岛某房地产发展有限公司等民间借贷纠纷二审案

裁判要旨

公司形式上虽有两名以上股东，但公司股东权利实际由控股股东一人行使，控股股东未经公司决议以公司名义对外提供担保的，可参照一人有限责任公司的股东对外担保的规定，无需公司决议机关决议，担保合同应认定为有效。

案例索引

一审：江西省赣州市中级人民法院（2019）赣 07 民初 281 号

二审：江西省高级人民法院（2020）赣民终 709 号

基本案情

上诉人（一审被告）：青岛某房地产发展有限公司（以下简称房地产公司）。

被上诉人（一审原告）：会昌县某林业投资有限责任公司（以下简称投资公司）。

一审被告：迟某臣。

一审被告：刘某。

投资公司向一审法院诉讼请求：1. 判令迟某臣、刘某、房地产公司立即归还所借投资公司 3000 万元及利息；2. 判令迟某臣、刘某、房地产公司继续向投资公司支付逾期利息自 2019 年 10 月 1 日起至本息全部归还之日止，利息按年利率 24% 计算。

房地产公司于 2009 年 8 月 21 日设立，工商登记的股东为迟某臣（占股 90.91%）及东联公司（占股 9.09%），公司法定代表人为迟某臣。2019 年 6 月 6 日，迟某臣、刘某为解决企业资金周转困难，与投资公司签订《借款合同》，约定：借款金额 3000 万元，借款期限自 2019 年 6 月 10 日至 2019 年 8 月 9 日，按年利率 12% 按日计息支付；迟某臣、刘某应在借款到期之日前将借款本息一次性支付给投资公司，借款到期未及时归还投资公司本息的，按所欠本金约定利率双倍计息处罚。合同签订后，投资公司于 2019 年 6 月 6 日、2019 年 6 月 10 日分别向迟某臣转入 5 万元、2995 万元，用途写明“借款”，合计 3000 万元。签订《借款合同》

当日，房地产公司出具《借款合同担保书》，为案涉借款提供连带担保，担保范围包括本金、利息、费用、罚息、违约金和赔偿金。担保书自开立之日起生效，直至合同项下全部应付款项偿清后失效。担保书落款处，盖有迟某臣个人印章及房地产公司公章。

裁判结果

一审判决：一、迟某臣、刘某自本判决生效之日起十五日内向投资公司归还借款本金3000万元及利息；二、房地产公司对上述第一项款项承担连带清偿责任，承担连带清偿责任后，有权向迟某臣、刘某追偿。

房地产公司不服，提起上诉。二审判决：驳回上诉，维持原判。

裁判理由

二审法院认为，根据双方诉辩主张，本案二审争议焦点为：房地产公司为迟某臣、刘某提供的担保是否有效，是否应承担担保责任。《公司法》第十六条第二款关于“公司为公司股东或者实际控制人提供担保的，必须经股东会或股东大会决议”的规定，并非效力性强制性规定，违反该规定不必然导致合同无效。该条规定的决议前置程序旨在确保公司为他人提供担保系公司的真实意思表示，避免损害其他股东的利益。本案中，迟某臣持有房地产公司90.91%的股权，另外持股9.09%的公司股东东联公司，亦由迟某臣持股90%实际控制。因此，房地产公司事实上属于迟某臣一人控制的公司，本案担保虽未经过股东会决议，但不存在损害其他股东利益的情况。且迟某臣对房地产公司重大事项决策具有决定性的影响，本案即使经股东会决议，也不会改变公司为迟某臣提供担保的结果。因此，房地产公司为迟某臣的借款合同义务提供担保，应认定为房地产公司的真实意思表示。

要旨解析

公司担保案件的法律适用问题长久以来一直是民商事审判中的“疑难问题”。以往针对公司法定代表人越权订立的担保合同纠纷，司法裁判倾向于将《公司法》第十六条解释为内部管理性规范，以否定其在认定公司担保合同效力问题上的裁判依据地位。2019年底最高人民法院发布的《民商审判会议纪要》和2020年底发布的《民法典担保制度解释》发展了公司担保规则，统一了公司担保的裁判制度，解决了《公司法》第十六条的适用问题。二者的共同基调是，公司法定代表人越权订立的担保合同，适用代表规则，构成越权代表。《民商审判会议纪要》在公司越权担保问题上，不仅区分了“善意”与“非善意”，区分了“关联担保”与“非关联担保”，还区分了“须作出决议”与“无须作出决议”的情形。《民法典担保制度司法解释》在吸收《民商审判会议纪要》精细区分的基础上，做了更为细化的规定，针对普通公司、上市公司以及一人公司分别作出规定，对于分支机构的担保问题细化为一般公司的分支机构、金融公司的分支机构以及担保公司的分支机构作出担保的不同情形。①

《民法典担保制度司法解释》规定了三种无须决议的情形：（一）金融机构开立保函或者担保公司提供担保；（二）公司为其全资子公司开展经营活动提供担保；（三）担保合同系由单独或者共同持有公司三分之二以上对担保事项有表决权的股东签字同意。第一种情形是商业惯例，第二种情形相当于公司为自身担保，第三种情形相当于有公司决议的情形。《民法典担保制度司法解释》还规定了为一人公司提供担保无须决议的情形，其中第十条规定："一人有限责任公司为其股东提供担保，公司以违反公司法关于公司对外担保决议程序的规定为由主张不承担担保责任的，人民法院不予支持。"一人有限责任公司仅有一个股东，公司所有权与经营权大多是合一的，作为投资者的股东与经营决策者集于一人，且投资者要以其个人财产对企业债务承担责任。因此，对于一人有限责任公司，股东或实际控制人对公司重大事项决策具有决定性的影响，即使没有公司机关决议也不会损害其他股东利益，应当认定担保合同符合公司的真实意思表示，合同有效。

具体到本案，从房地产公司的股东结构来看，迟某臣持有房地产公司90.91%的股权，另外持股9.09%的股东东联公司，亦由迟某臣持股90%实际控制。公司形式上有两名股东，但其中一名股东系绝对控股股东，房地产公司事实上属于迟某臣一人控股的公司。对于该股东以公司名义为控股股东提供担保未经公司机关决议的程序，公司是否应当承担担保责任。笔者认为，公司担保涉及公司内部与公司外部的关系，应体现平衡公司、公司股东与债权人的利益。从利益衡量的角度考虑，公司越权担保如果不损害公司利益，应尊重商业现实，防止公司以缺少决议为由，逃避其本应承担的担保责任。根据本案认定的事实，房地产公司虽未登记为一人有限责任公司，但实质决策权和管理权集中于控股股东，与一人有限责任公司无异。房地产公司事实上属于迟某臣一人控制的公司，本案公司担保虽未经过股东会决议，但不存在损害其他股东利益的情况，应当参照《民法典担保制度司法解释》第十条规定，认定迟某臣在担保书上盖公司印章的行为，符合公司的真实意思表示，房地产公司应承担担保责任。

编写人：骆丽玲

二审合议庭成员：黄训荣　段亦枫　王慧军

---

① 王毓莹：《公司担保规则的演进与发展》，载《法律适用》2021年第3期。

25. 项目部作为企业法人职能部门对外进行保证担保行为无效，企业法人应根据其有无过错承担相应责任

——徐某仁与吴某明、江西某建筑有限责任公司民间借贷纠纷再审案

裁判要旨

1. 建筑公司为履行承包合同设立的工程项目部没有办理工商登记时，属于公司的临时机构，除承担与项目工程施工有关职责外，一般不具有对外借款和担保职能，无权代表建筑公司订立担保合同。

2. 实际施工人使用自制的项目部印章在自己对外借款的借条上以项目部名义设定担保义务无效，承包人没有过错的，不应承担责任。

案例索引

一审：江西省鹰潭市月湖区人民法院（2016）赣 0602 民初 554 号

二审：江西省鹰潭市中级人民法院（2017）赣 06 民终 496 号

再审：江西省高级人民法院（2020）赣民再 32 号

基本案情

再审申请人（一审被告、二审被上诉人）：江西某建筑有限责任公司（以下简称建筑公司）。

被申请人（一审原告、二审上诉人）：徐某仁。

被申请人（一审被告、二审被上诉人）：吴某明。

徐某仁向一审法院提出诉讼请求：判令吴某明归还借款本金 240 万元及利息（从 2014 年 3 月 25 日起计算至实际还清之日止），建筑公司承担连带责任。

鹰潭市金森文化广场项目系建筑公司承建，2013 年 11 月 30 日，建筑公司下文聘任吴某明为建筑公司鹰潭市金森文化广场项目经理部经理。2014 年 3 月 25 日、2014 年 4 月 9 日，吴某明因鹰潭市金森文化广场项目缺少资金，分两次共向徐某仁借款 240 万元，徐某仁通过银行转账形式分两次将 240 万元支付给吴某明。吴某明出具借条一份，注明今借到徐某仁人民币两笔共计贰佰肆拾万元整（一笔 2014 年 3 月 25 日壹佰贰拾万元整，第二笔 2014 年 4 月 9 日壹佰贰拾万整），用于金森世界房屋建设预付材料款，该笔借款直接转到借款人指定账号。借款期限为 2 年（2014

年4月9日至2016年4月8日），到期一次性还清，如到期未还愿意承担一切法律责任，并用名下及担保公司资产半价抵债。建筑公司鹰潭市金森文化广场项目经理部作为担保人加盖公章。吴某明实际按月息3分5即每月利息84000元支付利息至2015年12月31日止，共计1512000元。2016年7月2日，徐某仁和吴某明经结算，吴某明尚欠徐某仁本金240万元，利息50.4万元（按月息3分5计算，从2016年1月起至2016年6月止），吴某明并出具欠条一份给徐某仁。

建筑公司于2014年10月11日向南昌市公安局申请雕刻“江西某建筑有限责任公司鹰潭市金森文化广场项目经理部”公章一枚。2014年4月9日吴某明出具给徐某仁的借条中担保方加盖的“江西某建筑有限责任公司鹰潭市金森文化广场项目经理部”公章系其私自雕刻的，并未告诉建筑公司。

在庭审中，建筑公司自认和吴某明在鹰潭市金森文化广场项目中是合作关系，吴某明是工地负责人。吴某明自认是该项目实际施工人，并且是该项目部经理，并以建筑公司员工名义交纳社保，吴某明向徐某仁借款时向徐某仁表明其是建筑公司鹰潭市金森文化广场项目经理部负责人，并出具建筑公司的聘任通知书复印件给徐某仁。

2014年9月19日，吴某明以需方为建筑公司和供方为江西贝融新型建材有限公司签订BR2014007号鹰潭市预拌混凝土购销合同，该合同约定由供方供应给需方承建的鹰潭市金森文化广场项目所需要的混凝土，供应时间从2014年3月10日起至实际完工之日。吴某明以其实际控制的鹰潭市诚昊商贸有限公司在该合同需方处加盖公章并签名。建筑公司通过该公司银行账号（3600105030005××××930，以下简称930账户；3600185401005××××011，以下简称011账户）将资金转入吴某明622707410××××666账户（以下简称666账户），吴某明亦通过666账户将资金转入建筑公司930账户或011账户，吴某明通过666账户支付混凝土材料款给江西贝融新型建材有限公司。

再审法院认为“吴某明向徐某仁借款时向徐某仁表明其实江西建工第二建筑有限公司鹰潭市金森文化广场项目部经理负责人，并出具建筑公司的聘任通知书复印件给徐某仁”，没有得到吴某明陈述的印证，对该事实不予认定。再审法院对原一、二审认定的其他事实予以确认。

裁判结果

一审判决：1.吴某明于判决生效之日起七日内偿还徐某仁借款本金2328000元及利息（利息以本金2328000元为基数，按月息2分计算，从2016年1月1起计算至实际还清之日止）；2.驳回徐某仁其他诉讼请求。

徐某仁不服提出上诉。二审判决：1.撤销一审民事判决；2.吴某明于本判决生效之日起九十日内偿还徐某仁借款本金2328000元及利息（以本金2328000元为基数，按月息2%自2016年1月1起计算至实际还清本息之日止）；3.建筑公司对上述借款本金及利息承担连带清偿责任；4.驳回徐某仁的其他上诉请求。

建筑公司不服申请再审。再审判决：1.撤销二审民事判决；2.维持一审民事判决。

裁判理由

再审认为，本案的争议焦点问题是建筑公司是否对徐某仁与吴某明的借款承担担保责任。

1.公司职能部门对外无权订立担保合同。本案金森项目部是建筑公司设立的临时机构，没有办理工商登记，依据相关法律规定，本案金森项目部仅是建筑公司的职能部门，除承担其职能范围内的职责外，该项目部没有其他对外职能，无权订立担保合同和承担担保责任。原《担保法》第十条规定，企业法人分支机构、职能部门不得为保证人。原《担保法司法解释》第十八条规定，企业法人的职能部门提供保证的，保证合同无效，债权人知道或者应当知道保证人为企业法人的职能部门的，因此造成的损失由债权人自行承担。债权人不知保证人为企业法人的职能部门，因此造成的损失，可以参照原《担保法》第五条第二款的规定和第二十九条的规定处理。因此，本案金森项目部对本案借款的担保无效。

2.建筑公司对吴某明私刻项目部印章进行担保不存在过错。吴某明使用的项目部印章不是建筑公司备案的印章，吴某明使用的项目部印章在建筑公司备案印章启用之前。吴某明还陈述，其使用的项目部印章系私自刻制，未经建筑公司的同意、准许。建筑公司不存在默许、追认担保的行为。建筑公司与徐某仁没有存在直接资金来往，徐某仁的借款也是转给了吴某明指定的账户，建筑公司不知道徐某仁与吴某明的借款关系，也不知道借款是否是用于了建筑公司的工程项目。因此，建筑公司对吴某明使用私刻项目部印章对外担保，不存在过错。

3.徐某仁有理由相信吴某明有权代表建筑公司对借款提供担保的依据不足。徐某仁将借款是借给吴某明，虽吴某明是项目实际施工人，但法律早已明确规定，公司职能部门未经授权，对外担保无效。而徐某仁的借款约定的利息高达月息3.5%，自借款发生以来徐某仁都是向吴某明主张权利，从来没有向建筑公司要求承担责任，徐某仁也没有证据证明该借款确实用于建筑公司的项目，或由建筑公司控制、使用，建筑公司不知道该借款的存在。吴某明使用不是备案的项目部印章对外担保，对建筑公司不发生效力。徐某仁应当知晓金森项目部是企业的职能部门，且没有任何正当理由相信项目部能够对外设定合法有效的担保，对担保合同无效的原因缺乏应有的一般理性认识，徐某仁提出有理由相信吴某明有权代表建筑公司对借款提供担保的意见，没有事实依据。徐某仁要求担保无效的担保人建筑公司承担赔偿责任，不予支持。二审判决认定建筑公司对涉案借款承担连带赔偿责任缺乏事实和法律依据，予以纠正。

要旨解析

本案例主要涉及实际施工人以项目部名义对外提供担保的效力认定问题。具体涉及以下几个方面的问题：一、关于项目部的性质。二、项目部作为保证人提供担保的效力。三、项目部保证行为无效时，企业法人如何承担责任。

一、关于项目部的性质问题

企业法人的分支机构和职能部门是不同的。分支机构是指企业法人设立的，经登记机关核准，领取营业执照，在核准登记的经营范围内进行民事活动，但不能独立承担民事责任的经济组织，如有限责任公司、股份有限公司的分公司。职能部门是指企业法人在自己内部设立的，为实现法人的设立宗旨，而按分工从事法人自身日常经常管理活动的多个部门。通常情形下，法人的分支机构与法人的职能部门之间的区分是明确的，前者往往进行了工商登记，领取了营业执照，并有权以自己的名义对外从事民事活动，而后者则属于法人的内设部门，无权以自己的名义或者法人的名义对外从事民事活动。但是，在特殊情形下，公司设立的某些机构如项目部，究竟是分支机构还是职能部门也会存在争议。我们认为，对于公司设立的项目部应进行类型化分析：有的项目部进行了工商登记、领取了营业执照，应属于法人的分支机构；有的项目部则未进行工商登记，也不会领取营业执照，应属于法人的职能部门。[①] 最高人民法院在司法实践中，是按照该观点进行认定的。如在（2020）最高法民申 4615 号民事裁定中，认为“平川二建十七项目部系平川二建的分支机构，其营业执照载明的类型为集体分支机构（非法人）。”如在（2020）最高法民申 1256 号民事裁定中，认为“案涉项目部作为海力公司内设临时机构，在海力公司未明确授权对外担保的情况下，其所签的保证合同无效。姚某明知案涉项目部系海力公司为进行工程施工建设而临时设立的职能部门，仍与汪某峰签订借款担保合同，具有明显过错。”在（2017）最高法民申 2960 号民事裁定中，认为“根据《担保法》第十条“企业法人的分支机构、职能部门不得为保证人。企业法人的分支机构有法人书面授权的，可以在授权范围内提供保证”之规定，第二十一项目部只是华显公司临时成立的内部机构，在未经华显公司授权的情况下，不得对外提供保证。”本案例中，金森项目部是建筑公司设立的临时机构，没有办理工商登记，在性质上属于建筑公司的职能部门。

二、关于项目部作为保证人提供担保的效力问题

因企业法人的分支机构和职能部门的性质差异，在二者作为保证人对外提供担保时，其担保行为的效力存在差异。对于企业法人的分支机构对外提供保证的责任承担问题，原《担保法》第 10 条规定：“企业法人的分支机构、职能部门不得为保证人。企业法人的分支机构有法人书面授权的，可以在授权范围内提供保证。”第

---

① 最高人民法院民事审判第二庭：《最高人民法院民法典担保制度司法解释理解与适用》，人民法院出版社 2021 年版，第 172 ~ 174 页。

29条规定：“企业法人的分支机构未经法人书面授权或者超出授权范围与债权人订立保证合同的，该合同无效或者超出授权范围的部分无效，债权人和企业法人有过错的，应当根据其过错各自承担相应的民事责任；债权人无过错的，由企业法人承担民事责任。”根据上述规定，企业法人的分支机构如经书面授权，则可以在授权范围内为他人提供担保。在有授权的情况下，分支机构的担保行为实际上是一种有权代理行为，其法律后果应由企业法人来承担。企业法人的分支机构虽经企业法人的授权，但其超出了授权范围与债权人订立保证合同，其超出授权范围的部分无效。也就是说此类保证合同只是部分无效，而非当然的全部无效。对于企业法人职能部门对外提供保证的责任承担问题，除原《担保法》第10条对于企业法人职能部门不得为保证人的禁止性规定外，原《担保法司法解释》第18条还规定：“企业法人的职能部门提供保证的，保证合同无效。债权人知道或者应当知道保证人为企业法人的职能部门的，因此造成的损失由债权人自行承担。”根据上述规定，企业法人的职能部门所提供的担保，应认定为无效。即使法人授权其对外提供担保，其也不能对外承担保证责任。本案例中，金森项目部作为建筑公司的职能部门，无权订立担保合同和承担担保责任，金森项目部对借款所提供的担保应认定为无效。

三、关于项目部保证行为无效时，企业法人如何承担责任的问题

根据前述相关规定，在企业法人分支机构所订立的保证合同无效时，当债权人存在过错，如债权人明知或应知企业法人分支机构未经授权或超出授权范围，而仍与分支机构订立保证合同时，因分支机构未经法人授权或超出授权范围与债权人订立保证合同，其行为本身应足以说明分支机构有过错，此时双方应当根据过错各自承担相应的民事责任。当债权人不存在过错时，则应由企业法人承担民事责任。这就意味着，虽然企业法人的分支机构所订立的担保合同无效时，企业法人一般也需要承担相应的民事责任。因企业法人的职能部门并非如分支机构经工商核准登记，不具有独立的营业执照，职能部门因出具担保而承担责任的条件就更为严格。当企业法人的职能部分所订立的保证合同无效时，在债权人知道或者应当知道保证人为企业法人的职能部门时，因此造成的损失由债权人自行承担，即使债权人确实不知道或者不应当知道保证人为企业法人的职能部门的，职能部门或其所在的企业也不必然承担全部民事责任，而是根据债权人、企业法人过错责任大小，由设立该职能部门的企业法人承担相应的民事责任。这就意味着，当企业法人的职能部门所订立的担保合同无效时，企业法人一般并不需要承担民事责任。本案例中，吴某明以金森项目部的名义提供担保时，一方面，债权人徐某仁存在审查不严的过错，其并未审查金森项目部的性质，亦未审查吴某明与金森项目部的关系，是否得到了金森项目部，可以代表金森项目部从事民事法律行为；另一方面，根据查明的事实，吴某明使用的项目部印章不是建筑公司备案的印章，吴某明使用的项目部印章在建筑公司备案印章启用之前，且吴某明自认所使用的项目部印章系私自刻制，未经建筑公司的同意、准许，建筑公司不存在默许、追认担保的行为，建筑公司与徐某仁没有存在直接资金来往，徐某仁的借款也是转给了吴某明指定的账户，建筑公司不知道徐某仁与吴某明的借款关系，也不知道借款是否是用于了建筑公司的工程项目。故建筑公司对吴某明使用私刻项目部印章对外担保，并不存在过错。

编写人：李振峰

再审合议庭成员：李振峰　邓名兴　李　彬

26. 刑事不起诉并不影响人民法院在民事诉讼中对虚假诉讼当事人和相关行为人进行处罚

——新余市某投资管理有限公司与江西某实业有限公司、鹰潭市某房地产开发有限公司民间借贷纠纷再审案

裁判要旨

1. 刑事不起诉并不影响人民法院在民事诉讼中对虚假诉讼当事人和相关行为人进行处罚。

2. 公司法定代表人利用公司伪造证据恶意串通提起虚假诉讼的，人民法院可以分别根据《民事诉讼法》第一百一十二条对公司虚假诉讼的行为予以罚款处罚，根据《民事诉讼法》第一百一十一条对公司法定代表人伪造证据妨碍民事诉讼的行为予以罚款处罚。

案例索引

一审：江西省新余市中级人民法院（2015）余民二初字第56号

二审：江西省高级人民法院（2016）赣民终262号

再审：江西省高级人民法院（2020）赣民再36号

基本案情

监督机关：江西省人民检察院。

二审上诉人（一审被告）：鹰潭市某房地产开发有限公司（以下简称房地产公司）。

二审被上诉人（一审原告）：新余市某投资管理有限公司（以下简称管理公司）。

二审被上诉人（一审被告）：江西某实业有限公司（以下简称实业公司）。

2013年12月26日，实业公司与管理公司签订《短期借款合同》一份，实业公司因资金周转向管理公司借款3400万元。同年12月28日，房地产公司与管理公司签订《保证合同》一份，约定房地产公司自愿为实业公司上述3400万元借款本息及实现债权的所有费用等提供连带保证责任。后实业公司未按时还款，管理公司向一审法院起诉请求：一、实业公司偿还管理公司借款本金3400万元，利息884万元（自2014年3月9日至2015年4月8日），罚息680万元（自2014年3月9日至2015年4月8日），合计4964万元，并按合同约定利率计算自2015年4月9日

至实际还清之日的利息、罚息；二、实业公司应承担管理公司为本案支出的律师代理费 15 万元；三、房地产公司对上述债务承担连带偿还责任。实业公司认可管理公司起诉主张的事实和诉讼请求。

房地产公司辩称管理公司与实业公司合谋进行恶意诉讼，管理公司实际上并未与实业公司发生借款关系。《借款合同》约定 3400 万元，但提供的付款凭证却为 3531 万元，而且是通过管理公司的法定代表人邓某刚个人账户转至实业公司法定代表人陈某以个人账户，邓某刚与陈某以的个人经济往来不能证明管理公司与实业公司有借款关系。

陈某以在 2011 年底以“江西某实业有限公司”的名义借款 3500 万人民币给房地产公司的法定代表人胡某辉个人，胡某辉一直未还款。2013 年底，陈某以找到邓某刚，要邓某刚帮忙向胡某辉追款。两人商定：以管理公司的名义虚假借款 3400 万给实业公司并签订一份假的短期借款合同，骗取房地产公司为该笔虚假借款提供担保，目的是套住房地产公司的财产用于抵偿胡某辉个人的借款。邓某刚同意配合，并安排管理公司员工刘某平与陈某以安排的实业公司财务总监肖某梁具体经办该虚假借款合同及担保合同。2013 年 12 月 26 日，肖某梁与刘某平按照陈某以和邓某刚的安排，签订了实业公司向管理公司借款 3400 万元的［利卓］2013 年短借字第 1226 号《短期借款合同》。2013 年 12 月 28 日，肖某梁与刘某平一起去鹰潭找胡某辉，胡某辉在不知是虚假借款的情况下，同意以房地产公司的名义为实业公司借款提供担保，并在［利卓］2013 年保字第 1226 号《保证合同》上盖了房地产公司的公章和自己的法人章。2014 年 2 月 28 日，陈某以从自己的一张卡号为 622588011××××359 的招商银行卡转款 510 万到户名为邓某刚的 622588790××××629 招商银行卡上，2014 年 3 月 9 日，陈某以使用网银从上述邓某刚的招商银行卡转款 500 万元到陈某以本人的另一张卡号为 524011790××××945 的招商银行卡上，形成了第一笔邓某刚转款给陈某以的转账凭证；接着陈某以又从 524011790××××945 招商银行卡转账 510 万元到其另一卡号为 622588011××××359 的招商银行卡上，再从该张招商银行卡转账 520 万到户名为陈某章（陈某以用其弟弟名义办理）卡号为 622588017××××346 的招商银行卡上，又从陈某章这张招商银行卡转账 510 万到上述邓某刚的招商银行卡，然后从邓某刚这张招商银行卡转账 500.5 万到陈某以卡号为 524011790××××945 招商银行卡，形成第二笔邓某刚转款给陈某以的转账凭证；陈某以重复上述方法，使用这四张银行卡多次轮回转款，形成了九笔邓某刚银行卡向陈某以银行卡共转账 3584 万元的转账凭证。2015 年 3 月 21 日，陈某以安排员工彭某根到招商银行南昌分行艾溪湖支行打印出邓某刚卡号 622588790××××629 招商银行卡向陈某以 524011790××××945 招商银行卡、陈某以卡号 622588011××××359 招商银行卡的转账凭证。陈某以选择了其中七笔共 3531 万元的转账凭证，交给了邓某刚作为原告方起诉的证据。2015 年 3 月 25 日，管理公司、实业公司共同伪造《通知函》《回复函》。《通知函》内容为“江西某实业有限公司：2013 年 12 月 26 日贵司与我司签订的《短期借款合同》中 3400 万元借款，现我司委托法人代表邓某刚代为支付 3400 万元资金，邓某刚向贵司的付款行为视为我司的付款行为，特此告知。新余市某投资管理有限公司 2014 年 2 月 20 日”;《回复函》内容为“新余市某投资管理有限公司：我司已收悉贵司 2014 年 2 月 20 日发来的《通知函》，我司认可邓某刚的付款行为为贵司的付款行为。另我司委托法人代表陈某以接收该笔借款，接受账户如下：户名：陈某以；账号：524011790××××946；开户行：招商银行南昌市分行，请贵司将借款汇至上述账户。江西某实业有限公司 2014 年 2 月 26 日”。管理公司、实业公司分别在《通知函》《回复函》上加盖了各自公司的公章。2015 年 4 月 7 日，陈某以、邓某刚二人商议，以［利卓］2013 年短借字第 1226 号《短期借款合同》、［利卓］2013 年保字第 1226 号《保证合同》和上述七笔共转账 3531 万元的转账凭证、《通知函》《回复函》为主要证据，以管理公司的名义向一审法院起诉实业公司、房地产公司，要求实业公司归还借款及利息 4964 万元，房地产公司承担连带清偿责任。2015 年 12 月 24 日，一审法院作出（2015）余民二初字第 56 号民事判决书，判决实业公司归还管理公司借款本息 4284 万元及后续利息，房地产公司对上述债务承担连带清偿责任。2016 年 8 月 15 日，江西省高级人民法院作出（2016）赣民终 262 号民事判决书，维持了一审判决。

还查明，新余市望城工矿区人民检察院认为：陈某以、邓某刚二人犯罪情节轻微，没有非法占有的故意，取得被害人的谅解，犯罪行为发生时尚无虚假诉讼罪名，遂于 2019 年 4 月 30 日对陈某以、邓某刚二人作出《不起诉决定书》。

裁判结果

一审判决：一、实业公司应于本判决生效之日起十日内归还管理公司借款本金 3400 万元，利息 884 万元，合计 4284 万元，并按月利率 2% 支付自 2015 年 4 月 9 日至实际还清之日止利息；二、房地产公司对上述第一项判决承担连带清偿责任；三、驳回管理公司其他诉讼请求。

房地产公司提出上诉。二审判决：驳回上诉，维持原判。

检察机关提出检察建议。再审判决：撤销一、二审判决，驳回管理公司的诉讼请求，并对当事人实业公司和管理公司恶意串通虚假诉讼的行为分别罚款 100 万元和 80 万元，对两公司原法定代表人陈某以、邓某刚伪造证据妨碍民事诉讼的行为分别罚款 10 万元和 8 万元。

裁判理由

再审认为，管理公司与实业公司恶意串通，采用伪造证据，虚构管理公司与实业公司之间的借款事实，骗取房地产公司对虚假借款 3400 万承担保证责任，虽然其意图系为保全实业公司对房地产公司法定代表人胡某辉的个人真实债权，但损害了房地产公司及其股东利益。根据原《合同法》第五十二条“有下列情形之一的，合同无效：……（二）恶意串通，损害国家、集体或者第三人利益……”之规定，应当认定案涉《短期借款合同》《保证合同》《转让协议》均为无效合同，管理公司与实业公司之间不存在真实的借款关系，担保亦无效。本案系虚假诉讼，一、二审判决认定事实错误，应予纠正。根据《民事诉讼法》（2017 年修正）第一百一十二条“当事人之间恶意串通，企图通过诉讼、调解等方式侵害他人合法权益的，人民法院应当驳回其请求，并根据情节轻重予以罚款、拘留；构成犯罪的，依法追究刑事责任”之规定，再审法院对管理公司的诉讼请求予以驳回。虚假诉讼不仅损害了房地产公司及其股东、债权人的合法利益，同时严重破坏了司法秩序，损害了司法公信力。虽然新余市望城工矿区人民检察院以陈某以、邓某刚二人犯罪情节轻微，没有非法占有的故意，取得被害人的谅解，犯罪行为发生时尚无虚假诉讼罪名为由对陈某以、邓某刚做出不起诉决定，但是对虚假诉讼当事人进行处罚属于妨碍民事诉讼的后果，不以刑事追究或不追究为前提，且本案中虚假当事人和参与人陈某以、邓某刚实际未承担刑事责任。刑事不起诉并不影响人民法院依法在民事诉讼中依照《民事诉讼法》的有关规定对当事人的虚假诉讼行为进行处罚。同时虽然两公司法定代表人不是虚假诉讼当事人，但组织实施伪造证据的主要是两公司法定代表人，人民法院可以对其伪造证据妨碍法院审理的行为进行处罚。故再审法院对管理公司、实业公司虚假诉讼、妨碍司法秩序的行为分别予以罚款 100 万元和 80 万元，对实业公司原法定代表人陈某以、管理公司原法定代表人邓某刚伪造证据、妨碍法院审理的行为分别予以罚款 10 万元和 8 万元。

要旨解析

《民事诉讼法》（2023 年修正）第一百一十五条是人民法院在民事诉讼中审查处理虚假诉讼的基本法律规定。该条规定，人民法院可以对虚假诉讼的当事人以罚款、拘留等方式处罚，构成犯罪的也可以追究刑事责任。分析该条款内容，本案例涉及的两个法律问题在该条款中并未明确予以规定。一是当事人如果已经构成虚假诉讼，对其进行妨碍民事诉讼处罚和刑事责任追究是否可以同时进行或只能择一，在当事人法定代表人已经在虚假诉讼刑事案件中被免于起诉的情况下，人民法院在民事诉讼中是否可以继续予以处罚；二是在虚假诉讼的当事人为公司法人等单位的情形下，人民法院对构成虚假诉讼的单位进行处罚的同时，是否可以对具体组织实施虚假诉讼行为的法定代表人进行处罚，处罚依据是什么？

上述两个问题在目前最高人民法院已经公布的指导性案例、公报案例和其他典型案例中均未见已经确立的明确的裁判规则。指导性案例 68 号上海欧宝生物科技有限公司诉辽宁特莱维置业发展有限公司企业借贷纠纷案是目前唯一的关于虚假诉讼的指导性案例。68 号案的裁判规则重点是如何审查、认定民事诉讼中的虚假诉讼案件。本案涉及的裁判规则是对虚假诉讼妨碍民事诉讼处罚和刑事责任追究可以同时进行或择一进行；在对单位当事人虚假诉讼进行处罚的同时，以何法律依据对组织实施虚假诉讼的单位法定代表人等参与人进行处罚。

再审裁判认为，1. 刑事不起诉并不影响人民法院在民事诉讼中对虚假诉讼当事人和相关行为人进行处罚；2. 公司法定代表人利用公司伪造证据恶意串通提起虚假诉讼的，人民法院可以根据《民事诉讼法》（2023年修正）第一百一十五条对公司恶意串通虚假诉讼的行为予以罚款，同时由于公司法定代表人是以伪造证据的方式实施虚假诉讼，人民法院可以根据《民事诉讼法》（2023年修正）第一百一十四条对公司法定代表人伪造证据实施虚假诉讼的妨碍民事诉讼行为予以罚款处罚。下面分别分析：

（一）刑事不起诉不影响人民法院在民事诉讼中对当事人和相关行为人进行处罚。我国法律对虚假诉讼的惩处首先见于2012年修正的《民事诉讼法》，修正后的《民事诉讼法》第一百一十五条［现为《民事诉讼法》（2023年修正）第一百一十五条］规定当事人恶意串通，企图通过诉讼、调解等方式侵害他人合法权益的，人民法院应当驳回其请求，并根据情节轻重予以罚款、拘留；构成犯罪的，依法追究刑事责任。但是当时刑法并没有相应的罪名，直到2015年通过的刑法修正案（九）增加了虚假诉讼罪，才为刑事惩处明确了法律依据。这个争点主要涉及对虚假诉讼相关行为人是否只能择一而罚，还是可以同时适用民事诉讼法和刑法相关规定进行惩治。分析《民事诉讼法》第一百一十五条内容，对于虚假诉讼的惩处是一个递进和并列式关系，首先是根据情节轻重予以罚款、拘留，这属于妨碍民事诉讼的强制措施的惩治，其次如果虚假诉讼的行为已经构成了犯罪，则人民法院可以将相关犯罪线索移交公安机关，依法追究相关人员刑事责任。《最高人民法院关于防范和制裁虚假诉讼的指导意见》第12条规定，对虚假诉讼参与人，要适度加大罚款、拘留等妨碍民事诉讼强制措施的法律适用力度；虚假诉讼侵害他人民事权益的，虚假诉讼参与人应当承担赔偿责任；虚假诉讼违法行为涉嫌虚假诉讼罪、诈骗罪、合同诈骗罪等刑事犯罪的，民事审判部门应当依法将相关线索和有关案件材料移送侦查机关。上述司法解释虽然采用并列方式阐述虚假诉讼的责任追究，但并未否定各种责任的合并适用，如既对虚假诉讼参与人进行罚款，又判决其赔偿受害人，或同时移交公安机关追究其刑事责任。因此，在对虚假诉讼相关人员进行惩处时，根据其情节轻重，人民法院可以对相关人员适用妨碍民事诉讼强制措施的惩治，也可以在适用妨碍民事诉讼强制措施惩治后，对构成犯罪的移交公安机关立案侦查，追究其刑事责任。另外，在行政处罚中，也存在行政机关进行行政处罚后移交公安机关追究刑事责任的情形，这与人民法院在民事诉讼中对虚假诉讼妨碍民事诉讼强制措施的惩治和刑事责任惩治并用有类似之处。另本案还有其特殊之处，即公安机关立案侦查后，将相关人员涉嫌虚假诉讼移交检察机关审查起诉，检察机关认为犯罪情节轻微且事发时尚无虚假诉讼罪的罪名，而做出了不起诉决定。因此，本案虚假诉讼的相关行为人实际上并没有承担刑事责任。在虚假诉讼行为人没有承担刑事责任的情况下，在民事再审审理中适用民事诉讼相关法律规定对虚假诉讼相关人员以妨碍民事诉讼的强制措施进行惩治，更不存在相关人员承受两次法律处罚的问题。因而，再审法院对当事人和相关人员依据民事诉讼法的强制措施进行了罚款合法合理。

（二）公司法人作为虚假诉讼案件当事人的，人民法院可以根据《民事诉讼法》（2023 年修正）第一百一十五条对公司恶意串通虚假诉讼的行为予以罚款，同时可以根据《民事诉讼法》（2023 年修正）第一百一十四条对公司法定代表人以伪造证据、虚假陈述等方式捏造事实，参与虚假诉讼妨碍民事诉讼的行为予以罚款。对于虚假诉讼的惩治，《民事诉讼法》（2023 年修正）第一百一十五条只对如何惩治虚假诉讼当事人进行了规制，但实践中，很多虚假诉讼是公司法人等作为当事人出现，如上海指导性案例 68 号上海欧宝生物科技有限公司诉辽宁特莱维置业发展有限公司企业借贷纠纷案。法人作为具有拟制人格的民事主体，其提起虚假诉讼必然要通过自然人主体具体实施恶意串通等行为，如果在公司法人涉嫌虚假诉讼案件中只对公司当事人进行处罚，不对虚假诉讼实际参与的自然人进行惩治，显然起不到法律的真正威慑作用。《民事诉讼法》（2023 年修正）除第一百一十五条外并无专门条款对非当事人的虚假诉讼参与人如何惩治进行规制。《最高人民法院关于防范和制裁虚假诉讼的指导意见》第 12 条规定了要对虚假诉讼参与人加大处罚力度，但也未指出适用何种法律条款进行处罚。实践中，大多数虚假诉讼是由参与的自然人通过伪造证据、虚假陈述等方式捏造民事法律关系的方式表现，因而对参与虚假诉讼的行为人可以适用《民事诉讼法》（2023 年修正）第一百一十四条第一款有关诉讼参与人伪造、毁灭重要证据，妨碍人民法院审理案件的情形进行处罚，既可以对参与虚假诉讼的非当事人进行惩处，又有明确的法律依据。

综上，该案例的裁判规则对于明确虚假诉讼中的刑事责任追究与民事处罚是否冲突、虚假诉讼当事人为单位的如何对具体组织实施恶意串通的行为人处罚两个法律问题的裁判规则，统一类似案件处理思路具有很好的借鉴和参考价值。

编写人：龚雪林

再审合议庭成员：龚雪林　陈银发　胡爱菊

27. 债务人对借款事实不持异议，仅抗辩已经偿还借款，应当对其主张提供证据证明

——杨某老与周某民间借贷纠纷再审案

裁判要旨

1. 债务人对借款事实不持异议，仅抗辩已经偿还借款，应当对其主张提供证据证明。

2. 债务人自愿给付利息中超过按年利率 36% 部分，应相应抵扣本金。

3. 执行和解协议是当事人在一审判决生效后的执行程序中所达成的和解协议，不能作为判断一审判决是否正确的依据。

案例索引

一审：江西省南昌市新建区人民法院（2016）赣 0112 民初 1935 号

再审一审：江西省南昌市新建区人民法院（2018）赣 0112 民再 1 号

二审：江西省南昌市中级人民法院（2018）赣 01 民终 18 号

再审：江西省高级人民法院（2020）赣民再 50 号

基本案情

抗诉机关：江西省人民检察院。

申诉人（一审原告、再审被申请人、二审上诉人）：杨某老。

被申诉人（一审被告、再审申请人、二审被上诉人）：周某。

杨某老向一审法院提出诉讼请求：要求周某 1 立即归还借款 14 万元并承担利息损失 29400 元（自 2016 年 3 月 28 日至 2016 年 10 月 28 日）。

周某因公司周转需要资金，通过其弟弟周某 1 与杨某老认识并向杨某老借款 12 万元，双方口头约定借款利率为月息 6 分。2014 年 12 月 31 日，杨某老以现金 2 万元及通过其姐姐杨某莲转账 10 万元的形式将借款本金 12 万元交付给周某。因未按照借贷习惯预先在借款本金 12 万元中扣除第一个月的利息 7200 元，故双方商量以现金方式支付利息 200 元，剩余利息 7000 元计入借款本金，故周某于交付借款本金的当日向杨某老出具借条一张，内容为：“今借到杨某老现金人民币壹拾贰万柒仟元整，二月还清”。当天晚上，周某以现金方式向杨某老支付了 420 元，作为上述计入借款本金的 7000 元的利息。2015 年 11 月 26 日，周某以现金方式

向杨某老支付利息30000元，杨某老出具收条一份。2015年12月31日，双方对前期借款本息进行结算，将剩余未支付的利息9700元计入2014年12月31日借条金额127000元中，周某出具收条一张，内容为“今收到杨某老现金人民币（壹拾叁万陆仟柒佰元整）136700.00元”。2016年3月28日，双方再次对前期借款本息进行结算，将剩余未支付的利息3300元计入2015年12月31日收条金额136700元中，周某向杨某老出具借条一张，内容为：“今借到杨某老现金人民币壹拾肆万元整（140000.00元），每月还本金1至3万元，如果不还拿奥迪车抵押，不需要找钱”。2016年4月4日，周某向杨某老出具协议一份，内容为“每月还钱低于1万按6分息算，低于2万按5分算，2万以上按3分利息算。利息预付本月15号付”。2016年5月23日，周某向杨某老出具保证一份，内容为：“本人保证在：2016年7月左右还清全部本金，本月27日拿1—2万。”2016年7月1日，周某再次向杨某老出具保证书一份，内容为“本人周某保证2016年12月底连本带息还清。”2016年10月24日，杨某老诉讼来院。在2016年3月28日出具金额14万元的借条之后，周某向杨招老支付过利息2400元。综上，周某未向杨某老归还借款本金，仅向杨某老支付了部分利息，数额分别为：2014年12月31日的利息620元；2015年1月31日至2015年12月31日期间利息为74120元；2016年1月至2016年3月期间利息1306元；2016年3月28日之后至2016年10月14日期间利息2400元，合计78446元。

第一次再审一审法院查明：周某因公司周转需要资金，通过其弟弟周某1与杨某老认识并向其借款12万元，双方口头约定借款利率为月息6分。2014年12月31日，杨某老通过其姐姐杨火连银行转账的方式将95600元直接转账给周某的银行账户，加上其自有现金24400元共计12万元交付给周某。按双方约定的借款利率月息6分计算一个月的利息7200元，双方约定以现金方式支付利息200元，剩余利息7000元计入借款本金，周某于交付借款本金的当日向杨某老出具借条一张，内容为：今借到杨某老现金人民币127000元整，二月还清。周某1作为担保人在借条上签名。2015年11月26日，杨某老收到周某的现金3万元，杨某老出具收条一张。2015年12月31日，双方对前期借款本息进行结算后，将剩余未支付的利息9700元计入2014年12月31日借条金额127000元中，周某收回127000元的借条，重新出具收条一张，内容为；今收到杨某老现金人民币136700元。2016年3月28日，双方再次对前期借款本息进行结算，将剩余未支付的利息3300元，计入2015年12月31日收条金额136700元中，周某收回136700元的收条，重新向杨某老出具借条一张，内容为：今借到杨某老现金人民币14万元整，每月还本金1万至3万元，如果不还拿奥迪车抵押，不需要找钱。2016年4月4日，周某向杨某老出具协议一份，内容为：每月还钱低于1万按6分息算，低于2万按5分算，2万以上按3分利息算。利息预付本月15号付。2016年5月23日，周某向杨某老出具保证一份，内容为；本人保证在2016年7月左右还清全部本金，本月 27 日拿 1 万—2 万元。2016 年 7 月 1 日，周某再次向杨某老出具保证书一份，内容为：本人周某保证 2016 年 12 月底连本带息还清。在 2016 年 3 月 28 日出具金额 14 万元的借条之后，周某向杨某老支付过利息 2400 元。2016 年 10 月 24 日，杨某老持周某出具的 14 万元借条复印件诉讼来院。本案庭审中，杨某老称因其与周某弟弟周某 1 也有债务纠纷，与周某 1 协商债务问题时，借条原件遗失在周某 1 的车上，周某 1 拿走了，没有归还给杨某老。周某辩驳称其在 2016 年 9 月中旬以现金方式一次性归还了杨某老的借款 10 万元，杨某老免掉了其利息。并按照民间借贷规矩，一手还钱，一手还借条（原件），原始借条归还后，其当即予以销毁。2017 年 7 月 4 日，双方在一审法院执行局达成执行和解协议，协议内容是：1. 本案被执行人周某欠申请执行人杨某老借款本金 106356.14 元及迟延履行期间的利息于三年内还清（从 2017 年 7 月 15 日起至 2020 年 7 月 15 日止），每个月月底归还 3600 元；2. 本案案件受理费 1606 元由被执行人周某承担（当庭付清）；3. 本案执行费 1520 元由被执行人周某承担，于 2017 年 7 月 30 日给付法院。上述和解协议达成后，周某未按协议履行。再审庭审中，周某辩称受到强制才在和解协议书上签名的。

第一次再审二审及第二次再审查明事实与第一次再审一审认定的事实一致。

裁判结果

一审判决：1. 周某于本判决生效后十日内归还杨某老借款本金 106356.14 元；2. 驳回杨某老的其他诉讼请求。

周某不服申请再审。再审一审判决：1. 撤销一审民事判决；2. 驳回杨某老的诉讼请求。

杨某老不服提出上诉。二审判决：驳回上诉，维持原判。

周某不服向检察机关申请检察监督。再审判决：1. 撤销二审判决、再审一审判决、一审判决；2. 周某于本判决生效后十日内归还杨某老借款 66566.3 元及利息 6919.3 元；3. 驳回杨某老的其他诉讼请求。

裁判理由

再审认为，本案的争议焦点是：周某是否应归还案涉借款本金及利息。

本案中，杨某老诉请周某归还借款本金及利息，周某认可杨某老向其实际交付借款本金 12 万元的事实，只是辩称其已向家人借钱偿还了案涉全部借款，但周某在诉讼中关于其向家人借钱的几次陈述并不完全一致，且未提交证据予以证明，周某依法应当承担举证不能的法律后果。周某还提出杨某老有六件民间借贷案件及杨某老是职业放贷人的辩解意见。经查询中国裁判文书网，杨某老于 2014—2016 年提起五件民间借贷案件（包括本案），不足以认定杨某老系职业放贷人。故杨某老要求周某归还借款本金及利息的诉请成立，应予支持。

关于案涉借款本金数额的问题。根据《民间借贷司法解释》第二十六条关于司法保护民间借贷利率上限的规定，结合杨某老的陈述认定如下：第一，杨某老陈述，2014 年 12 月 31 日借条载明借款本金 127000 元，实际交付周某借款 12 万元且周某当天给付现金 620 元。故可以认定实际借款本金为 119380 元。第二，杨某老陈述，2015 年 12 月 31 日借条载明的借款本金 136700 元由 2014 年 12 月 31 日的借款本金 127000 元及未支付利息 9700 元组成，利息按月息 6 分计算。故可以认定期间周某偿还了款项 81740 元（127000 元 ×72%–9700 元），减去法律支持已经按年利率 36% 支付的利息 42976.8 元（119380 元 ×36%），剩余 38763.2 元抵扣本金，2015 年 12 月 31 日本金应为 80616.8 元。第三，杨某老陈述，2016 年 3 月 28 日借条载明的借款本金 14 万元由 2015 年 12 月 31 日的借款本金 136700 元及未支付利息 3300 元组成，按月息 6 分计算利息 24606 元，其中 2 万元利息算至另一张借条。按杨某老所述，双方就 2 万元利息已约定另行计算，本案不予重复计算。故可以推定周某偿还了款项 21306 元（136700 元 ×72%×3/12–3300 元），减去法律支持已经按年利率 36% 支付的利息 7255.5 元（80616.8 元 ×36%×3/12），剩余 14050.5 元抵扣本金，2016 年 3 月 28 日本金应为 66566.3 元。

关于案涉借款利息的问题。围绕杨某老关于主张案涉借款自 2016 年 3 月 28 日至 2016 年 10 月 28 日利息为 29400 元的诉请，案涉借款利息应以本金 66566.3 元为基数自 2016 年 3 月 28 日至 2016 年 10 月 28 日按年率利率 24% 计算为 9319.3 元（66566.3 元 ×24%×7/12），减去杨某老认可的周某偿还的款项 2400 元，周某尚欠利息为 6919.3 元。

此外，2017 年 7 月 4 日双方当事人达成执行和解协议，但未履行完毕。该份执行和解协议是当事人在一审判决生效后的执行程序中所达成的和解协议，不能作为判断一审判决是否正确的依据，亦不能据此认定当事人认可一审判决所确定的法律关系。原二审判决未将该份执行和解协议作为周某同意归还借款的依据并无不当。该做法亦是符合《民事诉讼法司法解释》第四百零二条关于当事人达成和解协议但未履行完毕的、其申请再审的权利仍应得到保护的立法精神。

要旨解析

本案例涉及民间借贷关系中举证责任的分配、本金和利息的计算、执行和解协议效力的认定问题。具体涉及以下三个法律问题：一是债务人对借贷事实不持异议时举证责任的分配；二是民间借贷中本金和利息的计算；三是执行和解协议的效力认定。

一、关于债务人对借贷事实不持异议时举证责任分配的问题

本案例中，第一次再审一审和二审判决均驳回了杨某老的诉讼请求，其理由在于：1. 周某关于已向杨某老归还借款，杨某老向周某归还了原始借条，周某收到杨某老借条后当即予以销毁的陈述，符合民间借贷习惯。周某与杨某老的债务

关系因其的清偿行为而消灭。2. 杨某老提交借条复印件起诉，也未作出合理解释或提交充足的证据予以证实原件是在未归还借款的情况下丢失，依照法律规定，无法与原件核对的复印件不能单独作为认定案件事实的依据，该复印件属于待补强证据，只有在与其他证据相佐证的情况下方可作为定案的证据使用。笔者认为，上述裁判理由，违反了举证责任分配规则，不符合本案的实际情况，第二次再审判决认为应由周某对偿还借款的事实承担证明责任，否则依法应当承担举证不能的法律后果，符合本案实际和法律规定。第一，债务人周某对借贷事实并不持异议，债权人杨某老已经完成其与周某之间存在借贷事实的举证责任。2001年《民事诉讼证据规定》第五条第一款规定："在合同纠纷案件中，主张合同关系成立并生效的一方当事人对合同订立和生效的事实承担举证责任。"诉讼中，杨某老提交了借条复印件、转账凭条、协议、保证书、还款收条等证据，用以证明其主张。周某与杨某老就双方之间形成民间借贷关系不持异议，就借款的形成由最初借款本金12万元，加上月息6分的利率（口头达成），本金加利息形成最后一张14万元的借条的借贷事实，双方均认可。因此，债权人杨某老已经完成了其与周某之间存在借贷事实的举证责任。至于杨某老依据14万元的借条复印件所提出的诉讼请求能否成立和得到支持，则应根据查明的借贷本金和利息支付情况具体作出认定，而不应以借条复印件所载内容不能得到支持为由，驳回杨某老的全部诉讼请求。第二，债务人周某应对其已经偿还杨某老借款本息的事实承担举证责任。2001年《民事诉讼证据规定》第五条第二款规定："对合同是否履行发生争议的，由负有履行义务的当事人承担举证责任。"本案例中，周某认可借贷事实和借贷关系，但提出已还清了借款，主张已履行还款义务债权消灭。对于该项主张，周某负有举证责任。第三，根据举证责任规则和日常生活经验，应认定周某未能完成其举证责任。2001年《民事诉讼证据规定》第六十四条规定："审判人员应当依照法定程序，全面、客观地审核证据，依据法律的规定，遵循法官职业道德，运用逻辑推理和日常生活经验，对证据有无证明力和证明力大小独立进行判断，并公开判断的理由和结果。"本案例中，周某虽然辩称其已向家人借钱偿还了案涉全部借款，但周某在诉讼中关于其向家人借钱的几次陈述并不完全一致，且未提交证据予以证明。第一次再审一审和二审判决仅以案涉14万元的借条为复印件，即认可周某关于偿还借款后收回借条原件的主张，依据明显不足。根据日常生活经验，周某作为偿付能力明显不足人员，在偿付10余万元债务时，对于还款经过和资金来源均不能提供相关证据予以证明，明显不合常理。两相比较，应认定周某未偿还案涉全部借款的可能性，大于已经偿还的可能性。

二、民间借贷中本金和利息计算的问题

本案例债权人于2016年提起诉讼，对于利息的计算，应适用2015年施行的《民间借贷司法解释》。该司法解释第二十六条规定："借贷双方约定的利率未超过年利率24%，出借人请求借款人按照约定的利率支付利息的，人民法院应予支

持。借贷双方约定的利率超过年利率36%，超过部分的利息约定无效。借款人请求出借人返还已支付的超过年利率36%部分的利息的，人民法院应予支持。”根据上述规定，出借人与借款人约定和履行年利率24%以下的民间借贷利率，可受到法律强制力的保障，可以诉请法院支持并申请司法强制执行；年利率超过36%的部分认定为无效，出借人无权主张超过年利率36%的利息，借款人实际支付超过年利率36%部分的利息，有权请求出借人返还；年利率24%—36%之间的民间借贷利率拥有债权保持力但无执行力，即24%—36%之间的债权并无请求力，但约定也并非无效，但当债权人请求给付时，债务人得拒绝给付，债权人并不得通过诉讼强制债务人履行而已。假如债务人任意给付，且债权人受领时，法院亦不得认定为不当得利。对于周某所偿还的款项，第一次再审一审、二审判决和第二次再审判决，均按照36%的利率计算利息，在计算方法上均符合上述规定。

原《合同法司法解释（二）》第二十一条规定：“债务人除主债务之外还应当支付利息和费用，当其给付不足以清偿全部债务时，并且当事人没有约定的，人民法院应当按照下列顺序抵充：（一）实现债权的有关费用；（二）利息；（三）主债务。”第二次再审判决之所以对于原再审予以改判，其原因在于原再审判决未依照上述规定，在当借款人当期所偿还的款项超出该时点所应支付的利息时，将剩余款项冲抵本金，而是始终保持借款本金不变，却将借款人多偿还的款项予以搁置，从而导致借款人实际多承担本金和利息这一不公平现象的发生。

三、执行和解协议效力认定的问题

根据《最高人民法院关于执行和解若干问题的规定》，执行和解协议是当事人自愿协商达成的，依法变更生效法律文书确定的权利义务主体、履行标的、期限、地点和方式等内容的协议。被执行人一方不履行执行和解协议的，申请执行人可以申请恢复执行原生效法律文书，也可以就履行执行和解协议向执行法院提起诉讼。从上述规定分析，执行和解具有诉讼行为和私法行为的双重属性，从执行和解实务来看，并不是只有权利人的容忍和减让，当事人往往本着一揽子解决纠纷的想法，就原生效法律文书未涉及的权利义务一并予以约定和处分，其内容常常超出既判力的范围。就私法行为而言，和解协议并不仅是原债权债务关系的延续，而是当事人在原合同的基础上所设立的一种新的债的关系。尽管和解协议与原合同债务具有密切联系，但毕竟是两个不同的合同关系，具有一定的独立性，两者在合同的性质、内容及当事人等方面均可能存在根本区别。[①] 因执行和解协议是当事人之间在生效法律文书的基础上协商解决纠纷所达成的协议，且与原合同债务具有一定的独立性，考虑到受到生效裁判文书的制约，一揽子解决问题等因素的影响，即使当

① 江必新、何东宁主编：《最高人民法院指导性案例裁判规则理解与适用民事诉讼卷》（下），中国法制出版社2016年版，第469页。

事人之间达成了执行和解协议，也并不当然意味着当事人对原生效判决的认可。因此，当事人不能以执行和解协议作为主张原生效判决正确的依据。原生效判决正确与否，仍应在查清案件基本事实、准确适用法律的基础上作出判断。

编写人：李振峰

再审合议庭成员：姚　姝　邓名兴　江都颖

28. 仅凭法定代表人在借款协议中的签名，不足以认定担保系公司的意思表示

——张某伟与九江某房地产开发有限公司等民间借贷纠纷再审案

裁判要旨

出借人在向借款人出借款项时并未要求借款人出具公司股东会决议，其不属于善意第三人，法定代表人在借款协议上签名不足以认定系公司意思表示，法院应当结合其他事实，审查判断出借人是否有理由相信公司法定代表人在借款协议上签名系代表公司做出担保的意思表示。

案例索引

一审：江西省南昌市西湖区人民法院（2018）赣 0103 民初 190 号

二审：江西省南昌市中级人民法院（2018）赣 01 民终 1991 号

再审：江西省高级人民法院（2020）赣民再 56 号

基本案情

再审申请人（一审原告、二审被上诉人）：张某伟。

被申请人（一审第三人、二审上诉人）：九江某房地产开发有限公司（以下简称房地产公司）。

二审上诉人（一审被告）：于某华。

二审被上诉人（一审被告）：邓某平。

二审被上诉人（一审第三人）：史某平。

二审被上诉人（一审第三人）：雷某清。

二审被上诉人（一审第三人）：江西某投资发展公司。

张某伟向一审法院起诉请求：1. 判令邓某平向其支付借款本金及利息人民币 450 万元整（其中借款本金 400 万元，截至 2016 年 2 月借款利息人民币 45 万元），并支付借款利息（其中 300 万元借款从 2016 年 3 月 1 日起，按月息 2.5 分计算至还清借款时止；其中 100 万元借款从 2016 年 6 月 1 日起，按月息 2.5 分计算至还清借款时止）；2. 判令于某华对上述借款本金和利息承担连带清偿责任；3. 判令邓某平、于某华承担律师代理费人民币 10万元；4. 判令房地产公司对 2015 年 5 月 20 日的《借款协议》中借款人邓某平的 100 万元借款本息及违约金和因追偿该欠款所发生的全

部费用承担连带清偿责任，协助办理登记在其名下的本案所涉抵押房产作为清偿本案所涉债务的相关手续。

2011年9月1日，邓某平以资金周转为由，向江西某投资发展公司借款200万元，并于当日与江西某投资发展公司签订《借款协议书》一份。2011年11月7日，邓某平、案外人施某香（系邓某平妻子）向张某伟、史某平借款200万元，双方签订《借款协议》一份。上述两笔借款张某伟称邓某平已归还。2012年3月28日，史某平、雷某清向张某伟借款100万元，并签订《借款协议》一份。2012年5月8日，史跃平向张某伟借款100万元，并签订《借款协议》一份。以上两笔借款张某伟、邓某平均认可系邓某平以史某平名义向张某伟借款，张某伟称2012年3月28日借款邓某平已归还。

2012年7月3日，邓某平向张某伟、史某平借款100万元，并签订《借款协议》一份。2015年5月20日，邓某平再次向张某伟借款100万元，并于当日与张某伟、房地产公司签订《借款协议》一份，约定：1. 借款金额为100万元；2. 期限为2015年5月20日至2015年6月19日；3. 到期未能返还本金，每逾期一天罚款3000元，另加付违约金20万元；4. 为了确保资金安全，担保方自愿将本公司开发的九江市彭泽县颐和世纪华城××区四间店面合计265.68m^2商铺按6000元/m^2抵押给原告；5. 如邓某平不能按期归还，张某伟可任意处理抵押物且由担保方承担连带责任，期限自主债务履行期限届满后两年。房地产公司法定代表人章某在担保方一栏签字。四套商铺的平面图上加盖了房地产公司公章。该抵押物未办理抵押登记。邓某平于当日出具借条一份，载明：今借到张某伟人民币壹佰万元整，该借款转入本人工行卡。张某伟于当日按约向邓某平的账户转款100万元，同时邓某平出具承诺书一份，承诺：本人于2015年5月20日借张某伟壹佰万元整，借款期间按月息千分之二十五计息（即每月付25000元利息给张某伟），该借款确保在2015年6月19日前全部归还，到期未还按2015年5月20日签订的借款协议执行。章某在借条及承诺书下方签字。

2016年2月25日，邓某平向张某伟出具《承诺书》一份，承诺：邓某平借张某伟800万元（即上述2011年9月1日、2011年11月7日、2012年3月28日、2012年5月8日、2012年7月3日、2015年5月20日借款合同、借条），其中以史某平名义借款200万元、借江西某投资发展公司200万元，现已还款500万元，尚有300万元借款本金及45万元利息未付，邓某平承诺在2016年3月30日前将上述欠款及利息全部还清。到期未还清本人愿将房地产公司开发的彭泽县颐和世纪华城所得店面按5000元/m^2抵押给张某伟，且上述时间借款的借款合同规定的条款及承诺书继续有效。

2016年5月12日，邓某平与张某伟、于某华签订借款协议一份，约定：1. 借款金额为100万元；2. 期限为2016年5月12日至2016年5月31日；3. 邓某平确保在2016年5月31日到期日还清该借款，2016年6月15日前将原欠借款本息全部还清。如届期未能返还欠款，张某伟可任意处理抵押物；4. 邓某平自愿将九江市彭泽县颐和华城 × 栋 × × 室等五间店面抵押给张某伟；5. 于某华自愿将九江市彭泽县颐和华城 × 栋 × × 室等五间店面抵押给张某伟；6. 如不能按期归还借款，则担保方于某华承担连带责任。邓某平于当日出具借条一份，约定：今借到张某伟100 万元整，该借款转入邓某平的银行卡。张某伟于同日按约向邓某平的账户汇款100 万元。上述担保房产均未办理抵押登记手续。当日，邓某平出具承诺书一份，承诺：本人于 2016 年 5 月 12 日与张某伟签订的借款协议，确保按协议规定时间还款，如未能按规定时间还款，本人同意按 2016 年 2 月 25 日本人写的承诺书执行。于某华在担保人处签名。

企业工商信息显示，房地产公司成立于 2013 年 1 月 22 日，股东为熊某根、刘某霞、于某华、邓某平，法定代表人为邓某平。2014 年 3 月 6 日，房地产公司股东会决议载明，公司的实际股东仍为上述四人，章某、刘某芬仅是在工商注册方面的股东，并不享有公司股东权利。后公司登记股东由熊某根、刘某霞、于某华、邓某平变更为熊某根、刘某霞、章某、刘某芬，刘某芬为公司法定代表人。2015 年 3 月11 日和 2015 年 10 月 27 日公司法定代表人分别由刘某芬变更为章某，由章某变更为熊某根。2018 年 2 月 9 日，房地产公司股东会决议载明，刘某芬、章某将所持的公司股权转让给熊某根，股东遂变更为刘某霞、熊某根。

一审过程中，一审法院依法追加史某平、雷某清、江西某投资发展公司为第三人。

裁判结果

一审判决：一、邓某平于判决生效之日起十日内归还张某伟借款本金 400 万元及利息；二、邓某平于判决生效之日起十日内支付张某伟为实现债权支出的律师代理费 10 万元；三、于某华对判决第一项中的 100 万元借款本息及第二项律师代理费中的 2 万元承担连带清偿责任；四、房地产公司对判决第一项中 100 万元借款本息及第二项律师代理费中的 2 万元承担连带清偿责任；五、驳回张某伟的其他诉讼请求。

于某华、房地产公司不服，提起上诉。二审判决：一、维持一审判决第一、二项；二、撤销一审判决第四、五项；三、变更一审判决第三项为：于某华对判决第一项中的 100 万元借款本息及第二项律师代理费中的 2 万元承担连带清偿责任；于某华承担保证责任后，可以向邓某平追偿；四、驳回张某伟的其他诉讼请求。

张某伟不服，申请再审。再审判决：维持二审判决。

裁判理由

再审法院经审理认为，本案争议焦点为：房地产公司是否应对邓某平 2015 年 5 月 20 日向张某伟所借 100 万元的本息及 2 万元律师代理费承担连带清偿责任。

1. 关于章某在借款协议上签名的效力问题。根据原《民法通则》第三十八条和第四十三条的规定，公司的法定代表人是指依照法律或者法人组织章程规定，代表法人行使职权的负责人。企业法人对它的法定代表人和其他工作人员的经营活动，承担民事责任。本案诉争涉及的是公司对外担保，该项事务并非公司的日常经营业务，因此法定代表人在代表公司进行该项事务时，应是有所限制的。《公司法》第十六条规定，公司向其他企业投资或者为他人提供担保，依照公司章程的规定，由董事会或者股东会、股东大会决议。公司为公司股东或者实际控制人提供担保的，必须经股东会或者股东大会决议。因此，法定代表人在没有经过董事会、股东会或者股东大会决议的情况下，其代表公司作出对外担保的意思表示，属于法定代表人超越代表权的越权行为。本案中，在没有证据证明章某代表房地产公司对邓某平与张某伟之间的 100 万元借款提供担保，取得了房地产公司股东会或者股东大会决议同意的情况下，章某在借款协议上代表房地产公司作出担保的意思表示，属于章某超越法定代表人职权的越权行为。

2. 关于章某超越权限的代表行为对房地产公司是否发生法律效力的问题。原《合同法》第五十条规定："法人或其他组织的法定代表人、负责人超越权限订立的合同，除相对人知道或者应当知道其超越权限的以外，该代表行为有效"，原《担保法司法解释》第十一条规定"法人或其他组织的法定代表人、负责人超越权限订立的担保合同，除相对人知道或应当知道其超越权限的以外，该代表行为有效"。可见公司法定代表人的越权行为并不必然对公司不产生法律效力，一般情况下仍然是有效的，除非相对人知道或应当知道其超越权限，即要注意审查相对人是否属于善意第三人，其是否有理由相信法定代表人的行为是代表着公司的意思表示。具体到本案中，首先，《公司法》对于公司对外担保规定了相关的决议程序，而法律一旦面向社会公布即具有公示效力，张某伟自 2011 年开始即与邓某平等多人存在借贷往来，应具备一定的借贷法律知识，作为出借人负有一定的审查义务。其次，借款协议上仅有章某的签名，并未加盖房地产公司印章，张某伟在庭后提交的说明中也称"在借款协议出具时曾提出要求担保方房地产公司加盖公章，后来也多次要求补盖公章"，说明其也意识到仅有章某签名的效力问题。第三，2015 年 5 月 20 日诉争借款协议签订时和签订后有如下相关事实：一是诉争借款协议签订时，章某系房地产公司法定代表人；二是诉争借款协议签订时，向张某伟提供了盖有房地产公司公章的抵押商铺平面图；三是 2016 年 3 月 15 日房地产公司四名股东熊某根、刘某霞、邓某平、于某华召开股东会议并形成《股东会议纪要》，纪要记载"为解决民工工资问题，公司向民间借款 760 万元，股东熊某根、刘某霞、邓某平、于某华在 2016 年 4 月 20 日前须每人融资 200 万元到公司。为了股东顺利融资，公司将现有部分商铺分配给各位股东，邓某平分得 1#5-120 等六间；于某华分得 2#5-118 等六间。各股东对所分得商铺享有所有权（处分权），包括不限于直接过户到股东或股东指定的个人和单位名下，以所分得的商铺对外担保等，公司应无条件配合。没有按期融资的股东丧失商铺的所有（分配）权，由按期融资到位的其他股东享有所有（分配）权。”四是2016年5月2日，房地产公司出具证明，内容为：九江市彭泽县渊明路世纪华城11栋十四套房产均登记于房地产公司名下，公司将上述门店所有权证书交给邓某平、于某华，邓某平、于某华有权自主处置。五是2016年邓某平向张某伟提供了十本登记在房地产公司名下的房屋产权证原件，但并未包含诉争借款协议中约定的四间店面。根据本案认定的事实，是否可以认定张某伟为善意第三人，有理由相信章某系代表房地产公司作出担保的意思表示。再审认为无法达到该证明目的，理由是：诉争借款协议中关于房地产公司的担保方式，既有物的担保又有人的担保，物的担保为公司将其开发的四间店面抵押给张某伟，如不能按期归还，张某伟可任意处理抵押物，人的担保为房地产公司承担连带责任。上述事实中不管是协议签订时加盖了房地产公司印章的房屋平面图，还是协议签订后公司召开股东会、出具证明或者向张某伟交付房屋产权证原件的行为，涉及的都是协议中物的担保部分，并没有房地产公司愿意以公司名义为借款提供担保，承担连带保证责任的意思表示。因此，协议出具时仅凭章某的签名和加盖了房地产公司印章的房屋平面图，不足以达到使相对人相信房地产公司愿意对借款承担连带保证责任的程度，而协议签订后房地产公司的相关行为也尚未达到对保证责任进行追认。二审判决根据《公司法》第十六条的规定，认为张某伟在向邓某平出借款项时并未要求邓某平出具房地产公司的股东会决议，即认定其不属于善意第三人，章某的签名对公司不发生法律效力，在法律适用和理解上有些片面，还应结合其他事实，审查张某伟是否有理由相信章某在借款协议上签名系代表公司做出担保的意思表示，但最终处理结果正确。

要旨解析

长期以来，司法实践中对公司法定代表人提供担保的行为是否对公司产生法律效力问题的裁判存在截然不同的观点，产生了极大的争议。一种观点认为，法定代表人代表公司提供担保的行为有效。《公司法》第十六条的规定实质为约束公司内部股东或高级管理人员行为的管理性规范，并非效力性规范，不能因未经股东会决议而否认公司对外担保的效力。另一种观点认为，法定代表人的行为对公司不发生效力。《公司法》第十六条规定的公司对外担保程序实际上已经剥夺了法定代表人未经公司内部决议程序对外签订担保合同的代表权，构成了对法定代表人的法定限制。相对人未审查股东会决议的，不属于善意第三人，从而法定代表人的行为对公司不发生效力，公司无须承担担保责任。《民商审判会议纪要》第十七、十八条及《民法典担保制度解释》第七条采第二种观点，对该问题予以了厘清，统一了司法裁判标准。本案涉及的主要法律问题即是法定代表人签字担保的行为是否对公司发生法律效力。

一、法定代表人代表公司签名的性质和效力

公司的法定代表人是指依照法律或者法人组织章程规定，代表法人行使职权的负责人。一般来说，在公司日常经营业务中，法定代表人具有当然代表公司的权限。而在公司对外担保事项上，为防止法定代表人随意代表公司为他人提供担保给公司造成损失，损害中小股东利益，《公司法》第十六条对法定代表人的代表权进行了限制。根据该条规定，担保行为不是法定代表人所能单独决定的事项，而必须以公司股东会、董事会等公司机关的决议作为授权的基础和来源。法定代表人未经授权擅自为他人提供担保的，构成越权担保，根据原《合同法》第五十条和原《担保法司法解释》第十一条规定，法定代表人越权代表提供担保的，应当区分订立合同时债权人是否善意分别认定合同效力。本案张某伟主张章某在借款协议上的签名是公司担保行为，法院认定章某在未取得房地产公司股东会或者股东大会决议同意的情况下，其作为法定代表人签名代表房地产公司作出担保的意思表示，属于章某超越法定代表人职权的越权行为。

二、法定代表人提供担保的行为是否对公司发生法律效力

判断担保合同是否有效即法定代表人提供担保的行为是否对公司发生法律效力，应当以相对人是否善意为区分标准。债权人的善意应当是指债权人不知道或者不应当知道法定代表人超越权限订立担保合同。《公司法》第十六条对关联担保和非关联担保的决议机关作出了区别规定，相应地，在善意的判断标准上也应当有所区别。

1. 为公司股东或者实际控制人提供关联担保，《公司法》第十六条明确规定必须由股东会决议，未经股东会决议，构成越权代表。在此情况下，债权人主张担保合同有效，应当提供证据证明其在订立合同时对股东会决议的情况下，该项表决由出席会议的其他股东所持表决权的过半数通过，签字人员也符合公司章程的规定。

2. 公司为公司股东或者实际控制人以外的人提供非关联担保，根据《公司法》第十六条的规定，此时由公司章程规定是由董事会决议还是股东会决议。无论章程是否对决议机关作出规定，也无论章程规定决议机关为董事会还是股东会，只要债权人能够证明其在订立担保合同时对董事会决议或者股东会决议进行了审查，同意决议的人数及签字人员符合公司章程的规定，就应当认定其构成善意，但公司能够证明债权人明知公司章程对决议机关有明确规定的除外。

本案邓某平系房地产公司实际股东，房地产公司属于为公司股东提供关联担保的情形，张某伟未对公司机关的决议尽到审查义务，不能认定为善意第三人。同时，对于张某伟是否有理由相信章某在借款协议上签名系代表房地产公司做出担保的意思表示，经审查表明协议签订时及签订后房地产公司均没有愿意以公司名义为借款提供担保承担连带保证责任的意思表示。因此，协议出具时章某签名担保的行为，不应当对公司不发生法律效力。

编写人：骆丽玲

再审合议庭成员：熊　伟　黄声敏　胡爱菊

29. 清算主体撤销所开办的企业时未履行清算义务，应当对企业债务承担清偿责任

——彭某媛与上栗县某镇人民政府民间借贷纠纷再审案

裁判要旨

清算主体撤销所开办的企业，在工商登记机关办理注销手续时承诺企业债权已经清理完毕，但实际上又未予清理时，清算主体应当对企业债务承担清偿责任。

案例索引

一审：江西省上栗县人民法院（2019）赣0322民初82号

二审：江西省萍乡市中级人民法院（2019）赣03民终376号

再审：江西省高级人民法院（2020）赣民再117号

基本案情

再审申请人（一审原告、二审被上诉人）：彭某媛。

被申请人（一审被告、二审上诉人）：上栗县某镇人民政府（以下简称镇政府）。

彭某媛向一审法院起诉请求：一、判令镇政府返还其在赵家冲煤矿的借款300000元、垫付款290051.16元、代为赵家冲煤矿偿还的借款85000元并承担利息53563元（以590051.6元为基数，按银行同期贷款年利率4.75%计算从2017年3月14日止2019年1月30日止），共计728614.14元；二、判令镇政府按人民银行同期贷款利率标准承担自起诉日起至清偿日止的逾期付款利息。

原赵家冲煤矿系镇政府下属集体所有制企业。2002年，该煤矿进行改制，由张某庆、黄某双、崔某华等人代表赵家冲煤矿与镇政府签订协议进行改制，由改制后的股东接管该矿进行生产经营，但营业执照登记仍为集体所有性质。2017年1月6日镇政府成立赵家冲煤矿关闭退出清算工作组，并进行清算。2017年3月8日，镇政府向有关部门出具了赵家冲煤矿债权债务已全面清理完结的证明。2017年3月14日该矿被注销。该矿注销后，国家下拨煤炭去产能的补助资金由镇政府进行管理。2014年6月23日，赵家冲煤矿由于矿井扩建向彭某媛借款300000元，赵家冲煤矿出具了一张收据。收据载明：2014年6月23日，今收到彭某媛现金，人民币叁拾万元整（300000元），摘由：因当前矿上经济困难矿井扩建。股东黄某双作

为收款人，股东江某荣、会计毛某仁作为证明人均签了字，并加盖了赵家冲煤矿的公章。2016年10月22日，彭某媛代赵家冲煤矿支付了购买炸药的货款11930元，第三人郭某萍写了一张收条，收条载明：今收到彭某媛代赵家冲煤矿支付的购买炸药货款现金壹万壹仟玖佰叁拾元整。第三人郭某萍在收条上签了字。2017年10月24日，彭某媛代赵家冲煤矿偿还了陈某生借款本金85000元，第三人陈某生写了一张收条，收条载明：今收到彭某媛代为赵家冲煤矿偿还的借款本金大写捌万伍仟元（85000.00）。第三人陈某生在收条上签了字。彭某媛多次催讨，镇政府拒不支付，故诉至法院。庭审中彭某媛因赵家冲煤矿的所有财务票据由煤矿会计刘某南交给镇政府的工作人员陈某满、江某，而镇政府在庭审中否认政府收取了赵家冲煤矿的财务票据凭证，彭某媛目前无法对煤矿从2010年至2016年的财务情况申请审计，故彭某媛对其诉讼请求中主张的垫付款290051.16元诉讼请求申请予以撤回。

裁判结果

一审判决：一、镇政府于本判决书生效之日起三日内支付彭某媛借款本金300000元，代付款85000元，合计385000元；二、驳回彭某媛的其他诉讼请求；三、第三人郭某萍、陈某生（又名陈世秋）不承担责任。

镇政府不服，提起上诉。二审判决：一、维持一审判决第三项“第三人郭某萍、陈某生（又名陈世秋）不承担责任”；二、撤销一审判决第一项“上栗县某镇人民政府于本判决书生效之日起三日内支付彭某媛借款本金300000元，代付款85000元，合计385000元”和第二项“驳回彭某媛的其他诉讼请求”；三、上栗县某镇人民政府于本判决生效之日起三日内支付彭某媛代付款85000元；四、驳回彭某媛的其他诉讼请求。

彭某媛不服，申请再审。再审判决：一、撤销二审判决和一审判决；二、上栗县某镇人民政府于本判决生效之日起十日内向彭某媛承担385000元清偿责任（限定在去产能款4168394.28元范围内承担）；三、驳回彭某媛的其他诉讼请求。

裁判理由

再审法院认为，本案的争议焦点是：1. 彭某媛是否将案涉300000元借款实际交付给赵家冲煤矿；2. 镇政府作为被告的主体是否适格。

1. 关于彭某媛是否将案涉300000元借款实际交付给赵家冲煤矿的问题。彭某媛在一审中提交了《收据》、2010—2016年收入费用现金结存表、定存取款27万余元的银行凭证。经审查，《收据》的内容非常明确，《收据》载明：2014年6月23日，今收到彭某媛现金人民币叁拾万元整（300000元），摘由：因当前矿上经济困难矿井扩建。股东黄某双作为收款人，股东江某荣、会计毛某仁作为证明人均签了字，并加盖了赵家冲煤矿的公章。现金结存表虽出现了两份前后有不一致之处，但对于2014年赵家冲煤矿向彭某媛借款300000元，前后两份现金结存表的记载是一致的。银行取款凭证显示 2014 年 6 月 23 日彭某媛取款 27 万余元，时间与收据时间相同。江某荣在一审庭审作证称“对借条上借款 300000 元签字属实”，毛某仁作证称“第三份的借款属实，彭某媛 300000 元是先办的借据后再发的工资”。综上，彭某媛一、二审提交的证据能够形成完整的证据链，可以证明其向赵家冲煤矿借款 300000 元的事实，彭某媛已经完成了举证责任，二审判决认为现有证据尚不足以证明案涉 300000 元借款已经实际交付，系证据采信错误，导致认定事实错误，该院予以纠正。赵家冲煤矿应向彭某媛偿还借款本金 300000 元，加上原审已经认定了的代付款 85000 元，两项共计 385000 元。

2. 关于镇政府作为被告的主体是否适格的问题。赵家冲煤矿的营业执照显示该煤矿的企业性质是集体所有制企业，开办者为镇政府，集体所有制企业的投资主体是集体组织，集体企业终止后，其开办者为清算主体，故镇政府应承担清算责任。2017 年 1 月 6 日镇政府成立了赵家冲煤矿关闭退出清算工作组，但是在未经清算的情况下，2017 年 3 月 8 日镇政府向有关部门出具了该煤矿债权债务已全面清理完结的证明，导致赵家冲煤矿在未经清算的情况下于 2017 年 3 月 14 日被工商登记部门注销。镇政府作为清算主体未尽到清算责任，应当承担法律责任。依据《公司法司法解释（二）》（2020 年修正）第二十条的规定“公司未经清算即办理注销登记，导致公司无法进行清算，债权人主张有限责任公司的股东、股份有限公司的董事和控股股东，以及公司的实际控制人对公司债务承担清偿责任的，人民法院应依法予以支持。”清算主体不尽清算义务，任凭开办的企业注销或者被吊销营业执照而不采取措施进行清理，实际损害了企业债权人的合法权益。清算主体撤销所开办的企业，到工商行政管理部门办理注销手续，在其撤销企业的申请中，承诺企业的债权已经清理完毕，但实际上又未予清理时，清算主体应当对企业债务承担清偿责任。镇政府作为赵家冲煤矿的清算主体，在未经清算的情况下，向有关部门出具虚假证明，导致煤矿主体资格注销，镇政府应当对赵家冲煤矿的债务承担清偿责任，故镇政府作为本案被告主体是适格的。

赵家冲煤矿注销后获得的去产能款 4168394.28 元，现在镇政府账上，该笔款项归赵家冲煤矿，应优先用于偿还煤矿欠款，故镇政府应在该笔款项 4168394.28 元范围内承担赵家冲煤矿的债务清偿责任。

要旨解析

清算法律制度是公司终止中最主要、最基本的制度。本案涉及企业注销后清算主体的法律责任问题。对企业歇业、撤销或被吊销营业执照，甚至注销后企业的清算主体可以作为诉讼主体起诉应诉，司法实践中已有一致的认识。而对于清算主体不尽清算之责，是否应当承担法律责任以及应当承担何种责任的问题，法律没有明确的规定。

一、清算主体的确定

针对我国企业的不同性质，对企业负有清算责任的清算主体可以分为以下几类：

1. 国有企业的投资主体是国家，国家是国有企业的唯一股东，其上级主管部门代表国家管理国有企业。国有企业终止后，其上级主管部门为清算主体；2. 集体企业的投资主体是集体组织，集体企业终止后，其开办者为清算主体；3. 联营企业是不同投资主体共同投资成立的，联营企业终止后，联营企业的各投资主体为清算主体；4. 合资企业、参股企业等由多个股东，多个发起人成立的企业，各发起人都是企业终止后的清算主体；5. 只有一个投资主体的独资企业，其投资主体为唯一清算主体；6. 有限责任公司的清算组由股东组成，股东是清算主体。按照《公司法》的规定，可以理解为有限责任公司的全体股东都有在公司终止后清理公司债权债务的责任，全体股东都是清算主体；7. 股份有限公司的清算组根据《公司法》的规定，由股东大会选定股东人选组成。因此，只有股东大会选定的股东才是清算主体。但如果股东大会不选定股东人选，根据《公司法》关于股东大会由董事长召集，清算组由股东大会选定股东组成的规定，确定股份有限公司的董事会为清算主体。

本案案涉煤矿的企业性质是集体所有制企业，开办者为镇政府，集体企业终止后其开办者为应当作为清算主体，故镇政府应承担清算责任。

二、清算主体的法律责任

对于清算主体在企业歇业、撤销、注销或被吊销营业执照后，不尽清算责任，债权人以清算主体为被告向法院起诉时，法院可以结合债权人的诉讼请求，判令清算主体承担相应的法律责任。从承担责任的性质上来说，清算主体不尽清算之责对债权人的赔偿责任，属于侵权责任，法院在裁判中可依据《民法典》关于法人终止应当清理债权债务的规定和侵权编关于侵权责任的规定。在特定情况下，清算主体对企业债务需要承担直接的清偿责任。即，当清算主体撤销所开办的企业，到工商行政管理部门办理注销手续，在其向工商行政管理部门要求撤销企业的申请中，承诺企业的债权债务已经清理完毕而实际上又未予清理时，清算主体应当承担对企业债务的清偿责任。在这种情况下，法院判令清算主体承担清偿责任是依据清算主体在给工商行政管理部门的申请中的承诺，即清算主体向工商行政管理部门承诺企业的债权债务已经清理完毕，该承诺具有对公承诺的效力，而非仅为个人的债务承担性质。任何人均可承诺承担任何人的债务，法律并不限制第三人主动加入到债务承担中，因此只要清算主体的承诺有对公承诺的性质，依其承诺，法院可以判令清算主体承担对企业债务的清偿责任。这种债务承担与法人制度和有限责任原则不冲突。该清偿责任的性质具有允诺责任的性质，是根据清算主体的对公允诺而产生的。对公允诺具有强制执行效力，法院可以根据该允诺进行裁判。

本案即属于这种情况。2017年1月6日镇政府成立了赵家冲煤矿关闭退出清算工作组，但是在未经清算的情况下，2017年3月8日镇政府向有关部门出具了该煤矿债权债务已全面清理完结的证明，导致赵家冲煤矿在未经清算的情况下于

2017 年 3 月 14 日被工商登记部门注销。应当承担法律责任。依据《公司法司法解释（二）》（2020 年修正）第二十条的规定："公司未经清算即办理注销登记，导致公司无法进行清算，债权人主张有限责任公司的股东、股份有限公司的董事和控股股东，以及公司的实际控制人对公司债务承担清偿责任的，人民法院应依法予以支持。"镇政府撤销其开办的赵家冲煤矿，向工商行政管理部门办理注销手续时，向有关部门出具虚假证明，承诺企业的债权已经清理完毕，导致煤矿在未经清算情况下主体资格被注销，实际损害了企业债权人的合法权益。作为赵家冲煤矿的清算主体，镇政府未尽到清算义务，应当对赵家冲煤矿的债务承担清偿责任。

编写人：骆丽玲

再审合议庭成员：龚雪林　陈银发　闵遂赓

30. 个人以公司名义提供担保被认定为无效的，公司应承担与其过错程度相当的民事责任

——许某敏与王某庆、贵州某新材料科技有限公司、贵州某贸易有限公司、刘某丽、常州某轮胎有限公司民间借贷纠纷再审案

裁判要旨

1. 个人在相关担保协议上加盖公司印章，以公司名义提供担保的，不得违反《公司法》第十六条的规定。

2. 在个人以公司名义提供担保的行为不符合公司提供担保的相关规定时，应认定债权人并非善意相对人。

3. 在个人以公司名义提供担保的行为因违反公司提供担保的相关规定而被认定为无效时，可根据原《担保法司法解释》第七条的规定，根据公司的过错确定公司应承担的责任。

案例索引

一审：江西省上饶市信州区人民法院（2018）赣 1102 民初 4567 号

二审：江西省上饶市中级法院（2019）赣 11 民终 877 号

再审：江西省高级人民法院（2020）赣民再 192 号

基本案情

再审申请人（一审被告、二审上诉人）：贵州某新材料科技有限公司（以下简称科技公司）。

被申请人（一审原告、二审被上诉人）：许某敏。

一审被告：王某庆。

一审被告：贵州某贸易有限公司（以下简称贸易公司）。

一审被告：刘某丽。

一审被告：常州某轮胎有限公司（以下简称轮胎公司）。

许某敏向一审法院提出诉讼请求：1. 判决王某庆归还许某敏借款 220 万元；2. 判决王某庆支付许某敏相应利息（从 2017 年 11 月 11 日起，暂算至 2018 年 11 月 11 日为 153.6 万元利息）；3. 判决刘某丽、轮胎公司、科技公司、贸易公司对上述

债务承担连带责任。

轮胎公司系刘某丽、王某庆夫妻共同出资各自持股55%和45%开办的公司，刘某丽系法定代表人，王某庆系监事。2014年3月9日，王某庆与许某敏签订借款合同向许某敏借款220万元用于轮胎进货使用，由轮胎公司提供担保。次日，许某敏将上述借款汇入王某庆公司账户；同日，王某庆向许某敏出具借条，借条上载明月息二分。2016年6月16日，许某敏与王某庆、轮胎公司签订补充协议，王某庆、轮胎公司未能如期还本付息，补充协议对借款进行了展期并对2016年6月10日前的利息进行了结算。彼时，王某庆、轮胎公司本金未还，且尚欠利息26万元；2017年11月30日，仍因王某庆、轮胎公司未能如期还本付息，许某敏与王某庆、轮胎公司再次签订补充协议，对借款进一步展期至2018年10月30日，并对2017年11月10日前未支付的利息进行结算。彼时，王某庆已结欠许某敏利息100.8万元；2017年1月9日，贸易公司、科技公司共同向许某敏出具书面《担保书》一份，科技公司、贸易公司均在担保单位处加盖了公司公章，科技公司还加盖了财务专用章以证明其担保的诚信。庭审中查明，当时携公章来出具《担保书》的还有科技公司时任法定代表人郑某的哥哥郑某煜也在场。科技公司系由王某庆、郑某煜两人筹办，2015年成立王某庆任总经理的公司，后因公司缺钱才有新的股东介入。

再审另查明：1. 本案诉讼中，许某敏提交了2017年1月9日加盖有科技公司公章及该公司财务专用章的《担保书》一份，该《担保书》内容为：2014年3月10日王某庆因轮胎公司购进轮胎业务需要，向许某敏借款220万元整，用于做轮胎生意，轮胎公司因为业务周转原因至今未归还借款，王某庆现在在贵州省惠水县投资新办了一家公司，公司名称：科技公司，因王某庆资金已经投入在科技公司，目前王某庆无资金归还在2014年3月10日向许某敏借的钱款，经协商科技公司自愿对王某庆向许某敏所借的本金及利息进行担保至本息结清为止。2. 一审庭审时，王某庆陈述称：（1）2017年1月9日出具《担保书》时是王某庆负责科技公司，担任公司总经理。（2）盖章的时候郑某的哥哥郑某煜也在场。科技公司是王某庆和郑某煜筹办的公司，但是没有写在公司章程上。徐某代表王某庆，郑某代表郑某煜。（3）针对科技公司询问“徐某代表王某庆时，是否有代持股协议或者出资证明”，王某庆回答称：没有。（4）针对科技公司询问“王某庆签《担保书》是否带了相关授权文件”，王某庆回答称：没有，当时是王某庆和郑某煜两个人的股权，两人商量后就直接盖章。3. 一审庭审时，许某敏陈述称：（1）许某敏只认可科技公司的公章。（2）针对科技公司询问“王某庆携带公章签订《担保书》是否带了相关授权文书”，许某敏回答称：许某敏知道科技公司就只认识王某庆及郑某煜，加盖了公章就是认可了事实。4. 二审中，王某庆主张其为科技公司的实际控制人。5. 再审中，王某庆申请证人郑某煜和郑某出庭作证。其中郑某煜陈述称：（1）科技公司是王某庆发起的，当时没有租场地的时候，先以贸易公司名义与人合作签订了一份合同，还签了一份专利技术合同。租厂房的时候，当时第一笔租金支付20万元。王某庆是科技公司的隐名股东。（2）郑某煜是科技公司的实际股东，持股比例为70%，其弟弟郑某是代持人。（3）签订案涉《担保书》时，除了公章之外，并无其他材料。郑某没有出具委托手续。（4）郑某煜在科技公司已经没有股份。转让股份时，未告知受让股东存在案涉《担保书》。对于该事实，王某庆也予以认可。（5）转让股份前，郑某煜没有实际缴纳出资。郑某陈述称：（1）王某庆的股份由徐某代持，代持比例为30%。（2）郑某不知道科技公司为王某庆的个人债务提供了担保，不知道公司是否授权王某庆有权对外担保，亦不知道公司是否为王某庆担保出具了决议书。（3）与郑某煜之间没有代持协议。（4）转让股份时，郑某参与了股份转让，受让人将股权转让款支付给了郑某。6. 庭审中，许某敏认可二审判决后，王某庆偿还了140万元。

裁判结果

一审判决：1. 王某庆应于本判决生效后，十日内归还许某敏借款本金220万元整，并支付结算至2018年11月10日为止的借款利息153.6万元；王某庆仍应依本金220万元、月利率2%自2018年11月11日起向许某敏支付利息至本息还清之日止；2. 刘某丽、轮胎公司、科技公司、贸易公司对上述债务承担连带清偿责任。

科技公司不服提出上诉。二审判决：驳回上诉，维持原判。

科技公司不服申请再审。再审判决：1. 撤销二审民事判决；2. 维持一审民事判决第一项；3. 变更一审民事判决第二项为：刘某丽、轮胎公司、贸易公司对本判决第二项确定的债务承担连带清偿责任；4. 科技公司对本判决第二项确定的债务在王某庆不能清偿部分的二分之一内承担赔偿责任；5. 驳回许某敏的其他诉讼请求。

裁判理由

再审认为，本案中，科技公司不应对案涉借款承担担保责任，具体理由如下：

第一，王某庆在案涉《担保书》上加盖科技公司公章为其个人债务提供担保的行为，违反了公司提供担保的相关规定。1.《公司法》第十六条规定："公司向其他企业投资或者为他人提供担保，依照公司章程的规定，由董事会或者股东会、股东大会决议；公司章程对投资或者担保的总额及单项投资或者担保的数额有限额规定的，不得超过规定的限额。公司为公司股东或者实际控制人提供担保的，必须经股东会或者股东大会决议。前款规定的股东或者受前款规定的实际控制人支配的股东，不得参加前款规定事项的表决。该项表决由出席会议的其他股东所持表决权的过半数通过。"根据该条规定，公司对外提供一般担保和关联担保均应当由公司有权决议机关依法定程序作出决议，公司担保行为必须以公司股东会、股东大会、董事会等公司机关的决议作为授权的基础和来源，这是对公司担保行为的法定限制。2. 本案查明的事实显示，王某庆在案涉《担保书》上加盖科技公司印章为其个人债务提供担保时，并未提供科技公司的董事会或者股东会、股东大会决议。该提供担保的行为违反了《公司法》第十六条的规定。3. 本案中，王某庆主张其是科技公司的实际控制人、隐名股东、总经理，相关身份并不能排除《公司法》第十六条规定的适用。《公司法》第一百四十八条第一款第三项规定：董事、高级管理人员不得违反公司章程的规定，未经股东会、股东大会或者董事会同意，将公司资金借贷给他人或者以公司财产为他人提供担保。王某庆在案涉《担保书》上盖章时担任科技公司总经理，其作为公司的高级管理人员，以公司财产为他人提供担保，亦应经过股东会、股东大会或者董事会同意。4. 王某庆关于签订案涉《担保书》时，科技公司仅有的两个实际出资人均在场，案涉《担保书》应为有效的主张，难以得到支持。其一，虽然郑某煜出庭作证认可在签订案涉《担保书》时，其与王某庆在场，但二人均未提供充分证据证明与登记股东之间存在股权代持关系，且亦均未在科技公司盖章处签字。其二，根据王某庆、郑某煜和郑某的陈述，以及王某庆再审中所提交的证据材料，目前，王某庆所主张持有的科技公司的股份已经大部分转让，郑某煜所主张持有的科技公司的股份已经全部转让。在转让股份时，二人并未告知受让人存在案涉《担保书》的情况。在此情况下，王某庆、郑某煜对于股份转让前案涉担保行为的认可，可能对公司登记制度、公司交易安全、公司其他债权人利益、股份受让人利益造成严重影响，存在极大的道德风险。

第二，债权人许某敏在签订案涉《担保书》时并非善意相对人。其一，王某庆并无权利代表或代理科技公司。本案查明的事实显示，在案涉《担保书》上加盖科技公司印章时，王某庆并非科技公司的法定代表人，亦未取得科技公司授权其办理担保事宜的委托书，王某庆并不具有可以代表或者代理科技公司的代表权或者代理权的表象。许某敏对此未进行必要的审查，存在过错。其二，对于科技公司是否存在同意为王某庆的债务提供担保的董事会或者股东会、股东大会决议，许某敏亦应当进行必要的审查。许大敏对上述文件应当进行审查而未进行审查，亦存在过错。

综上，王某庆在案涉《担保书》上加盖科技公司印章提供担保的行为，违反了《公司法》第十六条的规定，且许某敏不构成善意相对人，在科技公司和许某敏之间，该《担保书》应认定为无效。本案中，科技公司公章管理不规范，对合同无效也存在过错。根据原《担保法司法解释》第七条规定："主合同有效而担保合同无效，债权人无过错的，担保人与债务人对主合同债权人的经济损失，承担连带赔偿责任；债权人、担保人有过错的，担保人承担民事责任的部分，不应超过债务人不能清偿部分的二分之一。"综合考虑全案情况，再审法院酌定由科技公司就案涉借款在王某庆不能清偿部分的二分之一内承担赔偿责任。根据原《担保法司法解释》第九条的规定，科技公司向许某敏承担赔偿责任后，可以向债务人王某庆追偿。

要旨解析

本案例涉及个人以公司名义提供担保时公司应否及如何承担担保责任的问题。具体涉及以下两个法律问题：一是个人以公司名义提供担保的效力；二是担保无效时的公司责任承担问题。

一、关于个人以公司名义提供担保的效力问题

《公司法》第十六条规定："公司向其他企业投资或者为他人提供担保，依照公司章程的规定，由董事会或者股东会、股东大会决议；公司章程对投资或者担保的总额及单项投资或者担保的数额有限额规定的，不得超过规定的限额。公司为公司股东或者实际控制人提供担保的，必须经股东会或者股东大会决议。前款规定的股东或者受前款规定的实际控制人支配的股东，不得参加前款规定事项的表决。该项表决由出席会议的其他股东所持表决权的过半数通过。"根据该条规定，公司对外提供一般担保和关联担保，均应当由公司有权会议机关依法定程序作出决议。但是，对于公司的法定代表人或者其他人员违反法定程序即未经股东会或董事会决议而擅自实施的对外担保行为效力如何认定问题，《公司法》却并未予以规定，由此产生了新的法律适用问题，使得各地法院对此类公司为他人提供担保的案件处理较为混乱。[①] 关于《公司法》第十六条的规范性质，有管理性规定说、效力性规定说以及代表权限制说。在相当长的一段时间内，司法实践主流观点认为，该条性质上属于管理性固定，故即便法定代表人未经决议程序擅自对外签订担保合同，也不影响合同效力。其结果一方面，完全架空了《公司法》第十六条的规定，使该条成为具文。另一方面，让公司承担担保责任，不利于保护股东尤其是中小股东的合法权益。另一种观点认为，该条属于效力性规定，违反的后果是担保合同无效。但一概认定担保合同无效，既不利于善意相对人的保护，有时也不符合公司自身的利益。正是看到前述两种观点存在的不足，2019年全国民商事审判工作会议纪要改采代表权限制规范说，认为其作为《公司法》规定的规范，属于组织规范的范畴，限制的是法定代表人的代表权限，即法定代表人尽管可以一般地代表公司对外从事行为，但对于担保行为，因其涉及公司以及股东的重大利益，不是法定代表人所能单独决定的事项，而必须要以公司股东（大）会、董事会等公司机关的决议作为法定代表人代表权的基础和来源。法定代表人未经授权擅自为他人提供担保的，构成越权代表，应当根据原《合同法》第五十条的规定来认定其效力。关于越权担保的效力，既要根据《公司法》的相关规定判断是否构成越权，也要根据原《合同法》的相关规定来认定合同效力，因此，存在双重判断规则：一是根据《公司法》第十六条的规定来判断是否构成越权代表，根据《公司法》第十六条的规定，不论是关联担保还是非关联担保，都需要经过公司决议程序来决定。未经股东（大）会、董事会等公司机关依照决议程序作出决议的，都构成越权代表。二是根据原《合同法》第五十条的规定，区分缔约时相对人是否善意来认定越权代表行为的效力。缔约时相对人是善意的，构成表见代表，由公司承担担保责任；反之，缔约时相对人恶意

① 最高人民法院民事审判第二庭编著：《〈全国法院民商事审判工作会议纪要〉理解与适用》，人民法院出版社2019年版，第178页。

的，则公司不承担担保责任。[①]

上述解读，是对公司法定代表人以公司名义对外提供担保行为的效力作出的分析和认定。笔者认为，从《公司法》第十六条规定的表述看，该条并未区分公司对外提供担保时，是公司法定代表人以公司名义所为，还是其他人员以公司名义所为。在其他人员以公司名义对外提供担保时，也应当符合《公司法》第十六条关于担保决议的规定。本案例中，王某庆在案涉《担保书》上加盖科技公司印章为其个人债务提供担保时，并未提供科技公司的董事会或者股东会、股东大会决议。该提供担保的行为违反了《公司法》第十六条的规定。王某庆主张其是科技公司的实际控制人、隐名股东、总经理，相关身份并不能排除《公司法》第十六条规定的适用。查明的事实显示，在案涉《担保书》上加盖科技公司印章时，王某庆并非科技公司的法定代表人，亦未取得科技公司授权其办理担保事宜的委托书，王某庆并不具有可以代表或者代理科技公司的代表权或者代理权的表象。许某敏对此未进行必要的审查，存在过错。而对于科技公司是否存在同意为王某庆的债务提供担保的董事会或者股东会、股东大会决议，许某敏亦应当进行必要的审查。许某敏对上述文件应当进行审查而未进行审查，亦存在过错。故王某庆在案涉《担保书》上加盖科技公司公章为其个人债务提供担保的行为，因违反了公司提供担保的相关规定，且相对人许某敏并非善意相对人，故案涉担保行为应认定为无效。

二、关于公司担保无效时的责任承担问题

2019 年《民商审判会议纪要》第 20 条亦规定："担保合同无效，债权人请求公司承担担保责任的，人民法院不予支持，但可以按照担保法及有关司法解释关于担保无效的规定处理。"原《担保法司法解释》第七条规定："主合同有效而担保合同无效，债权人无过错的，担保人与债务人对主合同债权人的经济损失，承担连带赔偿责任；债权人、担保人有过错的，担保人承担民事责任的部分，不应超过债务人不能清偿部分的二分之一。"本案例中，科技公司公章管理不规范，对合同无效也存在过错。综合考虑全案各方当事人的过错情况，再审判决酌定由科技公司就案涉借款在王某庆不能清偿部分的二分之一内承担赔偿责任。与此同时，根据原《担保法司法解释》第九条的规定，科技公司向许某敏承担赔偿责任后，可以向债务人王某庆追偿。

编写人：李振峰

再审合议庭成员：李振峰　刘晓雯　江都颖

① 最高人民法院民事审判第二庭编著:《〈全国法院民商事审判工作会议纪要〉理解与适用》，人民法院出版社 2019 年版，第 180 ～ 182 页。

31. 出借银行账户的当事人对于刑事案件中被害人的损失，应承担与其过错程度相当的赔偿责任

——修水县某鞋业有限公司与东莞市某贸易有限公司、成都某鞋业有限公司进出口代理合同纠纷再审案

裁判要旨

1. 被害人对于其损失，虽然不能针对刑事被告人另行提起民事诉讼，但可向刑事被告人之外的其他主体提起民事诉讼。

2. 出借银行账户的当事人，对于刑事案件中被害人的损失，应承担与其过错程度相当的赔偿责任。

3. 为避免刑事裁判和民事裁判之间的重复和冲突，出借银行账户的当事人所承担的责任，应为补充赔偿责任。

案例索引

一审：江西省修水县人民法院（2013）修民二初字第 113 号

二审：江西省九江市中级人民法院（2014）九中民二终字第 26 号

再审：江西省高级人民法院（2015）赣民再字第 11 号

基本案情

再审申请人（一审被告、二审上诉人）：成都某鞋业有限公司（以下简称甲鞋业公司）。

被申请人（一审原告、二审被上诉人）：修水县某鞋业有限公司（以下简称乙鞋业公司）。

被申请人（一审被告、二审被上诉人）：东莞市某贸易有限公司（以下简称贸易公司）。

乙鞋业公司向一审法院提出诉讼请求：1. 撤销 2012 年 9 月 24 日乙鞋业公司与贸易公司签订的《代理出口协议》；2. 贸易公司返还订金 82 万元，并承担自 2012 年 10 月 24 日起至乙鞋业公司起诉时止按月息 1% 计算的 5 个月利息 41000 元，由甲鞋业公司承担连带责任。

2012 年 9 月 24 日，乙鞋业公司与贸易公司就贸易公司委托乙鞋业公司代理鞋

子等货物出口事宜签订《代理出口协议》，双方约定由贸易公司选择确定进行交易的外商和加工鞋的供应商，并负责组织生产和办理出口装运事宜，乙鞋业公司在收到外商客户的信用证后，按信用证总金额的30%垫资转账给贸易公司指定的供货商公司账户作为预付货款。出口退税到账后，乙鞋业公司按供货商开具的增值税发票金额的6%支付给贸易公司，其余退税归乙鞋业公司所有。《代理出口协议》签订后，乙鞋业公司和曾某先后从各自账户汇款共计260万元至鄢某洲（贸易公司法定代表人）指定的账户，相关款项均未用于信用证订购鞋的生产。其中，2012年10月17日，贸易公司通过国外客户提供信用证，经通知行中国建设银行九江支行通知，乙鞋业公司按约定于同年10月24日将82万元汇入贸易公司指定的甲鞋业公司账上，汇款用途注明为货款。10月25日，甲鞋业公司将82万元分两笔转入时任该公司法定代表人陈某杰的账上，陈某杰又将82万元转到鄢某洲的妹夫谢某恩账上。鄢某洲控制使用的户名为谢某恩账户内的资金被支取或转移。信用证到期后，曾某未见任何出口相关手续，多次要求还款未成遂报案。2013年2月7日，鄢某洲被公安机关抓获归案，至今未退款。江西省修水县人民法院于2013年8月13日作出（2013）修刑初字第140号刑事判决书，判决鄢某洲犯合同诈骗罪，判处有期徒刑十三年，责令鄢某洲退赔曾某、乙鞋业公司共计260万元。鄢某洲不服该判决，提起上诉，江西省九江市中级人民法院于2013年10月29日作出（2013）九中刑二终字第86号刑事裁定书，裁定驳回鄢某洲上诉，维持原判。

再审另查明：1. 甲鞋业公司认可陈某杰是公司负责人，其行为可以代表公司。2. 陈某杰在公安机关对其询问时，认可将钱从甲鞋业公司转到陈某杰个人账户再由个人账户转给鄢某洲不需要审批手续，甲鞋业公司的钱陈某杰随时可以支取转账。3. 乙鞋业公司和甲鞋业公司均认可，根据《代理出口协议》，正常流程是外商和货物供应商应与乙鞋业公司签订合同。

裁判结果

一审判决：确认2012年9月24日乙鞋业公司与贸易公司签订的《代理出口协议》无效；由贸易公司于本判决生效后十日内赔偿乙鞋业公司82万元，并支付利息20500元，由甲鞋业公司承担连带责任。

甲鞋业公司不服提出上诉。二审判决：驳回上诉，维持原判。

甲鞋业公司仍不服申请再审。再审判决：一、撤销二审民事判决；二、维持一审民事判决第一项；三、变更一审民事判决第二项为：由贸易公司于本判决生效后十日内赔偿乙鞋业公司82万元，并支付利息20500元；四、甲鞋业公司在378225元的范围内对鄢某洲不能退赔、贸易公司不能赔偿的部分向乙鞋业公司承担赔偿责任；五、驳回乙鞋业公司的其他诉讼请求。

裁判理由

再审认为，原审法院判决甲鞋业公司对乙鞋业公司在本案中的全部损失即82万元本金和利息损失20500元与贸易公司承担连带赔偿责任，存在认定事实不全面，导致裁判结果错误的情形。第一，甲鞋业公司对乙鞋业公司在本案中的损失应承担与其过错程度相当的赔偿责任。本案中，甲鞋业公司在收到乙鞋业公司汇款用途注明为货款的82万元款项后，既没有组织货源，又不将款项退还，也不向汇款人乙鞋业公司问明缘由，而是直接将该款转入陈某杰个人账户，而后由陈某杰将该款再转入鄢某洲控制使用的户名为谢某恩的账户并被鄢某洲支取或转移。甲鞋业公司出借公司银行账户给鄢某洲使用的行为是违反金融管理法规的违法行为，其在收到相关款项后，亦未尽到审慎的审查核实义务，为鄢某洲骗取乙鞋业公司的款项提供了方便，甲鞋业公司存在一定的过错。乙鞋业公司在其与甲鞋业公司并无合同关系的情况下，事先未与甲鞋业公司核实确定，即将涉案款项汇入甲鞋业公司账户，事后亦未及时通知甲鞋业公司，其对涉案款项被鄢某洲骗取亦存在一定的过错。考虑到乙鞋业公司在本案中的损失在根源上是因鄢某洲的诈骗犯罪行为所致，而乙鞋业公司和甲鞋业公司对损失的发生均存在过错，根据《最高人民法院关于出借银行账户的当事人是否承担民事责任问题的批复》的规定，酌情确定甲鞋业公司对乙鞋业公司在本案中的损失承担45%即378225元的赔偿责任。第二，甲鞋业公司对乙鞋业公司在本案中的损失不应承担连带赔偿责任。从本案查明的事实看，鄢某洲、贸易公司和甲鞋业公司之间，对于乙鞋业公司在本案中的损失，并不存在共同的过错，而乙鞋业公司在本案中的损失，根据修水县人民法院（2013）修刑初字第140号刑事判决书及九江市中级人民法院（2013）九中刑二终字第86号刑事裁定书的裁判，鄢某洲应为最终的责任承担者。为避免裁判的重复和冲突，对乙鞋业公司在本案中的损失，甲鞋业公司应在378225元的范围内对鄢某洲不能退赔、贸易公司不能赔偿的部分向乙鞋业公司承担赔偿责任。

要旨解析

本案涉及以下两个法律问题：一是刑事被害人可否另行提起民事诉讼；二是出借银行账户的当事人应否及如何承担责任。

一、关于刑事被害人可否另行提起民事诉讼的问题

有观点认为，根据《最高人民法院关于适用〈中华人民共和国刑事诉讼法〉的解释》第一百七十六条和《最高人民法院关于适用刑法第六十四条有关问题的批复》规定，刑事被害人的损失应通过对刑事被告人依法追缴或者责令退赔的方式来弥补，刑事被害人对该损失不得针对任何人再提起民事诉讼。理由在于：1.《最高人民法院关于适用〈中华人民共和国刑事诉讼法〉的解释》第一百七十六条规定：被告人非法占有、处置被害人财产的，应当依法予以追缴或者责令退赔。被害人提起附带民

事诉讼的，人民法院不予受理。追缴、退赔的情况，可以作为量刑情节考虑。《最高人民法院关于适用刑法第六十四条有关问题的批复》则进一步明确规定：根据刑法第六十四条和《最高人民法院关于适用〈中华人民共和国刑事诉讼法〉的解释》第一百七十五条、第一百七十六条的规定，被告人非法占有、处置被害人财产的，应当依法予以追缴或者责令退赔。据此，追缴或者责令退赔的具体内容，应当在判决中写明；其中，判决前已经发还被害人的财产，应当注明。被害人提起附带民事诉讼，或者另行提起民事诉讼请求返还被非法占有、处置的财产的，人民法院不予受理。上述规定中，对于被害人提起附带民事诉讼或者另行提起民事诉讼的被告人并未作出限制性规定，其目的在于防止刑事判决和民事判决之间的重复和冲突。《最高人民法院关于适用〈中华人民共和国刑事诉讼法〉的解释》第一百八十条第一款规定：附带民事诉讼中依法负有赔偿责任的人包括：（一）刑事被告人以及未被追究刑事责任的其他共同侵害人；（二）刑事被告人的监护人；（三）死刑罪犯的遗产继承人；（四）共同犯罪案件中，案件审结前死亡的被告人的遗产继承人；（五）对被害人的物质损失依法应当承担赔偿责任的其他单位和个人。即附带民事诉讼被告人并不限于刑事被告人。结合该条款的规定分析，应认为《最高人民法院关于适用〈中华人民共和国刑事诉讼法〉的解释》第一百七十六条和《最高人民法院关于适用刑法第六十四条有关问题的批复》中，限制被害人提起附带民事诉讼或者另行提起民事诉讼的被告人并不限于刑事被告人。2.《最高人民法院关于适用〈中华人民共和国刑事诉讼法〉的解释》《最高人民法院关于适用刑法第六十四条有关问题的批复》《最高人民法院关于在审理经济纠纷案件中涉及经济犯罪嫌疑若干问题的规定》均为最高人民法院所制定，且均对于被害人在被告人承担刑事责任时，被害人能否对被告人或其他主体提起民事诉讼作出了规定。但前二者为新的规定，后者为旧的规定，从法律适用的原理分析，当同一机关制定的新的规定与旧的规定不一致时，应适用新的规定，即应适用《最高人民法院关于适用〈中华人民共和国刑事诉讼法〉的解释》《最高人民法院关于适用刑法第六十四条有关问题的批复》。

笔者认为，上述观点的分析意见并不全面，应认为被害人可向刑事被告人之外的其他主体提起民事诉讼。理由在于：1. 从文字表述上看，《最高人民法院关于适用〈中华人民共和国刑事诉讼法〉的解释》第一百七十六条和《最高人民法院关于适用刑法第六十四条有关问题的批复》，涉及的主体只有刑事被告人和被害人两方，指的是刑事审判结束后，被害人不能针对刑事被告人另行提起民事诉讼。2.《最高人民法院关于在审理经济纠纷案件中涉及经济犯罪嫌疑若干问题的规定》《最高人民法院关于出借银行账户的当事人是否承担民事责任问题的批复》仍然现行有效，并未被废止。前者第三条明确规定除依法追究行为人的刑事责任外，该单位对行为人因签订、履行该经济合同造成的后果，依法应当承担民事责任；后者则明确指出应区别不同情况追究出借人相应的民事责任。将上述有关规定与《最高人民法院关于适用〈中华人民共和国刑事诉讼法〉的解释》第一百七十六条和《最高人民法院关于适用刑法第六十四条有关问题的批复》结合起来进行理解，即可得出被害人可向刑事被告人之外的其他主体提起民事诉讼的结论。

二、关于出借银行账户的当事人应否及如何承担责任的问题

本案中，原一、二审法院判决认为甲鞋业公司对乙鞋业公司在本案中的损失应与贸易公司承担连带赔偿责任。理由在于：1.甲鞋业公司出借银行账户违反了中国人民银行《人民币银行结算账户管理办法》第六十五条“存款人使用银行结算账户，不得出租、出借银行结算账户”的规定，是一种违法行为。2.乙鞋业公司将82万元汇至贸易公司的法定代表人鄢某洲指定的供应商甲鞋业公司的账户，汇款单上已注明“货款”，甲鞋业公司收款项后，既没有组织货源，又不将款项退还，也不向汇款人问明缘由，而是直接将该款转入该公司陈某杰个人账户，之后又将该款从陈某杰账户转出，甲鞋业公司对款项的流转是知情的，对款项的流失存在过错。3.《最高人民法院关于出借银行账户的当事人是否承担民事责任问题的批复》，规定出借银行账户应根据不同情况追究出借人相应的民事责任。连带责任亦属民事责任的一种。本案中贸易公司、甲鞋业公司均没有尽到审慎的注意义务，因两公司的共同过错，导致乙鞋业公司82万元全部流失。故应判决贸易公司承担全部款项的赔偿责任，甲鞋业公司承担连带责任。甲鞋业公司承担连带责任后，可依法行使追偿权。

笔者认为，原一、二审法院判决甲鞋业公司对乙鞋业公司的全部损失与贸易公司承担连带赔偿责任，缺乏事实依据，不符合最高人民法院批复精神。原一、二审法院的判决只认定了甲鞋业公司的过错，对于乙鞋业公司的过错则未论及。本案中，乙鞋业公司在其与甲鞋业公司并无合同关系的情况下，事先未与甲鞋业公司核实确定，即将涉案款项汇入甲鞋业公司账户，事后亦未及时通知甲鞋业公司，其对涉案款项被鄢某洲骗取亦存在一定的过错，对因其自身过错导致的损失，乙鞋业公司亦应承担相应的责任。从本案查明的事实看，鄢某洲、贸易公司和甲鞋业公司之间，对于乙鞋业公司在本案中的损失，并不存在共同的过错，且各自的行为均不足以造成乙鞋业公司的全部损失，之间并不存在承担连带责任的基础，因此，甲鞋业公司应承担与其过错程度相当的赔偿责任。如此，才符合《最高人民法院关于出借银行账户的当事人是否承担民事责任问题的批复》中“区别不同情况追究出借人相应的民事责任”规定的精神。在判令甲鞋业公司承担与其过错程度相当的赔偿责任的同时，因乙鞋业公司在本案中的损失，根据江西省修水县人民法院（2013）修刑初字第140号刑事判决书及江西省九江市中级人民法院（2013）九中刑二终字第86号刑事裁定书的裁判，鄢某洲应为最终的责任承担者，而贸易公司并未申请再审，且目前并无实际履行能力，为避免裁判的重复和冲突，对乙鞋业公司在本案中的损失，甲鞋业公司应在378225元的范围内对鄢某洲不能退赔、贸易公司不能赔偿的部分向乙鞋业公司承担赔偿责任。

编写人：李振峰

再审合议庭成员：田甘霖　李振峰　徐　苹

五、建设工程合同纠纷

1. 违反管理性规定的合同并不当然无效

——江西某实业有限公司与新干县金川镇华城门村委会某村小组
建设用地使用权合同纠纷二审案

裁判要旨

《城市房地产管理法》第三十九条的规定属于管理性规定而非效力性规定，是政府土地行政管理部门对土地使用权转让的一种监管措施，而非针对合同这种债权行为所作的禁止性规定，即并非确定合同效力的效力性规范，即便违反该规定并不导致合同无效。

案例索引

一审：江西省吉安市中级人民法院（2017）赣08民初206号

二审：江西省高级人民法院（2018）赣民终337号

基本案情

上诉人（一审被告）：江西某实业有限公司（以下简称实业公司）。

被上诉人（一审原告）：新干县金川镇华城门村委会某村小组（以下简称村小组）。

村小组向一审法院起诉请求：判令实业公司支付村小组违约金1066万元。

2006年5月，江西省新干县人民政府因市政建设的需要向村小组征用了大量土地，按照政策规定，新干县人民政府办公室于2006年5月12日下发干府办抄字〔2006〕99号抄告单，给予了村小组两块预留地自用（即本案所涉新干县城南新区C-01、C-02地块）。2006年6月13日，江西省国土资源厅下发赣国土资函〔2006〕304号批复，同意吉安市人民政府将新干县金川镇塘头村（即村小组）、文家村等农村集体农用地转为建设用地。2012年6月28日，新干县人民政府下发干府字〔2012〕25号文件，批复同意城南新区C-01、C-02两宗国有建设用地使用权公开出让。2012年5月，村小组欲借用实业公司名义开发该两地块，经协商后双方于2012年5月4日签订《帮扶开发预留地合同书》，约定：（1）甲方（实业公司）同意帮助乙方（村小组）在甲方公司从事甲方经营开发销售资质证书范围内的经营开发销售项目；（2）帮扶期间，乙方在甲方经营开发销售资质证书范围内经营开发预留地，甲方应向乙方提供经营开发销售所需的证照和相关手续；（3）帮扶经营期间，乙方独立核算，自负盈亏；（4）乙方一次性向甲方交纳管理费19万元。此后，新干县国土资源局将该两地块进行收储，随后以公开出让方式进行拍卖。2012年10

月19日，实业公司以1.1302亿元价格竞得，2012年10月29日，新干县国土资源局与实业公司签订了《国有建设用地使用权出让合同》。但由于各种原因，村小组无法以实业公司名义开发该地块。于是村小组在新干县金川镇公共资源交易站对以上地块进行公开出让，实业公司以1.6206亿元价格竞得两块土地的开发权。

2013年6月17日，村小组（甲方）与实业公司代表人李某根（乙方）在金川镇人民政府签订《土地开发招商转让合同》，约定：1.甲乙双方一致同意遵守新干县国土局与实业公司签订的《国有建设用地使用权出让合同》；2.乙方必须按招商成交确认书的规定，在签订合同之日起一个月付清甲方土地开发成交款50%的首付款（即0.8103亿元），余款（0.8103亿元）在缴纳首付款后两个月内付清。如乙方逾期未付清成交款，每日向甲方支付滞纳金2万元等。由于实业公司未按该合同的约定时间付清相应款项，村小组（甲方）与实业公司的代表人李某根（乙方）于2013年7月29日又签订了一份《合同补充协议》，该协议主要约定：对于首付款逾期违约金按原合同规定每日2万元，自2013年7月18日起计算至2013年8月17日止，共计60万元整，由乙方在2013年8月17日之前付清首付款时支付给甲方，如逾期未付清，每逾期1日由乙方支付甲方违约金人民币5万元等。该补充协议签订后，实业公司还是没有按协议约定付清首付款。2013年10月17日，实业公司向村小组出具一份承诺书：在2013年10月底以前付清全部首付款及违约金（第一期违约金），在2014年1月20日之前付清合同中的全部余款和第二期违约金；上述承诺与原合同有出入的地方以本承诺为准。承诺书上加盖了实业公司的印章。之后，实业公司仍然没有全部履行协议约定和承诺，2013年11月15日，村小组（甲方）与实业公司（乙方）在乡、村有关干部的协调下，双方再次签订《合同补充协议二》，约定：1.乙方同意向甲方交纳2000万保证金，保证金可以充抵乙方第二期土地成交款；2.第二期土地成交款违约金为……。由于实业公司未支付第二期土地出让款和土地出让违约金，2014年12月16日实业公司与村小组进行了结算，实业公司确认还拖欠村小组购地款208万，违约金1066万元。实业公司于当日向村小组出具一张欠条，载明："今欠塔峰村购地款208万元，违约金1066万元；购地款208万元在2015年1月10日前付清，违约金1066万元在2015年2月16日前付清"，实业公司在欠条上加盖了印章。实业公司出具欠条后，村小组多次要求实业公司支付上述款项，并在2016年5月13日向实业公司发出催款通知书，实业公司再次盖章予以了确认。但此后实业公司仅支付了剩余第二期购地款208万元，违约金1066万元一直未支付。

二审中双方确认：涉案土地为村小组预留地，实业公司于2012年10月29日与新干县国土资源局签订的《国有建设用地使用权出让合同》，系村小组借用实业公司名义签订的，因涉案土地系政府征地而留给村小组的预留地，实际上无需支付土地出让金，但相关契税、印花税均由村小组缴纳。

裁判结果

一审判决：实业公司在本判决生效之日起十日内支付村小组违约金1066万元。

实业公司不服提出上诉。二审判决：驳回上诉，维持原判。

裁判理由

二审认为，关于村小组是否系涉案建设用地的合法使用权人，是否为本案适格主体的问题。本案涉及的新干县城南新区C-01和C-02两宗土地为村小组的预留地。村小组为了达到开发的目的与实业公司签订了《帮扶开发预留地合同书》，以公开出让的方式，将涉案建设用地挂靠在实业公司名下，因系预留地，村小组无须支付土地出让金，但应缴纳的契税等税费均是村小组支付，尽管两宗土地登记在实业公司名下，但仅是村小组借用实业公司的名义，该建设用地的实际使用权人仍为村小组，实业公司只是建设用地使用权的挂名方，不享有建设用地使用权。故可认定村小组是两宗预留地合法使用权人，其因该地块的再次流转而主张相关权利符合法律规定，村小组具备适格主体资格。

关于村小组签订的《土地开发招商转让合同》的相对方系实业公司还是四个自然人，相关承诺书、补充协议、欠条、催款通知书的实业公司印章是否真实有效，实业公司是否系本案适格的主体的问题。2013年6月17日村小组与李某根签订的《土地开发招商转让合同》，实业公司虽未盖章，但《承诺书》《合同补充协议二》《欠条》及《关于追还实业公司所欠村小组违约金的通知》均有实业公司的签章，履行《土地开发招商转让合同》所支付的购地款，大多数是通过实业公司的账户支付，且支付凭证上也注明了是实业公司开发的丰瑞府邸支付村小组购地款，以上事实足以证明李某根是代表实业公司与村小组签订《土地开发招商转让合同》。李某兴、杨某如、周某江、傅某刚签订的《合伙协议》是实业公司的内部约定，村小组并不知情，因此对村小组不产生效力。实业公司认为相关协议的实业公司印章是伪造的，没有事实依据。实业公司系本案适格主体。

关于双方签订的《土地开发招商转让合同》是否因违反法律规定或损害国家利益、公共利益而无效？实业公司是否应承担违约责任，应如何承担的问题。2006年6月13日，江西省国土资源厅下发赣国土资函〔2006〕304号批复，同意吉安市人民政府将新干县金川镇塘头村（塔峰村）、文家村等农村集体农用地转为建设用地。其中的城南新区C-01和C-02两宗土地属于村小组的预留地。2012年6月28日，新干县人民政府下发干府字〔2012〕25号文件，批复同意城南新区C-01、C-02两宗国有建设用地使用权公开出让，村小组借用实业公司之名于2012年10月19日从国土资源局出让取得了城南新区C-01和C-02两宗土地的使用权。2013年6月17日，村小组通过新干县金川镇公共资源交易站将城南新区C-01和C-02两宗土地的使用权转让给了实业公司。实业公司上诉称土地使用权转让须投资开发总额达到

25%以上，涉案城南新区C-01、C-02两宗土地并未开发，《土地开发招商转让合同》因违反了《城市房地产管理法》第三十九条的规定而无效。因该条规定属于管理性规定，并非效力性规定，《土地开发招商转让合同》并不因违反该规定而无效，该合同合法有效。实业公司还提出，涉案城南新区C-01和C-02两宗土地2012年10月19日的竞拍价为1.1302亿元，2013年6月17日竞拍价为1.6206亿元，增值的5000万元部分，村小组未缴纳相关税费，损害了国家及公共利益，《土地开发招商转让合同》因违反原《合同法》第五十二条规定而无效。因增值5000万元缴纳税费问题不属于法院审理范畴，上诉人的这一上诉理由不能成立。村小组与实业公司的代表人李某根签订的《土地开发招商转让合同》系双方当事人的真实意思表示，合法有效。实业公司主张《土地开发招商转让合同》无效依据不足，二审不予采纳。城南新区C-01和C-02两宗土地实业公司已开发，大部分房产也已销售，涉案土地购地款也全额支付完毕，但实业公司没有按照《土地开发招商转让合同》约定的时间支付购地款已构成违约，应承担相应的违约责任。2014年12月26日，实业公司向村小组出具了欠村小组购地款违约金1066万元的欠条，实业公司在2016年5月13日《关于追还实业公司所欠村小组违约金的通知》上再次签章确认欠村小组违约金1066万元，实业公司上诉称不应承担1066万元违约金理由不充分，不予支持。

要旨解析

本案涉及原《合同法》第五十二条合同无效情形第（五）项的认定。原《合同法》第五十二条规定，“有下列情形之一的，合同无效：（一）一方以欺诈、胁迫的手段订立合同，损害国家利益；（二）恶意串通，损害国家、集体或者第三人利益；（三）以合法形式掩盖非法目的；（四）损害社会公共利益；（五）违反法律、行政法规的强制性规定”。原《合同法司法解释（二）》第十四条规定对上述规定第（五）项进行了解释，“合同法第五十二条第（五）项规定的‘强制性规定’，是指效力性强制性规定”。《民法典》对上述条款进行了修改，其中第一百五十三条规定，“违反法律、行政法规的强制性规定的民事法律行为无效。但是，该强制性规定不导致该民事法律行为无效的除外。违背公序良俗的民事法律行为无效”，其中前一个“强制性规定”是指效力性规定，后一个“强制性规定”是指管理性规定。即合同违反效力性强制性规定的，才导致无效。但在具体判断合同效力时，很难凭借简单的标准就认定某一强制性规定是属于效力性规定还是属于管理性规定，需要进行综合认定，进而确定合同是有效还是无效。

首先，要识别某一规定是否为“强制性规定”，而不是倡导性规定、任意性规定，或是裁判规范。如果是强制性规定，进一步区分是公法上的还是私法上的强制性规定。只有公法上的强制性规定才可能是管理性规定。可首先采取形式标准，看某一规范是否包含诸如“应当”“必须”“不得”“禁止”等字样来认定其是否为强制性规定[1]：一是带“应当”字样的规范通常为强制性规定，但例外情况下也包括裁判规范和倡导性规范，不能简单根据形式标准来认定；二是“必须”作为强化版的“应当”，表征的就是强制性规定；三是带有“不得”字样的规定通常是强制性规定，但也包括裁判规范和半强制性规定，也不能简单凭借语义识别；四是“禁止”在民商法中用得较少，是强化版的“不得”，表征的也是强制性规定。

其次，如何进一步识别某一规定是效力性规定还是管理性规定，准确适用违法无效规则，可按照以下顺序进行判断：一是考察规范对象，即强制性规定规制的对象是意思表示本身，主体的准入条件，合同的履约时间、方式、场所等要素，还是合同的履行行为等；二是进行法益的衡量，即在初步认定合同无效或者有效后，还要再根据法益的衡量进行检验校正，最终确定合同效力，一般考虑要保护的法益是否超过合同自由、违法行为的法律后果、是否涉及交易安全的保护、合同是否已经履行等因素。

本案中，实业公司主张案涉《土地开发招商转让合同》违反《城市房地产管理法》第三十九条而无效。该法第三十九条规定："以出让方式取得土地使用权的，转让房地产时，应当符合下列条件：（一）按照出让合同约定已经支付全部土地使用权出让金，并取得土地使用权证书；（二）按照出让合同约定进行投资开发，属于房屋建设工程的，完成开发投资总额的百分之二十五以上，属于成片开发土地的，形成工业用地或者其他建设用地条件。转让房地产时房屋已经建成的，还应当持有房屋所有权证书”。根据上述识别规则，从形式上看，上述第三十九条规定包含“应当”的字样，通常为强制性规定；从内容上看，规范内容为合同履行的条件；从本案实际情况看，案涉《土地开发招商转让合同》已部分履行，实业公司已按该合同支付了购地款。综合上述因素，可认定该规定属于管理性规定而非效力性规定，属于政府土地行政管理部门对土地使用权转让的一种监管措施，而非针对合同这种债权行为所作的禁止性规定，即并非确定合同效力的效力性规范，涉案《土地开发招商转让合同》未违反禁止性规定，应认定为合法有效。

编写人：陈　慧

二审合议庭成员：胡俊涛　徐清华　吕卫红

① 最高人民法院民法典贯彻实施工作领导小组主编：《中华人民共和国民法典总则编理解与适用》（下），人民法院出版社2020年版，第771页。

2. 计算土地出让金时应以合同为依据，只有在合同未约定或约定不明时才能适用相关政策文件计算

——江西省某房地产发展有限公司与南昌市国土资源局建设用地使用权出让合同纠纷再审案

裁判要旨

1. 国有土地使用权出让合同当事人双方系平等的民事合同主体，缴纳土地出让金应当以合同为依据确定，只有在合同未约定或约定不明的情况下才能根据合同法的有关规则确定适用国家有关部门的相关政策文件计算补缴土地出让金。

2. 国有土地使用权出让人的上级政府就如何计算补交土地出让金所做的批复属于国有土地出让人一方的单方意思表示，不能作为确定国有土地使用权受让人应当补交土地出让金的依据。

案例索引

一审：南昌市东湖区人民法院（2017）赣0105民初298号

二审：江西省南昌市中级人民法院（2017）赣01民终2593号

再审：江西省高级人民法院（2018）赣民再173号

基本案情

再审申请人（一审被告、二审上诉人）：江西省某房地产发展有限公司（以下简称房地产公司）。

被申请人（一审原告、二审被上诉人）：南昌市国土资源局。

南昌市国土资源局向一审法院起诉请求：1. 判决房地产公司补交土地出让金587.99万元；2. 本案诉讼费由房地产公司承担。

2006年11月17日，房地产公司、南昌市国土资源局签订了《国有土地使用权出让合同》。合同第三条约定南昌市国土资源局南昌市地产交易中心公开挂牌出让位于南昌市湾里区磨盘山地块的DGC0639号宗地国有土地使用权，房地产公司通过竞买依法受让合同项下出让土地面积16343平方米，合24.515亩。合同第六条约定合同项下土地出让的成交价为每亩30万元，土地出让金总额为735.45万元。合同第九条约定房地产公司在合同项下地块范围内新建建筑物应符合的规划及相关要

求，其中包括容积率≤0.8；宗地列入南昌市中低价位商品房用地，限价销售，销售价格不得高于1800元/平方米；套型建筑面积90平方米以下住宅面积须占开发住宅总建筑面积70%以上等。合同第十四条约定："在出让期限内，受让人必须按照本合同规定的土地用途和土地使用条件利用土地开发建设。需改变本合同规定用途和土地使用条件的，必须经南昌市规划局批准，并向出让人申请，取得出让人同意，签订土地使用权出让合同变更协议或者重新签订土地使用权出让合同，由受让人按照批准变更时新旧土地使用条件下该宗土地市场价格差额补交土地使用权出让金，办理土地变更登记。"

2008年4月19日，房地产公司向南昌市湾里区人民政府提交了《关于请求翠谷康庭项目调整容积率的请示》，请示该项目容积率由原0.8调整为1.625，并按规定补交相应的土地出让金。2008年4月22日，南昌市湾里区人民政府向区国土部门征求对该请示的意见，次日，区国土分局对该项目容积率调整事宜进行了回复。2008年10月10日，房地产公司与南昌市国土资源局签订洪土出让字［2006］第77号《〈国有土地使用权出让合同〉变更协议》，协议约定取消双方签订的字［2006］第77号《国有土地使用权出让合同》中约定的出让宗地范围内套型建筑面积90平方米以下住宅须按住宅总建筑面积70%控制和套型建筑面积90平方米以下住宅的最高销售价格限制，由房地产公司按照6.3万元/亩补交土地出让金共计154.4445万元。2009年4月11日，南昌市湾里区城乡规划委员会第八次会议研究同意了该项目规划设计调整方案，同意该项目容积率由0.8调整为1.625。2009年6月22日，南昌市国土资源局湾里区分局在该项目办理预售手续时，向南昌市房管局出具了该项目增加容积率补交土地出让金的有关资料正在收集准备中的证明。2010年1月7日，房地产公司向湾里区财政局补交土地出让金154.4445万元。

2015年7月29日，南昌市城乡规划局向南昌市湾里区人民政府出具了洪规字〔2015〕685号《关于对翠谷康庭项目容积率调整事项的回复》，载明：经核实，翠谷康庭项目容积率调整属于国有土地出让后的容积率调整，湾里区城建局已于2009年履行容积率调整程序并将容积率变更情况通报区国土部门，涉及补缴土地出让金具体问题建议征求市国土部门意见。2015年9月6日，南昌市人民政府办公厅洪府厅抄字〔2015〕415号抄告单载明，同意"翠谷康庭"项目调整容积率，用地单位补缴土地出让金，评估时点以国土部门接到用地单位规划容积率调整补交土地出让金的申请日期为准。2016年4月20日，南昌市国土资源局2016年第7次局长办公会会议研究决定同意将2009年4月11日湾里区城乡规划委员会第八次会议同意容积率调整为1.625的时间确定为该项目规划容积率调整补充土地出让金的土地评估时点。2016年4月25日，南昌市国土资源局委托江西同致房地产土地估价咨询有限公司对位于湾里区幸福北路以东、盘山路以北地块（翠谷康庭楼盘）16346.7484平方米（24.52亩）住宅用地国有出让土地使用权价格进行评估，该公司经评估，认定该宗地需补缴地价款为587.99万元。2016年10月25日，南昌市人民政府办公厅向南昌市国土资源局出具洪府厅字〔2015〕445 号《关于确定房地产公司“翠谷康庭”项目调整容积率补交土地出让金的批复》，主要内容为，经市政府研究，同意由房地产公司补交湾里区磨盘山 24.52 亩“翠谷康庭”项目土地出让金 587.99 万元。2016 年 9 月 8 日，南昌市湾里区城乡规划建设局向南昌市国土资源局湾里分局出具了《用地规划条件〔2016〕第 023 号》，“经研究，位于湾里区幸福北路以东、盘山路以北地块总计约 24.52 亩用地的容积率≤ 1.625”。2016 年 11 月 30 日，南昌市国土资源局湾里分局向房地产公司发出《告知函》，通知房地产公司应补交出让金 587.99 万元，并尽快与南昌市国土资源局签订《国有建设用地使用权出让合同（变更协议）》，明确补交出让金时间。2016 年 12 月 7 日，房地产公司出具了《关于我公司湾里补交土地出让金回函及请示》表示对补交土地出让金 587.99 万元这一数额有异议。

裁判结果

一审判决：房地产公司于判决生效之日起十日内向南昌市国土资源局支付补缴土地出让金 587.99 万元。

房地产公司不服提出上诉。二审判决：驳回上诉，维持原判。

房地产公司不服，申请再审。再审判决：一、撤销一、二审判决；二、房地产公司在本判决生效后十日内向南昌市国土资源局支付土地出让金 2623105 元。

裁判理由

再审认为，本案系国有土地使用权出让合同纠纷，双方系平等的民事合同主体，缴纳土地出让金是合同约定的作为土地使用权受让人房地产公司一方的主要合同义务，双方的权利义务应当以合同为依据确定，只有在合同未约定或约定不明的情况下才能根据合同法的有关规则确定有关合同内容。本案双方 2006 年 11 月 17 日签订的《国有土地使用权出让合同》第十四条约定：“在出让期内，受让人需改变本合同规定用途和土地使用条件的，必须经南昌市规划局批准……，由受让人按照批准变更时新旧土地使用条件下该宗土地价格差额补交土地使用权出让金，办理土地变更登记。”由此可知，双方合同明确约定了土地容积率变更时确定补交土地出让金的方法和标准是“批准变更时新旧土地使用条件下该宗土地价格差额”。上述合同约定内容明确，含义清晰具体，本案应当按照合同第十四条约定的方法和标准计算补交土地出让金的具体数额。

根据已经查明的事实，本案“翠谷康庭”项目用地系房地产公司 2006 年出让取得，根据合同约定，当时该宗土地出让金按照 30 万元 / 亩计算共计 735.45 万元系根据项目 0.8 容积率和“双限”（即合同第九条约定的房产限价销售，销售价格不得高于 1800 元 / 平方米和套型建筑面积 $90m^2$ 以下住宅面积须占开发住宅总建筑面积的 70% 以上）等使用条件下确定的。2008 年 10 月 10 日房地产公司与南昌市国土资源局签订《国有土地使用权出让合同》变更协议，双方约定取消原合同中的“双限”措施，滏新按照 6.3 万元 / 亩补交土地出让金，后房地产公司根据变更协议补交该宗地共计 154.4445 万元土地出让金。此后，2009 年双方协商将该宗土地容积率由 0.8 提高至 1.625 时，该宗土地“双限”措施已经取消，主要使用条件没有变化。因此，可以认定，房地产公司在“翠谷康庭”项目用地原使用条件下为该土地使用权支付的土地出让金价格是 36.3 万元 / 亩，共计 889.8945 万元。根据南昌市国土资源局委托江西同致房地产土地估价咨询有限公司所做的《土地估价报告》可知，该宗土地在 2009 年 4 月 11 日经批准变更容积率为 1.625 使用条件下估价应为 47 万元 / 亩。房地产公司虽然对该《土地估价报告》提出异议，但其异议的内容是该《土地估价报告》采用的计算补交土地出让金的方法，该《土地估价报告》对“翠谷康庭”项目用地 2009 年按容积率 1.625 使用条件下进行的估价可以采信。由此可知，按照《国有土地使用权出让合同》第十四条约定的变更容积率时按照“批准变更时新旧土地使用条件下该宗土地价格差额”计算补交土地出让金，房地产公司应当补交“翠谷康庭”项目用地出让金为 10.7 万元 / 亩，共计 262.3105 万元。

综上所述，本案系合同纠纷，原一、二审判决抛开合同约定，将国土资源部办公厅 2015 年国土资厅发〔2015〕12 号文作为计算本案补交土地出让金的依据错误。2016 年 10 月 25 日南昌市人民政府办公厅出具的洪府厅字〔2015〕445 号《关于确定房地产公司“翠谷康庭”项目调整容积率补交土地出让金的批复》属于上级机关根据南昌市国土资源局的请示所做答复，实际系南昌市国土资源局对如何计算补交土地出让金的单方意思表示，亦不能作为确定房地产公司应当补交土地出让金的依据。双方签订的合同明确约定了变更土地使用条件时房地产公司应当补交的土地出让金的计算方法和标准，合同约定应当得到遵守，再审对房地产公司主张按照合同约定计算其应补交的土地出让金的再审请求予以支持。一、二审法院采信证据不当，导致案件处理错误，再审予以纠正。

要旨解析

该案例系国有土地使用权出让合同纠纷，涉及的主要问题是原国有土地使用权出让合同约定的土地容积率变更后，如何确定补交的土地价款的问题。

土地容积率是土地开发中单位土地所允许开发建设的房屋等建筑物建筑面积与单位土地面积的比例。容积率越高，说明土地开发的强度越大，同等单位的土地面积，可以建设的建筑物面积就越大，反之，则越小。不同的土地容积率，对土地使用权的价格会有明显的影响，一般也是同一块开发土地容积率越高，土地使用权的价格越大。国有土地使用权出让合同的主体一方是土地行政主管部门或者政府，合同的部分内容，如土地开发的容积率等在其出售土地的招标拍卖公告中已经确定，参与竞买土地的开发商也是基于政府确定的容积率提出报价。在土地开发的过程中，有时因各种因素，需要对开发土地的容积率进行调整，此时土地使用权的价格一般也会进行调整。土地使用权出让合同的条款中，一般也有对容积率进行调整时，如何调整土地使用权价格的专门条款。本案中的《国有土地使用权出让合同》第十四条约定："在出让期内，受让人需改变本合同规定用途和土地使用条件的，必须经南昌市规划局批准……，由受让人按照批准变更时新旧土地使用条件下该宗土地价格差额补交土地使用权出让金，办理土地变更登记。"该条属于对土地使用权变更时如何确定土地价格的条款。

本案争议的产生系由于国有土地使用权出让人政府在该土地容积率发生变更，需要确定变更后的补交土地出让金时，单方按照自己的理解向其上级政府提交了一份报告，在上级政府批复同意该报告后，将上级政府的批复作为确定容积率变更后的补交土地出让金依据。国有土地使用权出让合同签订和履行中，由于作为合同主体的一方是政府，政府具有一定的优势地位。但该合同从性质上来说，仍属于民事合同范围，双方权利义务仍应以合同为依据确定。国有土地使用权出让方的上级政府批复对于受让人来说，属于单方意思表示。对于国有土地使用权出让合同中有明确约定的，应当按照合同约定确定双方的权利义务。该案《国有土地使用权出让合同》第十四条明确约定了变更土地使用条件时，受让人应补交出让金差额的计价标准是按照批准使用权变更时新旧土地使用权条件下的价格，即 2009 年批准变更时土地出让金的差异，而非 2015 年上级政府批复或评估时间的土地出让金差异。再审改变二审判决认定土地出让金评估价的时点，并以此确定受让人应补交的出让金合法合理。

编写人：龚雪林

再审合议庭成员：龚雪林　谢丽萍　吕淑瑾

3. 行政文件虽违法但未撤销，以该文件为基础达成的民事合同仍属有效

——江西省新闻出版广电局机关后勤服务中心与江西某投资有限公司合资、合作开发房地产合同纠纷二审案

裁判要旨

1. 招标人以公告的方式发布协议，实际是向不特定人员发出的要约，竞买人参与竞买及举牌竞拍成功，表明作出承诺，其在协议上签字盖章，代表协议正式订立，双方应受协议的约束。

2. 行政判决虽确认行政文件违法，但未予撤销，在行政文件有效的前提下，对民事合同效力的判断，仍应以民事事实和法律作出认定。

案例索引

一审：江西省南昌市中级人民法院（2016）赣01民初427号

二审：江西省高级人民法院（2019）赣民终89号

基本案情

上诉人（一审原告）：江西省新闻出版广电局机关后勤服务中心（以下简称新广局后勤中心）。

被上诉人（一审被告）：江西某投资有限公司（以下简称投资公司）。

新广局后勤中心向一审法院起诉请求：判令投资公司支付保证金2800万元。

原江西省新闻出版局系洪土国用登东2005第238号土地使用权证的权利人，该地块坐落东湖区洪都北大道219号（原11号），地类（用途）为机关团体用地，使用权类型为划拨，使用权面积4322.1m^2。江西省人民政府和南昌市人民政府同意原江西省新闻出版局自筹资金将该地块开发建设农家书屋工程出版物调配中心。

2012年5月4日，原江西省新闻出版局机关后勤服务中心（以下简称原新闻局后勤中心）与投资公司签订一份《协议》，双方约定合作开发，原新闻局后勤中心以该宗土地由当地政府收储、出让后返还的土地出让金作为项目合作投资，除此之外不再承担任何费用，项目整体开发资金由投资公司全额承担并承建。项目运作、开发（含土地未完成招拍挂手续、投资公司尚未取得项目开发权阶段）过程中，所有风险、责任均由投资公司自行承担。建成房屋产权、房屋所占土地使用权和室外

土地使用权双方按比例分配。报建手续在本协议签订后8个月内完成（如因原新闻局后勤中心原因，则日期顺延），如超出此期限，原新闻局后勤中心有权终止本合同并与第三方签订协议。本项目土地招拍挂上市，投资公司应无条件取得其国有土地使用权，相应土地款均由投资公司全额承担。在投资公司全面履行协议的前提下，原新闻局后勤中心保证其是本项目的唯一合作开发方。原新闻出版局向南昌市人民政府出具报告，请求将该地块的土地出让金全额返还，南昌市人民政府办公厅2012年7月4日作出函复：土地出让收入缴入市级国库后，按规定从中提取各项资金，按收储协议确定的收储价支付收储费给省新闻出版信息中心，剩余的土地出让金不能再返还省新闻出版信息中心。

2012年8月24日，原江西省新闻出版局向南昌市人民政府提交《关于申请江西省农家书屋工程出版物调配中心原址还建面积的函》，2012年12月8日，南昌市人民政府办公厅作出洪府厅文〔2012〕54号《关于省农家书屋工程出版物调配中心原址还建面积的复函》（以下简称〔2012〕54号文），载明：一、同意宗地上经市房管部门核定的5641.5m^{2}房屋采取拆一还一、就地还建的安置政策。土地受让方须按照省农家书屋工程出版物调配中心的综合功能要求，在宗地内无偿提供5641.5m^{2}房屋给原土地使用人作为省农家书屋工程出版物调配中心使用；二、该5641.5m^{2}房屋产权性质为划拨土地上的拆迁还建房。如上市交易，须按规定补交土地出让金；三、"还建协议"的签订按现行网络上土地交易规则执行。

2013年1月8日，南昌市土地储备中心（甲方）与江西省新闻出版局（乙方）签订《南昌市国有土地使用权储备合同》，约定：执行〔2012〕54号文内容。经双方协商，甲方收储乙方的6.483亩土地乙方同意按就地还建5641.5m^{2}房屋作为宗地收储6.483亩土地的补偿，乙方不再支付其他土地补偿款，土地出让金不予返还。

2013年5月6日，原江西省新闻出版局向南昌市国土局出具《关于洪都北大道583号宗地签订还建协议主体的说明》，明确签订该宗地还建协议的主体是：江西省新闻出版局机关后勤服务中心，并附有《关于江西省农家书屋工程出版物调配中心还建的协议》，该协议的甲方系江西省新闻出版局机关后勤服务中心，该中心在协议尾部盖了印章，乙方空白，属于不确定状态。

2014年5月5日，南昌市人民政府作出办公厅作出洪府厅字〔2014〕133号《关于东湖区洪都北大道以东、湖滨南路以西4.455亩国有建设用地使用权公开出让方案的批复》（以下简称〔2014〕133号文），同意案涉土地《出让方案》。《出让方案》载明竞买要求对受让人的要求为：1.执行〔2012〕54号文件精神。2.宗地成交后，受让人须与江西省新闻出版局签订还建协议，该协议由江西新闻出版局提供，作为附件与出让方案一并公告（详见附件）。

2014年6月25日，江西省新闻出版广电局机关后勤服务中心向投资公司邮件送达《关于解除2012年5月4日《协议》（洪北宗地项目）的通知》，称由于投资公司未按期办理项目的报建手续，按照合同约定，案例系国有土地使用权出让合同纠纷，涉及的主要问题是原国有土地使用权出让合同约定的土地容积率变更后，如何确定补交的土地价款的问题。土地容积率是土地开发中单位土地所允许开发建设的房屋等建筑物建筑面积与单位土地面积的比例。容积率越高，说明土地开发的强度越大，同等单位的土地面积，可以建设的建筑物面积就越大，反之，则越小。不同的土地容积率，对土地使用权的价格会有明显的影响，一般也是同一块开发其决定解除双方签订的《协议》，其决定解除双方签订的《协议》，自该通知到达后即发生解除效力。新广局后勤中心对邮件送达过程进行了公证。投资公司亦认可收到该通知。

2014 年 7 月 2 日，南昌市国土资源局通过南昌市地产交易中心将涉案土地宗地进行网上拍卖，《关于江西省农家书屋工程出版物调配中心还建的协议》作为附件随《国有建设用地使用权网上拍卖出让须知》一并进行了公告。投资公司拍得该土地宗地，并于 2014 年 7 月 17 日与南昌市国土资源局签订了《国有建设用地使用权出让合同》，出让价款为 1603800 元。该合同还约定，1. 受让人同意执行〔2012〕54 号文内容。2. 受让人同意在本合同签订后 10 个工作日内与江西省新闻出版局机关后勤服务中心签订《关于江西省农家书屋工程出版物调配中心还建的协议》。3. 由江西省新闻出版局对 5641.5 平方米“省农家书屋工程出版物调配中心”交付、使用等情况全权负责。

2014 年 7 月 31 日，投资公司在《关于江西省农家书屋工程出版物调配中心还建的协议》(以下简称《还建协议》) 尾部乙方处签名盖章。

因江西省新闻出版局与江西省广电局合并组建江西省新闻出版广电局，江西省新闻出版局机关后勤服务中心、江西省广播电影电视局机关后勤服务中心于 2014 年 5 月 7 日被注销，同日合并设立江西省新闻出版广电局机关后勤服务中心。

新广局后勤中心于 2016 年 8 月 11 日向原审法院提起本案诉讼后，投资公司于同年 11 月 2 日向同一法院提起行政诉讼，诉请南昌市人民政府作出的洪府厅字〔2012〕54 号文及〔2014〕133 号文违法，应予撤销，形成（2016）赣 01 行初 118 号行政诉讼，南昌市人民政府为被告，江西省新闻出版广电局为第三人。南昌市中级人民法院于 2017 年 6 月 16 日作出（2016）赣 01 行初 118 号行政判决书，确认 54 号文、133 号文违法，但不予撤销。该行政判决查明的事实认定：2014 年 3 月 18 日江西省地源评估咨询有限责任公司出具的《土地估价报告呈批表》评估结果：未考虑还建土地总计 2104.34 万元，还建总成本 1984.15 万元，考虑还建后的土地总价 120.19 万元。该案庭审后，南昌市人民政府致函法院，认为投资公司与江西省新闻出版广电局存在恶意串通骗取市政府批准文件的情形，但市政府本身没有过错，投资公司应承担由此导致的法律后果，请法院依法维持涉案文件，同时市政府将依法追究投资公司和江西省新闻出版广电局的相关责任。该行政判决还认定：投资公司与江西省新闻出版广电局在南昌市人民政府作出具体行政行为前，提前商定拆迁安置条件，拟制《关于江西省农家书屋工程出版物调配中心还建的协议》，且该协议内容与其后土地公开出让时留存南昌市国土资源局的文件一样。结合双方事前预拟各种文件往来，设定拆迁安置面积与实际面积不符等相关事实，双方存在明显的恶意串通，其目的是人为抬高土地竞买条件，排斥其他竞买人合法竞买，其拟制协议及各项安置出让条件行为属无效行为。该行政判决书还确定将另外制作司法建议书。2017年8月29日南昌市中级人民法院作出（2017）赣01行建7号致南昌市国土资源局的司法建议书，建议该局废止双方恶意串通行为确定的土地出让安置条件，重新与投资公司签订土地出让合同并责令投资公司按江西省地源评估有限责任公司以2014年3月17日为评估时点评估的宗地净地价补交相应的土地出让金。该行政判决书已发生法律效力。

投资公司在原审答辩状中陈述，本案项目全部土地出让金、工程建设费用、报建费用、装修费用总费用不会少于3000万元。

根据双方陈述，涉案工程已基本完工，但未办理竣工验收。

裁判结果

一审判决：驳回新广局后勤中心的诉讼请求。

新广局后勤中心不服提出上诉。二审判决：一、撤销一审判决；二、投资公司于本判决生效后十日内支付新广局后勤中心600万元保证金；三、驳回新广局后勤中心的其他诉讼请求。

裁判理由

二审法院认为，关于本案2014年7月31日《还建协议》是否系双方真实的意思表示。原江西省新闻出版局与投资公司签订《协议》，在政府以54号文批复同意还建方案后，《协议》约定的合作方式已被改变。以54号文为基础，南昌市土地储备中心同意以就地还建房屋的方式对收储的土地进行补偿。在土地管理部门制定出让方案时，原江西省新闻出版局按照要求于2013年5月向其提供了由原新闻局后勤中心作为合同甲方并盖好印章的《关于江西省农家书屋工程出版物调配中心还建的协议》，2014年报批同意的出让方案亦将该协议作为附件一并报批。出让方案由市政府以133号文批复同意后，新广局后勤中心向投资公司送达了解除2012年5月4日《协议》的书面通知，投资公司虽不同意解除《协议》，因其未在合理期限提出异议和采取法律措施，应视为其已接受了对方提出的解除意见。《协议》实际在拍卖开始时已经解除。在随后即2014年7月进行的拍卖活动中，此前发布的拍卖公告中将还建内容及《还建协议》进行了公告，实际是新广局后勤中心向不特定人员发出的要约，最后的竞买人在竞拍成功后即是该协议的承诺人，应作为该协议的乙方签字盖章。投资公司参与竞买及举牌竞拍成功，是其自由表达意思及行使民事权利的行为，并不受他人强迫。其一旦作出承诺，即应受其意思表示的约束。投资公司竞拍成功后，在《还建协议》的签字盖章是其真实意思表示，应受《还建协议》的约束。

关于《还建协议》是否双方恶意串通、损害了他人利益。投资公司提出,《还建协议》系其与新广局后勤中心为排斥其他竞争者而恶意磋商的。新广局后勤中心的本案项目，在政府批准同意其提出的返还还建面积申请后，不管谁承建，其利益均能得到保障。不存在排斥投资公司之外的其他方的动机。双方原签订的《协议》虽约定了投资公司应无条件取得其国有土地使用权、新广局后勤中心保证投资公司是本项目的唯一合作开发方，但因《协议》约定的合作方式未获政府批准，且新广局后勤中心在竞拍前已向其发出了解除《协议》的书面通知，说明新广局后勤中心不再负有保证投资公司是唯一合作方的义务。投资公司在明知对方意图的情况下，仍然举牌应拍，是其自由处分行为。在起草相关还建面积申请及报批过程中，投资公司虽然参与，但属于自愿帮助行为，且关于还建面积的确定，是由房管部门审定，不是由申请人随意申报确定。能否返还还建面积亦是由政府审批决定。新广局后勤中心并未与投资公司串通。且投资公司拍得涉案土地及签订《还建协议》并未损害到他人利益，仅是投资公司认为，如按照《还建协议》履行，其自身不能获得利润。因此,《还建协议》不因此无效。

关于 2014 年 7 月 31 日《还建协议》的效力，是否应以（2016）赣 01 行初 118 号行政判决的认定为依据。南昌市中级人民法院作出的（2016）赣 01 行初 118 号行政判决虽确认 54 号文、133 号文违法，但未予撤销，因此该两文还是有效文件。在这两个文件有效的前提下，以该文件为基础达成的拍卖成交、《还建协议》亦合法有效。（2016）赣 01 行初 118 号行政判决虽在二审法院认为中认定投资公司与新广局后勤中心在起草相关报批文件中的合作构成恶意串通，但该认定不是判决，且不能代替民事审判中对有关合同效力的认定。本案审查认定《还建协议》的效力，还应依据事实和法律作出认定。根据上述对本案证据、事实的分析，依据相关法律规定，本案《还建协议》应认定为有效。

关于投资公司是否应支付 2800 万元保证金。投资公司在原审答辩状中陈述，本案项目全部土地出让金、工程建设费用、报建费用、装修费用总费用不会少于 3000 万元。以 3000 万元为标准，其 20% 计 600 万元，投资公司应按《还建协议》的约定向新广局后勤中心支付 600 万元的保证金。

要旨解析

本案涉及招标合同的生效以及无效问题。关于合同的成立和生效，原《合同法》第十三条规定:“当事人订立合同，采取要约、承诺方式”；第十四条规定:“要约是希望和他人订立合同的意思表示，该意思表示应当符合下列规定:（一）内容具体确定;（二）表明经受要约人承诺，要约人即受该意思表示约束”；第二十一条规定:“承诺是受要约人同意要约的意思表示”；第二十五条规定:“承诺生效时合同成立”；第三十二条规定:“当事人采用合同书形式订立合同的，自双方当事人签字或者盖章时合同成立”。本案中，招标人以公告的方式发布《还建协议》，实际是向不特定人员发出的要约，竞买人投资公司参与竞买及举牌竞拍成功，表明作出承诺，其在《还建协议》上签字盖章，代表协议正式订立，双方应受协议的约束。

关于合同的无效情形，原《合同法》第五十二条规定：“有下列情形之一的，合同无效：（一）一方以欺诈、胁迫的手段订立合同，损害国家利益；（二）恶意串通，损害国家、集体或者第三人利益；（三）以合法形式掩盖非法目的；（四）损害社会公共利益；（五）违反法律、行政法规的强制性规定”。本案涉及对“恶意串通”的两次评判。一是行政判决对恶意串通的认定，是否能作为民事审判中对合同无效情形的认定依据。本案中，（2016）赣 01 行初 118 号行政判决书的主文部分认定投资公司与新广局后勤中心在起草相关报批文件过程中存在恶意串通，投资公司认为可以作为认定《还建协议》无效的依据。行政判决虽认定当事人在起草相关报批文件中的合作构成恶意串通，但该认定系对南昌市人民政府在作出具体行政行为的过程中涉及的相关报批事实进行的评价，并未对签订《还建协议》所依据的文件进行撤销，所涉文件仍然有效，案涉《还建协议》即在此前提下达成。且根据最高人民法院《关于民事诉讼证据的若干规定》第 10 条“下列事实，当事人无须举证证明：（六）已为人民法院发生法律效力的裁判所确认的基本事实……当事人有相反证据足以推翻的除外”的规定，行政判决理由中的相关事实虽具有相对免证的效果，但当事人有相反证据足以推翻也可以作出不同的结论。二是民事案件中认定“恶意串通，损害国家、集体或者第三人利益”的构成要件。应同时具备两个要件，即当事人主观上有损害国家、集体或者第三人利益的恶意，客观上实施了相互串通的行为。对此，主张合同因此而无效的当事人有义务提供证据加以证明。本案中，投资公司应提供证据证明案涉《还建协议》的签订具备上述两个条件，如未提供应承担举证不能的法律后果。

《民法典》施行后，对合同法第五十二条内容进行了吸收、修改，将第（一）项改为可撤销事由，对第（二）项予以保留，对第三项“以合法形式掩盖非法目的”予以删除，第（四）项、第（五）项进行了修改和吸收。最终在民法典的总则部分体现的合同无效情形为：第一百四十四条规定：“无民事行为能力人实施的民事法律行为无效”；第一百四十六条规定：“行为人与相对人以虚假的意思表示实施的民事法律行为无效。以虚假的意思表示隐藏的民事法律行为的效力，依照有关法律规定处理”；第一百五十三条规定：“违反法律、行政法规的强制性规定的民事法律行为无效。但是，该强制性规定不导致该民事法律行为无效的除外。违背公序良俗的民事法律行为无效”；第一百五十四条规定：“行为人与相对人恶意串通，损害他人合法权益的民事法律行为无效”。

编写人：陈　慧

二审合议庭成员：徐快华　徐清华　吕卫红

4. 分支机构以其自身名义签订的合同有效，但责任应由公司承担

——深圳市某国际建筑设计有限公司江西分公司与江西某农村商业银行股份有限公司、赣州市某城乡规划设计研究院大余分院建设工程设计合同纠纷再审案

裁判要旨

依法设立并领取营业执照的法人分支机构，依法能够以自己的名义从事民事活动，故以其自身名义签订的合同有效但责任应由公司承担。

案例索引

一审：江西省大余县人民法院（2018）赣0723民初17号

二审：江西省赣州市中级人民法院（2018）赣07民终3481号

再审：江西省高级人民法院（2020）赣民再13号

基本案情

申诉人（一审原告、二审被上诉人）：深圳市某国际建筑设计有限公司江西分公司（以下简称设计公司）。

被申诉人（一审被告、二审上诉人）：江西某农村商业银行股份有限公司（以下简称农商银行）。

一审第三人：赣州市某城乡规划设计研究院大余分院（以下简称设计院分院）。

设计公司向一审法院起诉请求：1. 判决支付设计费784080元；2. 判决支付违约金601233元。

2013年8月19日，农商银行书面通知赣州设计院中标其办公大楼建筑及景观工程设计项目，中标价为2002年《工程勘察设计收费标准》规定取费标准的46%。2013年11月19日，农商银行（甲方）与设计院分院（乙方）、设计公司（乙方）签订《设计合同》，约定：项目内容为农商银行办公大楼建筑、景观及市政工程设计，设计内容为修建性详细规划、建筑、景观及市政从方案设计到施工图设计；设计费用为195万元包干，其中修建性详细规划部分设计费用6万元，建筑部分设计费用为182.43万元（一期建筑工程设计费127.53万元，二期建筑工程设计费54.9万元），景观部分设计费用为4万元，市政部分设计费用为2.57万元；付款方式为：合同签订后7天内，甲方向乙方支付一期工程设计费92.23万元，一期工程施工图通过审查后7天内，甲方向乙方支付一期工程施工图部分费用的95%，共计45.47

万元，一期工程竣工验收后7天内，甲方向乙方结清一期工程施工图设计费余款，共计2.4万元，二期工程施工图通过审查后7天内，甲方向乙方支付二期工程施工图部分费用的95%，共计52万元，二期工程竣工验收后7天内，甲方应向乙方结清二期工程施工图设计费余款，共计2.9万元。合同生效后，甲方要求终止或解除合同时，如乙方已开始设计工作的，甲方应根据乙方已进行的实际工作量支付设计费；甲方每逾期一天，应加收该项目本收费阶段应收设计费的千分之二，逾期三十天以上时，乙方有权暂停履行下阶段工作，并书面通知甲方。合同还约定了甲乙双方需提交的资料、时间及期限、双方的职责等内容，并附有设计费计算说明。之后，双方在大余县城乡规划建设局对合同进行备案。2014年1月21日，农商银行工作人员魏某标签收了设计院分院送达的金额为92.23万元的发票签收单，但农商银行未支付该款项。2014年1月23日，农商银行向设计公司支付设计费20万元。2014年1月26日，农商银行工作人员签收了设计院分院送达的规划与建筑方案正式成果三本。2014年7月1日，农商银行工作人员魏某标签收了设计院分院送达的正式成果，签收了设计公司送达的公寓楼、地下室、农商银行大楼施工图。2016年11月14日，设计公司向农商银行邮寄送达律师函，催促农商银行支付设计费784000元。庭审时，设计院分院与设计公司确认，涉案工程系由双方联合设计，设计公司负责施工图设计，设计院分院负责其他设计工作。另查明，设计院分院是赣州设计院的非法人分支机构，经营范围为城市规划设计、土建工程建筑设计、市政工程设计、工程测量、地形图测量、勘探等业务的咨询服务。设计公司是深圳设计总公司的分公司，其经营范围为隶属公司联系业务（依法须经批准的项目，经相关部门批准后方可开展经营活动）；深圳设计总公司的资质等级为建筑行业（建筑工程）甲级，可承担建筑装饰工程设计、建筑幕墙工程设计、轻型钢结构工程设计、建筑智能化系统设计、照明工程设计和消防设施工程设计相应范围的甲级专项工程设计业务。

二审另查明：1. 案涉项目工程目前尚未开始建设施工。2. 2013年11月19日的设计合同约定，合同签订后7天内，甲方（农商银行）即应向乙方（设计院分院及设计公司）支付一期工程设计费用计92.23万元；一期工程施工图通过审查后7天内，甲方向乙方支付一期工程施工图部分费用的95%，共计45.47万元；一期工程竣工验收后7天内，甲方向乙方结清一期工程施工图设计费余款共计2.4万元。

裁判结果

一审判决：一、农商银行应于本判决生效之日起十日内向设计公司支付设计费453240元；二、农商银行应于本判决生效之日起十日内向设计公司支付违约金90648元；三、驳回设计公司的其他诉讼请求。

农商银行不服提出上诉。二审判决：一、维持一审判决第三项；二、撤销一审判决第一、二项。

设计公司申请再审。再审判决：一、撤销二审判决；二、维持一审判决。

裁判理由

再审认为，关于案涉《设计合同》是否有效的问题。本案一、二审法院已查明，深圳设计总公司具有《工程设计资质证书》，资质等级为“建筑行业（建筑工程）甲级”。赣州设计院具有《城乡规划编制资质证书》，资质等级为“甲级”。设计公司系深圳设计总公司的分支机构，系依法设立并领取营业执照的法人分支机构，依法能够以自己的名义从事民事活动，且依据原《民法总则》第七十四条第二款的规定，分支机构以自己的名义从事民事活动，产生的民事责任由法人承担。设计公司作为领取营业执照的法人分支机构可以以自己名义与农商银行签订案涉《设计合同》，但产生的相应民事责任仍由法人深圳设计总公司承担。并且本案的设计成果，案涉工程施工图纸也是由深圳设计总公司署名编制并出具。综上，案涉《设计合同》系两分支机构代表深圳设计总公司和赣州设计院签订，合同义务亦系深圳设计总公司和赣州设计院履行，相应法律后果亦由深圳设计总公司和赣州设计院承担。深圳设计总公司及赣州设计院均具有相应设计资质，《设计合同》并未违反《建设工程勘察设计管理条例》关于设计资质等级的规定，案涉《设计合同》有效。二审判决以分公司不具有设计资质认定案涉《设计合同》无效，系适用法律错误。再审法院予以纠正。

关于农商银行是否应支付设计公司设计费及违约金的问题。本案一、二审法院已查明，2014 年 7 月 1 日，农商银行工作人员魏某标签收了设计院分院送达的正式成果，签收了设计公司送达的公寓楼、地下室、农商银行大楼施工图。依据案涉《设计合同》的付款约定及《大余农商银行办公大楼建筑、景观及实证工程设计费用分配比例说明》中的约定，合同签订 7 天内，甲方向乙方（赣州研究院大余分院）支付一期工程设计费用 92.23 万元；一期工程施工图通过审查后 7 天内，支付一期工程施工图部分的 95% 总计 45.47 万元（其中应支付设计公司 41.32 万元）；二期工程施工图通过审查后 7 天内，支付二期工程施工图部分费用的 95% 共计 52 万元（应支付设计公司 52 万元）。农商银行在收到设计公司提交的施工图后，并未按约定组织对一期、二期工程施工图进行审查，也未提交证据证明其在合理期限内向设计单位提出要求修改或补充意见，也未按照合同约定付款。农商银行怠于履行合同义务、行使自身合同权利的情况下，可视为其已对案涉施工图纸予以认可，应当按照合同约定支付相应设计费用。农商银行主张设计公司提交的施工图纸不符合设计规范，未提供充分证据证明，对其该项抗辩理由不予支持。二审判决认定施工图设计费用尚未达到合同约定的支付时间，与合同约定及履行情况不符，再审法院予以纠正。一审判决综合考虑设计图纸和方案未实际投入实施，设计公司亦减少了履行部分合同约定义务的实际情况，酌定农商银行向设计公司支付已完工程量所需支付设计费的 70% 即 65.324 万元［（41.32 万元 +52 万元）×70%］，并无不当，再审法院予以维持。关于农商银行应否支付违约金问题。如上所述，农商银行未按照合同约定履行合同义务，已构成违约，一审判决根据本案实际情况，酌定违约金为 90648 元，并无不当，再审法院予以维持。

要旨解析

本案涉及分支机构的民事权利能力和民事责任能力问题。《民法典》将我国民事主体分为自然人、法人、非法人组织三类民事主体，法人分支机构未被规定在《民法典》“非法人组织”一章中，而是规定在“法人”一章中。根据《民法典》第七十四条规定，“法人可以依法设立分支机构。法律、行政法规规定分支机构应当登记的，依照其规定。分支机构以自己的名义从事民事活动，产生的民事责任由法人承担；也可以先以该分支机构管理的财产承担，不足以承担的，由法人承担”。即法人分支机构非自然人和法人，也不是非法人组织。而从《民事诉讼法》（2023 年修正）第五十一条及《民事诉讼法司法解释》（2022 年修正）第五十二条规定来看，“公民、法人和其他组织可以作为民事诉讼的当事人”，“民事诉讼法第五十一条规定的其他组织是指合法成立、有一定的组织机构和财产，但又不具备法人资格的组织，包括：（五）依法设立并领取营业执照的法人的分支机构”，即民诉法中将法人分支机构界定为其他组织。

关于分支机构的民事权利能力问题。既然法人分支机构非自然人和法人，也不是非法人组织，只是其他组织，其民事权利能力如何界定呢。学界就法人分支机构的民事权利能力问题存在两种不同观点：肯定说认为，分支机构享有民事权利能力，只是民事行为能力受到部分限制；否定说认为，分支机构不具有民事权利能力，分支机构可以以自己的名义参与诉讼仅仅为一种拟制型任意诉讼担当。从《民法典》第七十四条第二款规定来看，只规定了分支机构从事民事活动产生的民事责任由法人承担，并未规定其从事民事活动所产生的一切权利、义务关系由法人承担，《民事诉讼法》（2023 年修正）第五十一条及《民事诉讼法司法解释》（2022 年修正）第五十二条规定法人分支机构可以作为民事诉讼的当事人，因而从这些规范条文上看，均不排除分支机构具有一定的民事权利能力和民事行为能力。因此，根据《民法典》第七十四条第一款规定，分支机构可以以自己的名义从事相关民事活动。

关于分支机构的民事责任能力问题。由于分支机构不具有独立的主体资格，不能独立承担民事责任，分支机构从事民事活动产生的民事责任需由法人承担。对于法人承担的是何种性质的责任，理论上存在以下几种观点：一是直接责任，即相对人对于分支机构所应承担的民事责任，可以不向分支机构主张权利，而直接要求法人承担责任；二是补充责任，即相对人对于分支机构所应承担的民事责任，应先向分支机构主张权利，分支机构的财产不足以清偿的，才可以要求法人承担民事责任；三是连带责任，即相对人对于分支机构所应承担的民事责任，可以同时向分支机构与法人主张权利，分支机构与法人承担连带责任。从《民法典》第七十四条第二款规定的表述内容来看，是直接责任与补充责任的结合。

本案中，设计公司系深圳设计总公司的分支机构，系依法设立并领取营业执照的法人分支机构，依法能够以自己的名义从事相关民事活动，因此其与农商银行签订的案涉《设计合同》系有效合同。根据《民法典》上述规定，设计公司签订《设计合同》产生的相应民事责任应由法人深圳设计总公司承担。深圳设计总公司在案涉工程施工图纸中编制署名，出具本案设计成果，即履行合同义务的体现，亦为承担相应法律后果的体现。深圳设计总公司具有相应设计资质，《设计合同》未违反《建设工程勘察设计管理条例》关于设计资质等级的规定，案涉《设计合同》有效，二审判决以分公司不具有设计资质认定案涉《设计合同》无效，系适用法律错误。

编写人：陈　慧

再审合议庭成员：熊　伟　张丽敏　胡爱菊

5. 公司法定代表人的职务行为未经过公司股东大会决议，不能对抗善意第三人，不影响公司对外承担责任

——南昌市某建筑工程公司与江西某实业有限公司等建设工程施工合同纠纷二审案

裁判要旨

合同中虽未加盖公司印章，但公司法定代表人的签字行为为代表公司的职务行为。即使其代表行为未经过公司股东大会决议，损害了公司利益，但这属于公司与其高级管理人员内部的关系，不能对抗善意第三人，不影响公司对外承担责任。

案例索引

一审：江西省南昌市中级人民法院（2012）洪民一初字第25号

二审：江西省高级人民法院（2016）赣民终385号

基本案情

上诉人（原审被告）：江西某实业有限公司（以下简称实业公司）。

被上诉人（原审原告）：南昌市某建筑工程公司（以下简称建筑公司）。

被上诉人（原审被告）：吉安市景虹置业有限公司（以下简称置业公司）。

原审第三人：陈某忠。

建筑公司向一审法院起诉，请求：1. 判令解除建筑公司就“景虹四季花城”（B12地块）所签订的《建设工程施工合同》，解除建筑公司与实业公司、置业公司在《建设工程施工合同补充协议书》《建设工程施工合同补充协议（二）》《协议书》中就“景虹四季花城”（B12地块）工程的建设工程施工合同关系；2. 判令置业公司返还建筑公司已交纳的2700万元履约保证金和建筑公司已支付的2500万元履约保证金的利息190580元，并支付建筑公司履约保证金的利息（利息按如下方式计算：2011年10月16日至2011年12月15日为100万元；自2012年4月16日起，2700万元的履约保证金按月息2%计算，直至付清之日止）；3. 判令实业公司对置业公司返还建筑公司已交纳的2700万元履约保证金并支付履约保证金利息的债务承担连带责任；4. 判令置业公司支付建筑公司已施工部分的工程款并赔偿建筑公司损失共计1087873.81元。

2011年10月16日，实业公司（甲方）与建筑公司（乙方）签订《建设工程施工合同》及《建设工程施工合同补充协议书》，约定：建筑公司承建吉安“景虹印象城”（A19地块）和“景虹四季花城”（B12地块）两项目工程，总工程量约为32.5万平方米，总造价为3.2亿元整；乙方自合同签订之日七日内转2500万元履约保证金至甲方（甲方以吉安莱茵河畔的7.5亩土地证作为抵押）；甲方保证工程在两个月之内开工，如在两个月之内未开工，甲方按月付给乙方月息2%的利息（50万元整），开工后将7.5亩地的土地证归还。合同签订后，建筑公司通过转账支付给实业公司2500万元履约保证金及190580元利息。2012年3月19日，建筑公司与实业公司签订《建设工程施工合同补充协议（二）》，对履约保证金的利息等事宜进行了补充约定。

2011年10月25日，置业公司通过拍卖取得了坐落于吉安市吉州区工业园控规B12地块的土地使用权。次日，置业公司取得该地块的建设用地规划许可证。2012年4月17日，置业公司的法定代表人曾某泉出具一份追认书，内容为：“实业公司与建筑公司就“景虹四季花城”（B12地块）工程项目于2011年10月16日签订的《建设工程施工合同》《建设工程施工合同补充协议书》和2012年3月19日签订的《建设工程施工合同补充协议（二）》，均系我公司委托实业公司与建筑公司签订的，对上述合同和协议涉及“景虹四季花城”（B12地块）工程项目的内容我公司均予以认可。上述合同和协议中约定的实业公司的权利和义务均由我公司享受和承担。特此追认”。该追认书未加盖置业公司的公章。2012年4月29日，置业公司（甲方）、实业公司（乙方）与建筑公司（丙方）签订《协议书》，约定：“一、对“景虹印象城”（A19地块）工程项目，丙方无须支付履约保证金。丙方已支付的2500万元履约保证金及该履约保证金至2012年4月15日时止的利息200万元共计2700万元，全部转为“景虹四季花城”（B12地块）工程项目的履约保证金。甲方确认已收到2700万元的履约保证金。二、履约保证金的利息：丙方同意甲方仅对2700万元履约保证金中的1800万元支付利息。甲方自2012年5月起的每月16号前按2%的月息（即每月36万元且为复息）的标准向丙方支付利息，直至“景虹印象城”（A19地块）工程项目具备开工条件之日止。乙方对甲方向丙方退回2700万元履约保证金及支付履约保证金利息的债务承担无限连带保证责任，直至甲方向丙方清偿完毕上述全部债务时止。……六、本协议书一式3份，自甲方法定代表人签字、乙方和丙方盖章之日起生效。此前三方就上述两工程项目所签订的合同、两份补充协议和甲方出具的追认书如有与本协议的约定不一致的，以本协议的约定为准”。置业公司的法定代表人曾某泉、建筑公司的法定代表人张某保在该协议书上签字，实业公司、建筑公司盖了各自的公章。

2012年2月，建筑公司进场对临时设施及道路进行了施工。2012年5月10日，建筑公司向置业公司发出催告函，催告其在收到本函后的十五日内向相关部门申请并取得‘景虹四季花城’（B12地块）项目的建设工程施工许可证。置业公司的法定代表人曾某泉对该函件予以了签收，未加盖置业公司的公章。2012 年 10 月 22 日，置业公司的法定代表人曾某泉在建筑公司提交的结算清单上签字“属实”并签名。

2014 年 6 月 19 日，吉安市公安局吉州分局治安警察大队出具一份查询证明，内容为：“江西某实业有限公司就公司印章一事到我大队查询，经吉安市公安局吉州分局审批备案，刊刻了一枚带数字编码、防伪名称为“江西某实业有限公司”的单位印章，印章编号：3624000020429。此印章为江西某实业有限公司 2006 年 6 月 21 日开始合法持有的有效印章，原印章同时废止。”2014 年 9 月 30 日，吉安市公安局作出吉公（经）立字〔2014〕0008 号立案决定书，决定对实业公司的前法定代表人杜某华合同诈骗案立案侦查。

裁判结果

一审判决：一、解除建筑公司与实业公司于 2011 年 10 月 16 日签订的《建设工程施工合同》；二、解除建筑公司与置业公司、实业公司在《建设工程施工合同补充协议书》（2011 年 10 月 16 日）、《建设工程施工合同补充协议（二）》（2012 年 3 月 19 日）和《协议书》（2012 年 4 月 29 日）中就“景虹四季花城”（B12 地块）工程的建设工程施工合同关系；三、实业公司于判决生效之日起十日内返还建筑公司履约保证金 1247.60 万元及利息（自 2013 年 12 月 13 日起至还清款项之日止，按照中国人民银行的同期贷款利率 6.90% 元计算）；四、实业公司于本判决生效之日起十日内支付建筑公司利息 3283529.36 元；五、驳回建筑公司的其他诉讼请求。

实业公司不服，提起上诉。二审判决：一、维持一审判决第一项、第二项、第五项；二、变更一审判决第三项为置业公司于判决生效之日起十日内返还建筑公司履约保证金 1247.60 万元及利息（自 2013 年 12 月 13 日起至还清款项之日止，按照年利率 6.90% 计算）；三、变更一审判决第四项为置业公司于判决生效之日起十日内支付建筑公司利息 3283529.36 元；四、实业公司对本判决第二项、第三项中置业公司所负义务承担连带清偿责任。

裁判理由

二审认为，本案的争议焦点为：应由谁向建筑公司承担履约保证金本息返还责任，实业公司是否负有返还义务。对该焦点问题，二审法院分析如下：

曾某泉为置业公司的法定代表人，2012 年 4 月 17 日曾某泉出具《追认书》、2012 年 4 月 29 日曾某泉与实业公司、建筑公司签订《协议书》的行为均属代表置业公司的职务行为。关于曾某泉的该代表行为能否对置业公司发生法律效力。建筑公司、实业公司认为曾某泉的代表行为合法有效，置业公司应承担本案诉争履约保证金本息的返还责任。置业公司及原审第三人陈某忠认为《追认书》、《协议书》中未加盖置业公司的法人印章，置业公司的证件、印章均由其他股东保管，曾某泉出具追认书未经过股东大会决议，其他股东对此不知情，并以此为由抗辩，主张置业公司不承担本案诉争履约保证金本息的返还责任。对此，二审法院认为，原《合同法》第五十条规定:“法人或者其他组织的法定代表人、负责人超越权限订立的合同，除相对人知道或者应当知道其超越权限的以外，该代表行为有效。”因置业公司、陈贵忠均无证据证明建筑公司知道或者应当知道曾某泉超越权限出具追认书或签订合同，建筑公司有理由相信曾某泉有权代表置业公司，故曾某泉于2012年4月17日出具《追认书》、2012年4月29日与实业公司、建筑公司签订《协议书》的代表行为有效，对置业公司产生约束力。《公司法》第一百四十九条规定:“董事、监事、高级管理人员执行公司职务时违反法律、行政法规或者公司章程的规定，给公司造成损失的，应当承担赔偿责任。”因此，即使曾某泉的上述代表行为未经过公司股东大会决议，损害了公司利益，公司可请求曾某泉赔偿损失，但这属于公司与其高级管理人员内部的关系，不能对抗善意第三人，不影响置业公司对外承担责任。

《追认书》《协议书》中虽未加盖公司印章，但如前所述，作为公司法定代表人，曾某泉的签字行为为代表公司的职务行为。因此，置业公司及陈某忠的抗辩理由不成立。在2012年4月29日三方签订的《协议书》中，置业公司确认已收到2700万元履约保证金，并约定置业公司在景虹四季花城（B12地块）工程项目达到五层楼面（四层完工）时退回建筑公司50%的履约保证金，主体封顶时退回100%的履约保证金，实业公司对置业公司退回2700万元履约保证金及支付履约保证金利息的债务承担无限连带保证责任。2011年10月16日实业公司与建筑公司签订的《建设工程施工合同》及《建设工程施工合同补充协议书》，2012年3月19日实业公司与建筑公司签订的《建设工程施工合同补充协议（二）》，是双方的真实意思表示，且经过置业公司追认，合法有效，对置业公司和建筑公司产生约束力。置业公司、建筑公司本应依约履行，但因本案诉争土地已由第三方实际施工，故置业公司与建筑公司签订的建设工程施工合同均无法实际履行，合同目的无法实现，建筑公司诉请解除双方之间的《建设工程施工合同》、《建设工程施工合同补充协议书》、《建设工程施工合同补充协议（二）》和2012年4月29日《协议书》中双方就“景虹四季花城（B12地块）”的建设工程施工合同关系，应予支持。因本案合同解除，置业公司应向建筑公司退还履约保证金的本息，实业公司依约应对此承担连带清偿责任。关于履约保证金的计算方法及应退还的数额，各方均未提出上诉，二审对一审的认定结果予以维持。关于责任承担主体，一审判决以曾某泉的代表行为未经过公司股东大会决议为由，否认曾某泉作为法定代表人的代表行为效力，据此判决实业公司承担返还责任、置业公司不承担返还责任，该判决违反原《合同法》第五十条的规定，且因建筑公司在原审诉请置业公司承担主债务人的责任，实业公司承担担保责任，一审判决也超出了建筑公司的诉讼请求范围，应予纠正。建筑公司在二审中主张由实业公司承担返还义务、置业公司不承担返还义务，加重了实业公司的责任，超出了一审诉讼请求的范围，对其主张不予支持。

关于实业公司主张其不承担责任的抗辩理由能否成立的问题。第一，实业公司抗辩称其加盖于本案有关合同、协议、补充协议上的印章不是公安机关备案的印章，而是已经作废的公章。对此，二审法院认为，公司的公章代表公司的意思表示。首先，本案有关协议中不仅有实业公司加盖的印章，还有相关人员的签字，杜某华在2012年3月19日的《建设工程施工合同补充协议（二）》上签字，实业公司的时任法定代表人郭某在2011年10月16日的建设工程施工合同及补充协议上签字。其次，虽然吉安市公安局吉州分局出具证明，证实自2006年6月21日开始实业公司使用的经公安机关备案的印章上刻有阿拉伯数字防伪编号，而加盖在本案有关文书中的印章无防伪编码，按照常理及公章使用管理制度，公司使用新的公章应将原印章上缴并销毁，但实践中印章使用和管理不规范，公司使用多枚印章的现象比较常见。实业公司无证据证明其在本案协议签订期间仅使用了在公安机关备案的唯一一枚印章，且未在其他文件上使用本案有关协议中的印章。再次，根据公安机关对杜荣华所做询问笔录，实业公司的原法定代表人杜某华也未否认本案诉争协议的真实性。因此，实业公司在本案有关协议中加盖的印章能够代表该公司，实业公司以其公司印章无效主张不承担责任的抗辩理由不成立。第二，实业公司认为根据公安机关对建筑公司法定代表人张某保、项目经理熊某保及实业公司原法定代表人、实际控制人杜某华的询问笔录，建筑公司项目经理与杜某华签订了一份协议，约定本案债务转移至杜某华个人，据此，其申请责令建筑公司提交该份协议，主张其不承担责任。二审法院认为，本案中无证据证明该份协议为建筑公司所控制，根据公安机关对杜某华、熊某保的询问笔录，该份证据为熊某保所持有，熊某保为案外人，为查明本案事实，二审法院要求建筑公司与其员工熊某保沟通协调提交该份证据，但无证据证明建筑公司或熊某保故意不提交该份证据。且根据公安机关对熊某保、杜某华的询问笔录，杜某华、熊某保均未陈述本案债务已转移至杜某华个人。本案不应适用《民事诉讼法司法解释》第一百一十二条之规定认定实业公司主张的书证内容为真实。另外，杜某华在公安机关对其所作的询问笔录中陈述其欠建筑公司2500万元保证金及利息，其每月要还317万元本金和利息，其总共还了1300万元。二审法院认为，不能据此推断出本案履约保证金的返还义务已转移至杜某华个人，杜某华作出上述陈述应理解为：基于杜某华认为其曾经为置业公司、实业公司的实际控制人，本案诉争履约保证金是由其经手的，故其承诺并实际向建筑公司履行了部分返还义务。建筑公司对其部分履行行为予以接受并不代表同意全部债务转移至杜某华个人。债务转移行为需要经过债权人同意才生效，本案中无证据证明建筑公司同意履约保证金返还的债务全部转移至杜某华个人。公安机关对杜某华、张某保、熊某保的询问笔录不能证明本案中履约保证金返还的债务全部转移至杜某华个人，也无其他证据证明履约保证金的返还义务已转移至杜某华个人。因此，对实业公司关于其不应承担本案履约保证金本息返还责任的主张，不予支持。

综上所述，实业公司的上诉请求部分成立，应予支持。一审判决认定事实基本清楚，但适用法律部分错误，应予纠正。

要旨解析

本案裁判要旨涉及的是表见代表的问题，即法定代表人、负责人超越权限订立的合同效力归属，这是一个司法实践中经常出现纠纷的问题。原《合同法》第五十条规定："法人或者其他组织的法定代表人、负责人超越权限订立的合同，除相对人知道或者应当知道其超越权限的以外，该代表行为有效。"依据该条规定，除非相对人知道或应当知道法定代表人或负责人超越代理权限，否则，法定代表人或负责人超越权限而与相对人订立的合同，均为有效。《民法典》第五百零四条除字词表述有些变化外，基本沿用了合同法第五十条的规定，为方便理解，笔者在这里还是按照二审裁判适用的法律依据以合同法第五十条为分析对象。

通常情况下，法定代表人或负责人代表法人或非法人组织所实施的法律行为，其效力应当归属于法人或非法人组织。然而当法定代表人、负责人所为的代表行为超出代表权限，其所实施的法律行为对法人、非法人组织发生效力，则必须以交易的相对人系善意为前提。如何认定善意相对人，这就涉及对代表权的限制类型进行区分。

对法定代表人、负责人的代表权的限制有两种情形：一是意定限制，包括公司章程对代表权事先作的一般性限制，以及股东会、股东大会等公司权力机构对代表权作的个别限制。二是法定限制，即法律对代表权作的限制。[①] 例如为防止法定代表人随意代表公司为他人提供担保给公司造成损失，损害中小股东利益，《公司法》第十六条就公司对外担保事项对法定代表人的代表权进行了法定限制。根据该条规定，担保行为不是法定代表人所能单独决定的事项，而必须以公司股东（大）会、董事会等公司机关的决议作为授权的基础和来源。法定代表人未经授权擅自为他人提供担保的，构成越权代表。

相对人在与法定代表人、负责人订立合同时，不负有进一步调查该公司对法定代表人、负责人的代表权限制的义务。如法人或非法人组织无证据证明相对人知道或应当知道越权情形的存在，就应当推定相对人为善意。与意定限制截然不同的是，法律一经公布，推定所有人都应当知晓并遵守。因此，在法定限制的情形下，代表权限制的事项属于法律的明确规定，相对人不能以不知道该法定限制为由主张其属于善意而构成表见代表。此时相对人负有审查法定代表人是否取得公司决议的义务，如相对人无证据证明其履行了该项审查义务后并未发现存在越权情形，则推定相对人并非善意。

本案即属于一定限制的情形。公司内部的印章管理不具有对世效力，置业公司关于公司证件、印章由其他股东保管，法定代表人出具追认书未经过股东大会决

---

① 最高人民法院民法典贯彻实施工作领导小组主编：《中华人民共和国民法典合同编理解与适用（一）》，人民法院出版社2020年版，第316页。

议的抗辩，不构成相对人知道或应当知道法定代表人超越权限的情形。置业公司法定代表人签订的《追认书》《协议书》的效力应归属于置业公司。一审判决以代表行为未经过公司股东大会决议为由，否认法定代表人的代表行为效力，适用法律错误，二审法院予以纠正正确。

编写人：罗　晶

二审合议庭成员：廖志坚　吴玉萍　吴　狄

6. 发包人与承包人协商取消国家强制规定应施工的建筑物外墙保温层的约定无效

——浙江某建设集团有限公司与上饶市某房地产开发有限公司建设工程施工合同纠纷再审案

裁判要旨

1. 在建设单位组织进行竣工验收时，按照法律法规的规定和合同约定提交相关验收材料，是施工单位的法定义务和合同附随义务。

2. 在工程存在由建设单位另行单独发包的项目时，承包人有义务就自己施工的工程向发包人提交竣工验收资料，不能以竣工结算资料不完整作为不履行提交竣工结算资料义务的抗辩理由。

3. 建设外墙保温层系属于民用建筑节能施工的强制性规定，该法定义务既不能由发包方单方免除，也不能由发包方和施工方协议免除。建设单位与施工单位签订的免除外墙保温层施工的协议应当认定无效。

案例索引

一审：江西省上饶市信州区人民法院（2011）信民二初字第154号

二审：江西省上饶市中级人民法院（2012）饶中民二终字第97号

再审：江西省上饶市中级人民法院（2014）饶中民指再终字第6号

再审：江西省高级人民法院（2016）赣民再50号

基本案情

申诉人（一审被告、二审上诉人、原再审申请人）：浙江某建设集团有限公司（以下简称建设公司）。

被申诉人（一审原告、二审被上诉人、原再审被申请人）：上饶市某房地产开发有限公司（以下简称房地产公司）。

房地产公司起诉请求：1. 要求建设公司向房地产公司交付全部竣工验收资料和在工程竣工验收备案表等建筑施工文件上盖章，以便房地产公司能尽快为购房户办理产权证；2. 由建设公司按约支付逾期办理工程竣工验收备案违约金199万元；3. 建设公司按设计要求补做5#楼外墙保温层，并在判决生效之日起30日内完成。

2008年11月1日，房地产公司、建设公司签订了一份《建设工程施工合同》，约定房地产公司将位于上饶市信州区中山路66号的金龙中心一期工程发包给建设公司施工，工程内容为1–5#楼及地下室施工工程，合同总价暂定2077万元。2008年11月19日，双方又签订一份《补充合同》，约定：工程实行包工包料；按工程进度确定付款金额，工程竣工验收后20天内付至工程总价90%，三个月内办理完决算，完成工程竣工验收备案，质量评定达到合同约定标准后付至工程总价97%，剩余3%工程总价为质量保修金；房地产公司在本合同承包范围内分包工程，建设公司有义务配合，工程配合费、施工配合费、管理费合计按10%计取，由房地产公司根据与分包单位签订的合同约定负责在分包单位的工程款中扣除，并按结算制度的要求支付给建设公司。2010年8月13日，双方就金龙中心一期工程有关收尾事项又签订一份《承诺协议》，约定：建设公司确保在2010年8月15日前完成一期工程5#楼住宅整体的外墙面砖粘贴，线条中级弹性拉毛涂料施工符合建筑工程相关分项工程质量验收标准的前提下，全部拆除外立面四周脚手架，如有延时，建设公司同意按每天3万元赔付房地产公司工程延误损失费；建设公司确保在2010年8月20日前配合房地产公司与购房户进行交房，并确保在2010年8月30日前完成5#（包括1–5#楼及地下商业车库）全部合同约定应该完成的工程内容收尾，办理好一期工程合同约定的竣工验收资料交给房地产公司办理相关备案。如会延时，建设公司同意按每天1万元赔付房地产公司。

建设公司对金龙中心一期工程开始施工，房地产公司也按合同约定陆续支付建设公司工程款。截至2011年2月，房地产公司已付建设公司工程款23268696.28万元。建设公司施工金龙中心一期工程1–4#楼于2010年6月3日经相关部门竣工验收合格，5#楼于2010年9月16日由相关部门进行竣工验收，但建设公司不肯在5#楼的竣工验收报告和竣工验收备案表上签字盖章，以致5#楼无法进行备案。另查明，5#楼的《建筑设计施工总说明》的第一项和第四项载明了外墙保温层的工程技术规范。2009年4月28日，建设公司的项目部收到了房地产公司的《通知》后，于2009年5月1日向房地产公司发出一份《工作联系单》，要求房地产公司出具一份关于取消1#楼外墙保温层的证明和承担取消保温层不做的一切后果的承诺书。房地产公司工程部收到建设公司的《工作联系单》后，随即在该《工作联系单》上作出回复："原4月28日的通知内容中没有外墙保温取消的说法，贵部建议合理，现取消通知20mm厚1∶25水泥砂浆抹灰工序，按5#楼建筑设计总说明（一）中四、4条文及J–02总说明（二）中外1施工做法表的相关工序安排施工，达到真石漆墙面基底的质量标准。请及时报价给我方事实，以免影响工期。"2009年5月15日，建设公司项目部向房地产公司发出一份《工程签证单》，建设公司在该《工程签证单》上提出了1#楼外墙保温层的具体做法，要求房地产公司尽快作出回复，房地产公司工程部收到该《工程签证单》后，随即在《工程签证单》上回复："经市场询价，选用上海"赛诺"胶粉聚苯颗粒外保温施工样品形式，其上述2–7项施工工艺按38元/m^2计取直接费，再加20%取费（含税金等一切费用），共计45.60/m^2。"2009年

12月16日，经房地产公司、建设公司协商一致同意将金龙城内场各栋楼的外墙装饰工程分包给具有专业技术的衢州市佳成建筑装饰工程有限公司（以下简称佳成公司）施工，并由房地产公司与佳成公司签订合同。2010年3月16日，上饶市建设咨询监理有限公司向建设公司发出一份关于5#楼外墙设计施工的《监理工程师通知单》，该通知单载明："外墙面应符合设计保温层30mm厚的要求"。2010年5月28日，经相关部门验收，房地产公司开发的金龙中心一期工程1–4#楼的外墙保温层等节能施工质量专项验收合格，房地产公司、建设公司均在验收报告上盖章。由于5#楼没有做外墙保温层，因此，5#楼没有外墙保温层节能工程施工质量专项验收报告。2011年10月13日，佳成公司向房地产公司出具一份《说明》，其内容为："上饶金龙中心1#楼外墙保温层是我公司施工，保温层墙角线由总包单位新东阳集团公司项目部施工，我公司施工单位按38元/m^2结算，为便于工程款支付，商定由建设单位国建房地产公司先将施工工程代垫直接支付给我公司，另20%综合取费由总包单位与建设单位结算，与我公司无涉。"2011年11月28日佳成公司向建设公司出具一份《证明》，其内容为："我单位与上饶房地产公司仅签订了一份外墙真石漆的施工合同，按照施工规范，应该先做外墙保温再做真石漆。同时房地产公司委托我单位施工该工程外墙保温但只施工了1#楼，另几栋楼因房地产公司取消外墙保温，我单位就按国建房产公司的意思直接施工外墙真石漆。"

2010年5月4日，建设公司向房地产公司提交5#楼《竣工图》，建设公司在5#楼《建筑设计施工总说明》上签名确认已按设计要求和标准完成全部项目施工。再审认定以下事实：1. 金龙中心2#、3#、4#、5#楼工程现场墙体保温与图纸节能设计不符。2. 江西省高级人民法院2015年4月2日做出（2015）赣民一终字第27号民事判决书，已经发生法律效力，该判决书确认了一审认定的双方无争议的事实，其中关于电梯配套费、配合费，该判决书第八页第一段15—20行载明"电梯配套费、配合费，根据双方合同约定，房地产公司在合同范围内分包工程的，应按5%计取配合费，根据房地产公司提供对外分包工程的合同、结算单等材料（共九项：外墙真石漆、外墙保温、石材干挂、玻璃幕墙、大理石地面、不锈钢栏杆、铝合金门窗、防盗门），认定因房地产公司对外分包应支付给建设公司的配合费合计227220.9万元"。房地产公司、建设公司在二审均未就该事实提出异议。（2015）赣民一终字第27号民事判决书最后认定本案工程造价应为24841569.55万元，房地产公司已付工程款为23467005.3万元，达到工程总价款94.7%，本案工程现未完成工程竣工验收备案，尚未达到支付工程总造价的97%的条件，故对建设公司主张房地产公司承担延迟支付工程款违约金的诉请不予支持，并判决驳回上诉，维持原判。

裁判结果

一审判决：一、建设公司按设计要求补做金龙中心一期5#楼外墙保温层，在本判决生效之日起30日内完成；二、建设公司完成漏做的保温层后三日内向房地产公司支付全部竣工验收资料和在相关建筑施工文件上盖章；三、建设公司在本判决生效后五日内向房地产公司支付违约金199万元；四、驳回房地产公司的其他诉讼请求。

建设公司不服提出上诉。二审判决：一、变更一审判决第一项为建设公司于本判决生效之日起30日内按合同要求完成金龙中心一期5#楼外墙保温层施工，完成保温层施工后3日内向房地产公司交付5#楼竣工验收资料并在相关建筑施工文件上盖章；二、变更一审判决第二项为建设公司于本判决生效之日起3日内向房地产公司交付金龙中心一期1–4#楼的竣工验收资料并在相关建筑施工文件上盖章；三、变更一审判决第三项为建设公司于本判决生效之日起5日内向房地产公司支付违约金130万元；四、维持一审判决第四项。

建设公司申请再审。江西省上饶市中级人民法院再审判决：维持该院（2012）饶中民二终字第97号民事判决。

建设公司仍不服向检察机关申请监督，检察机关提出抗诉。再审判决：一、撤销江西省上饶市中级人民法院（2014）饶中民指再终字第6号民事判决、江西省上饶市中级人民法院（2012）饶中民二终字第97号民事判决、上饶市信州区人民法院（2011）信民二初字第154号民事判决；二、建设公司在本判决生效后三十日内向房地产公司交付金龙中心一期工程（由房地产公司另行发包的外墙真石漆、外墙保温、石材干挂、玻璃幕墙、大理石地面、不锈钢栏杆、铝合金门窗、防盗门、电梯等单项工程除外）竣工验收资料，办理竣工验收手续；三、驳回房地产公司的其他诉讼请求。

裁判理由

再审认为，根据双方的诉辩意见，本案的争议焦点为：1.金龙中心一期5#楼外墙保温层未做是房地产公司取消不做还是建设公司漏做，房地产公司要求建设公司补做5#保温层的诉讼请求能否得到支持？2.建设公司未提交竣工验收资料和配合办理验收是否构成违约？3.房地产公司要求建设公司提交竣工验收资料加盖公章和承担逾期办理竣工验收的违约金应否得到支持？对上述争议焦点，再审分别评述如下：

一、关于5#楼外墙保温层未做的原因和房地产公司诉请能否得到支持的问题

关于5#楼外墙保温层，《建设设计施工总说明》中对保温层施工均有明确规定，双方对外墙保温层属于设计方案中必须施工范围并无异议，争议的问题是5#楼外墙保温层未做是房地产公司取消不做，还是建设公司漏做。再审认为，根据双方提供的证据分析，可以认定5#楼外墙保温层未做是双方都明知且认可的结果。

双方在《补充合同》中明确约定了外墙部分在价格无法协商的情况下可以由房地产公司另行发包，房地产公司并未提交其与建设公司就5#楼外墙保温层施工价格达成了一致的证据。在双方就外墙保温层是否施工、材料、价格如何确定已经发

生争议，并进行了多次书面协商的情况下，房地产公司忽视对外墙保温层的检查和验收的可能性很小，且房地产公司聘请了监理公司在现场对工程施工进行监督，保温层属于隐蔽工程，在完工前按照惯例需要进行检查验收，但监理公司在对5#楼外墙面砖返工重新验收外墙的情况下都未提到外墙保温层未做的问题，在工程结算中也未计入5#楼外墙保温层价款。因而房地产公司主张建设公司漏做5#楼外墙保温层依据不足。

在5#外墙墙面施工期间，2010年3月16日建设公司在收到《监理工程师通知单》关于外墙面应符合保温层30mm厚的要求后既未提出异议，也未按照通知单要求对保温层进行施工，而是直接进行外墙墙面施工，这也说明建设公司对5#楼外墙保温层未施工都是明知的。即使是房地产公司取消5#楼外墙保温层，也必须要取得建设公司的同意。但实际上建设公司在外墙保温层未做的情况下直接进行了外墙施工，当时并未提出任何异议。且在此后5#楼《建筑设计施工总说明》上签名确认并表示已按设计要求和标准完成全部项目施工，一直到诉讼前也没有提出5#楼保温层未施工的问题。上述事实说明，双方虽未就5#外墙保温层不做达成书面协议，但在履行合同的过程中，双方对不做5#楼外墙保温层达成了共识，房地产公司和建设公司对此都是明知且认可的。

根据双方签订的《补充合同》第八条第2款中的约定，外墙等项目在双方价格无法协商的情况下，房地产公司有权在同等条件下另行发包，建设公司在与房地产公司的工程款结算纠纷中经本院二审生效判决确认的工程总价款中也未包含该项目工程款，房地产公司完全可以自行另行发包对5#楼保温层进行施工，其请求建设公司对5#楼保温层进行返工补做不应得到支持。

二、关于建设公司未提交竣工验收资料和配合验收是否构成违约的问题

竣工验收是发包人与承包人施工单位及其他有关单位共同对施工工程是否符合设计要求和质量标准进行确认的程序，只有竣工验收合格，施工单位取得工程款才有合法的依据。竣工验收由工程建设单位组织进行，并在施工单位、监理单位、设计勘察等单位共同配合下进行。在建设单位组织进行验收时，按照法律法规的规定和合同约定提交相关验收材料并确认施工质量，也是施工单位的法定义务和合同附随义务。建设公司在其起诉房地产公司支付工程款纠纷中一直认为其施工质量合格，在本案中也从未否认其施工质量合格，在建设公司自认施工质量合格有权取得工程款的情况下却不向建设单位提交竣工验收资料和办理验收手续，其行为既违反了法定义务，也违反了合同义务。建设公司在签订《承诺协议》后直至本案一审诉讼前，在与房地产公司的交涉中一直是就工程款结算提出异议，从未以房地产公司未提交5#楼保温层资料作为其拒绝提交竣工验收资料和办理验收手续的理由。在本案中，建设公司提出系因房地产公司未提交5#楼保温层资料导致其资料不完整而无法提交竣工验收资料和办理验收手续的抗辩意见不能成立。

首先，建设公司一方面主张5#楼外墙保温层系房地产公司取消不做，另一方面又要求房地产公司提交 5# 楼外墙保温层施工资料明显自相矛盾。

其次，即使 5# 楼外墙保温层系房地产公司要求取消不做，建设公司拒绝办理验收也没有依据。组织工程竣工验收是建设单位的职责，提交竣工验收资料是施工单位的义务，承包人需就自己承包的工程项目提交完整的竣工验收资料，法律和双方的合同均没有要求发包人要将另行发包的项目向承包人提交竣工验收资料。客观上施工单位对自己未施工的工程也不可能提交施工资料。5# 楼外墙保温层，即使按照建设公司自己主张的系房地产公司取消不做，建设公司完全可以在提交的验收材料中实事求是注明该情况，而不是拒绝对自己施工部分办理竣工验收。提交竣工验收资料是建设公司作为施工单位的义务，资料是否完整不是建设公司可以不履行该项义务的合法抗辩理由，而是其可否免除或减少承担违约责任的理由。竣工验收材料提交给建设单位后，最终由建设单位整理汇总按法律法规规定的要求向建设工程质量管理部门提交办理备案手续，建设单位提交的资料是否合法完整，能否取得备案应由建设工程质量管理部门根据其行政职权进行审查。因此，无论建设公司的辩解的理由是否成立，建设公司拒绝提交竣工验收资料和办理竣工验收均构成违约。

三、关于房地产公司要求建设公司履行办理竣工验收义务和承担违约责任的问题

根据第一个争议焦点的分析，本案 5# 楼外墙保温层未做是建设公司与房地产公司双方明知和认可的结果，双方对 5# 楼外墙保温层未做都有过错。对于 5# 楼外墙保温层返工补做导致外墙墙面重做的损失由双方共同承担，可待实际发生后另行主张。建设公司拒绝办理竣工验收构成违约，应当按照建设工程施工合同约定承担违约责任。由于外墙保温层系民用建筑节能施工的内容，《民用建筑节能管理规定》中对此有明确规定，属于民用建筑节能施工的强制性标准。国家规定该强制性标准的目的是减少民用建筑能源的消耗，既可以减少建筑使用人能源费用的支出，也可以减少全社会能源消耗，该义务既不能由发包方单方免除，也不能由发包方和施工方协议免除。房地产公司和建设公司在明知 5# 外墙保温层未做的情况下，签订《承诺协议》，意图取消 5# 外墙保温层施工，既损害了第三人利益，也损害了社会公共利益，该《承诺协议》应当认定无效。房地产公司依据《承诺协议》约定的违约条款主张违约金不能得到支持。

建设公司对 5# 楼外墙未施工与房地产公司存在共同过错，同时又置购房人利益于不顾，拒绝就其施工的金龙中心一期工程提交竣工验收资料和办理验收手续，导致金龙中心一期工程至今未办理竣工备案登记已逾五年之久，对由此造成的金龙中心一期工程逾期办理竣工验收备案导致的损失应对房地产公司承担违约赔偿责任。房地产公司对 5# 楼外墙未施工自身存在过错，且在纠纷发生后未及时采取补救措施消除工程竣工验收备案的障碍，对金龙中心一期工程逾期办理竣工验收备案导致的损失自身也应当承担相应的责任。建设公司未履行合同约定的提交竣工验收资料和办理竣工验收手续的义务，由于涉案工程至今未办理竣工验收，且至今并未找到其他合法的竣工验收替代方法，房地产公司诉请建设公司提交竣工验收资料和在验收文件上加盖公章实际上系要求建设公司继续履行合同义务，该请求应当得到支持。

根据本院（2015）赣民一终字第 27 号民事判决书和本案再审认定的事实，除 5# 楼外墙墙面外，金龙中心一期工程外墙真石漆、外墙保温、石材干挂、玻璃幕墙、大理石地面、不锈钢栏杆、铝合金门窗、防盗门、电梯等均系房地产公司另行发包，建设公司应当对除上述房地产公司另行发包项目外自己施工的工程向房地产公司提交竣工验收资料，办理竣工验收手续。建设公司只有在履行该义务后方可免除违约责任。建设公司履行办理竣工验收手续的义务后，若工程因其他由房地产公司单独发包项目原因无法办理竣工验收备案，建设公司不需承担违约责任。由于房地产公司在本案中并未提交其因建设公司不履行竣工验收义务导致金龙中心一期工程逾期备案的具体损失数额，该损失可待确定后另行向建设公司主张。

综上，二审及原再审未分清双方的合同权利义务和责任，认定《承诺协议》效力错误，案件处理结果不妥，再审应予纠正。建设公司部分申诉请求成立，再审予以支持。

要旨解析

该案是一个建设工程施工合同纠纷，先后历经四次审理，涉及复杂的履行合同争议，再审经过对事实的详尽查证、对双方法律和合同权利义务的分析，做出的判决很好地解决了纠纷，为类似案件提供了一个很好的借鉴案例。该案核心争议问题是一个问题的两个方面：事实方面为，5# 楼外墙保温层为什么没有做，是发包人取消不做，还是承包人有意隐瞒不做；法律方面为，在查明该事实的基础上承包人应如何承担责任。关于事实查证方面，再审判决已经详细说理，分析证据采信，这里不赘述。主要谈一下对国家法律法规或有关工程施工标准中有强制性要求的施工工序和措施等，如发包人和承包人协商进行改变，就如该案中的商品房外墙保温层施工被发包人房地产公司和承包人建设公司协商取消了，此种协议的效力及可能产生的法律后果。

外墙保温是建筑物节能的一种有效措施。国务院 2008 年颁布的《民用建筑节能条例》是民用建筑节能管理的一部基础性行政法规，对民用建筑节能，特别是针对新建建筑降低能源消耗，提高能源利用效率做了较为详细的规定。第十二条第二款规定："对不符合民用建筑节能强制性标准的，不得颁发建设工程规划许可证。"第十四条第一款规定："建设单位不得明示或者暗示设计单位、施工单位违反民用建筑节能强制性标准进行设计、施工，不得明示或者暗示施工单位使用不符合施工图设计文件要求的墙体材料、保温材料、门窗、采暖制冷系统和照明设备。"第十六条规定："施工单位应当对进入施工现场的墙体材料、保温材料、门窗、采暖制冷系统和照明设备进行查验；不符合施工图设计文件要求的，不得使用。工程监理单位发现施工单位不按照民用建筑节能强制性标准施工的，应当要求施工单位改正；施工单位拒不改正的，工程监理单位应当及时报告建设单位，并向有关主管部门报告。墙体、屋面的保温工程施工时，监理工程师应当按照工程监理规范的要求，采取旁站、巡视和平行检验等形式实施监理。未经监理工程师签字，墙体材料、保温材料、门窗、采暖制冷系统和照明设备不得在建筑上使用或者安装，施工单位不得进行下一道工序的施工。”第十七条规定：“建设单位组织竣工验收，应当对民用建筑是否符合民用建筑节能强制性标准进行查验；对不符合民用建筑节能强制性标准的，不得出具竣工验收合格报告。”在该条例的法律责任一章，还对建设单位、施工单位、监理单位等违反上述规定的法律后果做了详细规定。从上述法律规定可知，新建商品房的外墙保温节能属于强制性节能标准。各省级政府根据该条例制定了地方性条例，并在此基础上形成了地方民用建筑节能设计标准。

再审判决认定本案发包人房地产公司和承包人建设公司虽然未签订协议明确取消5#楼的外墙保温层，但通过双方协商及后续实施的行为可以推定双方就5#楼不做外墙保温层达成了默契。此种行为的效力仍然要根据原《合同法》第五十二条（现为《民法典》第一百五十三条、第一百五十四条）的相关规定进行判断。可以从两个方面判断发包人与承包人协商取消商品房外墙保温层的行为无效。一是该行为明显违反行政法规的强制性规定。前面已经详细叙述了相关法律规定。二是该行为还损害了他人合法权益。商品房是开发商建设用于销售给他人居住的房屋，发包人与承包人协商取消行政法规定明确规定应施工的外墙保温层，导致商品房保温性能不佳，将对商品房购买人的权益造成损害。因而，再审认定该行为无效正确。在双方对5#楼保温层未做均有过错的情况下，再审判决根据损失不确定的状态，驳回房地产公司对因该问题导致的逾期备案损失诉讼请求，处理恰当。

该案还有一个争议的问题就是建设公司以其未施工而是由甲方房地产公司另行单独发包的个别项目没有资料为由，拒绝提交工程整体结算资料。再审判决对此做了充分说理。笔者也认同再审判决观点，即承包人在工程竣工后需要提交自己施工部分工程结算资料，对发包人另行单独发包的个别项目，承包人没有提交施工结算资料的义务，但也不能以此抗辩拒绝提供自己施工部分的结算资料。

编写人：龚雪林

再审合议庭成员：龚雪林　江都颖　谢丽萍

7. 招投标双方未签订书面合同不影响双方之间成立建设工程施工合同法律关系

——某建设工程有限公司与赣州某建设投资（集团）有限公司建设工程施工合同纠纷二审案

裁判要旨

投标人发出的投标文件（要约）和招标人发出的中标通知书（承诺）均已符合书面合同的形式要件，招投标双方当事人虽未签订正式书面合同并不影响双方之间成立建设工程施工合同的法律关系，任何一方拒绝履行都应承担违约责任。

案例索引

一审：江西省赣州市中级人民法院（2016）赣07民初262号

二审：江西省高级人民法院（2017）赣民终325号

基本案情

上诉人（一审原告）：某建设工程有限公司（以下简称建设公司）。

被上诉人（一审被告）：赣州某建设投资（集团）有限公司（以下简称投资公司）。

建设公司向一审法院起诉请求：判令投资公司赔偿建设公司经济损失共计10345361.6元（包括：报名及购买招标文件费用945元、差旅费54676元、投标保证金利息30286元、履约保证金利息443352元、工程交易综合服务费36000元、因项目取消造成的潜在收入损失9046102.6元、项目管理人员工资损失384000元、因项目取消造成的与第三方合同违约损失350000元）。

2013年6月投资公司作为招标人，对赣州开发区下排安居小区等安居公寓项目五标段杨梅四期东区项目建设工程进行公开招标。建设公司依法参与投标，并依约于2013年6月24日向投资公司交纳了投标保证金3245000元（其中五标段投标保证金为152万元、六标段投标保证金为123万元、七标段投标保证金为18.5万元、八标段投标保证金为31万元）。2013年7月3日，投资公司向建设公司发出赣开中字〔2013〕34号《中标通知书》，载明：由建设单位投资公司招标的赣州开发区下排安居小区等安居公寓项目五标段（杨梅四期东区项目），建设地点赣州开发区，预算造价76349711.03元，面积49875.22平方米，结构地下一层、地上十一层、十八层不等。于2013年6月28日开标后，经评标委员会评审，投资公司研究决定并报招投标监督机构备案，现确定建设公司为中标人。（1）中标价为：陆仟玖佰伍拾捌万伍仟肆佰零肆元玖角壹分（69585404.91元）。（2）中标工期自2013年7月开工，2014年12月竣工，工期为540日历天。（3）工程质量要求达到国家施工验收规范：合格标准。……（6）中标工程承包范围：工程量清单及施工图纸所对应的相关专业工作内容。中标人收到中标通知书后，应在2013年7月8日前按照招标文件和中标人的投标文件规定提交履约保证金，并在中标人确定履约保证金到账后3天内与招标人签订施工合同。……其后，建设公司依约向投资公司交纳了5220000元履约保证金（其中3245000元投标保证金转为履约保证金，2013年7月8日，建设公司另行交纳了1975000元履约保证金）、工程交易综合服务费36000元，并依照投资公司的要求将相关工程技术人员（建造师、施工员、质检员、造价员、安全员、材料员）的证件押在赣州开发区项目建设办公室。但此后投资公司并未通知中标人建设公司签订书面的建设工程施工合同。直至2015年7月14日投资公司向建设公司发出《告知函》，明确表示该公司公开招标的赣州开发区下排安居小区等安居公寓项目五标段（杨梅四期东区项目），因规划调整，根据赣州经济技术开发区管委会的研究决定，该项目取消。因项目取消，招投标双方就损失赔偿问题多次协商，但均未果，建设公司遂诉至一审法院。

二审另查明，2013年9月份左右，闫某代表建设公司与尹某庆、朱某连夫妇签订了赣州开发区下排安居小区等安居公寓项目五标段（杨梅四期东区项目）《清包工施工合同》。合同签订后，由于招标人原因，工程迟迟未开工，闫某于2015年2月份转账支付给朱某连15万元，作为补偿款。直至2016年5月，在项目确定因故取消后，作为案涉工程项目负责人，闫某受建设公司的委托，处理和尹某庆协商终止《清包工施工合同》履行及违约赔偿事宜，并与尹某庆、朱某连订立《合同终止协议》。2016年6月8日闫某从其个人账户再次将20.24万元转入尹某庆妻子朱小连银行账户。至此，建设公司与尹某庆、朱某连签订的《清包工施工合同》解除，且《合同终止协议》中约定的赔偿金35万元全部付清。

2013年6月27日建设公司向投资公司递交《江西省房屋建筑和市政基础设施工程施工招标投标文件》中包括赣州开发区下排安居小区等安居公寓项目五标段杨梅四期东区项目《工程量清单计价投标报价汇总表》一份，该份汇总表载明：建筑面积：49875.22平方米，投标总报价：69585404.91元，工程项目费用构成：建筑51829012.85元、装饰10320727.49元、安装7435664.57元。投标总报价构成：不可竞争费包括安全文明施工费用1353170.33元、规费2382815.03元、税金2337546.97元、其他项目费2837310元；可竞争费包括分部分项工程费53211945.11元、技术措施项目费7360156.92元、组织措施项目费102460.55元；其中企业管理费983434.64元、利润1010323.82元、工程项目材料费40350260.23元、工程项目机械费4623379.88元。说明：投标人已认真分析招标控制价，并参考招标控制价自行编制投标总报价，包含了招标人提供的工程量清单范围内全部工作内容的费用。

裁判结果

一审判决：一、投资公司在本判决生效之日起十五日内按中国人民银行公布的同期同类贷款基准利率计算并支付建设公司保证金占用期间利息，计算方式为：以3245000元为基数从2013年6月24日起计算至2013年7月8日止，以4698000元为基数从2013年7月8日起计算至2013年8月30日止，以522000元为基数从2013年7月8日起计算至2015年10月27日止；二、投资公司在本判决生效之日起十五日内支付建设公司损失（项目管理人员工资及交易综合服务费）共计420000元；三、驳回建设公司的其他诉讼请求。

建设公司不服提出上诉。二审判决：一、维持一审判决第一项、第二项；二、变更一审判决第三项为：投资公司于本判决生效之日起十五日内支付建设公司预期利益损失101032.38元；三、投资公司于本判决生效之日起十五日内支付建设公司因项目取消造成的与第三方合同违约赔偿的损失350000元；四、驳回建设公司的其他诉讼请求。

裁判理由

二审认为，一、关于投资公司应否向建设公司赔偿利益损失5566832元的问题。涉案工程经投资公司以公开招标的形式向相关施工单位进行招标，而建设公司依据招标文件向投资公司发出《江西省房屋建筑和市政基础设施工程施工招标投标文件》，投资公司依该文件向建设公司出具了中标通知书。招标人投资公司的招标公告是要约邀请，投标人建设公司投标属于要约，投资公司发出中标通知书实质上是招标人对其经评标委员会评审确定的中标人建设公司的承诺，是招标人同意中标人建设公司要约的意思表示，其法律性质是承诺行为，发生合同法关于承诺的效力。该中标通知书到达建设公司时，双方之间的建设工程施工合同成立并生效。虽然之后双方没有签订书面的建设工程施工合同，但由于中标通知书中包含了建设工程施工合同的基本要素，故未签订书面合同并不影响双方之间成立建设工程施工合同关系。投资公司认为没有签订书面合同，故双方之间的合同关系未成立的理由不能成立。具体理由如下：根据原《合同法》第十三条“当事人订立合同，采取要约、承诺方式”，第十四条“要约是希望和他人订立合同的意思表示，该意思表示应当符合下列规定：（一）内容具体确定；（二）表明经受要约人承诺，要约人即受该意思表示约束”以及第十五条“要约邀请是希望他人向自己发出要约的意思表示。寄送的价目表、拍卖公告、招标公告、招股说明书、商业广告等为要约邀请。商业广告的内容符合要约规定的，视为要约”的规定，案涉投标文件的内容具有足以使得合同成立的主要条款，且投标文件表明投标人的主观目的是缔结合同，中标后将受投标文件的约束。同时，《招标投标法》第四十五条的规定，明确了中标通知书的法律效力和对双方当事人的法律约束力。当招标人向中标人发出中标通知书，表示招标人接受该投标人的要约并向其发出中标通知书的行为，应属承诺。中标通知书到达中标人时，招标人与中标人既有要求对方签订施工合同的权利，也有及时配合对方签订施工合同的义务。《招标投标法》第四十六条的规定进一步强化了中标通知书对双方的法律约束力，招投标双方应在中标通知书发出后30日内，依据招投标文件所确定的内容，签订书面合同。另外，原《合同法》第十一条规定，书面形式是指合同书、信件和数据电文（包括电报、电传、传真、电子数据交换和电子邮件）等可以有形地表现所载内容的形式。投标人发出的投标文件（要约）和招标人发出的中标通知书（承诺）显然均已符合书面形式的要求，招投标双方当事人未签订书面合同并不影响双方之间成立建设工程施工合同的法律关系，任何一方拒绝履行都应承担违约责任。

原《合同法》第一百一十三条第一款规定，当事人一方不履行合同义务或者履行合同义务不符合约定，给对方造成损失的，损失赔偿额应当相当于因违约所造成的损失，包括合同履行后可以获得的利益，但不得超过违反合同一方订立合同时预见到或者应当预见到的因违反合同可能造成的损失。因此，投资公司承担违约责任除赔偿直接损失外，还应包括合同履行后可以获得的预期利益，但以合同一方订立合同时预见到或者应当预见到的因违反合同可能造成的损失为赔偿上限。二审已查明，建设公司向投资公司递交《江西省房屋建筑和市政基础设施工程施工招标投标文件》中包括赣州开发区下排安居小区等安居公寓项目五标段杨梅四期东区项目《工程量清单计价投标报价汇总表》一份，明确载明利润为1010323.82元。建设公司上诉提出合同履行后可以获得的利益损失5566832元（按照中标价69585404.91元的8%计算而来）应当由投资公司承担，因仅凭现有的证据无法证明工程项目存在预期收益5566832元，故该上诉主张不予支持。综合本案实际情况，根据双方当事人基本利益平衡的公平原则和民商事活动诚实信用的原则予以衡量，兼顾当事人的过错程度以及预期利益等综合因素，二审参照案涉工程五标段（杨梅四期东区项目）利润金额为基数酌情在10%利润的范围内作为预期利益赔偿金向建设公司支付101032.38元（1010323.82×10%=101032.38），以弥补建设公司的违约损失。

二、关于投资公司应否向建设公司赔偿因项目取消造成的建设公司与第三方合同违约损失350000元的问题。建设公司与尹某庆、朱某连签订的《清包工施工合同》已解除，且《合同终止协议》中约定的赔偿金35万元全部付清。该笔违约赔偿金款项系因招标人投资公司取消中标项目所引致，且赔偿金35万元较之《清包工施工合同》约定的以合同总价款3%计算的违约金484960.86元（326元/平方米×49587平方米×3%=484960.86元）而言，亦具有合理性、正当性。因此，在建设公司已经实际支付全部违约赔偿金的情况下，依据原《合同法》第四十二条的规定，以及案涉工程《招标文件》第二部分第8.2.3条的约定，建设公司上诉主张要求投资公司赔偿因项目取消造成的建设公司与第三方合同违约损失 350000 元，有事实与法律依据，应予以支持。

要旨解析

本案涉及招投标双方当事人在招标、投标完成后，未签订书面合同，应当承担什么责任的问题。实践中，该问题存在两种观点：观点一认为，投标人发出的投标文件（要约）和招标人发出的中标通知书（承诺）均已符合建设工程施工合同书面形式的要求，招投标双方当事人未签订书面合同并不影响双方之间成立建设工程施工合同的法律关系，任何一方拒绝履行都应承担违约责任。观点二认为，招标人发出中标通知书后，一方不与对方订立书面合同的，不承担违法建设工程施工合同责任，此时合同尚未订立，招投标的当事人承担的民事责任应属缔约过失责任；如果招标人发出中标通知书后不与中标人签订合同，应当退还投标保证金及投标人的其他实际损失；如果中标人不与招标人签订合同的，应当承担招标人重新招标所遭受的实际损失的责任；如果双方对中标通知书发出后，一方不与对方签订书面合同的责任有约定的，按照约定依法处理。

本案采用了观点一。理由如下：根据原《合同法》第十三条规定，"当事人订立合同，采取要约、承诺方式"；第十四条规定："要约是希望和他人订立合同的意思表示，该意思表示应当符合下列规定：（一）内容具体确定；（二）表明经受要约人承诺，要约人即受该意思表示约束"；第二十一条规定："承诺是受要约人同意要约的意思表示"；第二十五条规定："承诺生效时合同成立"。招投标为订立合同的一种方式，也应遵守上述要约和承诺的规则。根据合同订立的一般规则，招标人发布招标公告，目的在于邀请投标人投标。招标人发布招标通知之后，并不当然要订立合同，因此招标行为仅为要约邀请。投标行为的法律性质则为要约行为，投标文件中包含将要订立的合同具体条款，只要招标人宣布中标，双方就可据此签订合同，因此作为要约的投标行为具有法律约束力。确定中标人行为的法律性质即为承诺行为，招标人发出中标通知书宣布确定中标人后，就是对中标人的承诺。《招标投标法》第四十五条规定，"中标人确定后，招标人应当向中标人发出中标通知书，并同时将中标结果通知所有未中标的投标人。中标通知书对招标人和中标人具有法律效力。中标通知书发出后，招标人改变中标结果的，或者中标人放弃中标项目的，应当依法承担法律责任"。根据合同法的上述规定，承诺通知到达要约人时生效，承诺生效时合同成立。中标通知书就是招标人发出的承诺，到达中标人后，招标人的承诺即生效，双方之间的合同即成立并生效。如未按合同约定履行义务，根据原《合同法》第一百一十三条第一款规定，"当事人一方不履行合同义务或者履行合同义务不符合约定，给对方造成损失的，损失赔偿额应当相当于因违约所造成的损失，包括合同履行后可以获得的利益，但不得超过违反合同一方订立合同时预见到或者应当预见到的因违反合同可能造成的损失"。

本案中，涉案工程经投资公司以公开招标的形式向相关施工单位进行招标，建设公司依据招标文件向投资公司发出《江西省房屋建筑和市政基础设施工程施工招标投标文件》，案涉投标文件的内容具有足以使得合同成立的主要条款，投资公司依该文件向建设公司出具了中标通知书，中标通知书包含了建设工程施工合同的基本要素，至此双方当事人要约和承诺行为已经完成，双方之间的建设工程施工合同已经成立并生效。后投资公司向建设公司发出项目取消的《告知函》，投资公司应承担相应违约责任，除赔偿直接损失外，还应包括合同履行后可以获得的预期利益，但以合同一方订立合同时预见到或者应当预见到的因违反合同可能造成的损失为赔偿上限。

编写人：陈　慧

二审合议庭成员：胡国运　陶松兵　刘伟伟

8. 工程未竣工不影响权利人依法主张工程价款优先受偿权

——江西某建筑工程公司与江西省某工业有限公司建设工程合同纠纷二审案

裁判要旨

建设工程价款优先受偿权不是合同权利而是法定权利，工程完工并经竣工验收并不是承包人工程价款优先受偿权的先决条件。只要符合法定的条件，未竣工工程的承包人对未完工工程也享有建设工程价款优先受偿权。

案例索引

一审：江西省南昌市中级人民法院（2014）洪民一初字第15号

二审：江西省高级人民法院（2017）赣民终491号

基本案情

上诉人（一审原告）：江西某建筑工程公司（以下简称建筑公司）。

被上诉人（一审被告）：江西省某工业有限公司（以下简称工业公司）。

建筑公司向一审法院起诉请求：1. 确认建筑公司对其承建的16号、17号、18号、19号、20号、21号工业公司《英雄商城》项目工程享有优先受偿权，判处工业公司支付工程价款35635196.2元及逾期付款利息（从起诉之日起计算）；2. 判令工业公司因违约行为赔偿其200万元经济损失。

2013年1月7日，建筑公司与工业公司签订《工业公司〈英雄商城〉土建工程施工合同》，约定：工业公司《英雄商城》项目16号、17号、18号、19号、20号、21号商品房土建、水、电、消防、防水、门窗、护栏安装、节能保温、建筑连接地下管网、化粪池及外装饰等相关工程发包给建筑公司。工期从2012年10月8日至2013年8月15日，合同工期总日历天数285天。承包方式：单价承包（含建筑单价及各项检测费）。合同暂定价（按固定单价乘以预算建筑面积），16号商品房定价6378027.02元（6150.46平方米），17号商品房定价7013583.58元（6763.34平方米），18号商品房定价6378027.02元（6150.46平方米），19号商品房定价7013583.58元（6763.34平方米），20号商品房定价4685539.32平方米（4518.36平方米），21号商品房定价7013583.58元（6763.34平方米），合计暂定总价为38482344.1元。单价固定：16号、17号、18号、19号、20号、21号商品房定价按每平方米1037元计算。单价包括本合同附件要求为完成本合同约定的工作内容所需要的人工、材料、机械设备和为完成施工项目所必需的临时设施等一切费用（包括直接费、间接费、桩基检测、外墙保温检测、消防检测等各项检测费、税金和利润）。建筑公司须完成所有本合同约定的工作内容后方可按约定单价结算。合同价款的调整因素：除设计变更增减工作内容外，实际施工的工作内容均视为包含在固定单价范围内，建筑公司均不得以市场因素变化、超过约定工作内容等任何主、客观理由要求调整约定单价增加费用。未按本合同附件要求施工，如事先征得了工业公司同意，则单价据实核定，如未经工业公司事先同意，因此造成费用增加则增加费用自担等。工程量计量方法：16号、17号、18号、19号、20号、21号楼建筑决算时按单价乘以房管局产权测绘建筑面积计算。合同价款及进度款的支付：16号、17号、18号、19号、20号、21号建筑全部封顶、完成外墙节能保温及验收、外墙装饰（不以单栋建筑完成上述工作为支付进度款依据）支付合同暂定价的50%工程款（即19241172.05元），钢材甲供则应扣回已发生的甲供材料款的70%。室内水、电、消防设备安装全部完工，基础设施（建筑物连接的地下管网及化粪池等）完工，建筑门窗、扶梯、护栏安装完成，经工业公司整体验收，全部工程通过政府各部门竣工验收合格取得竣工验收备案表，工程结束后2个月内取得竣工验收备案表，根据房产测绘确定面积，建筑公司提交工程结算书并经双方结算确认工程款，在完成上述所有事项后（不以单栋建筑完成上述工作为支付进度款依据）第二次支付合同结算价的45%（即17317054.85元），钢材甲供则应将已发生的甲供材料款扣回至100%。剩余5%工程款作为质量保证金，在质保期届满后10日内由工业公司无息返还建筑公司。工程质保期为工程验收后1年。合同附件“其他事项”约定，甲供钢材，价格固定为每吨4000元，价款包含在建筑公司承包单价中，在支付工程款时按照合同约定予以扣回。本合同已固定单价，开工后所有工程量签证单无效。2013年1月16日《工程技术核定单》上记载“合同中其他事项第2条约定：本合同已固定单价，开工后所有工程量签证单无效，现场如果因甲方（工业公司）原因产生的增加工程量如何处理？核定意见：现场签证单须经监理单位和建设方现场管理人员签字盖章认可，方可进入结算”。监理单位、设计单位、建设单位栏均有盖章和相关人员签字。

根据开工报告记载的开工时间为2012年10月1日，即双方在2013年1月7日签订合同前已经开始施工，在施工过程中，建筑公司、工业公司、监理单位、设计单位、地质勘测单位先后对部分单项工程进行了验收。后因工业公司未按照约定给付工程款，建筑公司停止了施工。在诉讼过程中，法院根据建筑公司的申请委托江西华赣司法鉴定中心对涉案工程造价进行了鉴定，鉴定机构作出的华赣（2017）司建鉴字第018号《建筑工程造价鉴定意见书》确定如下：16号、17号、18号、19号、20号、21号商品房土建及水电工程已完成工程造价为35345591.22元，其中有验收记录的工程造价为26221752.84元，另外签证部分工程造价289605元。

建筑公司向一审法院提交的起诉状中记载，工业公司已支付250万元工程款，用五辆汽车抵扣工程款22万元，工业公司供应的钢材金额为4578317元，后建筑公司又要求删除。

裁判结果

一审判决：一、工业公司于判决生效后十日内给付建筑公司工程款19213040.84元及利息（利息从2014年2月13日起，以工程款19213040.84元为本金，按照中国人民银行发布的同期同类贷款利率计息至工程款付清时为止）；二、驳回建筑公司其他诉讼请求。

建筑公司不服提出上诉。二审判决：一、维持一审判决第一项；二、撤销一审判决第二项；三、建筑公司对19213040.84元工程款享有优先权；四、驳回建筑公司其他诉讼请求。

裁判理由

二审认为，关于建筑公司主张对16#—21#楼工程价款享有优先受偿权，工程是否竣工不是能否支持工程价款优先受偿权的法定条件的问题。建设工程价款的优先受偿权是以欠付工程款为前提，即使工程未竣工，并不影响权利人依法主张工程价款优先受偿权。本案中，建筑公司就16#—21#楼工程在2013年1月7日与工业公司签订一份《工业公司〈英雄商城〉土建工程施工合同》，约定合同工期从2012年10月8日至2013年8月15日，在施工过程中，因工业公司未按照约定给付工程款，建筑公司停止了施工。工程虽然尚未完工，但未完工系工业公司拖欠工程款导致。施工人在2014年2月13日起诉，即使按照合同约定的竣工之日起计算优先受偿权行使期限，其在法定期限六个月内主张了优先权。故建筑公司上诉主张对16#—21#楼共计26511357.84元工程款享有优先受偿权，有事实和法律依据，应予支持。对一审确认的工业公司应支付的工程款为19213040.84元予以维持。

要旨解析

本案涉及未完工程的承包人是否享有工程价款优先受偿权的问题。1999年10月1日起施行的原《合同法》第二百八十六条（现为《民法典》第八百零七条）规定："发包人未按照约定支付价款的，承包人可以催告发包人在合理期限内支付价款。发包人逾期不支付的，除按照建设工程的性质不宜折价、拍卖的以外，承包人可以与发包人协议将该工程折价，也可以申请人民法院将该工程依法拍卖。建设工程的价款就该工程折价或者拍卖的价款优先受偿。"最高人民法院在《2011全国民商事会议纪要》第4条第2项中就未竣工工程的承包人是否享有优先受偿权的问题进行了说明，"非因承包人的原因，建设工程未能在约定期间内竣工，承包人依据合同法第二百八十六条规定享有的优先受偿权不受影响"。2019年2月1日起施行的《建设工程施工合同司法解释（二）》（法释〔2018〕20 号）第二十条规定：“未竣工的建设工程质量合格，承包人请求其承建工程的价款就其承建工程部分折价或者拍卖的价款优先受偿的，人民法院应予支持。”2021 年 1 月 1 日起施行的《民法典》第八百零七条保留了上述合同法第二百八十六条的内容。2021 年 1 月 1 日起施行的《建设工程施工合同司法解释（一）》（法释〔2020〕25 号）第三十九条保留了上述法释〔2018〕20 号第二十条的规定。从上述规定内容可知，建设工程价款优先受偿权不是合同权利而是法定权利，工程完工并经竣工验收并不是承包人享有工程价款优先受偿权的先决条件，只要符合法定的条件，承包人对未完工工程也享有建设工程价款优先受偿权。承包人享有工程价款优先受偿权的条件一般为：一是承包人的债权是基于建设工程施工合同的约定；二是承包人按照合同约定履行了相关施工义务，但并不以工程竣工验收为必要条件；三是发包人未按约支付工程价款时，承包人应先进行催告，经催告后仍未支付的，可以通过与发包人协议折价及申请法院将该工程依法拍卖等方式实现；四是工程合格，且排除因建设工程未竣工无法被结算的部分及因质量验收不合格也不能修复的部分。本案中建筑公司虽然没有完成工程的施工，但法院查明了工程停工的原因系因发包人工业公司原因所致，因而二审认定建筑公司对该未完工程价款享有优先受偿权符合法律规定。

对于未竣工的建设工程价款优先受偿权，发包人应当给付建设工程价款之日如何确定。首先，双方有约定的从约定。其次，在建设工程施工合同未约定或约定不明的情况下，需要依照《建设工程施工合同司法解释（一）》第二十七条的规定区分情况予以认定。该条规定：“当事人约定，发包人收到竣工结算文件后，在约定期限内不予答复，视为认可竣工结算文件的，按照约定处理。承包人请求按照竣工结算文件结算工程价款的，人民法院应予支持。”如建设工程实际交付的，以建设工程交付之日为应付款时间；建设工程未交付，建设工程价款也未结算时，以起诉之日应付款时间。即综合考虑工程款数额确定、付款条件成就等情况确定具体时间。本案中，建筑公司与工业公司签订的《工业公司〈英雄商城〉土建工程施工合同》约定合同工期从 2012 年 10 月 8 日至 2013 年 8 月 15 日，建筑公司停工后于 2014 年 2 月 13 日起诉。根据当时的法律规定，二审法院认定建筑公司享有建设工程优先受偿权，且从建设工程合同约定的竣工之日起计算，并未超过六个月。

编写人：陈　慧

二审合议庭成员：王慧军　段亦枫　魏　巍

9. 建筑施工企业项目负责人使用伪造的公司印章签署合同，构成表见代理的，建筑施工企业应承担责任

——某建设集团股份有限公司与黄某芽、陈某1、陈某2、某建设集团（江西）建设有限公司建设工程施工合同纠纷二审案

裁判要旨

建筑施工企业任命的项目负责人以项目部名义对外签订与特定工程密切相关的合同，并加盖建筑施工企业公章，因该枚公章曾多次对外使用，其他加盖该枚公章的合同已实际履行，建筑施工企业未提出异议，即使该公章系伪造的，在合同相对人是善意的情况下，可以认定项目负责人的行为对建筑施工企业构成表见代理，建筑施工企业应承担相应法律责任。

案例索引

一审：江西省赣州市中级人民法院（2017）赣07民初76号

二审：江西省高级人民法院（2018）赣民终265号

基本案情

上诉人（原审被告）：某建设集团股份有限公司（以下简称建设集团）。

被上诉人（原审被告）：陈某1。

被上诉人（原审被告）：陈某2。

原审被告：某建设集团（江西）建设有限公司（以下简称建设集团江西公司）。黄某芽向一审法院起诉请求：判令建设集团、建设集团江西公司、陈某1、陈某2返还履约保证金600万元及利息。

建设集团中标本案工程项目后，于2013年11月与赣州城投工程管理有限公司订立了《赣州市章江新区农民返迁房项目（第四标段）BT模式投资建设施工合同》，约定：工程地点为章江新区K3、K5、K22地块，资金来源为BT模式投资，工期为36个月（开工日期以开工令为准），合同价款暂定为138291.1万元。2014年2月24日，陈某1以某建设集团股份有限公司赣州项目部（以下简称中太项目部）的名义与黄某芽订立了《建设工程施工内部承包协议》，约定：由黄某芽承建上述中标项目K5地块4栋项目，建筑面积不少于65000平方米，总造价约1亿元；承包范

围包括土建工程含基础、主体工程、水电消防、门窗工程等，承包方式为包工包料；黄某芽按所承建面积每平方米100元向中太项目部缴纳履约保证金，于本合同签订时汇入中太项目部指定的账户。甲方落款处盖有建设集团刻有五角星的公章及陈某1的签字，黄某芽在乙方落款处签字。合同签订前后，黄某芽通过转账方式交纳了600万元（其中2014年1月29日汇给杨某款项100万元、2月20日汇给陈某2款项2100万元、2月24日汇给陈某1款项1200万元、3月3日汇给陈某1款项1100万元、3月5日汇给陈某1款项1100万元）履约保证金。2014年3月1日，陈某1向黄某芽出具一张盖有建设集团刻有五角星公章的《收据》，载明：交款人为黄细芽，收款方式为转账，金额为600万元，收款事由为农民返迁房第四标段K5地块。黄某芽交纳上述款项后，未能进场施工。2014年4月16日，陈某1以中太项目部的名义与刘某生订立了《建设工程施工内部承包协议》，约定：由刘某生承包赣州市章江新区农民返迁房项目（第四标段）工程中章江新区K3地块第四标段项目，包括土建工程含基础、主体工程、水电消防、门窗工程等，承包方式为包工包料、包质量、包工期、包安全生产、包文明施工和包竣工验收。甲方落款处盖有中太集团公司刻有五角星的公章及陈某1的签字，刘某生在乙方落款处签字。2016年7月9日建设集团发表声明，称其于2016年7月9日解除陈某1担任赣州市章江新区农民返迁房项目第四标段项目负责人所有授权，涉及陈某1个人所实施的行为及产生的相关债务，概与公司无关，并将该声明在2016年7月20日的《赣南日报》上登载。2016年7月15日，建设集团与刘某生团队（刘某生、黄某、严某松）、陈某1三方订立《赣州市章江新区农民返迁房项目第四标段（K22）地块补充协议书》，约定：陈某1自愿放弃参与章江新区农民返迁房项目第四标段（K22）地块的施工，由刘某生团队负责具体后期实施；刘某生团队承担由陈某1与刘某生、黄某、严某松、湖北民新劳务公司、孙某国、蓝某奖六人发生的借贷关系所产生的一切债务；由刘某生团队、陈某1引起的债权债务关系与建设集团无关，产生的一切问题由刘某生团队、陈某1各自承担。甲方落款处盖有建设集团合同专用章及吴某国、王某的签字，刘某生、黄某、严某松在乙方落款处签字，陈某1在丙方落款处签字。同日，陈某1发表声明，称其以赣州市章江新区农民返迁房项目第四标段（K3、K5、K22地块）名义进行的资金借贷中，除刘某生、黄某、严某松、湖北民新劳务公司熊某、孙某国、蓝某奖（800万元）外，其他人的债务属于其个人债务，与建设集团、建设集团江西公司无关。同时，建设集团印发中建人字［2016］2号文件，任命刘某生为本案工程项目负责人，负责第四标段（K3、K5、K22地块）项目部的工作。2014年3月27日，建设集团在《河北日报》上刊登其公章丢失、作废的声明。建设集团江西公司成立于2014年8月19日，成立时建设集团为唯一股东，注册资金为5000万元，实缴出资为零元，法定代表人为陈某1。2015年10月14日该公司的投资人变更为中航信托股份有限公司，注册金额为5000万元，实缴出资为零元。陈某1于2014年2月17日、25日、5月16日、6月23日、24日和8月20日分别向建设集团交纳项目工程保证金（或投资押金）1000万元、1000万元、200万元、280万元、20万、250万元，合计2750万元。

裁判结果

一审判决：一、建设集团、陈某1于本判决生效之日起十日内共同归还黄某芽履约保证金600万元及其利息（从2014年3月5日起按照中国人民银行同期同类贷款基准利率计息，计算至付清之日止）；二、驳回黄某芽的其他诉讼请求。

建设集团不服，提起上诉。二审判决：驳回上诉，维持原判。

裁判理由

二审认为，本案中，陈某1以中太项目部的名义与黄某芽订立《建设工程施工内部承包协议》，并加盖了建设集团刻有五角星的公章，在黄某芽支付了600万元履约保证金后，陈某1未将合同约定的工程交黄某芽施工，亦未向黄某芽返还该600万元履约保证金。黄某芽起诉要求陈某1与建设集团等共同返还该600万元履约保证金，建设集团抗辩认为，陈某1使用伪造其公司的公章与黄某芽订立的合同，与其无关，其不是本案适格的主体，不应承担责任。经查，建设集团在与业主单位订立的《建设工程施工合同》中，虽没有确定其在本案工程项目的负责人，但其在2016年7月9日发表的《声明》中，表示其于当日“解除陈某1担任赣州市章江新区农民返迁房项目第四标段项目负责人的所有授权，涉及陈某1个人所实施的行为及产生的相关债务，概与公司无关。”结合陈某1在2014年2月17日至8月20日期间，向建设集团交纳了2750万元项目保证金的事实，可以认定陈某1在2014年2月17日至2016年6月7日期间，是经建设集团授权的本案工程第四标段的项目负责人，其在2014年2月24日以中太项目部的名义与黄某芽订立的与本案工程第四标段有关联的《建设工程施工内部承包协议》，应是在建设集团授权期间对外订立合同的行为。陈某1在其担任本案工程项目第四标段负责人期间，曾多次使用建设集团刻有五角星的公章与他人（如刘某生等人）订立合同，且所订立的部分合同已经实际履行，建设集团对该实际履行的合同并无异议。该事实表明，即使陈某1使用了伪造的建设集团公章与黄某芽订立合同，亦是为了本案工程项目的顺利实施而便宜行事的行为，所订立的合同内容并没有损害建设集团的利益，且黄某芽在向陈某1交纳600万元履约保证金后，陈某1向建设集团交纳了共计2750万元的项目保证金，不排除陈某1将黄某芽交纳的履约保证金转交给了建设集团。故陈某1在其作为本案工程第四标段项目负责人期间，与黄某芽订立《建设工程施工内部承包协议》的行为，是代表建设集团的签约行为，建设集团应是本案合同的相对方。建设集团认为其与本案合同无关，不应返还履约保证金，理由不能成立。黄某芽在建设集团（陈某1）未将合同约定的工程交给其施工的情况下，要求建设集团返还其交纳的履约保证金的理由成立。

要旨解析

本案主要涉及两个方面的问题：一是建筑施工企业的项目负责人以工程项目部的名义对外从事民事法律行为的责任由谁承担，二是建筑施工企业的项目负责人对外从事民事活动时在相关文件上加盖施工单位公章，建筑施工企业主张相关文件上加盖的公章系伪造的，并以此为由抗辩不承担相应法律责任，该如何处理。具体分析如下：

一、关于项目负责人以工程项目部的名义对外从事民事法律行为的责任由谁承担的问题。笔者认为应从是否构成委托代理、职务代理、表见代理三个方面进行审查，构成委托代理、职务代理或表见代理的，行为人实施的民事法律行为对建筑施工企业发生效力，法律后果由建筑施工企业承担。反之，则由行为人承担。是否构成委托代理可以通过审查项目负责人是否取得了建筑施工企业的授权委托书来认定。关于职务代理的认定问题。原《民法总则》第一百七十条规定："执行法人或非法人组织工作任务的人员，就其职权范围内的事项以法人或者非法人组织的名义实施民事法律行为，对法人或者非法人组织发生效力。法人或者非法人组织对执行其工作任务的人员职权范围的限制，不得对抗善意相对人。"《民法典》第一百七十条规定与此一致。因此，对于工程项目部的行为是否为职务行为应根据以下两个要素判断：1. 行为人是否为建筑施工企业的工作人员；2. 是否为行使职权的行为。关于第一个要素，应根据劳动合同、社保缴纳证明、建筑施工企业的任命文件等材料审查判断。关于第二个要素，关键是对职权范围的界定。设立工程项目部的目的是为了完成特定工程项目，而建筑施工企业为实现这一目标，会派驻项目负责人具体负责项目施工管理。因此，项目部职权范围应根据项目负责人的职权认定。实践中，有的项目负责人被任命为项目经理。项目经理的职权来自于建筑施工企业的职务任命或委托授权。任命书或委托授权书中可能会载明具体的权限。另外，《建筑施工企业项目经理资质管理办法》第八条对项目经理的职权规定如下：项目经理在承担工程项目施工的管理过程中，应当按照建筑施工企业与建设单位签订的工程承包合同，与本企业法定代表人签订项目承包合同，并在企业法定代表人授权范围内，行使以下管理权力：1. 组织项目管理班子；2. 以企业法定代表人的代表身份处理与所承担的工程项目有关的外部关系，受委托签署有关合同；3. 指挥工程项目建设的生产经营活动，调配并管理进入工程项目的人力、资金、物资、机械设备等生产要素；4. 选择施工作业队伍；5. 进行合理的经济分配；6. 企业法定代表人授予的其他管理权力。因此，对项目负责人的职权范围，有任命书或授权委托书且载明职权范围的，可根据任命书或授权委托书认定。无任命书或授权委托书或未载明职权范围的，则可根据《建筑施工企业项目经理资质管理办法》第八条认定。与特定工程项目密切相关的下列事项，一般应认定为工程项目部职权范围内的事项，但有相反证据的除外：1. 与工程发包单位、设计单位、监理单位联系确认施工事宜；2. 与实际施工人签署合同、办理结算；3. 与工程发包单位、施工班组办理结算；4. 购买施工材料、租赁施工设备并办理结算。对外借款或为他人债务提供担保，除非建筑施工企业有明确授权，否则，不属于工程项目部职权范围内的事项。关于表见代理的适用问题。原《民法总则》第一百七十二条规定："行为人没有代理权、超越代理权或者代理权终止后，仍然实施代理行为，相对人有理由相信行为人有代理权的，代理行为有效。"《民法典》第一百七十二条规定与此一致。适用表见代理，应审查：1. 行为人的行为在客观上是否具备有权代理的外观；2. 相对人在主观上是否为善意且无过失地相信行为人有代理权。表见代理的实质是无权代理，包括自始未取得授权和超越权限而代理，表见代理赋予无权代理以有权代理的效力。在审查行为人以项目部名义实施的行为在客观上是否具备有权代理的外观时，除从委托授权的角度判断外，还可以参照项目部职权范围判断。但表见代理与职务代理的适用标准不同，除行为主体是否为单位职员不同外，相对人的注意义务亦不相同。"在认定标准上，表见代理的认定较为严格，对第三人的审慎义务要求较高。职务代理，鉴于交易相对人从外部无法真实地探知职务代理的范围，对第三人的审慎义务要求较低。"①

二、关于建筑施工企业主张项目负责人伪造其公章加盖于相关文件，建筑施工企业应否承担相关责任的问题。在建设工程领域，建筑施工企业除在公安机关备案的公章外，另行刻制多枚公章，交由项目部负责人或挂靠方使用，系常见现象。建筑施工企业工作人员或项目部负责人私刻施工单位公章的情况也大量存在。在发生纠纷时，建筑施工企业常以相关文件上的公章系伪造为由主张免责。笔者认为，对于该类问题应如此处理：一是应坚持"看人不看章"的原则，审查用章之人于用章之时是否有权代表或有权代理建筑施工企业实施相关的民事法律行为，有权代表或有权代理的，应由建筑施工企业承担相应的合同责任。如建筑施工企业的法定代表人使用伪造的公司公章对外签署合同，由于公司法定代表人有权代表公司，故即使其使用的是伪造的公司公章，其行为后果也应由建筑施工企业承担。二是在用章之人无权代表或无权代理的情况下，要审查加盖建筑施工企业公章从事的民事法律行为对建筑施工企业是否构成表见代表或表见代理，构成表见代表或表见代理的，由建筑施工企业承担责任。如果使用建筑施工企业公章从事民事法律行为的人具备有权代表、有权代理的外观，第三人有理由相信用章之人有权代表或有权代理建筑施工企业，则构成表见代表或表见代理。如果建筑施工企业实际使用多枚公章，即使其抗辩相关文件上加盖的公章是伪造的，但有证据证明其曾经多次使用该枚公章，且其对他人使用该枚公章从事民事法律行为无异议，则善意第三人有理由相信行为人使用该枚公章的行为系建筑施工企业的意思表示，对建筑施工企业构成表见代理。

① 曹治国、王瑜芳:《再论一般职员职务行为的效力认定——从〈民法通则〉第43条到〈民法总则〉第170条》，载《华北电力大学学报（社会科学版）》2018年第1期。

本案中，2014年2月17日陈某1以中太项目部名义与黄某芽签订的《建设工程施工内部承包协议》以及2014年3月1日出具给黄某芽的收取600万元保证金的收据上均加盖了建设集团公章。即使建设集团刻有五角星图案的公章已丢失或系伪造，因陈某1系诉争工程的项目负责人，在陈某1担任诉争项目负责人期间，其以建设集团名义与黄某芽签署《建设工程施工内部承包协议》，将相关工程转包给黄某芽，其具备有权代理建设集团的外观，黄某芽作为善意第三人无从鉴别协议上公章的真假，其有理由相信陈某1有权代理建设集团对外签署相关合同并收取保证金，且陈某1在其担任本案工程项目第四标段负责人期间，曾多次使用建设集团刻有五角星的公章与刘某生等人订立合同，与刘某生所订立的合同已经实际履行，建设集团对该实际履行的合同并无异议，这让黄某芽有理由相信建设集团认可陈某1使用该刻有五角星的建设集团的公章，进而有理由相信加盖该刻有五角星的建设集团公章的行为是建设集团的真实意思表示，因此，陈某1加盖建设集团公章与黄某芽签署《建设工程施工内部承包协议》并收取履约保证金的行为对建设集团构成表见代理。

编写人：吴玉萍

二审合议庭成员：郭卫斌　陶松兵　刘伟伟

10. 建设工程价款优先受偿权的行使期限应从工程款债权确定之日起算

——江西某农村商业银行股份有限公司与江西省某建筑工程有限公司、弋阳县某房地产开发有限公司建设工程施工合同纠纷再审案

裁判要旨

发包人与承包人的建设工程价款债权尚未确定，承包人无法行使建设工程价优先受偿权，其向发包人主张建设工程价优先受偿权的起算时间不应从竣工之日或合同约定的竣工之日起算，而应从建设工程款债权确定之日起算。

案例索引

一审：江西省上饶市中级人民法院（2014）饶中民一初字第199号

再审：江西省高级人民法院（2018）赣民再89号

基本案情

申诉人（案外人）：江西某农村商业银行股份有限公司（原名称：某县农村信用合作联社，以下简称农商银行）。

被申诉人（一审原告）：江西省某建筑工程有限公司（以下简称建筑公司）。

第三人（一审被告）：弋阳县某房地产开发有限公司（以下简称房地产公司）。

建筑公司向一审法院起诉请求：1.房地产公司支付给建筑公司工程款1673065.42元，并偿付逾期支付工程款违约金，合计人民币2232834.99元；2.建筑公司对房地产公司开发的由其承建的华晨国际楼盘在房地产公司拖欠建筑公司工程款范围内享有优先受偿权。

2012年，建筑公司与房地产公司签订弋阳县华晨国际商住楼1#、2#及地下室主体建安工程《施工合同》，房地产公司将其开发的弋阳县华晨国际商住楼1#、2#及地下室主体建安工程发包给建筑公司承包施工，双方约定施工总工期270日历天（不含桩基础工期），2012年9月10日开工，2013年6月10日竣工。合同约定了合同价款的计算方式，并约定了支付进度：工程竣工验收合格后一个月内工程款付至工程预算总价的93%、发包人收到竣工结算资料后3个月完成工程结算审核并付至结算总价款的97%、余下结算价款的3%工程款作为工程无息保修金，保修金分三次支付。合同签订后，建筑公司依约组织进场施工，施工完毕后，于2013年6月15日通过竣工验收合格。双方确认工程造价为13922429.42元。依照合同约定，房

地产公司应于2013年7月15日支付工程款93%给建筑公司，但房地产公司没有依约足额支付给建筑公司工程款。建筑公司施工工程通过房地产公司验收合格后第二个月，即2013年8月10日向房地产公司交付了竣工结算报告，依照合同约定，房地产公司收到竣工结算资料后3个月完成工程结算审核并付至结算总价款的97%，但房地产公司接到建筑公司竣工结算报告后未按约对工程结算进行审核，也没有按约足额向建筑公司支付结算工程总价款的97%。至建筑公司起诉之日，房地产公司已支付工程款12249364元，尚欠建筑公司工程款1673065.42元及违约金。2014年8月18日，房地产公司对建筑公司提交的工程结算报告审核完毕。

裁判结果

一审判决：一、房地产公司于本判决生效之日起十五日内给付建筑公司工程款1673065.42元，违约金421612.8元（违约金计算自2013年7月15日至2014年9月17日止，2014年9月18日至工程款付清之日止的违约金按应付额度的日万分之六支付）；二、建筑公司有权对其所承建房地产公司开发的华晨国际楼盘以折价或者拍卖后的价款在其应获取的工程款范围内享有优先受偿权；三、驳回建筑公司的其他诉讼请求。案外人农商银行申请再审称原审判决认定建筑公司享有建设工程价款优先受偿权存在错误，侵害其作为抵押权人享有的优先权。其再审申请被裁定驳回，向检察机关申请抗诉，检察机关提出抗诉。再审判决：维持一审判决。

裁判理由

再审认为，《最高人民法院关于建设工程价款优先受偿权问题的批复》第四条规定："建设工程承包人行使优先受偿权的期限为六个月，自建设工程竣工之日或者建设工程合同约定的竣工之日起计算"，对这一司法解释的理解和适用，应当以保障承包人工程价款优先受偿的立法目的为出发点，坚持遵循案件客观事实，尊重当事人特别约定的基本原则，而不能机械理解和适用上述司法解释关于建设工程价款优先权行使期限的起算点规定。在当事人对工程竣工时间或工程款支付时间等存在特别约定时，应当优先适用该约定，合理确定承包人行使优先权期限的起算点。本案中，建筑公司和房地产公司签订的《弋阳县华晨国际商住楼1#、2#及地下室主体建安工程施工合同》约定："发包人应在收到竣工结算资料后三个月内完成工程结算审核并付至结算总价款的97%"。但房地产公司自2013年8月10日收到建筑公司竣工结算报告后，既未按约对工程结算进行审核，也未按约足额向建筑公司支付结算工程总价款的97%，直至2014年8月18日，房地产公司才对建筑公司提交的工程结算报告审核完毕。在该结算报告审核完毕之前，建筑公司不能确定房地产公司尚欠工程款的具体数额，无法提起诉讼主张优先受偿权。故建筑公司向房地产公司主张优先受偿权行使期限应从2014年8月18日结算报告审核完毕之日起算，至建筑公司2014年10月9日提起诉讼主张优先受偿权，没有超过六个月的行使期限，故对建筑公司主张建设工程价款优先受偿权予以支持。综上，原审判决认定事实清楚，适用法律正确，处理并无不妥，应予维持。

要旨解析

本案争议的问题为建设工程价款优先受偿权行使期限起算时间如何确定。原《合同法》第二百八十六条虽然规定了建设工程价款优先受偿权，但并未规定优先受偿权的期限以及如何起算。本案审结时间在 2019 年 2 月 1 日之前，当时《建设工程施工合同司法解释（二）》尚未颁布施行，确定建设工程价款优先受偿权行使期间及起算时间的依据为 2002 年 6 月 20 日《最高人民法院关于建设工程价款优先受偿权问题的批复》，该批复第四条规定："建设工程承包人行使优先受偿权的期限为六个月，自建设工程竣工之日或者建设工程合同约定的竣工之日起计算。"根据该批复，行使建设工程价款优先受偿权期限的起算时间为工程竣工之日或约定的竣工之日，但是，该规定并不能解决实践中的许多问题，而且，该规定在理论上也忽视了建设工程价款优先受偿权的担保物权性。首先，该规定在很多情形下不具备可操作性，引发争议。一是当实际竣工时间早于或晚于约定竣工时间，应当以实际竣工时间还是约定竣工时间作为优先受偿权行使期限的起算点，该规定未能解决，实践中存在争议；二是对于未完工工程，诸如未完工而解除合同退场，由于烂尾而无法完工，以约定的竣工之日为行使优先受偿权期限的起算点是否合适；三是对于中途解除合同而未完工的工程，之后由其他施工方进场施工完毕，之前的承包人其行使优先受偿权期限的起算点为何时，是合同约定的竣工之日还是之后接手的承包人实际竣工之日，存在争议。其次，从理论层面看，建设工程价款优先受偿权具有担保物权性，建设工程价款优先受偿权的目的是担保工程价款债权的实现。担保物权具有从属性，其成立虽可与债权同步，但其行使却应当在债权未获满足之时。就建设工程款而言，约定的给付时间未到，发包人有拒绝给付的权利，对此，承包人无权行使优先受偿权[①]。实践中，当事人经常约定工程竣工后或竣工验收后一定期间支付工程款，还有的约定发包方收到承包人结算报告后一定期限内审核完毕，发包人审核完毕后一定期限付款。因此，如果按照 2002 年 6 月 20 日《最高人民法院关于建设工程价款优先受偿权问题的批复》精神，可能会出现在优先受偿权行使期限届满之时发包人的付款期限尚未届至，承包人尚不具备行使优先受偿权的条件，在其不具备行使优先受偿权的条件时就认定其行使期限已经届满，因除斥期间届满而丧失优先受偿权，显然不利于对承包人权益的保护，也不符合规定优先受偿权的初衷。考虑到上述问题，为了更好地维护承包人的利益，《建设工程施工合同司法解释（二）》（2019 年 2 月 1 日起施行）将建设工程价款优先受偿权的行使时间确定

---

① 最高人民法院民事审判第一庭编著：《最高人民法院建设工程施工合同司法解释（二）理解与适用》，人民法院出版社 2019 年版，第 452 页。

为债权未获满足之时，但考虑到不能穷尽应当支付工程款的所有情形，最终在第二十二条确定为自发包人应当给付建设工程价款之日起算[①]。《民法典》颁布后，最高人民法院对建设工程施工合同的司法解释进行了修改，《建设工程施工合同司法解释（一）》（2021年1月1日起施行）第四十一条吸收了原《建设工程施工合同司法解释（二）》第二十二条，除对期限有所修改外，对于起算时间并未变更。关于"应当给付建设工程价款之日"如何确定。《建设工程施工合同司法解释》第十八条规定："利息从应付工程价款之日计付。当事人对付款时间没有约定或者约定不明的，下列时间视为应付款时间：（一）建设工程已实际交付的，为交付之日；（二）建设工程没有交付的，为提交竣工结算文件之日；（三）建设工程未交付，工程价款也未结算的，为当事人起诉之日。"《建设工程施工合同司法解释（一）》（2021年1月1日起施行）第二十七条吸收了该规定，与其内容一致。审判实践中，一般参照该规定确定应付工程价款的时间。对于合同约定了承包人在建设工程竣工验收合格后向发包人提交竣工结算文件，发包人收到竣工结算资料后一定期限内完成工程结算审核并付款的，工程价款债权确定之日应为发包人审核完毕之日。在债权确定之前，承包人无从主张债权，也无从行使优先受偿权。因此，在此种情形下，优先受偿权的行使期限应为发包人对承包人提交的竣工文件审核完毕之日，而非合同约定的竣工之日或实际竣工之日。

编写人：吴玉萍

再审合议庭成员：田甘霖　刘晓雯　邓名兴

---

① 最高人民法院民事审判第一庭编著：《最高人民法院建设工程施工合同司法解释（二）理解与适用》，人民法院出版社2019年版，第456页。

11. 同一给付不足以清偿全部债务，应先抵充工程款本金再抵充逾期支付工程款的违约金

——江西省某建设工程有限责任公司与会昌县某房地产开发有限公司建设工程施工合同纠纷二审案

裁判要旨

逾期支付工程款的违约金不同于借款利息，除当事人另有约定外，当事人的同一给付不足以清偿欠付的工程款本金和逾期支付工程款的违约金的，应先抵充欠付的工程款本金再抵充前期结算的逾期支付工程款的违约金。

案例索引

一审：江西省赣州市中级人民法院（2018）赣07民初94号

二审：江西省高级人民法院（2019）赣民终23号

基本案情

上诉人（原审被告）：会昌县某房地产开发有限公司（以下简称房地产公司）。

上诉人（原审原告）：江西省某建设工程有限责任公司（以下简称建设公司）。

建设公司向一审法院起诉请求：1. 判令房地产公司向其支付工程款本金23232586元；2. 判令房地产公司向其支付2017年5月18日前欠付的工程款利息5000000元，并自2017年5月19日始至付清之日止按月利率2%计算欠付的工程款利息；3. 判令其对房地产公司所有的会昌县月亮湾新区B区行政大道东侧“都市印象”1A1–6号楼工程折价或者拍卖的价款在欠付工程款本金23232586元额度内享有工程款优先受偿权；4. 判令房地产公司承担其支付的律师费150000元。

2014年4月27日，建设公司与房地产公司签订《建设工程施工合同》，约定：房地产公司将会昌县月亮湾大道南侧“会昌都市印象”工程发包给建设公司施工建设，工程资金来源为房地产公司自筹，工程总价款约1.5亿元，工程竣工结算时一次性扣留质量保证金5%。2014年8月8日，房地产公司与建设公司签订《施工补充协议书》，约定双方结算时按已完工工程总造价的3%预留工程质量保证金，并约定了质量保证金退还时间和比例。2015年7月17日，建设公司施工的第1、2、3、4、5、6号楼经房地产公司委托质量检测，结论为合格。2016年9月10日，

双方签订《关于“都市印象项目”工程款支付补充协议》，对欠付工程款的支付时间、金额等进行了约定，并约定若房地产公司违约，应承担建设公司为追索该工程款及利息而支付的律师费、诉讼费等。协议签订后，房地产公司未按该协议约定按时、足额支付工程款。2017 年 5 月 18 日，双方签订《工程款结算协议书》，对案涉工程进行了中间结算，主要内容为：1. 双方确认，至该协议签订之日止，建设公司已完成项目主体工程的施工建设，主体工程（含标准层以上工程）已封顶且经房地产公司验收合格。标准层以下工程尚未按图纸施工，工程量价款约 1000 万元。2. 双方同意，工程总价款调整为 1.27 亿元，该工程总价款包括已完成工程量价款和未完成工程量价款在内。此后就工程总价款数额，不再委托会计机构或审计机构核验调整，以此总价款数额为准。因项目工程未及时付款造成建设公司损失，房地产公司同意补偿建设公司融资利息损失 500 万元，此款不包括在本条第 1 款约定的工程总价款之内。3. 双方确认，房地产公司已支付工程款 8552 万元，欠付的工程款为 3100 余万元。4. 对于工程价款的支付方式，约定本协议生效后 2 个月内支付 1050 万元，余款在 5 个月内付清。5. 若房地产公司未按《工程款结算协议书》约定按时足额付款，房地产公司应当按应付未付工程款总额，按月利率 2% 的标准计付利息给建设公司。《工程款结算协议书》签订后，双方未按该《工程款结算协议书》约定履行对工程质量保证金的扣留，房地产公司在 2017 年 5 月 19 日、6 月 19 日、8 月 17 日、8 月 31 日、2018 年 2 月 13 日、4 月 11 日分别支付 50 万元、50 万元、200 万元、200 万元、550 万元、100 万元给建设公司，合计共支付 1150 万元。建设公司在本案诉讼中支付其律师的代理费 150000 元。

裁判结果

一审判决：一、房地产公司在本判决生效之日起十日内付清建设公司工程余款 16837893 元及其利息（按照月利率 2% 从 2018 年 4 月 11 日开始计算至付清款时止，利随本清）；二、房地产公司在本判决生效之日起十日内付清建设公司融资利息损失 5000000 元；三、房地产公司在本判决生效之日起十日内付清建设公司因本案诉讼支付的律师代理费 150000 元；四、建设公司在 16837893 元工程款本金范围内对案涉未出售商品房折价或者拍卖的价款有优先受偿权；五、驳回建设公司的其他诉讼请求。

房地产公司、建设公司均不服，提出上诉。二审判决：维持一审判决第二项、第三项；撤销一审判决第一项、第四项，改判一审判决第一项为房地产公司于本判决生效之日起十日内付清建设公司工程款 1647 万元及其利息（其中，截至 2018 年 4 月 17 日的利息为 2998612 元，自 2018 年 4 月 18 日至实际付清之日止的利息以 1647 万元为基数按照月利率 2% 计算。）；改判一审判决第四项为建设公司在 1647 万元工程款本金范围内对其已施工完成的工程折价或拍卖变卖的价款享有优先受偿权。

裁判理由

二审认为，2017 年 5 月 18 日双方签订的《工程款结算协议书》约定，因项目工程未及时付款造成建设公司损失，房地产公司同意补偿建设公司融资利息损失 500 万元。同时，双方对截至该协议签订之日应付工程余款金额进行了结算确认，并约定了工程余款的支付期限，即本协议生效后 2 个月内一次性支付 1050 万元，本协议生效后 5 个月内支付剩余工程款及 500 万元融资利息损失。且双方约定，若房地产公司不按协议约定时间足额付款，应向建设公司承担违约责任，承担违约责任的方式为自房地产公司应付未付工程款之日按照应付未付工程款总额按月利率 2% 的标准支付利息给建设公司。根据上述约定，融资利息损失 500 万元应为双方对结算协议签订之前房地产公司未及时付款造成建设公司损失的结算确认。而按月利率 2% 支付欠付工程款的利息则是双方对于结算协议签订后房地产公司逾期付款应承担的违约责任的约定。关于房地产公司在结算协议签订后支付的 1150 万元如何抵充工程款本息的问题。一审判决将房地产公司在签订《工程款结算协议书》后支付的 1150 万元，先抵充了按照月利率 2% 计算的欠付工程款的利息再抵充工程款。二审法院认为，按照月利率 2% 计算的利息实为双方约定的房地产公司逾期付款应承担的违约金。本案为建设工程施工合同纠纷案件，逾期支付工程款的违约金不同于借款合同纠纷案件中的利息，故不应先抵充前期结算的违约金再抵充工程款本金，而应全部抵充应付工程款。一审判决先抵充前期结算的违约金再抵充工程款本金，无法律依据，应予纠正。根据 2017 年 5 月 18 日双方签订的《工程款结算协议书》，建设公司已完工工程造价为 12700 万元 - 未完工工程量 1000 万元＝ 11700 万元，应预留工程质量保证金 11700 万元 ×3% ＝ 351 万元。房地产公司应付工程款 11700 万元 -351 万元＝ 11349 万元。签订结算协议前，已付工程款 8552 万元，尚欠工程款 11349 万元 -8552 万元＝ 2797 万元。签订结算协议后，已付工程款 1150 万元，尚欠工程款 2797 万元 -1150 万元＝ 1647 万元。同时，因房地产公司未按合同约定的时间足额支付工程款，故其依约应以欠付工程款金额为基数按月利率 2% 向建设公司支付违约金。建设公司诉请以工程欠款为基数按照月利率 2% 支付的利息实为违约金。结合《工程款结算协议书》约定的应付时间、应付金额以及实际支付时间和金额，经计算，截至 2018 年 4 月 17 日，房地产公司尚欠建设公司利息 2998612 元，自 2018 年 4 月 18 日至实际付清之日止的利息以 1647 万元为基数按照月利率 2% 计算。据此，二审判决对房地产公司尚欠建设公司的工程款金额及利息起算时间及金额、优先受偿权范围进行了改判。

要旨解析

本案争议的问题为债务人的给付不足以清偿欠付工程款本金和逾期支付工程款违约金时，抵充顺序如何确定。在建设工程领域，逾期支付工程款为普遍现象，在当事人存在逾期支付工程款行为，且约定了逾期支付工程款应按一定标准向对方支付利息时，付款人在逾期期间支付的工程款应当直接抵充欠付的工程款本金，还是应当先抵充按照当事人的约定计算的逾期支付工程款的利息，余额再用以抵充工程款本金。对于该问题，本案一审判决和二审判决存在重大分歧。一审法院认为，关于房地产公司应支付建设公司本案款项的问题，根据双方所签《工程款结算协议书》的约定，房地产公司的应付工程款为117000000元（总工程款127000000元－未完成工程量之工程款10000000元），扣留5%的工程质量保证金，则应付工程款为111150000元，房地产公司已付工程款85520000元，仍欠工程款为25630000元，《工程款结算协议书》确定此款的支付时间为：其中10500000元应于2017年7月18日付清，剩余15130000元（25630000元－10500000元）及房地产公司应支付的利息5000000元应在2017年10月18日付清。至2017年7月18日前，房地产公司共计支付工程款1000000元，则房地产公司仍欠本金9500000元（10500000元－1000000元）；房地产公司于2017年8月17日支付工程款2000000元，自逾期付款2017年7月19日始至2017年8月16日止共计29天，欠付利息为9500000元×（月利率2%÷30天）×29天=183667元。付款2000000元还利息183667元，余款1816333元（2000000元－183667元）用于支付本金，则本金仍有7686333元（9500000元－1813667元）。房地产公司于2017年8月31日付工程款2000000元。自2017年8月18日始至2017年8月30日止共计13天，欠付利息为7686333元×（月利率2%÷30天）×13天=66615元。付款2000000元还利息66615元，余款1933385元（2000000元－66615元）用于支付本金。付款2000000元后欠本金5752948元（7686333元－1933385元）。自2017年9月1日始至2017年10月18日止共计48天，欠付利息为5752948元×（月利率2%÷30天）×48天=184094元。自2017年10月19日始至2018年2月12日止共计117天，房地产公司应付本金为20882948元（15130000元+5752948元），欠付利息为20882948元×（月利率2%÷30天）×117天=1628870元，合计为1812964元（1628870元+184094元）。房地产公司于2018年2月13日付款5500000元还利息1812964元，余款3687036元（5500000元－1812964元）用于支付本金，付款5500000元后欠本金17195912元（20882948元－3687036元）。自2018年2月14日始至2018年4月10日止共计56天，欠付利息为17195912元×（月利率2%÷30天）×56天=641981元。房地产公司于2018年4月11日付款1000000元还利息641981元，余款358019元（1000000元－641981元）用于支付本金。付款1000000元后欠本金16837893元（17195912元－358019元）。一审判决的思路为“先息后本”。审判实践中，不少法院在买卖合同、建设工程施工合同中均秉持与民间借贷纠纷相同的审理思路，即当事人的给付不足以清偿全部债务时，在当事人没有明确约定的情况下，按照“先息后本”的原则来抵充。本案法律事实发生时间及受理时间均在民法典施行之前，应适用《民法典》施行之前的法律和司法解释的规定。当时施行的原《合同法司法解释（二）》第二十一条规定：“债务人除主债务之外还应当支付利息和费用，当其给付不足以清偿全部债务时，并且当事人没有约定的，人民法院应当按照下列顺序抵充：（一）实现债权的有关费用；（二）利息；（三）主债务。”《民法典》第五百六十一条规定：“债务人在履行主债务外还应当支付利息和实现债权的有关费用，其给付不足以清偿全部债务的，除当事人另有约定外，应当按照下列顺序履行：（一）实现债权的有关费用；（二）利息；（三）主债务。”《民法典》的规定与原《合同法司法解释》的前述规定一致。笔者认为，该条规定可以适用于借款合同纠纷毋庸置疑，但是，不适用于建设工程施工合同纠纷。在建设工程施工合同纠纷中，当事人约定逾期支付工程款时应向对方支付的利息计算标准，实为违约金的计算标准，其性质为逾期付款违约金，而非利息。在当事人没有特别约定时，付款人的给付不足以清偿全部债务，先抵充逾期付款违约金再抵充欠付的工程款本金没有法律依据。且建设工程施工合同中双方并没有借贷的意思表示，如果将当事人支付的工程款先抵充违约金再抵充工程款本金，有将欠付工程款转化为借贷的嫌疑，有违当事人的意思自治，且会加重债务人的负担。

编写人：吴玉萍

二审合议庭成员：彭海鹏　吴玉萍　刘伟伟

12. 在当事人未明确约定或同意以审计结论作为结算依据时可通过司法鉴定确定工程造价

——九江某人民医院与九江市某建筑安装工程公司建设工程施工合同纠纷二审案

裁判要旨

审计机关的审计系对工程建设单位的一种行政监督行为，审计人与被审计人的法律关系属于行政法律关系，建设工程施工合同关系属于平等民事主体之间的民事法律关系，二者性质不同，除非当事人明确约定以审计机关出具的审计结论或财政评审机构出具的评审结论作为结算依据，否则，在一方当事人不同意以审计结论作为结算依据或审计结论有错误时，应当允许申请司法鉴定。

案例索引

一审：江西省上饶市中级人民法院（2017）赣 11 民初 211 号

二审：江西省高级人民法院（2019）赣民终 190 号

基本案情

上诉人（原审被告）：九江某人民医院（以下简称人民医院）。

被上诉人（原审原告）：九江市某建筑安装工程公司（以下简称建筑公司）。

建筑公司向一审法院起诉请求：判决人民医院向其支付工程欠款 11229205.58 元及按银行同期贷款利率支付所有欠款利息（利息从 2014 年 9 月 5 日暂计算至 2017 年 8 月 31 日止为 1448567.52 元）。

2012 年 12 月 28 日，人民医院与建筑公司签订《建设工程施工合同》，约定由建筑公司承包招标工程量清单中的室外道路、给排水、绿化等项目，合同价款 20293956.86 元，采用固定价方式确定合同价款，并约定了风险范围以外合同价款调整方法，工程竣工结算必须通过审计部门审计确认。案涉工程于 2014 年 1 月 30 日竣工，2014 年 11 月 3 日通过验收。人民医院与建筑公司共同签字盖章同意工程报审造价为 29942325.01 元。2017 年 5 月 25 日，德兴市审计局作出德审投字〔2017〕35 号《审计报告》，审计核实工程总造价为 21993798.82 元，核减工程款 7948526.19 元。《审计报告》载明审计中发现的主要问题及处理意见、建议如下：

1. 球场硅 PU、签证机械台班等单价偏高，沥青砼路面、室外给排水管道土方挖填、照明灯具、绿化苗木等工程量多计等问题。审计时均一一作了调整（详见工程审计表）。2. 存在违规签订施工合同。2012 年 12 月 28 日，建设单位与建筑公司签订人民医院室外道路及景观工程施工合同，施工合同第 47 条补充条款第一项约定："增加的工程量、设计变更、验签证的工程量均按江西省最新市政预算定额及省市相关调价文件执行。"《建设工程工程量清单计价规范》（GB50500–2008）第 4.7.3 条规定："因分部分项工程量清单漏项或非承包人原因的工程变更，造成增加新的工程量清单项目，其对应的综合单价按下列方法确定：合同中已有适用的综合单价，按合同中已有的综合单价确定；3. 合同中有类似的综合单价，参照类似的综合单价确定。"依据该规定，建设单位存在违规签订合同的情形，造成财政资金损失 559716.98 元。该问题责令建设单位限期整改，并将整改结果书面函告德兴市审计局。4. 签证计量方式不规范。该工程道路地基处理中沙砾及块石换填工程量以现场点车次的方式对换填的土方量进行计量并办理签证，未采用数据测量（标高测量、定点测量、定点影像）的方式，由于换填土质不一致，密度也有所区别，每车次工程量也有所区别，采用此方式计量缺乏准确性及严谨性。审理中，经建筑公司申请，一审法院委托上饶荣信造价事务所有限公司对"人民医院室外道路及景观绿化工程项目"已完成的工程量及工程造价进行鉴定。2018 年 8 月 16 日，上饶荣信造价事务所有限公司出具《司法鉴定报告书》，鉴定工程总造价为 25175124.40 元。人民医院自 2013 年 9 月至 2017 年 12 月已向建筑公司支付工程款 21434008.88 元。

裁判结果

一审判决：人民医院于本判决生效之日起十日内支付建筑公司工程款 3741115.52 元；驳回建筑公司的其他诉讼请求。

人民医院不服，提出上诉。二审判决：驳回上诉，维持原判。

裁判理由

二审认为，第一，审计机关的审计系对工程建设单位的一种行政监督行为，审计人与被审计人的法律关系属于行政法律关系。而人民医院与建筑公司之间为建设工程施工合同关系，属于平等民事主体之间的民事法律关系。二者性质不同。审计机关的审计结论不能当然地作为平等民事主体之间的结算依据。根据《最高人民法院关于人民法院在审理建设工程施工合同纠纷案件中如何认定财政评审中心出具的审核结论问题的答复》，财政部门对财政投资的评定审核是国家对建设单位基本建设资金的监督管理，不影响建设单位与承建单位之间的合同效力及履行。但是，建设合同中明确约定以财政投资的审核结论作为结算依据的，审核结论应当作为结算的依据。本案中，双方在施工合同中约定本工程竣工结算必须通过审计部门审计确认，但并未明确约定以审计结论作为结算依据。第二，虽然建筑公司在《建设工程结算审核定案表》中于 2017 年 4 月 12 日签署“同意审定”，但审核单位签章时间为 2017 年 5 月 6 日，德兴市审计局出具《审计报告》的时间为 2017 年 5 月 25 日。因此，建筑公司签署意见的时间在审核单位签章和《审计报告》作出之前，不能据此认定建筑公司同意德兴市审计局出具的审计结论并以此作为结算依据。第三，审计结论的性质为证据，法院应否采信审计结论，应审查其依据是否充分、与合同约定是否相符、是否合法。2017 年 5 月 25 日，德兴市审计局出具的《审计报告》载明审计中发现三个问题。关于第一个问题，《审计报告》对于单价偏高及工程量多计的问题并未载明其事实和法律依据。关于第二个问题，《建设工程工程量清单计价规范》并非法律、行政法规中的效力性强制性规定，也非建设工程造价必须适用的计价规则。双方在合同中约定“增加的工程量、设计变更、签证的工程量均按江西省最新市政预算定额及省市相关调价文件执行”，是双方的真实意思表示，合法有效。在工程结算时，如果双方对相关问题没有明确约定则适用《建设工程工程量清单计价规范》进行计价，而在双方当事人已有明确约定时，则应按双方合同约定计价。关于第三个问题，《审计报告》指出相关签证未采用数据测量（标高测量、定点测量、定点影像）的方式，计量不规范，但其并未指出必须采用数据测量的方式计算换填土方量的依据。建设单位、施工单位、监理单位均在签证单上签署意见，则代表各方对签证中载明事实的确认，符合签证规范，可以作为工程计价依据。综上，德兴市审计局出具的《审计报告》核减相应工程价款，依据不足。本案中，德兴市审计局的《审计报告》与合同约定不符，扣减相关价款的依据不足，且建筑公司对该《审计报告》不予认可，该《审计报告》不应作为本案认定工程造价的依据。一审法院不予采信，并无不当。本案中双方虽然在合同中约定采取固定价，但同时约定合同价款的调整因素和调整方法。因双方对工程造价存在争议，建筑公司申请法院对工程造价进行鉴定，一审法院予以准许，并无不当。第四，关于一审法院委托上饶荣信造价事务所有限公司作出的鉴定意见应否采信的问题。为了查明诉争工程造价这一专门性问题，法院可以依申请或依职权委托鉴定，“依申请”并非必须依照双方当事人共同申请，依照一方当事人申请依法亦可以启动鉴定程序。在鉴定过程中，一审法院依法组织双方当事人、监理和鉴定机构到现场察看，核对工程量，人民医院虽然称其未签字确认，但对于法院组织各方核对确认的工程量，其未明确指出何处计量错误。关于其在二审庭审中提出隐蔽工程在鉴定时未进行现场开挖的问题。根据双方合同约定，工程具备隐蔽条件或达到专用条款约定的中间验收部位由承包人进行自检，并在隐蔽或中间验收前 48 小时以书面形式通知工程师验收，验收合格，工程师在验收记录上签字后，承包人可进行隐蔽和继续施工。验收不合格，承包人在工程师限定的时间内修改后重新验收。因此，隐蔽工程验收记录可以作为认定隐蔽工程相关工程量的依据。此外，根据《建设工程施工合同司法解释（一）》第十九条的规定，当事人对工程量有争议的，按照施工过程中形成的签证等书面文件确认。因此，隐蔽工程的工程量并非必须通过现场开挖确认。人民医院虽不认可鉴定意见，但其未明确指出何处计算错误及计算错误的事实和法律依据，对其主张不予支持。上饶荣信造价事务所有限公司依照双方合同约定，结合竣工图纸、施工日志、签证单等文件资料和现场勘查核实的工程量作出的鉴定意见，于法有据，应予采信。

要旨解析

建设工程施工合同约定工程竣工结算必须通过审计部门审计确认，一方主张应以审计机关出具的审计报告、财政评审部门出具的评审结论作为结算依据，另一方不同意，申请法院委托司法鉴定机构进行工程造价司法鉴定，对其司法鉴定申请应否准许，系建设工程审判实践中常见的纠纷。该类纠纷常发生于政府投资工程项目中，由于工程项目资金来源于财政资金，需要接受有关主管部门的监管，发包方常主张必须以审计机关出具的审计报告、财政评审机构出具的评审结论作为工程价款结算依据。但是，由于发包人常以此为由拖延审计进而拖延支付工程款，或者双方对审计机关出具的审计结论或财政评审部门出具的评审结论不能达成一致意见，承包人常持反对意见，并在诉讼后申请对工程造价进行司法鉴定。审判实践中，有两种观点。一种观点认为应当以审计机关出具的审计结论为依据，对一方当事人提出的工程造价司法鉴定申请不予准许。另一种观点认为，除非当事人在合同中明确约定以审计机关出具的审计报告、财政评审机构出具的评审结论作为工程价款结算依据，否则，应准许当事人对工程造价申请司法鉴定，且在无法审计或无正当理由长期未出具审计结论时，也应准许当事人关于工程造价的司法鉴定申请。笔者赞成第二种意见。理由是：1. 审计机关的审计系对工程建设单位的一种行政监督行为，审计人与被审计人的法律关系属于行政法律关系。而建设工程施工合同关系属于平等民事主体之间的民事法律关系。二者性质不同。发包方在工程项目完工后通过审计机关的审计接受行政监督，涉及的是审计人与被审计人的关系。审计机关的审计结论不能当然地作为平等民事主体之间的结算依据。但是，如果当事人明确约定以审计机关的审计结论作为结算依据，该约定合法有效，对合同当事人有约束力。故当事人明确约定以审计机关的审计结论作为结算依据时，原则上应以审计机关的审计结论作为结算依据。该裁判精神在最高人民法院有关批复中均有体现。在《最高人民法院关于建设工程承包合同案件中双方当事人已确认的工程决算价款与审计部门审计的工程决算价款不一致时如何适用法律问题的电话答复意见》中，最高人民法院认为，审计是国家对建设单位的一种行政监督，不影响建设单位与承建单位的合同效力。建设工程承包合同案件应以当事人的约定作为法院判决的依据。只有在合同明确约定以审计结论作为结算依据或者合同约定不明确、合同约定无效的情况下，才能将审计结论作为判决的依据。在《最高人民法院关于人民法院在审理建设工程施工合同纠纷案件中如何认定财政评审中心出具的审核结论问题的答复》中，最高人民法院认为，财政部门对财政投资的评定审核是国家对建设单位基本建设资金的监督管理，不影响建设单位与承建单位之间的合同效力及履行。但是，建设合同中明确约定以财政投资的审核结论作为结算依据的，审核结论应当作为结算的依据。本案中，双方在施工合同中约定本工程竣工结算必须通过审计部门审计确认，但并未明确约定以审计结论作为结算依据。2. 审计结论的性质为证据，在双方当事人对审计结论存在争议时，审计结论并非当然能作为结算依据，应否采信需审查其依据是否充分、与合同约定是否相符、是否合法。审计结论依据不充分或与合同约定不符或违法时，不应采信，对当事人关于工程造价的司法鉴定申请应予准许。本案中施工方不同意审计结论，且《审计报告》的计价方式与合同约定不符，《审计报告》对于单价偏高及工程量多计的问题并未载明其事实和法律依据，依据不充分，不应采信。3. 建设工程施工合同约定以审计机关的审计结论作为结算依据，但行政审计、财政评审部门明确表示无法进行审计或者无正当理由长期未出具审计结论时，当事人申请对工程造价进行司法鉴定的，应予准许。无法审计时，当事人约定的履行方式无法实现，但是，施工方已完成建设工程施工，其获取工程价款的权利应受保护，不能因无法审计而不结算或不支付工程价款。另外，实践中，有的工程竣工后多年发包人故意不提交审计机关审计或因其他各种非正当原因而未出具审计结论，导致施工方长期无法取得工程价款，有违公平原则。因此，在无正当理由长期未出具审计结论时，施工方提起诉讼并申请对工程造价鉴定的也应予以准许。

编写人：吴玉萍

二审合议庭成员：胡国运　廖志坚　吴玉萍

13. 增加诉讼请求超过优先权行使期限的，对增加的工程款数额不享有建设工程价款优先受偿权

——中国建设银行股份有限公司某支行与浙江长兴某建设有限公司、江西某电源有限公司撤销之诉纠纷二审案

裁判要旨

1. 建设工程价款优先受偿权行使期限不宜针对单体建筑分别起算，而应针对整体工程起算。

2. 工程未完工而解除合同的，承包人行使建设工程价款优先受偿权的期限自合同解除之日起计算。

3. 工程款数额明确，承包人仅起诉部分工程款，受理后增加工程款请求，且增加诉讼请求超过优先受偿权行使期限的，对增加的工程款数额不享有建设工程价款优先受偿权。

案例索引

一审：江西省宜春市中级人民法院（2017）赣09民初74号

二审：江西省高级人民法院（2020）赣民终158号

基本案情

上诉人（原审原告）：中国建设银行股份有限公司某支行（以下简称建行某支行）。

被上诉人（原审被告）：浙江长兴某建设有限公司（以下简称建设公司）。

被上诉人（原审被告）：江西某电源有限公司（以下简称电源公司）。

建行某支行向一审法院起诉请求：1. 依法撤销江西省宜春市中级人民法院（2015）宜中民四初字第23号民事判决（以下简称23号民事判决）；2. 重新确认电源公司所欠建设公司工程款数额，确认建设公司对拍卖案涉工程的价款不享有优先受偿权。

2014年10月，建设公司因与电源公司建设工程施工合同纠纷，向长兴县法院提起诉讼。电源公司提出管辖异议后，长兴县法院将案件移送一审法院审理。一审法院于2015年9月11日作出23号民事判决。该判决查明：2011年4月20日，建设公司与电源公司签订了一份《建设工程施工合同》，约定电源公司将其新建厂区工程发包给建设公司施工。合同签订后，建设公司组织人员进场施工。工程竣工

后，2014年1月20日，双方对工程进行了决算，确认总工程造价为74929081元。2014年4月23日，双方签订了一份《单位工程交工验收证明书》，确定竣工验收日期为2014年4月23日，工程质量评定为合格。电源公司已经支付工程款3579万元，尚应支付工程款39139081元。该判决认为，应以决算书双方核定的金额确定本案的工程款，判决：电源公司于判决生效后十日内向建设公司支付工程款39139081元；建设公司向电源公司开具工程款税务发票；电源公司逾期不支付以上工程款，建设公司在拍卖本案工程的价款中享有优先受偿权。2014年4月29日至6月28日间，电源公司与建行某支行签订《人民币流动资金借款合同》《最高额抵押合同》和《银行承兑协议》，电源公司以厂区范围内的22栋房产以及厂区内土地使用权作抵押担保，向建行某支行借款4000万元及银行承兑汇票额度800万元。2014年8月18日，建行某支行以电源公司生产经营状况出现严重困难，财务状况恶化为由向宜丰县人民法院申请实现担保物权。2014年9月17日，宜丰县人民法院作出〔2014〕宜民担特字第2号民事裁定书，裁定准予采取拍卖、变卖等方式对电源公司的“宜房权字第00034949-00034968号、宜房权证字第000364420、0036443号房产、宜丰县国用〔2012〕第6号、宜丰县国用〔2013〕第106号、宜丰县国用〔2013〕第107号”财产依法变价，建行某支行对变价后所得款项在4800万元及其利息和实现债权所产生的费用范围内优先受偿。建行某支行随即向宜丰县法院申请执行。2015年5月14日，宜丰县法院依法委托宜春市恒昌拍卖行公开拍卖电源公司抵押财产（22处房产及土地使用权）。2015年6月18日，宜丰钜力新能源有限责任公司（以下简称钜力公司）以4481万元的最高价竞得。建行某支行从拍卖价款中优先受偿4431.04万元。宜丰县法院于2017年4月17日作出〔2016〕赣0924民破2号之一民事裁定书，宣告电源公司破产。本案审理过程中，一审法院依法委托金泰公司对电源公司新建厂区工程造价进行鉴定。金泰公司出具了造价鉴定意见书。案涉宜丰房权证权字第00036442、00036443以及00034949至00034968号房产证办理资料中无建设工程规划许可证及房屋竣工资料。

裁判结果

一审判决：驳回建行某支行的诉讼请求。

建行某支行不服，提起上诉。二审判决：一、撤销一审判决；二、变更江西省宜春市中级人民法院〔2015〕宜中民四初字第23号民事判决第二项为：建设公司对电源公司所欠工程价款中的1950万元享有建设工程价款优先受偿权；三、驳回建行某支行的其他诉讼请求。

裁判理由

二审法院认为，〔2015〕宜中民四初字第23号民事判决根据双方结算价格确定工程总造价为74929081元并无不当。关于建设公司是否对案涉工程拍卖款享有优先受偿权的问题。二审认为，该院已查明房屋产权证办理缺乏竣工材料，房产证本身并不能证明房屋已竣工；房屋评估报告只能证明房屋建成，并不能证明进行了竣工验收；消防备案文件只是对部分工程出具，不包括案涉所有工程，故以上证据均不能证明案涉工程实际办理了整体竣工验收手续。从工程决算书来看，2014 年 1 月 20 日决算之后，建设公司只施工了 1# 厂房及零星工程，结合案涉工程为边建设边交付的项目，可以认定除 1# 厂房外，案涉工程在 2014 年 1 月 20 日前均已由电源公司占有使用。但是，由于案涉工程为整体发包，并未约定对单个项目进行竣工验收，即便部分工程早已占有使用，也并不能认为工程整体已占有使用。由于实践中承包工程各栋建筑建成、竣工的实际时间存在先后，如按各栋建筑分别起算建设工程价款优先受偿权，会导致存在多个起算点，势必要求承包人在法定 6 个月除斥期间内多次主张权利，可能产生对保障承包人合法权益设置程序性障碍的不良后果，有悖于建设工程价款优先受偿权制度设立的初衷，故建设工程价款优先受偿权也不宜针对单体建筑分别计算，而应作为一个整体统一计算。综上，建行某支行关于案涉工程 2013 年 11 月之前就已竣工交付，从该日开始计算建设工程价款优先受偿权的主张不能成立。由于建设公司并未完成 1# 厂房建设，实际上工程整体不满足竣工条件。

《2011 年全国民事审判工作会议纪要》第 26 条规定，如建设工程由于发包人的原因，合同解除或终止履行时已经超出合同约定的竣工日期的，承包人行使建设工程价款优先受偿权的期限自合同解除或者终止履行之日起计算。本案工程因发包人电源公司拖欠巨额工程款，无法继续施工，应当以终止履行之日作为建设工程价款优先受偿权起算之日。根据对孙某元的询问笔录，2014 年 3 月双方初步达成停止施工的一致意思表示，但直到 2014 年 5 月、6 月海龙钢构接手才最终确定终止合同履行。建设公司提供的《单位工程交工验收证明书》注明的时间为 2014 年 4 月 23 日，但因该文件为复印件，日期也为打印字体，不宜据此认定 2014 年 4 月 23 日为案涉工程合同终止履行之日。结合实际施工人孙某元在接受询问时表示“最终结算是 2014 年 4 月 20 日”，建设公司向长兴县法院起诉的诉状中注明日期为 2014 年 4 月 20 日，且该日期建行某支行也予以认可，二审法院认定案涉工程合同终止履行的时间为 2014 年 4 月 20 日。因此，本案建设工程价款优先受偿权的起算时间应为 2014 年 4 月 20 日。关于建设公司主张建设工程价款优先受偿权的时间。虽然长兴县法院卷宗里《案件初审审批表》和《立案初审登记表》注明的收到起诉状时间均为 2014 年 10 月 21 日，但建设公司起诉状和向委托诉讼代理人出具的《授权委托书》落款时间均为 2014 年 10 月 16 日，说明建设公司在长兴县法院注明的收到起诉状时间之前已经在积极主张建设工程价款优先受偿权，法院注明的收到起诉状时间与之相差 5 天，除中间经历周末外，还可能存在工作衔接的因素。2014 年 10 月 19 日为周日，6 个月除斥期间的届满时间应为 2014 年 10 月 20 日，与长兴县法院注明的收到起诉状时间仅差 1 天，如仅以个别天数的差异来否定建设公司的建设工程价款优先受权有失公允。因此，建行某支行关于建设公司起诉时已超过 6 个月期限，对案涉工程已完全丧失优先受偿权的主张不能成立。关于建设公司享有建设工程价款优先受偿权的工程款金额。建设公司第一次向长兴县法院起诉的金额为 1950 万元，在案件移送一审法院后又于 2015 年 6 月 29 日变更诉讼请求为 3913.9801 万元，即增加了 1963.9801 万元。因行使建设工程价款优先受偿权的 6 个月期限为除斥期间，除斥期间为不变期间，不因起诉而中断，故建设公司 2015 年 6 月 29 日增加诉讼请求距 2014 年 4 月 23 日已超过 6 个月，增加的该部分诉讼请求不能享有建设工程价款优先受偿权。即建设公司享有建设工程价款优先受偿权的工程款金额为 1950 万元。

要旨解析

根据原《合同法》第二百八十六条的规定，承包人就未付工程款对所承建工程享有优先受偿权。《民法典》第八百零七条与此条规定的精神一致。建设工程价款优先受偿权是实现建设工程价款给付请求权的重要保障。建设工程价款优先受偿权是法定优先权，在权利顺位上优先于抵押权。因此，是否享有建设工程价款优先受偿权不仅涉及发包人与承包人的利益，还涉及包括发包人的抵押权人在内的其他债权人的利益。本案是在生效判决确认承包人享有建设工程价款优先受偿权后抵押权人提出撤销之诉。因此，建设工程价款优先受偿权是否在法定期限行使、法定期限如何起算、建设工程价款金额如何确定，关系重大。本案主要涉及以下问题：1. 在计算建设工程价款优先受偿权的行使期限时，是以单体建筑为单位还是以整体工程为单位；2. 在工程未完工即解除合同时，建设工程价款优先受偿权何时起算；3. 当事人在诉讼时对建设工程价款分期主张并行使优先受偿权，最初起诉主张建设工程价款优先受偿权在法定期限内，增加诉讼请求主张建设工程价款优先受偿权时超出法定期限，建设工程价款优先受偿权的金额如何认定。对以上问题分析如下：

一、关于以单体建筑为单位还是整体工程为单位起算建设工程价款优先受偿权行使期限的问题

2002 年 6 月 20 日《最高人民法院关于建设工程价款优先受偿权问题的批复》，该批复第四条规定：“建设工程承包人行使优先受偿权的期限为六个月，自建设工程竣工之日或者建设工程合同约定的竣工之日起计算。”《建设工程施工合同司法解释（二）》（2019 年 2 月 1 日起施行）第二十二条规定：“承包人行使建设工程价款优先受偿权的期限为六个月，自发包人应当给付建设工程价款之日起算。”《建设工程施工合同司法解释（一）》（2021 年 1 月 1 日起施行）第四十一条吸收了原《建设工程施工合同司法解释（二）》第二十二条，除对期限有所修改外，对于起算时间并未变更。上述规定均未对是以单体建筑为单位还是整体工程为单位起算建设工程价款优先受偿权行使期限做出规定。在建设工程领域，承包人承建的建设工程包含多个单体建筑，办理竣工验收时，在分部分项验收的基础上一并办理总体竣工验收手续。因此，建设工程价款优先受偿权的起算时间，也应针对整体工程而非针对单体建筑。2002 年 6 月 20 日《最高人民法院关于建设工程价款优先受偿权问题的批复》

中的竣工之日指的是整体工程的竣工之日。法释〔2018〕20号第二十二条和法释〔2020〕25号第四十一条中的“应当给付建设工程价款之日”指的是整体工程的应付款之日。

二、关于合同解除时建设工程价款优先受偿权何时起算的问题

合同解除，工程未全部完工，已完成工程质量合格的，承包人就其承建的工程也享有建设工程价款优先受偿权。《建设工程施工合同司法解释（二）》（2019年2月1日起施行）第二十条已对此予以规定。《建设工程施工合同司法解释（一）》（2021年1月1日起施行）第三十九条吸收了该条规定。关于合同解除时建设工程价款优先受偿权何时起算，法律、司法解释未单独做出规定。《建设工程施工合同司法解释（二）》第二十二条及《建设工程施工合同司法解释（一）》第四十一条均规定“自发包人应当给付建设工程价款之日起算”。《2011年全国民事审判工作会议纪要》第二十六条规定，如建设工程由于发包人的原因，合同解除或终止履行时已经超出合同约定的竣工日期的，承包人行使建设工程价款优先受偿权的期限自合同解除或者终止履行之日起计算。笔者认为，根据原《合同法》第九十七条规定，合同解除后，尚未履行的，终止履行；已经履行的，根据履行情况和合同性质，当事人可以请求恢复原状或者采取其他补救措施，并有权赔偿损失。《民法典》第五百六十六条吸收了该条规定。合同解除后恢复原状意味着双方要返还财产，建设工程施工合同解除的，施工方的人力、财力均物化至工程之中，无法返还原物，发包人应按已完工工程的财产价值返还财产，故合同解除之时，发包人即应向承包人支付工程款。在合同解除时，建设工程价款优先受偿权的行使期限自合同解除之日开始起算。

三、关于当事人对建设工程价款优先受偿权分期主张时优先受偿金额如何确定的问题

审判实践中，在工程款数额明确的情况下，施工方先就部分工程款提起诉讼并主张优先受偿权，之后，在诉讼过程中又通过增加诉讼请求增加主张工程款金额，同时就增加的工程款金额主张优先受偿权。在此种情形下，应依法审查施工方每一次主张建设工程款优先受偿权时是否超过了法定期限。由于行使建设工程价款优先受偿权的法定期间为除斥期间，除斥期间为不变期间，不发生中止、中断、延长的情形。因此，分期主张时，每一期的行使期限均应具有独立性，后一期的起算时间不因之前已就部分工程款主张优先受偿权而向前推移。如果第一次提出诉讼请求主张部分工程款的优先受偿权时未超过法定期限，之后增加诉讼请求主张其余部分工程款的优先受偿权时超过法定期限，只能就在法定期限内主张优先受偿权的金额优先受偿，就之后超出法定期限的增加诉讼请求部分的金额不享有优先受偿权。

编写人：吴玉萍

二审合议庭成员：魏　巍　王　冬　周　辉

14. 预约合同约定违约责任的，应当按约定承担违反预约合同的责任

——某建设集团有限公司与江西某投资有限公司
建设工程施工合同纠纷二审案

裁判要旨

1. 预约合同是单独发生法律效力的独立合同。违反预约，承担的是违约责任，而非缔约过失责任。

2. 预约合同约定违约责任的，应当按约定承担违反预约合同的责任。

案例索引

一审：江西省抚州市中级人民法院（2019）赣10民初153号

二审：江西省高级人民法院（2020）赣民终238号

基本案情

上诉人（原审原告）：某建设集团有限公司（以下简称建设公司）。

上诉人（原审被告）：江西某投资有限公司（以下简称投资公司）。

建设公司向一审法院起诉请求：投资公司赔偿建设公司经济损失1000万元。

2018年5月15日，投资公司作为甲方（发包人）、建设公司作为乙方（承包人）、叶某侃作为丙方，就江西省南丰县洽湾镇黄家村地块（土地面积约500亩）的开发建设工程项目（施工面积约50万平方米）施工总承包事项签订了一份《合作协议》，该协议关于工程承包范围约定：本开发地块范围内的商住楼（高层、多层以及别墅排屋）与酒店等所有建筑物以及景观绿化配套等所有分部分项工程，其中土方工程、景观绿化及配套、消防与室内精装饰专项工程发包人可另行指定特定个人或单位专业分包。关于合同价款：项目采用定额计价方式。建筑工程按施工图纸、设计变更、现场签证等施工资料按规定计算工程量，执行赣建价［2017］7号文件发布前使用的江西省相关定额和配套的相关造价调整文件及规定（2004版或2006版），费率按一类工程中间值取费，人工费、材料费与机械费按每期工程主体阶段施工期间施工所在地政府相关造价部门颁布的同期造价信息价的平均值执行（按南丰县级优先、抚州市级次之、江西省级最后的顺序执行），部分无法认定的材料价经双方协商定价。按上述方式计算的工程总价决算时下浮三到五个百分点，别墅与排屋部分根据实际情况考虑总价不下浮。关于工程款支付：整个项目计划分四

期实施，按期结算。除第一期工程要求承包人垫资施工至预售期外，原则上均按建筑市场惯例执行（按施工节点或按月支付工程款），垫资资金由发包人承担资金成本（年化不少于13%，从正负零开始计算）。关于签订正式施工总承包合同：取得项目地块建设用地规划许可证后一周内双方签订正式的施工总承包合同。合同范本选用：最新国标施工总承包合同范本。合同条款的确定：双方承诺严格按上述约定执行，本协议未约定或涉及的合同条款按标准文本及施工惯例约定。关于借款的约定，本协议在甲、乙、丙三方盖章签字生效后，丙方同意出借人民币贰仟万元给发包人，发包人指定关联企业浙江隆恒置业有限公司为借款人。所借款项发包人保证全额用于本项目地块的开发经营资金。借款协议另行签订。关于违约责任约定，如发包方没有按照本协议第四条第1款约定与承包人签订正式施工总承包协议的，发包人愿意赔偿承包人经济损失壹仟万元。违约金在违约事项发生后一周内兑付，同时丙方有权终止借款协议，要求实际借款人还本付息。

《合作协议》签订当日，叶某侃作为甲方（出借人），浙江隆恒置业有限公司、徐晓蕾作为乙方（借款人），投资公司、吕某水、吕某辉作为丙方（保证人）签订了一份《借款合同》，该合同约定：借款金额为人民币贰仟万元整，此笔款项打入浙江隆恒置业有限公司，借款用途仅限江西省南丰县洽湾镇黄家村地块（土地面积约500亩）的开发建设及经营费用。借款期限为8个月，自2018年5月15日至2019年1月14日止，借款实际起始日以款项银行汇款单汇出日期为准。借款利率按年利率百分之十三计算，利息按月支付，于每月15日前支付。利息如逾期未支付的，甲方有权要求乙方提前归还本金并支付利息，逾期部分利息自逾期之日起至本金还清之日止按月利率百分之二计算。2018年5月16日，叶某侃向浙江隆恒置业有限公司交付借款1200万元，2018年5月17日，叶某侃向浙江隆恒置业有限公司交付借款800万元。现该借款合同的本金已经归还，其中2019年1月28日归还1000万元，2019年2月2日归还1000万元。利息已经支付151.6667元。2019年7月1日，叶某侃诉至浦江法院，要求浙江隆恒置业有限公司、吕某水、吕某辉支付借款利息195.1333元及为实现债权支出的律师费74000元。

涉案地块于2018年12月4日取得南丰县建设局颁发的《建设用地规划许可证》（地字第361023201800040），2019年1月28日取得南丰县建设局颁发的《建设工程规划许可证》（地字第36102320190007号），2019年5月6日取得南丰县住房和建设局颁发的《建筑工程施工许可证》（编号361023201905060101）。其中用地规划许可证载明用地面积211755.34平方米（约317.6亩），建设工程规划许可证载明建设规模144666.91平方米，建筑工程施工许可证载明：建设规模119994.3m^2，合同价格10220万元，施工单位忠辉公司。

裁判结果

一审判决：一、投资公司于本判决生效后十日内赔偿建设公司1566521元；

二、驳回建设公司其他诉讼请求。

建设公司、投资公司均不服，提起上诉。二审判决：一、撤销一审判决；二、投资公司于本判决生效后十日内支付建设公司违约金 635.2 万元；三、驳回建设公司的其他诉讼请求。

裁判理由

二审认为，关于《合作协议》的性质及效力的问题。根据《买卖合同司法解释》第二条之规定，预约合同是约定将来一定期限内或满足特定条件时订立本约的合同。订立预约合同的目的是在本约订立前先行说明部分条款，将双方一致的意思表示以合同条款的形式固定下来，并约定后续谈判其他条款，直到本约订立。虽然预约合同可能包括了本约合同中的主要条款，但是其只是就订立本约合同达成合意，不能等同于本约合同。本约合同则是对双方特定权利义务的明确约定。判断当事人之间订立的合同系本约还是预约的根本标准是当事人的意思表示，即当事人是否有意在将来订立一个新的合同，以最终明确在双方之间形成某种法律关系的具体内容。案涉《合作协议》系建设公司、投资公司与叶某侃三方就建设公司将来与投资公司签订正式施工总承包合同而作的相关承诺，协议中对工程规模、概况、承包范围、价款、订立正式施工总承包合同的时间及违反合同的违约责任等主要条款均作出了明确约定，且明确“取得项目地块建设用地规划许可证后一周内双方签订正式的施工总承包合同”，应当认定为双方当事人为订立正式的《建设施工总承包合同》而签订的预约合同。预约合同本身也是一种合同，其成立、生效、履行、违约责任等均应适用原《合同法》的一般规定。建设公司、投资公司与叶某侃签订的《合作协议》，是双方当事人的真实意思表示，内容不违反法律、法规的强制性规定，依法应认定为有效合同，各方均应依约履行。建设公司关于一审法院认定《合作协议》的性质错误的观点有事实依据，但其关于《合作协议》已具备建设工程施工合同基本条款的上诉主张不能成立，不予支持。

关于未签订正式施工总承包合同的原因归责于哪一方的问题。投资公司于 2018 年 12 月 4 日取得《建设用地规划许可证》，根据《合作协议》第四条第 1 款“在取得项目地块建设用地规划许可证后一周内双方签订正式的施工总承包合同”的约定，投资公司本应最迟于 2018 年 12 月 11 日与建设公司签订正式施工总承包合同，但建设公司并未最终承揽案涉工程。究其原因，二审法院认为，自 2018 年 12 月 4 日投资公司取得建设用地规划许可证之日到 12 月 11 日的时间段内，投资公司并未举证证明其在取得项目地块建设用地规划许可证后及时通知了建设公司进行签约。投资公司在二审庭审中一方面未正面回答取得建设用地规划许可证后是否通知了建设公司，一方面又陈述通知了叶某侃即是通知了建设公司，但该陈述与投资公司否认叶某侃系建设公司员工的说法相矛盾。结合叶某侃与投资公司董事长吕某水的短信，短信记录的时间可以佐证投资公司并未按照《合作协议》的约定、积极就签订正式施工总承包合同事项与建设公司对接；从短信记录的内容来看，2018 年 12 月 20 日是叶某侃主动向吕某水发送短信要求投资公司与建设公司对接签订施工合同事宜，12 月 21 日，吕某水让叶某侃到达浙江武义见面，但签订正式施工总承包合同一事仍无下文。直到 2019 年 1 月 11 日，吕某水短信告知叶某侃到南丰与工程部对接，但并未明确是就签订正式施工总承包合同一事进行对接。综上，投资公司在本约合同已具备签订条件的情形下明显违反诚信磋商义务，未通知建设公司洽谈正式签订施工总承包合同事宜。叶某侃在与吕某水的短信中并没有代表建设公司放弃签订正式合同的明确意思表示，投资公司并不存在影响本约合同订立的客观情形，但其却以与忠辉公司实际签订正式施工合同的行为明确表示不履行与建设公司的《合作协议》。由此可见，投资公司并未遵守《合作协议》第四条第 1 款的约定，案涉正式施工总承包合同未签订应归责于投资公司一方。

关于未能签订正式施工总承包合同导致的责任是违约责任还是缔约过失责任的问题。缔约过失责任是法定的民事责任，适用于合同未成立或无效的情形，而本案预约合同已经成立并生效，显然不属于缔约过失责任的适用范围。预约合同是当事人对本约合同签订的一种预先安排，预约合同的实质虽然是本约合同的缔约阶段，但违反预约合同的行为与缔约过失所要承担的责任不同，违反预约合同应承担的是违约责任。在预约合同中，因当事人已经对本约合同的标的物、对价等进行了明确的约定，当事人对本约带来的利益已经固化，违约方一旦违约，守约方的期待利益就会落空，也会丧失与他人订立同类本约合同的机会。本案《合作协议》系预约合同，《合作协议》第六条是对投资公司未与建设公司签订正式施工总承包合同所要承担的违约责任的具体约定。投资公司一方违反《合作协议》约定，未与建设公司签订本约合同，导致守约方建设公司丧失了签订正式施工总承包合同的机会。投资公司也认可已与忠辉公司就案涉工程签订了《建设工程施工合同》，案涉《合作协议》的根本目的已不能实现。投资公司在二审时当庭自认双方在《合作协议》中约定的 1000 万元损失是违约责任，故投资公司应向建设公司承担违约责任，投资公司关于其只需承担缔约过失责任的上诉主张不能成立，不予支持。

关于建设公司主张 1000 万元违约金能否支持及数额应如何认定的问题。依照《买卖合同司法解释》第二条规定："当事人签订认购书、订购书、意向书、备忘录等预约合同，约定在未来一定期限内订立买卖合同，一方不履行订立买卖合同的义务，对方请求其承担预约合同违约责任或者要求解除预约合同并主张损害赔偿的，人民法院应予支持。"如前所述，本案《合作协议》的性质是为将来订立建设工程施工合同而订立的预约合同，而投资公司未与建设公司实际订立建设工程施工合同，致使该预约合同目的不能实现，投资公司存在根本违约行为，建设公司请求投资公司承担违约责任有事实和法律依据，予以支持。建设公司主张赔偿损失 1000 万元的依据是《合作协议》的违约金条款，其实就是主张投资公司承担约定的违约金。具体到本案，建设公司认可双方在签订《合作协议》协商违约金数额为

1000 万元时，主要考虑了开发建设工程项目的土地面积、施工面积、工程规模等因素。《合作协议》中双方约定的开发地块位于江西省南丰县洽湾镇黄家村，土地面积约为 500 亩，待取得地块的建设用地规划许可证后签订正式合同。2018 年 12 月 4 日，投资公司取得的建设用地规划许可证上载明的用地面积为 211755.34 平方米（约 317.6 亩），并不足 500 亩，即使投资公司依约与建设公司签订正式的施工合同，项目的土地面积也为 317.6 亩，无法达到 500 亩。由于未达到合同约定的面积并非投资公司违反诚实信用义务所致，在确定违约金时应将该部分面积按比例相应地予以扣除。因此，确定违约金的数额应按照投资公司实际取得的《建筑工程施工许可证》上的用地面积占《合作协议》约定的面积的比例再乘以违约金总额进行计算：317.6/500*1000=635.2 万元，即投资公司应向建设公司赔偿违约金 635.2 万元。一审法院认定投资公司应当赔偿建设公司的相应损失并无不妥，但其根据投资公司与案外人叶某侃之间借款年利率的差额确定损失赔偿，依据不足，二审法院予以纠正。

要旨解析

本案涉及的是预约合同的认定及其违约责任问题。2012 年《买卖合同司法解释》第二条（该条已在 2020 年修正后的《买卖合同司法解释》中被删除）对预约的效力、违反预约的违约责任和违约救济作出了明确规定，为司法实践中解决预约合同纠纷提供了法律依据。

一、预约合同的认定

预约，是相对于本约而言的，是约定将来成立一定契约之契约。预约合同是单独发生法律效力的合同，其与本约之间是手段和目的的关系。预约的目的在于订立本约，预约的标的须是在一定期限内签订本约，履行预约合同的结果是订立本约合同。预约合同通常应具备合意性、约束性、确定性和期限性等四个基本特性。就本案而言，案涉《合作协议》系建设公司、投资公司与叶某侃三方合意达成，是对建设公司在一定期限内与投资公司签订正式施工总承包合同作出的相关承诺，协议对工程规模、概况、承包范围、价款、订立正式施工总承包合同的时间及违反合同的违约责任等主要条款均作出了明确约定，完全具备预约合同的特性。一审法院将《合同协议》认定为初步意向协议错误，二审认定为预约合同正确。

二、预约与缔约过失责任的区分

预约与缔约过失制度均有保证“本约”有效签订的价值，因此两者有颇多相似之处。但是，违反预约的行为与缔约过失行为承担的责任是不同的。预约签订后，当事人负有在一定期限内缔结本约之义务。违反预约，承担的是违约责任，而非缔约过失责任。预约是当事人对本约签订的预先安排，其可能包含违约责任的具体化等条款，固化当事人的违约责任，对其约束刚性更大；而缔约过失则是法定的一种制度设计，适用于本约签订的整个过程，法律也明确规定缔约过失方应承担的责任范围，其更多是对当事人在签约谈判过程中过失的一种事后评价。违反预约和缔约过失，违约方承担的都是守约方信赖利益的损失，只是缔约过失情况下，一般限定在守约方实际损失的范围内，即其为缔约付出的成本。而预约合同可能已经对本约标的物、对价等作出明确的约定，当事人对本约的期待利益已经固化，违约方一旦违约，守约方的期待利益也随之丧失，而由于时间的关系，守约方亦丧失了与他人订立同类本约合同的机会，从而导致机会损失可能变为现实损失。可见，违约方应承担的赔偿责任应较缔约过失责任更为严重。

三、预约合同的违约责任

由于预约合同具有独立性，因此，违反预约合同造成损害的，无疑应当赔偿损失。预约合同的损害赔偿应以信赖利益为限，在最高不超过信赖利益的范围内，由法官从利益平衡和诚实信用、公平原则出发，结合案件实际情况，综合考虑守约方的履约情况、违约方的过错程度、合理的成本支出等因素，酌情自由裁量。

本案中，《合作协议》约定了违约金条款，故当事人主张的损失即为合同约定的违约金 1000 万元。关于该违约金是否过高，如何调整的问题。我国合同法上违约金是以“赔偿为主、惩罚为辅”的双重性质违约金。在违反预约合同时，认定违约金高低的关键问题是如何界定当事人的损失。由于《合作协议》约定的违约金数额主要是从开发建设工程项目的土地面积、施工面积、工程规模等因素来确定的，故二审法院综合考虑案涉工程实际取得的开发面积、投资公司的过错程度等因素，按比例计算酌定投资公司支付建设公司违约金 635.2 万元，是较为公平合理的。

编写人：罗　晶

二审合议庭成员：王　冬　周　辉　魏　巍

15. 法定代表人以法人的名义加入债务的效力，应参照公司法第十六条的规定审查认定

——徐某华、付某平与江西某科技职业学院、江西某实业有限公司、张某、黎某、罗某英建设工程施工合同纠纷二审案

裁判要旨

1. 法定代表人在其他主体对外出具的欠条上加盖法人印章，未载明担保的意思表示，亦未载明系见证人，可以认定为债务加入。

2. 债务加入的责任承担明显重于对外担保，举轻以明重，对于法定代表人以法人的名义加入债务的效力，应参照《公司法》第十六条的规定审查认定。

3. 债务加入行为无效，各方应根据各自过错承担相应的民事责任。

案例索引

一审：江西省新余市中级人民法院（2019）赣05民初234号

二审：江西省高级人民法院（2020）赣民终557号

基本案情

上诉人（原审原告）：徐某华、付某平。

被上诉人（原审被告）：江西某科技职业学院（以下简称职业学院）。

原审被告：江西某实业有限公司（以下简称实业公司）、张某。

原审第三人：黎某、罗某英。

徐某华、付某平向一审法院起诉请求：1. 判决实业公司支付徐某华、付某平工程款11405819.29元，逾期利息86295.79元，并以未付工程款为基数按年利率1.5%支付自2019年6月18日至付清全部工程款之日止的利息；2. 判决张某、职业学院与实业公司共同支付第一项诉请中工程款920万元及按年利率1.5%支付自2019年6月18日至付清全部工程款之日止的利息。

2012年7月5日，实业公司（甲方）与徐某华（乙方）签订《北京师范大学新余附属学校建筑施工合同书》，约定甲方将北师大附中小学部1、2号教学楼、小学部综合楼、中学部综合楼、中学部宿舍楼工程由徐某华承建。2013年5月4日，实业公司与徐某华签订《北京师范大学新余附属学校施工补充协议》，约定铝合金安装工程、地面砖和墙面砖装饰工程等由实业公司自行施工，完工后向徐某华支付配

合费，并给予其他补助。合同签订后，徐某华按约定组织施工并完工，2013 年 9 月案涉工程投入使用。

2015 年 6 月 17 日，张某向徐某华出具欠条，写明：今欠到徐某华同志 2015 年端午节应付工程款 920 万元，定于 2015 年 7 月 7 日之前预付 303 万元。职业学院在欠条上加盖公章。实业公司于 2015 年 8 月 28 日至 2016 年 7 月 28 日期间陆续向徐某华支付了工程款 365 万元。

2017 年 3 月 5 日至 3 月 28 日，实业公司的现场管理人员涂平华、张剑芳对徐某华、付某平提交的《工程预算书》进行审核后加盖实业公司的公章，确认徐靖华、付某平所承建工程最终结算工程款为 53437252.38 元。2017 年 3 月 6 日，实业公司向徐某华、付某平出具《个人往来明细账》，表明实业公司自 2013 年 6 月开始至 2016 年 7 月止共计向徐某华、付某平支付涉案工程款 40158150.40 元。

职业学院为民办教育机构，其在民政部门进行的办学许可登记为“非营利事业单位”，董事长为张某，学院法人代表、院长张某。2015 年 6 月 29 日，职业学院举办者由张某、邓建伟变更为张某、澜山公司。2016 年 12 月 30 日，职业学院举办者变更为新信创公司，张某、澜山公司不再为学院举办者。职业学院章程第六章第十二条规定，学院是一所具有独立法人资格的民办高等职业学院；实行董事会领导下院长负责制；董事会按《高等职业学院董事会章程》的规定，统一领导学院公章，支持院长行使职权。第十三条董事会是学院最高决策机构，董事长是学院法定代表人。第十五条董事会的职权：（一）聘任和解聘院长（拟任院长报省教育厅核准）根据院长的提名，聘任或解聘副院长、院长助理；（二）审议、修改学院提交董事会的规章制度、学院章程；（三）制定发展规划，批准年度工作计划；（四）筹措学院办学经费，审核和批准学院财务预算、决算；（五）确定教职工的编制名额和工资标准；（六）决定学院的变更、分立、合并、终止；（七）决定学院其他重大事项。董事会的议事规则为：（一）董事会实行民主集中制，主要通过召开董事会会议，对学院重大事项进行民主讨论，由董事会集体作出决议，并监督实施；（二）董事会每学年召开两次董事会会议，此外，经由三分之一以上（含三分之一）的董事提议，可以召开董事会临时会议，临时会议与常务会议所作出的决议是有同等的效力；（三）董事会会议由董事长召集和主持，董事长因故不能出席董事会会议时，可授权委托执行董事代理主持召开董事会会议必须有 2/3 的成员参加方可开会，董事会的决议必须经三分之二以上董事同意方能生效。

裁判结果

一审判决：一、实业公司于本判决生效之日起十日内向徐某华、付某平支付工程款 11405819.29 元，利息 86295.79 元，合计 11492115.08 元，并以未付工程款 11405819.29 元为基数，按年利率 1.5% 支付自 2019 年 6 月 18 日至付清全部工程款之日止的利息；二、张某对上述第一项实业公司欠付工程款中工程款 920 万元本金及以920万元为本金，按年利率1.5%自2019年6月18日起计算至实际清偿之日止的利息承担连带清偿责任；三、驳回徐某华、付某平的其他诉讼请求。

徐某华、付某平不服，提起上诉。二审判决：一、维持一审判决第一项、第三项；二、撤销一审判决第二项；三、张某对上述第一项江西某实业有限公司欠付工程款中的555万元承担连带清偿责任；四、江西某科技职业学院对江西某实业有限公司在555万元工程款债务不能清偿部分的二分之一向徐某华、付某平承担赔偿责任。

裁判理由

二审认为，本案二审的争议的问题为：1. 职业学院在欠条上盖章的性质及效力如何认定；2. 职业学院是否应承担及如何承担民事责任。

1. 关于职业学院在欠条上盖章的性质及效力如何认定的问题。案涉欠条的内容为："今欠到徐某华同志2015年端午节应付工程款920万元，定于2015年7月7日之前预付303万元"。欠款人：张某。职业学院在欠条的落款时间上加盖了公章。案涉920万元工程款的债务，系实业公司欠徐某华的工程款，而张某向债权人徐某华出具欠条，确认欠款，并承诺还款，系债务加入。对于职业学院在欠条上加盖公章的性质，双方则存在争议。职业学院认为，即使其在欠条上加盖了其公章，但欠条上并未注明其为欠款人、债务人或者担保人，该学院的身份仅能推定为见证人，不应承担责任。二审法院认为，从该欠条的内容来看，并无保证的字样，也无职业学院为920万元工程款支付提供担保的意思表示，故其盖章行为并非提供担保。该欠条也未有"见证人"字样，不能简单认定职业学院系见证人。从欠条的内容来看，该债务是明确的，而张某作为职业学院的法定代表人在欠款人处签名，并加盖职业学院公章。根据《民法总则》第六十一条第二款"法定代表人以法人名义从事的民事活动，其法律后果由法人承受"的规定，职业学院应视为一并为上述工程款承担偿还责任，应认定为债务加入。因债务加入相当于在债务人之外为债权人增加了一个新债务人，债务加入和保证一样具有担保债权实现的功能，故债务加入在法律性质上最为接近且有明确法律规定的应为连带责任保证法律关系，可以参照适用担保法等有关法律规定来评判债务加入的效力。首先，职业学院作为民办教育机构，其与公办学校只是投资渠道上不同，其公益属性是一样的，系公益性非营利性法人。依据《担保法》第九条"学校、幼儿园、医院等以公益性为目的事业单位、社会团体不得为保证人"的规定，职业学院不得作为保证人对外提供担保。而债务加入的责任承担明显重于对外担保，举轻以明重，故职业学院的对外债务加入行为无效。其次，张某作为职业学院的法定代表人在欠条上加盖公章超越了权限。根据职业学院的章程规定，学院重大事项由董事会决定，而对外债务加入属于重大事项，应当经董事会决议。参照《公司法》第十六条的规定，担保行为不是法定代表人所能单独决定的事项，而必须以公司股东（大）会、董事会等公司机关的决议作为授权的基础和来源，何况债务加入。本案中，张某出具欠条并加盖职业学院公章并未有董事会决议及其他授权材料，故其超越权限。综上，因职业学院的性质及张某超越其权限，职业学院的债务加入行为无效。职业学院债务加入时，其举办人及出资人为张某及邓建伟，并非张某一人。虽然职业学院与实业公司之间存在债权债务关系，但并无证据证明职业学院对920万元工程款的债务加入，系债务抵销，故徐某华、付某平认为其有理由相信张某有权代表职业学院，职业学院债务加入有效的理由不成立。

2. 关于职业学院是否应承担及如何承担民事责任的问题。虽然职业学院的债务加入行为，不能产生债务加入的法律效果，但职业学院是否因此可免于承担民事责任，可依债务加入可准用担保规则的处理原则来处理。原《民法总则》第一百五十七条规定，民事法律行为无效、被撤销或者确定不发生效力后……各方都有过错的，应当各自承担相应的责任。法律另有规定的，依照其规定。原《担保法》第五条第二款规定，担保合同被确认无效后，债务人、担保人、债权人有过错的，应当根据其过错各自承担相应的民事责任。原《担保法司法解释》第三条规定，国家机关和以公益为目的事业单位、社会团体违反法律规定提供担保的，担保合同无效。因此给债权人造成损失的，应当根据担保法第五条第二款的规定处理。本案应根据各方当事人对于债务加入行为无效的过错情况，对职业学院是否应承担相应的民事责任予以认定。首先，徐某华系债权人，其作为具有完全民事行为能力的自然人，不能以其不知晓职业学院的性质、组织架构、管理流程等，以及职业学院与实业公司之间存在债权债务关系等为由，主张张某有权代表职业学院进行债务加入，其应当知道职业学院作为公益性的学校依法不得对外担保，且其也未要求张某提供存在相应权限的董事会决议等授权材料，对张某的权限未尽到合理审查的义务，故对职业学院债务加入无效存在过错。由于该欠条系职业学院的原法定代表人张某在职业学院办公场所出具，并加盖公章，且职业学院未提供证据证明徐某华与张某之间存在恶意串通，故其主张徐某华与张某之间存在恶意串通的理由不成立。其次，由于张某作为职业学院的法定代表人，其出具欠条的法律后果应由职业学院承担，且职业学院作为民办公益性学校，明知或应知以公益为目的的学校不能对外提供担保，且其自身的经营管理如公章的使用管理存在不规范，故职业学院对债务加入无效也存在过错，应承担一定的过错责任。因案涉行为并非担保，故本案不应适用有关保证期间的法律规定，故职业学院主张案涉欠条担保期间已届满，其不应承担担保责任的理由不成立。原《担保法司法解释》第七条规定“主合同有效而担保合同无效，债权人无过错的，担保人与债务人对主合同债权人的经济损失，承担连带赔偿责任；债权人、担保人有过错的，担保人承担民事责任的部分，不应超过债务人不能清偿部分的二分之一。”由于张某、职业学院出具欠条时案涉工程已完工，其债务加入仅涉及920万元工程款的支付，且欠条未约定有关利息。根据徐某华二审自认，张某、职业学院出具欠条时系对工程款打折后确定为920万元，故张某、职业学院的债务加入范围为920万元工程款，因债务人实业公司在2015年8月28日至2016年7月28日之间已支付工程款365万元，而实业公司与徐某华系在2017年3月份决算，因此，决算之前实业公司支付的工程款可冲抵张某、职业学院的债务加入款项，故张某的债务加入范围应为555万元，其应在实业公司欠付工程款555万元范围内承担连带清偿责任，职业学院在实业公司对555万元工程款债务不能清偿部分的二分之一向徐某华、付某平承担赔偿责任。

要旨解析

本案裁判要旨涉及的是公司债务加入行为的效力问题。由于原《合同法》对债务加入的规则并无规定，导致实务中对此类情形如何适用法律问题欠缺明确裁判依据。现《民法典》第五百五十二条对此作出了明确规定："第三人与债务人约定加入债务并通知债权人，或者第三人向债权人表示愿意加入债务，债权人未在合理期限内明确拒绝的，债权人可以请求第三人在其愿意承担的债务范围内和债务人承担连带债务"，此乃为债务加入的适用提供了法律依据。

一、债务加入的判断

根据民法理论，债务加入又称并存的债务承担，是指第三人加入到既存的债务关系中，与债务人就其债务对债权人负连带之债。因相当于在债务人之外为债权人增加了一个新债务人，债务加入和保证一样具有担保债权实现的功能。[①] 债务加入后，除当事人对责任承担方式另有约定外，债权人可以请求第三人与债务人共同承担责任，同时，第三人享有债务人对债权人的抗辩权。

本案中，张某和职业学院出具的欠条不具备法律规定的担保的要件，也没有提供保证的意思表示，张某作为职业学院的法定代表人在欠款人处签名，并加盖职业学院公章盖章的行为并非提供担保。从性质上分析，该欠条属于典型的第三人向债权人出具承诺，由第三人向债权人履行债务，由此，张某、职业学院对欠付徐某华的工程款进行了债务加入。

二、公司加入债务的效力

关于法定代表人以公司名义加入债务的效力问题，存在两种观点。第一种观点认为，此行为效力可以参照公司为他人提供担保的有关规则处理。理由在于，既然公司为他人提供担保需要按照《公司法》第十六条的规定，由公司股东会或者董事会依照章程的有关规定作出统一的决议，否则法定代表人就无权代表公司对外担保，而债务加入人承担的责任比公司作为保证人承担的责任更重，那么，为了保护公司的利益，以公司名义加入债务的效力，可以参照公司为他人提供担保的有关规则处理。第二种观点认为，公司加入债务本身并非《公司法》第十六条规定的担保，故债务加入行为的效力，不应参照公司为他人提供担保的有关规则处理，而应根据债

① 史尚宽:《债法总论》，中国政法大学出版社2000年版，第751页。

务加入合同本身进行判断。

本案二审采第一种观点，笔者亦予以认同。在债务加入中，加入债务关系的第三人与原债务人为连带债务关系，债权人既可以要求原债务人承担债务，也可以要求新债务人承担债务，故而债务加入对债权人而言具有担保作用。连带责任保证与债务加入最为相似，但债务加入人承担的责任重于连带责任保证。债务加入与原债务不是主从关系，债务加入合同不具有从属性，不是原合同的从合同，因此，在原合同无效的情况下，债务加入合同如果没有其他无效事由，债务加入合同有效。但是，如果是担保合同，在主合同无效的情况下，担保人是否承担责任，要看担保人是否有过错。担保人无过错的，担保人不承担赔偿责任，担保人有过错的，其承担责任的范围不应超过主债务人不能清偿部分的三分之一。这样一比较，显然债务加入人承担责任要重得多。再者，债务加入没有保证期间的保护，而保证合同有保证期间的保护。如果是债务加入人，只要没过诉讼时效，就应当承担责任。但如果是保证人，若债权人在合同约定或者法定的保证期间内未依法行使权利，那保证人不承担责任。可见，债务加入人承担的责任远远重于保证人承担的责任。根据举轻以明重的原理，既然为他人提供担保要按照《公司法》第十六条的规定经过公司有权机关决议通过，那么债务加入人如果是公司，其加入债务，当然也应当遵守《公司法》第十六条的规定。为此，对于法定代表人以公司名义加入债务的，《民法典担保制度解释》第十二条也明确规定了“人民法院在认定该行为的效力时，可以参照《民法典担保制度解释》关于公司为他人提供担保的有关规则处理”。

三、公司加入债务行为无效的责任承担

公司加入债务行为无效，并不意味着公司即可免于承担责任。根据原《民法总则》第一百五十七条的规定，民事法律行为无效、被撤销或者确定不发生效力后，各方都有过错的，应当各自承担相应的责任。因此，公司加入债务行为无效，各方应根据各自过错承担相应的民事责任。至于过错责任的承担，则可准用担保规则的处理原则予以处理，即：主合同有效而担保合同无效时，债权人无过错的，担保人与债务人对主合同债权人的经济损失，承担连带赔偿责任；债权人、担保人均有过错的，担保人承担的赔偿责任不应超过债务人不能清偿部分的二分之一；担保人有过错而债权人无过错的，担保人对债务人不能清偿的部分承担赔偿责任；债权人有过错而担保人无过错的，担保人不承担赔偿责任。

编写人：罗　晶

二审合议庭成员：彭海鹏　郭卫斌　肖童亮

16. 违约方订立合同时不可预见的损失不能认定为可得利益损失

——新余市某投资有限公司与郭某兵等人建设工程施工合同纠纷再审案

裁判要旨

当事人一方违约造成对方损失，对方主张可得利益损失的，损失赔偿额应当受到可预见标准的限制。违约方订立合同时不可预见的损失，不能认定为可得利益损失。

案例索引

一审：江西省新余市渝水区人民法院（2018）赣0502民初5597号

二审：江西省新余市中级人民法院（2019）赣05民终403号

再审：江西省高级人民法院（2020）赣民再12号

基本案情

再审申请人（一审被告、二审上诉人）：郭某兵、钟某青、郭某光（以下简称郭某兵等人）。

被申请人（一审原告、二审被上诉人）：新余市某投资有限公司（以下简称投资公司）。

投资公司向一审法院起诉，请求判令郭某兵等人向投资公司赔偿因其逾期完工造成的经济损失合计人民币9949527.5元。

2013年1月13日，投资公司（作为甲方）与郭某兵（作为乙方）签订了一份《新余市工业地产建筑安装工程施工合同》，合同主要约定：甲方将新余国家高新技术产业开发区工业孵化基地D地块11#、13#楼施工图范围内的建筑安装工程发包给乙方负责施工，总工期为120日历天（包括法定节假日），其中需在开工之日后70天内通过封顶验收。本工期提前给予5000元/天，逾期将予以相应处罚10000元/天，遇不可抗力可相应延长施工时间。乙方应当按照约定的开工日期开工和完工。双方还约定了其他权利和义务。

2013年1月18，投资公司与新余高新技术产业开发区管委会（以下简称管委会）签订《新余高新区工业地产投资协议书》（以下简称投资协议），约定投资公司投资建设新余高新区的工业地产，投资公司建设的项目交付后，由双方共同组织招商，按管委会规定的价格收取厂房租赁费；厂房交付使用之日始计算出租起点日，投资公司租金收入为 14 元 / 月平方米，租金收入不足 14 元 / 月平方米时，则由新余高新区管委会保底补差，租金由区财政担保，按月支付。

合同签订后，郭某兵等人组织施工人员于 2013 年 1 月 28 日进场开工，其中 13# 楼于 2013 年 5 月 13 日主体框架封顶，11# 楼于 2013 年 7 月 4 日主体框架封顶。投资公司按合同约定进度进行了付款。郭某兵等人施工 11# 和 13# 楼的建筑面积均为 19741.126 平方米，总计 39482.252 平方米。在 11# 和 13# 楼主体框架封顶后，郭育兵等人继续施工零星工程，因其承建的 11# 和 13# 楼质量有瑕疵，需不断进行整改。2014 年 10 月 14 日进行该工程初验，由于仍存在诸多问题，初验未通过。2014 年 11 月 20 日，投资公司将郭某兵等人施工的 11# 和 13# 楼交付木林森公司使用。2015 年 5 月 26 日，投资公司向郭某兵等人发出整改通知函，要求其进行整改以实现 11# 和 13# 楼的最后验收。

裁判结果

一审判决：一、郭某兵、钟某青、郭某光应于本判决生效之日起十日内向投资公司支付经济损失赔偿款人民币 4901063.5 元；二、驳回投资公司的其他诉讼请求。

郭某兵、钟某青、郭某光不服提出上诉。二审判决：驳回上诉，维持原判。

郭某兵、钟某青、郭某光不服二审判决。申请再审，再审判决：一、撤销一、二审判决；二、郭某兵、钟某青、郭某光于本判决生效之日起十日内向投资公司支付经济损失赔偿款 2625000 元；三、驳回投资公司的其他诉讼请求。

裁判理由

再审认为，本案的争议焦点是：郭某兵等人承包范围包括哪些工程项目？是否构成逾期完工？如构成了逾期，责任如何划分？投资公司的损失如何认定？

1. 关于郭某兵等人的工程承包范围问题。案涉建筑安装工程施工合同第二条约定：“工程承包范围：甲方所提供施工图范围内的建筑安装工程，不包括：电梯、消防、铝合金、外墙涂料、道路绿化景观工程等属甲方单独另行发包，乙方负责本项目的施工承包管理。”再审庭审中，投资公司陈述“郭某兵等人的承包范围包括：地下基础部分，地上部分：主体框架、砖砌体、内外墙粉刷、水电安装，装修工程：内墙刮白、公共楼梯贴大理石及护栏、卫生间贴瓷砖。”、“不包括：消防、电梯、铝合金门窗、绿化、道路绿化、景观工程等。”郭某兵等人称：“不包括外墙贴瓷砖，大理石及瓷砖由投资公司提供，其他内容我方认可。”据此可以认定郭某兵等人的工程承包范围包括：地下基础部分、主体框架、砖砌体、外墙粉刷、内墙粉刷及刮白、水电安装、公共楼梯护栏贴大理石、卫生间贴瓷砖（大理石及瓷砖由投资公司提供）。

2. 关于郭某兵等人是否构成逾期完工的问题。经查，11# 楼的开工时间为 2013 年 1 月 28 日，按照合同约定，竣工时间应当为 2013 年 5 月 28 日，根据新余高新区管委会2013年3月19日签发的《工程签证单》显示，案涉工程于3月5日至3月11日进行平整土地和土方回填，应当相应地扣除该施工时间7天，并往后顺延竣工时间，11#楼应在2013年6月4日竣工，据施工日志反映，2013年8月19日11#楼主体验收完毕，据此可以认定11#楼主体框架工程逾期76天。13#楼的开工时间为2013年1月15日，按合同约定竣工时间应当为2013年5月15日，延后的竣工时间为2013年5月21日，2013年7月11日13#楼主体检测验收完毕，故13#楼主体框架工程逾期51天。至于内外墙粉刷、室内水电安装、卫生间贴瓷砖等工程的完工时间，本案二审庭审笔录显示2014年4月郭某兵等人的施工队伍还在做粉刷和贴地板。2014年10月14日，建设、施工、监理等五方单位组织对案涉工程进行初验，由于仍存在诸多问题，初验未通过，存在的问题中“部分外墙瓷板未完工、楼层地面有空鼓现象”均属于郭某兵等人的施工范围。2014年11月20日，投资公司将11#和13#楼交付木林森公司使用，此时案涉工程仍未通过验收。自2013年1月28日郭某兵等人进场开工，按合同约定案涉工程应在2013年5月28日竣工验收，到2014年11月20日工程交付使用，扣除平整土地和土方回填的7天，郭育兵等人逾期完工17个月零15天即525天。

3.关于郭某兵等人的逾期责任如何认定的问题。根据双方合同约定，除主体框架外，内外墙粉刷、室内水电安装、公共楼梯贴大理石、卫生间贴瓷砖等工程均属于郭某兵等人的施工范围，现在郭某兵等人不能举证证明其所施工的上述工程的具体完工时间。郭某兵等人称系因投资公司不及时提供大理石和瓷砖导致难以完工，而投资公司亦不能举证证明其向郭某兵等人提供大理石和瓷砖的具体时间，故双方均存在举证不能的情形。根据郭某兵等人提交的证据七到证据十一，可以证明主体结构完工后，郭某兵等人根据投资公司的要求做了部分工程的变更。从这些工程变更单的内容看，仅是施工方法及部分小的施工工艺材料变更；从时间看，工程变更最早的时间是2013年12月24日，最晚的时间到了2014年10月份，工程施工内容的变更对郭某兵等人的施工进度有一定影响。投资公司将案涉工程交由无施工资质的个人承建，投资公司自身存在过错，工程逾期完工也存在投资公司与郭某兵等人沟通不畅的责任，综合双方当事人的过错程度，兼顾公平原则，本院认定郭某兵等人应承担逾期完工造成投资公司经济损失的50%责任。

4.关于投资公司的损失如何认定的问题。投资公司主张因郭某兵等人逾期完工导致其不能取得租金收益，该租金收益已经在投资公司与新余高新区管委会签订的投资协议作了明确约定，郭某兵等人应按投资协议的租金标准赔偿投资公司的经济损失。根据原判决查明的事实，投资公司与新余高新区管委会签订投资协议的时间是2013年1月18日，投资公司与郭某兵等人签订建筑安装工程施工合同的时间是2013年1月13日，投资协议的签订时间晚于建筑安装工程施工合同的签订时间。依据原《合同法》第一百一十三条的规定：“当事人一方不履行合同义务或者履行合同义务不符合约定，给对方造成损失的，损失赔偿额应当相当于因违约所造成的损失，包括合同履行后可以获得的利益，但不得超过违反合同一方订立合同时预见到或者应当预见的因违反合同可能造成的损失。”郭某兵等人签订建筑安装工程施工合同之时不可能预见到其如因案涉工程逾期完工可能造成投资公司按投资协议计算的租金损失。故投资公司要求以投资协议约定的租金标准作为计算郭某兵等人逾期完工责任的依据理由不能成立，原判决根据投资协议租金标准确定郭某兵等人应承担的经济损失存在不当。案涉建筑安装工程施工合同第五条约定：“本工程工期提前给予奖励5000元/天，逾期将予以相应处罚10000元/天。”建筑安装工程施工合同虽因郭某兵等人没有施工资质而无效，但合同的违约条款可参照适用，则投资公司的经济损失总额是10000元/天 ×525天=5250000元，郭某兵等人需承担50%计2625000元。

综上，郭某兵、钟某青、郭某光的再审请求部分成立，原二审判决认定事实、适用法律存在错误，应予纠正。

要旨解析

本案裁判要旨涉及的是违约可得利益损失的认定问题。

原《合同法》第一百一十三条第一款规定：“当事人一方不履行合同义务或者履行合同义务不符合约定，给对方造成损失的，损失赔偿额应当相当于因违约所造成的损失，包括合同履行后可以获得的利益，但不得超过违反合同一方订立合同时预见到或者应当预见到的因违反合同可能造成的损失。”该条规定是违约情形下守约方向违约方主张可得利益损失的直接法律依据，现行《民法典》第五百八十四条基本承继了合同法的这一规定。但是，由于该规定过于原则，司法实践中对于可得利益损失的计算和认定，仍存在较大的争议，也一直是审理中的难点。

2009年，最高人民法院颁行《关于当前形势下审理民商事合同纠纷案件若干问题的指导意见》，其中第三部分用了9、10、11共三个条文进一步细化了可得利益损失的类型、计算及认定规则，以及举证责任，为人民法院认定可得利益损失提供了裁判的规则。

可得利益是合同被履行后可以取得的利益。赔偿可得利益可以弥补因违约方给守约方造成的全部实际损失，使守约方恢复到合同得到严格履行情况下的状态，促使当事人诚信履行合同。人民法院在计算和认定可得利益损失时，应当运用可预见规则、减损规则、损益相抵规则以及过失相抵规则等，从非违约方主张的可得利益赔偿总额中扣除违约方不可预见的损失、非违约方不当扩大的损失、非违约方因违约获得的利益、非违约方亦有过失所造成的损失以及必要的交易成本。存在原《合同法》第一百一十三条第二款规定的欺诈经营、原《合同法》第一百一十四条第一款规定的当事人约定损害赔偿的计算方法以及因违约导致人身伤亡、精神损害等情形的，不宜适用可得利益损失赔偿规则。

关于可预见性标准的具体适用问题。首先，可预见的主体。由于可预见性规则限制的是违约方的赔偿责任，而违约方应承担的责任构成其交易条件的一部分，违约方在磋商确定交易条件时，其承受的利益必然受到其合理预见范围的限制，故可预见规则的预见主体应为违约方。其次，预见的时间。因为订立合同时，当事人正在磋商确定交易条件，这直接受当事人所掌握的信息影响，而违约方掌握的信息是确定其预见范围的基础。订立合同后违约方获取的信息会扩展其预见的范围，但新获取的信息与交易条件的确定无关，让违约方的责任随订立合同后获取的信息量的增加而扩张，会破坏当事人的利益平衡。故预见的时间应为“订立合同时”，而非违约时。第三，预见的内容。一般只需要预见到或应当预见到损害的类型，不需要预见到或应当预见到损害的程度及具体数额。第四，预见的判断判断。违约方是否预见到或者是否应当预见到，须由受害方承担举证责任。如果受害方不能举证证明违约方具备高于一般人的预见能力，则应以社会一般人的预见能力为准。

就本案而言，建筑安装工程施工合同签订在先，投资协议签订在后，承包人签订建筑安装工程施工合同之时，不可能预见到其如因案涉工程逾期完工可能造成发包人按投资协议计算的租金损失，故发包人要求按投资协议约定的租金标准追究承包人逾期完工责任，显然有违可预见规则，不应采纳。案涉建筑安装工程施工合同第五条约定工程逾期将予以相应处罚10000元/天，故双方当事人在合同中对逾期完工的违约赔偿标准有明确的约定，虽然建筑安装工程施工合同因承包人没有施工资质而无效，但基于在无效施工合同参照合同约定支付工程款的现行处理规则，可以根据案件具体情况参照合同约定的违约条款来确定损失。再审法院据此认定并计算发包人因工程逾期完工的经济损失，是适当的。

编写人：罗　晶

再审合议庭成员：龚雪林　陈银发　闵遂赓

17. 建设工程分包合同中“背靠背”支付条款实质是附条件的合同条款，当属有效

——某重型工程股份有限公司与上海某城建市政工程（集团）有限公司建设工程分包合同纠纷二审案

裁判要旨

建设工程分包合同中“背靠背”支付条款实质是附条件的合同条款，当属有效；承包方负有积极向发包方（业主）主张工程款之义务，以确保其与分包方的“背靠背”支付条款得以履行。当承包方怠于履行前述义务，实质系对合同附随义务之违反，分包方主张承包方支付工程款之请求应得到支持。

案例索引

一审：江西省南昌市中级人民法院（2020）赣01民初55号

二审：江西省高级人民法院（2020）赣民终958号

基本案情

上诉人（原审被告）：上海某城建市政工程（集团）有限公司（以下简称城建公司）。

被上诉人（原审被告）：某重型工程股份有限公司（以下简称重工公司）。

重工公司向一审法院起诉，请求判令城建公司立即支付重工公司工程款40977986元以及逾期付款利息9608390.42元（按照人民银行发布的金融机构人民币同期同类贷款基准利率自2015年5月19日起计算至2019年8月19日，以及按全国银行间同业拆借中心公布的贷款市场报价利率自2019年8月20日起计算至付清之日止，暂计算至2019年12月9日）。

2012年11月，江西晟和建设发展有限公司作为发包人与城建公司作为承包人签订《南昌朝阳大桥工程施工总承包合同》，约定了南昌朝阳大桥工程的主桥工程、东岸接线工程、西岸接线工程、桥头堡工程、管理用房工程以及道路排水、道路亮化、绿化等工程发包给城建公司承建的相关事宜。城建公司承接南昌朝阳大桥工程后，将通航孔桥主梁、非人通道桥、观景平台的钢结构工程采用内部邀请招标的方式，择优选定专业承包单位施工。招标文件第九条工程款支付明确：本工程无预付款；乙方应在每月23日根据甲方表式验工月报表，甲方根据审定后的验工月报，在

业主同期工程款拨付后 7 天内支付，支付比例按当期审定后应付工程款的 70% 支付；待工程终验通过、竣工结算结束且业主工程款拨付至 95% 以上后支付乙方工程款至 95%，余款 5% 在质量保修期满无质量问题且业主拨款后半年内付清。

2013 年 3 月 20 日，重工公司向城建公司出具《投标保证书》，主要内容：1. 在考察了工程现场和研究了上述工程投标邀请书、商务条款、技术条款、合同条款、报价清单、图纸及附件后，我方决定以（大写）壹亿捌仟叁佰贰拾贰万陆仟伍佰柒拾陆元参加本项目的投标。……5. 如果贵方接受我方投标，我方保证遵守贵方的书面中标通知书。在制订和签署正式合同协议之前，本投标书连同贵方的中标通知收应成为约束双方的合同。……

2013 年 4 月 30 日，重工公司与城建公司签订《建设工程专业分包合同》，第一部分协议书约定：合同价款采用综合单价包干方式，合同价格为暂估 182160558 元，单价不调整，工程量按实结算。同意承包人接收到发包人支付承包人工程款的比例，支付分包人工程款，或承包人在收到发包人工程款后，才支付分包人工程款。承包人向分包人承诺按照合同约定的条件、期限和方式支付本协议书约定的合同价款以及其他应当支付的款项。合同第二部分通用条款约定：21.8 条，因发包人未按合同约定向承包人按时支付工程款预付款进度款，分包人不得要求承包人先行支付工程款（预付款、进度款）。21.9 条，因发包人未按合同约定向承包人足额支付工程款（预付款、进度款），承包人则根据发包人的实际支付的数额向分包人同比例支付工程款（预付款、进度款）。21.10 条，承包人超过约定的支付时间不支付工程款（预付款、进度款），分包人可向承包人发出要求付款的通知。21.11 条，承包人不按分包合同约定支付工程款（预付款、进度款），导致施工无法进行，由承包人承担违约，但 21.8 条、21.9 条所述情况除外。合同第三部分专用条款第五款合同价款与支付 14.2.1 条支付比例约定："a）每月按核定工作量的 70% 支付，付款总额达到合同总价的 70% 时，停止付款。b）待工程终验通过、竣工结算结束且业主工程款拨付至 95% 以上后支付乙方工程款至 95%。c）余款 5% 在质量保修期满无质量问题且业主拨款后半年内付清"。合同第三部分专用条款第八款违约索赔及争议第 17.1（1）约定："承包人应按同期银行存款利息支付未付款部分的违约金"。

重工公司按照合同约定组织了施工，南昌朝阳大桥项目于 2016 年 2 月 3 日通过整体工程竣工验收。2019 年 11 月，审价机构、建设单位、施工单位共同在南昌市朝阳大桥工程主桥及主桥附属工程《工程审价审定表》上盖章确认。2019 年 12 月 31 日，南昌市财政局出具《关于南昌市朝阳大桥工程超概的函告》，确定项目结算评审金额为 224584.84 万元。城建公司已向重工公司支付工程款 153000000 元，尚欠工程款 40977986 元未付。重工公司、城建公司对案涉工程余款付款条件是否成就和欠付工程款是否应支付利息产生分歧。

裁判结果

一审判决：一、城建公司自本判决生效之日起十日内向重工公司支付欠付工程款40977986元；二、城建公司自本判决生效之日起十日内向重工公司支付欠付工程款的利息（以40977986元为基数，自2018年8月4日起至付清之日止，按同期中国人民银行公布的三年定期银行存款基准利率计算）；三、驳回亘工公司的其他诉讼请求。

城建公司不服，提起上诉。二审判决：一、维持一审判决第一项；二、撤销一审判决第三项；三、变更一审判决第二项为：城建公司自本判决生效之日起十日内向重工公司支付欠付工程款的利息（以40977986元为基数，自2019年12月31日起至付清之日止，按同期中国人民银行公布的三年定期银行存款基准利率计算）；四、驳回重工公司的其他诉讼请求。

裁判理由

二审认为，本案二审争议焦点为：1. 诉争工程款的付款条件是否成就；2. 如付款条件成就，逾期付款的利息应从何时开始计算。兹评述如下：

在建设工程分包合同中，承包人与分包人在合同中约定“按照业主支付进度付款”“以收到建设单位工程款为向分包人支付工程款的前提”等条款，是指将建设单位（业主）向承包方支付工程款作为承包方向分包方支付工程款之条件，通常又称“背靠背”条款，系分包合同当事人之间对工程款附条件支付的有效约定，形式上属于附条件的合同条款，对合同各方当事人均具有约束力。本案中，上诉人城建公司承接南昌朝阳大桥工程，其对部分施工任务采用公开招标的方式进行分包，招标文件的商务标条款中已经明确业主拨款作为工程款支付条件，被上诉人重工公司对于该条件所对应的风险，在投标时就早已知晓。在签订分包合同时，其作为长期从事建设工程领域的企业对于合同中约定的“背靠背条款”十分熟悉，重工公司可以根据自身风险承受能力对合同价款支付风险负担作出理性判断，有是否接受该条款的选择权，其签约行为就是接受风险的真实意思表示。因此，上诉人城建公司与被上诉人重工公司签订的《建设工程专业分包合同》第一部分协议书、第二部分通用条款、第三部分专用条款中关于合同价款支付的约定，是双方的真实意思表示，不违反法律、行政法规的强制性规定，应认定合法有效。上诉人城建公司主张工程款支付条款是附条件付款约定的理由成立，被上诉人重工公司关于分包合同中业主拨付工程款这一支付条件是与本案的BT合同及总承包合同相违背，该条款无效，应当视为当事人对付款时间没有约定的答辩意见与事实、法律不符，不予采纳。

双方争议的焦点在于，在案涉分包合同约定了付款条件的情况下，被上诉人重工公司主张上诉人城建公司支付剩余工程款，上诉人能否以付款条件未成就予以抗辩。

在分包合同中，承包方的主合同义务为给付工程款，分包方的主合同义务为工程施工，主合同权利为收取相应工程款。合同权利的实现有待于合同义务的履行，既然“背靠背”条款赋予承包方以发包方（业主）向其付款作为其向分包方付款的条件，则承包方便负有积极向发包方（业主）主张工程款之义务，以确保分包方主合同权利得以实现。这也是诚信原则在分包合同“背靠背”支付条款中的具体体现，该支付条款的适用应以承包方履行了相应的义务为前提条件。《民法总则》第一百五十九条规定：“附条件的民事法律行为，当事人为自己的利益不正当地阻止条件成就的，视为条件已成就；不正当地促成条件成就的，视为条件不成就。”根据上述法律规定和诚实信用原则，上诉人城建公司负有积极向发包人（业主）主张工程款的义务，以确保其与被上诉人重工公司的“背靠背”支付条款得以履行，这也是对其行使抗辩权的法律限制。城建公司对于其与发包人之间的结算情况以及履行积极向发包人主张支付工程款义务的事实承担证明责任。如存在拖延结算、怠于向发包人主张工程款等情形，其怠于办理结算的行为应视为以不作为的形式阻止履行条件的成就，那么依法应视为付款条件已成就，不得对抗被上诉人重工公司的付款请求。

根据上诉人城建公司提交的送审资料、跟踪单位结算意见、承包方回复意见、财评会商意见、工程审价审定表等证据，可以证明上诉人自2015年11月至2019年采取分期分册上报结算送审材料，与审计单位反复审核结算，并进行五方会商审核，推进朝阳大桥项目结算金额审核结算工作。2019年11月审计单位对包含案涉工程的主桥及主桥附属工程结算总造价已经审定，同年12月31日南昌市财政局也确定了朝阳大桥工程项目结算评审金额。结合上诉人城建公司与发包人江西晟和建设发展有限公司签订的《南昌朝阳大桥工程施工总承包合同》中“……承包人提交竣工资料、工程竣工验收完成，且结算审定完成后的30个工作日内，发包人支付至该工程结算审定价的95%。……”的约定，上诉人与发包人工程款结算支付的条件已经具备，但上诉人城建公司未能提供证据证明在工程项目结算金额已经确定的情况下，其采取积极的、必要的措施向发包人主张工程款的事实。因此，上诉人城建公司在工程审价审定后怠于主张工程款的行为实际阻碍给付被上诉人重工公司工程款条件的成就，现又以合同约定的付款条件未成就为由拒绝支付工程款，有违诚实信用原则，对其关于付款条件不成就的上诉理由不予支持，其应向被上诉人重工公司支付欠付的工程款并从项目结算工程款金额确定之日起即2019年12月31日起支付欠付工程款的利息。一审法院判决上诉人向被上诉人支付剩余工程款的处理正确，对利率计算标准的认定符合合同约定，但对利息起算时间认定错误，上诉人城建公司关于一审逾期付款利息起算时间的认定缺乏事实依据的上诉理由成立，予以支持。

要旨解析

建设工程分包合同中约定承包方向分包方付款进度略低于发包方（业主）向承包方付款进度的“背靠背”支付条款已不罕见，围绕此条款而产生的诉讼也呈增多趋势。原则上，合同项下的权利义务仅由签订合同的主体享有或承担，但“背靠背”条款却使得合同的一方当事人得以援引案外人之行为拒绝或暂不履行合同义务，与合同相对性原则似乎背道而驰，“背靠背”支付条款的性质及效力一直未有明确共识。本案对“背靠背”支付条款的性质、效力及其适用所作出的裁判认定，对处理类似案例具有较强借鉴意义。

一、“背靠背”支付条款的性质及效力

“背靠背”支付条款从文义上进行解释是将建设单位（业主）向承包方支付工程款作为承包方向分包方支付工程款之条件，形式上属于附条件的合同条款。民事活动遵循“法无明文禁止皆可为”的规则，考察合同条款是否有效应当严格依据原《合同法》第五十二条和原《民法总则》第一百四十三条之规定进行判断。

1.“背靠背”支付条款不违反法律法规的效力性强制规定。原《合同法》和原《民法总则》均允许合同附条件，原《民法总则》第一百五十八条中特别规定：“民事法律行为可以附条件，但是按照其性质不得附条件的除外。”合同的效力是涉合同纠纷中的根本问题，因此对原《民法总则》的这条限制性规定不宜作扩大性解释，“按照其性质不得附条件”的合同应当以法律、法规明确规定的为限，或者法律虽未明确规定，但所附条件本身有违公序良俗或与合同目的冲突。我国现行法律法规未有对“背靠背”支付条款的效力性禁止规定，也没有禁止分包合同中的付款条款附条件，付款条件与建设单位付款进度相联系，也实难称得上违反公序良俗。尽管分包方签订分包合同的目的是取得施工之对价，即工程款，但是“背靠背”条款本身并不否定分包方取得工程款之合同权利，也不构成当然阻碍，与合同意思表示并不矛盾。

2.“背靠背”支付条款不违反合同相对性原则。原《合同法》第一百二十一条（现为《民法典》第五百九十三条）规定：“当事人一方因第三人的原因造成违约的，应当向对方承担违约责任。当事人一方和第三人之间的纠纷，依照法律规定或者按照约定解决。”该条法律是我国现行法律体系中合同相对性原则部分内涵的体现，明确当第三人原因导致合同一方主体履行不能时，不因合同主体之外的第三人免除其违约责任。“背靠背”支付条款允许承包方在发包方（业主）未支付工程款的情况下不向分包方支付工程款，从结果上来看似乎违反或者规避了原《合同法》第一百二十一条（现为《民法典》第五百九十三条）之精神。实则不然。因为“背靠背”支付条款性质上是附条件的付款约定而非免责条款。免责条款是在一方违约的情况下据以免除违约方合同责任的条款，若“背靠背”条款得以适用，首先向分包方支付工程款的条件没有成就，承包商支付工程款的义务尚未到履行期，也就不存在违约行为，免责就无从谈起。发包方（业主）支付工程款仅仅是分包合同约定的付款条件，条件成就则付款义务当然应当履行，条件不成就时应根据条件不成就之原因分别处理，与免责条款具有本质区别。同时“背靠背”支付条款并没有赋予发包方（业主）任何分包合同项下的权利和义务，实难仅因为以合同外第三人付款进

度作为分包合同付款条件就认定分包合同突破了合同相对性。

综上所述，“背靠背”支付条款是分包合同当事人之间对工程款附条件支付的有效约定，对合同各方当事人均具有约束力。

二、“背靠背”支付条款的适用

学界通说认为，附随义务来源于诚实信用原则。基于该原则，合同主体不仅应严格履行合同明确约定的权利义务，还应该根据合同履行情况的推进，积极履行必要的告知、安全保障、保密、协助等义务以保证合同明确规定的权利义务得以实现，这种虽未被合同明确约定，本身也不具有一定确定性的义务被称为合同附随义务。简而言之，附随义务是为了保证主合同义务的完全履行。

在分包合同项下，承包方的主合同义务为给付工程款，分包方的主合同义务为实施工程，主合同权利为收取相应工程款。合同权利的实现有待于合同义务的履行，既然“背靠背”条款赋予承包方以发包方（业主）向其付款作为其向分包商付款的条件，则承包方便负有积极向发包方（业主）主张工程款之义务，以确保分包方主合同权利得以实现。这正是诚实信用原则在分包合同“背靠背”支付条款中的具体体现，而“背靠背”支付条款的适用也应以承包方履行了相应附随义务为前提条件。如前所述，“背靠背”支付条款系附条件的付款条款，《合同法》第四十五条第二项明确规定：“当事人为自己的利益不正当地阻止条件成就的，视为条件已经成就”。当承包方恶意阻却“背靠背”支付条款的付款条件成就，如故意不受领工程款等，应根据合同法规定直接认定“背靠背”支付条款的付款条件已经成就，对分包方要求支付工程款之诉请予以支持。然而这种情况于实践中较少发生，常见的是承包方基于与发包方（业主）的长期合作考虑等因素，怠于向发包方（业主）主张工程款。这种怠于的消极状态，很难被严格评价为《合同法》第四十五条明确规定的“不正当阻却条件成就”的行为，此种情况下，就需要分析违反附随义务的法律后果。附随义务之根本在于促进合同主权利的实现，在业已确定附随义务之存在以及应当履行的前提下，当附随义务的违反直接导致主权利受损时，违反附随义务即成为一种违约行为之具体表现，毋宁直接考虑主权利的救济方式。就本案而言，当承包方违反“背靠背”支付条款下的附随义务，怠于向发包方（业主）主张工程款并拒绝向分包方支付应付款项，该行为已然侵犯了分包方所享有的获得工程款之合同主权利，分包方起诉要求承包方支付工程款的诉请应得到支持。换言之，承包方此时不得再援引“背靠背”支付条款作为其不支付工程款之抗辩。

编写人：罗　晶

二审合议庭成员：王　冬　周　辉　魏　巍

18. 名为劳务承包合同实为工程承包合同关系应按隐藏的法律关系进行审理

——上饶市广丰区某劳务有限公司与中铁某局集团有限公司、某铁路客运专线江西有限责任公司铁路修建合同纠纷二审案

裁判要旨

1. 劳务承包和工程承包的区别主要体现在三个方面：一是承包方式上，劳务承包人一般只提供劳动力，而工程承包人需要组织机械设备和原材料，并对整个工程提供技术和管理；二是承包内容上，劳务承包一般只针对工程的劳务部分，而工程承包则包括全部工程施工内容；三是结算方式上，劳务承包因为只是提供劳动力，其结算的系工费，一般采取按日的单价和工日数计算，而工程承包计价一般采用项目综合单价。

2. 名为劳务承包合同实为工程承包合同关系，以虚假意思表示签订的劳务承包合同无效，应按隐藏的工程承包合同进行审理，工程承包合同关系效力依照相关法律规定处理。

案例索引

一审：江西省南昌铁路运输中级法院（2016）赣 71 民初 3 号

二审：江西省高级人民法院（2017）赣民终 148 号

基本案情

上诉人（一审原告）：上饶市广丰区某劳务有限公司（以下简称劳务公司）。

被上诉人（一审被告）：中铁某局集团有限公司（以下简称中铁公司）。

被上诉人（一审被告）：某铁路客运专线江西有限责任公司（以下简称客运公司）。

劳务公司向一审法院起诉请求判决：1. 中铁公司支付劳务公司劳务工程款 4790 万元；2. 客运公司在欠付中铁公司工程价款范围内对劳务公司第一项诉请承担连带责任。

经公开招投标，客运公司与中铁公司于 2010 年 4 月 18 日签订《新建杭州至长沙铁路客运专线（江西段）工程站前施工总价承包合同》，客运公司将项目 HKJX-1 标段发包给中铁公司实行总价承包施工，合同关于预留质保金的约定为：每次工

程进度款支付时，按进度款的5%预留工程质量保证金。预留质量保证金直至达到合同总金额的5%，待工程竣工验收（初验）合格交付使用一年后，承包人已全部履行完合同义务的，发包人应于三个月内不计息按规定返还。2010年12月1日，中铁公司所属沪昆客专江西段HKJX-1标项目经理部（甲方）与劳务公司（乙方）签订《建设工程施工劳务承包合同》，中铁公司将沪昆客专江西段HKJX-1标DK346+630.545—DK349+087.855段的桥梁工程发包给劳务公司施工。合同约定：……2.4承包作业范围：DK346+630.545—DK349+087.855段的桥梁工程（上饶沪昆高速公路立交特大桥），包括桩基、承台、墩台身、现浇梁、附属等与之相关的一切项目。……2.5劳务费用单价：本工程实行劳务费用承包，详见附表《劳务承包内容及单价一览表》。甲供材料（详见附表《甲供材料明细表》等含在承包费用内）。2.6.1以甲方签认的合格工程量计算劳务费用。劳务费用按单项工程中标单价的90%计算，即甲方收取10%的管理费，税金由乙方承担……9.3按甲方与建设单位计量支付的相应扣款条款，在乙方劳务费中扣留同等比例的扣款（如税金、质量保修金、尾工款等）。9.4乙方施工的全部成果经建设单位验收合格并接收后，进行劳务报酬的最终结算和支付，所扣质量保修金在该工程保修期满后，收到建指的保修金的30日内全部付清。……19.3考核费用：按乙方承包合同总额的0.5%计算，在每期计价中提留。劳务公司于2010年9月1日进场施工，2013年1月23日撤场。2013年6月24日，劳务公司与中铁公司经协商就桥梁岩溶配合审价工作及所需材料问题达成如下协议：1.基础资料由施工队提供给中铁公司第四公司沪昆项目部，局项目部和中铁公司第四公司项目部上报关于审价工作所需资料，该桥梁岩溶审价工作资料不作为双方结算的依据；2.……最终审价未达到施工队所上报的工程量，施工队要无条件接受……。2014年12月10日，沪昆高铁杭州东至南昌西段正式通车运营。截至2016年6月30日，中铁公司已支付劳务公司案涉工程款106875977.78元。

裁判结果

一审判决：一、中铁公司应于本判决生效之日起十日内向劳务公司支付工程款2296323.22元；二、驳回劳务公司的其他诉讼请求。

劳务公司不服提出上诉。二审判决：驳回上诉，维持原判。

裁判理由

一审认为，劳务公司与中铁公司签订案涉承包合同，约定中铁公司将案涉桥梁工程（即上饶沪昆高速公路立交特大桥），包括桩基、承台、墩台身、现浇梁、附属等与之相关的一切项目发包给劳务公司施工。从双方合同约定内容及实际履行情况来看，系名为劳务承包实为工程承包，而根据劳务公司营业执照记明的经营范围“建筑劳务分包（含木工作业、砌墙作业、抹灰作业、石制作业、油漆作业、钢筋作业、脚手架作业、模板作业、水暖电作业）”，劳务公司并不具备案涉工程的建筑施工企业资质，故依据原《合同法》第二百七十二条第三款“禁止承包人将工程分包给不具备相应资质条件的单位”及《建设工程施工合同司法解释（一）》第一条“建设工程施工合同具有下列情形之一的，应当根据原《合同法》第五十二条第五项的规定，认定无效：（一）承包人未取得建筑施工企业资质或者超越资质等级的……”第四条“承包人非法转包、违法分包建设工程或者没有资质的实际施工人借用有资质的建筑施工企业名义与他人签订建设工程施工合同的行为无效。人民法院可以根据民法通则第一百三十四条规定，收缴当事人已经取得的非法所得”规定，劳务公司与中铁公司签订的案涉承包合同应为无效合同。因案涉工程已通车运营2年，中铁公司并未提出质量异议，说明工程合格，依照《建设工程施工合同司法解释（一）》第二条“建设工程施工合同无效，但建设工程经竣工验收合格，承包人请求参照合同约定支付工程价款的，应予支持”规定，案涉工程应参照双方签订的案涉承包合同的约定计算工程价款。中铁公司应付劳务公司工程款109172304元，已支付劳务公司工程款106875977.78元，尚欠2296323.22元未支付。案涉工程已于2014年12月10日开通运营，中铁公司亦未对案涉工程质量提出异议，故工程质保金的付款条件已成就，中铁公司要求扣留5%质保金的抗辩主张不予支持。关于客运公司是否应在欠付中铁公司工程款范围内承担连带付款责任的问题。客运公司提交了证据证明未欠付中铁公司工程款，而劳务公司及中铁公司对该证据均无异议，故确认客运公司未欠付中铁公司工程款。根据《建设工程施工合同司法解释（一）》第二十六条“……发包人只在欠付工程价款范围内对实际施工人承担责任”规定，客运公司无须对劳务公司承担责任。中铁公司违法将案涉工程分包给不具备案涉工程建筑施工企业资质的劳务公司施工，法院将依据原《民法通则》第一百三十四条第三款、《建设工程施工合同司法解释（一）》第四条及生效判决最终确认的案件事实，另行制作决定对中铁公司已经取得的非法所得予以收缴。

二审认为，劳务承包和工程承包的区别主要体现在三个方面，一是承包方式上，劳务承包人一般只提供劳动力，而工程承包人需要组织机械设备和原材料，并对整个工程提供技术和管理。二是承包内容上，劳务承包一般只针对工程的劳务部分，而工程承包则包括全部工程施工内容。三是结算方式上，劳务承包因为只是提供劳动力，其结算的系工费，一般采取按日的单价和工日数计算。而工程承包计价涉及工程项目的综合单价，综合单价除包括人工费外，还涉及工程管理、税收等综合费用。具体到本案中，案涉承包合同约定，承包方式为劳务公司为案涉工程段的桥梁工程施工提供劳务并进行全面管理；承包范围包括桩基、承台、墩台身、现浇梁、附属等与之相关的一切项目；劳务费用以中铁公司签认的合格工程量计算劳务费用，按单项工程中标单价的90%计算，中铁公司收取10%的管理费。从双方合同对承包方式、承包内容和费用计价方式的上述约定来看，一审判决认定案涉承包合同的性质系名为劳务承包实为工程承包，并无不妥。劳务公司只有工程劳务承包资质而没有建筑工程施工资质，故一审判决关于中铁公司将案涉工程发包给没有施工资质的实际施工人、案涉合同无效的认定正确。

要旨解析

本案涉及劳务承包还是工程承包的认定问题。劳务承包是指具有相应资质的劳务分包企业从承包建筑工程项目的总承包企业或专业承包企业承包的项目中，承接劳务作业部分的活动。工程承包是指具有施工资质的承包企业通过与工程项目的项目法人即业主，签订承包合同，负责承建工程项目的过程。

区别劳务承包合同和工程承包合同有助于我们认定案涉合同的性质。最高人民法院民一庭对这两种合同特点进行了区分[①]：一是合同标的不同。依照《建筑业企业资质等级标准》规定，专业承包的种类包括地基与基础设施、土石方工程、建筑装修装饰工程、消防设施工程、建筑防水工程等60种。《建筑业企业资质等级标准》对劳务作业分包的种类作了规定，包括木工、砌筑、抹灰、石制作、油漆、钢筋、混凝土、脚手架、模板、焊接、水暖电、钣金、架线作业等13种。从上述具体的项目罗列可以看出，专业承包合同的标的是建设工程中非主体、非关键性部分的工程。劳务分包合同的标的是劳务作业，技术含量低，与工程成果无关。二是施工内容不同。专业承包中，第三人以自己的设备、材料、劳动力、技术等独立完成工程。劳务分包中第三人提供的仅是劳动力，由分包人提供技术和管理，两者结合才能完成建设工程。例如，甲施工单位承揽工程后，自己买材料，然后另外请乙劳务单位负责找工人进行施工，但还是由甲单位组织施工管理。三是责任承担不同。依据《民法典》第七百九十一条第二款，专业承包中的第三人就完成的工作成果与分包人向发包人承担连带责任。劳务分包中的第三人对工程承担合格责任，一般以监理工程师验收为准。四是程序要件不同。依据《民法典》第七百九十一条第二款，承包人分包工程必须按照约定或经发包人同意。而劳务法律关系限于劳务分包合同双方当事人，无须经发包人或总包人的同意。五是结算性质不同。专业承包的对象是部分工程，第三人向分包人结算的是工程款，由直接费、间接费、税金和利润组成。劳务分包对象是劳务作业，第三人向分包人结算的是直接费中的人工费以及相应的管理费。本案中，劳务公司系具有劳务资质的企业，营业执照载明的经营范围为“建筑劳务分包（含木工作业、砌墙作业、抹灰作业、石制作业、油漆作业、钢筋作业、脚手架作业、模板作业、水暖电作业）”。劳务公司与中铁公司签订的《建设工程施工劳务承包合同》约定，中铁公司将案涉桥梁工程的桩基、承台、墩台身、现浇梁、附属等与之相关的一切项目发包给劳务公司施工，合同标的是建设工程中主体、关键性部分的工程，并非劳务作业。施工过程中，建筑材料主材、工程质量及技术管理由劳务公司负责。经过鉴定机构的工程造价鉴定，虽然各方对其中

① 摘自最高人民法院民事审判第一庭编:《民事审判实务问答》，法律出版社2021年版。

部分工程的工程量及金额有争议，但总体按照分项工程款结算而非劳务报酬结算不存在争议。因此，从双方合同约定内容及实际履行情况来看，本案系名为劳务承包合同实为工程承包合同关系。

名为劳务承包合同实为工程承包合同关系的法律后果。原《合同法》第五十二条规定:“(一)一方以欺诈、胁迫的手段订立合同，损害国家利益;(二)恶意串通，损害国家、集体或者第三人利益;(三)以合法形式掩盖非法目的;(四)损害社会公共利益;(五)违反法律、行政法规的强制性规定”。《民法典》施行后，删除了上述第(三)种无效情形，增加了第一百四十六条规定，“行为人与相对人以虚假的意思表示实施的民事法律行为无效。以虚假的意思表示隐藏的民事法律行为的效力，依照有关法律规定处理”。根据上述规定，本案中双方以虚假意思表示签订的劳务承包合同无效，隐藏的工程承包合同关系效力，依照相关法律规定处理。2005 年 1 月 1 日施行的《建设工程施工合同司法解释(一)》第一条规定:“建设工程施工合同具有下列情形之一的，应当根据原《合同法》第五十二条第五项的规定，认定无效:(一)承包人未取得建筑施工企业资质或者超越资质等级的；……”；第四条规定:“承包人非法转包、违法分包建设工程或者没有资质的实际施工人借用有资质的建筑施工企业名义与他人签订建设工程施工合同的行为无效”。2021 年 1 月 1 日起施行的《建设工程施工合同司法解释(一)》第一条延续了上述规定。劳务公司只有劳务资质，未取得建筑施工企业资质，根据上述规定，原审法院因此认定其与中铁公司签订的《建设工程施工劳务承包合同》系无效合同。

编写人：陈　慧

二审合议庭成员：彭海鹏　张丽敏　肖童亮

19. 开具发票对应的税款承担可在建设工程施工合同纠纷中与工程款一并处理

——肖某炎、吴某栋、陈某开与赣州市某实业发展有限公司、赣州某建设工程有限公司建设工程施工合同纠纷二审案

裁判要旨

1. 承包人已按合同约定的工程造价开具全部增值税发票，在诉讼中法院以建设工程的鉴定造价为依据确定工程造价的，因鉴定造价低于合同约定导致超额开具增值税发票，对超出合同约定价款部分多缴纳的税款，应由发包方和承包方双方按比例共同分担。

2. 建设工程施工合同无效，违约金条款亦无效，应视为双方对欠付工程款利息标准没有约定，可以参照《买卖合同司法解释》第二十四条第四款的规定，以中国人民银行同期同类贷款基准利率为基础，参照逾期罚息利率标准计算。

案例索引

一审：江西省赣州市中级人民法院（2018）赣 07 民初 127 号

二审：江西省高级人民法院（2020）赣民终 333 号

基本案情

上诉人（一审原告、反诉被告）：肖某炎。

上诉人（一审原告、反诉被告）：吴某栋。

上诉人（一审原告、反诉被告）：陈某开。

上诉人（一审被告、反诉原告）：赣州市某实业发展有限公司（以下简称实业公司）。

原审被告：赣州某建设工程有限公司（以下简称建设公司）。

肖某炎、吴某栋、陈某开向一审法院起诉请求：1. 判令实业公司、建设公司支付工程价款 29923446.28 元及利息 4787751.39 元（从 2017 年 9 月 30 日起算至 2018 年 5 月 31 日，按月息 2% 计算，此后按此月息计算至还清款之日止）；2. 判令实业公司退还合同履约保证金计 500000 元；3. 判令实业公司、建设公司支付因其拖延工程款应赔偿支付的利息损失 14636527 元，工程停工损失赔偿金 300000 元，垫付商品混凝土违约金 1000000 元，三项共计 15936527 元；4. 判令实业公司、建设公司依

照税法规定的税种、税率等返还开具发票超额部分已缴纳的税款；5.判令实业公司、建设公司对合同约定范围内未做工程项目（外墙真石漆、铝合金门窗、1#、4#楼保温）按各项目工程价计取3%配合费；6.判令肖某炎、吴某栋、陈某开对拍卖、变卖呈祥中央首府1#楼至5#楼及地下室工程价款享有优先受偿权；7.判令建设公司返还农民工工资保证金1465386.95元。

实业公司一审提出反诉请求：1.增加建设公司为反诉被告；2.判令四反诉被告向我方返还多领取的工程款8832261.49元；3.判令四反诉被告支付工程违约金及损失2404406.44元。

2014年3月23日，实业公司与建设公司签订《建设工程施工合同》一份，约定由建设公司承建实业公司开发建设的呈祥中央首府1#楼至5#楼及地下室工程的工程，承包范围为所有房屋建筑的土建、地下室、桩基础、室内给排水、电气照明及配电（含防雷）、弱电布置、室内外装饰装修所涉及的一切工程内容。2014年4月13日，实业公司与建设公司签订《建设工程施工补充合同》一份约定工程总造价、详细承包范围、工程造价、材料价差及实物价格，并约定补充合同是双方签订建设施工合同的补充，补充合同与建设工程施工合同不一致的执行补充合同约定，补充合同没有约定的执行建设施工合同的约定。2014年4月18日，肖某炎交纳保证金50万元。

2014年11月25日，肖某炎与建设公司签订《内部承包合同》，约定肖某炎承包范围为《建设工程施工合同》约定的由施工单位完成的全部工作内容。合同签订后，三原告对该工程进行了施工。2014年5月9日，本案工程开工建设。2015年4月22日，实业公司与建设公司签订《补充还款协议承诺》，确认以下内容：一、截至2015年4月20日，实业公司应支付利息3032677元，后续利息从2015年4月21日起以本金32897208元为本金按照每天千分之一计算，2015年4月21日后完成的工程量没有按照合同支付工程款，同样按每天千分之一计算利息至付完为止。二、工程停工损失30万元。三、商品混凝土没有付款产生的利息及违约金100万元。四、工期顺延四个月。五、以上利息及停工赔偿不计入工程造价。吴某栋作为项目负责人签字，实业公司及其法定代表人盖章签字确认。2017年6月22日，本案所涉工程竣工验收合格。2017年6月28日，实业公司出具《关于呈祥中央首府项目工程款承诺书》，承诺2017年7月31日前做完结算，如未完成则按照建设公司送审的结算为准。2017年7月26日，实业公司签收建设公司提交的决算书，原告及建设公司单方结算价为109070950.28元。随后，实业公司作出工程决算书一份，单方结算价为81653974元。双方对工程价款产生争议，诉至一审法院。

裁判结果

一审判决：一、实业公司于本判决生效后十日内支付肖某炎、吴某栋、陈某开工程价款4823548.51元及其利息（自2017年7月26日起计算，按中国人民银行发布的同期同类贷款利率计算至还清之日止）；二、实业公司于本判决生效后十日内支付肖某炎、吴某栋、陈某开停工损失补偿30万元及垫付商品混凝土违约金100万元；三、实业公司于本判决生效后十日内退还肖某炎、吴某栋、陈某开保证金50万元；四、驳回肖某炎、吴某栋、陈某开其他诉讼请求；五、驳回实业公司反诉请求。

肖某炎、吴某栋、陈某开与实业公司均不服提出上诉。二审判决：一、维持一审判决第二项、第三项、第五项，即实业公司于本判决生效后十日内支付肖某炎、吴某栋、陈某开停工损失补偿30万元及垫付商品混凝土违约金100万元；实业公司于本判决生效后十日内退还肖某炎、吴某栋、陈某开保证金50万元；驳回实业公司的反诉请求；二、变更一审判决第一项为实业公司于本判决生效后十日内支付肖某炎、吴某栋、陈某开工程价款3718752.36元及其利息（自2017年7月26日起计算，按中国人民银行发布的同期同类贷款利率上浮30%计算至付清之日止）；三、实业公司于本判决生效后十日内支付肖某炎、吴某栋、陈某开2015年1月30日至2015年11月26日期间的逾期付款利息损失1271219.56元；四、实业公司于本判决生效后十日内支付肖某炎、吴某栋、陈某开超额缴纳的税款1008953.33元；五、驳回肖某炎、吴某栋、陈某开其他诉讼请求。

裁判理由

二审认为，关于实业公司已付工程款和欠付工程款问题。实业公司的已付工程款应为80872300.15元（79267504元+1604796.15元），欠付工程款为3718752.36元（鉴定价款84591052.51元－已付款80872300.15元）。关于欠付工程款是否应支付利息及利率按何标准计算的问题。实业公司2015年4月22日向建设公司作出《补充还款协议承诺》载明："2015年4月21日后完成工程量没有按照合同支付工程款同样按每天千分之一计算利息，利息算到按照合同支付完工程款为止。"本案因借用资质进行施工订立的合同，合同无效上述违约金条款亦无效，应视为双方对欠付工程款利息标准没有约定，可以参照《买卖合同司法解释》第二十四条第四款的规定，以中国人民银行同期同类贷款基准利率为基础，参照逾期罚息利率标准计算。根据本案实际情况，二审法院酌定利息按中国人民银行同期同类贷款基准利率上浮30%计算。

关于双方中期结算的《补充还款协议承诺》约定的逾期支付工程款利息是否能得到支持问题。考虑肖某炎一方垫资数额巨大，实际上产生了资金占用损失，故对肖某炎一方以上述时间节点和应付金额来计算逾期付款利息，予以支持。对计算利息的标准，如上所述，酌定实业公司按同期同类贷款基准利率上浮30%的标准支付利息。经查，2015年一年期贷款基准利率为5.6%，上浮30%即7.28%。欠付工程款本金根据已产生的欠付工程款44597208元按后续支付工程款的金额依次核减，利息以每期核减后实际欠付工程款为基数，按年利率7.28%的标准计算共计1271219.56元。

关于超额开具营业税发票导致多缴纳的税款应由哪方承担问题。肖某炎一方一审第4项诉请提出判令二被告依照税法规定的税种、税率等向原告返还开具发票超额部分已缴纳的税款，由于具体数额在未经本案司法鉴定确定工程价款之前无法确定，实业公司主张具体数额不明确的理由不能成立，肖某炎一方二审提出该项诉请亦未超出一审诉请范围。双方在《建设工程施工合同》约定工程造价款中包含了税款，以合同价款为缴税基数由肖某炎一方支付，因此，税款的缴纳与本案工程款的支付均基于双方之间形成的建设工程施工合同这一法律关系，涉及工程价款的冲抵，应在本案一并解决。根据约定，肖某炎、吴某栋、陈某开不但对其实际施工的主体工程，而且由他人另行承包的工程范围亦由其一并开具发票承担税款，据此，应由肖某炎、吴某栋、陈某开承担合同约定的工程价款应缴纳的税款。本案鉴定工程造价为84591052.51元，建设公司提交的决算书的结算价为10900.95万元，而肖某炎、吴钟栋、陈某开实际按11413.0481万元的金额缴纳税款7796253元。肖某炎、吴某栋、陈某开主张超出鉴定造价开具发票而多缴纳的税款2017906.66元，其中亦有按实业公司的要求开具高于实际工程价款金额发票的原因，可认为肖某炎一方自愿承担部分超额税款，而实业公司在缴纳企业所得税时因成本增高亦实际受益。因此，对发票金额高于鉴定工程价款超额部分开具发票多缴纳的税款，应由双方共同分担。据此，对多缴纳的2017906.66元税款，确定由实业公司和肖某炎、吴某栋、陈某开各承担50%，即实业公司承担1008953.33元，肖某炎、吴某栋、陈某开承担1008953.33元。

关于肖某炎一方主张的停工损失补偿和垫付混凝土违约金是否应得到支持问题。实业公司在《补充还款协议承诺》认可系因实业公司未按合同支付工程款导致工程停工，据此可知导致工程停工的过错在实业公司，实业公司承诺支付停工损失30万元，垫付混凝土违约金100万元已实际发生，予以支持。

关于案涉工程工期延误的责任由谁承担，肖某炎一方是否应赔偿实业公司延期交房损失问题。本案工程于2014年5月9日开工，于2015年8月4日主体工程均竣工验收，并未超过《建设工程施工补充合同》约定的560天的工期。实业公司主张肖某炎一方承担延期交房损失，不予支持。

关于履约保证金是否应返还问题。肖某炎一方已提交其支付给建设公司，再由建设公司支付给实业公司的转账凭证，据此，实业公司已实际收取肖某炎一方的履约保证金，应予以返还。

要旨解析

本案涉及建设工程施工合同纠纷中是否处理以及如何处理发票问题。因开具发票产生的税款问题与工程款支付均是基于双方之间形成的建设工程施工合同这一法律关系，因此可在同案中一并解决。首先，应当依据合同约定主张。实践中，有的建设工程施工合同中，发包人和承包人会约定开具发票、承担税款的义务由谁承担，一旦进行约定后，一方向另一方主张发票义务则有了合同依据。其次，当合同未作出明确约定的情况下，可依据法律规定主张。《民法典》第五百五十九条规定，“出卖人应当按照约定或者交易习惯向买受人交付提取标的物单证以外的有关单证和资料”。《买卖合同司法解释》（2020年修正）第4条规定，“民法典第五百九十九条规定的‘提取标的物单证以外的有关单证和资料’，主要应当包括保险单、保修单、普通发票、增值税专用发票、产品合格证、质量保证书、质量鉴定书、品质检验证书、产品进出口检疫书、原产地证明书、使用说明书、装箱单等”。在没有特别规定的情况下，建设工程施工合同也可参照买卖合同的有关规定。按照上述规定，交付发票是出卖人、承包人的法定义务，发包人可通过适用上述规定，在民事诉讼中向承包人提出交付发票的主张。不论是依据合同约定还是依据法律规定，建设工程施工合同双方当事人的主要义务，承包人是按照约定交付承揽的工程，发包人是按约支付工程款。开具发票的义务，不能决定施工合同的主要特性，但能辅助实现权利主张一方的利益，因此该义务属于合同的从义务、附随义务。本案中，双方当事人在《建设工程施工合同》约定工程造价款包含税款，税款并以合同价款为缴税基数由案涉工程承包人肖某炎一方承担，且约定肖某炎、吴某栋、陈某开须对其实际施工的主体工程和他人另行承包的工程范围一并开具发票承担税款。由于肖某炎一方开具的发票金额高于鉴定工程价款对应的发票金额，产生了多开具发票产生的多缴纳税款由谁承担的问题。该问题应具体问题具体分析。二审法院综合考虑肖某炎一方已按合同约定的工程造价开具全部增值税发票，且按实业公司的要求开具高于实际工程价款金额的发票系自愿承担部分超额税款，而实业公司在缴纳企业所得税时因成本增高亦实际受益的原因，诉讼中法院以建设工程的鉴定造价为依据确定工程造价的，因鉴定造价低于合同约定导致超额开具增值税发票，对超出合同约定价款部分多缴纳的税款，由发包方和承包方双方按比例共同分担。

关于发包人能否以承包人未提供发票为由拒付工程款的问题，应当具体问题具体分析。一是合同约定了履行顺序，即约定由承包人先提供发票，发包人后付款的情形。此种情形下有两种做法：第一种是按合同约定的履行顺序进行判决，明确承包人向发包人提供具体金额的发票后，发包人在多少天内支付工程款；第二种是判决承包人在多少天内提供发票，若未提供，由发包人自行扣除开具发票产生的税款后向承包人支付工程款。二是合同只约定了承包人提供发票的义务，没有约定和发包人付款的履行顺序的情形，部分法院以发票系行政关系为由不予处理发票问题。笔者认为，应予处理，有三种做法：第一种是在判决发包人支付工程款时，判决承包人提供相应发票；第二种是在查明税率计算税款后，在发包人应支付的工程款中直接予以扣除；第三种是在裁判理由中告知发包人，如承包人未开票给其造成损失，可以另行主张等。

编写人：陈　慧

二审合议庭成员：黄训荣　段亦枫　王慧军

20. 使用笼统用语表述违约情形的固定违约金，法院可以根据违约情节轻重确定对应的违约金数额

——赖某娣与于都县某兴房地产建设开发有限公司等房屋拆迁安置补偿合同纠纷再审案

裁判要旨

1. 合同约定的违约金数额虽然明确具体，但对违约行为使用“甲方未按本协议约定的条款全面履行”等概括性笼统用语表述的，未区分违约情节轻重程度，可能导致违约责任的承担与违约行为的性质、情节轻重程度严重不匹配的情形，此种条款属于违约情形约定不明，不能直接根据此种条款直接认定违约方的违约金数额。

2. 合同约定未区分违约情节，使用笼统用语表述违约情形的固定违约金数额可以作为违约方可能承担的违约金总额考量，在该总额下，可以根据违约方违约情节的轻重确定对应的违约金数额。

案例索引

一审：江西省于都县人民法院（2016）赣 0731 民初 1926 号

二审：江西省赣州市中级人民法院（2017）赣 07 民终 1713 号

再审：江西省高级人民法院（2018）赣民再 228 号

基本案情

再审申请人（一审原告、二审上诉人）：赖某娣。

被申请人（一审被告、二审上诉人）：于都县某兴房地产建设开发有限公司（以下简称某兴公司）。

被申请人（一审被告、二审被上诉人）：于都某鑫房地产开发有限公司（以下简称某鑫公司）。

被申请人（一审被告、二审被上诉人）：于都县某升房地产开发有限公司（以下简称某升公司）。

赖某娣向一审法院提出诉讼请求：1. 一年内恢复重建被拆迁商住楼 136.36m^2；2. 按月租 4500 元赔偿 8 个月房租增加款 21600 元和起诉后至恢复重建期间的租金（按同区域租金标准计算）；3. 支付违约金 20 万元；4. 三被申请人承担连带责任。

赖某娣原有砖混结构三层房屋一栋，坐落于于都县贡江镇长征西路南侧（福田公园），土地面积为30.84m^2，建筑面积为115.65m^2。2012年10月13日，赖某娣与某兴公司签订了《拆建协议书》，载明：某兴公司取得福田商住楼后面全部剩余土地的开发权，与赖某娣房屋相邻，赖某娣将房屋纳入某兴公司的统一规划。赖某娣将上述房产交予某兴公司拆建；某兴公司自拆除之日起按月向赖某娣支付月补偿金1600元，一年后每月1800元，至交付店面止；某兴公司交付房屋的最后期限为某兴公司向赖某娣发出的拆迁通知函指定的拆迁时间起算36个月；店面全部拆除后，如某兴公司在一年内未动工则应按房屋原貌重建；如果赖某娣未按某兴公司的书面通知停租停用则应支付违约金20万元并继续履行合同；如果店面全部拆除后某兴公司未全面履行协议则应支付违约金20万元并继续履行协议。某鑫公司和某升公司对合同履行予以担保，双方还对置换房产等事宜作了明确约定。2012年10月13日，某兴公司书面通知赖某娣其房屋将于2012年11月1日进行拆除，赖某娣于次日书面通知其房屋承租人于月底前搬出。某兴公司自2012年10月起向赖某娣支付补偿金，2013年10月起按1800元/月支付。在此期间，某兴公司陆续拆除了赖某娣及其邻近的房屋，但是，由于某兴公司于签订合同时未预料到的客观因素，拆除和新建工程未能按照某兴公司计划进行。2013年3月至2014年5月期间，贡江派出所多次接到某兴公司及他人的报警，称有村民阻挠本案工程的施工。由于某兴公司无法在约定的最后期限交付房屋，赖某娣等业主通过各种渠道反映问题，要求某兴公司增加补偿金、支付违约金等未果。2015年9月29日，某兴公司书面答复赖某娣等业主，单方承诺自10月份起将月租金从1800元提高到2300元，并每满一年每月递增500元至交付房屋为止。赖某娣等相关业主认为低于邻近店铺的租金补偿标准，故未予接受。某兴公司仍按1800元的金额向赖某娣支付补偿金。在此期间，某兴公司逐步完善了各项开发手续，项目进展较快。某兴公司于2016年7月26日取得圣世广场（原福田购物中心）用地项目的建设用地规划许可证，当年12月取得该项目建设工程规划许可证。因某兴公司未能如期交付置换房产，赖某娣遂提起本案诉讼。

二审法院查明，2016年2月28日，赖某娣等31人就本案事实以某兴公司违约为由，曾向一审法院提起共同诉讼，请求某兴公司承担违约责任、某鑫公司和某升公司承担连带责任。2016年3月8日，一审法院受理了该案。2016年4月12日，一审法院以不宜共同诉讼为由驳回了赖某娣等31人的起诉。二审法院查明的其他事实与一审法院一致。

再审认定下列事实：1. 2017年12月26日赖某娣出具个人安置确认书，确认某兴公司还建的房屋坐落和具体位置为71301号，房屋面积148.75平方米，套内面积120.53平方米，车位F88号，面积为标准车位面积。2017年12月27日，赖某娣签订承诺书，将安置房屋调换至81901房，房屋面积161.6平方米，其中套内建筑面积130.90平方米，车位调换至F64号，面积为标准车位面积。2. 2013年5月8日，林某生与某兴公司签订拆建协议书，约定林某生将其所有的位于长征西路临街面店面和住房交与某兴公司拆迁，由某兴公司在原位置予以实物补偿安置，某兴公司在协议签字后从 2013 年 6 月 1 日起按月支付林某生店面补偿金为每月人民币 3500 元，每满一年在上年补偿金的月基数上每月增加 500 元整，直付至某兴公司所建的店面交付使用时止。

再审审理中，三被申请人表示，可以在 2019 年 10 月前向再审申请人交付房屋。

裁判结果

一审判决：一、赖某娣与某兴公司继续履行 2012 年 10 月 13 日签订的《拆建协议书》；二、某兴公司应于判决生效后 30 日内向赖某娣支付合同期限届满后三个月催告期之违约金 6240 元；自 2016 年 2 月 1 日起按月支付补偿金 2300 元，每满一年在月基数上每月增加 500 元，直付至交付店面使用时止；三、驳回赖某娣要求某兴公司、某鑫公司、某升公司赔偿租金损失的请求；四、驳回赖某娣要求某兴公司、某鑫公司、某升公司承担连带责任的请求；五、驳回赖某娣的其他诉讼请求。

赖某娣和某兴公司均不服提出上诉。二审判决：一、维持一审判决第一、三、五项；二、撤销一审判决第二、四项；三、某兴公司按月支付赖某娣补偿金（自 2015 年 11 月起按每月 1800 元计算支付至交付房屋时止）；四、某兴公司按月支付赖某娣违约金（自 2015 年 11 月起按每月 1600 元计算支付至交付房屋时止）；五、某鑫公司和某升公司对某兴公司的上述债务承担连带责任。

赖某娣申请再审。再审判决：一、撤销一、二审判决；二、某兴公司于本判决生效后 30 日内向赖某娣支付逾期交房租金损失，租金按照每月 4800 元（含拆建协议书约定的每月 1800 元经济补偿）的标准自 2015 年 11 月 1 日起计算至某兴公司向赖某娣交付拆建协议书约定的房屋时止；三、某兴公司于本判决生效后 30 日内向赖某娣支付违约金 6 万元；四、某鑫公司、某升公司对上述第二项、第三项判决确定的某兴公司的债务承担连带责任；五、驳回赖某娣的其他诉讼请求。

裁判理由

再审认为，本案一审时再审申请人的诉讼请求主要是三项，分别是要求被申请人恢复重建被拆迁的商住楼，按月租 4500 元赔偿 8 个月房租增加款 21600 元和此后按同区域房租标准赔偿至恢复重建时止的租金，支付违约金 20 万元。二审判决后，再审申请人向本院申请再审的诉讼请求是撤销二审判决，改判继续履行合同，由某兴公司按同区位租金标准（4500 元 / 月，每逾期一年每月租金加 500 元）支付逾期交房期间的店房和住房租金以及支付 20 万元违约金。因再审申请人对二审判决驳回其要求恢复重建被拆迁的商住楼并无异议，双方均有继续履行拆建协议书意愿，再审申请人与某兴公司在二审判决后亦在继续履行拆建协议书，再审申请人选好确定了还建房屋的具体位置和车位，因此，本案再审争议焦点可以归纳为：1. 某兴公司是否构成违约；2. 如果构成违约，某兴公司应如何承担违约责任，再审申请人要求某兴公司按照同区位房租标准赔偿自约定交房日起至实际交房日止的租金和承担 20 万元违约金能否得到支持。下面分别评判如下：

一、关于福兴是否构成违约的问题

再审申请人与某兴公司签订拆建协议书后，再审申请人按照协议要求将房屋交给某兴公司，某兴公司拆除再审申请人房屋后未按照合同约定于 2015 年 11 月 1 日前将还建房屋交付于再审申请人，已经构成违约。某兴公司辩称其无法按期交付房屋的原因是政府征收土地存在问题、规划变更、村民阻工和天气等原因造成，但上述原因与再审申请人并无关系，某兴公司并未举证再审申请人存在阻工等行为。原《合同法》第一百二十一条规定，当事人一方因第三人的原因造成违约的，应当向对方承担违约责任。当事人与第三人之间的纠纷，依照法律规定或者按照约定解决。某兴公司作为专业房地产开发公司，对于房地产开发建设所需具备的条件和政府规划许可等各种手续办理程序是清楚和了解的，其在签订拆建房屋协议书时即应当进行合理预测以避免可能无法按期交房的后果，因而，即使某兴公司抗辩的事实成立，亦不构成不可抗力。某兴公司主张可以免除违约责任的理由不能成立，某兴公司未能按照协议书约定的期限交付房屋，应当承担违约责任。

二、关于某兴公司如何承担违约责任的问题

再审申请人要求某兴公司按同区位租金标准（2015 年未 4500 元 / 月，每逾期一年加 500 元 / 月租金）支付逾期交房期间租金和按合同约定赔偿 20 万元违约金。

原《合同法》第一百一十二条和第一百一十四条规定了合同一方当事人不履行合同义务时应当赔偿损失或者承担合同约定的违约金。本案中《拆建协议书》第四部分第 2 条约定“店面全部拆除后，如甲方未按本协议约定的条款全面履行，则视为甲方违约，除支付违约金贰拾万元给乙方外，还必须全面履行该协议。”本院认为，该条款约定的违约金数额虽然明确，但该约定使用的“甲方未按本协议约定的条款全面履行”用语表述确实存在未区分违约情节轻重程度的问题，如不区分甲方违约情节，只要甲方有违约行为即承担 20 万元违约金，确实会造成违约责任的承担与违约行为的性质、情节轻重程度严重不匹配的情形，该条款的违约情形约定不明，不能直接根据该条约定直接认定某兴公司应承担 20 万元违约金的违约责任。但《拆建协议书》系双方真实意思表示，《拆建协议书》第四部分第 1 条亦有再审申请人方违约时应承担 20 万元违约金的约定，可见，双方在订立协议时，均预见到了违约方可能承担 20 万元的违约金支付责任，因此，本院认为在守约方的实际损失未超过 20 万元时，宜以 20 万元作为合同约定的违约责任总额考量。本案中，某兴公司违约导致的后果是再审申请人无法按期使用房屋，由此导致的损失主要是房屋租金损失，该租金应当参照同地段区域房屋租金确定。再审申请人提交了某兴公司对同地段区域林某生另一商住楼的租金补偿标准为 2013 年 6 月 1 日起每月 3500 元，每满一年每月增加 500 元，林某生的商住楼在长征西路，与再审申请人的商住楼属于同地段区域，被申请人虽然不认可再审申请人主张的租金水平，但亦未提供证据反驳，且该租金水平系某兴公司自己支付的租金，可以将某兴公司对林某生另一商住楼的租金补偿标准作为确定本案再审申请人租金损失的参照。参照上述租金标准，为便于计算，不再按年增加租金标准，本院酌情确定某兴公司逾期交房给再审申请人造成的租金损失按照每月 4800 元的标准计算，因拆建协议书亦约定了在逾期交房的情况下某兴公司应继续支付每月 1800 元的经济补偿，该约定亦有弥补再审申请人损失之意，因此本院确定的每月 4800 元租金损失包含了拆建协议约定的经济补偿 1800 元，某兴公司应在拆建协议书约定的 1800 元经济补偿基础上，增加赔偿再审申请人每月 3000 元的租金损失。上述租金损失某兴公司应当从拆建协议书约定的房屋交付日即 2015 年 11 月 1 日开始计算至房屋交付时止。根据上述分析，综合衡量某兴公司每月另行赔偿再审申请人租金损失 3000 元、某兴公司表示可以在 2019 年 10 月前交付房屋和拆建协议约定的 20 万元违约金等因素，再审酌定某兴公司另一次性向再审申请人支付违约金 6 万元。2015 年 11 月 1 日后，某兴公司已经支付的补偿金和按照二审判决支付的违约金应按实际金额从某兴公司应当支付的租金损失和违约金中扣除。某升公司和某鑫公司对某兴公司上述债务承担连带责任。

综上所述，某兴公司未按约定向赖某娣交付房屋，应当承担违约责任，二审认定某兴公司构成违约正确，但对违约责任的处理不当，应予纠正，再审对赖某娣的再审请求部分予以支持。

要旨解析

本案是关于违约金条款如何理解适用的问题。在合同中约定违约金条款是民事活动中的普遍做法。原《合同法》第一百一十四条规定："当事人可以约定一方违约时应当根据违约情况向对方支付一定数额的违约金，也可以约定因违约产生的损失赔偿额的计算方法。约定的违约金低于造成的损失的，当事人可以请求人民法院或者仲裁机构予以增加；约定的违约金过分高于造成的损失的，当事人可以请求人民法院或者仲裁机构予以适当减少。当事人就迟延履行约定违约金的，违约方支付违约金后，还应当履行债务。"该条有三款，前两款表达了三层意思，首先是当事人可以在合同中约定违约金或者违约损失计算方法，其次是当事人约定的违约金应当根据违约情况确定，再次是如果合同约定的违约金过高或过低，当事人都可以请求对违约金进行调整。《民法典》第五百八十五条除第二款字词表述有些变化外，基本沿用了原《合同法》的规定，为方便理解，笔者在这里还是按照再审裁判适用的法律依据以原《合同法》第一百一十四条为分析对象。

学术界普遍认为，原《合同法》第一百一十四条规定的违约金系赔偿性违约金，按照赔偿性违约金的概念，此种条款约定的违约金推定为对于违约损害赔偿总额的预定。与赔偿性违约金相对应的是惩罚性赔偿金，是依当事人的约定或依法律规定对于违约所确定的一种制裁。赔偿性违约金在一方违约时，除须支付违约金外，债的其他关系责任不受影响，债权人除可以请求违约金外，还可以请求债务履行或不履行所生之损害赔偿。

该案例中双方签订的《拆建协议书》第四部分第 2 条“店面全部拆除后，如甲方未按本协议约定的条款全面履行，则视为甲方违约，除支付违约金贰拾万元给乙方外，还必须全面履行该协议”应当理解为原《合同法》第一百一十四条规定的赔偿性违约金，即 20 万元违约金应理解为甲方某兴公司违约时给被拆迁人造成的损失总额的预估。仔细分析该条规定，甲方承担 20 万元违约金的前提是其“未按本协议约定的条款全面履行”。全面履行是原《合同法》第六十条约定合同履行的基本原则（《民法典》第五百零九条）。全面履行要求当事人严格按照合同约定的时间、约定的方式和质量履行己方的义务。即使是未按合同约定履行义务情节轻微，也构成对全面履行的违反。因此，《拆建协议书》第四部分第 2 条约定的甲方“未按本协议约定的条款全面履行”实际上是没有区分具体违约情形，而是采用了笼统的用语来表述违约情形。20 万元的违约金对应这个合同的标的额比例还是很高的，不区分违约情节轻重，只要甲方违约就要承担 20 万元违约金无疑是不合理的，法院在判决时通常会进行调整。因而，再审判决将该 20 万元作为合同约定的违约金总额考量符合逻辑，一方面将 20 万元违约金作为甲方违约金总额考量尊重了当事人的意思，另一方面又不拘泥于双方在合同中的文字束缚，根据甲方违约的具体情节、情形确定其违约金数额，平衡了双方利益。

司法实践中，由于当事人法律水平不一、理解不一和立场不同，在拟定合同违约金条款时，对于违约情形或违约金计算约定模糊、不明确的情形很多。导致纠纷发生后，影响法官对合同条款的采信。一般来说，根据原《合同法》第一百一十四的规定，违约金条款，既要对违约的情形予以明确列举，又要对各种情形下的具体违约金或违约金计算方法予以明确。同时，合同约定的违约金数额还要有一定的计算依据或与合同标的额、守约方可能损失的预估等相差不能过大。有的合同约定的违约金明确不合理的高或低，都可能导致这个条款在发生纠纷后不能真正被法院采纳作为认定违约金的依据。按照上述分析，做到两个明确，同时约定合理的违约金，更能让法官相信双方在合同中约定的违约金是经过慎重缜密协商后拟定且符合市场实际的，更有利于法官采信该合同约定的违约金作为裁判依据。

编写人：龚雪林

再审合议庭成员：田甘霖　龚雪林　刘晓雯　邓名兴　李振峰

21. 明知项目负责人无转委托权，仍与其签订建设工程分包合同，相关法律后果应由项目负责人自行承担

——景德镇市某工贸有限责任公司与江西某建设工程有限公司、余某华合同纠纷再审案

裁判要旨

1. 项目负责人以项目部名义与他人签订的劳务股权转让合同，属于名为股权转让实为建设工程分包合同，因施工人不具备建设施工的相应资质，为无效合同，施工人要求返还支付的转让款，应予支持。

2. 项目负责人将部分工程以项目部的名义违法分包给他人，他人在知晓项目负责人无转委托权的情况下，仍与其签订合同，相关法律后果应由项目负责人自行承担。

3. 在他人明知禁止转委托的情况下，不存在不知道或不应当知道项目负责人为无权代理的情形，更不存在相对人有理由相信项目负责人为有权代理的情形，他人不能成为善意无过错的一方，不适用表见代理的有关规定。

案例索引

一审：江西省上饶市广丰区人民法院（2017）赣 1103 民初 3331 号

二审：江西省上饶市中级人民法院（2018）赣 11 民终 1550 号

再审：江西省高级人民法院（2019）赣民再 173 号

基本案情

再审申请人（一审被告、二审被上诉人）：江西某建设工程有限公司（以下简称建设公司）。

被申请人（一审原告、二审上诉人）：景德镇市某工贸有限责任公司（以下简称工贸公司）。

被申请人（一审被告、二审被上诉人）：余某华。

工贸公司一审诉讼请求：1. 判令建设公司立即返还工贸公司诉争款项 760 万元及资金占用期间的利息 125.4 万元（利息自 2014 年 12 月 3 日计算至 2017 年 9 月 2 日，以后的利息按年利率的 6% 计算至还清之日止）；2. 余某华对建设公司的前述款项承担连带清偿责任。

2014年2月1日，建设公司向中国葛洲坝集团基础工程有限公司（以下简称葛洲坝公司）提供出具给余某华的授权委托书，授权范围为“代表我单位就（基础坝基开挖及坝体石方填筑料开采，挖运工程）（合同编号gjc-xzwkk-2014-007）签署投标文件，进行谈判、签订合同和处理与之有关的一切事务，本授权委托书的代理人无转委托权。”2014年4月15日，葛洲坝公司与建设公司签订了《西藏驱龙铜多金属矿甲玛沟尾矿库系统土建工程基础坝土石方工程施工劳务合同》以下简称《施工劳务合同》。2014年11月10日，余某华以建设公司代表的名义与工贸公司（以邵重阳为该公司代表）签订《劳务股权转让合同》，该合同加盖的是建设公司西藏驱龙铜多金属矿尾矿项目部专用章。合同签订后，余某华将建设公司对其委托转委托给工贸公司授权的邵重阳。2014年11月13日，邵重阳代表建设公司与四川金达盛公司签订《劳务分包合同》。2014年11月24日、2014年12月23日，工贸公司通过九江银行分别收到葛洲坝公司向其汇入的款项1353606.1元、3446069.04元，合计4799675.14元。2014年11月25日、2014年12月23日，工贸公司通过九江银行分别向中翔公司汇入235万元、344万元，合计579万元。中翔公司的法定代表人为余某华，且余某华为该公司的股东。2015年4月27日，建设公司向葛洲坝公司出具授权委托书，其中载明对余某华的授权终止及对熊泉保的授权。

2015年6月17日，工贸公司以合同纠纷为由向拉萨中院起诉建设公司、葛洲坝公司，列余某华为第三人，要求建设公司与葛洲坝公司连带向工贸公司支付1026万元股权收益。理由是建设公司将与葛洲坝公司签订的《施工劳务合同》转让给工贸公司60%的份额，双方签订《劳务股权转让合同》，合同约定该工程的利润收益由双方按照4∶6的比例分配，但在合作期间，建设公司将上述工程又转让他人。建设公司反诉称，建设公司从未与工贸公司签订过任何合同协议，也没有委托任何人与工贸公司签订协议，工贸公司提供的《劳务股权转让合同》中，所谓建设公司项目部印章是私刻伪造的，该合同是无效合同。工贸公司利用私自刻制的、伪造的建设公司的公章，从葛洲坝公司骗走建设公司4799675.14元工程劳务费。故建设公司反诉要求工贸公司返还建设公司4799675.14元工程劳务费。拉萨中院审理认为，涉案《劳务股权转让合同》名为股权转让合同实为建设工程分包合同，且因工贸公司无建筑施工的相关资质，该合同为无效合同。合同当事人不能依据无效合同而取得合同利益，工贸公司依据涉案《劳务股权转让合同》主张诉求没有法律依据，且工贸公司不是涉案工程的实际施工人，无权就工程的施工利益主张权利。涉案工程建设公司从葛洲坝公司承包后，再次将部分工程分包给景德镇公司，景德镇公司并未实际施工，而将其分包的工程转包给四川金达盛公司，四川金达盛公司进行了实际施工，因此，涉案诉争的工程实际至少有两个实际施工人存在，因建设公司未提供葛洲坝公司支付反诉涉及的两笔款项的结算凭证，葛洲坝公司也未提供该两笔款的结算依据。故法院无法认定该两笔款项所属的工程，建设公司作为提起反诉的一方，对其不能证明该两笔款项的实际权利人属于自己，应承担举证不能的责任。故拉萨中院于2016年10月10日作出（2015）拉民二初字第29号民事判决书，驳回工贸公司的全部本诉请求和建设公司的全部反诉请求。工贸公司不服，向西藏高院提出上诉，要求改判建设公司、葛洲坝公司向工贸公司支付1026万元的项目收益。西藏高院于2017年5月8日作出（2017）藏民终5号民事判决，驳回上诉，维持原判。

二审查明，建设公司当庭认可余某华与其为挂靠关系；涉案760万元的构成为工贸公司通过邵某阳的账户向余某华转款660万元以及工贸公司于2014年11月25日向余某华为法人的中翔公司所汇235万元中的100万元。

裁判结果

一审判决：余某华在判决生效后立即返还工贸公司760万元；驳回工贸公司的其他诉讼请求。

工贸公司不服提出上诉。二审判决：撤销一审判决，改判建设公司于判决生效后立即返还工贸公司760万元，并按年利率支付6%的占用资金的利息（利息从2014年12月3日开始计算）；驳回工贸公司的其他诉讼请求。

建设公司不服二审判决，申请再审。再审判决：撤销二审判决，维持一审判决。

裁判理由

再审认为，本案系合同纠纷，从诉争的《劳务股权转让合同》内容可知，该合同是名为股权转让合同，实则是案涉工程项目中劳务分包性质的合同，应为无效。

西藏高院5号生效判决也认定该合同无效。一、二审判决均确定案涉股权转让合同无效正确。本案争议焦点为：一、余某华是否有转委托权；二、余某华的行为是否构成表见代理；三、建设公司是否应对案涉款项760万元及其相应的利息承担还款责任；四、二审判决未认定余某华对案涉款项760万元承担返还的责任是否正确？

对于第一个争议焦点，转委托代理是指代理人为实施代理权限内的全部或者部分行为，以自己的名义选定他人担任自己的被代理人的代理人，并由该他人代理被代理人实施法律行为的情形。本案建设公司与葛洲坝公司签订的《西藏驱龙铜过金属矿甲玛沟尾款库系统土建工程基础坝土石方施工劳务合同》中规定，案涉工程项目的发包方是葛洲坝公司，葛洲坝公司将案涉项目的土石方工程发包给建设公司。建设公司作为承包人承接项目后据此成立案涉工程项目部，并委派余某华担任驻工地履行本合同的项目负责人，为此建设公司向葛洲坝公司出具了关于余某华作为该公司代理人的授权委托书，该授权委托书上明确载明了余某华没有转委托权。从工贸公司提交的意见看，可知工贸公司对上述授权委托书的内容是知晓的，二审判决认定本案无充分的证据证明余某华无转委托权，与本案查明的事实不相符，系二审判决对转委托权的认知错误。同时二审判决认定余某华是否具有转委托权对本案的处理无实质影响缺乏法律依据。余某华虽是案涉工程项目施工的全权责任人，但该身份是针对葛洲坝公司而言；而对于工贸公司而言，余某华的身份应是案涉工程项目承包人建设公司的委托代理人，在代理人明确其不具有转委托权的情况下，对外将涉案涉工程项目的劳务分包用股权转让的形式委托他人完成，且没有征得被代理人建设公司的事后追认，所引发的法律后果和责任，不应由建设公司承担。

对于第二个争议焦点，表见代理，谓代理人之代理行为，虽无代理权，而有可使第三人信其有代理权之事由，因而使本人对于相对人负授权人责任之无权代理。表见代理与转委托代理虽然都是代理制度中的重要内容，却属于两个不同的法律概念。案涉授权委托书上明确载明了禁止转委托，本案不存在工贸公司不知道或不应当知道余某华为无权代理的情形，更不存在工贸公司有理由相信的情形，所以工贸公司作为相对人并不存在善意无过错的情形，故本案不应适用表见代理。二审判决直接适用原《民法总则》第一百七十二条关于表见代理的相关规定来判断各方当事人的法律责任与本案案情不相符。工贸公司依据余某华以建设公司名义向葛洲坝公司发出的《指定收款账户函》主张余某华构成表见代理，因该函在案涉务股权转让合同签订之后，不能据此认定之前签订的案涉股权转让合同签订时的余某华是否有代理权限的问题。二审判决认定余某华的行为构成表见代理错误，再审予以纠正。

对于第三个争议焦点。根据原《民法总则》第一百六十九条“代理人需要转委托第三人代理的，应当取得被代理人的同意或追认。转委托代理经被代理人同意或者追认的，被代理人可以就代理事务直接指示转委托的第三人，代理人仅就第三人的选任以及对第三人的指示承担责任。转委托代理未经被代理人同意或者追认的，代理人应当对转委托的第三人的行为承担责任，但是在紧急情况下代理人为了维护被代理人的利益需要转委托第三人代理人的除外”的规定，余某华作为建设公司委托代理人，在明知没有建设公司授予的转委托权的情况下，仍与工贸公司签订分包内容的合同，存在过错。工贸公司也认可知晓案涉授权委托书的内容，在未确定建设公司是否同意或追认的情况下，与余某华所在的项目部签订案涉工程项目分包性质的合同，亦存在一定过错。且案涉款项全部转入余某华或余忠华所开设的公司账户内。故建设公司不应承担案涉款项的返还责任。工贸公司提出余某华与其公司的委托代理人在谈判前后均尽到了审慎审查的义务，本案案情不存在转委托的情形。即便余某华没有转委托权，但是基于余某华是建设公司任命的案涉项目的负责人和项目经理，工贸公司完全有理由相信余某华与其签订案涉股权转让合同是有权限的。再审法院认为，因案涉项目部是建设公司设立的临时机构，即便案涉工程项目的所有资金都是由余某华掌控，这些都不足以对抗授权委托书中确定的余某华没有转委托权的内容，故工贸公司在余某华没有转委托权的情况下，未征得被代理人建设公司的同意或追认的情况下，要求建设公司返还案涉款项理由不能成立。工贸公司的上述抗辩理由均不能对抗法律的明文规定。案涉股权转让合同无效，二审判决建设公司承担的返还责任中包含利息的处理意见缺乏法律依据。余某华在自身代理行为被禁止转委托的情况下，仍将代理事项转委托给工贸公司，应对工贸公司支付的案涉款项负有返还义务。一审判决认定余某华对案涉款项760万元负有返还义务正确，应予以维持。一审判决未予支持工贸公司的利息主张并无不当，再审予以维持。

对于第四个争议焦点，一审判决余某华个人对案涉款项760万元负有返还给工贸公司的义务。一审判决作出后，余某华并未提起上诉，二审法院在余某华未上诉且工贸公司的诉请内容包含了要求余某华对案涉款项承担还款义务的情况下，免除余某华在本案的还款责任缺乏法律依据，再审予以纠正。

综上，二审判决认定建设公司对案涉款项760万元及相应的利息承担返还责任适用法律错误。余某华系无权代理行为人，且是案涉款项760万元的受益人，对案涉款项负有返还的义务。一审判决余某华负有返还的义务，余某华并未提起上诉，二审判决免除余某华的还款责任缺乏依据。

要旨解析

本案裁判要旨涉及的是转委托代理的问题。转委托，也叫复代理，与本代理相对应，是指代理人为实施代理权限内的全部或者部分行为，以自己的名义选定他人担任自己的被代理人的代理人，并由该他人代理被代理人实施法律行为的情形。被选定的该他人叫作复代理人（或者再代理人），其代理的法律效果直接归属于被代理人。代理人为被代理人另行委任代理人的权限，称为复任权，属于代理权的内容。原《民法总则》第一百六十九条对转委托即复代理予以了规定："代理人需要转委托第三人代理的，应当取得被代理人的同意或者追认。""转委托代理经被代理人同意或者追认的，被代理人可以就代理事务直接指示转委托的第三人，代理人仅就第三人的选任以及对第三人的指示承担责任。""转委托代理未经被代理人同意或者追认的，代理人应当对转委托的第三人的行为承担责任；但是，在紧急情况下代理人为了维护被代理人的利益需要转委托第三人代理的除外。"

由于被代理人与代理人之间存在人身信赖关系，代理人因此负有亲自执行代理事务，不得转委托他人处理代理事务的义务。在以下两种情形中，可以设定复代理：第一，紧急情况。在紧急情况下，代理人不能亲自处理代理事务，如此下去又会损害被代理人的利益时，法律允许进行复代理。紧急情况是指代理人身患急病、与被代理人通信联络中断等特殊原因，代理人不能办理代理事项，又不能与被代理人及时取得联系，如果不及时转托他人代理，就会给被代理人的利益造成损失或者扩大损失的情况。第二，被代理人事先同意或者事后认可。如果被代理人事先同意或者事后认可复代理，法律也允许复代理。

转委托产生的复代理经被代理人同意或者追认的，被代理人可以就代理事务直接指示转委托的第三人即复代理人，他们之间发生的代理关系，由他们自己负责。在这种情况下，代理人仅就第三人即复代理人的选任以及对第三人即复代理人的指示承担责任，对于被代理人直接与复代理人之间发生的代理关系，不承担责任。

转委托的复代理如果未经被代理人同意或者追认的，代理人应当对转委托的第三人即复代理人的行为承担责任。只是在紧急情况下代理人为了维护被代理人的利益需要转委托第三人作为复代理人代理的，按照前述规则，认可其复代理的效果。

转委托情况下，应对委托人、受托人和次受托人三方之间的权利义务关系作如下认识：

首先，委托人和次受托人之间。委托人同意次受托人代其处理委托事务，意味着委托人对次受托人的信任，双方之间的关系等同于委托关系；如果转委托并未经委托人同意，则委托人和次受托人之间并不发生直接的权利义务关系，对于委托人而言，如同转委托行为并未发生。

其次，委托人和受托人之间。对于委托人而言，未经同意的转委托行为就如同转委托行为并未发生；而委托人和受托人之间的委托协议仍然有效，委托人和受托人仍受原委托合同的约束，受托人的责任和义务并不因为有效的转委托合同而转移和减少。

最后，受托人和次受托人之间。原《合同法》第四百条的规定，“经委托人同意，受托人可以转委托。……转委托未经同意的，受托人应当对转委托的第三人的行为承担责任。”未经同意的转委托行为一经发生，受托人和次受托人之间成立一般委托合同关系，次受托人只对受托人负责，受托人应对次受托人的行为承担责任。

本案中，建设公司作为委托人，在授权委托书中已明确禁止余某华将有关事项进行转委托，故建设公司与工贸公司之间并无权利义务关系。余某华以建设公司的名义与工贸公司签订合同，将部分工程违法分包给工贸公司，其分包行为没有征得建设公司的同意，也没有得到建设公司的事后追认，相关法律后果和责任不应由建设公司承担。工贸公司对余某华无转委托权的事实是明知的，故不存在不知道或不应当知道余某华为无权代理的情形，更不存在有理由相信余某华为有权代理的情形，工贸公司不能成为善意无过错的一方，二审判决适用表见代理，显属适用法律错误。

编写人：罗　晶

再审合议庭成员：熊　伟　黄声敏　胡爱菊